COURS

DE

DROIT INTERNATIONAL

PUBLIC

PAR

Frantz DESPAGNET

PROFESSEUR A LA FACULTÉ DE DROIT DE BORDEAUX
ASSOCIÉ DE L'INSTITUT DE DROIT INTERNATIONAL

PARIS

LIBRAIRIE

DU RECUEIL GÉNÉRAL DES LOIS ET DES ARRÊTS

ET DU JOURNAL DU PALAIS

L. LAROSE, ÉDITEUR

22, RUE SOUFFLOT, 22

1894

COURS

DE

DROIT INTERNATIONAL PUBLIC

COURS

DE

DROIT INTERNATIONAL

PUBLIC

PAR

Frantz DESPAGNET

PROFESSEUR A LA FACULTÉ DE DROIT DE BORDEAUX

ASSOCIÉ DE L'INSTITUT DE DROIT INTERNATIONAL

PARIS

LIBRAIRIE

DU RECUEIL GÉNÉRAL DES LOIS ET DES ARRÊTS

ET DU JOURNAL DU PALAIS

L. LAROSE, ÉDITEUR

22, RUE SOUFFLOT, 22

1894

17,564. — Bordeaux, Vᵉ Cadoret, impr., rue Montméjan, 17.

PRÉFACE

Une expérience déjà assez longue de l'enseignement du Droit international public nous a montré que les débutants dans l'étude de cette science manquent d'un ouvrage qui leur permette d'acquérir par eux-mêmes les notions essentielles ou, tout au moins, de préciser et de compléter les notes recueillies en suivant un cours. Les traités consacrés au Droit des gens, si nombreux et souvent si remarquables, publiés en France et surtout à l'étranger, ou bien sont inabordables par leur développement même pour ceux qui ne sont pas déjà familiarisés avec la science, ou bien se réduisent à un exposé d'idées générales insuffisantes pour qui a besoin d'être mis au courant du développement historique et des règles actuelles du Droit international positif. Présenter les principes de notre science et les dispositions positives les plus importantes qui régissent de nos jours les rapports internationaux, tel est le but de ce *Précis* ainsi particulièrement destiné aux étudiants de nos Facultés de droit et aux aspirants à la carrière diplomatique ou consulaire.

Le but général de cet ouvrage en a inspiré la méthode. Nous avons tenu, en traitant d'une science qui est fondée sur l'observation historique, à confirmer les idées générales par des exemples empruntés surtout à l'époque contemporaine qui nous présente le dernier état de l'évolution des esprits et des relations internationales.

D'autre part, dans une étude juridique où la doctrine tient une si large place faute de législateur et, par conséquent, de textes, nous avons dû nous référer souvent aux écrits des publicistes; pour ne pas surcharger le livre de notes, nous nous sommes borné à citer les principaux traités d'ensemble anciens et modernes, étrangers et français (V. nos 20 à 35), sans y revenir pour chaque question particulière dont la place est facile à trouver dans ces ouvrages; puis, sur chaque sujet spécial, nous donnons une bibliographie sommaire qui, sans avoir la prétention d'être complète, comprend les ouvrages les plus importants, surtout ceux qui sont plus facilement accessibles pour le public français.

Nous ne dirions pas toute notre pensée si nous n'ajoutions pas que nous nous sommes aussi préoccupé de défendre les droits de notre pays et de justifier sa conduite, les premiers trop souvent méconnus, la seconde fréquemment dénaturée par des écrivains étrangers. Comme nous l'écrivions en 1889 (*Rev. intern. de l'enseignement,* 1889, p. 145), nous pensons que, derniers venus dans l'enseignement officiel du Droit international déjà si développé en Allemagne, en Angleterre, en Italie, où l'on a fondé une véritable école nationale qui éclaire et soutient les actes de la diplomatie en même temps qu'elle prépare des auxiliaires précieux pour la politique extérieure, nous devons également créer une école française du Droit des gens : l'intérêt de notre Patrie peut y gagner beaucoup sans que l'impartialité scientifique y perde rien; l'esprit de raison et de justice qui caractérise notre race nous permettant d'affirmer, avec le témoignage de plusieurs faits historiques, que la défense de nos intérêts légitimes nous laisse, plus qu'à tous autres peut-être, la notion nette du Droit avec la volonté ferme de le respecter et de le servir.

Frantz DESPAGNET.

1er octobre 1893.

ABRÉVIATIONS

R. D. I. désigne la *Revue de Droit international et de législation comparée.*
J. *Clunet* désigne le *Journal du Droit international privé,* dirigé par M. Ed. Clunet.

INTRODUCTION

CHAPITRE PREMIER

DÉVELOPPEMENT HISTORIQUE DU DROIT INTERNATIONAL[1]

1. Le Droit, considéré dans sa portée générale, comprend l'ensemble de tous les rapports entre les êtres humains au point de vue du fonctionnement de la vie sociale ; à ce titre, il embrasse non seulement les rapports entre les individus, mais encore ceux qui s'établissent entre les collectivités. Par suite, une des branches du Droit se trouve naturellement consacrée aux relations qui naissent entre les collectivités les plus importantes, c'est-à-dire entre les Etats ; c'est celle qui est désignée sous le nom de *Droit international*.

2. Mais, malgré son importance, cette partie du Droit ne s'est développée que fort tard, et, encore aujourd'hui, elle est loin d'avoir atteint le degré de précision et de perfectionnement du Droit public ou privé organisé dans les différents Etats. La raison en est facile à comprendre.

L'homme qui, par les nécessités de sa nature physique et morale, ne peut vivre qu'en société, a senti, dans la condition la plus primitive et, par conséquent, la plus rudimentaire de l'état social, l'obligation absolue de réglementer les rapports entre les individus faisant partie d'une même société comme entre ces individus et l'autorité qui, reconnue par eux ou imposée par la force, dirigeait leur association. De là la concomitance d'un droit interne public et privé, plus ou moins impar-

---

(1) Bibliographie : 1° Introduction des principaux traités de Droit international (V. n° 34) ; 2° *Introduction au Droit des gens*, par F. de Holtzendorff et A. Rivier; édit. française, 1889 ; 3° E. Chauveau, *Le Droit des gens. Introduction*, 1892 ; 4° Wheaton, *Histoire des progrès du Droit des gens en Europe et en Amérique, depuis le traité de Westphalie jusqu'à nos jours ;* 5° *Etudes sur l'histoire de l'humanité* ou *Histoire du Droit des gens et des relations internationales*, par Laurent, 18 vol., 1851-1870; 6° Pierantoni, *Storia del diritto internazionale nel XIX secolo*, 1876 ; 7° Ch. de Martens, *Nouvelles causes célèbres du Droit des gens*, 2ᵉ édit., 1858-1861.

fait, avec la formation des premières sociétés qui n'auraient pu subsister un seul jour sans lui.

C'est beaucoup plus lentement que l'on s'est élevé jusqu'à la conception de l'individualité des sociétés formant des États, de leur égalité et, par conséquent, jusqu'à la notion du respect de leurs droits et de la nécessité d'établir et d'appliquer des règles générales fixant et organisant les rapports des différents Etats entre eux. L'humanité, en effet, a pu vivre longtemps sans tenir compte de ces rapports internationaux, étant donnée la possibilité, à la rigueur, surtout dans la période primitive de l'histoire, d'un isolement absolu de chaque Etat, d'une pratique complètement égoïste par laquelle il se refusait à toute relation avec les autres collectivités, n'ayant d'autre règle et d'autre but que de les repousser quand elles l'attaquaient, ou de les dominer par la force, s'il le pouvait. En somme, la nature humaine qui a commandé l'état social dès l'origine a fatalement entraîné le droit interne sans lequel l'état social est impossible. Au contraire, le droit international ne s'est constitué que du jour, relativement récent, où le développement des différents Etats a entraîné pour eux la nécessité de relations plus ou moins intimes et plus ou moins suivies, où s'est révélé le besoin de communication réciproque au point de vue moral, intellectuel, religieux ou économique, besoin qui n'est lui-même qu'une conséquence des progrès internes réalisés dans chacun des Etats. Aujourd'hui encore, malgré l'immense développement de la civilisation, cette communication entre les Etats, matière en quelque sorte du Droit international, est loin d'avoir le caractère constant, étendu et régulier des communications interdividuelles entre les nationaux d'un pays, relations qui forment la matière du Droit interne.

3. La naissance tardive et le développement incomplet du Droit international par rapport au Droit interne s'expliquent encore par son mode de formation beaucoup moins simple et efficace. Dans la société la plus rudimentaire, une autorité quelconque a formulé d'une façon plus ou moins précise le droit applicable et en a assuré le fonctionnement par une sanction plus ou moins bien déterminée et énergique. Le droit interne avait ainsi sa source certaine et sa garantie d'observation assurée. Sans doute cet état de choses était nécessairement précédé d'un état de conscience générale en vertu duquel les hommes, groupés

en société, avaient le sentiment de la nécessité d'un droit et la volonté dans l'ensemble de s'y conformer : c'est la conscience sociale, conséquence de l'instinct de sociabilité des hommes et sans laquelle la société serait impossible. Mais cet état d'esprit s'est trouvé considérablement aidé et soutenu par l'organisation sociale elle-même, l'autorité supérieure édictant la loi, l'appliquant et l'imposant par la force, évitant ainsi à la collectivité des difficultés inhérentes à la formule et à l'application du droit, empêchant surtout, par la sanction, que, sous l'influence des passions et des intérêts, la collectivité entière ou certains de ses membres ne réduisissent à néant ce droit de la nécessité générale duquel tous ont cependant conscience. Ce puissant secours fait complètement défaut au Droit international. S'adressant aux Etats souverains, insusceptibles par leur nature même d'être assujétis à une autorité supérieure, il ne connaît pas de loi générale au sens juridique de l'expression, ni d'autorité judiciaire qui domine les Etats sujets du droit, ni surtout de sanction précise et assurée. Il n'a pu se constituer que par un développement de la conscience de l'humanité qui a fini par comprendre la notion d'égalité juridique des divers Etats, ce qui devait conduire au sentiment de l'obligation de respecter les droits reconnus en eux et de la nécessité d'établir, par une entente commune, faute de législateur suprême, des règles à observer dans les rapports internationaux. Cette transformation dans les idées, en même temps qu'une conception plus intelligente de l'intérêt national faisant substituer à l'ancienne pratique de l'isolement égoïste les communications internationales de plus en plus étendues et faciles, ont provoqué un état de conscience dans les Etats les plus civilisés analogue à celui qui, dans chaque groupe d'hommes, a permis la création des sociétés. Cette conscience de la nécessité d'un Droit international est, au fond, la base unique de notre science, et, comme elle ne correspond pas à une nécessité inéluctable, qu'il a même été possible de s'en passer presque complètement dans la première période de l'humanité, à la différence d'un Droit interne qui est la condition de l'Etat social en dehors duquel l'humanité n'a jamais pu vivre, on s'explique que le Droit international ne soit né que du jour où le développement de la civilisation a été assez avancé pour permettre les conceptions sur lesquelles il repose et qui ont été indiquées plus haut. Mais ce n'est pas tout. La conscience générale ne peut que vaguement concevoir le Droit; elle en saisit la nécessité plutôt qu'elle n'en formule la règle; elle est très insuffisante pour le préciser, impuissante pour l'appliquer et le sanctionner d'une manière effective. Aussi ne faut-il pas s'étonner des longs tâtonnements pour arriver à des formules nettes et de l'insuccès presque complet pour aboutir à une sanction satisfaisante du Droit international. Ce dernier n'a pas, comme le Droit interne, un législateur, des tribunaux et une autorité exécutive; né de la conscience de l'humanité, il ne peut compter que sur les progrès de celle-ci pour arriver à des formules, à un mode d'application et de sanction, grâce à l'accord des Etats qui est l'expression positive et toujours plus claire de cette conscience.

4. En abordant l'histoire du Droit international, il faut remarquer que ses phases diverses se caractérisent par la suprématie de la tendance *particulariste* ou de la tendance *cosmopolite,* ou par la conciliation des deux qui est l'objectif idéal du Droit international.

La tendance particulariste est caractérisée par l'importance exclusive donnée à l'indépendance de chaque Etat; tandis que la tendance cosmopolite s'accuse par les concessions faites au point de vue de l'autonomie de chaque Etat pour permettre les relations plus larges et plus faciles avec les autres. Nous verrons plus tard (V. n° 41) que chacune de ces deux tendances est également à respecter; sans la première on sacrifie la notion même de l'Etat, l'individualité juridique qui constitue le terme dans les rapports internationaux; mais, en écartant la tendance cosmopolite, on détruit les rapports internationaux eux-mêmes et le résultat est identique. Remarquons seulement, pour le moment, que les progrès du Droit international se résument dans la conciliation plus ou moins complète de ces deux tendances également indispensables.

5. Il est à remarquer de plus, au point de vue de l'histoire de notre science, que, universel de sa nature et ne pouvant être formé que par l'accord des différents Etats, le Droit international a cependant suivi une marche différente dans son évolution. Ainsi que l'observe Heffter, chaque Etat a commencé par poser pour lui-même la loi de ses rapports avec les autres Etats. Dès qu'il est sorti de l'isolement, il s'établit dans son commerce avec les autres une loi commune à laquelle nul ne peut plus se soustraire sans compromettre sa propre existence et ses rapports internationaux. Cette loi commune, résultat de l'entente des différents Etats, fondée d'abord sur la nécessité ou sur des besoins purement matériels, va se perfectionnant sous l'influence des idées de justice, d'intérêt bien entendu, voire même quelquefois de solidarité et de bienveillance internationales.

SECTION I

L'ANTIQUITÉ

6. Le caractère commun des principaux peuples de l'antiquité, c'est-à-dire l'association religieuse fondée sur un culte commun, était, de sa nature, exclusif du Droit international tel que nous le concevons de nos jours. La fraternité entre les membres d'un même Etat avait pour corrélatif l'exclusion de rapports pacifiques avec les autres associations religieuses, c'est-à-dire avec les autres Etats et, par suite, la négation, en principe, de tout droit au bénéfice de ces Etats ou de leurs membres. Cantonnés dans cette préoccupation égoïste de l'intérêt national confondu, au moins à l'origine, avec celui de leur religion particulière, ces peuples antiques, suivant leur caractère particulier et leurs ressources, n'ont que deux lignes de conduite également contraires à l'établissement d'un Droit international régulier : ou bien l'isolement farouche, ou bien la domination des autres Etats ; dans un cas comme dans l'autre, la seule relation internationale est la guerre.

C'est ce que montre clairement l'absence complète, malgré le grand développement philosophique et juridique des Grecs et des Romains, de toute théorie générale et de tout ouvrage d'ensemble sur notre science, sauf les écrits de Démétrius de Phalère, le livre *De bello et pace*, de Varron, cité par Aulu-Gelle (I, 25), qui ne nous sont pas parvenus, et certains passages d'Aristote. Quelques textes épars de Tite-Live, de Gaïus et du Digeste, voilà pour le point de vue juridique. Il est vrai que quelques philosophes anciens, spécialement dans l'Ecole stoïcienne, se sont élevés jusqu'à la conception de l'unité du genre humain et d'un droit commun qui devrait la régir. Mais aucun, pas même Cicéron,

qui est allé plus loin que tous en ce sens, dans le *De Officiis* et le
De Republicâ, n'est sorti des considérations générales tirées de
l'unité du genre humain et n'a eu la notion nette de l'égalité
juridique des Etats et d'un droit international devant régler
leurs rapports.

Au point de vue de la tendance cosmopolite, c'est-à-dire des
relations entre Etats, les anciens n'ont guère songé qu'à la
guerre pour la réaliser, avec, la plupart du temps, la préoccupation exclusive de dominer les autres peuples, ce qui était une
conséquence naturelle du défaut de reconnaissance et, par
suite, de respect de leur individualité juridique. Sans ménagements d'ailleurs dans la guerre, ils niaient tous les droits du
vaincu sur ses biens et sur sa personne, ce qui amenait la confiscation générale de tout ce qui lui appartenait, le massacre des
prisonniers d'abord, plus tard leur réduction en esclavage.

7. Cependant les progrès mêmes de la civilisation antique
amenèrent des rapprochements pacifiques dus spécialement à
certaines causes dont les principales sont : le développement du
commerce maritime des Grecs et des colonies qu'ils fondèrent;
l'activité à ce double point de vue des Phéniciens en particulier
et l'application générale de leur alphabet ; l'influence universelle de la culture morale, intellectuelle et artistique de la
Grèce ; l'extension de la puissance romaine et, par voie de conséquence, des principes du Droit romain. En présence de ces
rapports pacifiques inévitables, les peuples anciens donnèrent
au règlement des relations internationales un caractère juridique souvent dominé, surtout à l'origine, par une idée religieuse,
et ce règlement forma une partie du droit interne de chacun
d'eux. La base fondamentale en était la bonne foi dont l'observation était placée sous la garantie de la divinité et organisée
d'une manière juridique, spécialement dans les traités dont on
trouve des exemples jusque dans l'antiquité la plus reculée et
qui, par leur conclusion même, supposaient souvent une idée
d'égalité, au moins momentanée, entre les Etats contractants et
la reconnaisance de leur personnalité respective.

Ces idées générales établies, il suffit d'en voir l'application
chez les deux peuples les plus importants de l'antiquité, les
Grecs et les Romains.

8. Les Grecs niaient toute espèce de droit aux peuples qui n'étaient pas de race hellénique, à ceux qu'ils qualifiaient de barbares ; suivant Tite-Live « *cum alienigenis, cum barbaris æternum omnibus Græcis bellum est* ». Entre les différents peuples grecs, la communauté de race, de religion et de culture amena l'adoption d'une loi commune des Hellènes, d'après l'expression de Thucydide, loi commune qui, n'étaient son application trop restreinte aux rapports des seuls peuples de la Grèce et la tendance trop fréquente de plusieurs d'entre eux à conquérir l'hégémonie sans tenir compte de la souveraineté des autres, pourrait être considérée comme la première manifestation relativement perfectionnée du Droit international.

Cette loi commune se révélait de plusieurs manières.

1° Par la concession de droits plus ou moins étendus dans chaque cité aux citoyens d'une autre, au moyen de traités généralement stipulés sous la condition de réciprocité ; par exemple : l'*atélie* ou franchise des douanes ; l'*asylie,* garantie des biens et des personnes en cas de conflit entre les deux Etats ; l'*isopolitie* ou assimilation complète aux citoyens de la cité, même au point de vue des droits politiques. 2° Par l'inviolabilité assurée aux ambassadeurs et autres envoyés internationaux dont la mission était alors spéciale et temporaire. 3° Par de nombreux traités dans lesquels les divers Etats de la Grèce réglaient leurs rapports respectifs et dont plusieurs rendaient l'arbitrage obligatoire pour résoudre les conflits. 4° Par la *proxénie,* institution d'après laquelle les citoyens d'une cité prenaient sous leur protection, spécialement au point de vue des actions en justice, les citoyens d'un autre Etat, sur la désignation soit de l'autorité du pays où cette protection devait s'exercer, soit de l'Etat auquel appartenaient les citoyens protégés. On a pu voir, dans cette dernière institution, l'origine lointaine de nos consulats. Souvent d'ailleurs la fonction de *proxène* pour les nationaux d'un pays était héréditaire dans une famille ; c'est ainsi que, au dire de Xénophon, les Alcibiades étaient de père en fils les proxènes des Lacédémoniens à Athènes. 5° Enfin par des unions des Etats grecs, représentées dans des Congrès, et qui avaient pour mission de régler les questions d'intérêt commun. Ces congrès ou amphictyonies, dont le principal fut celui de Delphes, n'avaient d'abord qu'un objet religieux ; ils ne tardèrent pas à se transformer en assemblées politiques et même en tribunaux suprêmes chargés de statuer sur l'observation des règles du Droit des gens dans les rapports des Etats de la Grèce (1).

9. Plus farouches encore que les Grecs dans leur exclusivisme, les Romains nièrent, dans le principe, toute espèce de droit à l'étranger qui, pour eux, ne fut d'abord qu'un ennemi. La loi des XII Tables exprimait cette négation du droit de l'étranger dans la fameuse règle : « *Adversus hostem æterna auctoritas esto* ». Cependant, dans la suite, les Romains conçurent la notion nette de l'Etat et de sa personnalité civile, comme le montre la fameuse définition de Cicéron (*De Republicâ*, I, 25) souvent reproduite depuis. Mais, en dehors d'une reconnaissance spéciale, généralement au moyen d'un traité, le droit de l'étranger est toujours méconnu, comme le prouve l'application du *jus postliminii* en temps de paix.

Cependant deux influences introduisirent dans le Droit de Rome quelques germes de droit international, sans parler des améliorations que le droit civil apporta dans la condition des étrangers au moyen de la gradation qui, du *barbare,* du *déditice* et du simple *pérégrin,* allait jusqu'au citoyen romain, en passant par les situations intermédiaires de *Latinus vetus, coloniarius, Junianus,* et au moyen de la création d'institutions judiciaires faites pour les étrangers, le *Prætor peregrinus* et les *recuperatores.*

10. La première de ces influences est celle de la religion. On lui doit, tout d'abord, l'inviolabilité des envoyés internationaux *(sancti habentur legati),* auxquels on attribuait probablement l'immunité de la juridiction répressive, sinon civile.

On lui doit encore l'institution du collège des *Fétiaux,* prêtres et magistrats, dont la mission, au moins au début, était d'apprécier la légitimité des guerres, d'interpréter les règles des rapports internationaux, de garder la tradition et les rites secrets qui formaient le *Jus fetiale* ou Droit international des

---

(1) Bibliographie : Ch. Tissot, *Des Proxénies grecques et de leurs analogies avec les institutions consulaires modernes,* 1863; Egger, *Etudes historiques sur les traités publics chez les Grecs et les Romains, depuis les temps les plus anciens jusqu'aux premiers siècles de l'ère chrétienne,* 1866 ; Bürgel, *Die Pylæisch-Delphische Amphiktyonie,* 1877; Dubois, *Les ligues étoliennes et achéennes,* 1884; Schomann, *Griechische Alterthümer,* t. II, 3ᵉ édit., 1873 ; Fustel de Coulanges, *La Cité Antique ;* A. Geffroy, *Les origines de la diplomatie, Rev. d'histoire diplomatique,* 1887, p. 560.

Romains, et qui, plus longtemps, furent chargés de déclarer solennellement la guerre, condition indispensable pour qu'il y eût *bellum justum,* c'est-à-dire hostilités régulières en la forme et susceptibles d'entraîner des conséquences juridiques, notamment l'esclavage pour les captifs.

La guerre avait ainsi ses règles; on la distinguait avec soin de la lutte civile ou contre des nationaux violant les lois, lutte qui ne pouvait jamais constituer un *bellum justum.* La déclaration en était faite suivant une procédure déterminée rappelant beaucoup celle des actions de la loi, ce qui s'explique si l'on songe que les actions de la loi n'étaient elles-mêmes qu'une régularisation de l'emploi de la force, jadis sans frein dans les rapports privés.

Enfin à l'influence religieuse il faut attribuer encore le respect des traités placés sous la garantie du serment. Etant donné leur caractère, les Romains ne pouvaient d'ailleurs manquer de donner aux traités internationaux les règles juridiques des contrats. Les traités sont, pour eux, une *sponsio* (Gaïus, III, § 94); le *fœdus,* traité d'alliance, est un pacte sous serment analogue au pacte organisé par le préteur; de ces divers actes naissent des obligations soutenues par des actions soumises à une procédure régulière et sanctionnées par une déclaration de guerre légitime (Tite-Live, I, 32).

11. La seconde influence qui a agi sur le Droit international des Romains est celle de leur politique générale, si bien mise en relief par Montesquieu dans ses *Considérations sur les causes de la grandeur et de la décadence des Romains.* A certains peuples, suivant les inspirations de son intérêt, Rome accordait son amitié attestée par des pactes, *fœdera,* et elle se trouvait conduite ainsi à nouer des rapports pacifiques et réguliers. Mais à l'égard des peuples que son intérêt ne lui commandait pas de ménager, elle gardait toujours sa rigueur primitive (L. 5 § 2 et l. 24 Dig. *De Captivis*).

12. Du reste, le fond même de la politique romaine était la négation du Droit des gens. N'ayant qu'un objectif, soumettre l'univers à sa puissance, demandant à tous, même aux *populi fœderati,* de reconnaître la *Majesté* du peuple romain, niant par conséquent l'égalité et même l'individualité des autres Etats, Rome ne pouvait concevoir le Droit international. Lors même que, par un *fœdus* ou pacte d'alliance, elle semblait consacrer l'individualité et l'égalité des peuples alliés, elle ne voyait en eux que des auxiliaires plus ou moins subordonnés destinés, pour la plupart, à devenir des sujets, à tel point que les rapports avec les peuples alliés, prétendus autonomes, sans faire partie du Droit international tel que nous le comprenons, n'étaient qu'une branche de l'administration intérieure (V. 1. 7 Dig., *De Captivis;* Duruy, *Hist. des Romains,* III, p. 630).

Cependant, sinon en pratique, du moins en théorie, la philosophie stoïcienne à Rome, moins dominée qu'en Grèce par l'exclusivisme religieux, a eu une tendance plus humaine et par conséquent plus favorable au Droit international. Il suffit, pour s'en convaincre, de comparer Platon et Aristote approuvant les plus grandes rigueurs contre les étrangers non protégés par des traités, avec les idées généreuses qu'exprime Cicéron. (*De legibus,* liv. III, 20 ; *De officiis,* liv. I, tit. 7 et 13, liv. II, tit. 8) (1).

Au fond, l'œuvre principale de Rome, dans l'évolution du Droit international, a été de rapprocher les principaux peuples de l'antiquité en leur donnant une législation commune après les avoir à peu près tous soumis à son autorité, ce qui fut, comme on le sait, un fait accompli à partir de la fameuse constitution d'Antonin Caracalla imposant le Droit romain à tous les habitants de l'Empire. Pour arriver à ce grand résultat d'assimilation générale, elle améliora progressivement la condition des étrangers en la graduant avec une politique consommée. On peut indiquer, à ce titre, indépendamment des diverses catégories déjà signalées, depuis celle de barbare jusqu'à celle de citoyen romain, des institutions qui rappellent celle de la *proxénie* usitée chez les Grecs. Ce sont : le *patronatus* par lequel le citoyen prenait sous sa protection, sans perspective de réciprocité, les personnes sans secours de par la loi, notamment les pérégrins, en vertu d'un contrat appelé *applicatio,* et qui

---

(1) Bibliographie : Von Ihering, *L'Esprit du Droit romain* (I, § 19, pp. 233 et suiv.); Voigt, *Jus naturale æquum et bonum,* (II, pp. 103 et suiv.); *idem, De fetialibus,* 1872; Weiss, *Le Droit fétial et les Fétiaux à Rome,* 1883; Chauveau, *Le Droit des gens dans les rapports de Rome avec les peuples de l'Antiquité, Nouvelle Revue historique de Droit,* 1891; *Manuel d'Antiquités romaines* de Mommsenn et Marquardt, trad. Brissaud, t. II, *le Culte.*

constituait souvent une mission collective et même héréditaire
dans une famille; Cicéron était le patron de toute la Sicile,
Caton de Chypre, les Fabii des Allobroges, les Claudii des Lacédémoniens; en second lieu, l'*hospitium* qui aboutissait au
même résultat, mais qui impliquait la réciprocité dans le pays
étranger, au bénéfice du citoyen romain protecteur, s'il y avait
besoin lui-même de protection. Le grand œuvre de rapprochement ainsi réalisé par Rome n'était acquis qu'aux dépens de
l'autonomie des Etats qui était complètement sacrifiée; mais
c'était la préparation du grand mouvement de relations réciproques qui allait se produire plus tard entre les peuples formés
par le morcellement de l'Empire romain et que devait fatalement
réunir le lien que Rome avait antérieurement établi entre eux.

SECTION II

DE L'INVASION BARBARE AU TRAITÉ DE WESTPHALIE

13. Les peuplades germaniques qui s'établirent dans l'occident
de l'Europe étaient dominées par un grand esprit d'exclusivisme
venant de leur constitution même. Formées par l'association des
hommes libres de chaque tribu, elles plaçaient systématiquement hors de la loi et de toute protection quiconque n'en faisait
pas partie, par conséquent les étrangers, lesquels étaient pour
elles tous ceux qui n'étaient pas affiliés à leur corporation.
Imbues, en même temps, d'un sentiment individualiste, alors
sans frein et même brutal, elles ne concevaient même pas nettement la notion de l'Etat et ne pouvaient, par suite, songer en
aucune façon à l'élaboration d'un Droit international.

Dans le désordre et l'anarchie de cette période purement barbare, on ne peut guère retenir, au point de vue de notre science,
que le respect, fait en grande partie d'indifférence, des peuplades germaniques à l'égard des lois et des institutions des peuples
vaincus par elles; c'est le régime de la *personnalité des lois* en
vertu duquel les peuples soumis gardent leur législation sans
que le vainqueur songe à leur imposer la sienne, même pour les
points les plus importants et se rattachant à ce que nous appe-
lons aujourd'hui l'ordre public; preuve manifeste que les Ger-
mains n'avaient pas la notion de l'Etat et spécialement de sa

souveraineté par laquelle il impose certaines règles de droit d'une manière absolue sur son territoire.

Les quelques Etats fondés dans cette période n'ont ni consistance, ni durée ; c'est sous la Féodalité seulement que l'idée de la puissance territoriale souveraine se dégage et s'affirme.

14. La Féodalité est le triomphe de la tendance individualiste par suite de la constitution des puissances territoriales s'érigeant en souverainetés plus ou moins indépendantes en droit, mais profondément exclusives en fait. Etant donnés les conditions du temps et l'esprit féodal, cette tendance pouvait aboutir à la destruction de tout Droit international, à la rupture de toutes relations entre les puissances, par le fait de la rareté et de la difficulté matérielle des communications, de la méfiance des gouvernants qui se maintenaient dans un isolement jaloux et allaient jusqu'à nier les droits les plus essentiels des étrangers, par exemple le droit de transmettre et de recueillir par succession, en s'attribuant leur hérédité par le droit *d'aubaine*, ou jusqu'à les dépouiller brutalement quand les circonstances permettaient de s'emparer de leurs biens, par exemple en exerçant l'odieux *droit de naufrage*.

Cependant la généralisation même du régime féodal dans presque tout le monde civilisé du moyen âge créa entre les différents Etats un lien qui se trouva formé par des rapports de vassal à suzerain entre eux, ou du moins entre quelques-unes de leurs parties. Il est vrai que la suzeraineté féodale est exclusive de l'idée d'indépendance et de souveraineté essentielle à la notion même de l'Etat, et, par conséquent, au Droit international lui-même ; mais elle n'en détermina pas moins entre certains Etats, notamment entre la France et l'Angleterre, un élément de relations qui auraient été peut-être bien plus lentes à se former sans elle.

15. Un autre élément de rapprochement entre les Etats du moyen-âge se trouva dans le développement même du progrès intellectuel et économique des différents pays amenant une expansion inévitable sur les autres Etats. Il faut citer, à ce point de vue, le commerce international des villes marchandes du Midi, spécialement en Italie, et au Nord celui de la Ligue Hanséatique ; la création de comptoirs dans les villes d'Orient désignées sous le nom d'Echelles du Levant, l'établissement des consulats qui en fut la conséquence, la lettre de change, imaginée ou du moins largement employée probablement depuis 1250, l'invention de l'imprimerie, le grand instrument de communication intellec-tuelle entre les hommes, l'adoption des règles de droit maritime international consignées dans des documents comme les rôles d'Oléron, le Consulat de la mer, les Tables de Wisby, le Guidon de la mer et *Las siete Partidas* promulguées par Alphonse XI de Castille au xiv° siècle. En même temps, la tendance cosmo-polite, déjà préparée par la communauté d'idées juridiques due au Droit romain considéré alors comme le Droit commun de l'humanité, se trouvait bien plus accentuée par le plus grand agent de rapprochement international qui ait jamais existé, par le christianisme.

16. Sans affirmer, comme on l'a fait quelquefois, que le chris-tianisme a seul pu fonder le Droit international, il faut recon-naître qu'il a été le grand facteur de sa formation en déterminant d'une manière générale et efficace la tendance cosmopolite sans laquelle les rapports internationaux ne peuvent pas se former. Ce rapprochement des peuples, le christianisme l'opéra en leur donnant une religion commune qui écartait les anciennes divi-sions et les hostilités des différentes religions nationales de l'antiquité ; en leur donnant, en même temps, les mêmes idées morales qui sont encore la base de la conscience de l'humanité civilisée. En dehors de cette action générale, l'influence du christianisme aboutit quelquefois à des événements particuliers dont la conséquence a été considérable au point de vue de la formation du Droit international. Beaucoup de conciles au mo-yen-âge, tels que ceux de Constance et de Bâle dont nous par-lerons bientôt, étant donnés leur but et leur composition, peuvent être assimilés à nos Congrès de puissances à l'époque moderne et ont, comme ceux-ci, agi directement sur la situation interna-tionale. D'autre part, on doit au christianisme l'entreprise des Croisades qui, bien qu'ayant échoué dans leur objet matériel, n'en ont pas moins eu des résultats immenses en donnant aux peuples chrétiens la conscience de leur solidarité, en les rapprochant les uns des autres, en préparant ainsi leurs relations à venir, et en mettant en contact enfin l'Occident avec l'Orient, ce qui a provoqué des rapports qui constituent encore de nos jours un des problèmes les plus intéressants du Droit international.

On doit en outre au christianisme une morale de charité profondément humaine, inconnue à l'Antiquité, qui adoucit les rapports internationaux, fait disparaître les anciennes barbaries de la guerre et aboutit à un sentiment d'humanité et d'honneur à la fois, qui est encore le fond des règles dont s'inspirent les peuples civilisés dans les hostilités, et dont la tradition se conserva grâce à une institution inspirée à la fois de vieilles idées germaniques et de la religion chrétienne, la chevalerie. C'est ainsi que le christianisme coopéra à l'abolition des guerres privées si fréquentes au moyen-âge, par la Paix de Dieu, la Trêve de Dieu; à la protection des édifices sacrés et des personnes sans défense, femmes, enfants, clercs, juifs, etc., en même temps qu'il faisait supprimer l'esclavage en général et spécialement celui des captifs pris dans les combats. Abstraction faite des cruautés et des abus trop nombreux dans l'histoire, tels que l'expédition contre les Albigeois, les massacres du Pérou et du Mexique, qui sont l'expression d'un prosélytisme barbare et plus ou moins sincère dans une époque barbare elle-même, telle est l'œuvre du christianisme au point de vue du Droit international.

17. Cependant le christianisme avait en lui des éléments qui constituaient un obstacle insurmontable à ce qu'il pût fonder le Droit international tel qu'on doit le concevoir. Tout d'abord, le lien créé par lui entre les différents Etats ne rattachait entre eux que les peuples chrétiens et même catholiques; les infidèles et les hérétiques, placés en dehors du Droit des gens, étaient mis en face de l'alternative de la conversion ou de la lutte à outrance, voire même de la destruction. Il a fallu des siècles pour faire entrer les Etats protestants et la Turquie dans le concert européen.

D'autre part, animée d'un esprit de domination absolue, l'Eglise entendait régir les Etats catholiques et s'immisçait sans cesse dans leurs affaires extérieures ou même intérieures, toutes les fois qu'une question pouvait avoir un rapport quelconque avec le Droit canon et les intérêts de la Papauté. Armés de l'excommunication, les Papes imposent ou annulent les traités, interviennent dans les conflits internationaux, mettant partout le spirituel au-dessus du temporel, suivant les déclarations énergiques de Grégoire VII, d'Innocent III, de la fameuse bulle

« *Unam sanctam Ecclæsiam* » de Boniface VIII en 1302, et,
en 1370, de la bulle *In Cœna Domini*, plus catégorique encore.
Réaliser la fameuse formule « un Dieu, un pape, un empereur »,
en plaçant le successeur du Saint-Empire Romain sous l'autorité
du Saint-Siège, fut pendant quelque temps le rêve de l'Eglise.
C'est alors que le pape Adrien IV donnait à Henri II d'Angleterre l'*autorisation* de conquérir l'Irlande. Ainsi, quoique dans
un esprit différent, l'Eglise agissait comme Rome et niait l'indépendance et l'autonomie absolue des Etats. Cette prétention fut
énergiquement combattue par les gouvernants des différents
pays, spécialement par les empereurs d'Allemagne au sujet de
la fameuse querelle des investitures, et condamnée aux conciles
de Constance (1414-1418) et de Bâle (1431-1443). Si, depuis,
l'influence de la Papauté se montra encore dans des questions
du Droit international, ce n'est guère qu'à titre d'autorité
morale, et encore fut-elle bien discutée. La bulle d'Alexandre VI
du 4 mai 1493, qui partagea les terres à découvrir entre l'Espagne et le Portugal et que confirma, à la fin de 1493, une autre
bulle de Jules II, ne fut pas respectée par les Etats intéressés
qui réglèrent leurs différends par eux-mêmes dans le traité de
Tordesillas du 5 juin 1494.

Cependant, bien qu'ayant échoué dans cette tentative de
domination absolue, la Papauté, abstraction faite de sa situation
de gouvernement temporel et agissant comme chef de la chrétienté, aboutit à régler par des traités, connus sous le nom de
Concordats, les questions religieuses dans leurs rapports avec
le gouvernement des autres pays. Elle y a gagné d'être toujours
regardée, à ce titre, comme une personnalité du Droit international, situation qu'elle a conservée depuis la perte de son territoire en 1870 (V. nᵒˢ 151 et suiv.).

D'autre part, c'est sous son influence, combinée avec celle du
Droit romain, que commence à se dégager une étude rationnelle,
fondée sur des idées de justice, du Droit international. Le Droit
canonique s'occupe de questions rentrant dans le domaine de
notre science, spécialement de la guerre, et ses dispositions sur
ce point ont été commentées par les plus célèbres théologiens,
notamment par saint Thomas d'Aquin. Il est même remarquable
que les premiers auteurs de Droit international, véritables précurseurs de Grotius, sont des théologiens, tels que F. Suarez et
F. Victoria.

18. Pour être complet, il faut signaler, dans la période du moyen-âge, l'influence de l'Islamisme qui s'est surtout manifestée, d'une manière négative en ce qui le concerne, en rapprochant les peuples chrétiens coalisés pour repousser ses attaques. Son action s'est révélée d'une manière positive dans les lois de la guerre que les Musulmans considéraient comme leur but principal. Leur droit de la guerre, généralement modéré et même humain, fixé dans des ouvrages connus sous le nom de livre des *Hidâyah,* de la fin du xiie siècle, et des *Vikayâh,* vers 1280, a probablement agi sur les usages des peuples chrétiens et même sur les règles de la chevalerie.

19. Malgré ces éléments de progrès, le Droit international, surtout depuis le xve jusqu'au milieu du xviie siècle, fut paralysé dans la pratique par une diplomatie égoïste et fourbe. Les traités sont souvent violés et sans cesse modifiés ; les questions d'intérêt individuel pour les souverains, sans souci des Etats eux-mêmes, successions, dots, mariages, y tiennent la plus grande place. On applique le système que Heffter qualifie de *copartageant,* par lequel les souverains, sans se préoccuper des droits des Etats, s'associent pour partager en commun le bénéfice obtenu au détriment d'une autre puissance. Cette diplomatie a pour manuel, en quelque sorte, le livre du *Prince,* de Machiavel (1469-1527). On abusa d'ailleurs des idées du célèbre Florentin qui se proposa surtout de fonder la politique sur l'intérêt, de dégager la diplomatie de l'influence religieuse, de provoquer avec les Turcs des alliances jadis impossibles, et de formuler le principe de l'équilibre des Etats dans un but de sauvegarde pour chacun. A cette dernière idée, véritable réaction contre les abus de la diplomatie menteuse et de la force, se rattache le fameux projet de Confédération des Etats de l'Europe, attribué à Henri IV et qui est plutôt l'œuvre de Sully, dont nous aurons à parler plus loin.

Mais, dès le xvie siècle, la féodalité décline pour être bientôt vaincue ; la souveraineté monarchique, avec l'unité de l'Etat autonome et indépendant de l'autorité spirituelle, s'affirme (V. *Les six livres de la République,* de Jean Bodin, 1577) ; les grandes individualités du Droit international se dégagent, et nous entrons dans une nouvelle période.

SECTION III

DU TRAITÉ DE WESTPHALIE A LA RÉVOLUTION FRANÇAISE

20. Quand les grands Etats autonomes et suffisamment homogènes qui devaient former désormais les personnes du Droit international se furent constitués, les découvertes réalisées par les peuples européens, spécialement par les Espagnols et les Portugais, offrirent un vaste champ à l'expansion internationale et donnèrent naissance à l'important problème de l'occupation des territoires, en même temps qu'elles imprimèrent une activité nouvelle aux relations maritimes qui ont toujours joué un rôle considérable dans le développement du Droit international. C'est en présence de cette situation particulièrement favorable à la création d'une doctrine des rapports internationaux que la Réforme apparut. Dans notre ordre d'idées comme dans toutes les manifestations de l'esprit humain, la Réforme apporta le principe de libre examen, fondé sur les seules données de la raison, en combattant les préjugés provenant de l'ancienne influence religieuse. Après la guerre de Trente ans, qui fut l'expression violente de la lutte de l'esprit nouveau contre l'ancien, les négociations suivies à Münster et à Osnabrück aboutirent aux fameux traités dits de Westphalie (1648), qui marquèrent une ère nouvelle, déjà préparée par un grand travail de l'opinion publique et les écrits des publicistes, surtout par le célèbre *De jure belli et pacis* de Hugo Grotius (1625).

Les idées essentielles qui se dégagent du traité de Westphalie et qui constituent encore la base de la doctrine moderne du Droit international sont les suivantes. 1° La souveraineté des Etats dans la direction des relations extérieures est dégagée de l'influence religieuse représentée jusque-là par le Saint-Siège. Par voie de conséquence, on renonce à l'ancien exclusivisme religieux dans les rapports internationaux et le concert européen s'établit entre tous les peuples chrétiens, protestants ou catholiques. On ne put encore aller jusqu'à l'admission des peuples infidèles, et la Turquie n'entra dans le concert européen qu'au traité de Paris du 30 mars 1856. 2° Une autre cause d'exclusivisme, venant de l'esprit monarchique, tend également à disparaître : des Etats républicains, la Suisse, les Pays-Bas, Venise,

traitent d'égal à égal avec les puissances royales. 3° Dégagée
de ces deux entraves, l'une religieuse, l'autre politique, la
diplomatie peut affirmer, dans le traité de Westphalie, le principe de l'égalité juridique des Etats et accepter l'idée fondamentale d'une *société* existant entre eux, en vertu de laquelle
ils doivent tous régler d'un commun accord leurs relations
réciproques.

Grâce à ce grand acte de politique internationale et aux principes qu'on pouvait en dégager s'ils n'y étaient pas formellement consignés, la doctrine, déjà développée antérieurement
depuis Grotius, progresse sans cesse et prépare la voie à une
foule de réformes que consacre encore le Droit international
contemporain. Sans entrer dans le détail de l'évolution historique
de chacune de ces réformes, détail que nous aurons à exposer
en étudiant dans la suite les diverses matières auxquelles elles
se rattachent, qu'il nous suffise de dire que, dans cette période,
on fixe les règles de la saisie des marchandises ennemies sur
navires neutres, de la contrebande de guerre, du blocus, du
droit de visite, de la liberté des mers, des privilèges des ambassadeurs et des préséances diplomatiques, etc.

21. Au point de vue de son influence de fait sur les rapports
internationaux, ce que l'on peut appeler son influence politique,
le traité de Westphalie forme comme la charte fondamentale
du monde européen jusqu'à la Révolution. Il dut surtout cette
grande portée au principe qu'il consacrait en fait sans le nommer formellement comme le fit, pour la première fois, le traité
d'Utrecht, c'est-à-dire l'équilibre européen ; en d'autres termes,
cette idée générale d'après laquelle les peuples ont le droit de
se coaliser pour mettre obstacle aux agrandissements excessifs
d'une puissance susceptible de compromettre, par ses augmen-
tations mêmes, la sécurité des autres Etats. Logiquement cette
doctrine entraîne celle de l'intervention, c'est-à-dire de l'immixtion dans les agissements d'un Etat considérés comme de
nature à rompre l'équilibre qu'on poursuit. En même temps, les
relations internationales deviennent plus intimes et plus suivies
par la création des légations permanentes substituées aux ambassades temporaires, généralement en usage jusque-là (1).

---

(1) V. Nys, *Les commencements de la Diplomatie et le Droit d'ambassade
jusqu'à Grotius*, R. D. I., t. XV, p. 577 et t. XVI, pp. 55 et 167.

Aussi ne faut-il pas s'étonner que toute l'histoire des peuples européens de 1648 à 1789 soit dominée par la question de l'équilibre, par les efforts faits pour le détruire au bénéfice d'un Etat et pour le rétablir au profit de tous. Les guerres de conquête de Louis XIV aboutissent au traité d'Utrecht (1713) qui fixe à nouveau la situation de l'Europe sur la base de l'équilibre, comme il le dit formellement, et qui a toujours été confirmé dans les divers traités généraux jusqu'en 1814. Après une assez longue paix, la question de l'équilibre est remise en jeu par la succession d'Autriche qui provoque la guerre de Sept ans.

Les traités de Paris et d'Hubertsbourg, en 1763, en terminant cette guerre, ne marquent guère que des événements de fait agissant sur la politique internationale, sans indiquer de principes scientifiques nouveaux : la grande diminution des possessions coloniales de la France et, par contre, l'énorme développement, à ce point de vue, de l'Angleterre ; la décadence de l'Espagne qui passe au rang de puissance de second ordre ; l'avénement de la puissance prussienne dirigée par Frédéric II ; l'entrée de la Russie comme Etat de premier ordre dans le concert européen qu'elle devait souvent dominer depuis.

Pendant ce temps, une diplomatie non moins égoïste et fourbe que celle du xv⁰ et du xvi⁰ siècles paralyse grandement les efforts faits par la doctrine, alors très brillante, pour fixer sur des bases équitables et rationnelles le Droit international. En 1772, en 1793 et en 1795, s'accomplit le partage de la Pologne entre la Russie, la Prusse et l'Autriche, c'est-à-dire l'acte politique le plus monstrueux et la négation la plus cynique du Droit international dans les rapports des peuples civilisés. Ces abus de l'intérêt égoïste provoquèrent parfois des réactions dans le sens des vrais principes : telle est la fameuse *ligue de la neutralité armée* due à l'initiative de Catherine II, en 1780, pour répondre aux actes de l'Angleterre dans la guerre maritime.

Enfin cette période se termine par un événement des plus importants, la reconnaissance des Etats-Unis comme puissance indépendante, au traité de Versailles, en 1783.

SECTION IV

DE LA RÉVOLUTION FRANÇAISE A 1848 (1).

22. A l'actif de la Révolution, au point de vue de l'évolution progressive de notre science, il faut porter toutes les idées généreuses dont elle se fit le champion et dont l'influence a été si grande dans les rapports internationaux de l'avenir : l'égalité des hommes devant la loi, l'abolition de l'esclavage, la liberté de conscience, l'autonomie des peuples au point de vue de leur constitution politique. On fit même rédiger par Grégoire une *Déclaration du Droit des gens*. Décrété le 28 octobre 1792, le projet de Grégoire fut rejeté par la Convention, en 1795, comme étant inopportun en présence de la guerre générale dans laquelle la France était engagée.

Mais, en même temps, par son prosélytisme politique allant jusqu'à convier les peuples à l'insurrection en leur promettant un concours effectif (V. n° 207), la Révolution jeta la perturbation dans les rapports des États européens et provoqua une coalition qui tint en suspens toutes les règles du Droit international; . Napoléon maintint cette situation en menaçant l'équilibre de l'Europe par son ambition démesurée. Dans cette lutte à outrance, on voit tous les anciens principes écartés, notamment ceux qu'avait posés la Ligue de la neutralité armée de 1780 au point de vue de la guerre maritime (V. n° 625).

Cette lutte aboutit aux traités des 30 mars 1814 et 20 novembre 1815 qui enlèvent à la France toutes ses conquêtes. En même temps le Congrès de Vienne remanie complètement la carte de l'Europe, presque toujours au profit des grandes puissances, au détriment des plus faibles, sans tenir compte des sentiments et des traditions des populations, créant ainsi une situation fertile en troubles et en inquiétudes qui se révélèrent bientôt.

Au point de vue du Droit international, le Congrès de Vienne fut mieux inspiré dans quatre réformes qui portent encore leurs fruits : 1° La préparation de la Constitution de la Confédération germanique et de la Suisse ; 2° Le classement hiérarchique des

---

(1) Bibliographie : Capefigue, *Le Congrès de Vienne ;* Angeberg, *Le Congrès de Vienne et les traités de 1815 ;* Châteaubriand, *Le Congrès de Vérone ;* Marc Dufraisse, *Histoire du Droit de guerre et de paix,* 1789-1815.

agents diplomatiques ; 3º Le principe de l'entente des Etats civilisés pour abolir la traite des nègres ; 4º Le principe de la liberté de navigation sur les fleuves internationaux.

23. La période qui suit le Congrès de Vienne est marquée par une violente réaction de l'esprit monarchique et même de Droit divin contre l'œuvre de la Révolution. Le 26 septembre 1815, François II d'Autriche, Frédéric-Guillaume III de Prusse, Alexandre I de Russie conclurent à Paris la *Sainte-Alliance* à laquelle Louis XVIII adhéra le 19 novembre suivant. Presque tous les souverains adhérèrent également à la politique consacrée par cette convention, sauf le Régent d'Angleterre qui, d'après la Constitution britannique, ne pouvait signer un acte diplomatique qu'avec le contre-seing d'un ministre ; or la Sainte-Alliance, point important à noter, n'était qu'une association personnelle entre souverains et non un véritable traité passé par eux au nom des Etats qu'ils représentaient. Cette espèce de syndicat de monarques pour la défense de leurs intérêts dynastiques se bornait, au fond, à une vague déclaration de principes par laquelle les souverains signataires prenaient l'engagement de s'inspirer, dans leur politique, des idées fondamentales de la religion chrétienne. Pour rendre cette déclaration efficace, l'Angleterre, l'Autriche, la Prusse et la Russie, le 20 novembre 1815, avec adhésion de la France le 15 novembre 1818, conclurent un véritable traité d'alliance perpétuelle donnant naissance à une hégémonie et à un contrôle général des cinq grandes Puissances (la *Pentarchie*), sur les affaires de l'Europe, en vue : 1º de sauvegarder tous les résultats consacrés par le Congrès de Vienne ; 2º de défendre les Constitutions monarchiques partout où elles seraient compromises par un mouvement révolutionnaire ; 3º de recourir, si besoin était, à l'intervention armée pour atteindre ces deux buts. C'était, on le voit, nier brutalement le principe d'indépendance des peuples, anéantir la base même du Droit international en subordonnant l'ensemble des Etats à un groupe de Puissances les plus fortes. Les années qui suivent jusqu'en 1830 sont remplies par les interventions iniques qu'annonçait la Pentarchie et que préparèrent les Congrès d'Aix-la-Chapelle, 30 septembre 1818, de Troppau, 3 octobre 1820, de Laybach, 8 janvier 1821, de Vérone, 20 octobre 1822 : intervention à Naples et dans le Piémont en 1821, pour réprimer l'insurrection populaire contre les gouvernements monarchiques, décidée par l'Autriche, la Prusse et la Russie; intervention réalisée par la France en Espagne pour défendre le trône de Ferdinand VII, après la décision du Congrès de Vérone, en 1823; par l'Angleterre dans le Portugal, en 1826, bien que cette Puissance eût protesté contre celle de la France en Espagne.

Il faut signaler à part, comme ayant un caractère distinct, parce qu'elle était provoquée par le désir de délivrer un peuple chrétien opprimé par les Musulmans, de faire cesser un état de choses inquiétant pour la tranquillité de l'Europe et de répondre à l'appel de toute une population, l'intervention de la France, de l'Angleterre et de la Russie qui aboutit à la bataille de Navarin (20 octobre 1827) et à l'indépendance de la Grèce. Il est même remarquable que la crainte de contrarier les idées générales de la Sainte-Alliance et de la Pentarchie, en soutenant un mouvement insurrectionnel contre un gouvernement monarchique, fût-ce celui du Sultan, provoqua au début, surtout de la part du Czar, certaine répugnance à l'intervention en faveur de la Grèce.

24. La Révolution de 1830 fut une réaction énergique contre l'esprit de la Sainte-Alliance et les interventions qu'il provoquait. Le principe du respect de l'autonomie des autres puissances et de la non-intervention fut même posé dans la Constitution de 1830.

Aussi, quand la Prusse manifesta l'intention d'intervenir pour aider le roi de Hollande à réprimer l'insurrection des provinces belges, la France déclara s'y opposer même par la force. Quand l'Autriche donna son concours au Pape pour réduire l'insurrection des Romagnes, la France occupa Ancône le 22 février 1832 et y resta jusqu'à ce que, en 1838, l'Autriche eut évacué les Etats de l'Eglise.

Cette période vit cependant une intervention importante de la France, de l'Autriche, de l'Angleterre et de la Russie, à la suite du Congrès de Londres du 4 novembre 1830, pour assurer l'indépendance de la Belgique qui fut reconnue et déclarée neutre par les traités des 15 novembre 1831 et 19 avril 1839.

SECTION V

PÉRIODE CONTEMPORAINE DEPUIS 1848 (1).

25. La Révolution de 1848, mouvement essentiellement démocratique, eut, soit en France, soit dans d'autres pays, un contre-coup qui détermina des modifications constitutionnelles à la suite desquelles une part de plus en plus large a été donnée, dans la plupart des Etats, au contrôle de la nation sur la direction des rapports internationaux. A ce titre, elle est le point de départ d'une période nouvelle dans laquelle nous sommes encore et qui se trouve caractérisée, au point de vue du Droit international, par quelques idées générales qu'on peut ramener à trois principales.

1° La part plus large donnée à la masse des populations dans le gouvernement de la plupart des pays par l'extension du régime parlementaire, a fait des questions de Droit international des questions de plus en plus discutées, de moins en moins secrètes, contrairement à ce qui se passait quand elles étaient débattues dans les rapports souvent mystérieux des gouvernements et des diplomates; ces questions deviennent ainsi de plus en plus soumises au contrôle de l'*opinion publique* qui tend à les diriger autant qu'elle dirige déjà la politique intérieure de presque tous les pays. Cette action de l'opinion publique, au point de vue international, se trouve particulièrement renforcée par le prodigieux développement, en intensité, en facilité et en rapidité, des communications entre les divers pays, et par la solidarité d'intérêts de plus en plus accentuée qui en résulte entre les différents peuples.

2° L'affranchissement de l'esprit moderne vis-à-vis des préjugés religieux a fait effacer les anciennes limitations du Droit international aux rapports des peuples chrétiens. La Turquie est

(1) Bibliographie : 1° Angeberg, *Le traité de Paris du 30 mars 1856 et les conférences de Londres de 1871 ; Recueil des traités concernant la guerre franco-allemande*, 1870-1871; 2° Villefort, *Recueil des traités, conventions, lois, etc., relatifs à la paix avec l'Allemagne*, 1879 ; 3° G. Rothan, *Souvenirs diplomatiques, l'Allemagne et l'Italie (1870-1871)* ; *La Politique française* en 1866 ; *L'affaire du Luxembourg, le prélude de* 1870; 4° Adolphe d'Avril, *Négociations relatives au traité de Berlin et aux arrangements qui l'ont suivi (1875-1886)*; 5° Blunstchli, *Introd. au Droit intern. codifié*, trad. Lardy, pp. 19 et s.

entrée dans le concert européen par le traité de Paris du 30 mars 1856; les puissances d'Europe entretiennent des relations suivies avec les Etats jadis réputés barbares de l'Extrême-Orient, comme la Chine et le Japon; les peuples européens, entraînés par un besoin d'expansion qui est une conséquence de l'évolution économique, pénètrent dans les régions autrefois inexplorées, notamment dans l'intérieur de l'Afrique et, soit par colonisation, soit par établissement de rapports économiques et politiques, tendent à embrasser le monde entier dans la sphère des rapports internationaux régis par des principes de Droit.

3° L'idée des nationalités, par laquelle on cherche à grouper en Etats homogènes les populations qui ont entre elles des liens étroits (V. n° 103), est enfin la troisième caractéristique de notre période. Cette tendance a eu ses manifestations éclatantes dans la réunion en un Empire fédéral, fondé en 1870, sous l'action et l'hégémonie de la Prusse, des principales populations allemandes, et dans la création du royaume d'Italie qui, fondé après la guerre de 1859, a été complété par l'occupation de Rome et des Etats Pontificaux en 1870. Ce mouvement en faveur du principe des nationalités, si discuté de nos jours, se trouve actuellement résumé dans deux tendances dont le nom indique suffisamment la portée : le *Pangermanisme* et le *Panslavisme*.

26. La situation qui est maintenant faite au monde par les événements et les tendances que nous venons de résumer présente à la fois des progrès considérables et des sujets de crainte pour l'avenir du Droit international.

Les progrès sont les suivants : 1° L'extension des rapports réguliers à tous les Etats, en dehors de tout exclusivisme venant de la différence de religion et de civilisation; 2° l'influence de l'opinion publique qui, soit dans chaque Etat, soit dans le monde entier, secondée par l'action puissante de la presse qui ne permet guère de garder longtemps secrets de nos jours les négociations et les actes des gouvernements, oblige ces derniers à diriger leur conduite d'une manière généralement conforme au respect de la justice et de l'intérêt des différents pays. Eclairée par la doctrine, cette opinion publique peut être et est souvent un juge sévère dont les gouvernants sont obligés de tenir compte, soit qu'ils veuillent la ménager dans leur propre Etat, soit qu'ils aient crainte de la froisser dans les Etats étrangers. C'est ce qui explique cette préoccupation, jadis inconnue, de justifier son attitude et de plaider sa cause, au moyen de documents diplomatiques rendus publics, au début de presque toutes les entreprises internationales, à l'époque contemporaine. A défaut d'un tribunal organisé qui manque encore au Droit international, celui-ci trouve dans l'opinion publique une juridiction dont les arrêts sont redoutés parce qu'ils peuvent provoquer une résistance ou même une répression violente contre les actes iniques ou dangereux pour les intérêts et la paix du monde (1). D'autre part, par suite d'une transformation générale des idées et d'un adoucissement des mœurs à l'époque présente, l'opinion publique tend de plus en plus à favoriser les réformes destinées à éviter ce qu'il y a encore d'irrationnel et de barbare dans la sanction du Droit international. C'est sous son action que l'arbitrage devient de plus en plus fréquent toutes les fois qu'il s'agit de conflits hors de proportion avec les conséquences désastreuses de la guerre, que l'humanité s'efforce de reprendre ses droits dans les luttes internationales en soulageant les malades et blessés (convention de Genève), en prohibant les armes cruelles, comme les balles explosibles (conférence de Saint-Pétersbourg), et en essayant d'assujétir les hostilités à un réglement qui en limite le plus possible les résultats fâcheux (conférence de Bruxelles en 1874).

3° Enfin, et surtout peut-être, il faut signaler, à titre de progrès, les communications de plus en plus étendues des peuples, communications qui créent entre eux une telle solidarité d'intérêts et une interdépendance si marquée au point de vue de leur développement moral et économique, qu'ils se trouvent amenés à régler leurs rapports conformément à des principes rationnels de Droit et à éviter les conflits violents, soit pour leur compte, soit même pour les autres Etats dont la paix est, presque toujours, un élément de prospérité pour eux (2). Ce réglement juridique des rapports internationaux se manifeste par des congrès et conférences, des traités, spécialement par des traités d'Union où un grand nombre d'Etats fixent leurs droits et devoirs res-

---

(1) V. notre article : *L'opinion publique et la guerre, Almanach des jeunes amis de la Paix*, 1891.

(2) V. Frederick Seebohm, *De la réforme du Droit des gens*, trad. D. D. Farjasse.

pectifs pour une foule d'intérêts communs : chemins de fer, postes, télégraphes, douanes, propriété littéraire et artistique, commerciale et industrielle, monnaies, condition des étrangers, exécution des jugements, commerce et navigation, extradition, occupations de territoires, suppression de la traite, etc.

27. Mais, à côté de ces grands éléments de progrès pour notre science, la situation contemporaine en contient d'autres qui ont déjà provoqué un véritable retour en arrière.

Tout d'abord, si l'influence des populations s'est largement substituée à celle des gouvernants, il faut bien croire que, quoiqu'offrant moins de chances de violence, à raison de l'intérêt même des peuples, que celle des anciens souverains, elle n'est pas à l'abri des ambitions, des préjugés, de l'égoïsme que l'histoire reproche à tant de monarques absolus. Spécialement, de nos jours, les préoccupations d'influence internationale et d'avantages économiques peuvent, secondées par un gouvernement, pousser des peuples entiers à la violation du Droit international. Le prétexte habilement exploité pour couvrir ces tendances est celui du principe des nationalités qui, transporté du domaine théorique et de l'action pacifique où il peut être soutenu, dans le domaine de la force et de la réalisation par la violence, n'est plus qu'un masque hypocrite pour des ambitions inavouables, ainsi que l'ont montré les événements de 1866 en Allemagne, la guerre des Balkans en 1877-1878, le traité de Berlin de 1878 et la guerre de 1870-1871.

Cette opposition violente entre peuples a pu amener dans les hostilités un véritable retour à la barbarie, comme on l'a vu dans la guerre franco-allemande de 1870-1871, malgré les grands progrès en général de l'esprit d'humanité et même de paix. En même temps, la rupture de l'équilibre international a déterminé un état d'inquiétude, de tension dans les rapports et, pour éviter de nouvelles attaques de part ou d'autre, un système d'alliances qui partagent en deux camps les grandes puissances européennes. De là un régime de paix armée ruineuse par sa prolongation et une instabilité redoutable dans le maintien des relations pacifiques que le moindre conflit peut rompre. Cette situation que la politique a créée ne peut être dénouée par le Droit international : il est à souhaiter seulement que les communications de plus en plus intimes des peuples et le sentiment de leur solidarité commune les amènent à mettre fin à un état de choses qui peut compromettre les grands principes consacrés par la science et déjà largement appliqués dans la pratique pour le règlement des rapports internationaux.

CHAPITRE II

LITTÉRATURE ET ÉCOLES DU DROIT INTERNATIONAL PUBLIC

28. L'absence de législateur et par conséquent de textes dans le Droit international donne une importance particulière aux écrits publiés aux différentes époques sur notre science et aux divers systèmes proposés par la doctrine. L'indication sommaire de ces ouvrages et de ces théories constitue le complément indispensable de l'exposé historique résumé dans le précédent chapitre (1).

29. Dans une première période qui précède la publication du livre de Grotius, on peut signaler un certain développement de la doctrine du Droit international. Déjà les post-glossateurs, spécialement Bartole, avaient étudié les conflits de lois ou Droit international privé en fondant la théorie des Statuts, et ils avaient même examiné certains points de Droit international public : c'est ainsi que Bartole écrivit un ouvrage spécial sur les représailles. Les canonistes, tels que saint Thomas d'Aquin, consacrent d'assez longs développements aux questions du Droit de la guerre, en commentant le *Decretum Gratiani*. Ce sujet de la guerre attire d'ailleurs particulièrement les esprits comme étant le problème le plus grave de notre science ; il devait naturellement en être ainsi à une époque troublée comme celle des xive, xve et xvie siècles. On peut citer, dans cet ordre d'idées, l'*Arbre des Batailles*, écrit vers 1384 à 1387 par un religieux Augustin, Honoré Bonet, et le *Livre des faits d'armes et de chevalerie*, composé par Christine de Pisan (1363-1431), sous l'influence du premier (2).

(1) *Introduction au Droit des gens*, de Holtzendorff et A. Rivier, 4e partie ; Calvo, *Traité de Droit international, Introduction*.

(2) Nys, *Le Droit de la guerre et les précurseurs de Grotius*, 1881 ; du même, articles sur Honoré Bonet et Chr. de Pisan, *R. D. I.*, t. XIV, p. 451 et t. XV à XVII ; A. Rivier, *Note sur la littérature du Droit des gens avant la publication du Jus belli ac pacis de Grotius*, Bruxelles, 1883.

Mais les écrivains vraiment marquants de cette période et qui peuvent figurer dans l'histoire de notre science comme annonçant la venue de Grotius sont les suivants : 1° Pierre Belli, *De re militari et bello* (1563) ; 2° Francisco Suarez, théologien et professeur espagnol (1548-1617), *De legibus ac Deo legislatore;* 3° Francisco de Victoria, professeur à Salamanque (1480-1546), traite de la guerre et de la condition des Indiens du Nouveau-Monde dans ses *Relectiones theologicæ ;* 4° Dominique Soto, élève du précédent (1494-1560), qui, dans son *De justitiâ et jure,* étudie les conséquences de la guerre pour les vaincus et condamne la traite des esclaves ; 5° Alberico Gentili ou Gentil, né en 1552 en Italie, plus tard professeur à Oxford où il se rendit par attachement à la Réforme, mort en 1608 ; soutint les prétentions de l'Angleterre à l'empire des mers dans son *Advocatio Hispanica;* publia, en 1583, le *De jure belli* et, en 1589, le *De legationibus;* 6° Balthazar de Ayala, grand prévôt de l'armée espagnole aux Pays-Bas (1548-1584), auteur d'un traité *De jure belli et officiis bellicis.* Parmi tous ces écrivains, il importe de distinguer A. Gentil, dont le traité, d'une précision toute juridique, est le meilleur ouvrage sur le Droit international paru avant Grotius, et F. Suarez, remarquable par l'élévation de ses idées, sa clarté, et qui, le premier, a nettement opposé le Droit des gens naturel au Droit des gens positif fondé sur la pratique internationale, en même temps qu'il émettait l'idée fondamentale d'une société naturelle des Etats que doit régir un ensemble de principes de Droit.

30. Mais notre science ne peut être considérée comme réellement établie que par Grotius que l'on a appelé, avec raison, le père du Droit international, aussi bien que de la science du Droit naturel dont il est également le fondateur. Né à Delft (Hollande), le 10 avril 1583, Hugues Cornets de Groot (Hugo Grotius) fut chargé très jeune d'importantes fonctions administratives et diplomatiques. Arrêté en 1618 à la suite des luttes politico-religieuses de sa patrie, il s'enfuit en France où il fit paraître, en 1625, son fameux traité *De jure belli ac pacis* qu'il dédia à Louis XIII. Il mourut le 28 août 1645, après avoir été quelque temps ministre de Suède à la cour de France.

Son livre (*De jure belli ac pacis libri tres, in quibus jus naturæ et gentium, item juris publici præcipua explicantur)* repose sur cette idée essentielle qu'il y a un Droit naturel des nations dérivant de l'instinct de sociabilité et d'accord avec les principes divins inspirés par Dieu à l'homme. A ce droit naturel et divin se joint l'ensemble des règles introduites par la volonté de l'homme pour des considérations d'utilité. Mais ce dernier droit doit toujours s'appuyer sur le premier, sans le contrarier jamais : « *Nimirum humano jure multa constitui possunt præter naturam, contra nihil* ». Ce livre a eu une influence immense ; 45 éditions en ont paru jusqu'en 1758 et il a été l'objet d'un grand nombre de commentaires dont le plus célèbre est celui de Henri et Samuel Cocceji, sous le titre de *Grotius illustratus* (1).

Cependant l'influence de Grotius a été moins marquée en Angleterre que partout ailleurs, soit parce qu'il avait combattu les prétentions de l'Angleterre à l'empire des mers, dans son *Mare liberum*, soit parce que ce pays avait déjà son ouvrage classique dans le traité de Alberic Gentil. D'ailleurs, au temps même de Grotius, la doctrine anglaise était représentée par de grands publicistes. Nous citerons : l'israëlite John Selden (1584-1654), célèbre par son *Mare clausum* (1635), énergique plaidoyer en faveur de l'Angleterre contre la liberté des mers, et par son *De jure naturali et gentium secundum disciplinam Ebræorum ;* surtout Zouch (1590-1660), professeur à Oxford, qui publia, en 1650, son livre intitulé : « *Juris et judicii fecialis, sive de jure inter gentes, et quæstionum de eodem explicatio,* etc... ». Cet ouvrage est le premier traité didactique complet embrassant toutes les parties du Droit international, posant le droit de la paix comme la règle normale et ne parlant qu'ensuite des lois de la guerre. A l'exemple de Gentil, Zouch dédaigne les exemples, souvent sans valeur, tirés de l'antiquité et dont Grotius abuse, pour utiliser davantage les faits contemporains. Enfin, il a le mérite d'avoir formulé le premier l'expression qui figure dans le titre même de son ouvrage, *jus inter gentes,* dont on a fait *droit international,* pour distinguer notre science du *jus gentium* des Romains.

31. Une école nouvelle qui, à certains égards, est une réac-

_____

(1) V. Edition de Grotius, avec notes et introduction, de M. Pradier-Fodéré, 3 vol., 1867.

tion contre la doctrine de Grotius, apparut avec Samuel de Pufendorf (1632-1694), auteur des traités suivants : *Juris naturæ et gentium libri VIII* (1672), *De officiis hominis et civis prout ipsi præscribuntur lege naturali* (1673), *Elementa jurisprudentiæ universalis* (1660). Pufendorf ne reconnaît que le Droit des gens naturel ; il nie toute espèce de droit positif entre les Etats et refuse même ce caractère à la coutume et aux traités internationaux.

Cette tendance idéaliste absolue était fâcheuse et de nature à compromettre l'avenir de notre science en lui enlevant toute portée réelle et pratique. D'ailleurs, étant donné le point de vue auquel il s'est placé, malgré la lourdeur de son exposition et, presque toujours, son manque d'originalité, Pufendorf n'est pas sans mérite, bien que Leibnitz, son adversaire déclaré, ait dit de lui : « *Vir parum philosophus, minime jureconsultus* ». Procédant lui-même du philosophe anglais Thomas Hobbes (1588-1679) qui, dans ses *Elementa philosophica de cive* ne reconnaissait qu'un Droit des gens naturel et niait tout droit positif entre les Etats, il a eu une très grande influence pendant quelque temps. Ses principaux disciples furent : en Allemagne, Chrétien Thomasius (Thomase) (1655-1728) ; en France, le savant Barbeyrac de Béziers (1674-1744), longtemps professeur en Allemagne, traducteur de Grotius et de Pufendorf, annotateur du *Forum legatorum* de Bynkerskoeck ; enfin le Génevois J.-J. Burlamaqui (1694-1748), idéaliste moins absolu cependant que Pufendorf dans ses *Principes du Droit naturel et politique,* ouvrage annoté par l'abbé Barthélemy de Félice dans un sens plus conforme à la doctrine idéaliste, et qui est encore très apprécié en Angleterre.

32. La doctrine de Pufendorf subit elle-même une réaction par un retour à celle de Grotius, c'est-à-dire à la combinaison du Droit naturel et du Droit positif. Déjà préparée par une publication d'un caractère bien positiviste, au sens où l'expression doit être prise ici, le *Codex juris gentium diplomaticus,* ou recueil des traités de Leibnitz (1693), elle fut réalisée par le professeur allemand Chrétien Wolff né à Breslau en 1679, mort en 1754. De 1740 à 1748 il publia son *Jus naturæ* en 8 vol. et en 1749 son grand traité, *Jus gentium*. Pour Wolff, les Etats forment une grande société, *maxima civitas gentium,* comme pour Suarez et Grotius ; cette société a une autorité sur les Etats ou membres qui la composent. Le Droit qui la régit comprend les éléments suivants : le Droit naturel venant de la raison et qui s'impose par la force des choses ; le Droit volontaire formé de l'accord de tous les Etats compris dans la *civitas gentium* et qui s'impose également à tous ; enfin les droits coutumier et conventionnel, venant d'accords internationaux particuliers, et qui ne lient que les Etats qui les ont établis.

Les idées de Wolff ont été vulgarisées, sans originalité, mais avec précision et clarté, par Emeric de Vattel né à Couvet (Suisse) en 1714, mort en 1767, dans son livre intitulé : *Le droit des gens ou principes de la loi naturelle appliqués à la conduite et aux affaires des nations et des souverains* (1758). C'est par cet ouvrage, dont le succès a été un des plus étendus et des plus durables, que les théories de Wolff se sont répandues. Vattel a été commenté par d'éminents publicistes, notamment par Royer-Collard. (V. l'édition annotée par M. Pradier-Fodéré, 3 vol., 1863).

33. Mais la tendance vers le Droit des gens positif, établi par les règles consacrées dans la pratique et dans les traités, avec une exclusion de plus en plus marquée du Droit naturel, s'accentua depuis la publication du *Codex juris gentium diplomaticus* de Leibnitz. Le Hollandais Corneille de Bynkershoeck (1673-1743) dans ses ouvrages, *Dominium maris* (1702), *Forum legatorum* (1721) et *Quæstiones juris publici* (1737), avait déjà manifestement marqué cette tendance que suivit, sans grande portée au point de vue juridique, l'abbé de Mably (1709-1785) dans son *Droit public de l'Europe fondé sur les traités conclus jusqu'en 1740* (1747), et, avec plus de sens pratique et de précision, Gaspard de Réal dans sa *Science du gouvernement* (1764). L'école exclusivement positiviste ainsi préparée a eu pour vrai fondateur J.-J. Moser, né à Stuttgard en 1701, mort en 1785. Son ouvrage principal, les *Principes du Droit des gens actuel en temps de paix* (1750), suivis des *Principes en temps de guerre* (1752), fut écrit pour l'enseignement dans une école de diplomates fondée par lui à Hanau, sous le titre d'Académie d'Etat et de chancellerie. Avec J.-J. Moser, il faut citer, comme fondateur de l'école positiviste, Georges-Frédéric de Martens (1756-1821), professeur à Göttingue, dont les écrits principaux sont : le *Précis du droit des gens moderne de l'Europe* (1789), et l'*Introduction au Droit des gens positif de l'Europe, fondé sur la Coutume et les traités, etc.* Son Précis a été annoté par le publiciste portugais Pinheiro-Fereira qui, se plaçant toujours au point de vue philosophique et du Droit naturel, le critique souvent avec injustice. M. Vergé en a donné, en 1864, une excellente édition, judicieusement annotée.

34. Depuis le commencement du siècle, la doctrine est généralement caractérisée par un éclectisme qui concilie le Droit des gens positif fondé sur la coutume et les traités avec une critique basée sur les principes du Droit théorique, appelé jadis Droit naturel, permettant de rectifier les erreurs de la pratique et de déterminer l'idéal qu'elle doit viser par des progrès successifs. Aussi nous bornerons-nous à signaler les principaux ouvrages parus dans les divers pays sur notre science, en ne nous attachant, pour le moment, qu'à ceux qui traitent de l'ensemble du Droit international public; les principales monographies seront citées quand nous examinerons les différentes matières auxquelles elles se réfèrent.

A. ALLEMAGNE et AUTRICHE. — 1° Klüber (1762-1837), *Droit des gens moderne de l'Europe,* éditions annotées de M. Ott en 1861 et en 1874; 2° Heffter (1796-1880); son *Droit des gens européen* est devenu un ouvrage classique de la plus haute valeur. La dernière édition française, traduite par M. Bergson, contient les notes étendues de M. Henri Geffcken qui en font une des œuvres les plus fortes et les plus complètes parues sur notre science; 3° Bluntschli, né à Zurich en 1808, mort le 24 octobre 1881. Son *Droit des gens moderne des États civilisés* a eu un succès énorme et a été traduit dans presque toutes les langues, spécialement en français, par M. C. Lardy, sous le titre de *Droit international codifié*. Sous la forme d'un code, divisé en articles suivis de notes, l'auteur résume tout le Droit international, mêlant volontairement ce qui est encore théorique et désirable avec ce que la pratique consacre, ce dont il faut bien tenir compte pour apprécier la valeur de ses décisions. 4° Franz de Holtzendorff, professeur à Munich, a publié un manuel très concis, traduit en français par M. Zographos (1891) sous le titre de *Eléments de Droit international public;* sous sa direction a paru, avec le concours d'éminents publicistes, un grand traité en quatre volumes dont le premier, œuvre de Holtzendorff lui-même et de M. A. Rivier, a déjà été publié en français sous le titre de *Introduction au Droit des gens;* le titre du traité est : *Manuel du Droit des gens fondé sur la pratique des Etats européens;* 5° De Bulmerincq, professeur à Heidelberg, a publié un aperçu complet du Droit international, sous le titre *Völkerrecht oder Internationales Recht,* dans le tome I du grand Manuel de Droit public qui paraît sous la direction de M. Marquardsen (1884), et *Theorie, Praxis und codification des Völkerrechts* (1874) ; 6° le baron Léopold de Neumann, professeur à Vienne, a publié un des meilleurs manuels, malgré sa concision, traduit en français par M. de Riedmatten sous le titre de *Eléments de Droit des gens moderne* (1886) ; 7° Alphonse de Domin-Petrushevecz, magistrat autrichien, a publié en français, en 1861, un *Précis d'un code de Droit international,* en 236 articles; 8° A. Hartmann, *Institutes de Droit des gens pratique en temps de paix* (1874-1878).

B. Angleterre. — 1° Mackintosch, *Discours sur le Droit de la nature et des gens* (1797); 2° Sir Robert Phillimore (1810-1885), *Commentaries upon international Law,* 4 volumes dont le dernier est consacré au Droit international privé; ouvrage très complet et très nourri de documents et d'exemples, d'un caractère éminemment positiviste; 3° Sir Travers Twiss, ex-professeur à Oxford, a publié deux traités sur les Droits et devoirs des nations en temps de paix (1861) et en temps de guerre (1863) parus en français (2ᵉ édition en 1889), sous le titre : *Le Droit des gens ou des nations considérées comme communautés politiques indépendantes*; 4° Sir Edward Creasy, *First platform of intern. Law* (1876), ouvrage contenant surtout les principes, sans détails pratiques; 5° William Edward Hall, d'un caractère très réaliste : *Treatise on international Law,* 2ᵉ éd., 1884; 6° Lorimer, professeur à Edimbourg, *Principes de Droit international,* traduction française de M. Nys (1884), ouvrage aux tendances beaucoup plus idéalistes que les œuvres de l'école anglaise; 7° Sumner Maine, *Le Droit international, la Guerre,* édition française, 1891.

C. Etats-Unis. — 1° Franz Lieber (1800-1872), allemand fixé en Amérique depuis 1827, célèbre par ses *Lois de la guerre* consacrées par le gouvernement des Etats-Unis ; 2° James Kent (1763-1847), le grand commentateur des lois américaines, a consacré au Droit des gens le premier volume de ses *Commentaries on American Law ;* 3° Wheaton (1785-1848), *Elements of international Law*, publiés également en français, et *Histoire des progrès du Droit des gens en Europe et en Amérique, depuis le traité de Westphalie jusqu'à nos jours ;* 4° William Beach Lawrence (1801-1881) a publié des *Commentaires sur les éléments et sur l'histoire de Wheaton,* ouvrage sans méthode mais fort riche en renseignements ; 5° Henry Wager Halleck (1816-1872), appartenait à l'armée ; son ouvrage a pour titre : *Elements of international Law, and Laws of War ;* 6° Dwight Woolsey, *Introduction à l'étude du Droit international* (1860, 6 éditions) ; 7° David Dudley Field, *Draft outlines of an International Code,* traduit par M. A. Rolin, sous le titre : *Projet d'un code de Droit international ;* 8° Francis Wharton, dans ses *Commentaries on Law,* expose le Droit international (pp. 184-360) et a publié, sous l'autorité du Congrès, le *Digeste du Droit international des Etats-Unis,* recueil méthodique des documents relatifs à la pratique internationale de ce pays.

D. En ITALIE, sous l'influence de l'idée des nationalités qui a fait le succès de cet Etat et qui constitue le fond des ouvrages de tous ses publicistes, la doctrine a été très active. Nous citerons : 1° Mancini et le comte Terenzio Mamiani della Rovere qui, le premier par ses leçons à Turin et le second par ses écrits sur le *Principe de Nationalité* (1856) et sur *Un nouveau Droit public européen* (1859), peuvent être regardés comme les fondateurs de l'école italienne ; 2° le professeur Pasquale Fiore, *Traité de Droit international public,* traduit en français par M. Antoine, et *Le Droit international codifié et sa sanction juridique,* traduit par M. Chrétien (1890) ; 3° A. Pierantoni, professeur à Rome, qui a commencé la publication d'un grand traité en plusieurs volumes ; 4° Macri, *Théorie du Droit international* (2 vol., 1883-1884) ; 5° Carnazza-Amari, dont les *Eléments de Droit international* ont été traduits par M. Montanari-Revest ; 6° F. P. Contuzzi, *Le Droit des gens de l'humanité ;* 7° L. Casanova, *Lezioni di diritto publico internazionale,* 3° édit. de M. Brusa (1875), etc.

E. Pour les autres pays, en dehors de la France, nous signalerons particulièrement André Bello (de Caracas), *Principios de derecho de gentes* (2ᵉ édition, 1864); les *Elementos de derecho internacional* de Jose Maria de Pando, de Lima; le *Codigo de derecho internacional* de Esteban de Ferrater; les *Eléments* de Riquelme; le *Cours de droit international* de Alcorta, (de Buenos-Ayres), traduit en français et précédé d'une introduction par M. Lehr; le grand traité du diplomate argentin, M. Calvo (4ᵉ édition de 1887 en cinq forts volumes), le plus riche de tous peut-être en renseignements historiques; le traité de M. Frédéric de Martens, professeur à Saint-Pétersbourg, traduit en français par M. Léo (1883-1887), ouvrage très complet; le *Lehrbuch des Wölkerrechts* de M. A. Rivier, professeur à Bruxelles, 1889; *Programme d'un cours de Droit des gens*, par M. Arntz, professeur à Bruxelles, 1882; H. Fergusson, *Manual of international law, for the use of navies, colonies and consulates,* La Haye, 1884.

F. En France, où le Droit international privé est depuis longtemps très cultivé, on ne possédait guère jusqu'à ces derniers temps que des études spéciales, fort remarquables d'ailleurs, sur certaines parties du Droit international public, notamment les travaux aujourd'hui classiques de Cauchy, Hautefeuille, Ortolan, Pistoye et Duverdy sur le Droit maritime international, et de M. Massé sur le Droit commercial dans ses rapports avec le Droit des gens. A l'ouvrage, aujourd'hui vieilli, de Gérard de Rayneval (*Institutions du Droit de la nature et des gens,* 2ᵉ édition, 1832), sont venus s'ajouter le traité important de M. Pradier-Fodéré en sept volumes; le *Précis du droit des gens* de MM. Funck-Brentano et Sorel, ouvrage conçu dans un esprit plus politique que juridique, le *Précis élémentaire de Droit international public* de M. G. Bry, 2ᵉ édition, 1892, et les *Principes de Droit international public* de MM. A. Chrétien et Nachbaur (t. I, 1893).

35. On ne saurait, même dans un aperçu sommaire des écoles du Droit des gens, négliger l'influence exercée par les philosophes sur les jurisconsultes. Cependant il faut reconnaître que, presque toujours, cette influence a été assez vague, à raison peut-être du vague même des conceptions philosophiques sur les rapports internationaux. Kant, dans son *Idéal de paix* *perpétuelle* (1795) et dans ses *Eléments métaphysiques du Droit* (1796), adopte complètement l'idée d'une société des Etats déjà émise par Suarez, Grotius et Wolff, et cet Etat des nations (Wölkerstaat), qu'il pousse jusqu'à la conception d'une confédération universelle, a pour règle de conduite de s'éloigner de la guerre, état de nature, pour se rapprocher de plus en plus de la paix perpétuelle. Fichte, dans l'*Esquisse du Droit des gens* faisant partie de son *Fondement du Droit naturel* (1796-1797), estime que les individus et non les Etats sont les sujets des rapports internationaux, et que leurs droits doivent être respectés par tous les Etats assurés, dans ce but, d'une indépendance réciproque par un contrat qui les unit. Pour Hegel, il n'y a pas d'*Etat des nations*, comme le prétend Kant; chaque Etat indépendant recherche son propre bien en suivant, dans ses rapports avec les autres, les lois du devoir. Ahrens, dans son *Cours de Droit naturel* (livre III), paraît aussi ne s'inquiéter que de la nécessité de concilier les rapports internationaux avec l'observation des règles du devoir.

Une place à part doit être faite à l'école utilitaire qui pose comme principe que chaque Etat n'est lié dans ses rapports avec les autres que par la poursuite de son intérêt bien entendu, avec ce correctif moral que l'intérêt bien compris se confond avec l'observation du juste. Elle est particulièrement représentée par Montesquieu *(Esprit des Lois,* liv. I, chap. III), et par Jérémie Bentham dans ses *Principles of international Law.*

CHAPITRE III

NOTION ET FONDEMENT DU DROIT INTERNATIONAL

36. Chaque Etat, par les besoins de son existence même, possède une législation plus ou moins nettement formulée et plus ou moins perfectionnée; mais l'autorité de cette législation, émanation de la souveraineté, expire en même temps que la souveraineté elle-même aux frontières qui limitent la puissance territoriale de l'Etat. Cependant il s'établit, par la force même des choses, des relations de plus en plus suivies entre les différents Etats, et comme ces relations se forment entre des collectivités humaines, il va de soi qu'elles présentent, dans leur nature intrinsèque, un caractère analogue à celui des relations entre les particuliers que régit déjà la loi spéciale de chaque Etat; elles réclament par conséquent un règlement semblable sinon identique, il leur faut un Droit. Si elle n'a pas été toujours respectée en fait, cette idée profondément simple et même nécessaire n'a jamais été ouvertement méconnue; au contraire, dès que des rapports internationaux se nouèrent, les Etats primitifs comprirent le besoin de fixer individuellement et pour leur compte personnel leur manière de procéder vis-à-vis des autres pays, ainsi que le firent les Grecs et les Romains; puis, le respect de la personnalité des autres Etats se développant, on en vint à la notion d'un Droit à la formation duquel devaient participer tous les intéressés, éprouvant ensemble le sentiment de sa nécessité et l'appliquant d'un commun accord, de même que, dans l'intérieur de chaque Etat, la conscience chez les individus groupés de la nécessité d'une loi et leur soumission plus ou moins complète à un pouvoir législatif, ont fondé le Droit interne.

37. Terminologie. — Ce Droit, appelé à régir les relations des Etats, a été longtemps appelé *Droit des gens,* expression qui est encore souvent employée. Mais il fallait éviter de le confondre avec le *Jus gentium* des Romains qui désignait (Gaïus, II, 65 et III, 93) cette partie du Droit interne applicable aux étrangers, par opposition au *Jus civile* exclusivement réservé aux citoyens, que l'on retrouve encore dans nombre de législations modernes et même, suivant la plupart des auteurs, dans notre Code civil (art. 11). La confusion était d'autant plus à craindre que les Romains comprenaient aussi incontestablement dans le *Jus gentium* les règles applicables aux rapports internationaux proprements dits (V. 1. 17, tit. VII, liv. L, Dig.). L'expression *Jus inter gentes,* créée par Zouch en 1650 (V. n°30), traduite *Droit entre les gens,* par d'Aguesseau, puis *International Law,* par J. Bentham, est devenue celle de *Droit international* en France, grâce, dit-on, à un Génevois, Etienne Dumont, ami de Bentham. Les Anglo-Américains disent aussi *Law of Nations,* comme les Allemands se servent de l'expression *Völkerrecht,* deux traductions littérales de *jus gentium.* Cependant toute équivoque a disparu; on ne veut plus désigner, quelle que soit l'expression employée, que le Droit international proprement dit. Ainsi Wheaton a écrit les *Eléments du Droit international* et l'*Histoire des progrès du Droit des gens,* sans attacher évidemment la moindre différence à ces expressions. De même, l'ouvrage de Heffter, *Europäischen Völkerrecht,* a été exactement traduit *Droit international de l'Europe,* par M. Bergson, et le *Das moderne Völkerrecht* de Bluntschli, *Droit international codifié,* par M. C. Lardy. Suivant M. Renault, sans que le langage courant ait encore nettement fixé cette différence, le Droit international désignerait plus particulièrement les règles suivies dans la pratique, et le Droit des gens les principes théoriques dont la réalisation est désirable; c'est dans ce dernier sens que l'on comprendrait le titre de la chaire du Collège de France : Droit de la nature et des gens.

38. Fondement du Droit international. — Nombre de publicistes aux différentes époques ont nié l'existence du Droit international envisagé comme Droit proprement dit, c'est-à-dire comme constituant un ensemble de règles susceptibles de s'imposer aux différents Etats dans leurs rapports respectifs, et leur manière de voir, conforme à un état vulgaire des esprits qui, par suite du mode habituel de fonctionnement du Droit dans les divers pays, confondent le Droit avec son application ordinaire accompagnée d'une sanction coercitive, a été trop souvent corroborée par l'assentiment de l'opinion courante. Le raisonnement pour nier l'existence du Droit international est des plus simples et, en apparence des plus convaincants. Le Droit, dit-on, n'existe que par la promulgation qui en est faite par un législateur dont l'autorité est reconnue ou s'impose; par un pouvoir judiciaire qui l'interprète et l'applique; enfin par une autorité coercitive qui triomphe des résistances et assure l'exécution des sentences rendues par le pouvoir judiciaire. Or, le prétendu Droit international manque tout d'abord de la chose essentielle pour être constitué, c'est-à-dire d'un législateur qui le promulgue, puisque les Etats, souverains par essence, ne peuvent être soumis à une autorité quelconque ni, par conséquent, être assujétis aux ordres d'un législateur qui, d'ailleurs, n'existe pas. On ne trouve pas davantage de tribunal universel et régulièrement organisé pour trancher les conflits internationaux; enfin la sanction, prévue à l'avance et efficace, fait aussi complètement défaut. On en vient ainsi à nier le Droit international et à ne plus admettre que l'influence variable, contingente et éminemment précaire des usages admis à une époque déterminée, et des accords internationaux ou traités d'un caractère tout relatif.

Cet ensemble d'objections, décisives au premier aspect, repose en réalité sur une confusion assez grossière entre le Droit envisagé en lui-même, comme notion rationnelle conçue par l'esprit et reconnue par la conscience humaine, et sa manifestation extérieure ainsi que son application pratique sous la forme d'une législation positive. Sans doute, le Droit se révèle, comme Droit pratique, par un législateur, des tribunaux et une sanction ; mais il existe antérieurement comme principe de raison étayé par la volonté commune des hommes plus ou moins bien définie et plus ou moins générale et constante. A ce dernier point de vue, le seul à considérer pour le moment, il est, pour les rapports internationaux comme pour les rapports interindividuels dans l'intérieur d'un même groupe social, un fait dérivant de la nature même des choses.

Les sociétés, en effet, s'organisant en groupes politiques, c'est-à-dire en Etats, sont des faits naturels, en d'autres termes nécessaires, inévitables si l'on veut, à raison de la constitution physique et morale de l'homme. Parvenus à un certain degré de développement, ces groupes distincts entrent aussi inévitablement en rapports réciproques à raison de l'évolution même de leurs progrès intellectuels et économiques ; les rapports internationaux ainsi créés déterminent une société des Etats plus ou moins développée, analogue à celle que la nature a provoquée plus tôt entre les individus, et alors s'impose la règle bien connue : *Ubi societas, ibi jus.* Il y a donc ainsi fatalement un Droit des rapports entre les Etats, comme il y a, de toute nécessité, un Droit de l'organisation intérieure dans chaque société particulière.

Entre ces faits naturels, qui sont les sociétés humaines, il s'établit, suivant la fameuse formule de Montesquieu, des rapports nécessaires qui constituent des lois ; l'ensemble de ces lois, révélées par l'observation, c'est-à-dire, en notre matière, par l'étude de l'histoire, et par l'analyse de la nature même des termes des rapports, en d'autres termes des Etats, forme le Droit international. On ne saurait d'ailleurs songer un seul instant à cantonner les peuples, parvenus comme ils le sont la plupart aujourd'hui à un certain développement qui commande l'expansion en dehors de leurs frontières, dans un isolement farouche permettant à chacun de ne s'assujétir en rien à une règle commune des rapports internationaux. Comme le dit Phillimore, se mouvoir et vivre dans la grande communauté des nations est la condition normale d'une société particulière, comme vivre en société est la condition normale de l'individu. Cet état de choses amène des rapports inévitables dans lesquels la vie même des Etats est subordonnée à un ensemble de règles, car la vie juridique, comme la vie biologique, est faite d'ordre, c'est-à-dire de conformité des rapports à une réglementation déterminée eu égard à la nature des termes de ces rapports et à leur situation particulière dans un moment donné.

Tout ce que l'on peut conclure de l'absence, dans le Droit international, des éléments qu'offre d'ordinaire le Droit interne, c'est qu'il est mal précisé, faute de formule législative, et d'une application douteuse et peu efficace, faute d'autorité judiciaire et de sanction suffisamment assurée. Mais, ainsi que nous le verrons bientôt, c'est là une situation dans laquelle s'est trouvé le Droit interne à ses débuts et qui accuse un défaut de développement, non une inexistence absolue (V. n° 40).

Il faut ajouter, au surplus, que si l'on nie l'existence du Droit international considéré comme notion rationnelle, pour se borner (comme l'annoncent les auteurs anglo-américains sans, du reste, le faire toujours, tant s'en faut), à constater et à exposer les règles pratiques consacrées par l'usage ou les traités internationaux, on arrive inévitablement à manquer de toute idée générale et de tout *criterium*, soit pour régler les points non prévus par les coutumes ou les conventions, soit pour apprécier ces dernières. Il ne reste plus pour base que l'intérêt national, variable à l'infini, et dont l'appréciation, par suite d'influences bien connues, est presque toujours aveugle. Le Droit, qui repose essentiellement sur le sacrifice des facultés de chacun dans la limite commandée par l'exercice légitime des facultés d'autrui, ne pourra jamais être réalisé, c'est-à-dire aboutir à ce sacrifice, s'il n'est pas imposé par un principe supérieur de raison voulu et poursuivi dans son application par la conscience.

39. Sanction du Droit international. — De toutes les objections présentées contre le Droit international, la plus communément invoquée parce qu'elle paraît la plus saisissante est celle que l'on tire de son défaut de sanction.

Faute d'autorité supérieure pour trancher les conflits entre les Etats, dit-on, les parties intéressées sont livrées à elles-mêmes pour soutenir leurs revendications quand celles-ci, si légitimes qu'elles soient, n'obtiennent pas satisfaction, et la seule solution possible est un appel à la force, c'est-à-dire à la guerre ; le canon reste pour les Etats ce qu'il était pour les rois : l'*ultima ratio!* Mais la guerre elle-même n'est que l'expression de la force ; son résultat, l'histoire le montre bien, n'est nullement adéquat par lui-même à la justice de la cause qui triomphe. Loin de là, la guerre peut être si peu l'expression du Droit dans les conflits internationaux que, comme le remarquent MM. Funk-Brentano et Sorel, elle demande au Droit international lui-même son règlement et sa justification.

Il est aisé de répondre que le Droit international peut parfaitement exister comme Droit sans avoir de sanction. Le Droit interne existe, de l'aveu de tous, bien qu'il n'en soit pas toujours pourvu ou que, en ayant une, il soit violé au mépris de la sanction générale établie. Aux époques de civilisation peu avancée, ce Droit interne, consacré par la coutume ou imposé par une autorité quelconque, n'avait d'autre sanction que celle de la force, chaque partie cherchant à faire triompher par elle-même ses revendications qu'elle prétendait fonder sur le Droit admis. De nos jours encore, on trouve certaines parties du Droit interne dont l'existence est indéniable et qui manquent totalement de sanction ; telles sont les obligations naturelles qui existent juridiquement sans que la loi les appuie d'une action ; tel est également le Droit constitutionnel dont les violations, par l'effet d'une Révolution triomphante, deviennent le Droit à leur tour, sans qu'on puisse méconnaître l'existence véritable de la loi constitutionnelle qui les a précédées. On a prétendu que le Droit international n'existerait qu'à la condition d'être garanti dans son observation par un pouvoir supérieur comme celui qui domine les Etats dans une fédération ou une confédération, par exemple la Cour suprême de l'Union américaine. Mais est-ce que la guerre de sécession aux Etats-Unis et les agissements de la Prusse en Allemagne, de 1864 à 1866, ont été écartés par

l'autorité commune de cette fédération et de cette confédération? Faut-il en conclure que les violations du Droit commun de
ces Etats l'ont empêché d'exister?

D'ailleurs, pour ne pas être certaine et régulièrement organisée, la sanction du Droit international n'en existe pas moins.
Elle se trouve dans les conséquences ordinaires des actes
accomplis en violation des règles de raison et de justice qui
doivent présider aux rapports internationaux et dont l'ensemble
forme le Droit international, abstraction faite de toute promulgation, de toute interprétation judiciaire et de toute mesure
coercitive nettement définie. La violence appelle les représailles
plus ou moins tardives ; un traité abusif imposé par la force
prépare pour l'avenir les revendications de tout un peuple qui
mettra peut-être un temps fort long à constituer les ressources
nécessaires pour les appuyer. La brièveté de la vie humaine ne
permet pas toujours de voir également la violation du Droit
international et les conséquences qui frappent ses auteurs ;
mais si l'on regarde, dans son ensemble et par longues périodes, le cours des événements, on est frappé de l'harmonie évidente qui existe entre le respect du Droit international et la
prospérité des peuples, entre leurs iniquités et leurs malheurs.
Quand M. Thiers demandait à l'Allemagne, après la chute du
second Empire : « A qui donc faites-vous la guerre ? » ; le célèbre historien allemand Ranke répondit, avec un sens profond
et en évoquant les souvenirs du ravage du Palatinat : « à
Louis XIV ! ». C'est qu'en effet, suivant la sublime parole de
Schiller, « L'histoire du monde est le tribunal du monde ! »

Cette sanction ordinaire du Droit international se trouve particulièrement assurée depuis que les Etats, ayant le sentiment
de leur intérêt commun à compter du traité de Westphalie de
1648, se préoccupent de maintenir l'équilibre européen, et tendent à se coaliser pour arrêter les empiétements excessifs de
l'un d'eux, surtout lorsqu'ils sont réalisés au mépris des droits
reconnus.

De nos jours enfin, une sanction nouvelle exerce une action
de plus en plus considérable, c'est celle de l'opinion publique.
Cet élément, dont on a déjà vu la naissance et l'influence générale (V. nos 25, 26), détermine une préoccupation ordinaire
dans les gouvernements contemporains de n'agir que conformé-

ment aux règles du Droit international, ou tout au moins de préparer leur attitude de façon à ne pas être accusés d'un dédain complet de ces règles. On voit ainsi le Droit international, qui n'en est encore qu'à la phase d'état de conscience générale du monde civilisé, trouver sa sanction dans cette conscience même révélée par la voix de l'opinion publique, et dans la crainte naturelle de voir les protestations de celle-ci se traduire par une résistance matérielle ou une répression violente des autres États si elles ne sont pas écoutées. Les manifestes justificatifs, publiés si souvent de nos jours par les Puissances au début d'une entreprise susceptible de provoquer les critiques des autres États, sont ainsi de véritables plaidoyers plus ou moins sincères devant le tribunal de l'opinion publique et en perspective d'une sanction plus ou moins redoutée.

40. Caractère positif du Droit international. — Au fond, les objections présentées contre le Droit international tendent beaucoup plus à nier son caractère de droit positif qu'à méconnaître son existence comme Droit théorique et rationnel. On ne voudrait voir en lui qu'un ensemble de principes de raison, une sorte de morale dans les rapports internationaux, l'absence de loi internationale proprement dite rendant impossible un Droit positif des relations entre les États. Cette manière de voir, déjà ancienne, professée par Hobbes, par Pufendorf et toute l'école idéaliste, est encore soutenue par bon nombre de publicistes anglo-américains, notamment par John Austin et par Lorimer.

Mais nous devons dire que l'absence d'une prescription législative, de tribunaux et de sanction organisée, impuissante, ainsi que nous l'avons établi (V. nos 38 et 39), à démontrer l'inexistence du Droit international comme science et comme conception rationnelle, est également sans portée pour prouver qu'il ne peut être un véritable Droit positif. Le défaut de ces éléments montre seulement un état d'imperfection du Droit international qui en est encore à une phase primitive de son évolution par laquelle le Droit interne a lui-même passé, sans qu'on songeât à nier son caractère positif.

Si l'on invoque l'absence de législation dans le Droit international, il suffit de remarquer que le Droit interne, à ses débuts et pendant des siècles, a été généralement coutumier, formé par la pratique générale des justiciables, comme à Rome et dans l'ancienne France, sans qu'une loi proprement dite le consacrât. La législation écrite le maintient quelquefois comme tel, ou comme expression de la conscience humaine, en défendant au juge de s'abstenir sous prétexte de silence des textes, et en lui commandant ainsi de recourir aux usages suivis ou aux inspirations de sa propre raison (art. 4 C. civil). Enfin il est un droit, d'un caractère parfaitement positif, qui souvent n'est formé que d'anciennes traditions, c'est le Droit constitutionnel dans nombre de pays, par exemple en Angleterre.

Veut-on se prévaloir de l'absence d'autorité judiciaire ? Mais le premier Droit interne n'a été longtemps appliqué que par un recours brutal à la force individuelle. C'est relativement tard que la procédure, avec l'organisation de tribunaux réguliers et permanents, s'est montrée ; elle n'a même été pendant longtemps qu'une forme de régularisation de la force privée, comme le montrent notamment le symbolisme des actions de la loi rappelant le combat des particuliers, à Rome, et le duel judiciaire au moyen-âge. Jusque dans les organisations sociales les plus perfectionnées, on trouve certaines parties du Droit interne, et non les moins importantes, pour l'observation desquelles aucun tribunal n'est constitué, aucune procédure n'est prévue. Tel est le Droit constitutionnel ; si la constitution de l'an VIII a confié au Sénat la mission plus théorique que pratique de la faire respecter, combien de constitutions qui n'ont rien prévu à cet égard. Cela les empêche-t-il d'être un Droit positif?

Il est essentiel, en effet, de bien se pénétrer de cette idée que le Droit positif ne se forme pas par le concours de tribunaux chargés de l'appliquer, mais bien par l'assentiment général des sujets de ce Droit pour en accepter les dispositions et pour s'y soumettre. C'est grâce à cet assentiment général, renforcé par l'habitude et par l'éducation dans un milieu social déterminé, que le Droit conserve son autorité souveraine et reçoit son application ordinaire, ce qui lui donne le caractère d'un vrai Droit positif. L'intervention des tribunaux n'est et ne peut être qu'une exception, car leur puissance ne serait jamais assez considérable pour résister à une opposition absolue des masses ; elle doit nous apparaître comme un progrès d'organisation sociale permettant à l'ensemble, par l'intermédiaire des juges, d'éclairer les cas d'appréciation difficile et de triompher des résistances

de quelques-uns au Droit généralement admis. Pour attribuer
au Droit international un caractère positif, il suffit donc que
nous trouvions une adhésion à ses principes dans l'ensemble des
Etats qui doivent être assujétis à son application ; or cette adhésion ne saurait être douteuse. L'acceptation du Droit des gens,
tel que le comprend actuellement la conscience de l'humanité
civilisée, a été nettement affirmée par les Etats européens dans
la déclaration d'Aix-la-Chapelle du 15 novembre 1818, dans le
traité de Paris du 30 mars 1856, art. 7, et pour le Droit international maritime dans la déclaration du 16 avril 1856. On la
retrouve dans des conventions spéciales, par exemple dans le
traité du 8 mai 1871, conclu à Washington entre l'Angleterre
et les Etats-Unis pour poser, à propos de l'affaire de l'*Alabama*,
des principes d'arbitrage *conformes au Droit des gens*.

On la voit enfin dans des lois ou des déclarations émanant
de tel Etat et indiquant son intention de suivre les règles du
Droit international reconnu par l'ensemble des pays : nous citerons la loi italienne dite *des garanties*, du 13 mai 1871, pour
fixer la condition du Saint-Siège, et les nombreuses lois sur
l'extradition, l'exterritorialité des agents diplomatiques, la neutralité, etc.

Ces adhésions nous suffisent, car comme disent Aubry et Rau
(t. I, p. 5, 4e édit.) : « Toute règle légitimement susceptible de
devenir l'objet d'une coercition extérieure est, par cela même,
une règle juridique ; l'absence d'institutions propres à en assurer
l'observation ne la prive pas de ce caractère et ne lui enlève pas
son autorité intrinsèque ».

Du reste, dans une certaine mesure, le Droit international
peut trouver dans des juridictions organisées son interprétation
et sa garantie de sanction.

En vertu de son adhésion à ce Droit général, un pays peut,
dans les circonstances où ils deviennent compétents d'après la
loi qui les régit, faire rendre par ses tribunaux des sentences
qui confirment les règles du Droit international. Ces décisions
sont innombrables, telles que, en France, celles relatives à la
compétence à l'égard des Etats étrangers (Cass., 22 janvier 1849,
Sir., 49. 1. 82) ; à l'application et au maintien des traités (Cass.,
23 novembre 1854, Sir., 54. 1. 811) ; à la condition de la mer
territoriale (Cass., 29 février 1868, Dall., 68. 1. 412) ; etc... Il

faut y ajouter les sentences rendues par les tribunaux de prises, dans les différents pays, pour apprécier la validité d'une capture maritime au point de vue des règles ordinaires du Droit international maritime. Mais on ne doit voir dans ces jugements, rendus au nom de la souveraineté de chaque État, qu'une manifestation unilatérale d'adhésion au Droit international; on ne saurait y trouver des décisions exprimant l'accord commun des États et constituant ainsi des sentences émanant d'un véritable tribunal du Droit des gens. Ce dernier caractère ne se trouve que dans les juridictions organisées par les États intéressés, soit d'une manière accidentelle et à propos d'une difficulté spéciale, comme dans les arbitrages, soit d'une façon permanente et pour une catégorie d'affaires, comme dans les commissions internationales chargées de régler la navigation du Danube et du Congo (V. n° 430, 5°-6°). On propose, comme idéal, l'organisation d'un tribunal d'arbitrage permanent qui donnerait complètement au Droit international l'élément d'interprétation et d'application que possède déjà le Droit interne.

41. Rapport du Droit international théorique et du Droit international positif. — En dehors de la tentative de Hobbes, de Pufendorf et de l'école purement idéaliste, aujourd'hui abandonnée, par laquelle on essaya de ne conserver que le Droit naturel pour régler les rapports internationaux en écartant toute idée d'un Droit positif entre les États, la méthode inaugurée par Grotius, continuée par Wolff et Vattel, a toujours consisté à poser d'abord les principes du Droit théorique et à ne passer qu'ensuite à l'examen des règles positives consacrées par la pratique en les subordonnant aux premiers. Comme l'a remarqué Summer-Maine, l'influence générale du Droit romain identifié avec la conception rationnelle des rapports juridiques et considéré comme le Droit commun de l'humanité, *jus gentium,* facilita et détermina peut-être cette façon de procéder. Sur la base de ce Droit réputé absolu et universel, on édifia un système théorique et *à priori* de Droit international, sans se préoccuper tout d'abord des règles suivies en fait. En agissant ainsi, Grotius et ses successeurs se sont nettement trompés, car la conception d'un Droit international théorique n'a pu naître qu'après une pratique des rapports internationaux réglée par des usages et des conventions plus ou moins bien déterminés, et Grotius lui-même, créateur du Droit international théorique, doit bien puiser ses exemples dans l'antiquité la plus reculée. Le Droit international théorique étant ainsi, historiquement, de beaucoup postérieur au Droit positif, il faut l'envisager non comme une conception purement rationnelle et *à priori*, mais comme la critique du Droit positif déjà appliqué. La vraie méthode est d'observer les faits, c'est-à-dire les rapports internationaux et la manière dont ils sont réglés dans leur évolution historique, ce qui conduit à la connaissance du Droit international positif; ensuite on dégage, par une synthèse scientifique, les rapports qui se manifestent comme suffisamment constants et universels, et l'on aboutit ainsi à la formule des lois, expressions de ces derniers rapports. Enfin, et ceci constitue l'art du jurisconsulte en Droit international, par la critique des résultats obtenus dans le Droit positif déjà suivi et par la combinaison des lois générales des rapports internationaux, on peut arriver à créer des institutions ou des règlements particuliers susceptibles de donner les meilleures conséquences au point de vue des intérêts des Etats. Pour exprimer par un exemple ces trois phases du développement de toute question du Droit international, on peut remarquer que la constatation de fait que les conflits des Etats se dénouent par la guerre conduit à cette loi générale que les résultats des hostilités ne sont pas, par eux-mêmes, adéquats au but visé et, par conséquent, peut aboutir à des tentatives plus ou moins heureuses pour organiser, sous forme d'arbitrage ou même de tribunal permanent, une juridiction qui tranche ces conflits en donnant toute satisfaction aux intéressés.

La synthèse scientifique des rapports internationaux observés dans l'histoire permet de dégager deux tendances qui forment comme les lois fondamentales du Droit international : la tendance particulariste ou *individualiste* par laquelle chaque peuple, obéissant à ses influences particulières de race, de mœurs, de tradition, de religion, d'intérêts, cherche à se soustraire, dans son indépendance, à toute immixtion étrangère ; et la tendance *cosmopolite* qui, par une sorte d'extension de l'instinct de sociabilité, pousse les sociétés elles-mêmes, comme les individus dans chaque société, à se rapprocher, parfois même à s'unir et à régler d'un commun accord leurs relations réciproques (V. n° 4).

On peut, au point de vue de l'art des rapports internationaux, s'orienter, suivant les circonstances, dans le sens de l'une ou de l'autre de ces deux tendances. Les uns ont songé à marquer davantage la tendance particulariste par des groupements de nationalités substitués aux groupements actuels par Etats ; d'autres à la supprimer par la création d'un gouvernement unique pour tous les Etats. Dans le sens de la tendance cosmopolite, beaucoup travaillent à un plus grand rapprochement par la création soit d'un tribunal arbitral permanent entre les Etats, soit de Congrès généraux périodiques, soit même d'une vaste confédération des puissances formant les Etats-Unis d'Europe, voire même du monde civilisé. Quoi qu'il en soit de ces tentatives, dont la plupart sont si loin encore de leur réalisation qu'elles passent pour chimériques, il semble bien que l'effort général de l'art dans les relations internationales doive être de développer la tendance cosmopolite. Il est facile de voir que l'humanité est encore trop près de l'époque où un esprit d'exclusivisme absolu isolait les Etats et où le rapprochement commençait à peine à se dessiner.

42. Définition du Droit international. — Après les explications qui précèdent, il semble presque inutile de donner de notre science une définition qui n'ajouterait rien de plus précis et qui risquerait peut-être d'en fausser la notion. Il n'est guère d'auteurs qui n'aient donné une définition particulière ; ces innombrables définitions diffèrent les unes des autres beaucoup plus peut-être par la forme que par le fond, ou par ce fait que quelques-unes veulent comprendre le Droit théorique et le Droit positif, tandis que d'autres ne visent que l'un ou l'autre ; comme par ce fait que les unes indiquent certaines sources du Droit international ou certains buts que ce dernier doit poursuivre. Etant données les indications que nous avons fournies au sujet de la matière du Droit international, nous pouvons retenir cependant comme embrassant également les deux objets de ce Droit la définition suivante, qui est une combinaison de celles fournies par les principaux publicistes, notamment par Holtzendorff, Bluntschli et Calvo : « *Le Droit international est celui qui a pour objet l'exposé des règles suivies dans les rapports respectifs des Etats, et des principes ou lois générales, consacrées ou non dans la pratique, qui se dégagent de l'ob-*

servation scientifique de ces rapports dans l'histoire ». La première partie de cette définition correspond à la notion du Droit
international positif, la seconde à celle du Droit international
théorique qui comprend la critique du premier ; elle indique en
même temps la méthode à suivre, c'est-à-dire la méthode d'observation historique.

CHAPITRE IV

DIVISIONS DU DROIT INTERNATIONAL

43. De ce que nous avons dit il résulte que le Droit international se divise naturellement en Droit théorique, appelé quelquefois naturel, nécessaire, primitif, absolu, et en Droit positif,
qualifié aussi de réel et secondaire. L'opposition des qualificatifs
primitif et secondaire ne saurait d'ailleurs, comme nous l'avons
établi (V. n° 41), être entendue dans un sens chronologique,
mais simplement en ce sens que le Droit primitif doit, au point
de vue de son évolution progressive, se conformer aux données
du Droit théorique qui, par la critique du premier, en révèle les
imperfections et en signale les améliorations. Le Droit positif
international est aussi qualifié de volontaire, parce que, faute de
législateur au-dessus des Etats, il se forme par le consentement
mutuel de ces derniers. A ce dernier point de vue, il se subdi-
vise en *coutumier* ou *non écrit*, et en *conventionnel* ou *écrit,*
suivant que l'accord des Etats qui le constitue est tacite, révélé
par les *usages,* ou exprès, c'est-à-dire formulé dans des *traités.*

44. Le Droit international se divise également en Droit international *public* et *privé,* suivant la nature de l'objet des rapports
qui peuvent se produire entre les Etats.

Deux ou plusieurs pays peuvent être en relations à propos
d'intérêts publics ou collectifs de chacun d'eux : c'est ce qui a
lieu, par exemple, dans les rapports d'alliance, d'occupation ou
de cession de territoires, dans les traités de paix, dans les
questions de douanes, de postes, de commerce et de navigation, etc.... Ils peuvent être également en relations à propos de
questions d'intérêts privés relatives à leurs nationaux respectifs
considérés individuellement. C'est ce qui a lieu, par exemple,
lorsqu'il s'agit de déterminer la loi que peut invoquer pour fixer

sa condition juridique un particulier se trouvant sur le territoire d'un Etat autre que celui auquel il appartient par sa nationalité ; ou lorsque deux personnes de nationalité différente se trouvent engagées ensemble dans un même rapport de droit, notamment dans un contrat, et qu'il faut déterminer la loi appelée à régler ce rapport de droit.

La première catégorie de rapports est l'objet du Droit international public, la seconde du Droit international privé. Ces deux branches du Droit international qui, dans son ensemble, régit les rapports internationaux, ont donc pour différence cette particularité caractéristique que la première vise les relations portant sur des questions d'intérêt collectif, et la seconde celles qui portent sur des questions d'intérêt privé.

45. Cette manière de voir a été très vivement contestée et beaucoup de jurisconsultes n'ont voulu voir dans le prétendu Droit international privé qu'une face du Droit privé interne de chaque pays, une étude particulière de ce Droit au point de vue de son application possible en dehors du territoire et à d'autres qu'aux nationaux, sans y reconnaître en aucune façon une forme de rapports internationaux, ni par conséquent une partie du Droit international.

Cette conception se heurte à une double objection, à notre avis décisive. Tout d'abord, la question même du règlement des rapports privés, en cas de conflit de lois de différents pays, implique nécessairement la question de savoir si l'on peut admettre dans un pays l'application de la loi d'un autre Etat, et dans quelle mesure, l'affirmative étant admise, cette application pourra se concilier avec les règles d'ordre public imposées par la loi territoriale ; or c'est là une question qui met directement en présence la souveraineté des Etats et qui constitue, au premier chef, un problème de Droit international. D'autre part, une législation supérieure pour trancher les conflits de lois entre les Etats faisant aussi bien défaut que pour résoudre les conflits de souverainetés qui constituent l'objet incontestable du Droit international, il en résulte que, dans un cas comme dans l'autre, la solution générale ne peut être obtenue que par l'accord des pays intéressés, sous la forme d'usages ou de traités, comme dans le Droit international public. En somme, dans leur nature intrinsèque comme dans leur mode de solution, les problèmes de conflits de lois privées font partie du Droit international.

46. Cependant, malgré l'identité de leur nature intrinsèque et leur simple distinction suivant le caractère spécial des rapports internationaux qu'ils règlent, le Droit international public et le Droit international privé présentent, en fait, une grande différence au point de vue de la sanction. Pour l'un comme pour l'autre, la règle commune ne peut être obtenue que grâce à un accord des Etats, révélé par la consécration de certains usages ou la conclusion de certains traités ; mais, tandis que le Droit international public ne reçoit d'application par voie d'autorité judiciaire que si un accord préalable des pays intéressés a organisé un arbitrage, les questions de Droit international privé, au contraire, sont portées devant les tribunaux de l'un des Etats intéressés suivant la règle de compétence qui les régit, et la sentence rendue par ces tribunaux est assurée de son exécution, d'abord dans le pays où elle a été prononcée, et, la plupart du temps, grâce à l'entente des différents Etats, sur les territoires régis par d'autres souverainetés. Ainsi le Droit international privé qui n'a pas plus que le Droit international public la législation commune et universelle qui lui convient, en dehors des usages consacrés ou des traités conclus, a du moins, grâce à son adoption plus ou moins exacte et complète dans la loi ou la jurisprudence des divers pays, des tribunaux pour l'appliquer et une sanction pour assurer l'exécution des jugements rendus à son sujet (1).

47. Le Droit international public, le seul dont nous ayons à nous occuper dans le cours de cet ouvrage, est souvent divisé, au point de vue de son exposition didactique, en Droit international pendant la paix et pendant la guerre. Ce dernier comprend alors les rapports des belligérants et ceux entre ces derniers et les neutres. On étudie souvent à part le Droit international maritime subdivisé en Droit maritime pendant la paix, pendant la guerre et au point de vue de la neutralité.

(1) V. notre *Précis de Droit intern. privé*, 2e édit., no 13.

CHAPITRE V

DOMAINE PROPRE DU DROIT INTERNATIONAL PUBLIC

48. La connexité qui existe entre l'objet du Droit international public et celui d'autres sciences impose certaines précisions qui ont pour but de délimiter le domaine exact du premier et de montrer, en même temps, ce que la culture de ce Droit peut emprunter à d'autres doctrines plus ou moins voisines (1).

49. Le Droit international public et le Droit international privé. — Ce que nous venons de dire au sujet du domaine respectif de ces deux sciences (v. n° 44) ne saurait, *à priori,* écarter toute confusion, étant donnée la portée très différente que les auteurs attachent à la dernière.

Le Droit international privé ayant pour objet les rapports internationaux relatifs à des intérêts privés, il faudrait logiquement en distraire les conflits des lois de procédure pour les faire rentrer dans le Droit international public. Ces lois, en effet, se réfèrent à l'organisation d'un service d'intérêt général, visent la collectivité de l'Etat et font partie de son Droit public. Cependant, comme la procédure est le complément pratique et nécessaire des questions de Droit privé, on trouve plus naturel d'étudier les conflits des lois de cette nature avec les conflits des lois privées. Ainsi les questions de compétence à l'égard des étrangers, des commissions rogatoires entre Etats, des preuves judiciaires admissibles dans un pays et d'exécution des jugements rendus en pays étranger, sont examinées dans le domaine du Droit international privé bien que, scientifiquement, elles fassent partie du Droit international public.

Mais la difficulté la plus grande s'élève au sujet des conflits de lois pénales de différents pays. Les uns les font rentrer dans le Droit international privé, parce que ce dernier embrasse tous les conflits de lois sans distinction, civiles, commerciales ou pénales, attendu que dans ces conflits on voit toujours apparaître un intérêt privé, soit qu'il s'agisse d'un rapport entre

(1) Comte Kamarowsky, *Quelques réflexions sur les relations entre le Droit intern. et les différentes branches de la jurisprudence,* R. D. I., 1875, p. 1.

nationaux d'Etats différents, comme dans les conflits des lois civiles ou commerciales, soit qu'il s'agisse d'un rapport entre un Etat et un particulier de nationalité étrangère, comme dans les conflits de lois criminelles. D'autres veulent faire du conflit des lois criminelles une discipline distincte du Droit international privé, parce que ce conflit touche à un intérêt public, et du Droit international public, parce qu'il y a aussi un intérêt privé en cause et qu'il s'agit de matières législativement organisées dans chaque pays où elles reçoivent leur sanction par l'intervention des tribunaux locaux (1).

Nous pensons, au contraire, que les rapports des Etats au point de vue du fonctionnement de la justice pénale, spécialement au sujet de la compétence et de l'extradition, font partie du Droit international public. L'application de la loi pénale se réfère, en effet, d'une manière directe à l'intérêt de la collectivité et fait, à ce titre, partie du Droit public ; les rapports internationaux concernant cette matière sont donc dans la sphère du Droit international public, suivant la définition que nous en avons donnée (2). On peut objecter, il est vrai, l'intérêt privé soit de la partie civile, soit de l'accusé ou prévenu, pour soutenir qu'il ne s'agit pas exclusivement, en pareil cas, d'une question d'intérêt public ; mais cet intérêt privé, que l'on retrouverait du reste, à la rigueur, dans toute question de Droit public, est éminemment secondaire et subordonné à celui de la collectivité, à tel point qu'il ne peut être invoqué par la victime de l'infraction quand le second a perdu ses droits par prescription. Il faut remarquer aussi que, lorsqu'on doit recourir à l'extradition, il faut employer l'action diplomatique comme dans toutes les questions de Droit international public, sans que l'autorité judiciaire de chaque Etat puisse trancher la difficulté par elle-même ainsi qu'elle le fait dans les conflits de lois civiles et

(1) Holtzendorff, *loc. cit.*, p. 9 ; Chauveau, *loc. cit.*, p. 46. Cette manière de voir, d'après laquelle on distingue le Droit intern. pénal du privé et du public, tout en le rapprochant peut-être davantage du premier, paraît indiquée dans le titre de certains ouvrages, par exemple, von Bar, *Das internatione Privat und Strarecht* (Droit intern. privé et criminel), et la Revue fondée par M. Bohm, à Erlangen en 1891 : *Zeitschrift für internationales privat und Strafrecht (Revue de Droit intern. privé et pénal).*

(2) Renault, *Introduction à l'étude du Droit intern.*, p. 26 ; notre Précis, 2e édit., n° 14.

commerciales qui forment le domaine du Droit international privé.

En fait, les auteurs les plus considérables, tels que Heffter, Neumann, Bluntschli, Calvo et Pradier-Fodéré traitent, dans leurs ouvrages sur le Droit international public, des principes généraux qui dominent les rapports des Etats au point de vue du fonctionnement de la justice criminelle.

50. Rapports du Droit international public avec d'autres doctrines.

A. AVEC LE DROIT CONSTITUTIONNEL. — Le Droit constitutionnel règle dans chaque pays l'organisation des pouvoirs qui régissent l'Etat et les limites de leurs attributions, notamment au point de vue des relations avec les autres pays. Il a ainsi une connexité étroite avec le Droit international, en fixant quelles sont les autorités qui représentent l'Etat et leur mission dans les rapports internationaux. Ainsi c'est le Droit international qui nous dira si une collectivité possède une indépendance suffisante pour avoir la capacité de nouer des relations internationales, pour former, en d'autres termes, un sujet des rapports que régit le Droit international; par exemple si un Etat mi-souverain peut passer des traités, et quels sont les Droits et devoirs d'un Etat quelconque par rapport aux autres; mais c'est le Droit constitutionnel qui, dans chaque pays, organise les pouvoirs compétents pour conclure ces traités et pour revendiquer ces droits comme pour répondre de ces devoirs au nom de l'Etat.

D'autre part, la forme constitutionnelle peut avoir une grande influence sur l'orientation des rapports internationaux, suivant qu'elle entraîne une attitude d'isolement ou de rapprochement avec les autres pays, de respect de la personnalité des autres Etats ou d'ambition violente et de domination.

Il n'est pas douteux, par exemple, que la forme républicaine, en général, par l'intervention de la nation qu'elle implique, sera plus favorable aux rapports pacifiques et opposée aux tendances de conquêtes qui résultent trop souvent de l'ambition des gouvernements personnels et autocratiques. Cependant le Droit international repose, il ne faut pas l'oublier, sur le respect de l'autonomie des Etats et par conséquent des peuples qui les composent, lesquels doivent être libres d'organiser leur constitution comme ils l'entendent. Ce principe fondamental, posé dans la déclaration de l'Assemblée législative du 22 avril 1792, a été trop méconnu par la Révolution elle-même appelant tous les peuples à l'insurrection contre les gouvernements monarchiques dans le fameux décret du 19 novembre 1792, et par les grandes puissances monarchiques, en un sens opposé, dans la déclaration du 15 novembre 1818, art. 3 et 4, à la suite du Congrès d'Aix-la-Chapelle. Les nations sont maîtresses de leurs destinées politiques, et on ne saurait songer à leur imposer une constitution déterminée, par exemple une forme républicaine, comme le voulait Kant, même dans le but évidemment désirable de diminuer les chances de guerre en en faisant prendre la responsabilité par la nation qui doit en supporter les charges.

La constitution d'un Etat peut avoir une grande influence sur la manière dont doivent être dirigées vis-à-vis de lui les relations diplomatiques et sur l'attitude qu'il faut prendre à cet égard. Mais c'est là une observation qui se rattache beaucoup plus à l'art de la diplomatie qu'au Droit international.

Remarquons enfin qu'une constitution présente un vice grave au point de vue du Droit international quand elle empêche le gouvernement d'un pays d'observer les règles générales qui s'imposent dans les rapports avec les autres Etats. Ainsi un Etat fédéral ne saurait se prévaloir de l'indépendance des différents Etats qui le composent, indépendance assurée par sa constitution, pour se refuser à donner satisfaction à d'autres pays à raison de faits accomplis sur le territoire de l'un des Etats formant la fédération, en invoquant son impuissance à agir dans ce territoire. Dans le courant de l'année 1891, le gouvernement des Etats-Unis a longtemps hésité à répondre aux demandes de réparation émanant de l'Italie au sujet du massacre de prisonniers italiens à la Nouvelle-Orléans, sous prétexte que, d'après la constitution américaine, le pouvoir fédéral ne pouvait intervenir dans les affaires intérieures de la Louisiane. Les autres Etats ayant accepté l'entrée en relations avec un pays, sans s'occuper de sa constitution particulière, ont le droit de compter que ce pays est organisé de manière à satisfaire aux obligations générales du Droit international par l'intermédiaire de l'autorité générale qui le représente, par exemple du pouvoir fédéral (1).

_____

(1) Sur l'incident italo-américain de la Nouvelle-Orléans, v. *Journal Clunet*, 1891, pp. 1147 et suiv. V. pour question des pêcheries de Terre-Neuve, n° 109.

B. AVEC LA MORALE. — La corrélation du Droit international public et de la morale est évidente ; c'est sur un principe de morale, le respect de la foi donnée, l'observation des traités, que repose le Droit international. D'autre part, les progrès de la morale dans le monde civilisé se traduisent par un effort international pour améliorer certains points : nous signalerons notamment l'adoucissement des lois de la guerre par les soins et les égards donnés aux blessés ou prisonniers et par la prohibition d'engins barbares, ainsi que la suppression de l'esclavage et de la traite. Toutefois le domaine de la morale est beaucoup plus large que celui du Droit ; mais le *criterium* qui permet de distinguer habituellement l'un de l'autre, c'est-à-dire la sanction organisée qui existe pour le Droit et non pour la morale, nous fait ici défaut, le Droit international n'ayant pas de sanction semblable. On peut dire seulement que la morale est seule intéressée dans les actes qui impliquent une approbation dans l'état actuel de la conscience humaine, sans que le contraire entraîne un blâme formel : tel est, par exemple, un acte de bienfaisance internationale sous la forme de secours donnés par un pays aux malheureux d'un autre, etc... Beaucoup d'actes dont l'accomplissement ne provoque aucune approbation, mais dont le contraire légitime une critique, actes qui sont par conséquent à la fois de morale et de Droit, ne sont pas ·encore érigés en règle obligatoire par le Droit des gens ; on en trouve nombre d'exemples dans les usages de la guerre qui tolèrent encore des pratiques contraires à la conscience, comme la faculté de mettre à mort un citoyen du pays envahi qui égare l'ennemi quand celui-ci l'a forcé à lui servir de guide. A ce point de vue, par suite de l'égoïsme national et de l'esprit d'individualisme encore beaucoup trop marqué, sans que l'esprit d'entente commune et le sentiment du rapprochement international soient suffisamment développés, le Droit des gens néglige de consacrer juridiquement un trop grand nombre de préceptes de morale qui doivent rentrer dans sa sphère. Il est ainsi de beaucoup en retard par rapport au Droit interne qui, dans les pays civilisés, consacre toutes les règles morales, sauf celles dont la sanction est positivement jugée inutile ou même périlleuse au point de vue de l'intérêt social.

C. AVEC LA COURTOISIE INTERNATIONALE. — On a voulu faire

reposer le Droit international privé sur la *comitas gentium,* en disant que chaque souveraineté, maîtresse d'exclure sur son territoire l'application de toute loi étrangère, devait cependant l'accepter par pure courtoisie, toutes les fois que son intérêt bien entendu lui commandait de faire une pareille concession (1). Dans le Droit des gens, sans constituer une règle d'application stricte, la courtoisie complète les prescriptions d'un caractère juridique en facilitant les rapports internationaux et en permettant souvent ainsi une entente commune sur des questions de Droit proprement dit. Il est parfois difficile de distinguer les règles de pure courtoisie de celles qui font partie du Droit international, car, vu la condition de ce dernier Droit, les unes et les autres manquent également de sanction organisée. On peut remarquer cependant que les Etats ont la faculté juridique d'exiger l'observation des secondes et de demander réparation si elles sont violées vis-à-vis d'eux ; tandis que l'on ne peut pas juridiquement imposer à un Etat la pratique de la courtoisie. Un navire est indûment arrêté en mer par un bâtiment d'une autre puissance, des réclamations se produisent ; on ne saurait au contraire les présenter en se fondant sur un droit méconnu, si un navire étranger se refusait à saluer, conformément aux usages maritimes, l'escadre d'un Etat.

D'autre part, la courtoisie internationale diffère de la morale en ce qu'elle ne s'observe que sous la condition de réciprocité, tandis que la morale est obligatoire, au point de vue de la conscience d'un peuple qui la conçoit, même à l'égard de ceux qui la violent. Ainsi une nation européenne n'est nullement liée par les usages de courtoisie vis-à-vis des pays barbares qui les ignorent ; mais elle ne devrait jamais commettre à leur égard, malgré leur conduite blâmable, des actes contraires à la morale des Etats civilisés, ne fussent-ils pas d'ailleurs interdits par les règles strictes du Droit international.

D. AVEC LA POLITIQUE EXTÉRIEURE (2). — La politique extérieure est l'*art* d'appliquer le Droit international conformément à l'intérêt de chaque Etat. Elle n'est nullement opposée, comme on le

---

(1) V. notre *Précis de Droit intern. privé,* 2ᵉ édit., nᵒ 20. — Phillimore, *loc. cit.,* t. IV, *Private intern. Law, or Comity.*

(2) Holtzendorff, *loc. cit.,* § 18 ; *Principes de la politique,* trad. Lehr ; Bulmerincq, *Praxis, Theorie und codification des Völkerrechts,* pp. 40 et s,

croit trop souvent, au Droit des gens qu'elle doit, au contraire, toujours respecter ; mais elle laisse à ceux qui la dirigent l'initiative d'appliquer, d'une manière utile, suivant leur habileté, les règles du Droit international dans telle circonstance déterminée. Ainsi le Droit nous commande d'observer un traité conclu. Mais est-il opportun et profitable de le conclure ? C'est la politique extérieure qui répond à la question.

Cet art, connu aussi sous le nom de *Diplomatie*, trop souvent égaré par des considérations mesquines et égoïstes qui ont considérablement retardé les progrès du Droit international, peut grandement les favoriser si l'on se pénètre de l'harmonie qui existe entre l'intérêt des Etats et la consécration des règles de justice. C'est en comprenant cette harmonie que la Diplomatie est parvenue à de grandes réformes, comme les Unions internationales pour la sauvegarde commune de certains droits (propriété littéraire, industrielle, postes, télégraphes, etc...), l'amélioration des lois de la guerre (convention de Genève et de Saint-Pétersbourg), suppression de la course maritime en 1856, etc.

Enfin la Diplomatie peut être le moyen de réaliser la sanction du Droit international en rapprochant les peuples qui ont à se plaindre d'une violation de ses règles de la part d'un Etat, en provoquant entre eux et contre lui des coalitions menaçantes qui sont la sauvegarde du Droit dans les rapports internationaux.

CHAPITRE VI

CARACTÈRE UNIVERSEL DU DROIT INTERNATIONAL

51. L'exclusivisme religieux, qui a empêché le Droit international de naître dans l'antiquité, l'a restreint pendant tout le moyen-âge aux seuls peuples chrétiens non hérétiques. Le traité de Westphalie de 1648, sous l'influence de la Réforme qui dégagea les institutions juridiques de l'influence religieuse, appela tous les peuples chrétiens, catholiques ou protestants, à participer au droit général des rapports internationaux. Cette situation subsista jusqu'à nos jours ; la Sainte-Alliance affirmait encore l'esprit chrétien de la politique que comptaient suivre les

grandes puissances ; elle était même placée, comme nombre de
traités jusqu'en 1856, sous l'invocation de la Sainte-Trinité,
dogme commun des peuples participant au Droit international.
C'est par le traité de Paris du 30 mars 1856 (art. 7), que la
« Turquie a été admise à participer aux avantages du Droit
public et du concert européen ».

Depuis cette époque, sans déclaration formelle, par le jeu
même des événements, des relations suivies, régies par les
principes généraux du Droit international observé en Europe,
se sont établies avec des Etats de l'extrême Orient, tels que la
Chine, le Japon, Siam, la Perse, etc., et même, quoique d'une
manière moins complète, avec des nations de l'Afrique et
de l'Océanie.

52. Malgré cette quasi-universalité d'application de notre
Droit, on voit la plupart des auteurs, tels que Phillimore, Heffter, Neumann, etc., se servir, même à l'époque contemporaine,
de l'expression « Droit international européen », et ne reconnaître que l'ensemble des principes admis par les peuples d'Europe.

Il est à remarquer que, géographiquement, l'expression
employée par ces auteurs a toujours été inexacte : le Droit
international dit européen n'a été appliqué à la Turquie, puissance d'Europe, que depuis 1856, et les Etats chrétiens d'Amérique ont toujours été réputés soumis à ce Droit. Aussi, dans la
pensée de ces publicistes, le Droit international européen désigne simplement celui qui est consacré par les peuples civilisés,
sur la base des principes de morale chrétienne qui leur sont
communs.

53. Mais faut-il décider que le droit international est restreint
aux seuls Etats qui suivent le courant de la civilisation européenne, et laisser tous les autres en dehors de sa sphère d'application, comme on faisait jadis des peuples infidèles, par
exemple de la Turquie ?

Par sa nature même, le Droit international comporte une
application à tous les rapports internationaux possibles, par
conséquent à tous ceux qui peuvent se produire entre des
Etats quelconques. De même que le Droit privé embrasse dans
son domaine les rapports entre tous les hommes qui, par le fait
seul de leur existence, sont des sujets de ce Droit, de même le
Droit international est appelé à s'appliquer à l'humanité tout

entière, tout Etat, quel que soit son degré de civilisation, deve-
nant un sujet de ce Droit en vertu même de son existence
comme collectivité politiquement organisée. Cependant cette
conception est encore en grande partie théorique et ne peut
être acceptée que comme une tendance progressive du Droit
international vers une application de plus en plus universelle,
tendance qui se révèle d'ailleurs en fait, surtout depuis 1856,
ainsi que nous l'avons dit plus haut. Pour que le Droit international soit susceptible d'une réalisation comme Droit positif,
sous la forme d'usages ou de traités internationaux, il faut que
les Etats aient la conscience commune de principes généraux
qui doivent dominer leurs rapports et d'un règlement basé sur
ces principes qu'ils doivent respecter. Or cette conscience commune ne se trouve d'une manière complète que chez les peuples qui suivent les idées de la civilisation européenne et,
d'une manière partielle seulement, chez les peuples qui ne
participent que d'une façon limitée à cette civilisation. Chez les
peuples complètement barbares ou sauvages, cette conscience
d'un Droit international peut faire complètement défaut : comment, par exemple, compter sur l'application d'un Droit international quelconque de la part d'un pays qui ne se croit pas
tenu de respecter les engagements qu'il contracte envers un
autre Etat ?

En se plaçant à ce point de vue, M. Lorimer distingue trois
catégories d'Etats. D'abord ceux qui suivent complètement le
Droit international communément reconnu dans la civilisation
européenne et dans les rapports desquels il est sous-entendu. En
second lieu, les Etats restés dans une situation de demi-barbarie
correspondant à ce que l'on peut appeler la civilisation asiatique ;
ces Etats admettent en partie les principes du Droit international européen ; quelques-uns même, comme la Chine et le
Japon, manifestent ostensiblement l'intention de l'adopter d'une
façon complète, soit en invoquant la doctrine des auteurs européens, dont quelques-uns, tels que Bluntschli et Wheaton, ont
été traduits dans leur langue, soit en suivant dans leur diplomatie, au moins dans la forme, les règles des peuples européens. Enfin, les peuples sauvages dans lesquels peut manquer
complètement ou à peu près la conscience juridique nécessaire
pour former le Droit international.

A l'égard des peuples qui ignorent le Droit international d'une manière générale ou sur le point spécial que l'on considère, la conduite des peuples civilisés est toujours dominée par les principes de morale qui sont la base même de leur civilisation, tels que le respect de la vie humaine et de la propriété. Trop souvent l'histoire a à enregistrer de honteuses violations de cette règle, depuis les actes des Espagnols dans la conquête de l'Amérique, jusqu'aux faits contemporains de la colonisation en Afrique.

Quant au règlement des rapports internationaux lorsqu'on veut en nouer avec des peuples qui ignorent le Droit international, on doit se borner à des conventions particulières qui doivent même souvent être précédées d'un traité général d'amitié, seul moyen d'obtenir des populations sauvages l'observation des arrangements ultérieurement conclus.

Par suite de cette façon d'agir, les relations avec les peuples non civilisés ne sont pas réglées d'une manière tacite par un Droit général communément accepté, comme cela a lieu dans les rapports des Etats qui suivent les idées de la civilisation européenne; on ne peut que s'en tenir aux dispositions formelles consignées dans les traités conclus avec eux. Il arrive d'ailleurs souvent que, dans ces traités, on s'écarte de la pratique habituellement suivie entre Etats civilisés. Les divergences particulièrement remarquables sont les suivantes : d'abord les Etats barbares ou non complètement civilisés au point de vue européen consentent souvent, dans leurs rapports avec les Etats chrétiens, à des concessions qui constituent des échecs graves à leur souveraineté et qu'un pays de chrétienté ne supporterait pas, par exemple l'exemption de la juridiction territoriale pour les nationaux des Etats chrétiens, comme cela a lieu dans l'empire ottoman, en vertu des Capitulations, en Chine, au Japon, etc.; en second lieu, la règle de la réciprocité, généralement adoptée dans les rapports des Etats civilisés, n'est pas toujours consacrée entre eux et les Etats de l'Asie et de l'Afrique, à raison des différences profondes de situation, de mœurs et de traditions qui les séparent : c'est ainsi que les Etats européens sont largement ouverts aux Asiatiques, tandis que, dans la plupart des Etats de l'extrême Orient, l'accès des étrangers, surtout chrétiens, est plus ou moins limité.

CHAPITRE VII

SOURCES DU DROIT INTERNATIONAL (1).

54. Les sources du Droit international sont de nature différente, suivant que l'on envisage ce Droit au point de vue
théorique ou positif.

SECTION I

SOURCES DU DROIT INTERNATIONAL POSITIF

55. Les sources du Droit international positif peuvent être
ramenées à deux : la *coutume internationale* ou les *usages,* et
les *traités.* Par la force même des choses, en effet, le Droit international dépourvu de législateur ne peut se révéler comme Droit
positif que par l'accord des différents Etats, accord qui est plus
général entre les pays ayant des relations suivies et des liens
communs, plus limité entre les autres, mais qui se manifeste
toujours par une entente tacite créant un usage, ou par un
contrat formel, c'est-à-dire par un traité.

§ Iᵉʳ. *De la coutume internationale.*

56. A raison de la nature même du Droit international qui ne
peut se former que par l'accord volontaire des Etats, sa source
première et qui reste toujours la plus abondante est la coutume
suivie dans les relations des différents pays. L'établissement
même de cette coutume, par sa généralité et sa constance,
accuse un sentiment profond que la règle adoptée correspond à
une notion considérée comme rationnelle, en même temps qu'à
un véritable intérêt pratique. Les avantages ordinaires du Droit
coutumier se retrouvent ici, c'est-à-dire la spontanéité de la
part des sujets du Droit à consacrer une règle qui est l'expression de leur conscience juridique et des nécessités de fait,
abstraction faite de l'ingérence arbitraire et souvent factice d'un
législateur; la force qui s'affirme par la généralité et la perma-

---

(1) Holtzendorff, *loc. cit.*, t. I, 2ᵉ partie, pp. 79 à 130; L. Renault, *Introduction
à l'étude du Droit international.*

nence dans l'application; la facilité de l'évolution progressive qui suit les fluctuations des idées et des faits, sans être arrêtée par la mise en mouvement toujours laborieuse d'une modification législative.

Pour être une source de notre Droit considéré comme droit positif, la coutume doit évidemment correspondre à la conscience de l'humanité, au moins dans la partie qui reconnaît ce droit, c'est-à-dire dans le monde civilisé, et par conséquent, sous cette réserve, être générale : un usage pratiqué par deux ou trois Etats dans leurs rapports respectifs peut être quelquefois l'indice d'un progrès; mais il ne devient une véritable source du Droit international que lorsqu'il s'est généralisé dans les conditions que nous venons d'indiquer. Cependant, quand elle est généralement admise, une coutume ne saurait être méconnue par un Etat, sous prétexte qu'il ne s'est jamais trouvé en situation de l'observer. Cette coutume fait partie du Droit international communément accepté, et les peuples qui n'ont pas à l'invoquer doivent la respecter comme une fraction de l'ensemble indivisible des règles qui sont l'expression de la conscience juridique des peuples se soumettant aux mêmes principes. Ainsi un Etat qui n'a pas de frontières sur la mer doit reconnaître les usages du Droit maritime international.

Comme dans tous les cas où il est une source du Droit positif, l'usage qui fait la loi peut la détruire, soit en se transformant en un usage contraire, soit en s'éteignant par désuétude sous l'influence d'une nouvelle conception rationnelle ou d'un sentiment nouveau des nécessités pratiques. En vertu de sa puissance créatrice du Droit positif, l'usage international peut même anéantir les dispositions formelles des traités qui n'ont pas plus de force obligatoire que lui et qui même, ainsi que nous le verrons bientôt (V. n° 61), n'ont pas ses qualités comme expression adéquate de la conscience générale dans les rapports internationaux. Cependant, la coutume sera souvent paralysée à ce dernier point de vue pour deux raisons : d'abord, on pourra souvent objecter le caractère contractuel des traités et le principe d'après lequel les contractants ne peuvent être déliés que par un consentement mutuel nettement établi; en second lieu, il sera fréquemment facile de nier la consistance de la coutume contraire au traité, tant que celui-ci subsistera comme convention formelle, ne serait-il plus respecté en fait, et qu'il ne sera pas régulièrement dénoncé.

57. Les usages internationaux sont connus et établis par l'étude de l'histoire générale, surtout par celle des relations internationales, des négociations, des traités antérieurement conclus et des documents diplomatiques où sont consignés la manière de voir et la pratique des Etats. Ce sont là autant d'éléments dont beaucoup d'auteurs veulent faire des sources spéciales du Droit international positif et qui ne sont, en réalité, que des moyens de connaître les coutumes internationales.

Parmi les documents à consulter pour la période contemporaine, il faut signaler ceux qui, après avoir été échangés entre les gouvernements, sont généralement communiqués aux Chambres dans les pays qui ont le régime parlementaire. On désigne habituellement ces documents par la couleur de la couverture ; ainsi on a le *Livre jaune* en France, *bleu* en Angleterre, *vert* en Italie, *rouge* en Autriche, *blanc* en Allemagne, etc. Mais ces documents, d'après la constitution de la plupart des pays (loi du 16 juillet 1875, art. 8), ne sont communiqués que lorsque le Chef de l'Etat le juge opportun au point de vue de l'intérêt et de la sûreté du pays; aussi ne paraissent-ils que d'une manière intermittente et presque toujours assez longtemps après que les événements auxquels ils se réfèrent sont accomplis. Enfin, et pour la même raison, ils ne sont pas toujours divulgués d'une manière complète, quand encore ils ne sont pas plus ou moins falsifiés, comme M. de Bismarck en faisait l'aveu devant la Chambre prussienne en 1869.

§ 2. *Les traités internationaux.*

58. Nous aurons à étudier plus tard les traités au point de vue de leur conclusion, de leur forme, de leur effet et de leurs conditions de validité, quand nous examinerons les rapports conventionnels entre les Etats (livre VI); pour le moment, nous n'avons à les apprécier que comme source du Droit international positif, en nous en tenant à cette notion sommaire qu'un traité est un accord formel ou une convention entre deux ou plusieurs Etats, par l'intermédiaire des autorités ayant le pouvoir de représenter ces Etats d'après le Droit constitutionnel de chacun d'eux.

59. En tant que source du Droit international positif, les traités peuvent être appréciés à différents points de vue.

1° *Au point de vue de la généralité d'application.* — Nombre de traités n'ont pour objet que de terminer une difficulté pendante et n'interviennent que dans les rapports des Etats que cette difficulté intéresse ; tels sont les traités de paix, d'alliance, de limitation de frontières, de servitudes internationales, de réparations pour dommages causés par un pays à un autre, etc. Cependant il peut arriver que des traités de ce genre soient conclus entre un grand nombre d'Etats, à cause du caractère général de la difficulté qu'ils ont pour but de résoudre : tels furent les traités de Westphalie, 1648 ; d'Utrecht, 1713 ; de 1814 et de 1815 ; de Paris, 1856 ; de Berlin, 1878.

D'autres conventions internationales, au contraire, ont pour but de régler des rapports constants pour l'avenir ou de créer des situations nouvelles. Il arrive alors fréquemment que, préparées par un puissant mouvement d'opinion, elles soient conclues entre un grand nombre d'Etats ou qu'elles soient acceptées ultérieurement par l'adhésion de ceux qui n'y ont pas participé au début. On tend de plus en plus aujourd'hui à organiser un régime conventionnel général des rapports internationaux sur les points les plus importants ; nous citerons à titre d'exemples : la déclaration de Paris du 16 avril 1856 sur le Droit maritime international ; la convention de Genève pour les secours aux blessés du 22 août 1864 ; la déclaration de Saint-Pétersbourg de 1868 pour la prohibition des balles explosibles ; les différentes unions qui embrassent la presque totalité des Etats, telles que l'union postale (Berne, 1874, Paris, 1878), télégraphique (Paris, 1865, Saint-Pétersbourg, 1875) ; pour la propriété industrielle (Paris, 20 mars 1883), pour la propriété littéraire et artistique (Berne, 9 septembre 1886), etc.

2° *Au point de vue de la valeur doctrinale.* — Les traités de la première catégorie indiqués ci-dessus, destinés surtout à trancher une difficulté, contiennent peu de principes généraux ; ils sont éminemment contingents et constituent avant tout des contrats d'affaires. Cependant ils supposent souvent des principes généraux dont ils s'inspirent et qu'ils appliquent. Parfois même ils les formulent et les établissent pour la première fois, afin de régler dans l'avenir de la même manière toutes les difficultés semblables : c'est ainsi que, dans le traité de Washington du 8 mai 1871, l'Angleterre et les Etats-Unis, tout en visant directement l'affaire de l'*Alabama*, ont posé des règles générales d'arbitrage auxquelles ils entendaient se conformer pour l'avenir.

Les traités de la deuxième catégorie, réglant des rapports permanents ou créant des situations nouvelles, formulent et appliquent plus souvent des principes généraux de Droit international.

3° *Au point de vue de la force obligatoire*. — Les Etats signataires d'un traité sont liés par ses dispositions et ne peuvent, en principe, les écarter sous prétexte qu'elles leur nuisent. Cette règle, absolument essentielle et qui forme la base même des rapports internationaux contractuels, est aujourd'hui universellement admise : elle a été solennellement proclamée dans la conférence de Londres du 17 janvier 1871, au sujet du traité de Paris du 30 mars 1856 dont la Russie demandait la modification (V. n° 213).

Mais, comme tout contrat, le traité n'a qu'une force obligatoire relative ; il ne lie que les parties contractantes. Il en est ainsi même pour les traités qui ont été conclus entre un grand nombre d'Etats ; les règles qu'ils contiennent ne sauraient être opposées aux pays qui n'y ont pas participé : c'est ainsi que la suppression de la course, consacrée dans la Déclaration de Paris de 1856 par la plupart des puissances, ne s'impose pas aux Etats-Unis, à l'Espagne et au Mexique qui n'ont pas voulu la reconnaître. D'après Bluntschli (*loc. cit.*, art. 110 et 111), les décisions d'un Congrès général des Etats seraient opposables à ceux qui n'y ont pas pris part ; cette solution, directement contraire au caractère contractuel des traités, est inadmissible : tout au plus peut-on dire qu'une règle générale de Droit international communément acceptée par les Etats s'impose à tous (V. n° 56) ; mais alors la force obligatoire de cette règle viendra, à l'égard des pays qui n'ont pas figuré au Congrès, non pas de sa consécration dans un traité général, mais de ce qu'elle est l'expression même de la conscience des Etats civilisés traduite par une coutume universelle dont l'acceptation s'impose à tout pays qui veut figurer dans le concert de ces Etats.

D'ailleurs, la participation d'un Etat à un traité peut ne pas être concomitante à sa conclusion ; elle peut se manifester sous la forme d'une adhésion postérieure, soit expresse, soit tacite. Ainsi le règlement du rang des agents diplomatiques, arrêté à Vienne le 19 mars 1815 et à Aix-la-Chapelle le 21 novembre 1818, a été en fait adopté par toutes les Puissances successivement d'une manière tacite et par simple observation de ses dispositions. Pour les traités généraux qui règlent d'une manière permanente certains rapports internationaux, spécialement pour les traités d'union, tels que l'union postale, monétaire, de la propriété industrielle ou littéraire, etc., il est d'usage actuellement d'appeler par une clause particulière l'adhésion des Etats qui n'ont pas participé à la convention primitive.

60. Aux traités considérés comme source du Droit international positif nous devons rattacher les décisions des tribunaux d'arbitrage et celles de certaines organisations internationales qui cumulent les fonctions législative, judiciaire et exécutive, comme les commissions établies pour assurer la liberté de navigation du Danube et du Congo. En réalité, en effet, ces tribunaux d'arbitrage et ces institutions tirent leur existence et leur autorité de l'accord des Etats intéressés manifesté dans un traité ; il ne faut donc pas voir dans les décisions de ces tribunaux ou de ces commissions des sources spéciales du Droit international positif, ainsi que le font beaucoup d'auteurs, mais des résultats particuliers de certains traités.

61. Comparaison de la coutume internationale et des traités. — En tenant compte de la lenteur de formation de la coutume, de son manque habituel de précision et des contestations auxquelles, par suite, elle donne lieu, on peut être tenté de considérer les traités comme la source la plus sûre, dans tous les cas la plus claire, du Droit international positif. L'accord des Etats qui est le mode de formation du Droit international comme Droit positif, semble devoir être beaucoup mieux établi et plus solidement assuré par des conventions formelles et précises que par des usages souvent discutés et généralement vagues. Les avantages des traités sur la coutume à ces différents points de vue sont indéniables quand il s'agit de régler des questions particulières où l'élément de fait tient une large place et où, par conséquent, la précision doit être la qualité dominante (V. n° 265).

Mais si l'on se place au point de vue de la manifestation générale, sous forme de Droit positif, des principes généraux qui expriment la conscience de l'humanité dans les rapports internationaux, les traités perdent leur supériorité par rapport à la coutume. Trop souvent, en effet, ils ne correspondent qu'à des conditions particulières et contingentes et sont inspirés par des considérations d'utilité et de circonstance; trop souvent aussi ils sont, contrairement à l'aspiration véritable de la conscience et de la raison dans le monde civilisé, imposés par l'influence abusive de l'un des pays contractants par rapport aux autres.

La véritable valeur des traités, au point de vue où nous nous plaçons, apparaît dans deux circonstances. D'abord quand ils sont l'expression formelle et assurée d'une pratique antérieure consacrée par l'usage libre et raisonné; on en trouve un exemple dans la Déclaration de Paris du 16 avril 1856 qui, en émettant le principe que le pavillon neutre couvre la marchandise ennemie, ne faisait que proclamer solennellement une idée déjà affirmée par le monde civilisé. En second lieu, quand ces traités sont l'expression d'une règle qui, sans avoir été encore consacrée dans la pratique, est cependant mûre au point de vue de l'application, préparée qu'elle est par un mouvement d'opinion et par l'influence de la doctrine : telles sont les dispositions du Congrès de Vienne relatives à la liberté de navigation des fleuves internationaux et à la suppression de la traite. Au contraire, quand on essaie, dans un traité, d'introduire une idée absolument nouvelle, comme elle est presque toujours provoquée par l'intérêt particulier des Etats qui la proposent ou qu'elle n'est pas encore en harmonie avec le développement de la raison et de la conscience dans les autres pays, on échoue généralement: c'est ainsi que le Droit de visite, proposé par l'Angleterre dans un intérêt évident pour elle, a été énergiquement répudié par la France, notamment à la récente conférence de Bruxelles de 1890, malgré le désir incontestable de part et d'autre de paralyser la traite.

Néanmoins, on tend à former de plus en plus, par la voie des traités, une doctrine générale du Droit international qui a pour elle le caractère obligatoire résultant des contrats internationaux, et qui vient de ce que l'on règle de la même manière des intérêts de plus en plus semblables partout et souvent même solidaires dans les différents pays. On peut ainsi interpréter fréquemment les clauses d'un traité conclu entre certains Etats par celles d'un traité intervenu entre d'autres pays sur le même objet. D'autre part, cet ensemble de conventions semblables entre un grand nombre d'Etats agit par voie d'influence sur les autres, en leur indiquant que la tendance suivie est sanctionnée par des avantages pratiques et qu'ils ont tout intérêt à ne pas s'isoler d'une union de plus en plus générale : ils sont ainsi amenés à conclure des conventions semblables ou à adhérer à celles qui existent déjà.

62. Le texte des traités est publié dans des recueils soit généraux, soit particuliers à certains pays, et dont le nombre est très considérable (1). Nous ne signalerons que les principaux recueils généraux et ceux qui intéressent particulièrement la France.

1° *Le Corps universel diplomatique du Droit des gens,* contenant tous les traités du monde depuis Charlemagne jusqu'en 1731, publié de 1726 à 1731 par Jean du Mont, complété par Barbeyrac et Jean Rousset;

2° Le *Codex juris gentium recentissimi* de Wenck (Leipzig, 1781-1788) contenant les traités de 1735 à 1772;

3° Le *Recueil général des traités* fondé par Fréd. de Martens en 1791, contenant les traités de 1761 à 1875; continué sous le titre de *Nouveau recueil général des traités* par plusieurs publicistes et, en dernier lieu, par MM. Samwer et Hopf, puis par M. Stoerk;

4° Les *Archives diplomatiques;* interrompue en 1876, leur publication a été reprise depuis 1883 sous la direction de M. L. Renault; elles fournissent tous les documents diplomatiques intéressants du monde entier, ainsi que tous les renseignements législatifs ou politiques des divers pays pouvant se référer aux rapports internationaux;

5° Le *Staats Archiv,* publié en Allemagne depuis 1861.

Les traités de la France sont publiés dans un recueil dirigé par M. de Clercq, sous les auspices du ministère des affaires étrangères : le recueil remonte jusqu'à 1713.

Pour permettre de trouver les traités dans les différents recueils, M. Tétot a publié un répertoire indiquant la place qu'ils

---

(1) Bibliographie de ces recueils dans le *Dictionnaire de Droit intern. privé,* de Vincent et Pénaud, p. 21.

occupent dans chaque collection ; ce répertoire peut être utilisé
pour les traités de 1648 à 1866.

A maintes reprises et en dernier lieu à la session de Genève
en 1892, l'Institut de Droit international a proposé la création
d'un Bureau international, entretenu à frais communs par les
Etats, et qui aurait pour mission de publier les traités et les
documents diplomatiques qui lui seraient communiqués par les
gouvernements. Cette institution semble indispensable pour
donner la connaissance prompte, complète et certaine de pièces
qu'il est souvent difficile d'obtenir assez vite et avec des garanties d'exactitude.

63. Les lois et la jurisprudence des divers pays. — On
cite souvent ces deux éléments comme sources du Droit international positif ; mais on ne saurait leur reconnaître directement
ce caractère. Ces lois ou ces sentences judiciaires, émanations
de la souveraineté particulière de chaque pays, n'ont d'autorité
que dans le territoire de l'Etat où elles sont promulguées ou
prononcées et ne peuvent, par suite, être acceptées comme
l'expression d'un Droit international positif qui, de sa nature,
doit s'appliquer aux différents Etats et être admis par eux. On
ne peut donc les considérer que comme l'indice d'une adhésion
de chaque pays aux principes généraux du Droit international
qui sont confirmés par ces lois ou cette jurisprudence, ou bien
comme la sanction particulière, dans un Etat déterminé, de ces
mêmes principes dont cet Etat assure l'application en ce qui le
concerne.

Les lois particulières qui consacrent ainsi des règles de Droit
international sont d'ailleurs assez nombreuses : on peut citer
celles qui concernent les devoirs de la neutralité, les prises
maritimes, l'extradition, le respect dû aux agents diplomatiques,
les devoirs des belligérants, etc... Ces lois n'obligent directement comme telles que l'Etat qui les émet, mais elles peuvent
cependant avoir un double effet au point de vue international.
D'abord on peut les opposer avec une grande force morale à cet
Etat même, s'il les viole dans ses rapports avec les autres pays.

En second lieu, quand elles ont une véritable valeur doctrinale et pratique, elles peuvent être considérées comme l'expression heureuse d'une règle applicable dans les relations internationales et provoquer ainsi par leur influence une entente entre

les divers États : les ordonnances publiées en France et en Angleterre, au début de la guerre de Crimée, ont préparé la fameuse Déclaration du 16 avril 1856 qui règle aujourd'hui le Droit international maritime.

Il faut en dire autant des décisions rendues par les tribunaux des différents pays sur des questions de Droit international, même de celles de juridictions spécialement organisées pour examiner des questions de ce genre, comme les jugements des tribunaux de prises dont quelques auteurs ont voulu faire une source particulière de notre Droit. Toutes ces sentences n'ont d'autorité que dans le pays où elles sont rendues, et même une autorité morale seulement, en dehors du cas spécial qu'elles visent, partout où l'autorité judiciaire est dépouillée du pouvoir législatif. On ne peut donc que s'inspirer de ces jurisprudences nationales en tenant compte de leur valeur au point de vue de l'expression et de l'application des règles du Droit international. Encore faut-il les consulter avec réserve, étant donnée l'influence de l'esprit national et du sentiment d'intérêt de chaque pays qui les fausse souvent. Aussi les jugements auront-ils une autorité plus considérable par suite d'une présomption de plus grande impartialité, quand ils seront contraires aux prétentions de l'État au nom duquel ils sont prononcés.

SECTION II

SOURCES DU DROIT INTERNATIONAL THÉORIQUE

64. La connaissance du Droit international théorique se tire de l'étude rationnelle des rapports internationaux d'après l'observation des faits historiques, et de la nature intrinsèque des États ainsi que de leurs besoins au point de vue de leurs relations respectives. On peut, dans cette étude, s'inspirer souvent des notions rationnelles acquises au point de vue des rapports juridiques réglés par le Droit interne, étant donnée la similitude fréquente des rapports entre les individus et entre les collectivités humaines. Cependant la nature différente des premiers et des seconds commande certaines réserves dont les deux principales sont les suivantes : 1° les États, à la différence des individus, jouissent d'une souveraineté qui ne permet pas de les astreindre à une loi promulguée par une autorité supérieure ; ils ne peuvent donc être juridiquement liés que par un consentement volontaire et réciproque ; 2° l'importance des intérêts collectifs représentés par les Etats ainsi que leur durée indéfinie obligent à accepter certaines règles inconnues dans les rapports interindividuels, telles que la faculté unilatérale de dénoncer une convention et d'employer des moyens d'attaque préventive pour paralyser un danger qui n'est pas encore né, dont la réalisation peut même être douteuse.

65. Cette connaissance du Droit international théorique se puise également dans les écrits des jurisconsultes spécialistes ; c'est ce que l'on appelle la Doctrine.

Il est évident que l'autorité des auteurs est purement morale ; nulle part cependant elle n'est aussi invoquée qu'en Droit international, l'absence de législation et de textes portant naturellement chacun à citer l'opinion des publicistes pour étayer ses solutions. On voit même que, dans certains pays, le gouvernement organise un comité de spécialistes pour s'éclairer sur ses droits et devoirs dans les difficultés internationales ; on peut citer les conseillers de la Couronne en Angleterre, et le Comité consultatif du Contentieux du Ministère des affaires étrangères en Italie et en France (Décrets des 8 février 1877 et 17 juillet 1882). D'ailleurs, plus encore que les tribunaux, car ils n'ont pas leur responsabilité, les publicistes des différents pays doivent être consultés avec méfiance, étant donné que l'influence des préjugés et des intérêts nationaux vicie souvent leur manière de voir. Une décision de leur part contraire aux prétentions de leur pays, ou un accord entre ceux qui appartiennent à des Etats différents sur une question au sujet de laquelle ces Etats ont des intérêts rivaux, offre évidemment une grande garantie d'impartialité.

Sous cette réserve, on ne saurait trop apprécier l'œuvre de la doctrine dans notre science depuis Grotius jusqu'aux grands esprits qui la représentent à l'époque contemporaine. On s'explique, du reste, que le Droit international ait attiré tant de profonds penseurs quand on songe que l'absence de textes y dispense à peu près complètement de s'en tenir à l'exégèse, sauf dans les cas fort limités où il faut saisir le sens d'un document diplomatique, et oblige à établir scientifiquement les règles des rapports internationaux ; quand on songe surtout que les conceptions du jurisconsulte, approuvées par l'opinion et sanctionnées par la pratique des Etats, deviennent elles-mêmes le Droit et élèvent leur auteur au rang de législateur international.

66. Pour favoriser cette action de la doctrine et préparer les progrès du Droit international, il a été fondé des institutions dont l'influence est considérable.

Citons au premier rang l'*Institut de Droit international* fondé en 1873 et qui est composé de jurisconsultes du Droit international nommés par voie de cooptation. Cette association discute les problèmes de notre science et en propose des règlements dont plusieurs sont passés dans la pratique des Etats. Elle tient des sessions à peu près annuelles dans les principales villes d'Europe et, depuis 1877, publie chaque année un *Annuaire* contenant ses résolutions, une bibliographie de notre science et un aperçu des événements intéressant les rapports internationaux.

En seconde ligne, signalons l'*Association pour la réforme et la codification du Droit des gens* qui poursuit un but plus spécial indiqué par son titre, et qui publie tous les ans un volume, à Londres : *Report of the annual conference.*

Enfin, de nombreux périodiques sont consacrés au Droit international. Parmi eux, signalons : 1° La *Revue de Droit international et de législation comparée*, paraissant à Bruxelles et à Leipzig, fondée en 1869 ; 2° le *Journal de Droit international privé*, fondé par M. Clunet, à Paris, en 1874, et la *Revue pratique de Droit international privé*, fondée par M. R. Vincent, en 1890, deux recueils qui traitent des questions de Droit international pénal et même public en même temps que de Droit international privé, ainsi que la *Revue allemande de Droit international pénal et privé*, fondée en 1890, par M. F. Böhm (V. n° 49, note) ; 3° le *Mémorial diplomatique*, publié depuis 1863, qui fournit surtout des renseignements de fait sur les relations extérieures ; 4° le *Bulletin de la Société de législation comparée*, et l'*Annuaire de législation étrangère*, publié par la même Société (1) ; 5° la *Revue d'his-*

(1) Voir sur le rôle de cette Société, Aucoc, *Revue Bleue*, 3 novembre 1888, p. 554.

toire diplomatique, paraissant à Paris depuis 1887 ; 6° *The diplomatic Review*, publiée à Londres ; 7° la *Zeitschrift für die gesammte Rechtswissenchaft*, publiée à Tubingue depuis 1844 ; 8° *Archiv für offentliches Recht*.

SECTION III

CODIFICATION DU DROIT INTERNATIONAL (1).

67. Le peu de précision et d'homogénéité des règles du Droit international devait naturellement conduire à tenter une rédaction d'ensemble de ces règles distribuées dans un ordre méthodique, en un mot à une tentative de codification. Cette idée, qui paraît avoir été proposée d'abord par J. Bentham, a été reprise depuis par plusieurs publicistes dont nous avons cité les essais de code international, Bluntschli, Dudley-Field, Ferrater, Domin-Pétrushevecz, P. Fiore (V. n° 34) et elle est l'objet particulier de l'*Association pour la réforme et la codification du Droit des gens ;* elle est d'ailleurs considérée par beaucoup de publicistes comme la condition nécessaire d'une organisation régulière des rapports internationaux et du fonctionnement du tribunal suprême dont on propose la création pour trancher les conflits entre les Etats : telle est notamment la manière de voir de Kamarowsky, de Lorimer, de Seebohm, etc. Cependant il est permis de croire que cette tentative de codification n'aurait quelque chance de succès que si elle était précédée d'une synthèse de la jurisprudence admise dans les différents pays sur les questions de Droit international, une codification sérieuse ne pouvant avoir lieu ici, plus peut-être encore que dans le Droit interne, que lorsqu'on se serait assuré de la communauté des idées admises sur les points que l'on entend fixer par un texte précis. Enfin l'évolution de notre Droit est encore beaucoup trop imparfaite pour le fixer, en le cristallisant en quelque sorte en une forme définitive, alors que, sur la plupart des questions, la controverse est des plus vives et que la raison du monde civilisé n'a pas encore acquis la conscience d'une règle générale et arrêtée.

(1) Holtzendorff, *loc. cit.*, §§ 36 et 37 ; Mancini, *Vocazione del nostro secolo per la reforma e codificazione del diritto delle genti*, 1872.

Au surplus, une fois réalisée, cette codification ne présente-rait guère d'avantages pratiques si elle n'était accompagnée de la création d'un tribunal international qui en assurerait la juris-prudence et l'unité d'interprétation : or, malgré l'action de la doctrine dans ce sens, l'institution de ce tribunal présente encore plus de difficultés à l'époque actuelle que celle d'un code international. Puis, une fois créé, ce tribunal devrait faire exécuter ses sentences sous peine de n'être qu'une juridiction platonique qui n'aurait bientôt plus ni efficacité ni prestige : or, comment obtenir encore la coopération des Etats pour assu-rer cette exécution soit spontanée soit imposée par la force ? Au lieu de chercher à assimiler, d'une manière prématurée, le Droit international à un Droit organisé avec une loi, un tribu-nal et une sanction, il est plus sage de lui laisser parcourir son évolution progressive en se contentant de ne le voir manifesté que par la coutume ou les traités des Etats, jugé par l'opinion publique et sanctionné par l'action des peuples intéressés à son respect (V. n° 39).

68. Cependant, il est possible de procéder par voie de règle-ments successifs appliqués aux questions sur lesquelles la doc-trine a fixé les principes et à l'égard desquelles l'accord des Etats civilisés s'est pratiquement manifesté. Ce sont générale-ment des questions d'un caractère juridique ou correspondant à un intérêt incontestablement commun aux différents pays, telles que l'extradition, les conflits de lois privées, le Droit maritime international, le règlement des services internationaux comme les postes, télégraphes, chemins de fer, la propriété littéraire, industrielle, etc. La rédaction d'un règlement international sur ces différentes questions a l'avantage de fixer l'entente des Etats surtout sur les points de détail, fréquents en pareilles matières, et de permettre le fonctionnement plus facile des rap-ports internationaux fort répétés à ces divers points de vue. L'initiative pour des règlements de ce genre faisant souvent défaut aux gouvernements, par incurie ou méfiance de leur part, ou bien pouvant paraître suspecte aux autres Etats qui craignent que les traités proposés n'aient pour but des avantages excessifs au bénéfice du pays auteur du projet, il est bon qu'elle soit remplacée par celle de la doctrine, plus impartiale et plus éclairée aussi par la culture scientifique. En réunissant des jurisconsultes de tous les pays dont les idées se combinent et se corrigent mutuellement au point de vue des intérêts nationaux tout en restant dominées par les principes scientifiques, l'Institut de Droit international a pu, dans ses différentes sessions, élaborer un grand nombre de règlements particuliers sur des questions de Droit international et préparer ainsi la voie à l'œuvre de la codification progressive. En fait, nombre de résolutions de l'Institut sont ainsi passées dans la pratique, après avoir été consacrées dans des traités dont les négociateurs n'avaient qu'à s'inspirer du travail fait par la doctrine.

LIVRE I

DES ÉTATS CONSIDÉRÉS COMME SUJETS DU DROIT INTERNATIONAL (1).

69. Le Droit international n'ayant pour objet que de régler les rapports internationaux, les seuls sujets de ce Droit sont les Etats entre lesquels des rapports de cette nature peuvent uniquement se former. Les souverains et les agents diplomatiques, dont quelques auteurs font des sujets du Droit international, ne doivent être considérés que comme des représentants des Etats; ils ne figurent que comme des intermédiaires dans les rapports internationaux, non comme des sujets directs du Droit que nous étudions. Les individus peuvent être la cause de rapports internationaux importants, et nous aurons à étudier leur situation à ce point de vue (livre IV); mais ils ne sont pas davantage des sujets du Droit international.

CHAPITRE I

NOTION DE L'ÉTAT

70. Des nombreuses définitions de l'Etat données par les publicistes depuis Cicéron, on peut retenir, comme une des plus complètes et des plus exactes, la suivante qui est due à Bluntschli : « L'Etat est un ensemble de familles obéissant à une autorité commune, établies sur un territoire fixe, tendant à se faire respecter dans son indépendance collective et la conservation de chacun de ses membres ».

De cette définition il résulte que quatre conditions sont indispensables pour la constitution d'un Etat.

1° Il faut un ensemble de familles : on ne cherche plus aujourd'hui, comme le faisaient assez naïvement les anciens

---

(1) Heffter et Geffcken, *loc. cit.*, pp. 43 et s.; Bluntschli, *Théorie générale de l'Etat*, trad. de Riedmatten, 1877.

auteurs, à déterminer le nombre d'hommes nécessaire pour former un Etat. On constate, à ce point de vue, des inégalités énormes entre les différents pays, et il suffit que, en fait, le nombre des individus réunis soit assez grand pour qu'ils puissent sauvegarder leur indépendance, ce qui dépend beaucoup des conditions dans lesquelles ils sont placés.

2° Tout Etat doit avoir un gouvernement quelconque dont la forme importe peu pourvu qu'il soit sérieusement établi. Cette forme du gouvernement ne peut avoir d'influence que sur la détermination des pouvoirs qui, d'après la constitution de chaque pays, le représentent dans les rapports internationaux. Ces rapports seraient évidemment impossibles avec un groupe d'hommes qui n'auraient pas de représentants officiels et reconnus. Mais les vicissitudes d'un gouvernement n'empêchent pas l'existence de l'Etat, pourvu qu'à un moment donné on trouve une autorité quelconque pour le représenter. L'Etat ne peut manquer de cet organe essentiel que lorsque l'anarchie est complète et d'assez longue durée pour qu'il n'y ait plus de gouvernement de droit ni de fait.

3° L'Etat doit avoir un territoire fixe; sans cela il n'a pas de cohésion ni d'autorité stable lui permettant de figurer avec indépendance dans les rapports internationaux.

Les contestations relatives à la limite de ce territoire, comme le défaut de continuité du sol soumis à l'Etat sont sans influence : ainsi les colonies lointaines font incontestablement partie de l'Etat. De ce qui précède, il résulte que les nomades parcourant des territoires soumis à d'autres pays ne peuvent former un Etat; tandis que les peuples organisés avec un gouvernement, mais vivant à l'état nomade dans une étendue qui ne relève que de leur autorité, constituent des personnes du Droit des gens, sauf dans le cas où ils ont dû reconnaître une souveraineté étrangère, comme les Peaux-Rouges vis-à-vis des Etats-Unis.

4° L'Etat doit poursuivre un but social, c'est-à-dire tendre au respect de son indépendance à l'extérieur et à sa conservation, afin d'assurer le développement de la liberté de ses membres. Par suite, un groupe, même puissant et organisé politiquement, ne peut être un Etat s'il a un but spécial tel que le commerce : c'était le cas des anciennes compagnies coloniales, notamment de la fameuse compagnie des Indes qui a pris fin le 1er novembre 1858; ces compagnies d'ailleurs relevaient de la souveraineté d'un Etat européen ce qui leur enlevait la qualité essentielle pour être un Etat, c'est-à-dire l'indépendance. Il en était différemment de la Ligue Hanséatique; son indépendance était complète et elle figurait comme un Etat dans les rapports internationaux : actuellement on ne reconnaîtrait pas ce caractère à une association semblable, étant donné son but exclusivement mercantile. A plus forte raison devra-t-on dénier le caractère d'Etat à des associations créées uniquement dans un but de pillage, comme les Pavillons-Noirs du Tonkin, les pirates des mers de Chine et, jadis, celles des boucaniers et flibustiers. Toutefois, il ne faudrait pas exagérer et refuser de traiter comme des Etats des peuples barbares, politiquement organisés, dont le manque de civilisation provoque une conduite violente et inique vis-à-vis des autres Etats : ce sont des peuples qui violent ou ignorent le Droit international, mais qui constituent néanmoins des Etats véritables.

CHAPITRE II

CARACTÈRES ESSENTIELS DE L'ÉTAT

71. L'Etat a deux caractères essentiels : la personnalité juridique et la souveraineté.

72. Les Etats sont des *personnes morales* c'est-à-dire des entités juridiques susceptibles, comme les individus, d'invoquer des droits et d'être soumises à des obligations. Cette qualité leur appartient, non seulement d'après le Droit interne qui les régit et dans leurs rapports avec leurs propres nationaux, mais encore au point de vue de leurs relations avec les autres Etats. Si, en effet, on a pu contester que les personnes morales créées par la loi d'un pays pussent se prévaloir de l'existence juridique sur le territoire d'un autre Etat, il est au moins certain que la personnalité de chaque Etat doit être reconnue par les autres, sous peine de nier l'existence même du Droit international qui a pour objet de régler les rapports se produisant entre les Etats à raison de leur condition de personnes juridiques (1).

(1) V. Laurent, *Droit civil international*, t. IV, p. 232, 233, 256 et 257 ; notre *Précis de droit intern. priv.*, 2ᵉ édit., nᵒ 61 ; Bluntschli, *loc. cit.*, art. 17 ; Funk-

73. L'Etat possède en outre la *Souveraineté*, c'est-à-dire l'indépendance complète qui peut se manifester à deux points de vue, l'un externe, l'autre interne.

La souveraineté *interne* ou *intérieure* permet à un Etat de régler comme il l'entend, au moyen de ses lois et règlements, son gouvernement, son organisation, les rapports entre les divers éléments qui le composent; d'imposer chez lui l'application de ses lois à tous, nationaux ou étrangers.

Par la souveraineté *externe* ou *extérieure*, un Etat peut s'affirmer comme personne morale indépendante vis-à-vis des autres Etats, se faire représenter auprès d'eux par des agents diplomatiques, passer des traités sur un pied d'égalité, faire la guerre librement pour attaquer ou se défendre, exiger le respect de son territoire, des intérêts de ses nationaux, porter un titre distinct, arborer un pavillon particulier, etc.

En vertu de la souveraineté même qui lui appartient, chaque Etat peut s'attribuer les titres et adopter les armes ou blason qui lui conviennent; mais il ne peut contraindre les autres pays à les lui reconnaître s'ils ne veulent y consentir. Ces derniers peuvent ne pas attribuer un titre à l'Etat qui se l'est donné, ou même protester contre cette attribution si elle va à l'encontre d'un droit antérieurement acquis par eux sur ce titre, ou encore s'ils estiment qu'un titre dont ils sont déjà investis est compromis, faute d'être soutenu par un prestige suffisant, quand un Etat sans puissance veut le porter. La prétention ancienne du Saint-Siège de conférer les titres des Etats est depuis longtemps écartée, ainsi que celle des cinq grandes puissances européennes de contrôler d'un commun accord les actes des autres souverains à ce point de vue. (Protocole d'Aix-la-Chapelle du 11 octobre 1818).

Le principe admis aujourd'hui, et que la France établit au sujet de l'attribution du titre d'empereur de Russie que se donna Pierre le Grand, est que les autres pays sont toujours libres de reconnaître un titre que se confère un Etat ou de le lui refuser dans leurs relations avec lui. Ces difficultés n'apparaissent d'ailleurs qu'au point de vue des titres qui donnent un rang

Brentano et Sorel, *loc. cit.*, 1ʳᵉ édit., p. 32; Alglave et Renault, *La personnalité de l'Etat en matière d'emprunt; le gouvernement portugais et l'emprunt de 1832*, 1880.

de préséance à l'Etat (V. nº 170), tandis que les armes ou blason, conséquences habituelles du titre, ne sont qu'une question d'administration interne assez indifférente au point de vue international.

74. La souveraineté de l'Etat se manifeste par son gouvernement dont l'organisation lui appartient d'une manière indépendante, en vertu de sa constitution, écrite ou coutumière, dont il est le seul maître. Au point de vue international, la forme du gouvernement, comme nous l'avons déjà noté, ne peut avoir d'influence qu'en ce qui concerne la détermination des pouvoirs chargés de représenter l'Etat, et, au point de vue de la politique extérieure, en ce qui concerne l'attitude à prendre et les susceptibilités à ménager dans les relations diplomatiques.

CHAPITRE III

DES DIFFÉRENTES FORMES D'ÉTATS

75. Les Etats ne se présentent pas toujours avec la simplicité d'une personnalité parfaitement une et indépendante : ils sont souvent réunis par une combinaison plus ou moins compliquée dont le résultat est souvent de limiter leur souveraineté interne ou externe. On voit, par conséquent, quel est l'intérêt que présente cette combinaison, appelée quelquefois *Systema civitatum*, au point de vue du rôle que les Etats peuvent jouer dans les rapports internationaux, spécialement au point de vue de la capacité de régler conventionnellement leur situation les uns vis-à-vis des autres. La souveraineté est, en effet, pour les Etats ce que la liberté est pour les individus, c'est-à-dire la condition de la faculté de conclure des conventions ou traités et d'acquérir des droits de ce chef, comme d'être soumis à des obligations. De là la nécessité d'être fixé sur la condition ou capacité des Etats avant d'apprécier le caractère de leurs rapports avec les autres pays.

Les auteurs sont fort divisés au sujet de la classification à adopter pour les Etats et surtout de la répartition à opérer dans telle ou telle catégorie de bon nombre d'entre eux, ce qui s'explique étant donné que ces classifications ont toujours quelque chose d'arbitraire et de trop absolu, à cause de la grande variété que peuvent présenter les combinaisons de la politique sous l'influence des circonstances et de la volonté des hommes. Cependant, on peut ramener toutes ces combinaisons à deux types principaux se subdivisant eux-mêmes en plusieurs catégories : 1° Subordination plus ou moins complète d'un Etat à un autre; 2° union des Etats sur un pied d'égalité.

76. I. Subordination d'un Etat à un autre. — Cette situation comporte trois cas.

1° *Etats tributaires*, comme l'étaient jusqu'en 1830 les Etats maritimes de l'Europe vis-à-vis des Etats barbaresques pour éviter les agressions des corsaires d'Afrique, comme le sont l'Egypte depuis 1840 et la Bulgarie depuis 1878 envers la Turquie; le Maroc envers l'Espagne depuis 1860, etc... Le tribut par lui-même, et si rien ne s'y ajoute, se réduit à une simple charge qui ne limite en rien la souveraineté d'un Etat et n'entrave nullement ses relations extérieures. Il en est de même des servitudes imposées par un pays à un autre, comme la défense d'élever des fortifications sur la frontière, d'y concentrer des troupes, l'obligation de laisser passer des armées sur son territoire, etc...

2° *Etats vassaux*, concédés ou reconnus comme fiefs par le souverain d'un autre pays, avec obligation d'hommage et de services plus ou moins étendus envers lui. Ces Etats, naturellement communs sous la féodalité, comme le royaume des Deux-Siciles qui n'a cessé d'être vassal du Saint-Siège qu'en 1818, sont actuellement fort rares dans le monde civilisé et ne se retrouvent guère que dans les régions plus ou moins barbares, en Asie et en Afrique. On peut cependant citer la Bulgarie qui, depuis 1878, est vassale du Sultan; l'Egypte aussi vassale de la Porte, et la République sud africaine du Transwaal vis-à-vis de l'Angleterre (Conv. du 3 août 1883). Du reste, la vassalité ne détruit pas, par elle-même, la souveraineté externe, sauf à l'Etat vassal à respecter dans ses rapports extérieurs ses obligations générales envers son suzerain, par exemple à ne pas faire d'alliance contre lui, et les devoirs spéciaux que lui impose le traité qui le lie à son suzerain.

3° *Etats protégés*. Le protectorat est une institution relati-

vement récente dans sa forme actuelle (1) par laquelle on établit
un lien entre deux Etats, dont l'un, plus puissant, s'engage à
défendre l'autre, trop faible, généralement avec compensation de
certains avantages concédés par ce dernier. Cette compensation
se manifeste habituellement sous la forme d'un abandon plus
ou moins complet de la souveraineté de l'Etat protégé au bénéfice de l'Etat protecteur. Généralement, l'Etat protégé renonce
au droit de juridiction territoriale à l'égard des nationaux de
l'Etat protecteur et à une partie de son indépendance dans ses
rapports avec les autres pays. Cet abandon de la souveraineté
externe est plus ou moins considérable et dépend des clauses
du traité qui règle le protectorat : cependant, en règle générale, la tendance de l'Etat protecteur est d'accaparer cette souveraineté, ce qui lui permet de retirer le principal avantage
politique du protectorat qui n'est presque toujours recherché
que dans ce but. Ainsi le traité du Bardo du 12 mai 1881 permet au bey de Tunis de signer des traités sous le contrôle de la
France, tandis que ceux de Hué, 6 juin 1884, et de Tamatave,
17 décembre 1885, confèrent absolument à notre pays l'initiative et la direction des relations diplomatiques de l'Annam et
de Madagascar. Enfin, quant à la souveraineté interne, l'immixtion de l'Etat protecteur est infiniment variable suivant les
cas et, par suite, très diversement réglée dans les traités de
protectorat.

Nous n'avons pas, au point de vue du droit international, à
examiner les rapports de l'Etat protecteur et de l'Etat protégé
au point de vue législatif, administratif et judiciaire : ce sont là
questions de Droit interne, fort délicates d'ailleurs, étant donnée
l'absence de lois pour les régler (2) : mais il importe de fixer le
rôle des protectorats dans les rapports internationaux à l'époque
contemporaine. Le protectorat qui limite cette chose indivisible
de sa nature, la souveraineté, qui confond la vie diplomatique d'un pays avec celle d'un autre sans absorber le premier
dans le second, est, en soi, une situation anormale qui ne
saurait indéfiniment se prolonger. Ou bien il s'agit d'un Etat
dégénéré, sans force pour résister à une attaque et qui trouve

---

(1) Engelhardt, *Considérations historiques et juridiques sur les protectorats*,
R. D. I., 1892, pp. 345 et suiv.

(2) V. Wilhelm, *Théorie juridique des protectorats, J. Clunet*, 1890, p. 204.

dans le protectorat le moyen de prolonger un peu, sous une forme diminuée, son ancienne indépendance : le terme de ce protectorat est l'incorporation pure et simple à l'Etat protecteur, comme pour les îles Taïti protégées d'abord par la France, puis annexées le 30 décembre 1880, comme probablement aussi bientôt pour la Tunisie, l'Annam et le Cambodge. Ou bien ce sont des populations vivaces luttant pour l'indépendance, qui cherchent dans le protectorat le moyen de se soustraire dans une large mesure au joug qui pèse sur elles ; elles font, pendant cette période de protectorat, leur éducation politique et finissent par rendre nécessaire la reconnaissance de leur autonomie et de leur souveraineté ; tel est le cas des Provinces danubiennes affranchies de la Turquie sous le protectorat de la Russie après le traité d'Andrinople de 1829, puis sous la garantie des puissances signataires du traité de Paris de 1856, et enfin reconnues presque toutes indépendantes, en totalité ou pour une large part, par le traité de Berlin de 1878.

On semble d'ailleurs voir, de nos jours, dans ces protectorats, un mode d'initiation des peuples barbares par les Etats civilisés aux idées morales et aux progrès économiques de ces derniers, tout en ne recourant pas à la conquête violente ni à l'annexion, et en respectant ainsi la souveraineté de ces peuples. Mais il ne faut pas se dissimuler que l'histoire contemporaine de la colonisation accuse beaucoup plus des tendances exclusivement utilitaires d'influence politique et d'expansion économique, par le moyen des protectorats plus aisés à réaliser que l'occupation et présentant, à peu de chose près, les mêmes avantages pratiques.

77. A tous les Etats dont la souveraineté externe est ainsi plus ou moins limitée par le fait de leur subordination à un autre pays on donne le nom d'Etats *mi-souverains*.

78. II. **Unions d'Etats.** On en distingue plusieurs espèces.

1° *L'Union personnelle*, quand deux Etats, tout en conservant leur autonomie complète au point de vue interne et externe, ont un même souverain, soit pendant le règne d'un chef d'Etat, soit pendant la durée d'une dynastie, soit enfin tant que la souveraineté peut se transmettre dans certaines conditions, par exemple de mâle en mâle. Telle a été la situation de l'Angleterre et du Hanôvre de 1714 à 1837, de la Prusse et de Neufchâtel jusqu'en 1848, de la Hollande et du Grand-Duché de Luxembourg, en vertu de l'acte final du Congrès de Vienne et du protocole de Londres du 11 mai 1867, jusqu'à la mort du roi de Hollande sans héritier mâle, le 23 novembre 1890 ; telle est actuellement (loi belge du 30 avril 1885) la situation de la Belgique et de l'Etat indépendant du Congo jusqu'au décès du roi Léopold II qui, par testament du 2 août 1889 communiqué aux Chambres belges, a légué son droit de souveraineté à la Belgique.

2° *L'Union réelle*, quand plusieurs Etats, conservant leur autonomie interne, n'en forment qu'un seul au point de vue des relations extérieures, confondant ainsi complètement leur souveraineté externe : telle est la condition de la Suède et de la Norwège en vertu de l'acte d'union des 31 juillet et 6 août 1815, et des divers Etats de la monarchie autrichienne. Quand tout se confond entre les Etats réunis, souveraineté interne et externe, malgré des différences au point de vue de la législation et de l'organisation administrative, on dit que l'union est *incorporée :* c'est le cas de l'Angleterre, de l'Ecosse et de l'Irlande, depuis la suppression du parlement écossais en 1707, et irlandais en 1800.

3° *La confédération* est un lien politique permanent, par lequel plusieurs Etats exercent en commun une partie de leur souveraineté, pour obtenir ensemble le respect de leur personnalité collective comme confédération, et individuelle comme Etats particuliers.

On distingue la confédération d'Etats *(Staatenbund)* et l'Etat fédéral *(Bundestaat)*.

Dans la confédération d'Etats, chacun garde sa souveraineté interne et externe, a ses agents diplomatiques, passe des traités pour son compte, etc....; seuls certains points, limités dans le pacte d'union, sont, dans les rapports extérieurs, réglés par le pouvoir de la confédération commun à tous les Etats qui en font partie. D'autre part, l'Assemblée (Diète ou Congrès) qui dirige les affaires de la confédération est composée des représentants diplomatiques des Etats confédérés ; elle ne forme pas un pouvoir placé au-dessus de ces Etats, mais un moyen d'entente pour aboutir à des conventions ; la minorité n'y peut donc être liée par la majorité, il faut l'unanimité pour qu'une décision s'impose à tous. De plus, les décisions, acceptées par chacun des Etats, sont exécutées directement par eux-mêmes en ce qui les concerne et non par un pouvoir central. Cependant ces deux dernières règles, théoriquement conformes à la notion même de la confédération, ne sont pas toujours observées en fait : ainsi la constitution révisée de la confédération allemande, d'après l'acte de Vienne du 15 mai 1820, dispose que certaines résolutions sont prises par la Diète à la majorité, quelques-unes seulement, comme l'admission de nouveaux confédérés, à l'unanimité, et ces résolutions, faute d'exécution volontaire, pouvaient être imposées par la force de certains Etats choisis par la Diète (art. 17 et 31 à 34). L'Allemagne a été une confédération d'Etats de 1815 à 1866 ; depuis cette époque, l'Allemagne du Nord a constitué une confédération à part sous l'hégémonie de la Prusse jusqu'à la création de l'Empire fédéral allemand en 1870.

Dans l'Etat fédéral, chaque Etat particulier garde son autonomie interne en principe, mais toutes les relations extérieures sont communes et dirigées par le pouvoir fédéral, de telle sorte que chacun de ces Etats particuliers n'a de personnalité que vis-à-vis des autres faisant partie de la fédération et non vis-à-vis des pays étrangers qui ne connaissent qu'une personnalité souveraine, l'Etat fédéral. De plus, l'Assemblée qui gouverne l'Etat fédéral est un pouvoir suprême qui impose ses décisions, où la majorité lie la minorité et qui peut faire exécuter directement ses ordres dans chacun des Etats fédérés. Les Etats-Unis depuis 1787, la Suisse, la République Argentine offrent, par exemple, des types d'Etat fédéral.

CHAPITRE IV

FORMATION ET RECONNAISSANCE DES ÉTATS

79. La formation d'un Etat nouveau est un fait dont les causes peuvent être très variables ; elles sont pacifiques, par exemple partages d'anciens Etats se divisant en plusieurs, unions d'Etats n'en formant plus qu'un seul, fondation d'un Etat dans un territoire occupé par un groupe d'émigrants comme cela a eu lieu pour le Transwaal fondé par les *boers*, Hollandais d'origine, en 1837 ; ou bien violentes, comme l'émancipation par la force de provinces ou de colonies, acte fréquent aujourd'hui sous l'influence de l'idée des nationalités ou des intérêts économiques.

Dès qu'un groupe d'hommes satisfait aux conditions exigées pour la constitution d'un Etat, il existe comme tel et s'impose à l'égard des autres Etats au point de vue du respect de sa personnalité et de ses droits. S'il entend nouer des rapports internationaux en se conformant aux règles admises du Droit international, le refus d'entrer en rapport avec lui peut être considéré comme une méconnaissance de ses droits et comme une véritable offense susceptible de provoquer les hostilités. Aussi, la déclaration de la part des autres Etats qu'ils acceptent l'intervention du nouvel Etat dans le concert international, ce que l'on appelle la *reconnaissance*, n'est que la manifestation politique de l'intention d'entrer en rapport avec lui et non la condition essentielle de l'existence de l'Etat nouveau.

Cependant, l'existence de cet Etat reste quelque peu platonique s'il n'est pas reconnu; il aura bien la jouissance, au sens juridique de l'expression, de la souveraineté extérieure, mais il n'en aura pas l'exercice, faute de pouvoir entrer en relations avec les Etats qui se refuseraient à le reconnaître. C'est ce qui explique les contradictions des auteurs dont les uns font de la reconnaissance un élément indispensable de la formation des Etats, tandis que d'autres, avec raison, n'y voient qu'un élément de fait d'un caractère purement politique.

En bonne théorie, la reconnaissance ne devrait jamais faire de difficulté à l'égard d'un Etat qui propose d'entrer dans le concert des peuples en acceptant les principes généraux du droit international; mais presque toujours, quand elle est refusée, c'est sous l'influence de certains sentiments d'hostilité à l'égard d'une origine antipathique ou des idées politiques représentées par l'Etat nouveau : or, toutes ces considérations ne tendent à rien moins qu'à permettre de s'immiscer dans des questions de souveraineté interne qui doivent rester étrangères aux autres pays.

80. Formes de la reconnaissance. — Elle peut être *expresse*, c'est-à-dire contenue dans une déclaration formelle d'une notification diplomatique ou d'un traité. Assez souvent elle résulte d'un Congrès dans lequel un certain nombre de puissances acceptent les relations avec un nouvel Etat ou même le créent et parfois l'organisent : ainsi le Congrès de Vienne a créé le Hanôvre et les Pays-Bas (9 juin 1815, art. 26 et 65); le Congrès de Berlin du 13 juillet 1878, la Serbie, la Roumanie, la Bulgarie ; la conférence de Berlin en 1885, l'Etat indépendant du Congo.

La reconnaissance est plus souvent *tacite*, c'est-à-dire résulte du fait de nouer des relations avec le nouvel Etat en entamant des négociations, en passant des traités avec lui, en lui envoyant des représentants et en en recevant de lui, etc.

81. Quand peut intervenir la reconnaissance d'un Etat nouveau ? — Cette question, souvent fort délicate, est avant tout une question de fait qui relève de l'art de la politique extérieure et qui doit être résolue en jugeant l'opportunité de la mesure à prendre et en appréciant ses conséquences. On peut cependant poser un certain nombre de règles générales dont la diplomatie doit s'inspirer pour respecter les droits des Etats.

1° La séparation d'une fraction d'un Etat ou d'une colonie se constituant en puissance indépendante ne concerne que le droit constitutionnel du pays où cette révolution s'opère et ne peut être jugée par les autres : ces derniers n'ont qu'à considérer, au point de vue des rapports internationaux, si la fraction séparée forme un Etat véritable.

2° La reconnaissance, comme Etat indépendant, de la fraction séparée par le pays même qui subit cette séparation autorise les autres puissances à la reconnaître : mais, presque toujours, c'est l'Etat amoindri par cette séparation qui est le dernier à accepter le fait accompli.

3° On ne doit pas reconnaître comme Etat une population qui cherche encore à conquérir son indépendance dans une lutte dont l'issue est douteuse : tel était le cas des Hongrois en 1848-1849 ; des Polonais en 1863 ; des Etats du Sud de l'Union américaine pendant la guerre de sécession de 1861 à 1865.

4° L'opportunité de la reconnaissance est jugée d'après les chances, pour la population qui se sépare d'un Etat, d'arriver à l'indépendance complète, et d'après la probabilité que l'Etat qui résiste à cette séparation ne pourra pas l'empêcher ou consentira à la ratifier. Il va sans dire que, dans l'appréciation de ces chances de succès des efforts faits pour conquérir l'indépendance, les autres pays se laissent grandement influencer par la sympathie ou l'antipathie que leur inspire la tentative séparatiste, d'après des considérations de race, d'opinions politiques, d'opposition ou de communauté d'intérêts vis-à-vis de l'Etat qui subit la séparation, ou de la population qui cherche à la réaliser. La France, déjà républicaine à l'état latent, a reconnu la République des Etats-Unis avant les autres puissances, avant même que l'indépendance des Etats-Unis fût assurée.

5° L'Etat qui a intérêt à empêcher la création d'un Etat nouveau ne peut légitimement se refuser à le reconnaître, quand l'existence de cet Etat est un fait accompli ratifié par les autres puissances.

6° Quand l'Etat nouveau satisfait aux conditions requises pour figurer comme personne souveraine dans les rapports internationaux, la reconnaissance faite par les autres pays ne peut être considérée comme une offense par la puissance qui avait intérêt à s'opposer à la formation de cet Etat. Au contraire, une reconnaissance prématurée, accordée avant que la population qui cherche à conquérir l'indépendance l'ait définitivement obtenue en fait, peut être jugée par l'Etat qui cherche à maintenir cette population sous son autorité comme une alliance avec des rebelles et comme une véritable agression contre lui.

82. Reconnaissance d'un gouvernement nouveau. — En principe, les changements politiques survenus dans un pays sont complètement indifférents au point de vue du Droit international. Cependant, en fait, les gouvernements des autres pays peuvent refuser, pour des considérations d'ordre politique, de maintenir des relations avec l'autorité nouvelle qui est appelée à exercer le pouvoir dans un Etat, ou au contraire les continuer comme avec l'ancien gouvernement. Etant donné le Droit absolu de chaque Etat de régler comme il l'entend sa constitution interne, les rapports internationaux devraient être maintenus avec toute autorité nouvelle qui respecte le Droit des gens et est en situation, par sa position acquise, de représenter efficacement un Etat dans ses relations avec les autres. Du reste, la reconnaissance d'un gouvernement se pratique comme celle d'un Etat et dans les mêmes formes, expressément ou tacitement.

De plus, quand elle est refusée, elle peut provoquer les

mêmes difficultés : c'est ainsi que le refus obstiné de l'Espagne et de la France de reconnaître le gouvernement de Cromwell fit éclater la guerre entre ces deux pays et l'Angleterre. La ligne de conduite régulière est de maintenir les relations avec le gouvernement qui détient encore le pouvoir d'une façon officielle, jusqu'à ce qu'il soit supplanté en fait, avec ou sans consécration constitutionnelle, par un gouvernement nouveau. Ainsi, lors de la récente révolution du Chili, le parti insurgé, dit des Congressistes, demanda en vain la livraison des navires de guerre commandés en France par le président régulier Balmaceda. Il y a même lieu de critiquer, à ce point de vue comme à d'autres, l'ordonnance de référé rendue à Paris, et annulée d'ailleurs plus tard, d'après laquelle ces navires furent mis sous séquestre pour être attribués à qui de droit; tant que la révolution n'avait pas triomphé, les navires devaient être remis au gouvernement régulier qui les avait commandés et qui était encore officiellement au pouvoir ; c'est à juste titre, au contraire, que la Cour du banc de la reine à Londres et le juge des référés à Paris écartèrent, en juillet 1891, les oppositions faites par les Congressistes au paiement de certaines sommes entre les mains des agents de M. Balmaceda.

83. De qui peut émaner la reconnaissance? — Comme il s'agit d'un acte diplomatique, l'initiative en appartient à la seule autorité compétente, d'après la constitution de chaque pays, pour diriger les rapports internationaux (V. loi constitutionnelle du 16 juin 1875, art. 8). D'où il résulte que, tant que la reconnaissance d'un Etat ou d'un gouvernement nouveau n'a pas été manifestée expressément ou tacitement par cette autorité, les nationaux de chaque pays ainsi que les tribunaux doivent s'en tenir à l'ancien état de choses.

84. Reconnaissance conditionnelle. — Elle se présente quand les puissances, avant de reconnaître un Etat ou un gouvernement nouveau et plus souvent en créant un Etat à la suite d'un Congrès, lui imposent certaines conditions au point de vue des relations extérieures ou même au point de vue de son organisation interne. C'est ainsi que le traité de Berlin du 13 juillet 1878, en reconnaissant l'indépendance de la plupart des anciennes provinces danubiennes vis-à-vis de la Turquie, leur a imposé certaines règles d'organisation, telles que l'égalité des citoyens malgré la différence de religion et la liberté du culte; de même, l'acte de la conférence de Berlin du 26 février 1885 contient des dispositions relatives à la traite et à la liberté du commerce dont l'observation est la condition de la reconnaissance de l'Etat du Congo.

Cette pratique de la reconnaissance conditionnelle est fort dangereuse, car elle aboutit à placer des Etats dans une situation équivoque, sans un droit de souveraineté bien défini, et à les soumettre à une sorte de tutelle des autres puissances : de là des interventions incessantes dans l'administration de ces Etats et une cause permanente de rivalité et de conflits entre ceux qui se sont donné la mission de faire respecter les conditions auxquelles la reconnaissance a été subordonnée.

Du reste, les conditions dont il s'agit ne sont pas *suspensives;* l'Etat qui doit s'y conformer prend naissance avant leur accomplissement; elles ne sont pas davantage *résolutoires*, car leur inobservation ne peut entraîner la disparition de l'Etat. Il faut les considérer comme de simples conditions de la garantie que les Puissances ont donnée pour le maintien de l'Etat nouveau et sa protection à l'égard des attaques dont il pourrait être l'objet; cette garantie sera seulement refusée si les conditions prescrites n'ont pas été remplies.

85. Pratique actuelle de la reconnaissance des Etats. — Cette pratique est particulièrement indiquée par les faits suivants qui confirment les règles générales indiquées ci-dessus (V. n° 81).

1° L'indépendance des Etats-Unis fut d'abord reconnue par la France en 1778 dans un traité de commerce et d'amitié. On sait que cette façon d'agir provoqua les protestations de l'Angleterre, car la reconnaissance de la part de la France fut accompagnée d'un concours effectif pour soutenir l'insurrection dont le succès n'était pas certain. L'Angleterre accepta le fait accompli au traité de Versailles de 1783.

2° Lors de l'insurrection des colonies espagnoles de l'Amérique, une proposition de reconnaître leur indépendance présentée en 1818 au Congrès de Washington fut repoussée parce que l'issue de la lutte n'était pas encore suffisamment déterminée. Cependant les Etats-Unis furent les premiers à reconnaître les faits accomplis quand le résultat de la tentative séparatiste ne fut plus douteux, obéissant en cela à l'influence de la doctrine de Monroë qui aboutit à l'affranchissement de l'Amérique vis-à-vis de l'Europe (V. n° 208). Les Etats-Unis accusèrent plus nettement encore leur manière de voir à ce sujet en envoyant en 1849 un délégué, M. Mann, pour faire une enquête sur l'issue probable de l'insurrection hongroise, et en déclarant qu'ils subordonneraient leur reconnaissance de l'indépendance des Magyars aux résultats de cette enquête. Cette façon de procéder amena des réclamations de l'Autriche qui voulut traiter M. Mann comme un espion.

3° Quand l'indépendance de la Belgique fut reconnue par les grandes puissances à la conférence de Londres du 15 novembre 1831, les Pays-Bas n'acquiescèrent définitivement que dans le traité du 19 avril 1839, ce qui n'empêchait pas l'autonomie de la Belgique d'être incontestable auparavant.

4° L'Angleterre, tenant compte des faits accomplis et qu'on pouvait considérer comme définitifs, reconnut le nouveau gouvernement du royaume de Naples, en 1860, alors que le roi François II, enfermé dans Gaëte, avait encore des prétentions militantes au maintien de son autorité.

5° Lors de la guerre de sécession, l'Angleterre se refusa à reconnaître l'autonomie des Etats du Sud parce que la lutte n'était pas terminée, que l'issue n'en était nullement certaine et qu'une reconnaissance de sa part aurait pu passer pour une participation directe à l'insurrection (dépêche de lord Russell du 2 août 1862, Lawrence sur Wheaton, t. I, pp. 205 et 206).

CHAPITRE V

EXTINCTION DES ÉTATS

86. Les Etats naissent, croissent, dépérissent et meurent comme les individus; seulement la durée de leur existence est indéfinie, ce qui peut donner l'illusion de leur immortalité. La disparition d'un Etat résulte de la perte de l'un des éléments essentiels de sa constitution; aussi peut-on ramener les causes d'extinction des Etats à quatre principales.

1° La mort des individus qui composent l'Etat, ce qui n'arrive guère que pour les populations sauvages décimées ou même anéanties par un peuple plus puissant.

2° La perte du territoire et la dispersion des membres de l'Etat, ce dont le peuple juif nous offre un exemple. Le déplacement de tout un peuple se fixant sur un nouveau territoire entraîne la modification d'un élément organique de l'Etat et la substitution d'un Etat nouveau à l'Etat ancien par ce que l'on pourrait appeler, au point de vue juridique, une véritable novation.

3° L'extinction de tout gouvernement par le fait d'une anarchie continue qui rend impossibles les relations internationales, aucune autorité n'étant suffisamment assise pour représenter la collectivité des habitants de l'Etat.

4° Le plus souvent, un Etat périt en perdant son indépendance et en étant assujéti à la souveraineté d'un autre pays. La perte de la souveraineté peut d'ailleurs être totale ou partielle, suivant qu'un Etat est en entier absorbé dans un ou plusieurs autres, ou que l'Etat ne perd qu'une partie de son territoire, ou est divisé en plusieurs, ou enfin passe au rang d'Etat mi-souverain, par exemple en se soumettant à un protectorat. D'ailleurs, dans l'union d'un Etat avec un autre, il peut y avoir conservation de la souveraineté totale, comme dans le cas d'union personnelle, ou partielle, comme dans le cas de confédération, de fédération ou d'union réelle (V. n° 78).

CHAPITRE VI

CONSÉQUENCES, AU POINT DE VUE INTERNATIONAL, DES CHANGEMENTS SURVENUS DANS UN ÉTAT

SECTION I

CHANGEMENT DE CONSTITUTION OU DE GOUVERNEMENT

87. Un changement de cette nature est un acte de la souveraineté interne absolument sans influence au point de vue de la situation internationale et qui ne modifie en rien la personnalité juridique de l'Etat. Aussi, les autres pays doivent-ils traiter avec le gouvernement de fait qui détient le pouvoir, sans avoir à s'immiscer dans l'examen de sa valeur constitutionnelle et de sa légitimité. Le Saint-Siège lui-même, quelque scrupule qu'il puisse avoir à ce sujet, a consacré cette façon d'agir commandée également par l'intérêt pratique et par le respect de la souveraineté interne des Etats (Déclaration de Grégoire XVI, en 1831 : *Sollicitudo Ecclesiarum...*). Aussi, la dépêche de M. de Bismarck à J. Favre, le 16 janvier 1871, pour demander que le gouvernement de la Défense nationale fût confirmé par le peuple français, doit être entendue comme une précaution de fait afin de s'assurer de l'efficacité des négociations engagées avec une autorité provisoire. Dans l'usage, pour maintenir les bons rapports, on notifie aux autres puissances le changement de régime constitutionnel et même l'avénement régulier d'un nouveau souverain ou d'un nouveau chef d'Etat. Jadis le Saint-Siège exigeait, en pareil cas, de la part des gouvernements catholiques, l'envoi d'une ambassade spéciale, dite d'*obédience,* qui est depuis longtemps tombée en désuétude. Lorsque le gouvernement d'un pays est complètement nouveau ou contesté, au lieu de se contenter d'un simple accusé de réception courtois de la notification, on demande la *reconnaissance* (V. n° 82). Si celle-ci est refusée, les rapports internationaux peuvent être rompus; c'est ainsi que M. de Cavour retira l'*exequatur* aux consuls de Bavière et des autres Etats allemands qui refusèrent d'accepter les actes accomplis par le roi de Sardaigne comme *roi d'Italie.*

88. De ce que la personnalité juridique de l'Etat reste toujours la même malgré le changement de gouvernement résultent d'importantes conséquences.

1° La fortune publique de l'Etat n'éprouve aucun changement; ses dettes et ses engagements ainsi que les servitudes internationales dont il est titulaire ou dont il est grevé subsistent comme auparavant.

2° Il en est de même des traités conclus par le gouvernement antérieur. Ce principe, incontestable de tout temps, a été solennellement posé à la Conférence de Londres le 19 février 1831, au sujet de l'émancipation de la Belgique vis-à-vis des Pays-Bas. C'est ainsi que, en 1649, le gouvernement de Cromwell maintint les traités des Stuarts; en 1660, Charles II ceux de Cromwell; en 1688, Guillaume d'Orange ceux de Cromwell et des Stuarts. En 1790, l'Assemblée constituante accepta les traités conclus par la monarchie; on n'écouta pas plus tard les membres de la Convention qui voulurent les répudier, pas plus que Lamartine qui, en 1848, voulait renier ceux de 1814 et de 1815. Enfin, la République s'est reconnue liée par les conventions internationales de Napoléon III. (Note de M. de Rémsat du 27 décembre 1872, au sujet du traité franco-suisse de 1869). Bien qu'il ne puisse y avoir aucun doute à cet égard, les gouvernements nouveaux, surtout ceux qui sont issus d'une révolution, font souvent une déclaration solennelle dans ce sens, comme le gouvernement de Napoléon III et la République de 1870.

3° Les conventions conclues pendant un interrègne par un gouvernement momentané ou provisoire sont obligatoires pour le régime qui succède ou qui reprend le pouvoir. Ainsi on écarta, en 1814, les protestations de l'électeur de Hesse contre les engagements souscrits par Jérôme, frère de Napoléon, en qualité de roi de Westphalie ; de même la République a ratifié l'emprunt Morgan contracté par le gouvernement de la Défense nationale.

4° Cependant, s'il ne s'agit que d'une révolution éphémère qui n'a jamais détenu le pouvoir d'une manière efficace, ou d'une autorité insurrectionnelle qui n'a pu représenter un pays, on ne tient pas compte des engagements contractés par elle en tant qu'ils pourraient être opposés à l'Etat : telle a été la situation de Kosciusko en Pologne en 1794, de Manin à Venise en 1849, de Kossuth en Hongrie à la même époque. On ne saurait assimiler à ce cas celui d'un gouvernement qui, même par la force, détient en fait le pouvoir ; c'est ainsi que le gouvernement portugais était mal venu à refuser la responsabilité de l'emprunt contracté en 1832 par dom Miguel qui régna en fait de 1828 à 1833 ; d'autant plus que le Portugal avait ratifié d'autres engagements du même usurpateur. Dans tous les cas, un pays est toujours responsable jusqu'à concurrence du profit qu'il a retiré des actes accomplis par un pouvoir insurrectionnel et sans qualité pour le représenter.

5° Les traités qui sont intervenus entre chefs d'Etat, en dehors de leur qualité de représentants de leur pays, pour maintenir un régime particulier, ou *intuitu personæ* pour soutenir un monarque, ne sont pas opposables à l'Etat et disparaissent avec le souverain qui les a conclus : c'est ce qui est arrivé pour le traité entre Louis XIV et Jacques II Stuart ayant pour objet de fournir à ce dernier les subsides destinés à lui permettre de recouvrer son trône, et pour les accords entre Napoléon III et Maximilien d'Autriche pour maintenir celui-ci au Mexique.

6° Enfin un gouvernement est grevé de la responsabilité assumée par son prédécesseur à raison des dommages causés aux autres Etats. En 1814 et en 1815, le gouvernement des Bourbons fut déclaré responsable des pertes occasionnées par les campagnes et les décisions de Napoléon Ier; la convention de Paris du 4 juillet 1832 vis-à-vis des Etats-Unis régla la réparation du préjudice résultant des confiscations de navires ordonnées par Napoléon, et celle du 14 octobre 1832 mit à la charge du royaume de Naples l'indemnité due pour les confiscations semblables ordonnées par Murat quand il était roi.

SECTION II

CONSÉQUENCES DE L'ANNEXION (1).

89. L'annexion consiste dans la soumission totale ou partielle du territoire d'un Etat à la souveraineté d'un autre. En nous plaçant successivement dans le cas d'annexion totale et d'annexion partielle, nous allons examiner les principales conséquences de ce changement survenu dans la condition d'un Etat, mais en renvoyant à plus tard celles qui concernent l'exécution des jugements civils (V. n° 274), ou criminels (V. n° 286) et le changement de nationalité des habitants du territoire annexé (V. n° 334 et suiv.).

Nous apprécierons d'ailleurs la valeur de l'annexion considérée en elle-même quand nous traiterons des causes de perte ou d'acquisition du territoire (V. n° 395). Quant aux effets de l'annexion que nous examinons maintenant, nous n'avons à les envisager qu'au point de vue du Droit international, sans nous préoccuper des conséquences au point de vue du Droit privé et

(1) Indépendamment des traités généraux de Droit international, v. sur cette question : Selosse, *Traité de l'annexion au territoire français et de son démembrement*, 1880; Cabouat, *Des annexions de territoire et de leurs principales conséquences*, 1881; Vincent et Pénaud, *Dictionnaire de Droit intern. privé*, v° *Annexion et démembrement*.

du Droit constitutionnel. C'est ainsi que la situation des territoires annexés dans le pays annexant varie suivant la décision de ce dernier : les populations de race, de mœurs et de civilisation très différentes de celles de l'Etat annexant sont souvent maintenues dans une condition d'infériorité politique, comme les indigènes Algériens vis-à-vis de la France et ceux de l'Inde vis-à-vis de l'Angleterre ; au contraire, s'il y a communauté de civilisation entre le pays annexant et le territoire annexé, l'assimilation est habituellement complète, sauf parfois des nuances d'organisation administrative ; par exemple le territoire de Nice et de la Savoie incorporé à la France a été transformé en départements français semblables à tous les autres, tandis que l'Alsace-Lorraine, sans faire partie de la Fédération allemande, est un territoire d'Empire directement administré par l'Empereur.

§ 1. *Annexion totale.*

90. Quand un Etat est absorbé complètement par un autre, il se produit une sorte de succession universelle par laquelle les droits et obligations de l'Etat incorporé passent intégralement à celui qui réalise l'annexion à son profit. Les conséquences de cette succession, en ce qui concerne les rapports internationaux, peuvent se manifester à différents points de vue.

91. 1° Les *traités internationaux* conclus par l'Etat annexant s'appliquent de plein droit à l'Etat annexé qui, au point de vue des rapports diplomatiques, prend la condition du premier dont il fait désormais partie intégrante ; les traités ne sont pas en effet conclus, sauf stipulation contraire, en prévision de l'étendue territoriale actuelle des pays entre lesquels ils interviennent et leur application ne souffre aucune difficulté dans les parties ultérieurement adjointes à l'un ou à l'autre. Cette solution a été fréquemment consacrée en ce qui concerne l'application aux divers Etats italiens, incorporés au royaume de Sardaigne pour former le royaume d'Italie, des traités passés avec le gouvernement sarde (V. Cass., 30 janvier 1867 ; Sir., 67. 1. 117 ; Cass., 5 novembre 1878, Sir., 79. 1. 126 ; *J. Clunet*, 1879, p. 55 ; 1882, p. 390 ; 1879, p. 300 ; 1888, p. 99 ; Aix, 8 novembre 1875, Sir., 76. 2. 134 ; Montpellier, 10 juillet 1872, Sir., 72. 2. 139 ; v. Vincent et Pénaud, *loc. cit.*, v° *Traités*, n° 32).

Que décider des traités antérieurement conclus par l'Etat annexé?

On est d'accord pour reconnaître que ceux de ces traités qui modifient la condition internationale particulière du territoire annexé sont opposables à l'Etat annexant qui est obligé de les respecter; ces traités en effet donnent des avantages spéciaux ou des charges exceptionnelles au territoire cédé que l'Etat annexant ne peut prendre que dans la situation où il se trouve. Ainsi doivent être maintenus, malgré l'annexion, les traités qui fixent les frontières, les servitudes internationales concernant le territoire, la navigation fluviale, la circulation internationale sur les routes, etc.... C'est ainsi, notamment, que l'art. 3 du traité de Turin du 24 mars 1860 a maintenu le caractère des districts de la Savoie neutralisés avec la Suisse en 1815, malgré leur cession à la France.

Il est également certain que les traités politiques, conclus en vue de la situation de l'Etat annexé, avant l'annexion, ne peuvent être maintenus de plein droit vis-à-vis de l'Etat annexant; ces traités, par exemple ceux d'alliance, n'ont plus leur raison d'être quand l'un des contractants n'a plus la situation qui les expliquait et les avait provoqués.

Quant aux conventions qui n'ont pas ce caractère et qui ne modifient pas d'ailleurs au point de vue international la condition du territoire même objet de la cession, les avis sont partagés. Beaucoup de publicistes estiment que, l'Etat qui a passé la convention disparaissant comme sujet de droit indépendant, la convention s'éteint d'elle-même; ils ajoutent que le maintien des traités vis-à-vis de l'Etat annexant serait inadmissible, étant donné qu'ils ont été conclus eu égard à la situation particulière, par exemple au point de vue économique, de l'Etat annexé et eu égard aussi à sa législation, tandis qu'ils sont incompatibles avec la situation, les intérêts et la législation de l'Etat annexant. Cette solution a été consacrée par les tribunaux allemands qui se sont refusés à appliquer en Alsace-Lorraine le traité franco-suisse du 15 juin 1869 relatif à des questions de droit international privé, telles que la tutelle, la faillite, les successions, etc. (V. trib. supérieur de Colmar, 2 avril 1886, Vincent et Pénaud, v° *Annexion,* n° 475). Il nous paraît infiniment plus juste et plus rationnel de s'en tenir à l'axiome juridique en vertu duquel qui-

conque recueille le patrimoine d'une individualité de droit est
tenu de respecter les conventions passées par cette dernière,
tout autant que leurs effets ne sont pas intransmissibles de leur
nature. En principe, nous déciderons par conséquent que l'Etat
annexant peut invoquer les traités conclus par l'Etat annexé ou
peut se les voir opposer, en tant qu'ils sont applicables au territoire qu'il a acquis, par suite de sa qualité de successeur
universel aux droits et aux obligations de cet Etat. On ne fait
pas de difficulté pour accepter cette solution lorsqu'il s'agit de
traités qui modifient la condition internationale du territoire
cédé, parce que l'Etat annexant ne peut recueillir ce territoire
que dans la situation où il se trouve : or, n'est-ce pas en vertu
du même principe que l'Etat annexant ne peut se substituer à
l'Etat annexé qu'en prenant sa condition telle qu'elle résulte des
traités antérieurement conclus par ce dernier? C'est ce qu'ont
pensé avec raison certains tribunaux (V. Montpellier, 10 juillet
1872, Sir., 72. 2. 139 ; Cour de circuit de New-York, octobre
1874, *J. Clunet*, 1875, p. 38). Cependant, de même que, dans
les successions entre particuliers, les droits et obligations provenant de contrats conclus à raison de la personnalité des parties contractantes ne produisent pas d'effets transmissibles activement ou passivement aux héritiers, de même les traités qui ne
sont provoqués que par la condition particulière des Etats contractants doivent être réputés intransmissibles de l'Etat annexé
à l'Etat annexant. Nous avons déjà appliqué cette solution aux
traités d'un caractère politique, tels que les traités d'alliance ; il
faut l'appliquer également aux conventions qui ne s'expliquent
que par la situation économique respective des Etats contractants ou les dispositions spéciales de leur législation. Ainsi, un
traité de commerce ou de douanes, provenant toujours d'avantages réciproques que se confèrent les contractants, ne saurait
être invoqué par l'Etat annexant pour le territoire qui lui est
cédé, alors qu'il est peut-être lui-même, vis-à-vis de l'autre Etat
contractant, dans une situation économique qui ne justifie pas
l'application du traité. Moyennant cette réserve, que confirment
du reste presque tous les auteurs, il est généralement facile de
concilier deux opinions en apparence diamétralement opposées.

92. 2° Le *domaine public* de l'Etat annexé est attribué à
l'Etat annexant qui l'absorbe tout entier et qui se substitue

complètement à lui au double point de vue de la personnalité juridique et de la souveraineté. Dans le cas d'annexion totale il doit en être de même, en principe, des biens du *domaine privé,* l'anéantissement de la personnalité de l'Etat annexé et la substitution de l'Etat annexant devant faire intégralemeut passer au second tous les droits du premier. Il est généralement admis que les biens de la couronne, en tant qu'ils appartiennent à l'Etat annexé et sont simplement mis à la disposition du souverain pour soutenir le prestige de sa situation, passent aussi à l'Etat annexant, tandis que ceux qui appartiennent à titre particulier et individuel au souverain restent sa propriété, l'annexion ne produisant aucun effet sur la propriété privée dans le Droit international moderne.

93. 3° Les *dettes* de l'Etat annexé incombent à l'Etat annexant que sa situation de successeur universel rend responsable du passif comme il profite de l'actif.

Cette solution, universellement admise, a été appliquée notamment par l'Italie qui, en 1861, unifia la dette des différents Etats de la Péninsule qu'elle avait absorbés, et par la Prusse en 1866, au sujet de Francfort, de la Hesse, du Hanôvre, de Nassau.

Si cependant l'Etat annexé doit conserver une autonomie complète, notamment au point de vue financier, il faut décider que, gardant ses biens et ses recettes, il doit conserver ses charges, et que l'Etat annexant ne profitant pas des premiers n'est pas tenu des secondes : c'est ce qui aurait lieu si l'Etat annexé était incorporé comme membre nouveau à un Etat fédéral ou confédéré.

Les Etats-Unis ont procédé ainsi à l'égard du Texas dans la décision du Congrès du 1er mars 1845 qui a proposé l'admission de ce pays dans la fédération américaine. Mais, plus tard, le Texas ayant abandonné au pouvoir fédéral le droit de percevoir le produit de ses douanes, les Etats-Unis durent satisfaire les créanciers du Texas auxquels ces produits avaient été engagés et qui, d'ailleurs, à défaut de leur droit de gage, auraient pu introduire légitimement une action *de in rem verso,* jusqu'à concurrence du profit réalisé de ce chef par l'Union américaine.

94. 4° La *législation* de l'Etat annexant s'impose à l'Etat annexé, à moins que le premier ne préfère conserver au second celle qui le régissait auparavant. Sans insister longuement sur cette question qui rentre beaucoup plus dans le Droit interne de chaque pays que dans le domaine du Droit international, remarquons que la législation de l'Etat annexant ne peut être considérée comme obligatoire pour les habitants du pays annexé que lorsqu'elle a été promulguée sur leur territoire. C'est la solution consacrée par le sénatusconsulte du 12 juin 1860, fixant au 1er janvier 1861 l'application des lois françaises dans le territoire de Nice et de la Savoie, et par la loi du 2 mars 1878, art. 3, portant promulgation à l'île de Saint-Barthélemy de toutes les lois déjà promulguées à la Guadeloupe. En Allemagne, on considère que la loi du 9 juin 1871, qui a fixé au 1er janvier 1873 l'application de la constitution de l'Empire en Alsace-Lorraine, y a laissé subsister les lois civiles françaises. Cette solution juridique et équitable est en harmonie avec la tradition de la Révolution et de l'Empire qui n'ont imposé la loi française aux pays annexés qu'après promulgation spéciale (V. décret du 1er octobre 1795 pour la réunion de la Belgique), quand on ne leur laissait pas leurs lois civiles (V. Traité d'annexion de Genève, 26 avril 1798, art. 7 et proclamation du 9 juin 1805, art. 2, pour l'incorporation de la Ligurie).

Tout en exigeant la promulgation dans les pays annexés pour les lois civiles et criminelles, la jurisprudence française y déclare exécutoires de plein droit et par le fait de l'annexion les lois constitutionnelles, de police et de sûreté générales qui s'imposent à tous, sans distinction de nationalité (Cass., 14 décembre 1846, Sir., 47. 1. 49). Sans parler de la contradiction choquante qui consiste à dispenser de la promulgation les lois criminelles et à l'exiger pour les lois de police et de sûreté générales, telles que les règlements de voirie, qui ont exactement le même caractère d'ordre public, il est à noter que la doctrine de la Cour de cassation, mal établie et nullement justifiée au point de vue des principes généraux relatifs à l'exécution des lois, est loin d'être constante; c'est ainsi que l'article 75 de la Constitution de l'an VIII a été déclaré inapplicable en Algérie, faute d'y avoir été promulgué (Cass., 3 octobre 1857, Sir., 57. 1. 875).

Dans tous les cas, l'annexion n'a pas d'effet rétroactif et les

droits acquis, au sens juridique de l'expression, sous l'empire
de l'ancienne loi, subsistent malgré l'application d'une législation nouvelle (V. Traité du 26 avril 1798 pour l'annexion de la
République de Genève, du 8 décembre 1862 pour la rectification des frontières avec la Suisse ; pour la Savoie, Cass., 7 juillet 1862, Dal., 62. 1. 355 ; 23 mai 1883, Sir., 83. 1. 397, etc...).

95. 5° Les *créances* de l'Etat annexé passent à l'Etat annexant ;
c'est une conséquence naturelle de l'absorption de la personnalité juridique du premier dans celle du second.

§ II. *Annexion partielle.*

96. Les règles précédemment indiquées relativement à l'influence de l'annexion totale sur l'application des traités et de la
législation doivent être transportées sans modification au cas
d'annexion partielle ; nous n'insisterons, par conséquent, que
sur les points qui donnent lieu à des observations particulières
dans ce dernier cas.

97. 1° Pour les *dettes publiques,* certaines précisions sont
nécessaires afin de déterminer à qui en incombe la charge dans
le cas d'une annexion partielle.

S'agit-il de dettes que l'on considère, au point de vue international, comme hypothéquées sur une fraction du territoire d'un
pays, c'est-à-dire de dettes contractées dans l'intérêt particulier de cette fraction, par exemple pour des travaux publics
qui lui sont propres, ou bien de dettes locales à la charge des
personnes morales administratives de cette portion du territoire ; alors ces dettes restent à la charge du territoire cédé et,
en vertu d'une sorte de droit de suite, passent avec ce territoire à l'Etat qui se l'incorpore.

S'agit-il, au contraire, des dettes générales de l'Etat démembré, il est juste et rationnel que l'Etat annexant en prenne une
part proportionnelle à l'importance de l'annexion qu'il réalise à
son profit par rapport au surplus de l'Etat démembré.

Pour établir cette répartition, on a proposé de prendre comme
criterium l'importance du territoire cédé ou de sa population
par rapport au territoire d'ensemble ou à la population de l'Etat
démembré. Mais l'un ou l'autre de ces deux éléments peut
n'avoir aucun rapport avec la richesse relative de la partie

cédée, eu égard à l'Etat dont elle est détachée, et l'on peut aboutir ainsi à une solution inique. Il est infiniment préférable de prendre pour base de cette répartition la quote-part d'impôts payée par le territoire cédé quand il faisait partie de l'Etat démembré; outre que l'on se fonde ainsi sur un élément qui est généralement l'expression de la richesse présumée de chaque portion du territoire d'un pays, on se conforme à l'appréciation déjà émise par l'Etat démembré dans ses lois fiscales, et on a plus de chances d'éviter ses réclamations. Aussi cette façon de procéder est-elle conseillée par tous les publicistes.

En fait, les solutions varient beaucoup suivant les traités d'annexion comme le montrent les exemples suivants tirés de la période contemporaine. Le traité de Zurich, en 1859, imposa à la Sardaigne les trois cinquièmes de la dette lombarde, le surplus restant à la charge de l'Autriche; la convention du 23 août 1861, art. 1, met au compte de la France la dette sarde jusqu'à concurrence de quatre millions et demi de rente, à la suite de la cession de Nice et de la Savoie; en 1866, l'Italie prit à sa charge la dette pontificale proportionnellement à la population des Romagnes qu'elle s'annexait; en 1870, l'Alsace et la Lorraine ont été cédées franches et quittes des dettes publiques de la France; le traité de Berlin du 13 juillet 1878 (art. 9) fait incomber une partie des dettes de la Turquie à la Bulgarie, à la Serbie, à la Roumanie, au Monténégro, suivant une proportion qui devait être équitablement établie par les représentants des Etats signataires d'accord avec le sultan, et la proportion admise a été celle du territoire accordé à ces différents Etats; enfin, en 1839, on fixa à cinq millions de rente la portion de la dette des Pays-Bas que devait supporter la Belgique, d'après ce qu'elle avait payé pendant deux années précédentes.

Il va sans dire, d'ailleurs, que la partie annexée contribue aux dettes de l'Etat annexant à compter de son incorporation, conformément aux lois fiscales de ce pays au sort duquel elle est liée désormais et dont elle va partager les avantages et les charges.

Les traités règlent la répartition entre l'Etat annexant et l'Etat annexé des impôts à percevoir dans l'année courante sur le territoire cédé; la solution rationnelle est de les partager entre eux proportionnellement au temps écoulé avant et après la date de l'annexion qui marque le changement de souveraineté. Cependant, une fois l'annexion accomplie, le recouvrement des impôts arriérés ne peut appartenir qu'à l'Etat annexant, nouveau souverain ayant seul qualité pour exercer les poursuites (V. Cass., 30 août 1864, Dall., 64. 1. 350). Ainsi, en 1871, l'Allemagne, tout en laissant à la France les facilités nécessaires pour recouvrer ses créances en Alsace-Lorraine, s'est réservé le droit exclusif de poursuivre le recouvrement des impôts. Mais, en même temps, la France a dû abandonner tout droit sur les impôts déjà exigibles au moment de l'annexion, ce qui est contraire à la solution équitable et rationnelle indiquée ci-dessus. Du reste, les règles précitées ne sont applicables que sous réserve du droit de l'Etat annexant de percevoir les impôts sur les territoires qu'il envahit et qu'il occupe dans le cours des hostilités, en vertu de la substitution en fait de sa souveraineté à celle du pays envahi (V. n° 572).

Au point de vue des charges à assumer par l'Etat annexant, il faut remarquer qu'il succède aux obligations de l'Etat démembré en ce qui concerne le paiement des pensions civiles et militaires, mais seulement, bien entendu, à l'égard de ceux qui, par le fait de l'annexion, prennent la nationalité de l'Etat annexant (V. Conv. de Francfort, 11 décembre 1871, art. 2). En retour, l'Etat démembré doit céder à l'Etat annexant le montant des retenues faites en vue de la retraite sur le traitement des pensionnés, ainsi que les sommes qu'il détient à titre de cautionnement pour les fonctionnaires qui changent de nationalité et que maintient dans leurs fonctions l'Etat annexant, sauf à respecter les droits acquis de l'Etat démembré sur ce cautionnement avant l'annexion (V. Convention du 23 août 1860, art. 14; traité de Francfort du 10 mai 1871, art. 4, § 2 et protocole de clôture du 11 décembre 1871, § VII).

Si, dans l'annexion totale d'un pays, l'Etat annexant succède complètement à tous les engagements que ce pays a contractés envers des particuliers, il ne succède au contraire, dans l'annexion partielle, qu'à ceux de ces engagements qui intéressent le territoire qu'il acquiert. Quant aux engagements qui intéressaient l'Etat démembré dans son ensemble, tels que ceux qui viennent des fournitures militaires, ils restent complètement à sa charge. Les traités confirment souvent cette solution relativement aux concessions de travaux publics ou de mines faites par l'Etat démembré sur le territoire qu'il cède (V. Décret du 18 août 1860, Cons. d'Etat, 28 avril 1876, Dal., 76. 3. 84; Conv. addit. de Francfort du 11 décembre 1871, art. 13; Cass., 8 mars 1865, Sir., 65. 1. 108). Du reste, l'annexion constituant un acte de souveraineté qui s'impose aux particuliers d'une manière absolue et comme un cas de force majeure, ces derniers ne peuvent protester contre ses conséquences; ils ont perdu tout recours contre l'Etat démembré pour l'exécution de ses engagements envers eux, et ne peuvent plus s'adresser qu'à l'Etat annexant qui s'est substitué comme débiteur par l'effet du traité et qui détient d'ailleurs l'objet et les garanties des engagements contractés.

98. 2° Les *créances* appartenant au territoire cédé comme personnalité juridique, par exemple comme département ou commune, sont conservées par lui; dans l'Etat annexant, ce territoire prendra la situation fixée par les lois de ce dernier au point de vue du patrimoine des collectivités administratives.

99. 3° Pour les biens du *domaine public,* l'Etat annexant acquiert, en principe, ceux qui se trouvent sur le territoire cédé. Les biens du domaine privé situés sur le territoire cédé restent au contraire à l'Etat démembré, car celui-ci les possède à titre de simple personne morale et l'annexion ne peut l'atteindre que comme puissance publique et souveraine. On admet cependant que les meubles contenus dans des dépendances du domaine public passent à l'Etat annexant comme accessoires des immeubles où ils se trouvent (V. Décret du 21-22 novembre 1860, art. 4). En fait, d'ailleurs, pour éviter le maintien du droit de propriété au bénéfice de l'Etat démembré sur un territoire qui va appartenir désormais à un autre Etat, on comprend presque toujours dans la cession, sauf règlement d'indemnité, le domaine privé aussi bien que le domaine public.

Parmi les biens du domaine privé figurent notamment les créances que l'Etat démembré peut avoir en dehors de sa qualité de puissance publique, par exemple à raison d'avances faites à des particuliers. Ainsi, en 1871, on a maintenu le droit pour le Trésor français de réclamer les avances faites aux industriels alsaciens en vertu d'une loi du 1ᵉʳ août 1860. Pour les avances faites aux départements et aux communes, la difficulté vient de ce que l'annexion soustrait ces personnes morales au contrôle de l'Etat démembré et que, dès lors, ce dernier perdant sa principale garantie, le remboursement devrait être immédiat; mais on fait ainsi perdre aux débiteurs le bénéfice du terme. Il semblerait juste que l'Etat annexant, substitué à l'état démembré, payât à celui-ci ses avances, sauf à recourir contre les départements et communes dans les conditions du contrat primitif.

En 1871, l'Allemagne n'a pas voulu accepter cette combinaison et s'est contentée de promettre qu'elle ferait son possible pour assurer l'exécution des engagements contractés par les départements et communes du territoire cédé envers le Trésor français.

La cession des chemins de fer comporte certaines précisions. S'il s'agit de chemins de fer qui sont la propriété de l'Etat démembré et exploités par lui, ils passent à l'Etat annexant comme les autres dépendances du domaine public situées sur le territoire cédé. Si, comme cela a lieu en France, l'Etat n'a que la nue propriété des chemins de fer qui sont concédés à des compagnies dont l'usufruit doit durer plus ou moins longtemps, il faut décider que la nue-propriété, faisant seule partie du domaine public de l'Etat démembré au moment de l'annexion, passe aussi seule à l'Etat annexant. La concession, propriété privée de la Compagnie qui exploite le chemin de fer, doit rester à l'abri de toute modification, comme toute propriété des particuliers que l'annexion ne peut atteindre. Cependant, soit pour éviter le fonctionnement sur son territoire d'une société étrangère, soit pour tenir sous son contrôle immédiat un service public aussi important au point de vue économique et stratégique que celui des chemins de fer, l'Etat annexant usera presque toujours de la faculté de rachat qui appartient à l'Etat démembré.

C'est ainsi que l'art. 1er de la convention additionnelle de Francfort du 11 décembre 1871 imposa à la France le rachat de la partie du réseau de l'Est cédée à l'Allemagne, moyennant le paiement par ce dernier Etat de 325 millions imputables sur l'indemnité de guerre. Cette somme, qui ne devait représenter que le droit de jouissance et d'exploitation, la nue-propriété passant de plein droit à l'Allemagne par le fait de l'annexion, ne fut pas cependant versée à la Compagnie de l'Est; à la suite d'une transaction, celle-ci ne reçut qu'une rente temporaire (Loi du 17 juin 1873).

SECTION III

FORMATION D'UN ÉTAT NOUVEAU PAR SÉPARATION

100. Quand un Etat se forme par la séparation d'une partie du territoire d'un pays, on se trouve en présence d'une personnalité nouvelle qui ne saurait être considérée, d'une manière absolue, comme un successeur ou ayant-cause de l'Etat à l'autorité duquel la fraction détachée s'est soustraite. Aussi la situation de cet Etat nouveau doit-elle être appréciée d'une manière particulière aux différents points de vue qui peuvent intéresser le Droit international. Quant à ses relations avec l'Etat dont il se sépare, elles dépendront des arrangements survenus entre eux; c'est ainsi que, habituellement, l'Etat formé par séparation gardera les dépendances du domaine public qui se trouvent sur son territoire.

101. Les *traités* conclus par l'Etat dont une fraction se détache ne lient pas cette fraction lorsqu'elle s'est constituée en Etat indépendant; les Etats-Unis et les anciennes colonies espagnoles ou portugaises de l'Amérique ne sont pas tenus par les conventions de l'Angleterre, de l'Espagne ou du Portugal, passées à l'époque où ils relevaient de ces pays. Par le fait de leur séparation et de leur transformation en Etats nouveaux, ces colonies sont devenues des personnes morales indépendantes qui ne peuvent plus être liées que par leurs engagements librement consentis.

102. Pour les *dettes*, l'Etat nouveau formé par séparation reste tenu de celles qui ont trait à son territoire dans l'intérêt duquel elles ont été contractées, tandis que l'Etat démembré en est libéré : telles sont les dettes relatives à des travaux publics d'un intérêt local, par exemple celles qui proviennent de la construction de routes, de chemins de fer, etc.

Quant aux dettes générales de l'Etat démembré, l'Etat formé par séparation doit en assumer une quote part proportionnelle, et le meilleur *criterium* pour fixer cette quote part est celui de la quotité d'impôt que payait la fraction détachée avant sa séparation (V. n° 97).

La différence des solutions admises pour les traités et pour les dettes publiques s'explique. Les traités, en effet, sont des contrats qui ne lient que les Etats qui y ont participé ; or l'Etat nouveau, formé par séparation, est demeuré complètement étranger à des conventions qui ont pris naissance avant même qu'il eût la personnalité souveraine nécessaire pour y prendre part.

Cet Etat, au contraire, est tenu à raison même du territoire sur lequel il s'est formé, *propter rem*, de toutes les dettes contractées dans l'intérêt de ce territoire, lequel forme ainsi le gage naturel des créanciers. Quant aux dettes générales de l'Etat démembré, elles ont été contractées pour l'ensemble de cet Etat, donc aussi pour la fraction qui s'en détache et qui doit ainsi, équitablement, en supporter sa part proportionnelle.

CHAPITRE VII

THÉORIE DES NATIONALITÉS (1).

103. L'Etat, dont nous avons précisé la notion et les caractères essentiels (V. chap. I), constitue une personne morale souveraine qui est le terme des rapports dont l'étude rentre dans le domaine du Droit international ; il est, autrement dit, le sujet de ce droit, comme la personne humaine est celui du droit privé.

A l'Etat on oppose la *Nation* dont la conception est assez vague, mais qui se trouve généralement comprise de la manière suivante : La nation est un ensemble de populations unies

---

(1) Bibliographie : Holtzendorff, *loc. cit.*, § 11 ; Maximin Deloche, *Du principe des Nationalités ;* Richard, *Etudes sur les Nationalités ;* Popoff, *Du mot et de l'idée de Nationalité ;* G. Reynaud, *Question des Nationalités,* 1877 ; E. Renan, *Qu'est-ce qu'une Nation ? Bulletin de l'Association scientifique de France,* 1882 ; E. de Laveleye, *Des causes actuelles de guerre en Europe,* 1re partie, ch. III, et *Revue des Deux-Mondes,* 1er août 1868 ; Potvin, *Le Génie de la Paix ;* Mancini *Della nazionalità come fondamento del diritto delle genti,* 1851 ; Mamiani, *Di un nuovo diritto publico europeo,* 1859 ; Esperson, *Il principio di nazionalità applicato alle relazioni internazionali,* 1868 ; Funk-Brentano et Sorel, *loc. cit.,* 1er édit., p. 16 et suiv. ; Jozon, *Bulletin de la Soc. de législation comparée,* 1870, p. 73 ; Carnazza-Amari, *loc. cit.,* trad. Montanari-Revest, t. I, pp. 222 et suiv.

entre elles par des liens étroits venant surtout de la communauté de race, de mœurs, de traditions, de religion, de langue, du degré semblable de civilisation, animées de la sorte d'aspirations semblables et ayant la conscience de leur *nationalité commune*, ce qui les pousse à se grouper pour se constituer en collectivités politiques, en Etats homogènes.

Tout le monde reconnaît que le *criterium* de la Nation est complexe et ne peut se ramener à un seul élément commun, ni la langue, ni les traditions, ni même la race; c'est plutôt la résultante d'un ensemble de liens provenant des éléments cités plus haut, résultante qui s'accuse surtout par une tendance au rapprochement entre les populations séparées par l'organisation politique des Etats, et qui a pour origine la conscience, chez ces populations, de leur nationalité commune.

104. Cette conception de la Nation est de date relativement récente. On peut la faire remonter aux proclamations de la Révolution française reconnaissant aux peuples le droit de disposer de leurs destinées politiques et, par conséquent, de se grouper suivant les affinités qui les rapprochent. Elle a pris corps et s'est réalisée tout d'abord en Allemagne dont les Etats, divisés à l'excès jusque-là, se sont unis et ont eu la conscience de leur nationalité commune sous l'influence des attaques de Napoléon Ier. Le Congrès de Vienne ne tint aucun compte de cette idée en refaisant la carte de l'Europe; il se laissa uniquement dominer par la préoccupation d'opérer des partages avantageux entre les grandes puissances, tout en établissant un équilibre entre elles, et de favoriser plus ou moins, suivant les sympathies des grands monarques, les petits souverains. Ce mépris des affinités de race, de traditions, de langue, etc., et cette indifférence à l'égard du sentiment des populations, qui caractérisent l'œuvre du Congrès de Vienne, peuvent être considérés comme une des causes principales de la réaction qui s'est produite depuis en faveur du principe des nationalités. Après la Révolution de 1848, cette réaction s'est manifestée dans la tentative d'indépendance de la nation hongroise en 1849; par les luttes des populations italiennes contre l'Autriche, à la même époque; par la dernière insurrection polonaise en 1863. C'est en Italie surtout que le principe des nationalités a été érigé en une doctrine à laquelle se sont ardemment ralliés tous les publi-

cistes et tous les hommes d'Etat de ce pays, depuis la formule
retentissante qui en fut donnée par Mancini, à l'Université de
Turin, le 22 janvier 1851. On sait à la suite de quels événements politiques cette doctrine, transportée dans le domaine
des faits, a abouti à la création du royaume d'Italie et au groupement successif de tous les Etats de la Péninsule. Poursuivant
une marche semblable sous la direction de la Prusse, comme
l'Italie avait été dirigée par le gouvernement sarde, l'Allemagne s'est transformée en un vaste empire dont l'avènement
coïncide avec une conquête qui, pour partie, relativement à
l'Alsace, est la manifestation du principe des nationalités. Actuellement, la doctrine dont il s'agit paraît se résumer dans deux
tendances également considérables, le *pangermanisme* et le
panslavisme, ce dernier déjà fort avancé par l'affranchissement des populations slaves du Danube vis-à-vis de la Turquie,
au traité de Berlin du 13 juillet 1878, et l'immixtion puissante
de la Russie dans les Etats nouveaux formés par ces populations.

105. En fait, les Etats apparaissent avec des caractères très
différents au point de vue de l'homogénéité des populations qui
les composent. Les uns, comme la France, présentent une unité
parfaite ; d'autres embrassent sous une autorité commune, et avec
plus ou moins d'harmonie, des nations fort dissemblables, comme
l'Autriche-Hongrie dont on a pu dire qu'elle est moins un Etat
qu'une expression géographique.

A l'abri des tendances séparatistes, animé dans toutes ses
parties d'un même esprit, doué d'une cohésion qui fait sa force
et assure sa vitalité, l'Etat homogène est assurément un idéal
très désirable. Ce n'est cependant pas une raison suffisante pour
bouleverser les collectivités politiques qui comprennent des
nations différentes et courir le risque d'aventures dont le résultat est fort douteux, même au point de vue de la satisfaction des
nationalités dont on veut assurer l'unité politique et l'indépendance. L'histoire nous prouve que des Etats nullement homogènes au début au point de vue de la nationalité peuvent devenir
plus tard, à la suite d'une union prolongée, d'une longue solidarité d'intérêts et d'une communauté de sentiments acquise,
des modèles de cohésion, comme si toutes les races qui les composent s'étaient fondues pour constituer une nation nouvelle :

la France est l'exemple le plus saisissant de ce phénomène politique. D'autre part, des Etats homogènes de leur nature ne peuvent, par suite de certains vices du caractère national ou de leur organisation politique, se maintenir comme collectivité politique indépendante : tel est le cas de la Pologne. Quelquefois des Etats homogènes se divisent sans cesse et s'émiettent sans pouvoir faire coïncider longtemps l'unité politique avec l'unité nationale : c'est ce qui est arrivé aux anciennes colonies espagnoles de l'Amérique du Sud. Enfin, et plus souvent encore, ce n'est que par le sacrifice d'unités politiques importantes à l'hégémonie d'un Etat plus puissant qui les groupe autour de lui ou même les annexe purement et simplement, que se réalise la réunion en un seul des Etats de même nation : l'empire allemand n'est que la Prusse agrandie, avec des velléités d'expansion nouvelle pour transformer en fait la tendance du pangermanisme, et le panslavisme n'est pas autre chose que l'accroissement de l'immense Russie.

106. On ne peut disconvenir cependant que l'influence des nationalités joue un rôle considérable dans la formation des Etats, les affinités diverses qui unissent des populations devant naturellement les conduire à se constituer en collectivités politiques obéissant à une autorité commune. Mais si cette considération ne doit pas être perdue de vue quand, à la suite d'événements politiques, on est amené à former des Etats nouveaux ou à remanier ceux qui existent, afin de satisfaire les populations et de créer un état de choses durable à l'abri des revendications et des tiraillements, ce que l'on ne sut ou ne voulut pas faire au Congrès de Vienne, il ne faut pas oublier davantage combien est dangereux et peu susceptible de réussir tout changement arbitraire apporté dans la condition des peuples, au mépris des vieilles situations acquises, des solidarités d'intérêts et de sentiments, en un mot des nationalités *électives* venant du choix des populations, non du hasard aveugle d'une unité ethnique, et par conséquent d'autant plus respectables. Ces idées, qu'exprimait si éloquemment M. Thiers au Corps législatif en 1866, sont confirmées par les faits : l'incorporation de Nice à la France en 1860, contraire assurément au principe des nationalités, n'a provoqué que des protestations isolées; celle de l'Alsace à l'Allemagne en 1871, conforme au contraire à la doctrine absolue des nationalités, ne peut être maintenue qu'au prix d'une lutte continuelle pour triompher des résistances. Faut-il donc, pour réaliser un principe vague, sans élément certain d'appréciation dans la pratique, sacrifier les résultats et les droits acquis par un état de choses souvent plusieurs fois séculaire? Sous prétexte de considérations ethniques, va-t-on morceler un des peuples les plus unis, la Suisse, et répartir ses cantons entre la France, l'Allemagne et l'Italie? La théorie des nationalités se heurte si souvent à cette objection de fait, qu'elle n'apparaît plus, dans la plupart des cas, que comme un prétexte pour couvrir des ambitions inavouables ou une excuse sans sincérité pour justifier devant l'opinion publique des entreprises contraires à l'indépendance des Etats.

D'ailleurs, même en tant que procédé politique, cette théorie appliquée est loin d'offrir les avantages qu'en attendent ceux qui la défendent avec conviction. Par son application même, elle soulève les susceptibilités, souvent les résistances violentes des Etats qu'elle amoindrit, et constitue ainsi une cause de trouble international; elle a été l'origine, ou tout au moins le prétexte, de plusieurs guerres contemporaines. De plus, si l'on espère, en groupant en Etats homogènes les grandes nations, faire cesser les dissensions dans les Etats actuellement sans unité, donner plus d'essor à chaque race dont les éléments seront tous réunis, faire disparaître les guerres entre les différents pays en leur enlevant le prétexte basé sur ce que les uns détiennent des populations qui devraient appartenir à d'autres, enfin créer un stimulant au progrès par la concurrence pacifique des nations opposées les unes aux autres; on ne prend pas garde qu'à la division actuelle des Etats qui amortit souvent les chocs et atténue les rivalités, soit par la communauté entre eux de certains éléments ethniques, soit par la séparation matérielle des plus puissants au moyen de souverainetés plus faibles et par conséquent éloignées de l'esprit de conquête, on va substituer l'opposition directe et souvent le contact immédiat de nations très fortes, que tout divisera depuis la race jusqu'aux aspirations, entre lesquelles la lutte sera inévitable et peut-être sans merci. Est-il bien désirable d'effacer l'œuvre d'union des siècles pour en revenir peut-être aux formidables oppositions de races de l'antiquité et de l'époque barbare?

107. Il résulte de tout ce qui précède que la théorie des nationalités n'est que l'expression d'une tendance politique relative à la formation des Etats, mais qu'elle n'a aucune influence sur le Droit international considéré en lui-même. La Nation n'est pas une réalité juridique, une personnalité de droit, tant qu'elle n'a pas été organisée en Etat proprement dit : aussi le Droit international qui, comme tout droit, ne peut régler que des rapports entre personnalités juridiques, n'a à envisager que les Etats tels que nous les avons définis, sans se préoccuper autrement du caractère plus ou moins homogène des populations qui les composent.

108. Nous en dirons autant de la *Théorie des frontières naturelles* et de celle de l'*extension des Etats* qui n'expriment que des tendances relatives au développement des Etats et dont le caractère est beaucoup plus politique que juridique.

La théorie des frontières naturelles repose sur cette idée qu'un Etat a le droit d'étendre son territoire jusqu'aux limites que la nature du sol et les accidents géographiques semblent lui avoir assignées. Comme l'ont dit spirituellement MM. Funk-Brentano et Sorel, ce n'est que la paraphrase du mot de Strabon disant que la configuration de la Gaule la désignait pour être le siège d'un peuple puissant et riche, et comme une application de la théorie des causes finales aux rapports internationaux, tel territoire étant fait pour un peuple. Napoléon Ier disait aussi : « L'Europe ne sera tranquille que lorsque les choses seront telles que chaque nation aura ses limites naturelles ». On sent combien ce *criterium* est vague, combien chacun appréciera à son point de vue ses frontières naturelles et sera entraîné à dépasser celles que la nature a indiquées, comme le prouve l'exemple de Napoléon Ier lui-même. L'acquisition de ces frontières n'est, d'ailleurs, nullement nécessaire à la vitalité d'un Etat : il suffit, pour s'en convaincre, de considérer la Suisse morcelée par les Alpes ; la Hollande, dont la limite est partout conventionnelle ; la France, qui n'a eu qu'accidentellement et pour peu de temps son prétendu territoire naturel.

Les considérations stratégiques que l'on invoque sont sans valeur au point de vue du Droit ; il ne suffit pas qu'une frontière soit utile pour qu'on soit juridiquement autorisé à la revendiquer. Au surplus, ces limites naturelles n'ont pas la valeur militaire qu'on leur attribue, surtout de nos jours, et, dans le passé, nous voyons que la ligne fortifiée de Vauban sauva la France de l'invasion, tandis que les frontières naturelles conquises par Napoléon Ier n'ont pas arrêté l'ennemi. Le Droit international ne peut connaitre que les droits légitimement acquis sur un territoire par les procédés réguliers d'occupation ou de transmission que nous verrons plus tard.

Dans la *théorie de l'extension des Etats* (Bluntschli, *loc. cit.*, art. 99), on considère comme légitime tout agrandissement qui a pour objet de soumettre à l'autorité de l'Etat les territoires et les populations rentrant dans sa sphère normale d'influence, à raison de la puissance qu'il a déjà acquise et du développement qu'il peut encore lui donner. Au fond, cette théorie n'est guère qu'une variante de celle des nationalités, avec cette précision, qui n'est, du reste, que l'expression de ce qui se passe habituellement, que le groupement des nationalités doit se faire autour de l'Etat déjà parvenu à la plus grande puissance, ou mieux que cet Etat doit absorber les populations semblables à la sienne et les territoires dont la possession est utile à son progrès continu. Il est difficile de voir dans une pareille théorie autre chose que des prétentions de fait et une invocation du droit du plus fort, sans aucun rapport avec les principes du droit international qui sont fondés sur le respect de l'indépendance des Etats, si faibles qu'ils soient, de la part de tous les autres quelle que soit leur puissance. Si l'histoire révèle dans les rapports des peuples l'application de la loi du triomphe du plus fort sur le plus faible et de la concurrence vitale entre les Etats, cette constatation de fait ne peut être érigée en principe de droit ni, par conséquent, en règle de conduite des Etats les uns vis-à-vis des autres : autre chose est remarquer que les pays bien doués et bien dirigés l'emportent sur ceux qui n'ont pas ces avantages, autre chose est en conclure que les premiers ont le droit de détruire la personnalité des seconds et de confisquer leur indépendance. L'absorption des Etats qui dégénèrent par ceux qui ont une vitalité puissante ne peut être que le résultat de l'évolution naturelle des défauts des uns et des qualités des autres, sans qu'aucune violence doive la brusquer : le droit international, sans pouvoir empêcher ces faits qui sont la conséquence d'une loi naturelle, s'oppose au moins à ce qu'ils s'accomplissent en détruisant les facultés d'indépendance, de souveraineté que la raison révèle et que la conscience commande de respecter dans l'Etat le plus faible. Un peuple avancé dans la voie de la civilisation et colonisateur place légitimement sous son autorité un Etat barbare pour qui son organisation ancienne paralyse le progrès dont il a éprouvé le besoin depuis qu'il est en contact avec un Etat civilisé et qui, n'ayant plus le goût de l'indépendance ou la force suffisante pour la soutenir, consent à l'abandonner ; en pareil cas, l'évolution naturelle de la déchéance d'une part et de l'accroissement de l'autre s'est accomplie, sans que le droit ait été violé. Mais invoquer la puissance acquise pour incorporer les plus faibles, c'est retourner à la barbarie : on n'a même pas l'excuse, en agissant ainsi, d'appliquer la loi naturelle de la concurrence vitale, puisque l'élément de puissance dont on tiendra compte sera presque toujours celui de la force matérielle qui souvent n'est qu'éphémère et qui, dans tous les cas, n'est que l'un des facteurs de la vitalité d'un pays : le peuple soumis sous prétexte que sa faiblesse le prive du droit à l'existence indépendante peut posséder les idées morales, la culture intellectuelle, l'activité économique qui lui assurent un rôle important dans la vie du monde, plus important peut-être dans l'avenir, si on permet à ces éléments de se développer, que celui joué actuellement par l'Etat qui invoque surtout l'étendue de son territoire, le nombre de sa population et la force de ses armées.

CHAPITRE VIII

CONDITION DES PRINCIPAUX ÉTATS AU POINT DE VUE DES RAPPORTS INTERNATIONAUX (1)

108. Pour apprécier la capacité des Etats dans les rapports internationaux, il importe d'être fixé sur leur organisation comme collectivité politique au point de vue de leur indépendance ou de leur subordination vis-à-vis d'autres Etats ; pour juger la validité, au point de vue constitutionnel, des actes

(1) V. Calvo, *loc. cit.*, t. I ; Martens, *loc. cit.*, trad. Léo, t. I, p. 313 et suiv. ; Ilimly, *Histoire de la formation des Etats de l'Europe centrale ;* Heffter et Geffcken, p. 52 et suiv. ; Demombynes, *Les constitutions européennes.*

internationaux qu'ils accomplissent, il faut connaître les autorités qui, chez chacun d'eux, sont investies du pouvoir de les conclure : ce sont ces deux points que nous allons examiner pour les pays les plus importants.

SECTION I

ÉTATS SIMPLES

109. Ces Etats ont généralement l'avantage de posséder une cohésion plus grande et, au point de vue international, de n'obéir qu'à une seule direction, sans avoir à redouter les oppositions venant de l'autonomie interne ou externe conservée par chacune de leurs parties. C'est ainsi qu'on a vu récemment les Etats-Unis se déclarer impuissants à surmonter les résistances du gouvernement de la Louisiane pour accorder à l'Italie les réparations qu'ils reconnaissaient légitimes, et le gouvernement de Terre-Neuve paralyser, en invoquant ses chartes locales, le traité d'arbitrage conclu le 11 mars 1891 entre la France et l'Angleterre pour régler la question des pêcheries.

110. 1° La France est formée territorialement aujourd'hui par les traités de 1814 et de 1815 qui lui ont enlevé les conquêtes de la Révolution et de l'Empire; par le traité de Turin du 24 mars 1860, qui lui a donné le territoire de Nice et la Savoie, suivi du traité du 2 février 1861 qui lui a attribué les communes de Menton et de Roquebrune; par la convention du 8 décembre 1862 qui lui a cédé la vallée des Dappes par rectification de frontières avec le Suisse, et par le traité de Francfort du 10 mai 1871 qui lui a retranché presque toute l'Alsace et une grande partie de la Lorraine.

D'après la loi constitutionnelle du 15 juillet 1876, art. 8 et 9, le Président de la République a l'*initiative* de tous les traités et de toutes les négociations internationales et il en donne communication aux Chambres quand l'intérêt de l'Etat le permet. Il ratifie seul tous les traités; le concours des Chambres est nécessaire dans les cas suivants: *a)* traités de paix, de commerce, traités qui engagent les finances de l'Etat, traités relatifs à l'état des personnes et au droit de propriété des Français à l'étranger; *b)* les cessions, adjonctions ou échanges de territoire; *c)* la déclaration de guerre.

111. 2° La Belgique, unie aux Pays-Bas par le Congrès de Vienne, fut reconnue indépendante par les grandes puissances et enfin par les Pays-Bas eux-mêmes, avec le caractère de neutralité perpétuelle (conférence de Londres, 1831; traités du 15 novembre 1831 et 19 avril 1839). D'après la Constitution du 7 février 1831, le roi négocie et ratifie les traités; une loi votée par les Chambres, Sénat et Chambre des représentants, est nécessaire pour déclarer la guerre, conclure la paix et les traités de commerce.

112. 3° L'Italie, érigée en royaume le 18 février 1860, s'est formée par l'incorporation des différents Etats italiens, de la Lombardie cédée par l'Autriche à Napoléon III après le traité de Zurich du 10 novembre 1859 et par celui-ci à l'Italie, de la Vénétie également cédée par l'Autriche (préliminaires de Nicholsbourg, 26 juillet 1866, et traité de Prague du 24 août 1866), enfin par l'occupation de Rome et des Etats Pontificaux le 19 septembre 1870. Le Statut sarde du 4 mars 1848, étendu à tout le royaume d'Italie, donne au roi l'initiative et la ratification des traités; une loi votée par le Sénat et la Chambre des députés n'est nécessaire que pour les modifications de territoire et pour les charges à imposer au budget: mais le roi peut déclarer la guerre seul et conclure la paix.

113. 4° Le Congrès de Vienne (acte du 9 juin 1815, art. 1er) annexait la Pologne à la Russie dont l'empereur ne portait que le titre de roi de Pologne, et assurait à ce dernier pays une Constitution particulière. Après l'insurrection de 1830, le 26 février 1832, la Pologne fut déclarée *partie intégrante* de la Russie; la France et l'Angleterre protestèrent contre cette violation de l'acte de 1815. Nouvelles protestations après l'insurrection de 1863; mais elles n'aboutirent pas. La Pologne n'est plus ainsi qu'une province russe, comme la Finlande qui devrait être, comme elle, en *union réelle* avec la Russie. L'absence de Parlement et le régime autocratique absolu de l'Empire russe doivent faire considérer comme valables tous les actes internationaux ratifiés par le Czar.

114. 5° Le Danemark a fait partie de la confédération germanique par ses possessions du Sleswig, du Holstein et de Lauenbourg jusqu'en 1864. A la suite de la guerre qui lui fut déclarée par la Prusse et l'Autriche, il se trouva réduit à la presqu'île du Jutland et à ses îles de la mer Baltique : il n'avait plus désormais de lien avec la confédération allemande. Le Lauenbourg fut attribué à la Prusse, le Holstein devait être administré par la Prusse, le Sleswig par l'Autriche, et Kiel devenait un port fédéral commun (Traité de Gastein du 14 août 1865). On sait que les difficultés de cette situation équivoque amenèrent entre l'Autriche et la Prusse la guerre de 1866. D'après la Constitution danoise, le roi peut seul déclarer la guerre, conclure les traités de paix et de commerce; mais il lui faut l'approbation du Parlement *(Rigsdag)* composé des deux Chambres *(Landsthing* et *Folketing)* pour céder le territoire et contracter un engagement international qui modifie le droit public danois.

115. 6° L'Espagne, dont la situation territoriale ne s'est pas modifiée pour la métropole depuis 1815, est régie actuellement par la Constitution du 30 juin 1876. Le souverain dirige seul les relations internationales, mais un vote des Chambres est nécessaire pour les cas suivants : cession ou échange de territoire, admission de troupes étrangères dans le royaume, traités d'alliance offensive, de commerce, de subsides et les traités qui peuvent obliger individuellement les Espagnols. Jamais les articles secrets d'un traité ne peuvent déroger aux articles publics (art. 55 de la constitution).

116. 7° La Grèce, indépendante de la Turquie depuis 1829, grâce à l'intervention des grandes puissances, a été gouvernée de 1832 à 1862 par un roi de la maison de Bavière et, depuis la révolution de 1862, par un prince de la maison de Danemark. Son territoire primitif a été augmenté par la cession des îles Ionniennes placées sous le protectorat de l'Angleterre en 1815 et abandonnées purement et simplement par celle-ci en 1864. Oubliée au traité de Berlin du 13 juillet 1878, dans le partage des territoires enlevés à la Turquie, la Grèce réclama; la conférence de Berlin du 25 juin 1880, due à la médiation des Puissances signataires du traité de 1878, conformément à l'article 24 de ce traité, lui accorda la Thessalie et une partie de l'Epire. Après la révolution de la Roumélie orientale qui s'unit à la Bulgarie en 1885, elle réclama encore; mais les grandes puissances écartèrent ses demandes le 24 janvier 1886 et un blocus pacifique fut même établi contre elle, pour l'empêcher d'agir contre la Turquie, par l'Angleterre, l'Autriche, l'Allemagne et l'Italie. Les bons offices de la France la firent renoncer à ses prétentions. — Il est à remarquer que le traité du 7 mai 1832 entre la France, la Russie, l'Angleterre et la Bavière établit la *garantie* des trois premières puissances pour l'indépendance de la Grèce, mais non pour le maintien de la dynastie bavaroise. Après la révolution de 1862 qui renversa le roi Othon, la liberté de la Grèce pour choisir un souverain fut reconnue, et le traité du 13 juillet 1863 renouvela la garantie de son indépendance, avec cette particularité que son gouvernement doit être *constitutionnel* sous la garantie des mêmes Etats. — La Constitution grecque du 16 (28) novembre 1864 n'établit qu'une seule Chambre ; le roi conclut seul les traités ; la ratification de la Chambre n'est nécessaire que pour les modifications de territoire, pour les traités de commerce, ou contenant des concessions exigeant une loi d'après la Constitution, ou qui peuvent créer des obligations individuelles pour les Hellènes. Les articles secrets d'un traité ne peuvent déroger aux articles publics.

117. 8° En Turquie, la Constitution de 1876, qui n'a jamais été appliquée, créait un Sénat et une Chambre de représentants. En fait, le Sultan est autocrate absolu et passe seul les traités, sauf les nombreuses restrictions imposées à sa souveraineté par les *capitulations* (V. n° 357 et suiv.) et par l'immixtion des puissances européennes consacrée en 1856 et en 1878 (V. n° 210 et suiv.).

118. 9° En Hollande, la ratification du Parlement ou Etats généraux n'est exigée que pour les modifications de territoire et pour les traités *concernant les droits légaux,* expression dont il est assez difficile de préciser la portée.

119. 10° En Roumanie, la Constitution du 30 juin 1886, art. 93, impose l'approbation du Parlement pour les traités de commerce, de navigation *et autres,* passés par le chef de l'Etat. — La Constitution serbe du 11 juillet 1869 exige la convocation de la grande Assemblée Nationale pour les cas graves, par exemple pour déclarer la guerre et pour les modifications importantes de territoire. La ratification de l'Assemblée ordinaire (*Skoupchtina*) suffit pour les traités qui grèvent le

Trésor, modifient les lois, ou portent atteinte à des droits publics ou privés des Serbes.

SECTION II

UNIONS D'ÉTATS

120. *1° Suède et Norwège.* La Norwège, réunie au Danemark de 1536 à 1814, fut rattachée à la Suède en 1814, à l'avénement de la dynastie de Bernadotte. Les deux pays ont chacun leurs lois, leur Constitution et leur Parlement, aussi quelques auteurs ont-ils voulu les considérer comme n'étant qu'en union personnelle. Cependant l'acte d'union des 31 juillet-6 août 1815, prévoit que, en cas de vacance du trône, les deux pays, s'ils ne peuvent tomber d'accord pour le choix d'un monarque, devront se rallier nécessairement sur le nom de l'un de ceux qui auront été élus, preuve que l'union doit toujours persister et est ainsi réelle et non simplement personnelle. Ces points n'ont pas été modifiés par la Constitution de 1865-1867 qui a établi en Suède des Assemblées remplaçant les anciens Etats généraux. Néanmoins les rapports sont aujourd'hui fort tendus entre les deux pays; un échec grave a été porté à leur union par le vote en faveur de la création de consulats distincts de ceux de la Suède pour la Norwège (19 juillet 1893), et on peut constater de fortes tendances séparatistes visant à la création d'une république norwégienne indépendante.

Le roi de Suède et Norwège reçoit et accrédite les ambassadeurs et conclut seul les traités d'alliance et de paix. Pour déclarer la guerre, il lui faut prendre l'avis de la régence de Norwège, puis convoquer les Conseils d'Etat des deux pays dont les membres donnent leur vote individuellement et sous leur responsabilité. Ce ne sont là d'ailleurs que de simples avis à demander; le roi prend ensuite le parti qu'il veut.

121. *2° Royaume britannique.* Par le fait de l'union incorporée qui existe depuis le commencement du siècle entre la Grande-Bretagne, l'Ecosse et l'Irlande, ce pays peut être considéré comme un Etat simple; cependant, l'autonomie très grande de certaines de ses possessions peut provoquer des divisions dans sa politique extérieure, comme l'ont montré les récents événements de Terre-Neuve (V. n° 109). Cette autonomie, déjà très grande pour le Canada depuis 1867, tend à s'accentuer par une organisation nouvelle en Australie (V. Rolin-Jœquemyns, *Le mouvement vers une constitution fédérale de l'Empire britannique*, R. D. I., 1892, p. 113).

Toute initiative diplomatique appartient au gouvernement britannique; le vote du Parlement, Chambre des Lords et Chambre des Communes, n'est nécessaire que pour les traités de commerce qui changent les tarifs de douane, créent des charges pour l'Etat ou ses sujets, ou qui enfin dérogent aux lois et coutumes en vigueur dans la Grande-Bretagne et ses dépendances. Lors de la cession de l'île d'Helgoland à l'Allemagne, le 1er juillet 1890, le Parlement a également déclaré son approbation nécessaire pour les changements de territoire.

122. 3° *Autriche-Hongrie.* Unis par le testament de Ferdinand Ier (1543), par le statut de Léopold Ier en 1703, la pragmatique sanction de Charles VI en 1734 et la loi pragmatique de François II en 1804, les deux pays faillirent être séparés à la suite de l'insurrection hongroise de 1848-1849. Le maintien de leur union fut cependant consacré quand l'insurrection eut été réprimée; mais la Constitution de 1867 établit le *dualisme* qui augmente leur indépendance respective. L'empereur d'Autriche est roi *apostolique* de Hongrie; le ministère commun aux deux pays comprend les *affaires étrangères,* les finances et la guerre; le Parlement de chacun, *Reichsrath* autrichien et *Diète hongroise,* nomme une délégation de 60 membres, un tiers pour la Chambre haute et deux tiers pour la Chambre basse de chaque Parlement; chaque délégation siège séparément, mais leur accord est nécessaire pour voter les lois générales de l'empire austro-hongrois. La constitution prévoit que les deux pays seront toujours réunis, ce qui implique l'union réelle et non pas seulement personnelle. — Les deux pays n'en font qu'un pour les traités de commerce et tous ceux relatifs à des questions économiques qui doivent être ratifiés par les deux Parlements.

En Autriche particulièrement, le Reichsrath (Chambre des députés et Chambre des seigneurs) doit approuver les traités de commerce, les traités politiques qui entraînent des charges pour l'Etat ou des obligations pour ses membres, ou des modifications de territoire pour les pays représentés au Reichsrath (Loi du 21 décembre 1876).

123. 4° Pour les Etats en union personnelle nous avons vu qu'ils avaient à peu près disparu à l'époque actuelle (V. n° 78, 1°).

SECTION III

ETATS FÉDÉRAUX

124. 1° La Suisse, reconnue comme Etat indépendant au traité de Westphalie en 1648, reçut une Constitution fédérale du Congrès de Vienne. En 1848 elle s'organisa sur des bases nouvelles, tout en restant un Etat fédéral dont l'autorité centrale a été augmentée par la Constitution du 29 mai 1874. Le pouvoir législatif appartient à la *Diète* composée du *Conseil national* élu au suffrage universel et du *Conseil des Etats* élu par l'assemblée du peuple à raison de deux députés par canton. Le pouvoir exécutif est confié à un *Conseil fédéral* de sept membres élus par la Diète, dont le président, renouvelé tous les ans, est le président de l'Etat fédéral. Un tribunal fédéral, siégeant à Lausanne, statue sur les conflits entre la Fédération et les cantons et sur les difficultés relatives à l'extradition.

Entre les divers cantons, les alliances et traités politiques sont interdits ; sont seules permises, sous l'approbation de l'autorité fédérale, les conventions relatives à la législation, à l'administration et au fonctionnement de la justice.

Dans les rapports avec les autres pays, le pouvoir fédéral peut seul déclarer la guerre pour sauvegarder la neutralité suisse, et passer les traités généraux, notamment ceux de commerce et de douanes. Les pouvoirs législatifs de l'autorité fédérale ont été très augmentés en 1874, par exemple pour la nationalité ; mais elle peut passer des traités même pour des points à l'égard desquels elle ne peut légiférer et pour lesquels, par conséquent, l'autonomie de chaque canton reste entière. Ce point a été établi lors de la convention du 30 juin 1864 avec la France pour la propriété littéraire et artistique.

Chaque canton ne peut conclure des conventions avec les autres puissances que pour des questions d'intérêt économique local, de rapports de voisinage ou de police, à la condition qu'elles n'aient rien de contraire au pacte fédéral.

Par sa position géographique, son caractère neutre et son esprit d'initiative, la Suisse est devenue le siège d'importantes institutions du Droit international : les unions pour les secours aux blessés, des postes, des télégraphes, de la propriété littéraire et artistique, de la propriété industrielle, etc.

125. 2° Les Etats-Unis, d'après la Constitution de 1781, formaient une Confédération où chaque Etat était indépendant au point de vue des relations extérieures comme au point de vue interne, et dans laquelle le gouvernement central n'avait ni finances, ni autorité. En 1787 ils sont devenus un Etat fédéral dans lequel chacun des Etats particuliers ne conserve que son autonomie interne, tandis que tous réunis ne forment qu'une seule personnalité dans les rapports avec les autres pays. La Cour suprême des Etats-Unis statue sur les conflits entre les divers Etats de l'Union et apprécie également, *au point de vue de l'Etat fédéral,* ceux qui s'élèvent entre celui-ci et les autres puissances.

La direction de la politique extérieure appartient au président des Etats-Unis, sous le contrôle du *Comité des affaires étrangères* qui est une émanation du Sénat.

Le Sénat doit aussi ratifier les nominations des *représentants diplomatiques* faites par le président, comme celles d'autres hauts fonctionnaires, tels que les ministres. Le *Congrès* siégeant à Washington, formé du Sénat et de la Chambre des représentants, doit ratifier les traités de commerce et tous ceux qui exigent l'ouverture d'un crédit ou modifient les lois existantes. Pour tous les autres, il faut une ratification votée par les deux tiers au moins du Sénat.

On retrouve une organisation à peu près semblable dans la Constitution argentine de 1853 réformée en 1860.

SECTION IV

CONFÉDÉRATIONS D'ÉTATS

126. Malgré la transformation qu'elle a subie récemment, la principale confédération, celle de l'Allemagne, doit être connue pour apprécier des faits considérables qui ont eu leur influence sur le Droit international de l'Europe.

Fondée au traité de Paris de 1814, organisée en 1815 et modifiée en 1820, la confédération comprit d'abord 29, puis 33 Etats de nationalité allemande, à l'exclusion des possessions italiennes et hongroises de l'Autriche et polonaises de la Prusse. Elle était administrée par la *Diète* siégeant à Francfort sur le Mein sous la présidence de l'Autriche ; la Diète dirigeait les relations extérieures des Etats confédérés, guerres, ambassades, traités, sauf le droit pour chacun de ces Etats de conserver son autonomie interne, et même la souveraineté extérieure pour tous les points qui n'étaient pas centralisés par le pacte de la confédération. Après la guerre de 1864, le Danemark fut exclu de la confédération par la perte des duchés qui l'y rattachaient et, après la guerre de 1866, l'Autriche n'en fit plus également partie. Alors se constitua la confédération de l'Allemagne du Nord avec les 22 Etats situés au nord du Mein, sous l'hégémonie de la Prusse. Enfin, le 18 juillet 1871, a été fondé l'Empire fédéral allemand composé de 22 Etats monarchiques, 3 républiques et un territoire dit d'Empire, l'Alsace-Lorraine.

D'après la Constitution de 1871, les relations extérieures sont centralisées par l'Empereur avec le concours du chancelier de l'Empire qui est responsable et qui préside le Conseil fédéral. Chaque Etat conserve son autonomie interne et même l'indépendance dans les relations extérieures, sauf pour les questions législatives et les intérêts internationaux que la Constitution confie à l'autorité centrale de la confédération. En fait, tous les Etats ont abdiqué la totalité de leur souveraineté externe ; seuls le Würtemberg et la Bavière ont des représentants à l'étranger.

Le Conseil fédéral *(Bundesrath)* comprend 58 délégués des Etats, dont 17 pour la Prusse ; il remplit les fonctions de Chambre haute ou Sénat pour voter les lois concurremment avec le *Reichstag* ou Chambre des Députés élus dans tout l'Empire ; de conseil de gouvernement dans les cas graves, par exemple pour déclarer la guerre sauf dans le cas où le territoire de la confédération est attaqué ; enfin de tribunal suprême pour trancher les conflits entre les Etats de l'Empire. Il contient un *Comité spécial des affaires étrangères* chargé de contrôler la politique extérieure du chancelier. Les traités sont conclus par l'Empereur, mais s'ils se réfèrent à des matières communes à tout l'Empire, par exemple à des questions de douanes, ils doivent être approuvés à la fois par le Conseil fédéral et par le Reichstag (art. 11 de la Constitution).

De ces détails il résulte que l'Empire fédéral allemand n'est pas un Etat fédéral vu l'hégémonie de droit et de fait de la Prusse, ce qui exclut l'égalité fondamentale des Etats en fédération ; ce n'est pas davantage une confédération, puisque la souveraineté externe des Etats qui le composent, au lieu d'être partiellement déléguée à l'autorité centrale est, en fait, totalement absorbée par elle : c'est un type mixte et tout spécial.

SECTION V

ETATS MI-SOUVERAINS

127. 1° L'Egypte, simple province turque, s'insurgea de 1831 à 1838 sous la conduite de son gouverneur Méhémet-Ali ; effrayées des succès de ce dernier, les puissances européennes le contraignirent à la paix, et la conférence de Londres en 1840, entre l'Angleterre, la Russie, l'Autriche et la Prusse, à laquelle la France adhéra en 1841, fixa ainsi la condition de ce pays : 1° autonomie interne sous un gouverneur administrant au nom du Sultan ; 2° paiement d'un tribut à la Turquie, acquitté aujourd'hui à la maison Rothschild, qui a converti, à cette condition, une partie de la dette turque (6 mars 1891) ; 3° l'armée et la flotte égyptiennes font de droit partie des forces turques ; 4° toutes les relations extérieures doivent avoir lieu par l'intermédiaire de la Turquie dont les traités s'appliquent à l'Egypte. Un firman du Sultan rendit le 8 juin 1867 le poste de Khédive ou souverain, remplaçant celui de *Vali* ou vice-roi, héréditaire dans la famille de Méhémet-Ali, et un autre de 1873 donna au gouvernement khédivial le droit de passer directement des traités de commerce et de contracter des emprunts. Malgré ces concessions, la suprématie de la Turquie s'est toujours affirmée en fait, comme elle existe en droit, notamment par la déposition d'Ismaïl Pacha (juin 1879) et son remplacement par Tefwik Pacha, ainsi que par le firman d'investiture donné récemment au fils de ce dernier.

Mais une insurrection du parti national égyptien, sous la direction du colonel Arabi-Pacha, provoquée par l'esprit de réaction contre l'influence européenne, fournit à l'Angleterre l'occasion d'occuper l'Egypte qu'elle détient et qu'elle administre en fait depuis le mois de septembre 1882. Cependant les décisions de la conférence de Londres de 1840 subsistent toujours et, en droit, l'occupation anglaise ne peut avoir qu'un caractère provisoire malgré tous les détours employés pour la rendre définitive. Subordonnée à la Turquie comme .Etat vassal et tributaire, l'Egypte est également soumise aux puissances européennes par la création des tribunaux mixtes dont nous parlerons plus tard (V. n° 361), et par le contrôle exercé sur ses finances pour assurer le paiement de sa dette publique aux porteurs européens. Depuis 1879, ce contrôle est exercé d'une manière prédominante par la France et l'Angleterre ; l'abstention de la France en 1882 en ce qui concerne l'action militaire en Egypte ainsi que l'occupation anglaise n'ont pas paralysé le droit de la France à ce point de vue, notre pays ayant garanti, avec les quatre autres grandes puissances, l'emprunt de 225 millions contracté par le gouvernement anglo-égyptien. (Conférence de Londres du 18 mars 1885 entre l'Angleterre, la France, l'Autriche, l'Allemagne et la Russie) (1).

128. 2° Le traité de Berlin du 13 juillet 1878 a créé plusieurs Etats mi-souverains. La Bulgarie est devenue autonome au point de vue interne ; elle choisit son souverain avec l'agrément du Sultan ; mais elle n'a pas de souveraineté externe, elle est liée par les traités de la Turquie dont elle supporte une partie de la dette et à qui elle paie un tribut. En fait, la Bulgarie tend à s'affranchir de ces liens en passant des traités sous la seule approbation de l'Assemblée bulgare.

La Bosnie et l'Herzégovine, investies d'une indépendance relative et placées sous l'administration de l'Autriche par le traité de Berlin, sont de fait à peu près annexées par celle-ci.

Le même traité a laissé la Roumélie orientale sous la domination turque, de telle sorte que les traités de la Turquie s'appliquent complètement à elle (art. 21), mais en lui donnant l'autonomie interne et une organisation spéciale, notamment au point de vue de la liberté du culte chrétien, sous la garantie des puissances signataires (art. 7, 15, 16). La réunion de la Roumélie orientale à la Bulgarie en 1885 (V. n° 217) n'a pas changé la condition de la première qui, au point de vue international, reste une province de la Turquie.

(1) V. G. Charmes, Rev. Bleue, 1883, I, p. 70 ; A. Leroy-Beaulieu, *Le contrôle anglo-français en Egypte*, Rev. des Deux-Mondes, 1 août 1882 ; Kauffmann, R. D. I., 1890, p. 556 et 1891, pp. 48, 144, 266.

Enfin le Monténégro, déclaré indépendant (art. 26), est placé sous le protectorat de l'Autriche qui y exerce la police maritime, ce pays ne pouvant pas avoir, d'après le traité de Berlin, d'armée navale; les consuls autrichiens sont chargés de protéger le commerce monténégrin à l'étranger.

129. 3° La Régence de Tunis, vassale en droit de la Turquie, était en fait indépendante depuis 1705. A la suite de l'expédition de 1881, ce pays est placé sous la protection de la France. Les traités dits du *Bardo,* des 12 mai et 11 juin 1881, établissent que toutes les relations extérieures de la Régence ont lieu par l'intermédiaire du résident général représentant la République française; la France a en même temps le droit d'occupation militaire et détient le ministère de la guerre. Elle détient également le contrôle financier depuis que, par l'emprunt de 1884 garanti par elle, elle a supprimé le contrôle de la commission internationale organisée en 1868 pour la conversion de la dette tunisienne. Cependant, si le bey de Tunis n'a plus le droit d'envoyer des représentants à l'étranger, c'est-à-dire la légation active, il a conservé la faculté d'en recevoir des autres pays, en d'autres termes le droit passif de légation, sauf à ne rien conclure sans l'approbation de la France. Enfin les capitulations (V. n° 360) ont été supprimées en Tunisie, les diverses puissances ayant accepté l'autorité des tribunaux français qui y ont été constitués.

130. 4° La République de Saint-Marin, indépendante depuis le v° siècle, jadis enclavée dans les Etats-Pontificaux et protégée par le Saint-Siège, est depuis 1862 placée sous le protectorat de l'Italie, tout en conservant son autonomie interne et sa souveraineté extérieure complète.

131. 5° La petite République d'Andorre dont l'origine, assez obscure, remonte, d'après la légende, à Charlemagne, et date plus probablement d'un compromis du 8 septembre 1278 entre l'évêché d'Urgel et les comtes de Foix auxquels la France a succédé, a été placée jusqu'en 1868 sous le protectorat de la France et de l'évêque espagnol d'Urgel; de 1868 à 1881 sous celui de la France seule et, depuis 1881, replacée sous celui des deux. Elle paie un tribut annuel de 960 francs à la France et de 841 francs à l'évêque d'Urgel; les deux protecteurs désignent deux *viguiers* qui ont pour mission d'y surveiller l'ordre et la police; depuis le décret du 3 juin 1882, la France a même un délégué permanent qui est le sous-préfet de Prades. L'action de la souveraineté française se fait sentir par l'application directe des lois criminelles de notre pays aux sujets français qui sont dans l'Andorre (Cass., 12 mai 1859, Sir., 59. 1. 975); l'extradition des criminels peut même y être exercée directement, sauf entente avec les autorités locales (V. décret du 27 mars 1806).

132. 6° Principauté de Monaco, protégée par l'Espagne jusqu'en 1641, par la France de cette date à 1792, incorporée à la France en 1793, placée sous le protectorat de la Sardaigne par le Congrès de Vienne en 1815, indépendante depuis 1861 avec diminution de Menton et Roquebrune cédées à la France le 2 février de cette année.

D'après la convention avec la France du 9 novembre 1865, la douane française s'exerce dans la principauté, et les prisons de notre pays reçoivent les individus qui y sont condamnés; de plus, le séjour de la principauté est interdit aux déserteurs français et aux individus expulsés de France, et la principauté peut réclamer que les individus expulsés par elle ne résident pas dans les Alpes-Maritimes.

133. 7° L'empire d'Annam est placé sous le protectorat de la France par le traité du 15 mars 1874 qui fut violé et remplacé par celui de Hué du 6 juin 1884. Le résident général français centralise et dirige toutes les relations extérieures du pays; l'Annam ne garde que sa souveraineté interne, sauf dans la province du Tonkin où les fonctionnaires indigènes sont directement subordonnés aux résidents spéciaux placés sous les ordres du résident général. Après avoir essayé d'écarter par les armes l'action de la France dans ce pays en invoquant ses prétendus droits anciens, la Chine a accepté les faits accomplis par le traité de Tien-Tsin du 9 juillet 1885. La France a le droit d'occupation militaire dans tout l'Annam comme au Tonkin; mais, tandis que ce dernier est complètement ouvert aux étrangers, le premier ne leur est accessible que sur certains points.

134. 8° Dans le royaume du Cambodge, le protectorat de la France a été établi par le traité du 11 août 1862, complété par celui du 17 juin 1884. Ce protectorat peut être considéré comme une véritable annexion, l'autorité du roi n'étant plus que nominale et la souveraineté interne aussi bien que les relations extérieures étant dans les mains du résident français.

135. 9° A Madagascar, d'après le traité de Tamatave du 17 décembre 1885, le résident français dirige toutes les relations extérieures; seul il peut donner l'*exequatur* aux consuls étrangers. Notre protectorat sur l'île a été reconnu par l'Angleterre dans le traité du 5 août 1890, en retour de la reconnaissance de son protectorat sur le sultanat de Zanzibar, et par l'Allemagne le 17 novembre 1890. La baie de Diego-Suarez et son territoire sont annexés et forment une partie intégrante du territoire français.

136. 10° Nous ne rappelons que pour mémoire les nombreux Etats mi-souverains de l'Afrique et de l'Océanie placés sous le protectorat des différentes puissances civilisées : leur condition sera fixée dans son ensemble quand nous étudierons le mode de constitution des protectorats d'après la conférence de Berlin de 1885.

SECTION VI

ÉTATS NEUTRES

137. Au point de vue de la capacité dans l'exercice de la souveraineté extérieure, les Etats placés en neutralité perpétuelle présentent des particularités importantes, à raison des restrictions apportées à leur initiative pour respecter leur caractère international.

§ I. *La neutralité perpétuelle et ses conséquences* (1).

138. L'Etat en neutralité perpétuelle est celui qui, à la suite d'un accord intervenu entre lui et d'autres puissances, a pris l'engagement de ne jamais faire de guerre offensive et qui obtient en retour, des Etats ayant reconnu sa situation résultant de cet engagement, la garantie collective ou individuelle que cette situation sera respectée par eux en s'abstenant de toute attaque contre le pays neutralisé, ou même qu'ils la défendront contre quiconque voudrait la compromettre.

La neutralité perpétuelle entraîne une restriction considérable de la souveraineté externe en privant du droit de déclarer des guerres offensives et en limitant l'initiative belliqueuse au seul cas de défense du territoire contre les agressions du dehors;

(1) Piccioni, *Essai sur la neutralité perpétuelle*, Paris, 1891.

mais cette restriction est compensée par les avantages que trouve l'Etat neutralisé dans l'assurance d'une garantie plus ou moins efficace que sa neutralité sera défendue si elle est violée.

Cette institution, qui ne date guère que de ce siècle, est inspirée par deux considérations d'intérêt politique. On veut, tout d'abord, sauvegarder les petits Etats contre les empiétements de leurs puissants voisins et maintenir ainsi l'équilibre entre les grands pays. Aussi la neutralité ne peut-elle sérieusement être établie que pour des souverainetés relativement peu importantes et offrant ainsi toute garantie qu'elles ne songeront jamais à entreprendre des guerres offensives. On désire, en second lieu, maintenir entre les grands Etats des territoires inviolables qui leur servent de barrières et évitent les chocs immédiats : c'est le système des Etats *tampons*, suivant l'expression de M. Thiers.

De plus, ces Etats neutres, à raison de la tranquillité dont ils jouissent, sont particulièrement désignés pour être le siège des unions internationales et des institutions propres à favoriser le fonctionnement des rapports entre les différents pays : c'est à ce titre que la Suisse et la Belgique sont le plus souvent choisies pour des œuvres semblables.

139. Effets de la neutralité perpétuelle. — Elle restreint la souveraineté des Etats en leur imposant des devoirs spéciaux dont les uns ont un caractère *négatif*, les autres *positif*.

Le devoir *négatif* principal de l'Etat neutralisé est de s'abstenir de tout acte d'hostilité, sauf dans le cas de légitime défense. Comme conséquence, il doit éviter tout acte de politique internationale pouvant le conduire directement ou indirectement à une guerre offensive. C'est ainsi qu'il ne peut garantir la neutralité d'un autre Etat ce qui l'amènerait à une guerre offensive pour défendre cette neutralité si elle était violée ; dans le traité du 11 mai 1867, on a reconnu que la Belgique, neutre elle-même, ne pouvait garantir la neutralité du Luxembourg. Cependant, la Belgique figure parmi les Etats qui, d'après la conférence de Berlin de 1885, garantissent la neutralité du Congo. Il est vrai que, d'après l'art. 10 de l'acte de la conférence, les puissances signataires s'engagent à respecter cette neutralité, mais non à la faire respecter ; néanmoins la Belgique, en sa qualité d'Etat neutre, ne pourra employer que la voie diplomatique et non les hostilités pour exiger le respect de la neutralité de ses possessions dans le Congo, la guerre ne lui étant permise que pour défendre la neutralité de son territoire métropolitain, d'après sa constitution organique au point de vue international.

De même l'Etat neutre ne peut contracter d'alliance offensive, ce qui est évident, ni défensive, car l'autre Etat allié solidariserait avec son sort celui de l'Etat neutre et acquerrait sur lui une influence excessive, contrairement au but de la neutralité qui est de sauvegarder l'équilibre des puissances dans leurs rapports avec l'Etat neutralisé.

L'alliance défensive avec un Etat, garant ou non de sa neutralité, n'est permise à un Etat neutre que pour sauvegarder sa neutralité menacée. Encore faut-il que l'attaque contre l'Etat neutre soit déjà prononcée, une alliance contractée en temps de paix, en prévision de la violation de la neutralité, pouvant compromettre la situation de l'Etat neutre ; car son allié exigerait toujours son aide dans le cas où il aurait besoin lui-même de secours et le pays neutre se trouverait ainsi entraîné à une guerre pour la défense d'autrui. On ne doit même pas permettre à l'Etat neutre de s'entendre avec les autres pour maintenir une paix générale : de pareils accords conduisent fatalement à la guerre pour réprimer les actes des pays qui compromettent la pacification que l'on veut établir.

Au contraire, la participation de l'Etat neutre à un acte international éminemment pacifique en lui-même et dans ses conséquences est absolument légitime ; on s'explique donc difficilement que le gouvernement belge ait invoqué sa neutralité pour ne pas prendre part officiellement à l'exposition de Paris en 1889 afin de régler sa conduite sur celle de pays garants de cette neutralité : agir ainsi, c'est transformer la garantie de la neutralité en contrôle et en protectorat des Etats garants ; peut-être même était-ce s'associer un peu trop à l'hostilité économique de certains Etats garants contre l'un d'eux et violer ainsi la neutralité sous prétexte de la respecter.

Etant donnée sa situation, il semble difficile à un pays neutre de s'annexer des territoires ou d'acquérir des colonies, même pacifiquement, à moins que les puissances garantes n'étendent la neutralité à ses nouvelles possessions. Comment, en effet, le pays neutre justifiera-t-il les guerres qu'il sera peut-être forcé d'entreprendre pour défendre ses acquisitions, du moment que la guerre ne lui est permise que pour la protection de son territoire neutralisé? A ce point de vue, le droit d'hypothèque que la Belgique s'est fait concéder sur le Congo pour garantie de ses avances est des plus discutables.

Une union douanière est encore impossible avec un Etat neutre, car elle solidariserait également les intérêts de celui-ci avec ceux d'autres pays, et l'entraînerait dans les mêmes luttes économiques, peut-être même plus tard dans les mêmes hostilités. C'est pour ce motif que M. Guizot dut renoncer en 1842, sur les observations de l'Angleterre, à conclure une union douanière avec la Belgique, et ce n'est que très exceptionnellement que le Luxembourg a été autorisé, malgré sa neutralité déclarée à la conférence de Londres en 1867, à continuer à faire partie du Zollverein allemand auquel il avait adhéré en 1842.

Mais l'Etat neutre peut conclure tous les traités qui ne sont pas contraires à son devoir de ne pas se solidariser avec les autres Etats pour les luttes dans lesquelles ils pourraient être engagés. C'est ainsi qu'il peut passer des conventions de commerce et de navigation, d'extradition, pour l'exécution des jugements, la protection des droits des particuliers, etc....

Au point de vue *positif*, l'Etat neutralisé a, non seulement le droit, mais même le devoir de défendre sa neutralité quand elle est attaquée ou seulement menacée, comme l'ont fait depuis 1870 la Belgique et la Suisse. Si cependant une condition de sa neutralité est qu'il n'aura pas d'armée et que ses fortifications seront rasées, comme cela a été prescrit pour le Luxembourg en 1867, il est exonéré de l'obligation de la défendre personnellement.

140. Sauvegarde de la neutralité. — Elle se manifeste par la *garantie* donnée par les puissances qui ont consacré la neutralité.

Cette garantie implique le devoir : 1° de *respecter* la neutralité ; 2° de la *défendre* contre tout autre pays qui voudrait la violer. Cette dernière forme de garantie doit intervenir d'office, sans que l'Etat neutre la réclame, et elle peut même avoir lieu malgré l'opposition de ce dernier, car la neutralité est un droit acquis pour les Etats garants, dans l'intérêt desquels elle est établie aussi bien que dans celui de l'Etat neutre lui-même.

Cette garantie peut être : 1° *pure et simple* ou *individuelle;* 2° ou bien *collective*.

Dans le premier cas, chaque garant peut et doit intervenir seul pour défendre la neutralité, ou, s'il le préfère, s'entendre avec ses cogarants.

Dans le second, tous les cogarants doivent chercher à se mettre préalablement d'accord. Un seul ne peut être contraint d'agir seul si les autres s'abstiennent; mais, en sens inverse, le refus systématique d'un ou de quelques-uns d'entre eux ne peut paralyser l'action des autres.

Si deux des garants sont en guerre, une autre puissance, garante aussi, peut s'entendre avec chacun pour empêcher l'autre de violer la neutralité. Ainsi, le 11 août 1870, l'Angleterre promit à la France son concours contre l'Allemagne, et un traité semblable fut conclu avec ce dernier pays, pour le cas où l'une des deux puissances aurait méconnu la neutralité de la Belgique.

Du reste, quoi qu'en disent certains auteurs, le respect d'une neutralité ne s'impose qu'aux Etats qui l'ont acceptée. Ici, comme ailleurs, les traités ne lient que les contractants, même quand, sous la forme d'un Congrès, ils ont réuni l'adhésion d'un grand nombre d'Etats. Décider le contraire, c'est ruiner le principe de la souveraineté des Etats qui se trouveraient ainsi soumis aux décisions de quelques grandes puissances. Seulement il arrive souvent que, sans adhésion formelle, d'autres Etats acceptent implicitement la neutralité consacrée par certains pays : il ne reste plus alors qu'à apprécier la valeur et la portée de cette acceptation tacite. C'est ainsi que la neutralité de la Belgique et de la Suisse fait partie du Droit public de l'Europe.

Si la neutralité est violée, soit qu'un des pays garants ne la respecte pas et que l'Etat neutre n'ait pas les moyens de l'arrêter, soit que l'Etat neutre lui-même le laisse user de son territoire dans ses opérations militaires, un autre pays garant peut-il se considérer comme dégagé de l'obligation de tenir compte de la neutralité? Certains auteurs se prononcent pour l'affirmative et cette manière de voir a été soutenue par M. de Bismark, dans sa note du 3 décembre 1870, au sujet des violations de la neutralité luxembourgeoise qu'il reprochait à la France. Mais le ministre d'Etat du Luxembourg, M. Servais, fit remarquer, avec raison, que l'obligation de respecter la neutralité est également contractée envers les autres pays cogarants et qu'elle doit être maintenue à leur égard, puisqu'on ne peut se prévaloir d'une violation du contrat de leur part. L'Angleterre et l'Autriche se rallièrent à cette opinion.

Cependant, les nécessités de la guerre peuvent rendre nécessaire la violation de la neutralité quand un des belligérants ne la respecte pas, afin de ne pas se laisser placer dans une infériorité stratégique trop grande, et qu'il y a urgence absolue. Mais encore faut-il que les empiétements de l'autre belligérant sur le territoire neutre soient tels qu'il faille nécessairement agir comme lui sous peine de compromettre le résultat des hostilités. Voilà pourquoi M. de Bismark n'a pas insisté en 1870, les violations du territoire luxembourgeois, s'il y en a eu, ayant été insignifiantes.

§ II. *Etats actuellement neutralisés* (1).

141. 1° La Suisse, officiellement indépendante depuis 1648, bénéficia en fait de l'inviolabilité, sauf une atteinte par les troupes autrichiennes en 1709 ; d'ailleurs, sans qu'il y eût garantie des puissances, ses divers cantons, dans leurs traités avec elles, réservaient leur neutralité, et on ne considérait pas comme contradictoires avec cette neutralité les *Capitulations militaires* ou conventions par lesquelles les cantons s'engageaient à fournir des troupes mercenaires.

De 1798 à la paix d'Amiens, la République française annexa la Suisse qui, redevenue libre, reçut de Napoléon, le 19 février 1803, une constitution connue sous le nom d'*Acte de médiation,* parce qu'elle avait pour but de mettre fin aux discussions qui avaient éclaté après le départ des troupes françaises. Placée en état de neutralité perpétuelle par le Congrès de Vienne le 20 mars 1815, la Suisse dut cependant s'unir aux alliés et laisser leurs troupes traverser son territoire après le retour de Napoléon Ier (Convention de Zurich du 20 mai 1815). Mais sa neutralité fut établie et garantie à nouveau dans l'acte de Paris

---

(1) Milovanowitch, *Des traités de garantie en Droit international,* p. 141 à 289 ; Bury, *La neutralité suisse,* R. D. I., 1870, p. 636 ; Arendt, *Essai sur la neutralité de la Belgique;* Faider, *La neutralité de la Belgique,* R. D. I., t. XVIII, p. 329 ; C. Messin, *La neutralité de la Belgique,* 1892 ; Payen, *La neutralisation de la Suisse,* Annales de l'école libre des sciences politiques, 1892, p. 619.

du 20 novembre 1815 par la France, la Russie, l'Autriche, la Prusse et l'Angleterre.

En retour de concessions territoriales en faveur de la Suisse, le roi de Sardaigne obtint que certaines parties de la Savoie, les provinces du Chablais et de Faucigny, seraient neutralisés, *sans lui enlever le droit de les fortifier suivant sa convenance* (art. 90 et 92 de l'acte final du Congrès de Vienne; art. 8 du traité du 20 mai 1815 et art. 3 du traité du 20 novembre 1815). Ces arrangéments, conclus uniquement entre les puissances et le roi de Sardaigne sur la demande de celui-ci et dans son intérêt, réservaient à la Suisse le droit d'établir des troupes sur ces territoires quand les troupes sardes se seraient retirées par la route du Valais, en cas de guerre entre les Etats voisins de la confédération helvétique. La Suisse les accepta par le traité de Turin du 14 mars 1816 avec la Sardaigne, art. 7. Quand le traité de Turin du 24 mars 1860 céda à la France la Savoie et l'arrondissement de Nice, l'art. 2 stipula que la France recevait les parties neutralisées de la Savoie dans les conditions où la Sardaigne les détenait elle-même et qu'elle aurait à s'entendre à ce sujet avec les puissances signataires du congrès de Vienne et la Suisse. Celle-ci, soutenue par l'Angleterre, a prétendu à maintes reprises, notamment dans sa circulaire du 18 juillet 1870, que la cession de ces territoires à la France est incompatible avec leur neutralité établie précisément pour combattre les invasions de la part des troupes françaises; que, de plus, cette neutralité ayant été déclarée dans l'intérêt de la Suisse, il appartenait à cette dernière d'occuper les territoires en question pour se protéger. Cette prétention semble bien peu justifiée en présence des actes diplomatiques énoncés plus haut, desquels il résulte que la neutralité d'une partie de la Savoie a été établie uniquement dans l'intérêt de la Sardaigne, par elle seule tout d'abord et que la Suisse n'a fait que l'adopter après coup. Si l'on avait eu en vue la protection de la Suisse, aurait-on visé une petite partie de ses frontières seulement, celle par laquelle elle n'a jamais été attaquée et qui appartenait à son voisin le moins redoutable, la Sardaigne? Celle-ci, seule intéressée à la neutralité des territoires cédés par elle en 1860, a pu disposer de la Savoie, seule, et sans le concours de la Suisse. Il résulte d'ailleurs des notes échangées entre les puissances, que la France détient ces territoires dans les conditions de neutralité où ils se trouvaient quand ils appartenaient à la Sardaigne (V. *Nouveau Recueil de Martens*, t. II, p. 379). Aussi ne peut-on accepter les réclamations de la Suisse, en 1870, 1883, 1887, au sujet des fortifications entreprises par la France dans les parties neutralisées de la Savoie : le droit réservé à ce pointde vue à la Sardaigne par l'art. 3 du traité du 30 mai 1814 et l'art. 90 de l'acte du Congrès de Vienne, est naturellement passé à la France par la cession de 1860.

142. 2° Sans se préoccuper du sentiment des populations et de l'hostilité traditionnelle entre les provinces belges et les Pays-Bas, le Congrès de Vienne, voulant surtout constituer une barrière sérieuse à l'expansion de la France vers le Nord, posa le principe de leur union qui fut consacrée par le traité du 31 mai 1815 entre le roi des Pays-Bas et les quatre grandes puissances alliées. A la suite de la Révolution de 1830 en France, la Belgique se déclara indépendante. Cette nouvelle situation fut acceptée dans le traité du 15 novembre 1831 entre l'Angleterre, l'Autriche, la France, la Prusse, la Russie et la Belgique; de plus, non pas tant dans l'intérêt de l'Etat nouveau, comme on l'avait fait en 1815 pour la Suisse, que pour éviter une annexion au profit de la France à laquelle l'opinion publique belge était très favorable, on le déclara neutre à perpétuité sous la garantie des mêmes puissances. Après l'intervention armée de la France, les résistances de la Hollande furent vaincues et l'état de choses nouveau fut confirmé par les traités du 19 avril 1839 entre la Hollande et les puissances signataires de l'acte du 15 novembre 1831, et entre la Hollande et la Belgique.

Comme la neutralité belge était surtout inspirée par la crainte de voir la Belgique s'unir à la France, on accepta facilement la proposition de démanteler les fortifications de ce pays dont la France eut l'initiative le 17 avril 1831. En conséquence, les quatre grandes puissances, en dehors de la France, passèrent avec la Belgique les traités du 15 novembre et 14 décembre 1831 pour fixer les places fortes à détruire. Mais, depuis 1870 surtout, la crainte de voir sa neutralité compromise a déterminé la Belgique à entreprendre des fortifications considérables de ses frontières : or, d'après le protocole militaire d'Aix-la-Chapelle du 15 novembre 1818, la Prusse avait le droit d'occuper en cas de guerre avec la France certaines places fortes, notam-

ment Hüy, Dinant et Namur; l'Angleterre avait un droit semblable pour Ypres, Ostende, etc...; ces dispositions furent confirmées par la Convention dite *des forteresses* du 14 décembre
1831 citée plus haut, ce qui détermina le roi Léopold Ier à
raser ces places de guerre pour rendre la convention inapplicable en fait. La reconstruction des fortifications de Namur
n'autoriserait-elle pas la Prusse à occuper cette ville en cas de
guerre? Nous ne croyons pas cette prétention sérieusement
soutenable, étant donné que la convention de 1831, qui est un
traité secret, est inopposable à la France qui a garanti la neutralité de la Belgique d'accord avec cette dernière, et que le
traité du 19 avril 1839, signé par la Prusse pour garantir cette
même neutralité, annihile la convention contradictoire de 1831.
D'ailleurs, en 1870, l'Allemagne a accepté l'accord offert par
l'Angleterre pour combattre les violations de la neutralité belge
au cas où elles auraient été commises par la France; de même
que l'Angleterre devait s'unir à celle-ci contre l'Allemagne si
cette dernière n'avait pas respecté l'inviolabilité du territoire
belge.

143. 3° Le traité de Vienne du 9 juin 1815 avait établi aussi
la neutralité de la ville de Cracovie, avec la garantie de l'Autriche, de la Prusse et de la Russie.

En 1846, l'Autriche a annexé cette ville sans que les autres
cogarants aient protesté; la France, l'Angleterre et la Suède se
contentèrent de quelques réserves diplomatiques pour la sauvegarde du principe de garantie.

144. 4° Le grand-duché de Luxembourg, placé en état
d'union personnelle avec les Pays-Bas par le traité du 31 mai
1815, art. 3, entre la Hollande et les quatre puissances alliées,
faisait en même temps partie de la Confédération germanique,
la Prusse tenant garnison dans la forteresse de Luxembourg
concurremment avec le roi des Pays-Bas, en vertu du traité
conclu par ces deux pays le 8 novembre 1816. Quand la Prusse,
le 14 juin 1866, eut considéré la Confédération comme dissoute,
on agita la question de l'annexion du grand-duché à la France,
annexion que la Prusse favorisait en apparence pour en faire
ensuite un prétexte de guerre contre notre pays. La diplomatie
française put reculer à temps et une conférence des Etats signataires du traité du 19 avril 1839 relatif aux rapports de la Bel-

gique, des Pays-Bas et du Luxembourg, plus l'Italie, fut convoquée à Londres le 7 mai 1867 pour régler la condition du grand-duché. Elle aboutit au traité du 11 mai 1867 qui maintint l'union personnelle avec les Pays-Bas et plaça en état de neutralité perpétuelle le Luxembourg, avec la garantie *collective* des puissances signataires, sauf la Belgique neutre elle-même. On maintint la participation du grand-duché au Zollverein auquel il avait adhéré en 1842 ; la forteresse de Luxembourg devait être rasée et les troupes étaient réduites aux forces nécessaires pour le service de la police. On sait que, en 1890, l'union personnelle avec la Hollande a cessé et que le Luxembourg est gouverné par le duc de Nassau (V. n° 78, 1°).

La garantie de la neutralité luxembourgeoise, notamment à l'occasion des plaintes émises par l'Allemagne au sujet des prétendues violations du territoire luxembourgeois commises par la France en 1870, a donné lieu à d'intéressants débats. La Prusse ayant exigé, en 1867, la garantie *collective,* le gouvernement anglais, par la bouche de lord Stanley, à la Chambre des communes, déclara qu'elle n'entraînait *qu'un engagement d'honneur* pour les puissances de s'entendre pour sauvegarder la neutralité, mais qu'elle n'impliquait aucune obligation stricte pour chacun des cogarants de la faire respecter. Lord Derby, père de lord Stanley, dit même à la Chambre des lords, le 20 mai 1867, que la garantie n'était effective que si tous les cogarants étaient d'accord pour la fournir et que l'abstention d'un seul dégageait les autres, l'unanimité, condition essentielle de la garantie collective, faisant défaut. Cette étrange théorie provoqua de vives protestations ; lord Russell répondit que la garantie était prise surtout contre les attaques éventuelles de l'un des cogarants, dont chacun était tenu de défendre la neutralité même contre tous les autres. En 1871, lord Stanley, devenu lord Derby, renouvela à la Chambre des communes sa théorie de 1867. Mais le Conseil d'Etat du Luxembourg la répudia énergiquement dans son avis du 9 janvier 1871, en faisant ressortir, avec raison, que si la résistance de l'un des cogarants devait paralyser l'effet de la garantie, celle-ci n'était plus qu'un vain mot et que même on affaiblissait la portée de la garantie en la déclarant collective, alors qu'en lui donnant ce caractère on avait l'intention évidente de la rendre plus efficace (Servais, *Le Luxembourg et le traité de 1867*).

Les subtilités invoquées dans ce débat, subtilités qualifiées de *chicanes* par M. de Bismarck le 24 septembre 1887, montrent combien les garanties les plus solennelles d'une neutralité sont à la merci de l'intérêt politique des Etats garants, ce qui faisait dire à Frédéric II : « Toutes les garanties sont comme des ouvrages de filigrane, plus propres à satisfaire les yeux qu'à être de quelque utilité ». Mais le même monarque ajoutait : « Les garanties sur le papier sont de faibles moyens de défense ; cependant on aurait tort de les négliger, car elles fournissent au moins à ceux qui veulent faire leur devoir et remplir leurs engagements un *moyen légal* d'agir, lorsque les circonstances les y appellent ». Ajoutons que l'influence de l'opinion publique, tous les jours plus efficace dans les rapports internationaux, détermine de plus en plus les Etats à respecter leurs engagements de garantie, par suite de la réprobation, parfois menaçante pour l'avenir, qu'elle attache aux violations de la foi promise.

145. 5° Les Iles Ionniennes, organisées en Etat indépendant placé sous le protectorat de l'Angleterre en 1815, furent déclarées neutres à perpétuité, mais sans garantie de défendre leur neutralité et avec le seul engagement de la respecter, par l'Angleterre, l'Autriche, la France, la Prusse et la Russie, dans le traité du 14 novembre 1863. La même convention stipule la démolition des fortifications de Corfou et de ses dépendances. Quand l'Angleterre eut cédé cet archipel au royaume de Grèce, le traité du 29 mars 1864, entre l'Angleterre, la France, la Russie et la Grèce, confirma purement et simplement les termes de la neutralité établie en 1863.

146. 6° Le bassin du Congo a été placé dans une situation toute spéciale au point de vue de la neutralité par l'acte final de la conférence de Berlin du 26 février 1885 (chap. III, art 10, 11 et 12).

1° La neutralité n'est pas imposée aux puissances signataires de l'acte pour les territoires qu'elles possèdent ou acquerront dans le bassin du Congo ; mais chacune à la *faculté* de les déclarer neutres, auquel cas les autres s'engagent à respecter cette neutralité.

2° L'engagement de respecter les neutralités déclarées n'implique pas l'obligation de les *garantir* en cas de violation.

3° Les neutralités qui seront déclarées n'ont pas le caractère de perpétuité ; elles ne durent qu'aussi longtemps que les puissances intéressées qui les ont notifiées jugent à propos de les maintenir.

4° En cas de conflit au sujet des territoires qu'elle possède ou possédera dans le bassin du Congo, chacune des puissances signataires s'engage à recourir à la *médiation* d'une ou de plusieurs des autres puissances amies, sans d'ailleurs se soumettre par avance aux décisions des puissances médiatrices.

La neutralité formelle et perpétuelle qui avait été demandée par les Etats-Unis fut écartée, pour ne pas priver les Etats intéressés de la prérogative de la guerre offensive, peut-être longtemps nécessaire encore dans ces régions exposées aux attaques des peuples barbares.

SECTION VII

CONDITION DE LA PAPAUTÉ AU POINT DE VUE INTERNATIONAL (1).

147. La situation du Saint-Siège dans les rapports internationaux présente quelque chose de tout à fait exceptionnel, et l'anomalie de cette situation au point de vue des principes ordinaires du Droit international ne peut s'expliquer que par l'influence toujours persistante d'une tradition dont l'histoire seule peut nous permettre de nous rendre compte. Pendant des siècles, jusqu'en 1870, le Pape a été à la fois un souverain temporel et le chef spirituel de l'Eglise catholique ; puisant dans la première qualité l'autorité nécessaire pour agir au point de vue international, il s'en est surtout servi pour assurer son influence comme chef de la catholicité, de telle sorte que, pendant fort longtemps, c'est moins le chef d'Etat que le Souverain Pontife qui est intervenu dans les rapports avec les différentes puissances, catholiques ou non. Aussi, tandis que les questions d'organisation religieuse et de relations du pouvoir

(1) V. Article de M. Rolin Jæquemyns, R. D. I., t. V, p. 300 ; de M. Nys, *id.,* 1878, p. 501 ; Heffter et Geffcken, *loc. cit.,* §§ 40 et 41 ; Bluntschli, *De la responsabilité et de l'irresponsabilité du Pape dans le droit international,* trad. Rivier ; Bompard, *La papauté en droit international,* 1888.

civil dans les divers pays avec le Saint-Siège auraient dû relever exclusivement du droit public et des lois constitutionnelles
de chaque Etat, il est arrivé qu'elles ont été réglées avec le
Pape, même considéré comme chef de l'Eglise catholique, au
même titre que des questions de Droit international, à raison
de la confusion naturelle qui s'opérait entre le Souverain
Pontife et le monarque indépendant de Rome et de son territoire. Le pouvoir temporel des Papes a pu disparaître en 1870,
l'influence de la tradition n'en a pas moins persisté, et, en fait
sinon en droit, les relations avec le Saint-Siège, au point de
vue exclusivement religieux, le seul qui subsiste aujourd'hui,
sont toujours considérées comme des relations internationales.

Pour expliquer cette situation complexe et anormale, nous
dirons ce qu'a été le pouvoir temporel des Papes, puis leur
autorité spirituelle ; nous indiquerons ensuite la condition
actuelle du Saint-Siège depuis la disparition de sa souveraineté
territoriale.

§ Ier. *Pouvoir temporel des Papes.*

148. Souverains de Rome et d'un territoire qui a été plus ou
moins étendu suivant les époques, en vertu des concessions de
certains princes et surtout de Pépin et de Charlemagne, les
Papes devaient être considérés comme des monarques ordinaires dont les rapports avec les autres souverainetés étaient régis
par les règles du Droit international. A ce titre, les Papes passaient des traités, faisaient la guerre, recevaient et envoyaient
des agents diplomatiques, comme tout autre gouvernement.
Cependant, l'Eglise a toujours répudié cette manière de voir ;
elle n'a jamais cessé de considérer les Etats Pontificaux comme
un *domaine* qui lui avait été donné *par un dessein particulier
de la Providence* pour assurer l'indépendance du Saint-Siège,
et qui, par conséquent, devait être *inaliénable*, protégé contre
toute usurpation par la force matérielle dont le Saint-Siège peut
disposer (Syllabus, Proposition XXIV) et par l'arme spirituelle
de l'excommunication. Cette inaliénabilité était jurée par les
Papes et les cardinaux, notamment d'après la bulle d'Innocent
XII du 23 juin 1692, faite pour prémunir autant contre les abus
de concessions accordées sous l'influence du népotisme que

contre les cessions de territoire au bénéfice de puissances étrangères.

Les autres Etats ne pouvaient accepter cette théorie mystique si contraire aux principes rationnels du Droit international. Il importait peu que les actes de l'Eglise défendissent de céder une part des Etats pontificaux; c'est là une règle constitutionnelle que, dans beaucoup de pays, le monarque doit jurer d'observer, comme le faisaient les anciens rois de France à leur sacre et l'empereur d'après l'article 53 de la Constitution de 1804. Pareil serment ne lie que vis-à-vis du pays dont la Constitution l'impose et est sans influence à l'égard des Etats étrangers qui peuvent toujours s'augmenter au préjudice du territoire de ce pays d'après les termes d'un traité, comme par tous les autres moyens sanctionnés par le Droit international. D'autre part, on ne pouvait pas voir dans les Etats pontificaux une *propriété* de l'Eglise, envisagée comme collectivité religieuse formée par les fidèles répandus dans le monde, propriété confiée au Pape et administrée souverainement par lui. Au point de vue du Droit, on était placé en face du dilemme suivant : ou l'Eglise n'est qu'une association, et alors elle n'a qu'une propriété privée qui doit être reconnue par la loi des différents pays et qui est subordonnée à l'autorité des pays sur le territoire desquels cette propriété est située; ou elle veut jouer un rôle international, et alors elle doit satisfaire aux conditions requises pour être un Etat, c'est-à-dire avoir un territoire déterminé, siège de sa population, ce qui n'a pas lieu pour les catholiques répartis en une foule d'Etats et soumis à leur gouvernement comme nationaux de ces Etats. D'ailleurs, même comme Etat, l'Eglise n'aurait pu invoquer qu'un droit de souveraineté et non de propriété sur son territoire, suivant la théorie juste et rationnelle qui triomphe aujourd'hui contre les traditions de la Féodalité (V. n° 385). Les Etats pontificaux ne pouvaient donc être traités que comme un Etat ordinaire, soumis aux mêmes vicissitudes et régis par les mêmes règles de Droit international.

149. Mais la théorie de l'Eglise en ce qui concerne le caractère *domanial* des Etats-Pontificaux conduisait à cette conséquence que les Puissances catholiques devaient toutes intervenir, à l'occasion, pour empêcher tout changement intérieur ou extérieur qui aurait pu compromettre la souveraineté absolue des

Papes conforme à la doctrine orthodoxe. De là l'impossibilité pour les sujets du Pape de modifier leur constitution politique suivant le droit inéluctable des populations ; de là un principe d'intervention diamétralement opposé à la théorie générale du respect de l'initiative des peuples dans leur organisation intérieure (V. n. 199), théorie que le Syllabus a condamnée avec énergie (propos. LXII). Pour justifier cette intervention à un point de vue juridique et politique, on a fait ressortir *l'intérêt* qu'a une Puissance catholique à ne pas permettre qu'une autre accapare exclusivement à son profit une influence morale aussi considérable que celle de la Papauté ; comme si un intérêt était une raison suffisante pour intervenir dans les relations extérieures ou les affaires intérieures des autres Etats, sans qu'on ait à se plaindre de la violation d'un *droit*. On a invoqué encore l'obligation pour un gouvernement de sauvegarder la puissance temporelle des Papes afin de donner à la conscience de ses sujets catholiques la légitime satisfaction qu'elle réclame. Mais il ne s'agit là que d'une question religieuse, absolument en dehors de l'action légale et politique, et à l'égard de laquelle le gouvernement, tenu seulement de respecter les consciences, n'a aucune initiative à prendre pour remplir un rôle actif, en mettant sa puissance au service d'aspirations d'un caractère confessionnel. La souveraineté, organe du Droit, doit avant tout ne pas le violer en paralysant la faculté, consacrée par le Droit lui-même, pour toute population de changer comme elle l'entend son régime politique ; les habitants des Etats-Pontificaux ne pouvaient pas être la matière inerte, malléable à merci pour la satisfaction de la conscience des catholiques. C'est cependant sous l'influence de ces idées que les Etats-Pontificaux ont été le théâtre de nombre d'interventions à l'époque contemporaine.

150. Après la conquête des Etats-Pontificaux par les armées de la République en 1796, la captivité de Pie VI en 1799, le rétablissement du Saint-Siège en 1800, l'usurpation de Napoléon Ier et la mise en captivité de Pie VII sous l'étrange prétexte de le mieux protéger, en réalité pour confisquer au profit de l'œuvre impériale l'influence de la Papauté, le Congrès de Vienne reconstitua le pouvoir temporel. — A la suite de la révolution de 1830, le Saint-Siège invoquant la théorie d'intervention obligatoire pour les Etats catholiques que nous avons indiquée plus haut,

demanda la protection de l'Autriche contre le mouvement révolutionnaire. A l'occupation des Etats-Pontificaux par les armées
autrichiennes, la France répondit par celle d'Ancône destinée à
paralyser l'effet de la première et qui dura de 1832 à 1838. En
1849 ce fut la France républicaine qui, conjointement avec
l'Espagne, l'Autriche et les Deux-Siciles, par une étrange contradiction et en opposition avec le principe contenu dans l'art. 5
du préambule de la Constitution de 1848, prit l'initiative d'une
intervention armée pour étouffer la République romaine et rétablir Pie IX sur son trône. De 1849 à 1870, un corps de troupes
françaises occupa Rome, au milieu de mille difficultés soulevées
par la situation équivoque que donnaient à la France la garde
des Etats-Pontificaux et le secours qu'elle accordait à l'Italie
pour obtenir son unité dont le complément inévitable était la
prise de possession de Rome. La convention ambiguë du 15 septembre 1864 entre la France et l'Italie ne put faire cesser l'ancienne équivoque; cette convention ne fut d'ailleurs exécutée de
part ni d'autre : la France, qui devait retirer ses troupes, les rem-
plaça par un corps français, la légion d'Antibes; l'Italie qui avait
promis de respecter les Etats-Pontificaux et qui, comme garantie
de sa promesse, avait transféré sa capitale de Turin à Florence,
profita du retrait de nos troupes en 1870 pour s'emparer de
Rome le 20 septembre 1870 et pour en faire sa capitale. Un
vote des populations confirma ce fait accompli, déjà prévu
depuis longtemps et voulu par elles; la chute du pouvoir temporel ne provoqua aucune protestation dans la diplomatie européenne.

§ II. *Souveraineté spirituelle du Saint-Siège.*

151. Nous avons déjà vu que, dès le début du moyen-âge,
le Saint-Siège affirma un droit de suprématie absolue sur les
Puissances catholiques soit dans des proclamations officielles
maintes fois renouvelées, notamment depuis les Décrétales
Venerabilem, Solitæ et *Novit ille* d'Innocent III (1200 à 1204)
jusqu'à la bulle *in Cœnâ Domini* de 1370 (V. n° 17), soit par
une intervention de fait dans les affaires extérieures ou intérieures de ces Etats, intervention qui allait jusqu'à la rupture
des traités conclus, la défense de faire la guerre, l'attribution

des territoires contestés, la déposition des souverains, le contrôle des actes administratifs et législatifs.

Pour exercer sa mission de contrôle auprès des souverainetés étrangères, l'Eglise a des mandataires spéciaux dont on a fait remonter l'origine aux *apocrisiarii* ou *responsales* envoyés depuis Constantin auprès des empereurs de Constantinople (V. *contrà,* Bompard, *loc. cit.,* p. 10). Ces mandataires sont divisés suivant une hiérarchie qui subsiste encore pour les envoyés du Saint-Siège et que, pour cela, nous devons préciser.

1° Les envoyés sans mission politique et uniquement chargés d'un rôle honorifique, tels que les *ablégats* qui doivent remettre le chapeau cardinalice.

2° Les envoyés ayant, au contraire, une mission politique et d'affaires, les *nuntii et judices,* qui comprennent plusieurs degrés, dans l'ordre suivant :

a) Les *legati à latere,* cardinaux détachés du côté du Pape (*latus*) et ayant droit aux plus grands honneurs ; — b) Les *legati missi* qui ont le même caractère que les précédents et qui n'en diffèrent que parce qu'ils ne sont pas cardinaux ; quand leur mission est permanente on les qualifie de *Nuncii* ou *Nonces;* — c) Au-dessous des nonces sont placés les *internonces.* — Le titre de *Legatus natus* est attaché à certains évêchés et, depuis le xv° siècle, est purement honorifique.

Tous ces envoyés n'avaient pas le caractère d'agents diplomatiques; leur mission n'était pas, en effet, de représenter le gouvernement du Saint-Siège auprès des souverainetés étrangères, mais d'édicter et de faire exécuter dans les divers Etats les ordres émanant du Pape comme chef spirituel de la catholicité. Cette suprématie exercée par l'Eglise fut d'abord une grande ressource, la justice et l'humanité relatives de son pouvoir servant de protection aux particuliers contre les abus des pouvoirs séculiers encore barbares qu'elle maintenait sous sa tutelle. Mais, comme il était naturel, cette suprématie religieuse ne tarda pas à confondre le domaine du droit avec celui de la religion, à méconnaître la légitime indépendance du pouvoir temporel, et ainsi à opprimer les consciences tout en froissant les gouvernements, ce qui devait aboutir à une résistance combinée des classes laïques les plus éclairées et des souverains. En même temps, l'Eglise ne maintenait le concert international qu'entre les peuples catholiques, apportant ainsi au développement rationnel du Droit international un obstacle qu'on a mis des siècles à renverser (V. n° 17).

152. Aussi vit-on se manifester, timide d'abord, puis plus énergique et parfois même violente, une politique des monarques tendant à considérer le Saint-Siège comme un souverain étranger. Sans traiter avec lui sur un pied d'égalité qui aurait paru inconvenante d'après les idées religieuses de l'époque, tout en lui rendant des honneurs qui reconnaissaient sa suprématie, tels que le baise-main et la tenue de l'étrier, on prit à son égard l'attitude politique ordinaire avec un Etat étranger, notamment au point de vue du refus de toute ingérence de sa part dans la souveraineté des autres pays. De là la défense aux agents du Pape de communiquer directement avec le clergé sans le contrôle du gouvernement et de s'immiscer dans des actes de juridiction. Le clergé national s'associe souvent lui-même à cette politique d'indépendance, comme le montre la fameuse Déclaration du clergé français en 1682. De tout cela résultait la nécessité de passer des traités avec le Saint-Siège pour régler ses rapports avec le pouvoir temporel dans les questions d'organisation religieuse : ces traités sont les *Concordats* qui, quoique ayant un objet ne touchant en rien aux relations internationales et passés avec le Pape considéré seulement comme chef spirituel, ont toujours été envisagés comme des conventions entre souverainetés, parce qu'ils étaient conclus avec le Souverain Pontife regardé comme monarque étranger.

153. Bien que l'Eglise n'ait en rien abdiqué, au point de vue des principes, le rôle de suprématie et de contrôle spirituel sur les pouvoirs temporels qu'elle s'était donné au moyen-âge, les nécessités des circonstances lui ont imposé un langage plus atténué et des concessions de fait considérables, généralement accompagnées d'ailleurs de protestations. Au point de vue de la pratique actuelle des rapports des Puissances avec le Saint-Siège, nous n'avons qu'à relever les traits caractéristiques de la situation qui est faite à ce dernier en tant que chef spirituel de la catholicité.

154. 1° Le Pape est considéré comme un *souverain;* dans leurs rapports avec lui, les chefs d'Etats catholiques lui reconnaissent comme un droit la prééminence qui se manifeste par

des honneurs particuliers. Les Etats non catholiques la lui attribuent généralement par déférence. L'ambassade d'*obédience*
exigée par les papes des souverains catholiques à leur avènement a disparu depuis longtemps : la dernière est celle de
Louis XIII à Urbain VIII en 1633. Ainsi regardé comme souverain, le Pape est une personnalité du Droit international.
La personnalité du Saint-Siège a été affirmée, au sujet du legs
Plessis-Bellière, par le tribunal de Montdidier, le 4 février 1892
(V. n° 186).

155. 2° Comme souverain en tant que chef spirituel, le Pape
a le droit de légation actif et passif, c'est-à-dire d'envoyer et de
recevoir des représentants diplomatiques.

Les agents du pape dont nous connaissons la hiérarchie (V.
n° 151) sont placés dans la première catégorie des agents diplomatiques s'ils sont légats ou nonces, et dans la seconde s'ils
sont internonces (Règlement de Vienne du 19 mars 1815; V.
n° 220).

Le règlement de Vienne précité maintient l'ancien usage qui
donne aux nonces le pas sur tous les agents diplomatiques et le
droit de les présider, c'est-à-dire de parler en leur nom collectif.

Le point important à retenir c'est que, aujourd'hui, dans tous
les pays, les envoyés du Saint-Siège sont assimilés aux agents
diplomatiques et dépourvus de toute faculté d'immixtion dans les
affaires du pays où ils remplissent leurs fonctions. On peut donc
les agréer ou les écarter; ils doivent s'abstenir de toute communication directe avec le clergé local et de tout acte de blâme
contraire à la correction diplomatique.

De son côté, le Pape reçoit, comme chef de l'Eglise, des
représentants des Etats étrangers accrédités auprès de lui, au
Vatican, et absolument distincts de ceux que les mêmes Etats
envoient auprès du roi d'Italie.

Les cardinaux peuvent être ministres plénipotentiaires auprès
du Pape, mais non ambassadeurs. Un ancien usage réserverait
le droit d'envoyer des *ambassadeurs* auprès du Saint-Siège à la
France, à l'Autriche et au Portugal; en fait l'Espagne en a un
ainsi que ces Puissances; les autres n'ont que des agents diplomatiques inférieurs.

156. 3° Enfin, comme chef spirituel, le Pape considéré en
qualité de souverain passe avec les Puissances des traités ayant

pour objet les rapports du pouvoir temporel avec le Saint-Siège dans les questions religieuses : ce sont les *Concordats*.

Depuis le concordat de 1122 entre l'empereur d'Allemagne Henri V et le pape Calixte II, qui mit fin à la fameuse querelle de l'investiture des évêques, nombre de conventions semblables ont été conclues ; celles qui intéressent la France sont : le Concordat de 1516 entre François Ier et Léon X ; le Concordat de 1801 entre Napoléon Ier et Pie VII qui subsiste encore. Deux autres concordats de 1813 et 1817 n'ont jamais reçu d'exécution. Avec les pays protestants, le Pape ne passe pas de concordats ; mais il rend des *Bulles de circonscription*, ainsi nommées parce qu'elles ont pour prétexte la délimitation des diocèses. Ces bulles sont généralement promulguées en vertu de certains engagements pris par les Etats auxquels elles s'appliquent et prennent ainsi le caractère d'un véritable contrat : ainsi la bulle pour le Hanôvre du 26 mars 1824 consacre l'engagement pris par le roi d'Angleterre et Hanôvre, Georges IV, de permettre à l'Eglise de percevoir des dîmes.

Sans entrer dans le détail des avantages réciproquement accordés par les Etats contractants et le Saint-Siège qui forment les dispositions mêmes des Concordats et qui varient suivant les cas, il faut retenir que des conventions de cette nature ne démunissent en rien le pouvoir de chaque pays du droit de régler à sa guise la police du culte, pourvu qu'il respecte les stipulations consenties synallagmatiquement dans le Concordat. Souvent, il est vrai, ces règlements sont tels que le Saint-Siège ne les aurait pas acceptés s'ils avaient été soumis à son adhésion ; mais comme, au fond, la matière même des concordats, c'est-à-dire les rapports du service du culte et du pouvoir séculier, sont du domaine exclusif du droit public interne de chaque pays, que c'est seulement par une concession inspirée par des considérations d'intérêt politique et d'apaisement religieux qu'elles sont traitées par un accord avec le Saint-Siège, il s'ensuit que le gouvernement de chaque Etat reprend sa liberté d'action normale pour tous les points qu'il ne s'est pas engagé à régler d'une certaine façon dans le Concordat. Aussi n'y a-t-il à tenir aucun compte des protestations du Saint-Siège contre les règlements et les lois relatifs aux questions religieuses, tant que ces lois et règlements ne violent pas les termes du Concordat, telles que celles que présenta le cardinal Caprara à M. de Talleyrand, le 18 août 1803, contre les *Articles organiques* qui complétaient les dispositions du Concordat de 1801 relativement à la situation de l'Eglise en France.

157. Mais, malgré l'apparence que leur donne la manière dont ils sont conclus, ces traités sont-ils de véritables traités internationaux ?

La plupart des auteurs se prononcent pour la négative et ne voient dans les concordats que des actes publics dont nous aurons à préciser la véritable nature.

158. Les concordats ne peuvent être des traités à raison : 1° des personnes entre lesquelles ils interviennent ; 2° de leur objet.

Ils sont en effet conclus par les Etats et le Saint-Siège qui n'est investi de la qualité de souverain qu'en vertu d'une concession gracieuse nullement justifiée au point de vue du Droit international. Ce dernier droit ne reconnaît comme souverains que les groupes d'hommes satisfaisant aux conditions requises pour former un Etat ; or, en tant que chef spirituel, le Pape ne pourrait que prétendre qu'il est le représentant de l'Eglise catholique formant un Etat par le groupement des fidèles : mais à ce prétendu Etat il manquerait une chose essentielle, le territoire distinct et indépendant, sans parler de son objectif purement religieux que le Pape poursuivrait exclusivement et qui est étranger au Droit international. L'Eglise n'est pas un Etat ; le Pape, son chef, ne peut être un souverain au même titre que les chefs des Etats ; donc il ne peut conclure des traités qui sont, par essence, des conventions entre souverains reconnus par le Droit international (V. n° 58 ; Comp. P. Fiore, *Droit int. codifié,* art. 34, note ; Chrétien, *loc. cit.,* p. 74).

D'autre part, l'objet des traités est de régler les rapports qui s'établissent entre des Etats placés sur un pied d'égalité juridique et indépendants les uns vis-à-vis des autres. Dans les concordats on règle au contraire l'immixtion de l'Eglise dans les affaires intérieures de l'autre Etat contractant ; de telle sorte que l'objet de ces conventions, complètement étranger aux relations extérieures, consiste uniquement dans l'organisation d'un service public fonctionnant dans l'intérieur même de l'Etat et relevant en principe, sauf les concessions que l'on est obligé de faire a l'autorité morale du Saint-Siège, de la souveraineté interne de cet Etat.

D'ailleurs, comment apprécier la validité d'un concordat d'après les règles du Droit international, comme on apprécie celle d'un traité? Le Droit est incompétent dans les questions de dogme et de discipline ecclésiastique qui ne sont pas de son domaine. Enfin, en cas d'inexécution d'un concordat, le Pape n'aurait que l'arme spirituelle de l'excommunication qui échappe à l'appréciation du Droit; tandis que l'Etat contractant serait lui-même dépourvu de toute sanction, le Saint-Siège étant inattaquable comme souverain, faute d'armée et de territoire.

159. L'intérêt de la question de savoir si les concordats sont des traités consistera d'abord en ce que, si ce sont des traités, on n'y mettra fin qu'en les dénonçant; tandis que, si ce ne sont que de simples lois, un vote du pouvoir législatif peut les abroger. Mais ce n'est guère là qu'une question de forme, le vote des Chambres devant obtenir le même résultat, qu'elles abrogent le concordat ou qu'elles invitent le gouvernement à le dénoncer. Cependant il n'est pas douteux que la situation de souverain reconnue en fait au Souverain Pontife et le caractère synallagmatique des conventions conclues avec lui commandent de ne mettre fin aux concordats que par une dénonciation régulière, comme pour les traités internationaux.

Mais le grand intérêt de notre question apparaît surtout en ce que la violation d'un concordat, quelque critique qu'on puisse lui adresser au point de vue moral ou politique, sera indifférente au point de vue du Droit international; il ne s'agit en effet, en pareil cas, que d'un manquement à ses engagements de la part d'un Etat dans une question purement interne et, par conséquent, d'un acte qui ne le place pas en dehors de l'observation du Droit international proprement dit. Les autres Etats n'ont pas à se considérer comme menacés au point de vue des traités qu'ils ont conclus avec ce même pays; la violation d'un concordat peut les laisser aussi indifférents à cet égard et aussi tranquilles au sujet des conventions passées avec eux, que les actes de politique intérieure plus ou moins critiquables accomplis par l'Etat avec lequel ils ont noué des rapports contractuels.

160. Les concordats sont considérés par l'Eglise comme des concessions gracieuses de sa part, des *indults* par lesquels le

Saint-Siège consent à limiter son droit de contrôle et de juridiction suprêmes dans le gouvernement des Etats au point de vue de l'intérêt de la religion. Cette théorie théologique étant écartée pour les raisons indiquées plus haut (V n° 151), et les concordats n'étant pas d'ailleurs de véritables traités internationaux, il faut les considérer *comme des actes publics de la souveraineté interne établis d'accord avec le Saint-Siège fictivement considéré comme une souveraineté internationale, afin de ménager, dans un intérêt politique, sa grande influence morale, soit sur les populations catholiques du pays qui passe le concordat, soit sur les gouvernements des autres pays.* Au premier point de vue, les concordats sont des actes complètement étrangers au Droit international ; au second, ils sont des actes de *politique extérieure* et non de Droit international, l'absence de souveraineté juridiquement établie du Saint-Siège ne permettant pas de les assimiler à des traités qui sont des contrats entre deux souverainetés égales et indépendantes.

161. Du caractère des concordats il résulte qu'ils se rattachent intimement à la Constitution des pays qui les ont conclus en tant qu'ils règlent les rapports de l'autorité laïque et du clergé. Aussi les Etats, maîtres de leur Constitution, sont toujours en droit de dénoncer les concordats incompatibles avec les changements constitutionnels introduits chez eux. On voit effectivement les modifications dans le régime constitutionnel entraîner souvent des changements à ce point de vue. En définitive, la souveraineté *interne* règle la question religieuse par un accord avec le Saint-Siège représentant de l'Eglise en tant qu'elle a des ressortissants sur le territoire de l'Etat ; quand cette souveraineté interne obéit à des principes nouveaux, elle est amenée légitimement à mettre l'organisation religieuse d'accord avec eux.

Le caractère constitutionnel des concordats conduit à décider, au point de vue du Droit international, que les territoires annexés ne continuent plus à être régis par les concordats conclus par l'Etat démembré et sont soumis, en ce qui concerne les questions confessionnelles, au régime constitutionnel de l'Etat annexant. Il faut traiter les concordats comme les conventions d'un caractère politique qui sont passées en vue de la situation particulière des Etats contractants (V. n° 94). C'est ce qui a été reconnu pour la Lombardie séparée de l'Autriche en 1859, et pour l'Alsace-Lorraine incorporée à l'Allemagne par la chancellerie impériale en 1873.

§ 3. *Condition du Saint Siège d'après la loi italienne des garanties.*

162. A l'exemple de Napoléon quand il occupait les Etats-Pontificaux, l'Italie s'est préoccupée d'assurer l'indépendance matérielle et morale du Pape après l'occupation de Rome en 1870. C'est l'objet de la loi dite *des garanties* du 13 mai 1871.

A la différence de certains projets présentés aux puissances en 1861, 1868 et le 29 août 1870, cette loi n'a aucun caractère international; elle a été votée par le Parlement italien en dehors de tout accord avec les autres Etats. Elle n'est pas davantage le résultat d'une entente avec le Saint-Siège qui en a répudié toutes les dispositions, comme il proteste contre l'occupation de ses Etats (Encyclique du 15 mai 1871). Cette loi n'a même pas le caractère constitutionnel en Italie; un simple vote du Parlement italien peut la modifier ou l'abroger.

Ce document traite dans sa seconde partie des rapports de l'Eglise d'Italie avec l'Etat, par conséquent d'une question de Droit public interne étrangère au Droit international. Dans la première, il règle les garanties des privilèges du Saint-Siège; nous allons les résumer en tant qu'elles intéressent les rapports du Pape avec les Puissances.

Le caractère général des dispositions de cette loi, à ce point de vue, c'est qu'elles n'attribuent au Pape aucune *souveraineté* personnelle, ce qui lui enlève le droit de conclure des traités d'alliance, ni aucune *souveraineté territoriale,* certains édifices (art. 5) lui étant seulement attribués *en jouissance,* ce qui le prive de tout droit de juridiction. On ne lui accorde que quelques prérogatives et honneurs généralement reconnus aux souverains.

163. Voici le détail de ces honneurs et prérogatives.

1º Indépendance absolue du Pape pour l'exercice de sa mission spirituelle (art. 8 et 10); faculté de libre communication avec tout le monde catholique (art. 12). On accorde même une dotation au Saint-Siège qui l'a toujours refusée.

2º L'inviolabilité, c'est-à-dire l'exemption de la juridiction

italienne. Mais cette immunité personnelle n'empêche pas les
créanciers du Pape d'assigner ceux qui ont la charge de gérer
son patrimoine devant les tribunaux de l'Italie. La jurisprudence
italienne s'est prononcée en ce sens, en 1882, au sujet d'une
action intentée contre le Pape en la personne du cardinal secrétaire d'Etat et du majordome de Sa Sainteté. Léon XIII a, il est
vrai, le 25 mai 1882, organisé dans l'intérieur du Vatican des
tribunaux chargés de statuer sur les conflits entre les adminis-
trations ecclésiastiques ou entre elles et leurs employés; mais
l'Italie méconnaît tout droit de souveraineté territoriale au Saint-
Siège et, par conséquent, la faculté de créer des juridictions
particulières. — On a objecté que le Pape devait être à l'abri de
toute action en justice en vertu de la fiction d'exterritorialité
qui doit bien le couvrir puisqu'elle s'applique aux agents diplomatiques étrangers accrédités auprès de lui, et qu'il serait
bizarre qu'il n'eût pas une faveur accordée aux ambassadeurs
qu'il reçoit. Mais il faut remarquer que ces agents diplomatiques
relèvent au moins de la juridiction du pays qui les envoie, tandis
que, le Pape n'ayant pas le pouvoir d'organiser des juridictions
faute de souveraineté territoriale, il serait impossible à ses créanciers de se faire payer s'ils ne pouvaient s'adresser aux tribunaux italiens (*La juridiction du Vatican,* par E. Brusa, R. D.
I., 1883, p. 113).

3° Le Pape est spécialement protégé, à l'instar d'un souverain,
contre les attentats, les injures et les offenses.

4° Il a droit à des honneurs particuliers; il peut, notamment,
avoir une garde armée qui ne doit pas prendre les proportions
d'une force militaire.

5° Les locaux occupés par le Pape, par un conclave ou un
concile œcuménique, échappent à toute action de l'autorité italienne, à moins de réquisition du Pape, du conclave ou du
concile.

6° Les agents diplomatiques étrangers envoyés auprès du
Pape sont couverts par les immunités ordinaires du Droit international (V. n° 233 et suiv.). Quoi qu'on en ait dit, l'Italie a
fait, à ce point de vue, sous l'influence de considérations politiques, une concession à laquelle elle n'était pas *juridiquement*
tenue. Même en acceptant la souveraineté spirituelle du Saint-
Siège, elle n'avait pas à assimiler aux agents diplomatiques

accrédités auprès de son gouvernement ceux qui se trouvent sur *son territoire* et qui sont accrédités auprès du Pape; elle ne leur devait que ces égards de courtoisie que les Etats accordent généralement aux ambassadeurs près d'une autre Puissance qui traversent leur territoire (V. n° 252). Aussi faut-il en conclure que l'Italie peut librement écarter cette concession ou la soumettre à telle condition qu'elle voudra, par exemple que les envoyés auprès du Pape seront exclusivement chargés des affaires spirituelles intéressant le pays qu'ils représentent.

Quant aux envoyés du Saint-Siège, l'art. 11 de la loi des Garanties les assimile aux agents diplomatiques d'un souverain étranger et les entoure des égards d'usage quand ils traversent le territoire italien pour l'exercice de leur mission. Mais, en dehors de ce cas, et en tant qu'ils résident en Italie, ces agents relèvent comme des citoyens ordinaires de la juridiction des tribunaux locaux.

164. La situation faite au Saint-Siège depuis 1870 a soulevé la question de savoir si l'Italie n'est pas responsable des agissements du Pape vis-à-vis des autres Etats, comme elle le serait pour tout citoyen qui, sur son territoire, attenterait aux droits ou aux intérêts des autres pays, sans qu'elle fît rien pour l'en empêcher. C'est en vertu de cette idée que M. de Bismarck voulut s'en prendre au gouvernement italien des anathèmes lancés par Pie IX contre la politique du *Kulturkampf*.

Comme il ne peut être question, de la part du Saint-Siège dans la condition où il se trouve aujourd'hui, d'attaques matérielles contre les autres Etats pour lesquelles on pourrait demander à l'Italie son intervention afin de les arrêter sur son territoire, la question ne se pose qu'en ce qui concerne les critiques, les excitations émanant du Pape, et le préjudice moral qui peut en provenir pour les autres pays. La nature de ces attaques, pour la répression desquelles le pouvoir italien est également incompétent et impuissant, commande de décider que chaque Etat doit se défendre à sa guise, par exemple en interdisant la publication chez lui des actes du Saint-Siège ou en enlevant au clergé hostile les avantages qu'il lui a concédés. L'Italie ne peut être accusée d'encourager ces attaques en ne les réprimant pas, puisqu'elle n'a fait que maintenir, avec l'accord tacite des autres Puissances, l'indépendance du Pape au point de vue spirituel, et que les Etats confirment encore cette situation en traitant avec le Saint-Siège comme Souveraineté indépendante dans les questions religieuses, et en lui reconnaissant le droit de légation actif et passif. Il serait étrange que le royaume d'Italie vît se retourner contre lui une concession qu'il a faite à l'usage traditionnel des Etats dans leurs rapports avec le Saint-Siège, après avoir étendu sa souveraineté dans tous les Etats-Pontificaux.

LIVRE II

DROITS ET DEVOIRS INTERNATIONAUX DES ETATS

---

165. On distingue les droits *absolus* des Etats et les droits *relatifs :* les premiers sont essentiels à l'existence de l'Etat et dérivent de sa notion même ; les seconds peuvent varier à l'infini comme nombre et comme objet parce qu'ils proviennent des relations particulières qui peuvent s'établir entre les Etats, notamment des traités qu'ils ont conclus.

Tous les droits des Etats, de quelque nature qu'ils soient, ont pour corrélatifs des *devoirs* auxquels s'applique une distinction correspondante. Les devoirs *absolus* consistent toujours dans le respect des droits de même nature des Etats ; leur caractère est donc éminemment *négatif* et ils se réduisent à l'abstention de tout acte attentatoire aux droits généraux des autres pays. Les devoirs *relatifs* peuvent comporter aussi bien l'accomplissement d'un fait positif qu'une simple abstention ; ils résultent des engagements pris par un Etat dans un traité ou des obligations venant d'un fait qui entraîne une responsabilité de cet Etat vis-à-vis d'un ou de plusieurs autres.

Nous traiterons des droits et devoirs relatifs des Etats en parlant de leurs relations d'obligations, contractuelles ou non (V. livre VI). Il ne nous reste donc à envisager que les droits absolus avec les devoirs corrélatifs consistant à les respecter.

166. Les droits absolus des Etats sont : 1° la souveraineté interne et externe ; 2° l'égalité ; 3° le droit de conservation ou de défense ; 4° de commerce mutuel ; 5° de respect mutuel de leur personnalité ; 6° de représentation.

On ajoute souvent : le droit d'être propriétaire ; mais ce n'est là qu'une conséquence de la personnalité reconnue aux Etats qui entraîne pour eux la faculté d'invoquer les droits des personnes juridiques, notamment le droit de propriété.

Parmi les droits absolus des Etats, il en est deux, la souveraineté et la personnalité juridique, qui constituent leurs élé-

ments mêmes et dont, pour cela, nous avons déjà signalé la
nature et la portée en donnant la notion de l'Etat (V. nᵒˢ 72, 73).
Il ne nous restera à les étudier qu'au point de vue du respect
qui leur est dû et des devoirs qu'ils entraînent, comme au point
de vue des restrictions qu'ils subissent dans les rapports internationaux.

CHAPITRE PREMIER

DE L'ÉGALITÉ DES ÉTATS

167. Egalité de droit et inégalité de fait des Etats. —
Constitués par la réunion des mêmes éléments, d'une nature
intrinsèque absolument identique, pouvant par conséquent invoquer tous au même titre le droit à l'existence et aux facultés
juridiques qui en proviennent, les Etats sont égaux au point de
vue du Droit international et du respect de leur personnalité,
comme des devoirs qui leur incombent dans leurs rapports avec
les autres Etats. Cette égalité n'est autre que celle que la raison
révèle et que la conscience commande de reconnaître chez les
hommes au point de vue du droit, malgré les innombrables
inégalités de fait, naturelles ou acquises, qui existent entre eux.
Ajoutons que, sans ce principe, les rapports internationaux d'un
caractère juridique qui supposent que les Etats agissent dans
une indépendance complète et sur un pied d'égalité absolue
quant aux droits à faire valoir et aux devoirs à respecter,
deviendraient impossibles.

Mais cette égalité au point de vue du droit ne saurait effacer
les inégalités si profondes qui séparent les Etats quant à la
richesse, au territoire, à la population, à la puissance militaire
ou intellectuelle, à l'influence, etc. On distingue ordinairement,
à cet égard, les *grandes Puissances* et les *Puissances secondaires ;* mais toute tentative pour établir une hiérarchie arrêtée
des Etats a échoué : en 1815, le Congrès de Vienne ne put
organiser qu'une hiérarchie des agents diplomatiques, sans
réussir à classer les Etats d'après leur importance ; enfin la
prééminence que s'étaient arrogée les cinq grandes Puissances
à la suite du Congrès d'Aix-la-Chapelle en 1818, en formant la
Pentarchie, a été détruite depuis la Révolution de 1830. Cependant, en fait, il est d'usage de qualifier de grandes Puissances

les cinq qui formaient la *Pentarchie*, Allemagne, Angleterre, Autriche-Hongrie, France et Russie, auxquelles s'est joint le royaume d'Italie. C'est généralement l'accord de ces six Etats *(Hexarchie)* qui règle les questions d'intérêt général pour l'Europe; par exemple au Congrès de Londres en 1867 et à celui de Berlin en 1878; car, pour l'ensemble du monde, il faudrait tenir compte d'une souveraineté aussi importante, les Etats-Unis d'Amérique. L'Espagne, passée au rang de puissance secondaire au traité de Paris de 1763, n'a pu obtenir depuis, malgré ses efforts, de participer au concert des grandes Puissances. Du reste, ce ne sont là que des combinaisons politiques étrangères au droit international, sans influence sur le principe de l'égalité des Etats, et que les événements modifient sans cesse. Ainsi aujourd'hui la triple alliance entre l'Allemagne, l'Autriche et l'Italie d'une part; le rapprochement entre la France et la Russie de l'autre; l'attitude neutre ou expectante de l'Angleterre divisent les grandes Puissances et paralysent l'effet que leur union pourrait produire.

168. Conséquences de l'inégalité de fait des Etats. — Dans les rapports internationaux, l'inégalité de fait des Etats se révèle par les titres qu'ils s'attribuent ou qu'on leur reconnaît.

Nous avons déjà vu que les Etats se donnent les titres qu'ils veulent, en vertu même de leur souveraineté, mais que les autres ont une liberté absolue pour les leur reconnaître ou les leur dénier dans leurs rapports avec eux (V. n° 73) : ainsi l'électeur Frédéric Ier se proclama roi de Prusse en 1701 et ne fut reconnu comme tel par le Pape qu'en 1786 et par l'ordre Teutonique qu'en 1792; au contraire, le roi de Prusse a été proclamé empereur d'Allemagne le 18 janvier 1871, et la reine d'Angleterre impératrice des Indes le 28 avril 1876, sans aucune protestation, d'autant mieux que le titre impérial, contrairement à ce qui avait lieu au temps du Saint-Empire Romain, ne donne plus aucune prééminence sur les royaumes et autres souverainetés du premier rang.

169. Les titres les plus usités sont les suivants : Pour le Pape, Sainteté, Très-Saint Père, Souverain Pontife (depuis le IIIe siècle), enfin Pape (depuis le Ve siècle); lui-même se qualifie de *Servus servorum Dei*. Le titre de Majesté, réservé d'abord à l'empereur d'Allemagne, s'applique depuis le xv⁰ siècle à tous les rois. Le Sultan est qualifié de Majesté, Hautesse, Empereur des croyants, Sublime Porte; les ducs et princes régnants d'Altesses sérénissimes et, en Allemagne, de Hautesses; les républiques, appelées jadis sérénissimes, comme celles de Gênes et de Venise, sont aujourd'hui simplement désignées par leur nom.

170. Les différences de titres se manifestent dans l'étiquette des rapports internationaux. Nous ne dirons que quelques mots de cette matière *peu juridique* suivant l'expression de Heffter, mais qui, comme le dit de Flassan, l'historien de la diplomatie française, est formée de *graves riens* dont l'importance grandit avec la susceptibilité des gouvernements toujours en éveil, et qui a trop souvent été la raison ou le prétexte de conflits et même de guerres (1).

Les Etats se partagent en ceux qui ont les *honneurs royaux* et ceux qui ne les ont pas. Les premiers portent le titre royal, les armes et la couronne royales; ils s'envoient réciproquement, au moins d'ordinaire (V. n° 225), des agents diplomatiques de premier rang, c'est-à-dire des ambassadeurs; enfin leurs chefs monarchiques se qualifient de *frères* dans leurs rapports directs. Ce sont les Etats dont les souverains sont empereurs, rois, grands-ducs et le Pape, même depuis la chute de son pouvoir temporel en 1870, enfin les grandes Républiques.

Le changement de constitution d'un pays ne modifie pas les honneurs auxquels il a droit; la France républicaine conserve les honneurs royaux qu'avait la France monarchique. Mais ces honneurs doivent être attribués à un souverain prenant un titre qui lui donne ce droit : tel est le cas des princes de Roumanie et de Serbie, jadis vassaux de la Turquie, proclamés rois après le traité de Berlin de 1878 qui avait consacré leur indépendance.

Les Etats à honneurs royaux ont la *préséance,* c'est-à-dire la priorité de rang par rapport à ceux des Etats qui n'ont pas droit à ces honneurs, pour le pas dans les cérémonies et pour l'ordre de signature des actes diplomatiques tels que les traités. Malgré la décision du Congrès de Vienne qui voulait leur donner un rang inférieur à celui des royaumes, les grandes Républiques sont traitées comme les Etats à honneurs royaux.

(1) V. pour les détails : Heffter, *loc. cit.,* pp. 463 et suiv.; Pradier-Fodéré, *Cours de Droit diplomatique,* t. I, ch. III et IV.

Entre Etats à honneurs royaux ou, d'une façon générale, de même rang, la difficulté de préséance a été jadis très délicate, souvent soulevée, et a donné lieu à de graves conflits, comme celui qui éclata à Londres sous Louis XIV entre l'ambassadeur de France et celui d'Espagne. On la résout aujourd'hui soit en suivant l'ordre alphabétique, soit par l'*alternat*, c'est-à-dire en faisant signer le premier successivement, dans chaque exemplaire de l'acte diplomatique, chacun des représentants des Etats. Bien que la pratique de l'*alternat* soit surtout employée par les Etats à honneurs royaux dans leurs rapports réciproques, il y a cependant quelquefois des exceptions (V. Heffter et Geffcken, *loc. cit.*, p. 68, note 4).

Les Etats mi-souverains prennent rang après les autres, et les Etats protégés habituellement après l'Etat protecteur, sans que cela implique aucune infériorité pour eux vis-à-vis des autres Etats.

Les Etats catholiques accordent toujours la préséance au représentant du Pape (V. nᵒˢ 154 et 155); les événements de 1870 n'ont pas modifié sur ce point le règlement du Congrès de Vienne qui confirme cet ancien usage, car l'honneur dont il s'agit est accordé au Pape comme chef spirituel et non comme souverain temporel. Les Etats non catholiques, s'ils tolèrent cette préséance, ne le font que par pure déférence.

171. Egalité des Etats dans le cérémonial maritime (1). —Les anciennes prétentions de certains Etats à la souveraineté des mers en général ou de quelques-unes de leurs parties, surtout de l'Angleterre, avaient entraîné une autre prétention absolument contraire à l'égalité des Etats dans leurs rapports réciproques; c'était celle d'exiger des navires des autres puissances le premier salut et même dans des formes humiliantes, par exemple en abaissant le pavillon. L'énergique protestation de la France et des autres Etats contre de semblables prétentions, depuis le XVIIᵉ et surtout le XVIIIᵉ siècle (V. nᵒ 410), les ont complètement écartées. C'est sur un pied d'égalité parfaite que se règle actuellement le cérémonial maritime qui, ne se rattachant au Droit international que par son principe et ren-

---

(1) Ortolan, *Diplomatie de la mer*, t. I, 394 et suiv.; de Cussy, *Droit maritime intern.*, t. I, 2, § 61; Heffter, *loc. cit.*, § 197; de Martens, *Guide diplomatique*

trant plutôt dans la courtoisie internationale (V. n° 50, c), ne doit retenir notre attention qu'au point de vue des usages principaux de la pratique moderne. Ces usages peuvent se résumer dans les dispositions suivantes.

1° Tous les Etats sont égaux au point de vue du cérémonial maritime ; aucun d'eux n'est subordonné aux autres en ce qui concerne la priorité ou la forme des saluts à échanger.

2° Entre navires marchands, le salut est une simple politesse absolument facultative.

3° A moins de stipulation contraire dans les traités, il en est de même entre les navires de guerre ; le défaut de salut n'est qu'un manque de courtoisie qui ne saurait justifier une demande en réparation. Cependant il est d'usage que les bâtiments portant le pavillon amiral exigent le salut de tous les navires des puissances amies.

4° Entre deux navires ou deux escadres, le commandant le moins élevé en grade envoie le premier salut qui lui est rendu coup de canon pour coup de canon. Le navire isolé salue le premier l'escadre qu'il rencontre.

5° Les navires de guerre portant des souverains ou des membres de la famille régnante ou des ambassadeurs sont salués les premiers.

6° Les navires de guerre arrivant dans le port d'un pays étranger saluent les premiers ; il leur est répondu de terre coup pour coup. S'ils portent des souverains ou des ambassadeurs on les salue d'abord de la terre (Règlement du 20 mai 1885, art. 829, 832, 833).

7° En général, les navires étrangers s'associent aux fêtes nationales du port étranger où ils se trouvent, sauf quand les réjouissances publiques sont de nature à offenser leurs sentiments nationaux, par exemple quand elles ont pour cause l'anniversaire d'une victoire remportée contre leur pays.

8° Dans les cérémonies publiques à terre, la préséance des officiers étrangers se règle d'après le grade ; à grade égal, d'après l'ordre d'arrivée au mouillage. On suit la même règle pour les visites entre officiers étrangers se trouvant ensemble dans le port d'une tierce puissance.

9° Pour l'ordre des pavillons dans le pavoisement des navires, chaque pays a ses règles. En France, le décret du 15 août 1851 ne permet d'arborer que le pavillon national; mais celui du 20 mai 1868 autorise les commandants à suivre les usages locaux sans jamais placer au même mât les pavillons français et étrangers. Un autre décret de la même date règle le mode des saluts maritimes. Ces dispositions sont confirmées par le règlement du 20 mai 1885, art. 834.

En juillet 1877 les Etats maritimes se sont mis d'accord pour ne rendre coup pour coup que les saluts au pavillon national à l'entrée dans un port étranger et aux officiers ayant le droit d'arborer le pavillon.

CHAPITRE II

DROIT DE CONSERVATION OU DE DÉFENSE

SECTION I

NOTIONS GÉNÉRALES

172. Les Etats, comme les particuliers, ont le droit primordial de sauvegarder contre les atteintes dont elle pourrait être victime la personnalité naturelle et juridique qui leur appartient. Ce droit se manifeste par un grand nombre de procédés qui peuvent se partager en deux catégories suivant leur caractère préventif ou répressif.

173. I. Comme moyens *préventifs* de la conservation des Etats, on peut surtout signaler : les armements et les mesures de défense militaire en temps de paix ; les traités d'alliance ou de subsides avec des puissances amies en prévision d'une attaque ; l'expulsion des nationaux étrangers dont la présence sur le territoire est réputée dangereuse (V. no 347) ; les obstacles et limitations apportés à l'accès de certains étrangers dans le territoire. Citons également la défense faite aux nationaux de se rendre à l'étranger quand leur départ peut être une cause de danger, notamment par le concours qu'ils peuvent donner à l'ennemi, ce qui était le cas des émigrés pendant la Révolution.

Mais la prohibition générale et absolue d'émigrer, soit pour éviter tout commerce avec l'étranger, soit pour mettre obstacle à la dépopulation du pays, constitue une atteinte grave à la liberté individuelle et est aujourd'hui condamnée (V. n° 340).

174. II. Les moyens *répressifs* de conservation peuvent aussi beaucoup varier. Ils se résument dans les hostilités déclarées; dans des mesures de violence destinées à répondre à celles dont on a été victime et qui prennent le caractère de *rétorsions* ou de *représailles* (V. nos 490 et suiv.); enfin dans l'application aux étrangers, sur le territoire, des lois générales de police ou de sûreté, comme les lois pénales, ou de mesures spéciales de sauvegarde contre eux, comme l'internement de ceux qui se sont réfugiés dans le pays (V. n° 351).

175. Limitation du droit de défense. — Dans toutes les mesures de conservation qu'il juge à propos de prendre, un Etat doit s'abstenir de violer les devoirs que le Droit international lui impose vis-à-vis des autres pays. Ainsi, en bannissant des nationaux coupables de droit commun, il attente au droit des autres Etats de ne pas conserver sur leur territoire des individus que leurs antécédents peuvent faire réputer dangereux. Il en est différemment des condamnés politiques dont la culpabilité toute relative peut ne pas mettre en éveil les craintes des gouvernements étrangers.

De même un Etat ne doit pas, sous prétexte d'assurer sa sécurité, violer les engagements qu'il a contractés envers les autres pays, par exemple refuser l'accès de son territoire aux nationaux étrangers auxquels le libre séjour a été garanti par une convention avec leur gouvernement. Ainsi l'Allemagne violait l'article 11 du traité de Francfort qui assure la condition de la nation la plus favorisée aux nationaux respectifs des deux Etats pour l'*admission* et le *traitement* sur leur territoire, en exigeant des Français seulement des formalités rigoureuses et des passeports pour l'entrée en Alsace-Lorraine (V. E. Clunet, *La question des passeports en Alsace-Lorraine;* Rolin Jæquemyns, R. D. I., t. XX, p. 615; Jean Heimweh, *Le régime des passeports en Alsace-Lorraine,* 1890). Pareille question se pose aux Etats-Unis qui sont particulièrement rigoureux pour l'admission des étrangers au point de vue des conditions de fortune, d'état mental et de moralité (V. *Journal Clunet,* 1890, p. 156; 1891, p. 1055; 1892, pp. 402 et 565). Un traité du 17 nov. 1880 avec la Chine permet aux Etats-Unis de limiter ou suspendre l'immigration chinoise sans la prohiber complètement; une loi du 6 mai 1882 la suspendit pour dix ans et une autre du

1ᵉʳ octobre 1888 l'a interdite en fait, abrogeant ainsi le traité de 1880 (V. J.-B. Moore, *Les Etats-Unis fermés aux Chinois, Journal Clunet,* 1892, p. 388). Dans tous les cas, l'expulsion en masse des nationaux d'un pays est une mesure des plus graves qui précède généralement la déclaration des hostilités.

Enfin, un Etat ne doit pas faire, sans motif sérieux, des préparatifs militaires menaçants. Il est d'usage de demander des explications au sujet des armements ou des concentrations de troupes pouvant inquiéter les Etats voisins et d'exiger une réponse satisfaisante donnant des garanties que la paix ne sera pas violée.

SECTION II

DE L'ÉQUILIBRE EUROPÉEN

176. A l'exercice du droit de conservation et de défense des Etats se rattache intimement la théorie de l'équilibre des Puissances qui joue un si grand rôle dans la politique internationale. On entend, en effet, par théorie de l'équilibre, cette idée générale d'après laquelle les Etats ont le droit d'arrêter les accroissements excessifs de la puissance d'un Etat, lorsque ces accroissements sont de nature à mettre en danger la sécurité des autres et à préparer une situation telle que, si l'on n'y met pas obstacle, ces derniers seront livrés à la merci de l'ambition conquérante ou de l'influence envahissante de celui qui aura démesurément grandi. L'équilibre dont il s'agit constitue donc un moyen préventif de la conservation des Etats, en vue d'un danger éventuel mais très probable qui les menace.

177. L'idée de l'équilibre est tellement naturelle qu'elle a dû vraisemblablement se produire dès le début de la politique internationale, sous la forme d'une coalition des Etats menacés contre les progrès inquiétants de l'un d'eux. Ainsi voyons-nous, dans l'antiquité, les Grecs s'unir contre la puissance grandissante de Philippe de Macédoine, et Hiéron, tyran de Syracuse, s'allier à Carthage sans autre but que de faire échec à Rome dont les conquêtes lui faisaient présager un danger pour lui. C'est ainsi encore que toute prédominance d'un Etat a été, dans le cours de l'histoire, combattue, même à titre de menace éventuelle, par des alliances souvent peu en harmonie avec la politique générale des Etats et qui n'avaient d'autre base qu'un danger commun pressenti : telles furent celle de Francois Ier avec la Turquie contre Charles-Quint, et celle d'Elisabeth d'Angleterre avec les Pays-Bas contre Philippe II d'Espagne.

Mais c'est au traité de Westphalie, en 1648, que le principe de l'équilibre, de simple procédé politique, devient une règle du Droit international européen consacrée par l'accord des Etats et appliquée en fait par les dispositions de ce traité. Après les conquêtes de Louis XIV qui rompirent l'équilibre au profit de la France, on arrêta la suprématie qu'il voulait s'attribuer en empêchant la réunion de sa couronne et de celle d'Espagne, au traité d'Utrecht de 1713 qui, le premier, emploie formellement l'expression *d'équilibre* entre les Etats (V. n° 21). Plus tard, le même principe inspire l'Europe contre les conquêtes de Napoléon Ier au Congrès de Vienne en 1815, contre les progrès de la Russie sur les bords du Danube au Congrès de Paris de 1856, et à celui de Berlin de 1878 (V. n° 27).

Du reste, cette coalition des Etats peut se manifester pour combattre une tendance à une suprématie particulière et dans un domaine spécial, aussi bien qu'une tendance à une domination générale; c'est ainsi que les Puissances maritimes sont parvenues, par une résistance commune, à écarter les prétentions de l'Angleterre à l'empire des mers (V. n° 410).

178. La théorie de l'équilibre a été très vivement combattue par nombre d'auteurs; mais ils n'ont pu guère que faire ressortir les abus que l'on en a faits en l'utilisant comme prétexte pour déclarer des guerres injustes et pour mettre obstacle à des accroissements très légitimes des Etats. Les abus d'une théorie n'en démontrent pas le mal fondé au point de vue rationnel et juridique. Or l'équilibre n'est qu'un mode d'exercice, sous la forme d'un moyen préventif, du droit de conservation et de légitime défense des Etats contre les attaques actuelles ou imminentes dont ils peuvent être l'objet. C'est qu'en effet, à la différence des individus qui, en cas de violation de leurs droits, peuvent faire appel à la justice, les Etats ne peuvent compter que sur eux-mêmes pour se sauvegarder; de là souvent la nécessité pour eux de faire la guerre à titre préventif (V. n° 174) et, à plus forte raison, de s'opposer à une augmentation de puissance telle de la part d'un autre Etat, qu'il leur serait impossible, plus tard, de se soustraire à la domination que cet État voudrait faire peser sur eux.

Si le maintien de l'équilibre de la part des États en situation d'agir utilement à ce point de vue n'est pas un devoir, mais simplement un droit quand ils sont éventuellement menacés, il faut reconnaître cependant que les considérations égoïstes, sous l'influence desquelles on s'abstient d'intervenir quand on croit d'autres pays seulement en danger, conduisent presque toujours à une politique de courte vue dont les conséquences retombent lourdement, l'histoire le prouve, sur ceux qui la suivent. La Prusse a la première souffert d'avoir laissé écraser l'Autriche par Napoléon en 1805 ; de même pour la France laissant agir la Prusse en 1866, pour l'Angleterre ne secourant pas la Turquie en 1877 contre la Russie, et enfin pour l'Europe entière entraînée à l'armement général pour n'avoir pas arrêté en 1870-1871 les progrès excessifs de la puissance allemande au détriment, non pas seulement de l'or et du territoire français, mais de la paix du monde européen.

179. Le principe de l'équilibre étant ainsi justifié en lui-même, la difficulté consiste à préciser les conditions auxquelles son application est subordonnée pour ne pas devenir abusive et dangereuse.

Il est tout d'abord évident que l'on ne saurait songer à établir un équilibre mathématique résultant d'une répartition égale de puissance entre les États. Outre que ce genre d'équilibre serait impossible à réaliser au mépris des situations déjà acquises et que nul ne voudrait sacrifier, il est clair que, en le supposant accompli pour un instant, il serait rompu aussitôt par l'activité et le génie de quelques États et par les fautes et les négligences des autres. Du reste, il n'y a que les éléments matériels de la puissance d'un peuple qui soient susceptibles d'une commune mesure et, par conséquent, d'une répartition égale, tels que le territoire, la population et, à la rigueur, la richesse ; mais la prospérité d'un État dépend aussi, tout autant que l'autorité qu'il peut acquérir sur les autres, de facteurs immatériels qui échappent à toute appréciation semblable, tels que l'intelligence et l'activité de la population, sa vitalité, son humeur belliqueuse ou pacifique, jusqu'aux traditions de gloire et au prestige international déjà acquis. Aussi serait-on loin de réaliser l'équilibre désiré en tenant compte seulement des éléments matériels indiqués plus haut et que, cependant, on peut seuls apprécier dans la pratique : la France est plus grande à la fin du règne de Louis XIV qu'au commencement, et elle est cependant beaucoup plus faible, par suite de son appauvrissement, de sa désorganisation intérieure et de la diminution de son prestige ; la Prusse, plus grande sous Frédéric-Guillaume IV que sous Frédéric II, qui avait su en faire l'arbitre de la politique internationale dans le centre de l'Europe, était cependant bien moins puissante.

Ces observations montrent qu'un Etat ne saurait se plaindre de la rupture de l'équilibre par le fait d'une augmentation de territoire au profit d'un autre pays, si à cette augmentation ne se joint pas un accroissement de puissance tel qu'il puisse devenir dangereux pour lui dans l'avenir. Cependant, la politique internationale est encore tellement dominée par des considérations matérielles et, surtout sous les gouvernements monarchiques, par l'influence traditionnelle de domaine féodal et de suzeraineté territoriale, que l'on prend souvent comme base d'une demande de cession de territoire les accroissements d'un autre Etat, sans toujours rechercher si ces derniers accroissements constituent une augmentation véritable de sa puissance et surtout un danger dans l'avenir. La politique internationale n'est plus alors qu'un marchandage, aux dépens des populations sans défense que l'on se distribue sans tenir compte de leurs sentiments, ni de leurs intérêts, ni de leur droit à l'indépendance. C'est ainsi que les petits Etats allemands furent partagés en lambeaux au Congrès de Vienne, suivant l'expression de Fichte, pour être jetés dans la balance de l'équilibre européen. De même, en 1860, Napoléon III demanda le territoire de Nice et de la Savoie pour compenser l'augmentation territoriale qu'il avait procurée à l'Italie, et en 1866 il se montra prêt à accepter la Belgique pour compenser encore les accroissements de l'Allemagne ; on sait que la Serbie a déclaré la guerre à la Bulgarie en 1885, parce que cette dernière rompait l'équilibre dans les Balkans en plaçant sous l'autorité de son prince la Roumélie orientale ; enfin la Grèce elle-même a demandé des extensions territoriales aux dépens de la Turquie en invoquant la même raison.

180. Serrant la question de plus près pour fixer les conditions essentielles auxquelles sont subordonnées les protestations et la résistance légitimes contre les accroissements de puissance d'un Etat, nous pouvons établir les principes suivants :

1° Il faut que ces accroissements constituent un danger sérieux pour la sécurité des autres pays, soit par leur importance, soit par l'esprit de conquête et de tendance vers la suprématie qui les provoque ;

2° Il faut que ces accroissements soient le résultat d'une politique de domination et non la conséquence normale de l'évolution progressive d'un Etat. Une augmentation de richesses, de relations économiques par voie de terre ou de mer, de population par la vitalité de la race, même de territoire par des procédés réguliers tels que l'occupation de pays sans maître et une colonisation active, ne saurait justifier des réclamations. Ce sont là des progrès de la personnalité même d'un Etat, prévus et légitimes comme un développement normal de ses facultés naturelles et qui, laissant indemnes les facultés semblables des autres pays, ne peuvent que provoquer une concurrence pacifique.

181. L'équilibre qui, semble-t-il, devrait être universel puisqu'il est l'expression du droit primordial de défense qui appartient aux Etats, est cependant qualifié toujours d'*européen*. C'est que le besoin de l'invoquer ne s'est guère jamais fait sentir qu'en Europe. En Amérique les conditions économiques et géographiques lui donnent moins d'importance ; du reste, en fait, il y a toujours été violé au bénéfice des Etats-Unis qui ont nettement affirmé leur rôle prédominant sur les autres Etats américains dans le message de Monroë (V. n° 208), et qui continuent à l'exercer en fait, grâce surtout à leur immense influence économique.

182. Au système de l'équilibre se rattachent les nombreux projets présentés pour organiser les Etats européens en une vaste confédération qui assurerait le respect des droits de chacun contre les tentatives de domination des autres. Déjà une première proposition fut faite en ce sens par Henri IV, à l'instigation de Sully : le projet de ce dernier comportait une République des Etats européens, au nombre de quinze, avec un tribunal arbitral pour trancher leurs conflits, sous la présidence honorifique du Pape et, en réalité, sous le gouvernement effectif de la France. Plus tard, après le traité d'Utrecht de 1713, l'abbé de Saint-Pierre publia son « *Projet de traité pour rendre la paix perpétuelle* », rempli d'excellentes intentions, mais bien utopique au point de vue des exigences de la politique et de la condition actuelle des Etats ; son essai fut repris par J.-J. Rousseau qui développa ses idées propres sous la rubrique : « *Extrait du projet de paix perpétuelle de l'abbé de Saint-Pierre* », en 1761, et par J. Bentham. Sous la Révolution, l'abbé Siéyès revint au plan de Sully en le modifiant de manière à faire de la France la grande directrice des Etats européens placés sous le régime républicain. Enfin, de nos jours, les projets dus à l'initiative individuelle sont innombrables et aboutissent tous à un même idéal, l'organisation des Etats-Unis d'Europe.

En comparant tous ses systèmes, on voit bien vite que les uns ont surtout pour objectif la création d'une confédération dominée par un tribunal arbitral suprême et ayant pour résultat de substituer à la guerre une organisation judiciaire internationale (V. n° 40 *in fine*). C'est le caractère des projets émanant des penseurs tels que l'abbé de Saint-Pierre et J.-J. Rousseau et de tous les publicistes modernes. Nous apprécierons leurs idées quand nous traiterons des moyens proposés pour résoudre juridiquement les conflits internationaux.

Au contraire, les systèmes émanant des gouvernements ou des hommes politiques, tels que les projets de Sully et de Siéyès, sont beaucoup plus inspirés par le désir de maintenir l'équilibre, et l'organisation d'un tribunal arbitral entre les Etats y a beaucoup moins pour objet la cessation des guerres que l'arrêt des empiètements d'une puissance sur les autres et la sécurité politique de toutes.

Mais, dominés par des influences nationales dont il est bien difficile de se défaire et avec une sorte d'égoïsme inconscient, tous ceux qui ont émis ces projets de confédération des Etats européens les ont combinés de telle sorte que la prééminence et le gouvernement suprême revenaient à leur pays, sans tenir compte des droits égaux, ni même des susceptibilités fort légitimes des autres grands Etats : c'est ce qui apparaît très clairement dans les projets de Sully et de Siéyès. De là à l'idée d'un gouvernement universel de tous les pays, ou du moins de tous ceux qui ont des rapports suivis et entre lesquels les conflits peuvent le plus souvent s'élever, par exemple de tous les États européens, il n'y avait qu'un pas. C'est le système de la *monarchie universelle* que Louis XIV paraît bien avoir voulu réaliser, quoi qu'en ait dit Montesquieu qui, du reste, en a montré l'inanité au point de vue de la réalisation et le danger au point de vue de la simple tentative (V. *Esprit des lois,* liv. IX, ch. VII ; et dans les écrits posthumes : *De la monarchie universelle*). Napoléon aussi poursuivait le même projet.

Des publicistes récents, parmi lesquels Bluntschli, ont conçu la réalisation de ce gouvernement universel des États comme un idéal désirable qui pourra peut-être s'accomplir dans un avenir plus ou moins lointain. Mais il faut remarquer que, à ce compte, l'indépendance au moins extérieure des États disparaît et le Droit international avec elle. D'autre part, les conditions spéciales des divers pays au point de vue ethnique, traditionnel, économique, intellectuel, climatérique, etc., ne permettent pas d'unifier leur sort politique ; il est contraire à la nature révélée par l'observation des faits, et par conséquent antiscientifique, de ne pas adapter les institutions et les lois à la situation particulière de chaque peuple. Le prétendu idéal que l'on fournit n'aboutirait d'ailleurs qu'à paralyser l'essor du progrès résultant de la concurrence inévitable qui s'établit entre les États dans toutes les branches de l'activité humaine.

CHAPITRE III

DROIT DE COMMERCE MUTUEL

183. L'échange des produits et l'ensemble des relations économiques sont une forme du développement normal des États et une conséquence naturelle des nécessités, aussi bien que de l'instinct de sociabilité, entre les peuples comme entre les individus. Aussi tout État a-t-il le droit de nouer des relations semblables avec les autres, sans qu'un pays quelconque puisse s'y opposer, sauf le cas d'engagement formel dans un traité par lequel un pays a consenti à restreindre ses rapports à ce point de vue, par exemple en entrant dans une union qui tend à exclure les relations de ce genre avec certains États déterminés, ou lorsqu'il s'agit d'un commerce spécial condamné par les peuples civilisés et qu'ils se sont engagés à ne pas faire et même à empêcher dans la mesure de leurs forces, comme la traite des nègres (V. n° 379).

Mais on ne saurait entendre le droit de commerce mutuel des Etats en ce sens que chacun puisse imposer aux autres de recevoir ses produits et de laisser ses nationaux faire le négoce sur le territoire étranger, quand le gouvernement de ce territoire veut s'y opposer. En vertu de la souveraineté absolue qui lui appartient sur le sol qui relève de lui, chaque Etat peut limiter comme il l'entend ses rapports commerciaux au point de vue international, soit en privant de certains avantages tous les pays ou quelques-uns seulement, soit en donnant des faveurs aux uns et en les refusant aux autres, soit en paralysant plus ou moins l'entrée des produits étrangers par un système prohibitif, comme l'a fait aux Etats-Unis le bill Mac-Kinley du 6 octobre 1890. Les mesures à prendre à cet égard, basées sur le droit strict de souveraineté, relèvent des règles de l'économie politique et de l'intelligence plus ou moins bien entendue des intérêts de chaque pays.

Un Etat peut même s'isoler complètement et se fermer à toutes relations avec l'étranger, comme l'ont fait jadis la Chine, le Japon, le Paraguay et la République Argentine : quelque inconvénient qui puisse résulter d'une pareille attitude pour l'Etat qui la prend comme pour les autres, quelque contraire qu'elle soit à la véritable notion de la mission des peuples, elle n'en est pas moins de droit strict, comme conséquence de la souveraineté. Cette façon d'agir ne lésant que des intérêts et ne violant pas un droit acquis des autres pays à imposer leurs relations commerciales, droit qui n'existe pas comme nous venons de le dire, il en résulte qu'elle ne saurait à elle seule justifier une attaque violente. Si les guerres de certaines puissances européennes contre la Chine, depuis 1842, n'ont eu peut-être au fond d'autre but que de contraindre ce pays à s'ouvrir au commerce étranger, on a bien dû leur donner un autre prétexte et invoquer les actes de barbarie et de piraterie contre les missionnaires et les autres nationaux de ces puissances.

Pour la même raison, un pays peut se réserver le monopole de la navigation dans ses ports soit d'une façon absolue, soit

tout au moins dans les relations avec ses possessions d'outre-
mer, comme le faisait le *Pacte colonial* supprimé en France en
1861.

CHAPITRE IV

DROIT AU RESPECT MUTUEL DE LA PERSONNALITÉ

184. Le droit au respect de leur personnalité qui appartient
aux Etats peut se manifester de différentes manières, suivant
qu'il s'agit de leur personnalité au point de vue matériel, politique ou moral.

185. I. Au point de vue matériel ou physique, un Etat peut
exiger que l'on respecte tous ses droits sur des objets matériels,
par exemple que l'on ne viole pas son territoire, qu'on ne ferme
pas les débouchés nécessaires de son commerce, comme les
fleuves et les détroits.

II. Comme personnalité politique, l'Etat peut protester contre
les actes qui portent atteinte à ses droits en tant que puissance
publique et par lesquels il exerce l'autorité légitime qui lui appartient. Souvent d'ailleurs les lois pénales de chaque pays prévoient les actes de cette nature qui sont commis par des particuliers au préjudice des droits des Etats étrangers. Ainsi se
trouvent condamnées l'usurpation des titres, insignes, drapeau
appartenant à un autre Etat; la fabrication ou la tolérance de
fabrication par des particuliers de la monnaie étrangère et surtout de la fausse monnaie portant l'empreinte d'un gouvernement étranger (V. art. 133, Code Pénal). Il en est de même
pour les mesures offensantes, le dédain, la critique publique de
la constitution ou du régime politique d'un pays par le gouvernement d'un autre; pour les injures ou diffamations contre un
pays, son gouvernement ou ses représentants diplomatiques
par un gouvernement étranger, ou le défaut de répression de
la part de ce dernier de faits semblables commis par des particuliers sur son territoire; sauf bien entendu le droit de critique
qui appartient à chacun et dont l'appréciation est une question
de mesure et de circonstance (V. loi sur la Presse, 29 juillet
1881, art. 36 et 37).

C'est une question très controversée que celle de savoir si un
pays manque au respect de la personnalité politique d'un Etat

étranger en déclarant valables, au point de vue des actions en justice auxquelles ils peuvent donner lieu devant ses tribunaux, les contrats qui ont pour objet de faire la contrebande au préjudice de cet Etat. En France et dans la plupart des pays, on admet la validité de conventions semblables sous la seule condition, assez difficile à expliquer, que la contrebande sera pratiquée par ruse et non par corruption des agents fiscaux étrangers (Cass., 25 mars 1835, S., 1835. 1. 673). En Allemagne, la Cour suprême s'est prononcée en sens contraire et une loi prussienne du 22 août 1853 punit même l'introduction de la contrebande à l'étranger pourvu que les autres pays accordent la réciprocité.

En faveur de la première opinion on a fait remarquer que les Etats sont en guerre ouverte au point de vue économique et des tarifs douaniers ; que déclarer nuls les contrats qui ont pour objet de léser l'étranger c'est se donner un souci qui ne sera pas payé de retour et jouer un rôle de dupe ; que, d'ailleurs, s'il s'agit d'un acte blâmable, il n'est puni que par la loi étrangère, de sorte que, au point de vue national, il n'a nullement le caractère délictueux qui pourrait en faire déclarer la nullité.

Mais on peut victorieusement répondre qu'il faut négliger les considérations d'intérêt qui n'ont rien à faire dans une question juridique et qui, d'ailleurs, pourraient parfaitement être invoquées dans le sens de l'opinion contraire, en faisant ressortir l'avantage pour les différents pays de se soutenir mutuellement au point de vue de la répression de la fraude. Si le contrat de contrebande au préjudice de l'étranger n'est pas un délit puni par la loi territoriale de chaque Etat, il n'en est pas moins une convention dont la cause est immorale et qui doit, de ce chef, être déclarée nulle (art. 1131 et 1133 Code civil). En effet, la reconnaissance dans chaque pays de la personnalité politique des Etats étrangers implique celle de tous les droits qu'ils exercent à ce titre, notamment de ceux pour lesquels ce pays agit de même et pour lesquels il exige un respect égal à celui dont il est tenu envers les autres : la France, par exemple, doit reconnaître la légitimité des douanes établies par l'Espagne au même titre qu'elle invoque celle de ses propres impôts. Par suite, quand ils admettent la validité d'une convention ayant pour objet de faire la contrebande en Espagne, les tribunaux

français portent atteinte à la personnalité politique de ce pays,
parce qu'ils ne réputent pas droit légitime sa faculté d'établir
des douanes, sans quoi ils devraient admettre que la violation
de ce droit donne au contrat une cause illicite et l'annule. De ce
que le vol commis en Angleterre au préjudice d'un Anglais
échappe à l'action de la loi pénale de notre pays, en conclura-
t-on que le contrat ayant pour but de voler un Anglais dans
l'Etat auquel il appartient a une cause licite et doit être valable ?
Mais en quoi le caractère de l'acte est-il modifié parce que sa
victime est une collectivité étrangère, un Etat dont la personnalité juridique est incontestable, au lieu d'être un simple particulier ?

III. Le respect de la personnalité des Etats peut enfin s'imposer au point de vue moral. C'est ainsi que l'attitude offensante
ou dédaigneuse sans aller jusqu'aux injures ou critiques publiques que nous avons vues précédemment, le dénigrement des
qualités, de la gloire d'un peuple, le refus des égards d'usage
ou les manques de courtoisie systématiquement commis pour
marquer le mépris, la méfiance manifestée sans preuves certaines à l'appui envers la parole ou la bonne foi d'un gouvernement ou de ses représentants, sont autant d'atteintes à la dignité
morale des Etats.

Dans tous les cas où sa personnalité est méconnue à un point
de vue quelconque, un Etat peut demander des *réparations*
pour les dommages matériels et des *satisfactions,* sous forme
d'excuses ou d'explications, pour le préjudice moral.

186. De la personnalité civile des Etats. — La personnalité juridique des Etats au point de vue des rapports internationaux implique-t-elle pour eux, en ce qui concerne les facultés
juridiques qu'ils voudraient exercer sur le territoire d'un autre
pays, la *personnalité civile,* par exemple le droit d'être propriétaire, de contracter, d'introduire des actions en justice, d'invoquer des créances ? — La question s'est récemment posée devant
un tribunal français au sujet d'un legs considérable fait au Pape
représentant le Saint-Siège, et il a été jugé que, ce dernier étant
toujours considéré, malgré la perte du pouvoir temporel et en
sa qualité de chef spirituel, comme une personne du Droit international (V. n° 154), il y avait lieu de lui attribuer par voie de
conséquence la personnalité civile et la faculté de recueillir le

légs institué à son profit (Tribunal de Montdidier, 4 février 1892, *Journal Clunet*, 1892, p. 447) (1), sauf la nécessité pour lui, comme pour toutes les personnes de mainmorte, d'obtenir l'autorisation gouvernementale, conformément à l'art. 910 du Code civil qui est d'ordre public.

Cette solution a été combattue parce que la personnalité civile, à peu près partout et notamment en France, est subordonnée à une concession formelle et qu'aucun texte ne l'attribue aux Etats étrangers. D'autre part, ajoute-t-on, les personnes morales ne reçoivent que les droits qui leur sont nécessaires eu égard à la mission sociale qu'elles ont à remplir ; or, en quoi l'exercice des droits de la personnalité civile est-il nécessaire aux Etats dans les autres pays pour remplir leur mission ? Leur rôle, vis-à-vis des autres pays, est purement international ; ils n'ont pas besoin d'invoquer chez les autres des facultés juridiques qui n'ont leur raison d'être que pour les particuliers et les personnes morales constituées par la loi locale. On fait ressortir enfin le danger qu'il y aurait à conférer des droits semblables aux Etats étrangers qui pourraient en abuser, par exemple en acquérant des biens considérables ; danger contre lequel l'autorisation préalable du gouvernement serait impuissante, vu l'impossibilité morale de subordonner les souverainetés étrangères au bon vouloir d'une autorité vis-à-vis de laquelle elles sont absolument indépendantes.

Cette manière de voir nous semble erronée. Tout d'abord les dangers que l'on redoute deviennent chimériques en présence du droit du gouvernement local de ne pas autoriser l'attribution des successions et des légs aux personnes morales, toutes les fois qu'il y voit un inconvénient au point de vue politique, économique et même moral. Suivant l'avis du Conseil d'Etat du 12 janvier 1854, les personnes morales étrangères, par conséquent les Etats étrangers, sont relevées par la loi du 14 juillet 1819 de l'incapacité de recevoir à titre gratuit dont les articles 726 et 912 frappaient tous les étrangers, réserve faite de la nécessité de l'autorisation établie par l'article 910. Cette autorisation peut d'ailleurs être donnée en une forme qui ménage

---

(1) Ce jugement a été infirmé par la Cour d'Amiens le 21 février 1893 (*J. Clunet*, 1893, p. 384).

complètement les susceptibilités internationales, par une notification diplomatique, comme la dépêche du 27 août 1890 pour le
legs fait au Saint-Siège dont nous parlions plus haut, ou par le
défaut d'opposition à la délivrance des biens donnés ou légués.

D'autre part, nous remarquerons que l'on confond à tort les
personnes morales ordinaires organisées dans chaque pays et
les Etats. Les premières tirent leur existence de la loi locale ;
les seconds existent par eux-mêmes et s'imposent comme
personnalités juridiques, leur *reconnaissance* de la part des
autres pays étant simplement la manifestation du désir de
nouer des relations avec eux et non la condition même de leur
existence (V. n° 79). Aussi, tandis que les personnes morales
créées par la loi ont aussi leur capacité réglée et limitée par
elle, les Etats étrangers, vivant en dehors d'elle avec une souveraineté complète, fixent dans leur indépendance leur propre
personnalité civile et leur capacité. Par conséquent, vouloir
déterminer la personnalité civile des Etats étrangers d'après les
règles de sa propre législation, c'est, de la part d'un pays,
attenter à leur souveraineté en vertu de laquelle, comme personnalités juridiques du Droit international, ils ont réglé d'une
manière indépendante leur capacité au point de vue civil.

Néanmoins, comme la souveraineté de chaque Etat est nécessairement limitée par celle des autres et par leur droit de conservation ou de défense, il s'ensuit que ces derniers peuvent
toujours exiger le respect sur leur territoire des lois d'ordre
public dont la violation constituerait une atteinte grave à leur
sécurité, et restreindre à ce point de vue l'exercice, chez eux,
des droits dérivant de la personnalité civile que s'est donnée
l'Etat étranger. Ainsi admettrions-nous pour les Etats étrangers
la faculté de succéder en France, sauf application de la règle
d'ordre public contenue dans l'art. 910 du Code civil, ainsi que
le droit d'invoquer l'hypothèque légale sur les biens de leurs
fonctionnaires comptables situés dans notre pays, si leur loi
établit cette garantie, sauf à respecter les règles locales d'ordre
public économique concernant la spécialité et la publicité des
droits réels (V. notre *Précis de Droit intern. privé*, 2e édit.,
n° 641). Un pays peut même, en tenant compte des dangers
spéciaux auxquels il est exposé, dénier à un Etat étranger la
faculté de recevoir des libéralités sur son propre territoire. C'est

ainsi que la constitution roumaine révisée en 1879 interdit à tout étranger de conserver les immeubles acquis en Roumanie et que, en vertu de cette loi, le testament du Grec Zappas en faveur du gouvernement hellénique pour favoriser les écoles grecques dans la Roumanie a été annulé, ce qui a provoqué, bien à tort, la rupture des rapports diplomatiques entre ces deux pays, le 18 octobre 1892 (V. Djuvarà, *De la condition des étrangers en Roumanie,* J. Clunet, 1892, pp. 1121, 1124).

La négation de la personnalité civile des Etats étrangers conduirait d'ailleurs à des conséquences inadmissibles. Les traités conclus par les Etats comme personnalités du Droit international supposent la capacité civile de contracter ; quelle serait leur valeur si les Etats n'avaient pas la personnalité civile qui donne cette capacité? Que deviendraient surtout les contrats passés par les Etats avec un particulier étranger? Il faudrait réputer sans effet les marchés de fournitures ou d'emprunts faits par des gouvernements étrangers, et écarter toute action en justice introduite devant les tribunaux locaux en vertu de ces marchés. Un ambassadeur ne pourrait plus acheter un édifice au nom de son gouvernement pour en faire l'hôtel de la légation de son pays! On arriverait, en définitive, en méconnaissant la personnalité civile de l'Etat étranger, à paralyser en fait la reconnaissance de sa personnalité politique et à anéantir complètement les rapports internationaux (1).

CHAPITRE V

DROIT DE SOUVERAINETÉ OU D'INDÉPENDANCE DES ETATS

187. Nous n'avons pas à revenir sur la notion même de la souveraineté que nous avons déjà étudiée, soit au point de vue interne, soit au point de vue externe, comme un des caractères essentiels de l'Etat. Il nous reste à fixer les conséquences principales de la souveraineté et les restrictions qu'elle subit.

188. La souveraineté interne entraîne particulièrement les effets suivants : 1° En principe chaque Etat peut appliquer

_____

(1) Comp. Laurent, *Droit civil intern.,* t. IV, n° 126 ; F. Moreau, *De la capacité des Etats étrangers pour recevoir par testament en France, Journal Clunet,* 1892, p. 337 ; A. Lainé, *Des personnes morales en droit int. privé, id.,* 1893, p. 273.

exclusivement sur son territoire sa propre législation ; nous verrons dans quelle mesure cette conséquence absolue est tempérée par des concessions réciproques (V. livre III).

2° Un pays peut s'opposer à l'exécution sur son territoire des jugements rendus par des tribunaux étrangers ; nous verrons également comment on assure l'exécution des sentences judiciaires hors de l'Etat où elles ont été prononcées (V. n° 273).

3° Aucun pays ne peut être assujéti à la juridiction d'un autre, sauf les restrictions qui seront indiquées plus loin (V. n° 257).

4° Chaque Etat a un droit de juridiction exclusive sur tous les individus et sur tous les biens situés sur son territoire ; nous verrons les exceptions à cette règle générale résultant de l'*exterritorialité* des représentants des Etats et des *capitulations* (V. n°ˢ 240 et 356).

189. La souveraineté externe, dont nous connaissons les effets essentiels (V. n° 73), peut subir des restrictions particulières par le fait d'associations entre Etats, telles que l'union réelle, la confédération ou la fédération et le protectorat (V. n°ˢ 76 et suiv.) ou par la condition de neutralité perpétuelle (V. n° 139). En dehors de ces restrictions déjà connues, nous devons insister sur celles qui peuvent provenir des *servitudes internationales* et de l'*intervention*.

SECTION I

SERVITUDES INTERNATIONALES

190. Ces servitudes consistent essentiellement dans une limitation apportée à la souveraineté interne ou externe d'un Etat, qui est contraint de ne pas faire ou de laisser faire au profit d'un autre pays ce qu'il pourrait normalement accomplir ou empêcher.

Ces servitudes peuvent varier à l'infini ; elles n'ont pas d'autre limite que celle de l'existence même de l'Etat grevé : une servitude qui restreindrait la souveraineté d'un pays, au point de subordonner absolument son action comme collectivité politique à l'autorité d'un autre Etat, ne serait plus seulement une servitude, mais bien l'anéantissement de l'indépendance et, par conséquent, de la personnalité internationale de ce pays.

On divise les servitudes internationales en *positives* et *négatives* suivant qu'elles consistent dans la faculté d'accomplir un acte qu'un autre Etat pourrait normalement interdire, où dans celle d'interdire un acte qu'il a, en principe, le droit d'accomplir.

A titre de servitudes positives on peut signaler : le droit de passage des troupes sur le territoire étranger, comme celui qu'ont eu les troupes badoises jusqu'en 1867 sur le chemin de fer de Constance à travers Bâle et le canton de Schaffhouse ; le droit d'occupation militaire de tout ou partie du territoire, comme celui que possède la France en Tunisie et dans l'Annam ; la faculté d'établir et de percevoir certains impôts, par exemple les douanes, et d'exercer le droit régalien des postes, etc.

Comme servitudes négatives, citons : la limitation du nombre des troupes ou la défense de conserver des fortifications, soit absolument, soit dans un certain rayon ; c'est ainsi que le traité d'Utrecht de 1713 défendait à la France de fortifier Dunkerque, celui du 20 novembre 1815, art. 3, de reconstruire le fort d'Huningue ; celui de 1856 interdisait à la Russie de rétablir les fortifications de Sébastopol, et à la Turquie en même temps qu'à l'empire russe d'entretenir dans la mer Noire des forces navales au-delà de la mesure nécessaire pour le service de la police, restriction dont la Russie et la Turquie ont été affranchies par le protocole de Londres du 13 mars 1871 ; le traité de Berlin du 13 juillet 1878 ordonne à la Bulgarie de détruire ses forteresses et interdit au Monténégro d'avoir une marine militaire. Signalons encore l'obligation imposée à un gouvernement de suivre certaines règles même dans sa législation interne, par exemple celle que le traité de Berlin de 1878 établit pour le Sultan de respecter la liberté du culte chrétien dans la Roumélie Orientale, ou encore la défense d'établir des douanes sur certains points, etc.

Souvent, du reste, une servitude peut être à la fois négative et positive : telle est celle qui résulte des *Capitulations* et d'après laquelle la Turquie ne doit pas, d'une part, soumettre les Européens à ses tribunaux, et doit, d'autre part, laisser fonctionner sur son territoire les tribunaux consulaires organisés par certains Etats chrétiens.

191. Les servitudes internationales ne peuvent résulter que de l'accord des Etats intéressés, le plus habituellement établi par un traité. Cependant, la possession longue et continue d'une servitude, sans opposition de l'Etat grevé, implique une adhésion de ce dernier et peut ainsi servir de base suffisante à la servitude si elle est contestée.

Mais la prescription telle qu'on l'entend dans le Droit civil est impuissante à créer le droit dont nous parlons, par la raison bien simple que ce mode d'acquérir suppose l'observation de certaines conditions légalement déterminées, par exemple au point de vue de la durée de possession, et qu'il n'y aucune autorité législative au-dessus des Etats pour fixer ces conditions à l'avance.

D'autre part, les servitudes du Droit international diffèrent encore de celles du Droit civil en ce que, créées uniquement en vue d'obtenir un certain résultat et dans des conditions données, elles cessent d'exister comme perdant leur raison d'être au point de vue international quand ce résultat n'est plus réalisable, ou que les conditions se sont modifiées de manière à les rendre inutiles; tandis que les servitudes privées ne pourraient être considérées comme éteintes pour ces seules raisons.

On constate, au contraire, des analogies entre les servitudes du Droit international et celles du Droit privé quant aux modes d'extinction suivants qui s'appliquent aux premières comme aux secondes : 1° expiration du traité (ou contrat) qui les a créées ; 2° extinction de la chose objet de la servitude ; 3° renonciation de l'Etat qui est titulaire de la servitude; 4° la *consolidation*, c'est-à-dire la réunion sous la même souveraineté du fonds dominant et du fonds servant, sans que leur séparation ultérieure fasse revivre la servitude.

Il faut encore emprunter au Droit civil ces deux règles pour les appliquer en Droit international : 1° dans le doute, la servitude ne se présume jamais, car elle est une dérogation exceptionnelle à la souveraineté des Etats ; 2° la servitude peut consister dans une obligation de laisser faire ou de s'abstenir, jamais dans l'accomplissement d'un fait positif.

192. On qualifie quelquefois de servitudes naturelles ou géographiques les obligations pour les Etats de supporter certaines charges vis-à-vis des autres à raison de la disposition même de leur territoire, par exemple celle de recevoir le cours des eaux venant d'un autre pays ou de ne pas les détourner pour les rejeter hors du territoire. Mais ce sont là des obligations qui résultent de la nature même des choses ; les traités peuvent les régler dans leur application, ils ne les créent pas, car elles proviennent du droit même d'existence qui appartient aux États. Ne constituant en rien des restrictions exceptionnelles au droit de souveraineté, elles ne sont pas plus des servitudes que ne le sont, en droit privé, les obligations venant de la situation naturelle des lieux et qui forment la règle normale de la propriété.

Il ne faut pas voir non plus des servitudes internationales, mais de simples concessions garanties par le droit local de chaque pays, dans les droits régaliens conférés par un gouvernement, non à un État étranger, mais à un simple particulier. Tel était le cas de la maison de Tour et Taxis qui avait obtenu le monopole des postes en Allemagne et qui le conserva jusqu'en 1866.

SECTION II

DE L'INTERVENTION (1)

193. Après avoir dit ce qu'il faut entendre par intervention, nous indiquerons les principales circonstances où elle s'applique et la manière dont elle se réalise ; puis nous aurons à présenter l'historique sommaire de cette pratique dans les rapports internationaux, surtout dans la période contemporaine ; enfin nous en étudierons l'application la plus remarquable à l'heure actuelle dans l'Empire ottoman, connue sous le nom de *Question d'Orient*.

§ Ier. *Notion générale de l'intervention.*

194. On entend par intervention le fait de la part d'un État de s'immiscer de sa propre autorité dans les affaires intérieures

---

(1) En dehors des traités de droit international, v. Hautefeuille ; *Le principe de non intervention et ses applications*, 1863 ; de Rotteck, *Das Recht der Einmischung*, 1854 ; Strauch, *Zur Interventionslehre*, 1879 ; Stapleton, *Intervention and non intervention, or the foreign policy of Great Britain*, 1790-1866, Londres, 1866 ; Olivi, *La questione del diritto d'intervento*, Archivio giuridico, 1880 ; M. Kebedgy, *De l'Intervention, Théorie générale et étude spéciale de la Question d'Orient*, 1890 ; C. Amari, *Rev. de Droit intern.*, 1873, p. 352 et suiv. ; Geffcken, *Das Recht der Intervention*.

ou extérieures d'un autre, de manière à lui imposer soit la solution d'une difficulté particulière, soit une ligne de conduite déterminée à propos d'une ou de plusieurs questions.

L'intervention semble incompatible avec la souveraineté des Etats, car elle tend directement à subordonner l'indépendance des uns au bon vouloir des autres. Cependant on discute beaucoup dans la doctrine pour savoir si le droit d'intervention existe en principe, sauf à être plus ou moins restreint par des exceptions, ou si au contraire la non intervention est la règle, sauf à y déroger dans certains cas spéciaux. On peut dire qu'il y a à peu près autant d'opinions que d'auteurs, surtout en ce qui concerne la détermination fort délicate des cas où l'intervention est permise et de ceux où elle est interdite. Cependant, l'opinion qui l'emporte est que la non intervention est la règle dominante, commandée par le respect de la souveraineté des Etats, et à laquelle on ne peut déroger que très exceptionnellement quand la nécessité de conservation des autres Etats le commande. Comme le disait Kant, « aucun Etat ne doit s'immiscer de force dans la constitution et le gouvernement d'un autre Etat »; et cette manière de voir a été souvent affirmée d'une manière officielle dans différents pays, par exemple dans le discours de la couronne devant le Parlement anglais, le 5 février 1861, à propos des événements d'Italie, et dans celui du roi de Prusse au Parlement allemand, le 14 février 1870.

Pour nous, le droit d'intervention, considéré comme faculté spéciale des Etats, n'existe pas, car ce serait la négation du Droit incontestable de souveraineté qui est l'élément essentiel de l'existence même des Etats. Tout ce qu'on peut dire, c'est que, en vertu du droit de conservation qui lui appartient, chaque pays peut mettre obstacle, dans la mesure de ses forces, aux actes accomplis par une autre souveraineté et qui constituent une atteinte à ses droits et à sa sécurité. En agissant ainsi, il peut se trouver amené à *intervenir*, suivant l'expression consacrée, dans les affaires intérieures ou extérieures d'un autre et à lui imposer l'accomplissement d'un fait ou l'abstention d'un acte. Précisément parce que le prétendu Droit d'intervention n'est que l'exercice du Droit de défense d'une souveraineté contre les attaques directes ou indirectes d'une autre, il faut en conclure qu'il ne peut être invoqué que d'une manière

exceptionnelle et dans la mesure stricte de la sauvegarde de
l'Etat qui veut s'en servir.

Il faut en conclure également que l'Etat qui se croit obligé
de recourir à l'intervention pour se défendre entre au fond plus
ou moins dans la voie des hostilités, soit qu'il emploie la force,
soit qu'il menace de s'en servir. Désormais, il n'est donc plus
lié que par les principes généraux de justice qui dominent les
conflits des peuples civilisés, et dont le résumé se trouve dans
cette règle que toute atteinte à la souveraineté d'un Etat doit
être limitée par les nécessités de la défense et de la conservation des droits contestés.

C'est le défaut d'autorité judiciaire supérieure au-dessus des
Etats et l'impossibilité d'obtenir justice autrement que par soi-
même qui imposent l'obligation de prévenir directement les actes
accomplis par une souveraineté dans les limites de son indépendance, mais dans des condititons telles qu'ils peuvent violer
les droits d'un autre Etat. Aussi, sans dire que l'Etat qui *intervient* n'use jamais d'un droit, comme l'ont affirmé certains
auteurs, par exemple MM. Funk-Brentano et Sorel, il faut
reconnaître que ce n'est pas un droit spécial dont il se sert,
mais simplement le droit général de défense ou de conservation,
sous la forme d'une atteinte nécessaire portée à la souveraineté du pays dont il a à se plaindre. Cela montre, en même
temps, que les cas d'intervention légitime ne peuvent être
embrassés dans une formule générale vainement cherchée par
les publicistes; tout dépend de la nécessité dans laquelle un
pays se trouve de recourir à l'intervention pour sauvegarder
ses droits.

195. Mais l'intervention n'en est pas moins un mode d'exercice du droit de conservation des Etats qui a un caractère
spécial et dont les conditions doivent être bien précisées pour
éviter de le confondre avec les attaques et mesures d'hostilité
ordinaires. Ces conditions peuvent être ramenées à deux principales.

I. Il faut, pour qu'il y ait intervention proprement dite, qu'un
Etat *impose* sa volonté à un autre, même par menace de recours
à la force, si c'est nécessaire. Aussi ne faut-il pas voir une intervention dans une offre de médiation ou de conseils faite à un
Etat qui est toujours libre de la refuser; ni dans les mesures

d'armement et de précautions ayant pour but d'arrêter les conséquences d'un acte annoncé ou accompli par un autre pays, ce que M. Thiers appela, en 1840, l'attitude de la *paix armée;* çar en agissant ainsi on indique l'intention de combattre éventuellement les entreprises d'un Etat sans prétendre lui *imposer* une conduite différente de celle qu'il suit. Il en faut dire autant de l'alliance avec un Etat qui est en lutte contre un autre, ou de la coalition contre un pays menaçant par ses entreprises de conquête, ou de la guerre déclarée par une tierce puissance, dans son propre intérêt, à deux pays déjà en guerre entre eux : tous ces cas rentrent dans l'exercice de la souveraineté individuelle de chaque Etat cherchant à paralyser des souverainetés rivales ou ennemies, sans prétendre leur imposer sa volonté et détruire leur initiative.

C'est en ce sens seulement que l'on peut dire qu'il n'y a intervention proprement dite que lorsqu'il y a immixtion dans les affaires *intérieures* d'un Etat ; il faut, en effet, qu'il y ait défense, appuyée par la menace de recours à la force, faite à un Etat d'user librement de son initiative souveraine, sans qu'une simple résistance extérieure, par exemple au moyen d'alliances conclues contre lui, soit suffisante pour constituer une intervention. Mais il importe peu que la question à propos de laquelle on veut imposer sa volonté à un gouvernement indépendant concerne sa politique intérieure ou extérieure; il y a aussi bien intervention quand on défend à un pays de s'allier avec un autre que lorsqu'on lui commande de respecter son ancienne constitution ou d'accorder la liberté de culte à tous ses nationaux.

II. Il faut, en second lieu, pour qu'il y ait intervention, que l'on attente à l'indépendance d'une véritable souveraineté. Il n'y a donc plus intervention quand la souveraineté de l'Etat auquel un autre veut imposer sa volonté n'existe pas, vis-à-vis de ce dernier, quant à la question que l'on considère, en vertu d'un droit antérieurement acquis, ou quand l'Etat qui s'immisce, loin de méconnaître la souveraineté de celui dont il s'occupe, ne fait que répondre à son appel librement exprimé. De là résultent certaines conséquences.

1° Il n'y a pas intervention quand le pouvoir central, dans un Etat fédéral ou dans une Confédération, s'immisce, conformément au pacte d'union, dans les affaires intérieures ou extérieures de l'un des Etats qui en fait partie. Ce n'est là que l'application du traité d'union par lequel les divers Etats ont abandonné tout ou partie de la souveraineté. C'est ainsi que l'autorité fédérale suisse agit en 1890 pour faire cesser la révolution du Tessin. Mais il est évident que cela suppose une immixtion conforme au traité d'union; la conduite de la Diète germanique contre le Danemark à propos de l'affaire des duchés en 1863 était la violation du pacte de la Confédération et, comme l'a dit Geffcken, moins une intervention qu'une *exécution*.

2° Pas d'intervention, pour la même raison, quand un pays a soumis à l'approbation d'un autre sa politique intérieure ou extérieure, ce qui arrive pour les Etats protégés.

3° Ni quand l'immixtion d'un Etat étranger a été stipulée par traité à propos du cas où elle se manifeste, par exemple quand elle est provoquée par la sauvegarde de la neutralité dont cet Etat s'est porté garant.

4° Ni enfin quand l'immixtion dans les affaires d'un pays est provoquée par ce dernier. On ne peut dire que, en pareil cas, l'Etat qui appelle cette immixtion abdique sa souveraineté en la soumettant à celle du pays dont il demande le secours; il l'affirme au contraire en usant de son indépendance pour associer sa fortune à celle d'un Etat puissant.

A ce propos, certains publicistes, surtout en Italie, affirment que le secours donné par un Etat à des provinces qui cherchent à s'affranchir du joug d'une souveraineté, comme celui qui fut donné à la Grèce en 1827 ou à la Belgique en 1830, ne constitue qu'un acte politique dont l'opportunité est appréciable suivant les circonstances, mais non une véritable intervention. Mais il est difficile de ne pas voir là une immixtion directe dans les affaires intérieures d'un pays auquel on impose par la force de reconnaître l'indépendance des insurgés, par conséquent une véritable intervention.

Ce n'est pas au contraire intervenir que reconnaître comme Etat souverain un pays insurgé (V. n° 81) ou attribuer le caractère de belligérants à ses habitants qui combattent pour l'indépendance : on constate alors des résultats auxquels on est resté étranger et qui se sont accomplis en dehors de toute immixtion étrangère.

§ 2. *Des principaux cas d'intervention.*

196. Sans parcourir les circonstances infiniment variées dans lesquelles peuvent se produire les interventions, les publicistes discutent la légitimité de celles qui ont lieu le plus fréquemment dans la pratique. Au milieu de la divergence absolue des opinions à ce sujet, nous nous attacherons toujours au *criterium* déjà indiqué (V. n° 194) : pour nous une intervention n'est justifiée que tout autant qu'elle est commandée par la nécessité stricte de la défense des droits de l'Etat qui veut la réaliser.

197. 1° Une intervention peut être provoquée par une intervention injustifiée d'un pays dans les affaires d'un Etat dont on veut sauvegarder l'indépendance; c'est un acte de solidarité internationale, et souvent d'intérêt bien entendu, pour éviter des abus dont on aurait à souffrir plus tard. L'intervention n'est alors qu'une mesure de défense préventive qui se rattache intimement à la question de l'équilibre; c'est en effet pour empêcher un pays d'abuser de la puissance que lui donnerait son intervention dans un Etat plus faible que les autres souverainetés interviennent à leur tour. En 1826 l'Angleterre intervint au Portugal pour arrêter l'intervention de l'Espagne; en 1831 la France occupa Ancône pour paralyser l'effet de l'intervention autrichienne dans les Etats-Pontificaux; c'est aussi pour entraver les progrès de la Russie en Turquie qu'eut lieu la guerre de Crimée et que l'Europe intervint au Congrès de Paris en 1856.

198. 2° On intervient aussi pour arrêter une guerre qui menace la sécurité des autres Etats, soit en conduisant à une rupture de l'équilibre, soit en maintenant une situation troublée qui peut gagner de proche en proche et jeter la perturbation dans les rapports internationaux. Cette raison fut invoquée pour justifier l'intervention dans la lutte de l'indépendance grecque, et dans celle de la Russie et des populations slaves des Balkans contre la Turquie en 1877-1878. Mais si on veut rester dans les limites exigées pour que l'intervention soit légitime et éviter les abus auxquels pourrait donner lieu le prétexte trop facile à faire valoir qu'il est bon de faire cesser des hostilités de trop longue durée, il est nécessaire de subordonner l'immixtion des autres Etats à cette condition que leur sécurité est sérieusement menacée. C'est ce que faisait ressortir lord Castlereaght dans sa note du mois de mai 1820 (V. Recueil supplém. de Martens, t. X, I, p. 176) et dans sa déclaration du 19 janvier 1821, à propos de l'intervention autrichienne dans les Deux-Siciles. Son successeur, Canning, disait que « l'Angleterre n'agirait jamais d'après un principe de précautions contre des dangers possibles », indiquant par là que, évitant les procès de tendance non justifiés et les mesures arbitraires, il entendait subordonner le droit d'intervenir à l'exercice nécessaire du droit de conservation ou de défense. Malheureusement la politique internationale a trop souvent abusé de cette raison pour couvrir des interventions injustifiables.

199. 3° Les troubles et révolutions survenus dans un pays peuvent, quand ils menacent les Etats voisins, justifier de la part de ceux-ci toutes les précautions, telles que les armements, l'établissement d'un cordon militaire ; on peut même aller jusqu'à l'attaque, soit isolée, soit en coalition, pour combattre un prosélytisme violent et dangereux, comme le fit l'Europe monarchique pour répondre au décret de la Convention du 19 novembre 1792 qui était une véritable menace d'intervention dans les affaires intérieures des autres pays.

Mais toute immixtion dans les questions de politique intérieure, comme l'espèce de contrôle que se donnait la Pentarchie pour maintenir les monarques contre les mouvements révolutionnaires, constitue une négation de la liberté des peuples et de la souveraineté des Etats. C'est la forme la plus brutale et la plus odieuse d'intervention, en même temps que la moins efficace, les populations soumises par la force reprenant bien vite leur indépendance quand l'intervention cesse, et le pouvoir que l'on a voulu maintenir ne tombant que plus bas sous l'impopularité que lui a donnée le concours de l'étranger. Du reste, ainsi que l'observe P. Fiore, l'intervention devrait alors être réciproque entre les souverains, et il n'y aurait plus que la puissance militaire de l'étranger pour régler les conflits politiques dans chaque Etat.

On ne saurait davantage justifier l'intervention qui consiste à soutenir un parti politique dans une révolution. Un autre Etat peut seulement proposer sa médiation ou ses bons offices, sans les imposer, pour réconcilier les parties, ou accepter l'arbitrage qu'ils lui offrent.

Il en serait de même s'il s'agissait de soutenir une population contre son souverain dont la conduite est blâmable. On peut faire à ce dernier des représentations amiables, rompre même les relations diplomatiques avec lui s'il ne modifie pas sa politique intérieure ; on n'a pas le droit de s'immiscer dans le conflit qui a éclaté entre lui et son peuple. Ainsi, au Congrès de Paris de 1856, la France et l'Angleterre s'occupèrent des abus de pouvoir du roi des Deux-Siciles ; sur son refus de tenir compte de leurs observations, elles rappelèrent leurs ambassadeurs et envoyèrent des navires de guerre pour protéger leurs nationaux. La Russie protesta contre cette attitude cependant modérée, et y vit une véritable intervention dans les affaires intérieures des Deux-Siciles.

Beaucoup d'auteurs cependant acceptent la légitimité d'une intervention se manifestant sous la forme d'un secours donné à un parti insurrectionnel qui a pour lui le bon droit. Mais nous pensons, avec Geffcken, que les autres Etats ne sont pas juges de la cause soutenue par les partis politiques à l'étranger, et que, d'ailleurs, il n'est pas bien certain qu'un gouvernement ait le droit de disposer, en faveur d'un parti politique dans un autre pays, des ressources de sa nation quand celle-ci n'y est pas directement intéressée. Ce genre d'intervention doit être considéré comme une entreprise d'hostilité contre le gouvernement d'un pays sous la forme d'une alliance avec ceux qui le combattent ; ce n'est plus qu'un acte de politique dont l'opportunité et les avantages doivent être appréciés suivant les cas, comme lorsque la France donna son concours aux colons américains insurgés contre la Grande-Bretagne.

200. 4° L'intervention contre un gouvernement qui, dans l'exercice de sa souveraineté interne, viole les lois de l'humanité, ne peut pas être non plus admise, sous peine de donner lieu à tous les abus et, sous prétexte de sauvegarder les intérêts des populations, de ruiner complètement le respect de la souveraineté des Etats ; un gouvernement peut, par exemple, interdire l'esclavage et paralyser le trafic des esclaves dans tout le domaine qui relève de son autorité, il ne peut en imposer la suppression aux autres Etats sur leur territoire. Il va sans dire d'ailleurs que, en fait, on trouve presque toujours dans les attaques des gouvernements barbares, telles que les agressions contre les nationaux, les violations de frontières ou les outrages aux représentants, un motif suffisant pour leur déclarer la guerre et aboutir, après la paix, à une modification de leur conduite vis-à-vis de leurs propres sujets : ainsi quelque désir que l'on ait eu de mettre un terme à de monstrueuses barbaries, ce ne sont pas les cruautés du roi du Dahomey qui peuvent justifier la guerre déclarée par la France, mais seulement la violation des traités qu'il a conclus avec elle et ses incursions sur les possessions françaises. Il est vrai que l'on a allégué *un droit de civilisation* qui permettrait aux peuples européens en particulier d'agir contre les gouvernements barbares pour leur imposer des institutions plus morales et plus humaines : nous verrons plus tard quelle est la valeur de cette théorie et les abus auxquels elle peut donner lieu sous le couvert, souvent hypocrite, d'une mission civilisatrice désintéressée (V. n° 405).

Cependant, la plupart des autorités du Droit international, telles que Grotius et Vattel, admettent la légitimité d'une intervention qui a pour but de mettre fin à la tyrannie cruelle d'un monarque, et beaucoup pensent que le respect de la souveraineté doit céder devant le devoir moral d'arrêter cet état de choses. Mais cette manière de voir implique la violation d'un principe essentiel de Droit international, celui de l'indépendance absolue des Etats, en vertu d'un autre principe, non encore établi dans les rapports internationaux et qui d'ailleurs rentrerait dans le domaine de la morale plutôt que dans celui du Droit, d'après lequel un Etat doit employer sa puissance à éviter le maintien de l'iniquité et de la barbarie dans le gouvernement des autres. Qui ne voit que, dans les rapports entre Etats comme dans ceux entre particuliers, cette ingérence relève de la conscience seule, et non des principes juridiques qui règlent les relations des uns comme des autres ? Qui ne voit aussi combien la pratique de ce prétendu devoir moral est fertile en abus et peut servir à ruiner complètement l'indépendance des Etats, étant donné surtout que, en fait, elle ne sera jamais employée que par des gouvernements puissants à l'égard de pays très faibles ? Un gouvernement tyrannique n'a qu'un justicier, c'est le peuple même auquel il s'impose ; et le défaut d'union ou de courage de ce peuple pour s'en débarrasser trouve sa punition dans le maintien même du tyran qui l'opprime. Ainsi, abstraction faite des droits qu'elle tire du traité de Berlin de 1878 et que la Bulgarie a plus ou moins violés, l'Europe ne se soucie pas de mettre un frein aux cruautés commises dans ce pays, parce qu'elle redoute les conséquences d'une intervention qui pourrait provoquer un conflit général : ceci montre bien que l'ingérence étrangère, provoquée en apparence par des raisons d'humanité et de civilisation, ne sera jamais réalisée que lorsqu'elle pourra aboutir à un autre but moins platonique, et qu'elle sera toujours arrêtée par la moindre considération d'intérêt, quelle que soit la force des motifs qui devraient la justifier au point de vue moral.

201. 5° L'intervention est souvent provoquée par la défense des nationaux dont les droits sont violés à l'étranger. Assurément chaque Etat a le droit et le devoir de protéger ses nationaux en pareille circonstance et, si ses réclamations ne sont pas écoutées, il peut recourir à des mesures énergiques, telles que les représailles et la déclaration des hostilités. Mais cette façon d'agir ne constitue pas une intervention ; celle-ci n'apparaît que lorsqu'un Etat contraint un autre à modifier sa législation ou son organisation administrative de manière à donner satisfaction aux nationaux étrangers dans son territoire. Nous verrons un exemple remarquable de cette intervention en Turquie et en Egypte. Au contraire, l'action combinée de la France avec l'Angleterre et l'Espagne dans le Rio de la Plata de 1838 à 1850, et au Mexique de 1861 à 1863, n'était qu'une mesure de coercition pour sauvegarder les droits de leurs nationaux et obtenir réparation des dommages qu'ils avaient soufferts ; la France seule intervint ensuite au sens vrai de l'expression, en prenant parti au Mexique contre le gouvernement de Juarez et en voulant imposer à ce pays le gouvernement de Maximilien d'Autriche.

Dans le même ordre d'idées, il faut répudier les interventions qui ont uniquement pour objet de soutenir les tentatives des populations de même nationalité contre le gouvernement qui les régit : le principe des nationalités est, nous l'avons déjà dit, une idée politique plus ou moins discutable ; il ne peut servir de base à une intervention, car celle-ci ne se comprend que sous la forme du droit de défense ou de conservation.

202. 6° L'intervention pour défendre des coreligionnaires opprimés par l'intolérance d'un gouvernement étranger ne peut être également soutenue, car on ne voit pas en quoi le simple lien de la religion commune autoriserait un pays à s'immiscer dans la souveraineté intérieure d'un autre au point de vue des lois confessionnelles. Du reste, chaque fois que l'on a pratiqué ce genre d'intervention, par exemple en Turquie, on n'a guère abouti qu'à provoquer des difficultés internationales ; la protection des coreligionnaires peut être un excellent moyen d'influence d'un pays dans un autre, mais le but avoué, c'est-à-dire l'amélioration du sort des coreligionnaires eux-mêmes, a été rarement atteint.

203. 7° Plusieurs auteurs, tels que Heffter et Neumann, reconnaissent le bien fondé d'une intervention qui a pour objet d'empêcher un changement constitutionnel de nature à nuire à un autre gouvernement, par exemple en modifiant les droits successoraux d'après lesquels la souveraineté d'un Etat peut passer au monarque d'un autre. Nous ne saurions admettre cette solution qui est contraire au principe moderne de l'indépendance des peuples dans leur organisation politique : en vertu de la souveraineté interne dont il est doté, chaque pays adopte la constitution qui lui convient, sans tenir compte de prétendus droits personnels des monarques qui n'ont plus leur raison d'être depuis que l'idée de la souveraineté individuelle a disparu, pour faire place à celle de la souveraineté résidant dans le peuple lui-même.

204. 8° Peut-il y avoir intervention pour contraindre un pays à des changements intérieurs quand ils sont nécessaires pour assurer la sécurité des autres pays, par exemple pour faire dissoudre une association qui a pour objet de comploter contre un gouvernement étranger ? En vertu du droit de défense qui lui appartient, un Etat peut exiger d'un autre qu'il ne tolère pas sur son territoire et qu'il n'encourage pas par l'impunité les tentatives faites contre lui ; après des réclamations sans résultat il pourra recourir aux mesures violentes ordinaires par lesquelles un pays se défend contre les attaques venues du dehors. Mais l'immixtion par la force dans la souveraineté interne d'un pays, pour lui imposer un changement de ses lois ou de ses institutions, implique une action qui va jusqu'à l'anéantissement de l'indépendance de cet Etat ; il faut lui laisser l'initiative d'une

réforme que l'on obtiendra par des observations amiables ou, si
c'est nécessaire, à la suite des mesures énergiques auxquelles
on aura eu recours. L'expérience montre, au surplus, que les
Etats puissants abusent souvent de ce prétexte vis-à-vis des
Etats faibles en les accusant de servir d'abri aux conspirateurs
qui agissent contre eux, comme on l'a vu dans les récents
démêlés de l'Allemagne et de la Suisse au sujet des manœuvres
des socialistes (Affaire du commissaire Wohlgemuth, v. n° 349).

§ III. *Des divers modes d'intervention.*

205. On distingue quatre manières d'intervenir :

a) L'intervention *officieuse* ou *diplomatique* qui se manifeste
par des observations présentées sans publicité ; *b)* l'intervention
officielle, diplomatique également, mais par des actes rendus
publics ; *c)* l'intervention *pacifique,* sous la forme d'un arrangement, et qui se réalise par des conférences internationales ou
des Congrès. Dans ces trois cas, il faut qu'il y ait avis comminatoire exprès ou implicite pour contraindre l'autre pays à se soumettre aux observations présentées ; sans cela il n'y aurait
qu'offre de conseils, de bons offices ou de médiation, et il n'y
aurait pas intervention, c'est-à-dire la volonté d'un gouvernement *s'imposant* à un autre.

d) Enfin, à défaut de succès des premières tentatives amiables, on recourt à l'intervention *armée* qui se traduit par une
démonstration militaire, ou même par la guerre.

§ IV. *Historique de l'intervention.*

206. Dans l'antiquité, l'absence de principe arrêté en ce qui
concerne l'égalité juridique des Etats et le respect réciproque
dû à leur indépendance provoque des interventions incessantes.
Les Etats helléniques interviennent continuellement les uns
chez les autres pour éviter la rupture de l'équilibre au bénéfice
de l'un d'eux : c'est ce que l'on constate notamment dans la
lutte des Etats grecs dirigée par Sparte contre Athènes et qui
amena la guerre du Péloponèse, puis dans celle de Sparte et
d'Athènes réunies contre Thèbes.

Quant aux Romains, leur politique n'a été qu'une longue
série d'interventions entre les peuples, dans le but de tirer tou-

jours profit de leur immixtion soit violente, soit à titre arbitral (V. Montesquieu, *Considérations sur les causes de la grandeur et de la décadence des Romains*, ch. VI).

Au moyen-âge, l'intervention est une conséquence forcée de la féodalité; le Pape et les empereurs du Saint-Empire par rapport à tous les Etats et les autres monarques par rapport aux puissances subordonnées, s'immiscent dans la politique intérieure ou extérieure des vassaux et dans les guerres privées qui éclatent entre les seigneurs féodaux, en vertu d'un droit de suzeraineté plus ou moins fondé suivant les cas.

A compter du xvi° siècle, on trouve une nouvelle raison d'intervenir dans les luttes religieuses, la défense de l'orthodoxie fournissant un prétexte pour s'immiscer dans les affaires des autres Etats, jusqu'à ce que, à la fin de la guerre de Trente ans, le traité de Westphalie de 1648 eût écarté l'élément confessionnel dans la politique réciproque des Etats chrétiens.

Ce sont ensuite l'ambition de Louis XIV et les préoccupations de la diplomatie au sujet du maintien de l'équilibre qui amènent de nouvelles interventions pendant la seconde moitié du xvii° et tout le xviii° siècle.

207. La Révolution posa d'abord le principe de l'indépendance des peuples au point de vue de leur organisation intérieure et la règle de la non-intervention, dans le décret du 20 avril 1790. Mais l'Europe coalisée contre elle voulut au contraire intervenir dans les actes de politique intérieure de notre pays; le 27 août 1791, l'empereur d'Autriche et le roi de Prusse lançaient de Pilnitz leur déclaration annonçant qu'ils voulaient rétablir le trône de Louis XVI; le 23 juillet 1792, le duc de Brunswick, généralissime des alliés, menaçait de mort les autorités républicaines et Paris de dévastation si le roi et sa famille étaient outragés; on sait quel fut le résultat de cette brutale intervention aussi impudente que maladroite. La Convention y répondit par le décret du 19 novembre 1792, véritable appel à l'insurrection adressé à tous les peuples, avec promesse d'intervention armée à leur profit. En fait, cette politique d'intervention dans la constitution politique des peuples fut pratiquée aussi souvent que le permettait la victoire, comme le prouve la fondation des républiques batave, cisalpine, romaine, parthénopéenne, et sous Napoléon Ier celle des Etats monarchi-

ques vassaux au profit des parents ou des généraux du conqué-
rant.

Après la chute de Napoléon, l'Acte de la Sainte-Alliance ne
fut qu'un accord entre les grands monarques d'Europe pour
intervenir dans les Etats où le principe monarchique serait
compromis afin de l'y maintenir. La doctrine nouvelle, proclamée encore au Congrès de Laybach en 1821 et au Congrès
de Vérone en 1822, fut précisée dans la note de M. de Metter-
nich, datée de Laybach le 12 mai 1821, comme le résultat de
la mission divine conférée aux souverains légitimes pour régir
les peuples, sans que ces derniers eussent le droit d'émettre la
moindre réforme ni de prendre aucune initiative. Malgré les
résistances de l'Angleterre dont le ministre, lord Castlereagh,
répudiait, le 19 janvier 1821, toute intervention qui ne serait
provoquée que par le désir de combattre certaines idées, pour
n'admettre que celle qui serait amenée par la défense même des
Etats (V. nº 197), l'union des cinq grandes Puissances (Angleterre, Autriche, France, Prusse et Russie), formant la Pentarchie créée à Aix-la-Chapelle en 1818, aboutit à une série
d'interventions odieuses. Sans écouter les protestations de
l'Angleterre, on dut cependant quelquefois reculer devant l'énor-
mité de la doctrine de la Sainte-Alliance et chercher à colorer
autrement les immixtions violentes dans la politique intérieure
des autres Etats : ainsi Châteaubriand, en 1823, essayait de
justifier l'intervention de la France en Espagne, en invoquant
un prétendu intérêt légitime et la sécurité de notre pays, ce qui
n'empêcha pas l'Angleterre de renouveler ses protestations.

En même temps que l'Europe était absorbée par ces interventions en faveur des monarchies compromises, on eut à s'occuper
de la situation des colonies espagnoles d'Amérique devenues
indépendantes. L'Angleterre qui était intervenue en Portugal
en 1826, sur l'appel de la régente, pour combattre le gouvernement absolutiste de dom Miguel, et pour défendre ses intérêts
compromis par l'ingérence de l'Espagne, se refusa à toute action
uniquement fondée sur le désir de combattre l'indépendance
politique des colonies insurgées; à la suite des déclarations
faites à ce sujet par lord Canning à l'ambassadeur de France,
M. de Polignac, toute idée d'intervention en Amérique fut
écartée.

208. Doctrine de Monroë. — On vit alors apparaître, au sujet des relations de l'Europe et de l'Amérique, un élément considérable, sous la forme de la résistance des Etats-Unis à toute ingérence dans le Nouveau-Monde des gouvernements européens.

Dans le message lu à l'ouverture du Congrès de Washington, le 2 décembre 1823, le président Monroë fit une déclaration qui peut se résumer dans les deux propositions suivantes.

1° De même que les Etats-Unis n'interviennent pas dans les affaires des Etats européens, de même ils entendent s'opposer à toute immixtion de ces derniers dans les Etats américains, parce qu'elle serait un danger actuel ou prochain pour eux-mêmes. Cette déclaration fut approuvée par l'Angleterre et les Etats de l'ancien continent n'insistèrent pas.

2° A propos d'une question de limites entre les Etats-Unis et la Russie dans l'Amérique russe, Monroë ajoute que tout le continent américain est parvenu à un tel état d'indépendance qu'il ne peut plus être l'objet d'aucune occupation ni colonisation de la part des pays d'Europe. C'est ce que l'on exprime par la fameuse formule : *L'Amérique aux Américains.*

L'Angleterre ne voulut pas admettre la portée absolue de cette deuxième proposition.

Au fond, la doctrine de Monroë est l'expression d'une véritable hégémonie des Etats-Unis sur tous les Etats américains, sous la forme d'une mission de protection qu'ils s'attribuent vis-à-vis d'eux contre toute ingérence de l'Europe, et d'un sentiment d'intérêt personnel pour combattre toute intervention venant des gouvernements européens et qui pourrait leur nuire. Cet esprit ne tarda pas à se manifester. A l'instigation de Bolivar, un Congrès des Etats de l'Amérique latine fut convoqué ; seuls le Mexique, la Colombie, le Guatémala et le Pérou envoyèrent leurs représentants à Panama, du 22 juin 1826 au 15 juillet. Le Congrès de Panama adhéra complètement à la doctrine de Monroë, ce qui provoqua une opposition immédiate des Etats-Unis à toute union qui aurait eu pour résultat de placer en d'autres mains que les leurs la défense du principe d'indépendance de l'Amérique vis-à-vis de l'Europe.

209. A partir de 1830, les idées d'intervention qu'avait émises et appliquées la Sainte-Alliance s'affaiblissent peu à peu pour disparaîtrè. L'Europe monarchique ne songea pas à restaurer le trône de Charles X, et lorsque l'Autriche voulut intervenir dans les Etats pontificaux en 1831, on sait qu'elle se heurta à l'opposition de la France qui occupa Ancône jusqu'en 1838. L'intervention française à Rome en 1849, sur l'appel de Pie IX, est une inconséquence politique dont nous avons déjà vu les résultats (V. n° 150). La seule grande intervention dans les Etats d'Europe, en dehors des affaires d'Orient, depuis 1830, est celle des Puissances qui, à la Conférence de Londres de 1831, modifièrent les actes du Congrès de Vienne en reconnaissant l'indépendance de la Belgique insurgée (V. n° 142). Cette intervention collective, justifiée par l'appel de la Belgique elle-même et par la sécurité des Etats entre lesquels l'équilibre aurait été rompu si l'un d'eux s'était seul immiscé dans sa lutte avec les Pays-Bas pour la confisquer à son profit, était commandée par les nécessités de la paix européenne et par le droit de conservation des Puissances intéressées.

§ V. *Intervention dans les affaires de la Turquie ; question d'Orient* (1).

210. Dès que la Turquie fut mise en échec par l'Europe chrétienne, elle dut faire des concessions au point de vue de la condition de ses sujets chrétiens ; on en vint ainsi bien vite à conférer aux Puissances les plus intéressées, spécialement à la Russie, un droit de protection sur les sujets non musulmans de la Sublime Porte, et à ouvrir largement la voie des interventions dans les affaires intérieures de l'Empire ottoman. Spécialement, le traité de Kutschuck-Kaïnardgi du 27 juillet 1774, entre la Turquie et la Russie, attribue à cette dernière la protection de la religion chrétienne et de ses églises et garantit des avantages particuliers au point de vue administratif et politique aux Moldaves et Valaques soumis au Sultan. Le traité de Bucharest du 28 mai 1812 entre les mêmes Puissances confirme

(1) Engelhardt, *La Turquie et le Tanzimât,* 2 vol. ; Kebedgy, *op. cit. suprà ;* A. Sorel. *La Question d'Orient au* xviii° *siècle ;* Rolin Jœquemyns, *La Question d'Orient en 1885-1886,* R. D. I., t. XVIII, p. 378 et XIX, p. 38 ; Milovanovitch, *Des traités de garantie,* pp. 289 et suiv. ; *Le Droit international et la Question d'Orient,* par Rolin Jœquemyns, R. D. I., 1876. p. 293 ; *Etudes diplomatiques sur la guerre de Crimée,* par un ancien diplomate (Jomini), Paris, 1874.

ces concessions et étend les avantages administratifs et politiques à la Serbie qui, du reste, après la vaillante lutte dirigée par Miloch Obrenowitch, finit par conquérir son autonomie.

Au Congrès de Vienne de 1815, l'empereur Alexandre Ier appelait l'intervention des souverains pour défendre les chrétiens de la Turquie contre les abus du pouvoir musulman; cependant le Congrès délaissa cette question, soit par méfiance à l'égard de la Russie que l'on craignait de voir recueillir seule le bénéfice de toute intervention, soit pour éviter de soutenir des insurgés contre le Sultan leur souverain, ce qui eût été contraire à l'esprit général des grandes Puissances, si bien révélé alors par la Sainte-Alliance.

Mais bientôt l'insurrection de la Grèce ayant été réprimée avec barbarie par les Turcs, l'Europe fut contrainte d'intervenir. Dans la convention de Londres du 6 juillet 1827, la Russie, l'Angleterre et la France justifièrent leur intervention en invoquant : 1° l'appel de la nation grecque; 2° la nécessité de mettre fin à une lutte qui, par sa durée et sa violence, risquait de troubler la sécurité des Puissances chrétiennes (V. n° 198). La Turquie ayant refusé la médiation de ces Puissances, la flotte de ces dernières alla se placer en observation pour arrêter les navires égyptiens qui venaient au secours de la Turquie ; on sait que, après la bataille de Navarin (20 octobre 1827), où fut anéantie la flotte turco-égyptienne, l'invasion de la Morée par les troupes françaises et l'entrée des Russes sur le territoire ottoman, la Sublime Porte reconnut l'indépendance de la Grèce au traité d'Andrinople du 14 septembre 1829, ce qui fut confirmé par les Puissances dans le protocole de Londres du 3 février 1830 (V. n° 116).

211. Nouvelle intervention en 1840, mais cette fois en faveur de la Turquie menacée par le gouverneur de l'Egypte, Méhémet-Ali, déjà vainqueur des troupes turques en Syrie. On pourrait ne voir dans ce fait qu'une simple alliance avec un Etat, la Turquie, contre un Etat ennemi, l'Egypte : mais cette dernière n'étant alors qu'une province turque, les Puissances prenaient parti pour un souverain contre ses sujets révoltés et, s'immisçant ainsi dans les affaires intérieures de l'empire ottoman, réalisaient une véritable intervention. On justifiait cette façon d'agir par la crainte de voir se substituer au gouvernement déjà

affaibli des Sultans de Constantinople une autre autorité musul-
mane pleine d'initiative et peut-être de fanatisme qui aurait rou-
vert l'ère des combats entre l'Europe chrétienne et l'Islamisme.
D'autre part, on ne voulait pas permettre à la Russie d'intervenir seule, ce qui aurait rompu l'équilibre européen à son profit.
En effet, par le traité d'Unkiar Skélessi du 8 juillet 1833, la
Turquie s'engageait à fermer les Dardanelles à tous les navires
de guerre étrangers, sauf à ceux de la Russie si celle-ci le
demandait; il fut dit alors justement que la Sublime Porte
n'était que le *Sublime Portier* des Dardanelles pour le compte
de la Russie.

On affirma très nettement à cette occasion le caractère des
rapports des Puissances avec la Turquie; dans une note collective remise au Sultan pour l'empêcher de traiter avec Méhémet-
Ali en lui cédant la Syrie, on déclara que les questions relatives
à l'intégrité de l'Empire ottoman sont des questions d'*intérêt
européen,* et l'on posa ainsi le principe de la *tutelle* de l'Europe
chrétienne sur la Turquie. Pour résoudre la difficulté, la *Quadruple Alliance* du 15 juillet 1840 entre la Russie, l'Angleterre,
l'Autriche et la Prusse, avec adhésion de la Turquie plus tard,
donna l'Egypte à Méhémet-Ali à titre héréditaire et fit de lui et
de ses successeurs des vassaux du Sultan (V. n° 127). La France,
restée en dehors de la Quadruple Alliance, ne rentra dans le
concert européen sur cette grave question qu'en participant à
la Convention dite des *Détroits,* conclue à Londres le 13 juillet
1841, en vertu de laquelle les Dardanelles étaient fermées aux
navires de guerre de tous les pays pour annihiler ainsi le
privilège exorbitant que s'était fait donner la Russie dans le
traité d'Unkiar-Skélessi.

212. Arrêtées un moment, les entreprises de la Russie contre
la Turquie reprirent bientôt leur cours; les provinces danubiennes furent occupées par les troupes moscovites. La préoccupation de l'équilibre européen ainsi menacé devait inévitablement provoquer un conflit; un prétexte insignifiant, des difficultés
entre les moines latins protégés par la France et les moines grecs
protégés par la Russie pour la possession des églises de Jérusalem
et de Bethléem, suffit pour le faire éclater. La France et l'Angleterre, le 10 avril 1854, s'allièrent pour défendre la Turquie
contre la Russie; la Sardaigne se joignit à elles un an après. A

la suite des campagnes de Crimée et de la Baltique (1854-1856),
le traité de Paris du 30 mars 1856, l'un des plus importants au
point de vue du Droit des gens, fut conclu entre l'Autriche,
l'Angleterre, la France, la Prusse, la Russie, la Sardaigne et la
Turquie. Puis, par la convention du 15 avril 1856, l'Angleterre,
l'Autriche et la France se déclarèrent garantes *individuellement*
et *collectivement* de l'observation du traité de Paris, pour le
maintien de l'indépendance et de l'intégrité de la Turquie, en
considérant toute violation du traité à ce point de vue comme
un *casus belli*.

Par les articles 8 et 9 du traité du 30 mars 1856, les Puissances, *tout en s'abstenant d'immixtion dans les affaires intérieures de la Turquie,* s'engagent *obligatoirement* à soumettre
les différends qu'elles auront avec elle à la médiation des autres
Puissances signataires ; tous les conflits avec l'Empire ottoman
sont réputés d'un intérêt européen et soumis à l'appréciation
des Etats qui ont conclu le traité de 1856.

La convention du 15 avril 1856 ne lie que les trois Etats qui
l'ont conclue et la Turquie ne saurait s'en prévaloir ; mais elle
peut invoquer l'article 7 du traité du 30 mars 1856 par lequel
son indépendance et son intégrité sont garanties comme des
questions d'intérêt européen. L'opinion contraire, d'après laquelle
les Puissances garantes pourraient seules invoquer cet article,
opinion soutenue par le gouvernement anglais à la Chambre
des Lords le 8 février 1877, ne tient pas compte du caractère
synallagmatique du traité et des droits qu'en tire la Turquie
comme partie contractante. D'autre part, la Russie interprète
cet article 7 en ce sens qu'elle est *obligée* de ne pas attenter à
l'indépendance et à l'intégrité de l'Empire ottoman, mais non
de les *défendre* si elles sont compromises par une Puissance
tierce ; elle n'aurait, d'après elle, à ce dernier point de vue,
qu'une simple faculté.

Par la généralité de ses termes et par ses précédents de l'intervention de 1840 contre Méhémet-Ali, le traité de Paris semble devoir garantir la Turquie contre les attaques de ses sujets
révoltés aussi bien que contre celles qui viennent du dehors :
cependant, par l'organe de lord Derby (Déclaration du 15 juin
1876), au sujet de la guerre déclarée par la Serbie et le Mon-

ténégro, l'Angleterre ne s'est pas reconnu le droit d'intervention dans les conflits entre le Sultan et ses vassaux.

Bien que l'article 9 du traité de Paris interdise aux Puissances de s'immiscer dans les rapports du Sultan et de ses sujets et dans l'administration intérieure de la Turquie, il faut l'entendre en ce sens que, si l'on a admis la Turquie dans le concert européen et surtout si l'on a garanti son indépendance et son intégrité, c'est à la condition que la Porte réaliserait les réformes promises pour l'égalité religieuse et civile de ses sujets, l'administration de la justice, la gestion des finances, les mesures contre la partialité et la corruption de ses fonctionnaires. En fait, les interventions dans les affaires intérieures de la Turquie s'expliquent par le non-accomplissement de ces réformes toujours promises et toujours éludées.

L'intervention de l'Europe fut au contraire nettement affirmée comme un droit pour le maintien des avantages administratifs et politiques concédés à la Moldavie et à la Valachie, devenues la Roumanie, et à la Serbie (articles 24, 26, 27 et 28 du traité de Paris).

213. Le principe d'intervention posé par le traité de Paris a reçu de nombreuses applications.

En 1860, à la suite du massacre des chrétiens maronites du Liban par les Druses avec la complicité tacite des autorités turques, la France envoya un corps expéditionnaire en Syrie, en vertu du protocole de Paris du 3 août 1860 ; les troupes françaises occupèrent la Syrie jusqu'au 5 juin 1861, et la Turquie accepta qu'une commission internationale réglât la condition des chrétiens du Liban qui devaient avoir un gouverneur de leur religion et des garanties de sécurité et de liberté de culte. Ce règlement, élaboré le 1er mai 1861, a été approuvé par le protocole de Constantinople du 9 juin 1861 et renouvelé en 1864 et en 1868.

En 1866 l'île de Crête ou Candie s'insurgea ; les Turcs réprimèrent la révolte avec la dernière rigueur ; l'intervention des Puissances, préparée en octobre 1867, n'aboutit pas ; leur indifférence fut telle que les insurgés blessés durent être recueillis par des navires américains, ceux des Etats européens leur ayant refusé asile. La Grèce ayant voulu aider l'insurrection, on s'opposa à sa tentative et même, dans la conférence de

Paris du 9 février 1869 destinée à régler le différend entre la Turquie et la Grèce, la première fut admise comme partie délibérante, tandis que la seconde n'avait que voix consultative, ce que l'on chercha à expliquer en disant que la Grèce n'avait pas participé au traité de Paris de 1856 et n'avait pas ainsi le droit de prendre part à la conférence.

Le 21 octobre 1870, profitant du trouble provoqué par la guerre franco-allemande, la Russie demanda l'abrogation des articles 11, 13 et 14 du traité du 30 mars 1856 qui déclaraient la mer Noire neutre et limitaient les forces navales que la Russie et la Turquie pouvaient y maintenir. La conférence de Londres du 17 janvier 1871 aboutit au traité du 13 mars 1871 qui accepte la demande de la Russie après avoir solennellement posé le principe qu'aucun Etat ne peut se délier de ses engagements sans l'assentiment des autres contractants (V. n° 59, 3° et 425).

En 1875, à propos de l'insurrection de la Bosnie et de l'Herzégovine, la France, l'Allemagne, l'Autriche, la Russie et l'Italie offrirent leur médiation que la Turquie accepta. L'Angleterre résista à cette immixtion et ne consentit à accepter la médiation que pour *obliger* le Sultan (lettre de lord Derby du 24 août 1885; V. n° 212). Peu confiants dans les promesses de la Porte, les insurgés refusèrent de désarmer; alors, au nom de l'Allemagne, de l'Autriche et de la Russie, le comte Andrassy, chancelier d'Autriche, rédigea une note collective qui développe le principe d'intervention en Turquie fondé sur le droit d'exiger d'elle les réformes promises à l'Europe (30 décembre 1875, V. n° 212 *in fine*). Sur ces entrefaites, les hostilités continuèrent et les consuls de France et d'Allemagne furent massacrés à Salonique avec la complicité tacite des autorités turques (6 mai 1876).

Le 12 mai 1876 un Congrès formé des représentants de France, d'Angleterre, d'Italie, de Russie, d'Autriche et d'Allemagne se réunit à Berlin; un *memorandum* fut adressé au Sultan le 13 mai pour lui imposer certaines réformes. Mais l'Angleterre refusa d'y adhérer en le considérant comme attentatoire à la souveraineté de la Turquie; les massacres commis par les Turcs en Bulgarie lui firent changer d'avis, surtout après les instances éloquentes de M. Gladstone, et acquiescer à une intervention que demandaient la Serbie et le Monténégro qui avaient déclaré la guerre à la Turquie le 28 juin et le 2 juillet 1876. Le 28 septembre 1876, sir Henry Elliot proposa des réformes à la Turquie qui en accepta la discussion en principe dans une conférence tenue à Constantinople du 11 au 22 décembre. Pendant la Conférence, la Turquie proclama solennellement une nouvelle constitution libérale avec un prétendu régime parlementaire, dans le but d'en imposer aux Puissances et d'opposer à leurs demandes l'indépendance des représentants du peuple turc, seuls compétents pour établir les lois d'organisation intérieure. Dédaignant ce procédé un peu grossier, la Conférence dut cependant se dissoudre devant le mauvais vouloir de la Porte. Le protocole de Londres des 19-31 mars 1877, signé par les Puissances, présenta alors la liste des réformes que la Porte devait réaliser *sous la surveillance de leurs représentants*. Le Sultan refusa ce contrôle humiliant pour lui, le 9 avril. Prenant alors toute l'initiative de l'intervention, la Russie lui déclara la guerre le 24 avril, et victorieuse après une lutte acharnée, lui imposa le traité de paix de San-Stefano du 3 mars 1878.

214. Sur les réclamations de l'Angleterre et de l'Autriche, une révision de ce traité fut demandée pour assurer sa conformité avec celui du 30 mars 1856 qui fait de toutes les relations d'un État signataire avec la Turquie une question d'intérêt général européen.

Dans ce but fut tenu le Congrès de Berlin du 13 juin au 13 juillet 1878, avec la participation de l'Allemagne, de l'Angleterre, de l'Autriche, de la France, de l'Italie, de la Russie et de la Turquie. En même temps, par un traité d'alliance du 4 juin 1878, l'Angleterre obtenait de la Turquie l'*occupation* de l'île de Chypre pour être à même de mieux défendre la Turquie d'Asie, et avec l'engagement quelque peu dérisoire de la restituer quand la Russie restituerait Kars et ses autres conquêtes en Arménie.

Le traité de Berlin du 13 juillet 1878, auquel a abouti le Congrès des puissances, contient d'importantes dispositions dont les principales sont les suivantes.

1° La Bulgarie est constituée en principauté autonome, tributaire et vassale de la Porte, avec un prince élu par la population, confirmé par le Sultan avec l'assentiment des Puissances, et qui ne doit pas appartenir à une des familles régnantes dans les grandes puissances européennes (art. 1, 2, 3, 4). Tous les traités conclus par la Porte avec les autres Etats continuent à s'appliquer à la Bulgarie ; les *capitulations.* y sont également maintenues, sauf changement accepté par les parties intéressées (V. n° 360). La Bulgarie supporte une part de la dette ottomane (V. n° 97) ; les troupes turques ne peuvent plus y séjourner, mais elle doit raser toutes ses fortifications (V. n° 128 ; art. 8, 9, 11).

2° Au sud des Balkans, il est formé une province, la Roumélie orientale, placée sous l'autorité du Sultan, avec une autonomie administrative, sous un gouverneur général chrétien, nommé pour cinq ans par la Porte *avec l'assentiment des puissances.* Tous les traités de la Turquie s'appliquent à cette province et les *capitulations* y sont maintenues (art. 13 à 21).

3° La Bosnie et l'Herzégovine sont occupées et administrées par l'Autriche (art. 25).

4° Le Monténégro est reconnu indépendant ; mais il ne peut avoir ni pavillon ni bâtiments de guerre ; la police maritime et sanitaire est exercée par l'Autriche au moyen de bâtiments légers ; c'est l'Autriche aussi qui est chargée de la protection consulaire du pavillon marchand monténégrin (art. 26 à 30).

5° La Serbie et la Roumanie sont déclarées indépendantes (V. n° 119) avec maintien des capitulations tant qu'elles n'auront pas été modifiées du consentement des Etats intéressés (art. 39, 43 et 47).

6° Le traité de Paris du 30 mars 1856 et celui de Londres du 13 mars 1871 sont maintenus pour toutes les dispositions non modifiées ou abrogées par le traité de Berlin du 13 juillet 1878 (art. 63).

7° La Porte prend l'engagement d'assurer la sécurité de ses sujets d'Arménie contre les populations circassiennes et kurdes ; elle garantit l'égalité civile et politique ainsi que la liberté du culte, le droit de protection des agents diplomatiques et consulaires sur leurs nationaux et les établissements religieux fondés par eux, et on maintient les droits particuliers de la France pour le protectorat religieux dans les lieux saints (art. 61 et 62). Ces dispositions, qui accusent une intervention directe dans l'organisation intérieure de la Turquie au point de vue confessionnel, se trouvent également imposées à la Bulgarie, à la

Serbie, à la Roumanie et au Monténégro en faveur des musulmans, comme on les a imposées à la Turquie en faveur des chrétiens (art. 5, 27, 35 et 44).

215. Depuis le traité de Berlin, la Serbie et la Roumanie se sont érigées en royaumes ; mais c'est en Bulgarie que les événements ont surtout attiré l'attention de l'Europe. Le prince Alexandre de Battenberg avait été élu prince de Bulgarie, sous l'influence de la Russie, le 29 avril 1879 ; le 18 septembre 1885, une révolution éclatée à Philippopoli prononça l'union de la Roumélie orientale à la Bulgarie, malgré le traité de Berlin qui maintenait cette province sous l'autorité directe du Sultan. Sur la réclamation de la Porte, une conférence fut convoquée à Constantinople en novembre 1885 : mais les Puissances n'y montrèrent que de l'indifférence et le désir de ne pas intervenir dans cette difficulté. Alors la Serbie, invoquant l'équilibre des États slaves dans la presqu'île des Balkans, déclara la guerre à la Bulgarie et fut vaincue, ce qui confirma l'union de cette dernière et de la Roumélie et détermina le Sultan à nommer le prince Alexandre de Battenberg gouverneur de la Roumélie pour cinq ans, le 31 janvier 1886. Le prince ayant abdiqué à la suite d'une révolution le 7 septembre 1886, une régence fut organisée et l'Assemblée bulgare, le *Sobranié,* élut le prince Ferdinand de Saxe-Cobourg, officier hongrois, le 7 juillet 1887, sous l'influence de l'Autriche. Le 25 février 1888, la Russie, la France et l'Allemagne protestèrent contre cette élection faite sans l'assentiment des Puissances et contrairement à l'art. 3 du traité de Berlin. La Cour suprême de l'Empire allemand siégeant à Leipzig vient même de juger que le prince de Bulgarie, irrégulièrement élu, n'a pas le titre de souverain (janvier 1892, *J. Clunet,* 1892, p. 1090). Depuis lors, les choses restent dans le *statu quo* sans que personne intervienne directement pour faire respecter le traité de Berlin, dans la crainte de provoquer un conflit dont les conséquences peuvent être terribles et hors de proportion avec les intérêts en jeu.

216. Tel est ce traité de Berlin qui a eu pour but de sauvegarder l'équilibre européen en restreignant l'action prépondérante de la Russie en Orient et de conduire la Turquie dans la voie des réformes, surtout au point de vue des populations chrétiennes. Il est fort douteux qu'il ait atteint ce dernier but. Après avoir constaté l'incurie ou le mauvais vouloir de la Turquie pour accomplir les réformes demandées, le plus simple eût été d'affranchir complètement les populations opprimées à raison de leur nationalité ou de leur religion. On n'a accompli cette œuvre qu'à moitié pour en réaliser une autre d'un caractère tout politique sous l'influence de l'Allemagne. Celle-ci a réussi à paralyser l'influence russe dans les Balkans au profit de l'Autriche qui est ainsi engagée dans la politique orientale où elle fraie la voie à l'Allemagne, en même temps qu'elle est détournée des questions de la politique allemande au centre de l'Europe et mise en opposition avec la Russie pour le plus grand bien de l'empire germanique. D'autre part, on a complètement sacrifié les petits Etats slaves au profit des grandes Puissances : la Serbie à l'Autriche pour la Bosnie et l'Herzégovine, la Roumanie à la Russie pour la Bessarabie, la Grèce à l'Angleterre pour l'île de Chypre.

Le traité de Berlin est une œuvre de politique égoïste qui ne saurait avoir qu'un caractère provisoire, comme l'ont bien reconnu les Puissances qui se sont refusées à *le garantir*.

217. De l'historique qui précède il résulte que la Turquie, frappée de déchéance matérielle et morale, placée en tutelle, soumise à d'incessantes interventions de la part des Puissances signataires des traités de Paris et de Berlin, n'a plus qu'une souveraineté amoindrie et à certains égards nominale. Sa subordination s'accuse encore par le contrôle que les Puissances exercent sur sa gestion financière et même sur les dépenses personnelles du Sultan, pour sauvegarder les droits de ses créanciers, depuis que, en 1859, la France et l'Angleterre ont garanti l'emprunt turc.

CHAPITRE VI

DROIT DE REPRÉSENTATION (1)

SECTION I

NOTIONS GÉNÉRALES

218. Le droit de représentation est le droit pour un Etat d'envoyer des agents, dits diplomatiques, pour le représenter

---

(1) V. pour l'ancien droit : de Wicquefort (1590-1660), *L'ambassadeur et ses fonctions ;* pour le droit moderne : Ch. de Martens, *Le Guide diplomatique,* 5ᵉ

auprès des autres Etats, et d'en recevoir de ces derniers. On l'appelle aussi droit de *légation,* du mot *legatus,* envoyé ou représentant.

Ce droit est actif ou passif, suivant qu'on l'envisage au point de vue de la faculté d'envoyer ou de recevoir des agents diplomatiques.

De tout temps il a été exercé comme le seul moyen de maintenir les rapports internationaux. Mais, primitivement, les envoyés étaient généralement chargés d'une mission spéciale et par conséquent temporaire. Cependant les Papes avaient des représentants permanents auprès des empereurs de Constantinople, puis auprès des rois franks, pour régler les affaires religieuses *(apocrisarii* ou *responsales),* et l'Italie paraît avoir la première généralisé cette institution, particulièrement Venise qui avait à Constantinople, dès la fin du xvᵉ siècle, un représentant chargé de juger ses nationaux, le *Bailo.* Louis XI eut aussi des agents permanents en Angleterre et en Bourgogne. Mais c'est au xviᵉ siècle, et surtout depuis Richelieu au xviiᵉ, que les légations sont devenues universellement permanentes.

218 *bis.* Le droit de légation est absolu en ce sens que nul Etat ne peut empêcher les autres de l'exercer dans leurs rapports respectifs ; mais, d'autre part, aucun pays ne peut l'imposer vis-à-vis de lui, c'est-à-dire contraindre un autre à recevoir ses représentants ou à lui envoyer les siens. Ce droit présente ainsi une analogie frappante avec le droit de commerce international (V. n° 183).

Cependant l'exercice de ce droit est tellement indispensable pour assurer les rapports entre les Etats, qu'un pays qui l'écarte se place en dehors du concert international ; il peut même provoquer des conflits et jusqu'à des hostilités s'il donne à son refus de recevoir des agents diplomatiques un caractère d'antipathie ou d'offense, par exemple en refusant les représentants d'un Etat, tandis qu'il reçoit ceux des autres. En fait, l'envoi d'agents diplomatiques implique l'acceptation de ceux qui seront envoyés par l'autre Etat.

Mais chaque pays peut limiter à sa guise l'exercice du droit

édit. revue par Geffcken, 1886 ; Grenville Murray, *Droits et devoirs des envoyés diplomatiques,* 1883 ; Pradier-Fodéré, *Cours de Droit diplomatique,* 2 vol., 1881 ; Lehr, *Manuel des agents diplomatiques et consulaires,* 1888.

de légation en ce qui le concerne, sauf pour les questions universellement réglées par le Droit international dont l'observation
s'impose aux États qui veulent participer au concert des peuples civilisés, par exemple pour les questions d'immunités que
l'usage général attribue aux agents diplomatiques (V. n°ˢ 233 et
suiv.).

Ainsi la Russie et la Prusse qui ont des agents auprès du
Pape n'en reçoivent pas de lui; un État peut refuser les nonces
et légats qui voudraient invoquer tous les droits que la législation canonique leur donne sur le clergé national en opposition
avec sa propre loi; tout pays enfin peut écarter comme représentants étrangers ses propres nationaux et les personnalités
antipathiques (V. n° 226).

219. L'exercice du droit de légation réside dans le chef de
chaque État qui *accrédite* les représentants du pays auprès des
autres chefs d'État, et auprès duquel sont *accrédités* ceux de
l'étranger.

Les États dont la souveraineté externe est entière ont la
plénitude du droit de légation; les États mi-souverains ne
l'exercent que dans la mesure fixée par le traité qui les rattache
à une autre souveraineté et souvent n'ont d'autres représentants que ceux de cette dernière auprès des Puissances étrangères. Fréquemment les États protégés conservent le droit de
légation passif sans le garder au point de vue actif; c'est ainsi
que la Tunisie peut recevoir des agents diplomatiques de
l'étranger, tandis qu'elle ne peut avoir d'autres représentants
que ceux de la France.

Dans l'union personnelle, le droit de légation est intégralement et indépendamment conservé par chaque État, tandis que,
dans l'union réelle, les pays réunis n'ont qu'une représentation
diplomatique. Il en est de même dans la fédération où le pouvoir fédéral exerce activement le droit de légation et reçoit les
représentants étrangers pour l'ensemble des États réunis qui
n'en forment qu'un seul au point de vue des rapports internationaux.

Dans la confédération, chaque État peut user du droit de
représentation, activement et passivement, pour ses intérêts
particuliers, et le pouvoir central l'exerce pour les intérêts
communs prévus dans le pacte d'union. La Diète de l'ancienne

confédération germanique, malgré le droit que lui donnait la constitution, n'a jamais eu de légation permanente et n'a envoyé que deux fois des agents spéciaux. Dans l'Empire allemand actuel le droit de légation pour tout ce qui concerne les intérêts généraux de l'Allemagne est exercé par l'empereur ; mais les Etats dont la réunion forme l'Empire fédéral ont tenu, à raison de leur caractère monarchique pour la plupart, à conserver le droit d'envoyer et de recevoir des agents diplomatiques pour leurs intérêts particuliers ; ce droit est notamment exercé dans ses rapports avec la France par la Bavière.

SECTION II

CLASSIFICATION DES AGENTS DIPLOMATIQUES

220. On distingue les agents *permanents,* le plus ordinairement employés aujourd'hui, et les agents *spéciaux* chargés d'une mission particulière et temporaire.

On distingue également les *ministres de cérémonie* dont la mission est purement d'apparat et de courtoisie, par exemple pour représenter un gouvernement à une cérémonie qui intéresse un gouvernement étranger, mariage, obsèques, fêtes du couronnement d'un souverain, etc..., et les *ministres d'affaires* dont la mission est de représenter le pays au point de vue de la défense de ses intérêts internationaux.

La hiérarchie des agents diplomatiques a été fixée au Congrès de Vienne (Règlement du 19 mars 1815), dans l'ordre suivant : 1° Les *légats* et *nonces* du Pape et les *ambassadeurs ;* 2° les *ministres* ou *envoyés extraordinaires,* ou *ministres plénipotentiaires* et les *internonces* du Pape ; 3° les *chargés d'affaires.* Depuis le Congrès d'Aix-la-Chapelle (21 novembre 1818), on a ajouté les *ministres résidents* qui prennent rang au troisième degré, entre les ministres plénipotentiaires et les chargés d'affaires.

On ne distingue plus aujourd'hui les ministres *ordinaires* et *extraordinaires ;* la dernière expression, seule conservée, n'est plus qu'une qualification honorifique qui appartient aux agents des deux premières classes ; ceux de la seconde s'appellent, de plus, ministres plénipotentiaires.

221. A quelque classe qu'ils appartiennent, tous les agents diplomatiques ont le même caractère et la même mission; ils sont tous les représentants de leur pays. L'article 2 du règlement de Vienne précité n'attribuait le caractère représentatif qu'aux légats, nonces et ambassadeurs, indiquant par là que seuls ils étaient les représentants de la personne du souverain. Actuellement cette manière de voir exclusivement monarchique doit être écartée; *tous* les agents diplomatiques représentent, non leur souverain, mais le pays qui les envoie.

La seule différence entre les diverses classes d'agents diplomatiques est celle des honneurs auxquels ils ont droit et celle de la préséance. Ceux de la même classe prennent rang entre eux d'après la date de la notification de leur arrivée au lieu où ils exercent leurs fonctions (Règl. de Vienne, art. 4), sans qu'on ait à se préoccuper du renouvellement de leurs pouvoirs, par exemple à la suite d'un changement de souverain dans leur pays, et en tenant compte seulement de la première notification (Décision du corps diplomatique de Madrid du 19 février 1875). Entre agents de classes différentes, on suit la hiérarchie indiquée ci-dessus.

222. Ne sont pas investis du caractère de *représentants* d'un pays ni par conséquent couverts par les immunités dont nous parlerons bientôt et qui sont une conséquence de ce caractère : 1° les consuls, dont la mission est toute différente (V. n° 369); 2° les députés d'une ville ou d'une région envoyés en temps de guerre auprès du souverain ou du général soit de leur propre pays, soit du pays ennemi, pour demander la cessation ou l'adoucissement des hostilités; 3° les *commissaires* sans mission diplomatique chargés par un gouvernement de régler une affaire, par exemple une limitation de frontières, ou d'étudier une question technique, expertise, intérêts commerciaux, postes, chemins de fer, propriété littéraire ou industrielle, etc. ; ces commissaires n'ont les immunités des agents diplomatiques qu'exceptionnellement et par une concession purement gracieuse; 4° les *agents secrets* envoyés à l'insu du gouvernement étranger et qui peuvent même être arrêtés par ce dernier comme espions politiques; 5° les *agents confidentiels,* chargés d'une mission près d'un gouvernement étranger, mais qui, pour des raisons particulières, ne sont pas ostensiblement revêtus du caractère diplomatique et n'en peuvent pas réclamer les privilèges.

223. Il faut tenir compte de la *suite* des agents diplomatiques à laquelle s'étendent, dans la mesure que nous indiquerons plus loin, les privilèges de ces derniers. Elle comprend deux catégories de personnes.

1° Le personnel diplomatique ou officiel de la légation, c'est-à-dire les fonctionnaires qui collaborent avec l'agent diplomatique à l'exercice de sa mission.

Ce sont : *a*) les attachés ou élèves d'ambassade qui, tout en remplissant des fonctions dans les bureaux de la légation, font leur stage de la carrière diplomatique ; *b*) les attachés militaires de l'armée de terre ou de mer, et les attachés techniques envoyés par certains pays, par exemple par l'Allemagne, avec rang après les attachés militaires, pour étudier les questions spéciales, notamment les questions économiques, scientifiques, etc... ; *c*) les secrétaires d'ambassade qui occupent le premier rang dans le personnel de la légation et qui ont pour mission particulière la rédaction des documents diplomatiques ; *d*) les conseillers d'ambassade, titre plus honorifique que portent quelquefois les secrétaires d'ambassade, qui aident l'agent diplomatique de leurs avis ; on les appelle *imans* en Turquie, et ceux des nonces prennent le titre d'*auditeurs ;* dans certaines légations, les conseillers se confondent avec les secrétaires, dans d'autres ils sont distincts et placés immédiatement après les secrétaires ; c'est le premier secrétaire ou conseiller qui remplace l'agent diplomatique absent ou empêché ; *e*) les chanceliers d'ambassade qui ont la garde des archives et sont chargés de la délivrance des pièces intéressant les nationaux ; *f*) les interprètes, appelés *drogmans* en Orient ; *g*) les courriers d'ambassade qui sont inviolables, peuvent réquérir la poste pour leur service et dont les bagages sont dispensés des vérifications de douanes ; *h*) enfin les aumôniers et médecins d'ambassade qui font partie du personnel officiel quand ils sont nommés par l'Etat que représente l'agent diplomatique (V. pour l'organisation en France, décrets des 17 janvier et 12 mai 1891, 11 et 15 octobre 1892).

2° Le personnel non officiel comprend :

A. La famille de l'agent diplomatique habitant avec lui ; la femme de l'ambassadeur a le même rang et les mêmes honneurs que lui dans les cérémonies où elle figure à ses côtés ;

B. Les gens du ministre diplomatique qui se subdivisent en :

a) Gens d'uniforme ou domesticité supérieure, chambellans, maîtres d'hôtel, secrétaires particuliers, médecins et aumôniers nommés par le ministre lui-même ; *b)* livrée ou domesticité inférieure, cochers, laquais, etc.

224. Dans chaque pays, le personnel diplomatique est placé sous la direction du Ministre des affaires étrangères ; c'est lui qui négocie avec les agents étrangers et dirige l'action des agents de son pays à l'étranger. Il donne à ces derniers des *instructions* pour les affaires qu'ils ont à traiter.

En France, l'organisation du Ministère des affaires étrangères. sauf de nombreuses modifications survenues depuis, repose sur l'ordonnance du 13 août 1844. Cette ordonnance règle les attributions du *Bureau du protocole* qui expédie les traités, les brevets et exequatur des consuls, et s'occupe de toutes les questions de cérémonial et d'immunités diplomatiques.

SECTION III

CHOIX DES AGENTS DIPLOMATIQUES

225. Les Etats à honneurs royaux (empires, royaumes, grandes républiques, grands duchés et le Pape) s'envoient réciproquement des ministres du premier rang, ambassadeurs, nonces et légats. Rien n'empêche d'ailleurs les Puissances secondaires de s'en envoyer réciproquement dans leurs rapports respectifs.

Mais, par économie, les grands Etats eux-mêmes ne s'envoient souvent que des agents de second degré ; la France est la seule république qui accrédite des ambassadeurs ; les Etats-Unis n'ont en général que des ministres plénipotentiaires, et c'est depuis le mois de mars 1893 seulement que les légations de France aux Etats-Unis et réciproquement ont été transformées en ambassades. Du reste, on suit habituellement, à cet égard, la règle de la réciprocité ; exceptionnellement la Suisse, qui reçoit de France un ambassadeur, n'envoie dans notre pays qu'un ministre plénipotentiaire.

Parfois un Etat accrédite un même agent diplomatique auprès de différents gouvernements, ce que font souvent les Etats de l'Amérique du Sud ; ou bien plusieurs Etats n'ont qu'un représentant commun dans un même pays : c'est ainsi que les agents des Etats-Unis représentent le Pérou en Chine et au Japon, et que la Chine n'a qu'un représentaut pour Londres et pour Paris.

Certains pays, notamment dans l'Amérique du Sud, se font représenter par des personnes qui n'ont pas leur nationalité, mais qui ne sont pas non plus des nationaux du pays où elles exercent leur mission.

Dans la plupart des pays, on n'accepte pas comme représentant d'un Etat étranger un national, à cause des difficultés que pourrait provoquer l'opposition de sa nationalité qui le soumet à la loi du pays et de son caractère diplomatique qui le met à l'abri de toute action de la juridiction locale. Cette règle, admise en France sous le règne de Louis XVI, a été confirmée par le décret du 26 août 1811, mais pas toujours observée. On peut, au contraire, accepter comme représentant étranger un national naturalisé dans un autre pays : tel fut le cas de M. Pozzo di Borgo, Corse d'origine, et qui représenta la Russie en France sous la Restauration.

SECTION IV

INVESTITURE DES AGENTS DIPLOMATIQUES

226. Pour assurer le succès des missions diplomatiques, il est d'un usage général de s'enquérir tout d'abord, d'une manière officieuse, si l'agent que l'on compte envoyer sera bien accueilli par le gouvernement étranger ; on s'informe ainsi s'il est *persona grata*.

Le gouvernement étranger n'a pas à justifier, en principe, son refus d'accepter comme représentant telle personnalité ; on doit respecter ses antipathies ou ses susceptibilités, quelles qu'elles soient.

227. L'agent diplomatique reçoit du chef de l'Etat qui l'envoie des *lettres de créance* qu'il remet, avec un cérémonial solennel, au chef de l'Etat où il doit remplir sa mission. Les simples chargés d'affaires ne les reçoivent que du Ministre des affaires étrangères de leur pays et les remettent à celui de l'Etat étranger. D'ailleurs, les autres agents diplomatiques doivent les communiquer d'abord au Ministre des affaires étrangères qui s'assure qu'elles peuvent être présentées au chef de l'Etat.

En lui remettant copie de ses lettres de créance, tout agent diplomatique notifie son arrivée au Ministre des affaires étrangères ; la date de cette notification établit sa préséance par rapport aux autres agents de même classe (V. n° 221).

Indépendamment de ses pleins pouvoirs documentés en dehors des lettres de créance et qu'il garde par devers lui, l'agent diplomatique est muni, par son gouvernement, *d'instructions :* si elles sont communiquées au chef d'Etat étranger, celui-ci doit en tenir compte dans les négociations ; si elles sont secrètes, elles ne lient l'agent diplomatique que vis-à-vis de son gouvernement (1). Enfin l'agent diplomatique reçoit des passeports du chef d'Etat qui l'accrédite ; ils sont déposés au ministère des affaires étrangères du pays où il est accrédité, et il les reprend quand il quitte son poste. La remise des passeports faite d'office à l'agent diplomatique est une invitation pour celui-ci à se retirer et indique la rupture des rapports diplomatiques. L'agent diplomatique, sans attendre la remise solennelle des lettres de créance, n'est investi de sa mission auprès du gouvernement étranger que dès qu'il lui a notifié officiellement sa venue ; mais les immunités diplomatiques que nous verrons bientôt lui sont reconnues dès qu'il se trouve sur le territoire étranger et que le gouvernement a connaissance en fait de sa mission.

Si le ministre diplomatique en fonction est élevé en grade sur place, il présente de nouvelles lettres de créance avec le cérémonial conforme à sa nouvelle dignité.

SECTION V

FONCTIONS DES REPRÉSENTANTS DES ÉTATS

228. La diplomatie, *lato sensu,* est la science des relations internationales, tirée de l'étude des titres documentés ou *diplômes* qui les constatent.

Dans un sens plus strict, généralement admis dans le langage ordinaire, la diplomatie est l'art d'exercer le droit de légation, ou de diriger les rapports internationaux par la voie diplomatique, c'est-à-dire par l'intermédiaire des représentants des Etats.

(1) V. la publication des instructions des ambassadeurs français de 1648 à 1789.

C'est un art des plus délicats qui exige au plus haut degré la science du Droit international, une haute moralité pour être exercé dignement et ne pas dégénérer en intrigues dont le succès immédiat dissimule souvent les tristes conséquences pour l'avenir, enfin des qualités de tact, de perspicacité et de finesse. Ne traitant que du Droit international au point de vue des principes scientifiques et comme doctrine juridique, nous n'avons pas à entrer dans les règles de cet art, ni dans l'exposé historique de son évolution (V. Heffter, *loc. cit.*, pp. 522 et suiv.; de Flassan, *Hist. générale et raisonnée de la Diplomatie française,* 2ᵉ édit., 1811). Qu'il nous suffise de constater, l'histoire en main, que les succès des grands diplomates, trop souvent achetés au prix de la justice et de la bonne foi, n'ont été jamais bien durables et d'un grand profit pour les Etats que lorsqu'ils ont été obtenus conformément aux principes du Droit international.

229. Les fonctions des agents diplomatiques comprennent un grand nombre d'attributions qui peuvent se décomposer de la manière suivante.

1° Les *négociations,* c'est-à-dire la discussion des intérêts et des droits internationaux, soit pour réclamer contre leur violation, soit pour aboutir à les régler au moyen de conventions ou de traités. Les négociations sont suivies soit avec le Ministre des affaires étrangères du pays où l'agent diplomatique exerce sa mission, soit avec les commissaires qu'il délègue pour le représenter. Dans les conférences et les congrès, les négociations sont engagées entre les représentants des Etats intéressés.

Les négociations peuvent être *verbales,* mais on en conserve le souvenir par des écrits appelés *aperçu de conversation* ou *aide-mémoire;* elles sont aussi écrites, consignées dans des *notes* ou *mémoires,* et, dans les congrès ou les discussions de traités, dans des procès-verbaux appelés *protocoles.*

2° La tenue du journal de la légation où sont consignés tous les faits intéressant le fonctionnement du service diplomatique.

3° La rédaction et l'envoi des lettres et dépêches diplomatiques. Elles sont chiffrées pour en conserver le secret; la clé du chiffre varie beaucoup.

4° La surveillance et la tenue des registres et archives de la légation.

5° La délivrance et le visa des passeports pour le pays que représente l'agent diplomatique, et des divers certificats dont peuvent avoir besoin ses nationaux.

6° La légalisation de toutes les pièces qui doivent être produites dans le pays représenté par l'agent diplomatique.

7° La défense des privilèges et immunités des représentants d'Etats. A ce point de vue, l'ensemble des représentants étrangers auprès d'un pays forme un tout solidaire, le *corps diplomatique*, qui présente ses réclamations considérées comme communes bien qu'elles n'intéressent directement que l'un de ses membres, par l'intermédiaire du représentant le plus élevé par le rang et l'ancienneté qui prend la parole en son nom. Le corps diplomatique n'a d'ailleurs aucune existence juridique ni politique et ne forme nullement une personne morale : ce n'est que l'expression plus énergique de la solidarité entre les agents diplomatiques pour défendre en commun leurs immunités quand elles sont violées vis-à-vis de l'un d'eux.

8° Les rapports que les agents diplomatiques adressent à leur gouvernement, soit d'une manière périodique, soit accidentellement à propos d'une affaire spéciale.

9° Protection des intérêts et des droits des nationaux (V. n° 344); pour mettre les agents diplomatiques à même d'intervenir en leur faveur, les nationaux doivent prendre la précaution de se faire *immatriculer* ou inscrire à la chancellerie de leur consulat (Ordon. de 28 novembre 1833).

10° Les agents diplomatiques, avec le concours de leur chancelier, remplissent les fonctions d'officiers de l'état civil et de juridiction gracieuse pour leurs nationaux, d'après la plupart des législations. Souvent on ne leur reconnaît ce pouvoir, soit d'après la loi qui les régit, soit d'après celle du pays où ils exercent leur mission, que dans les rapports de leurs nationaux exclusivement, et non quand les actes à accomplir intéressent à la fois leurs nationaux et des étrangers (art. 48 du Code civil; ordonn. du 23 octobre 1833; V. notre *Précis de Droit intern. privé*, 2ᵉ édit., nᵒˢ 344 à 349). Dans d'autres pays, on reconnaît leur compétence pour consacrer des actes, par exemple des mariages, entre leurs nationaux et des étrangers; mais la validité de l'acte n'existera alors qu'au point de vue de la loi de ces pays et non de celle de l'Etat où il a été célébré et où l'on n'attribue pas compétence, en pareil cas, aux agents diplomatiques (V. notre *Précis,* n°s 390 et 349). Du reste, même dans les Etats où cette dernière règle est suivie, par exemple en France, on y déroge souvent par des conventions internationales (V. notre *Précis,* n° 349, note 4; Stocquart, *Du principe de l'exterritorialité, spécialement dans ses rapports avec la validité des mariages célébrés à l'ambassade et au consulat,* R. D. I., t. XX, p. 260; *J. Clunet,* 1874, pp. 70-73; Lehr, *id.,* 1885, p. 659).

Mais les agents diplomatiques n'ont pas les pouvoirs de juridiction contentieuse dans les pays de chrétienté; ils ne peuvent les exercer que dans l'Empire ottoman et ses dépendances en vertu des *capitulations,* et dans les Etats de l'Extrême-Orient en vertu de conventions particulières (V. n°s 356 et suiv.).

11° Enfin, les agents diplomatiques sont chargés de la sauvegarde des intérêts et des droits collectifs de leur pays à l'étranger, spécialement au point de vue de l'observation des traités conclus entre leur Etat et celui où ils exercent leur mission.

230. Devoirs des agents diplomatiques. — Envers leur pays, leur premier devoir est la fidélité à se conformer aux instructions générales ou spéciales qu'ils reçoivent, jointe à la vigilance dans la défense des intérêts de l'Etat qu'ils représentent et au tact pour éviter les difficultés. Quand ils ne sont pas suffisamment éclairés sur les intentions de leur gouvernement, ils n'acceptent les propositions qui leur sont faites que *ad referendum,* c'est-à-dire sous la condition d'en référer au ministre des affaires étrangères. En outre, ils sont tenus à la plus grande discrétion pour tous les faits dont ils ont connaissance et dont la divulgation peut avoir des suites compromettantes, comme celle que commit le comte d'Arnim en 1871 et à la suite de laquelle la loi allemande du 26 février 1876 établit des peines sévères contre l'indiscrétion des agents diplomatiques (V. art. 80 Code pén. français). Malgré, en effet, sa franchise plus grande, commandée aujourd'hui par le contrôle de l'opinion publique et la facilité des divulgations, la diplomatie a le plus souvent besoin de secret ou tout au moins de réserve; sa prétendue publicité au grand jour, comme le dit Geffcken, n'aboutissant fréquemment qu'à une tenue de livres en partie double, l'une pour les relations diplomatiques, l'autre pour le public. C'est pour assurer ce secret que les scellés sont apposés sur les papiers des personnes décédées qui ont rempli des fonctions diplomatiques (V. Ordonn. 18 août 1833, 13 mars 1834, réglement du 6 avril 1880).

Vis-à-vis du pays où il exerce sa mission, l'agent diplomatique doit se montrer respectueux des lois locales, spécialement des lois de police et de sûreté à l'égard desquelles il ne peut plus se prévaloir de l'indépendance que lui donnent les immunités diplomatiques, et dont la violation de sa part peut provoquer une demande de rappel auprès de son gouvernement, ou même son expulsion s'il est une cause de trouble ou de danger (V. nᵒ 235).

L'agent diplomatique doit également s'abstenir de toute critique des actes du gouvernement local et de toute opposition à l'exercice de sa souveraineté, en dehors des cas où il a à défendre la mission diplomatique qui lui est confiée ; il lui est particulièrement interdit de s'immiscer dans la politique intérieure du pays. Ainsi c'est avec raison que, le 8 février 1865, M. Drouin de Lhuys chargeait notre ambassadeur, M. de Sartiges, de se plaindre auprès du Pape de ce que le nonce encourageait les évêques français dans leur résistance contre le gouvernement impérial. Pour éviter ces abus, il est de règle, à peu près partout, que les ministres étrangers ne communiquent directement qu'avec le Ministre des affaires étrangères et, par son intermédiaire, avec les autres ministres du pays (V. arrêté du 22 messidor an XIII, art. 1ᵉʳ).

L'agent diplomatique peut et doit, d'ailleurs, s'enquérir par tous les moyens légitimes, avec tact et prudence, de tout ce qui se passe dans l'Etat et qui est de nature à intéresser son gouvernement. Mais il nous semble bien oiseux de discuter, comme le font beaucoup d'auteurs, sur le point de savoir s'il peut, dans ce but, corrompre les sujets ou les fonctionnaires de l'Etat : c'est là un véritable délit, et le premier devoir du ministre étranger est de respecter la loi pénale du pays où il exerce sa mission !

SECTION VI

FIN DE LA MISSION DIPLOMATIQUE

231. La mission diplomatique peut se terminer d'abord par l'expiration du délai fixé quand elle est temporaire, ou l'achèvement des négociations quand elle est spéciale à une affaire déterminée.

En second lieu, quand le ministre diplomatique est rappelé par son gouvernement, qu'il soit destitué de sa fonction, ou qu'on l'appelle à en remplir une autre. Il présente alors au souverain auprès duquel il était accrédité des *lettres de rappel,* contre-partie des lettres de créance, et le chef de l'Etat qu'il quitte lui remet des *lettres de recréance* qui contiennent l'expression courtoise des bons rapports qu'il a eus avec l'agent rappelé.

Si le rappel de l'agent diplomatique a lieu à la suite d'une mésintelligence entre les deux pays et par rupture des relations diplomatiques, ou quand l'agent se retire de lui-même, et sous sa responsabilité, pour manifester son mécontentement au nom de son pays ou l'insuccès de la mission qui lui était confiée, il n'y a pas de présentation de lettres de rappel; l'agent qui s'en va demande simplement ses passeports qu'on ne peut pas lui refuser.

Du reste, même dans ce cas, il n'y a que *suspension* des relations diplomatiques; celles-ci ne cessent complètement qu'en cas de déclaration de guerre, et elles doivent être rétablies après la paix. Encore estime-t-on que si le même agent reprend ses fonctions une fois la paix conclue, il est censé les continuer comme si elles n'avaient jamais été interrompues. C'est ainsi que le tribunal suprême d'Autriche a jugé qu'un bail, passé par le ministre d'Allemagne pour la *durée de sa mission,* n'avait pas pris fin par l'effet de la guerre de 1866, et était censé reprendre son cours après la conclusion de la paix, le même ministre reprenant ses fonctions (V. *Journal Clunet,* 1876, p. 44).

Quand il y a décès du souverain qui accrédite ou de celui auprès duquel l'agent est accrédité, ce dernier reçoit et remet de nouvelles lettres de créance. Dans les Républiques, les changements de chef d'Etat n'exigent pas cette formalité, l'agent étant accrédité auprès d'un gouvernement ou par un gouvernement, et non personnellement par un souverain ou auprès de lui. Il en est de même des représentants accrédités auprès du Saint-Siège ou par lui. Si enfin le ministre diplomatique monte ou descend en grade, il n'y a que le cérémonial qui change.

Si l'agent diplomatique décède, l'Etat dans lequel il est accrédité lui doit des funérailles conformes à son rang, et doit laisser librement emporter sa dépouille par sa famille. L'inhumation doit être faite suivant le culte particulier du ministre étranger, ce culte ne serait-il pas reconnu par la loi locale. La succession du ministre étranger est réglée d'après sa loi nationale. Les scellés sont apposés, pour sauvegarder le secret des documents diplomatiques que peut détenir le ministre décédé, par le secrétaire de la légation, à son défaut, par le ministre du même pays dans un état voisin, enfin, en cas d'empêchement de l'un et de l'autre, par le ministre d'une puissance amie dans le même pays où le défunt exerçait sa mission. Seul l'Etat que représentait l'agent décédé peut disposer des papiers de ce dernier.

Tout agent diplomatique qui veut se retirer, même en cas de rupture des relations amicales entre les deux Etats ou de guerre, doit être considéré comme inviolable; la Turquie seule a conservé jusqu'à une époque relativement récente l'usage barbare d'emprisonner aux Sept-Tours, comme otages, les représentants des Etats avec lesquels elle était en hostilité. Les immunités diplomatiques continuent même à couvrir le représentant étranger jusqu'à ce qu'il ait quitté le territoire. Il en est de même pour sa famille jusqu'à l'expiration du délai raisonnable qu'on doit lui accorder pour quitter le pays, à moins qu'elle ne manifeste l'intention de s'y fixer après le décès du ministre étranger.

SECTION VII

CÉRÉMONIAL DIPLOMATIQUE

232. Les questions de cérémonial, jadis très importantes sous l'influence des susceptibilités des souverains monarchiques, présentent aujourd'hui beaucoup moins d'intérêt, parce que l'on est parvenu à les régler en écartant les plus grosses difficultés. Ce sont là, du reste, des questions qui ne se rattachent au Droit international que par les deux principes qui les dominent, celui de l'égalité des Etats et du respect mutuel de leur dignité. Nous n'avons donc pas à entrer dans le détail de l'étiquette diplomatique qui, sauf l'observation des deux principes précités, est fixée par l'usage international ou les règlements particuliers de chaque Etat, notamment pour les cérémonies d'audience, l'ordre des visites à faire au départ ou à l'arrivée des représentants, les honneurs civils et militaires à rendre, etc....

Rappelons seulement que la question essentielle du rang des agents diplomatiques est tranchée par le règlement de Vienne du 19 mars 1815 qui a établi leur hiérarchie sans tenir compte de l'importance des États, et qu'entre agents du même grade la préséance se détermine d'après la date de notification de leur arrivée, sauf la priorité honorifique accordée aux légats et aux nonces du Pape. Mais les internonces n'ont aucun privilège et prennent le rang habituel parmi les agents de seconde classe dont ils font partie (V. n° 154, 1°) (V. pour les détails : Pradier-Fodéré, *Cours de Droit diplomatique*, t. II, p. 235 et suiv. ; et pour le cérémonial de rédaction des pièces diplomatiques, p. 482 et suiv.).

SECTION VIII

IMMUNITÉS DIPLOMATIQUES

233. Elles se résument dans deux privilèges : l'inviolabilité personnelle, l'indépendance vis-à-vis de la loi, des autorités et de la juridiction locales, appelée assez improprement *exterritoria-lité.*

§ Ier. *Inviolabilité.*

234. Elle consiste dans la protection qui est due à la personne physique et morale de l'agent diplomatique, soit en ce qui concerne les attaques venant du gouvernement ou des autorités du pays où il exerce sa mission, soit en ce qui concerne celles qui émanent de simples particuliers et que le gouvernement local doit empêcher. Cette inviolabilité est commandée par le caractère du ministre étranger *représentant* une Puissance qui a elle-même le droit d'exiger le respect de sa personnalité physique et morale. Elle se confirme par cette considération que l'agent diplomatique vient sous la garantie tacite de la protection du gouvernement auprès duquel il se rend, et avec la confiance qu'il sera toujours respecté et, au besoin, défendu par lui. Ces idées simples et justes ont fait consacrer l'inviolabilité des ambassadeurs dès la plus haute antiquité et regarder comme une offense grave envers le pays qu'ils représentent toute atteinte à leur personne ou à leur dignité. Une atteinte de ce genre ne serait plus commise de nos jours que par un souverain barbare, comme le dey d'Alger qui insulta notre envoyé en 1830 ; et, dans les rapports des États civilisés, il suffit parfois d'un simple manque d'égards pour provoquer les plus graves conflits, comme, par exemple, celui que le gouvernement impérial reprocha au roi de Prusse envers l'ambassadeur de Bénédetti, et qui, quoique plus ou moins prouvé, a servi de prétexte à la néfaste guerre de 1870-1871.

Aussi toutes les législations, conformément à l'adage des Romains « *sancti habentur legati* », répriment-elles, dans les pays civilisés, les attaques et offenses contre les représentants des États étrangers. Des actes semblables ne sauraient même être justifiés, quoi qu'en aient dit certains auteurs, à titre de représailles pour des attaques commises à l'étranger contre les agents diplomatiques.

Quand l'offense ou attaque contre le ministre étranger émane du gouvernement du pays où il est envoyé, ou des fonctionnaires dont le gouvernement est responsable, c'est l'État lui-même qui doit une réparation matérielle ou une satisfaction d'honneur, ou les deux à la fois, suivant les circonstances. Quand il s'agit d'atteintes à l'inviolabilité des ministres étrangers commises par de simples particuliers, indépendamment des réparations matérielles ou des excuses qu'il offre, s'il y a lieu, au pays dont le représentant a été offensé, l'État où le fait s'est accompli doit punir les coupables, conformément aux dispositions de sa loi pénale qui doit prévoir et réprimer des actes de cette nature (V. notamment art. 84 Code pénal français et § 104 du Code pénal allemand ; pour les attaques par la voie de la presse, loi du 29 juillet 1881, art. 37 et 47 5° ; et loi du 16 mars 1893 attribuant compétence au tribunal correctionnel ; Comp. L. 7, *Ad legem Juliam de vi publicâ*, Dig.).

235. L'inviolabilité commence dès que le caractère public du ministre étranger a été constaté à son entrée dans le territoire et sans attendre son investiture solennelle à la suite de la remise des lettres de créance (V. *contrà*, Cass., 24 mai 1879, Sir., 1880, 1. 137) ; elle dure aussi longtemps qu'il n'a pas quitté le pays, même quand il se retire après une rupture des relations diplomatiques (V. n° 231). Mais elle cesse quand l'agent diplomatique se place sous le droit commun au point de vue des attaques dont il peut être l'objet. C'est ce qui arrive dans les cas suivants : 1° Quand il s'expose volontairement à un danger, dans une émeute, un duel, une guerre civile ; 2° quand il agit comme simple particulier soumis à la critique, par exemple comme écrivain ou artiste, pourvu que cette critique ne dégénère pas en attaques contre son caractère public ; 3° quand les agressions contre lui ne sont que l'exercice de la légitime défense contre ses attaques à l'égard de particuliers ; 4° quand, par ses agissements, il provoque de la part du gouvernement local des mesures de précaution ou de défense contre lui, par exemple s'il complote contre la sûreté de l'Etat auprès duquel il est accrédité. Mais, sauf le cas d'urgence extrême, l'Etat attaqué doit, pour ménager le caractère du représentant étranger, se borner à signaler les faits au gouvernement de ce dernier, demander sa punition et son rappel, faire cerner son hôtel pour empêcher les communications, s'il y a lieu. En cas d'urgence ou de refus de rappel de la part du gouvernement étranger, on expulse l'agent diplomatique. C'est ainsi que l'on agit contre l'ambassadeur d'Espagne Cellamare, qui complotait contre le régent d'Orléans, à l'instigation de son ministre Alberoni, en 1718, et contre le ministre anglais en Espagne, sir Bullwer, en 1848 (V. projet de règlement présenté par M. Lehr, à la session de Genève de l'Institut de Droit intern., en septembre 1892, art. 6).

236. Les personnes couvertes par l'inviolabilité sont : 1° tous les ministres diplomatiques représentant régulièrement un pays ; 2° tout leur personnel diplomatique ou officiel ; 3° leur famille et toute leur suite personnelle et non officielle (V. n° 223). L'Institut de Droit international propose, avec raison, de limiter le privilège de ces dernières personnes, quand elles sont nationales du pays où le ministre diplomatique exerce sa mission, au cas où elles sont dans l'hôtel même du ministre (Rapport précité, art. 2).

La même inviolabilité s'étend à tout ce qui est nécessaire à l'agent diplomatique pour l'exercice de sa fonction : effets personnels, papiers, archives et correspondance. La violation du secret des dépêches diplomatiques, fréquente jadis, constitue une atteinte grave à la dignité des Etats.

237. Bien qu'ils ne soient pas représentants des Etats et ne

puissent pas, par conséquent, se prévaloir des immunités générales qui appartiennent aux ministres étrangers, notamment de
l'exterritorialité dont nous parlerons bientôt, les chargés d'affaires spéciaux, les simples commissaires ou envoyés techniques
doivent être considérés comme couverts par l'inviolabilité.
C'est sur la foi d'une garantie tacite de protection, parfois
même en vertu d'un sauf conduit formel, délivré par le gouvernement ou ses fonctionnaires, qu'ils se rendent dans un pays ;
profiter de leur séjour sur le territoire pour les arrêter ou les
attaquer serait une trahison. C'est pour cela que, en 1887, le
gouvernement allemand dut fournir des réparations au sujet
de l'arrestation du commissaire de police M. Schnœbelé, *appelé*
par les autorités allemandes pour régler des détails de service
(V. Holtzendorff, *Les incidents de Pagny,* R. D. I., t. XX,
p. 217 ; Clunet, *Journal Clunet,* 1887, p. 385).

§ II. *Immunités des agents diplomatiques ou exterritorialité* (1).

238. L'exterritorialité était considérée jadis, et l'est encore
souvent de nos jours, « comme une fiction en vertu de laquelle
» les représentants des Etats sont réputés avoir leur domicile
» dans le pays qu'ils représentent, et non dans celui où ils exer-
» cent leurs fonctions ». Le principe ainsi posé, on en déduit
toutes les conséquences logiques pour soustraire à peu près
complètement les agents diplomatiques à l'action de la souveraineté du pays où ils sont envoyés.

I. *Effets de l'exterritorialité.*

239. 1° Les ministres étrangers conservent leur domicile
dans le pays qu'ils représentent et demeurent régis par la loi
de ce domicile, en tant que c'est le domicile qui fixe la loi
applicable à chacun et la juridiction dont il relève. Leur succes-

---

(1) L'*Exterritorialité,* par M. de Heyking, Berlin, 1889 ; Slatin, *De la juridic-*
tion sur les agents diplomatiques, J. *Clunet,* 1884, p 329 et 463 ; Session de
Hambourg en 1891, R. D. I., 1891, p. 420 et 526 ; Rapport de M. Lehr à la session
de Genève, 1892 ; Esperson, *Droit diplomatique ;* Pradier-Fodéré, *Cours de Droit*
diplomatique ; Des franchises diplomatiques et spécialement de l'Exterritoria-
lité, par E. Vercamer, 1891 ; Odier, *Des privilèges et immunités des agents diplo-*
matiques, en pays de chrétienté.

sion, notamment, s'ouvre à ce domicile et les autorités locales ne peuvent s'y immiscer.

Par voie de conséquence encore, ils n'ont pas à observer la loi locale pour les formalités des actes qu'ils accomplissent à titre officiel ou pour leur intérêt personnel, conformément à la règle *Locus regit actum*, mais bien la loi du pays qu'ils représentent. L'observation de la *lex loci* ne s'impose à eux que si les actes intéressent en même temps des individus qui ne sont pas leurs compatriotes ou qui relèvent, pour une raison quelconque, de la juridiction locale, ou si les actes devant produire leur effet dans le pays même où ils sont réalisés, sont de ceux que la loi locale ne permet pas de faire à l'étranger et en une autre forme que celle indiquée par elle (V. art. 2128 C. civil. Inst. de Droit int., session de Genève, art. 8 du projet).

De l'exterritorialité il faut conclure encore que l'enfant du ministre étranger né dans le pays où son père est accrédité est réputé né dans la patrie de ce dernier. On ne peut donc invoquer contre lui le fait de sa naissance sur le territoire pour lui imposer un changement de nationalité ; mais il peut en réclamer lui-même le bénéfice (V. en ce sens : Convention franco-belge du 30 juillet 1891, art. 5 ; rappr. art. 8 nouveau du Code civil; Rapport de Genève, art. 10).

240. 2° Les ministres étrangers ne relèvent à aucun titre de la juridiction civile du pays où ils sont accrédités ; toute action contre eux doit être portée devant les tribunaux de leur pays. En Autriche, le tribunal du grand maréchal de la Cour *(Ober-hofmarschallgericht)* est appelé à juger les ministres étrangers comme les membres de la famille souveraine et les grands dignitaires : les agents diplomatiques accrédités en Autriche sont *invités* à accepter sa juridiction, ce qu'ils font généralement à cause de sa grande autorité.

L'immunité de juridiction des ministres étrangers cesse quand ils acceptent volontairement la compétence des tribunaux locaux; par exemple, quand ils sont actionnés en paiement des frais d'un procès intenté et perdu par eux ; quand ils sont intimés en appel à propos d'un jugement par eux obtenu ; quand on introduit contre eux une demande reconventionnelle dans une instance qu'ils ont engagée. Mais, pour se soumettre aux tribunaux locaux, ils doivent être autorisés par leur souverain, leur immunité étant établie dans l'intérêt de l'Etat qu'ils représentent et non dans leur intérêt personnel.

L'incompétence des tribunaux à l'égard des ministres étrangers est d'ordre public à l'égard des particuliers ; elle peut donc être invoquée d'office par le juge, même si les agents diplomatiques font défaut, et en tout état de cause (Cass., 19 janvier 1891, *J. Clunet,* 1891, p. 137).

La jurisprudence française a considéré quelquefois l'incompétence des tribunaux à l'égard des agents diplomatiques comme une règle d'ordre public absolue, à tel point que les représentants des Etats étrangers ne pouvaient même pas y renoncer en se soumettant volontairement à la juridiction territoriale (Paris, 21 août 1841, Sir., 41. 2. 592 : Trib. Seine, 11 février 1892, *Rev. prat. de Droit int. privé,* 1892, p. 113). Mais, conformément à l'arrêt précité de la Cour de Cassation, il ne faut voir dans l'immunité de juridiction qu'un privilège auquel l'intéressé peut renoncer, sauf aux tribunaux à exiger une renonciation explicite, de telle sorte qu'il peut être invoqué d'office par les tribunaux eux-mêmes quand l'agent diplomatique, qui n'est pas forcé de répondre à l'assignation, se borne à faire défaut (V. Trib. Seine, 28 janvier 1885, *J. Clunet,* 1885, p. 426).

Les agents diplomatiques sont dispensés de l'obligation de témoigner en justice (Arrêté du 14 décembre 1789 ; art. 514 et 517, Inst. crim. et décret du 4 mai 1812). Mais on peut les requérir, par la voie diplomatique, de donner leur témoignage, dans l'hôtel de la légation, à un magistrat délégué à cet effet (Projet de Genève, 1892, art. 18).

Les tribunaux locaux restent toujours compétents, *ratione loci,* pour les contestations relatives à des immeubles possédés par les ministres étrangers et qui sont situés dans le territoire du pays où ces ministres sont accrédités.

241. 3° L'hôtel de la légation est inaccessible aux autorités locales, même pour l'exercice de la justice criminelle, sans l'assentiment préalable du ministre étranger. Mais ce dernier, prié de livrer ou de laisser saisir un malfaiteur réfugié dans son hôtel, ne doit pas s'opposer à l'action de la justice locale, sous peine de provoquer une plainte et une demande de rappel contre lui auprès de son gouvernement. L'autorité locale doit se borner à faire cerner l'hôtel de la légation pour éviter l'évasion de ceux qui s'y sont réfugiés. C'est à tort que certains auteurs admettent la possibilité d'y pénétrer par la force, en cas de refus de la part du ministre étranger de livrer les coupables (Rapport de Genève, 1892, n° 3 ; 9 et 17, n° 3).

242. 4° Les biens des agents diplomatiques sont, en principe, soustraits à toute action de la justice locale, telle que saisie et autres mesures d'exécution. Cependant, les immeubles possédés par le ministre diplomatique sont passibles de toutes les mesures conservatoires, telles que hypothèque judiciaire et saisie, à l'exception de l'hôtel de la légation qui reste complètement inviolable. Cette solution, généralement admise par la doctrine, a été quelquefois combattue par la jurisprudence, qui a consacré l'immunité absolue des immeubles appartenant à titre particulier aux représentants des Etats étrangers (V. Lyon, 11 décembre 1883, *J. Clunet,* 1884, p. 56).

Pour les meubles, bien que les tribunaux aient quelquefois admis la même solution (V. Lyon, arrêt précité), on établit ordinairement une distinction. Les meubles qui se rapportent à l'exercice de la mission diplomatique, mobilier des bureaux et de l'hôtel de la légation, archives, correspondances, sont complètement inviolables. Ceux, au contraire, que possède l'agent à titre purement privé, par exemple comme commerçant ou industriel, sont passibles de toutes les mesures conservatoires ou d'exécution de droit commun (Code allemand d'organisation judiciaire, art. 20). Cependant des décisions judiciaires ont invalidé des saisies-arrêts faites au préjudice d'agents diplomatiques (V. Trib. Seine, 29 sept. 1880, *J. Clunet,* 1881, p. 514 ; et 10 janv. 1889, *Rev. pratique de Droit int. privé,* 1889, v° *Agent diplomatique*).

243. 5° Au point de vue des impôts, on admet généralement les règles suivantes : L'impôt foncier est dû pour les immeubles appartenant aux agents diplomatiques, à l'exception de l'hôtel de la légation, que l'on propose cependant d'assujétir au droit commun, sauf convention contraire (Rapport de Genève, 1892, art. 13, n° 5).

Les agents diplomatiques paient également les taxes de consommation, par exemple celles d'octroi ; celles qui sont corrélatives d'un service rendu, telles que péages, postes, balayage, etc. ; les droits de mutation sur les immeubles et, sur les meubles, dans la mesure où ils seraient dus par un héritier domicilié à l'étranger (V. n° 239) ; leur succession est grevée des mêmes droits pour les immeubles situés dans le pays, et, quant aux meubles, de ceux exigibles pour la succession d'un individu domicilié à l'étranger (V. n° 239) ; ils paient enfin tous les droits de timbre et d'enregistrement pour les actes faits en dehors de leur mission officielle, et l'impôt des patentes pour toute profession étrangère à leur caractère diplomatique.

En France, on les exempte de la cote mobilière et des portes et fenêtres pour leur habitation officielle, soit en vertu des traités, soit par simple réciprocité (V. *J. Clunet,* 1878, pp. 601 et 602 ; loi du 7 thermidor an III, art. 17).

En général on les déclare exempts des droits de douane pour tous les objets destinés à leur usage personnel ; mais les abus commis à ce sujet ont déterminé la plupart des pays à restreindre cette faculté ou à la soumettre à des justifications spéciales (V. de Heyking, *loc. cit.,* p. 112 et Rapport de Genève, art. 12, n° 4).

Au contraire, comme conséquence de l'idée générale d'après laquelle ils sont domiciliés dans le pays qu'ils représentent, les agents diplomatiques sont dispensés des impôts directs personnels, tels que cote personnelle, impôts sur le capital ou le revenu, taxes ou logements militaires, lois somptuaires, etc.

244. 6° Au point de vue criminel, les agents diplomatiques sont soustraits à toute action de la justice et des juridictions locales, pour quelque infraction que ce soit commise par eux. On ne peut que demander leur rappel ou, en cas de refus et d'urgence, les expulser du territoire.

Le Droit des gens ne consacre plus du reste, aujourd'hui, le *droit d'asile* dans l'hôtel de la légation, ni le *droit de franchise* du quartier de la légation qui ont donné lieu à tant d'abus en assurant l'impunité des criminels, et provoqué de graves conflits, notamment entre Louis XIV et le pape Innocent XI au sujet de l'application de ces droits à l'ambassade de France à Rome.

245. 7° Les ministres étrangers ont le privilège du culte privé, quelles que soient les dispositions de la loi locale au point de vue confessionnel. Mais leur chapelle privée n'est accessible qu'à eux, à leur famille, à leur personnel officiel et privé et à leurs nationaux. Ils doivent s'abstenir de toutes manifestations extérieures de leur culte, telles que sonneries, processions, libre accès au public, si la loi locale ne permet pas l'exercice public du culte.

246. Jadis, sans que ce droit ait jamais été admis d'une façon générale, les agents diplomatiques se considéraient, en qualité de représentants de leur souverain, comme investis de juridiction absolue, civile et criminelle, sur leur suite officielle et privée. C'est ainsi que Sully, en 1603, fit exécuter un de ses gentilhommes à Londres, où il était ambassadeur. Actuellement on ne reconnaît plus aux ministres diplomatiques qu'un droit de juridiction purement disciplinaire sur leur suite, en leur qualité de chefs hiérarchiques. En cas de crimes ou de délit, ils font une première instruction en renvoyant le coupable devant les tribunaux compétents de leur pays, s'il s'agit d'un membre du personnel diplomatique que son caractère soustrait à la compétence de la juridiction locale (V. n° 236).

II. *Personnes auxquelles s'applique l'exterritorialité.*

247. Les immunités précitées s'appliquent à tous les agents diplomatiques chargés de représenter un pays, quel que soit le degré qu'ils occupent dans la hiérarchie. Au contraire, ni les simples délégués d'une population, ni les agents secrets, ni les consuls n'ont de pareils privilèges (V. pour les consuls, n° 371).

Dans l'usage général, on étend la totalité des privilèges diplomatiques à la famille du ministre étranger, à toute sa suite officielle, depuis les secrétaires d'ambassade jusqu'aux simples attachés militaires, même à son personnel privé et à sa domesticité; cependant, pour cette dernière, beaucoup d'auteurs exigent que les personnes attachées à l'agent diplomatique appartiennent par leur nationalité au pays qu'il représente (Paris, 12 juillet 1867, Sir., 68. 2. 204 ; Cass., 19 janv. 1891, *Revue pratique de Droit intern. privé,* 1891, p. 177; Comp. Cass., 11 juin 1852, Sir., 52. 1. 467).

248. Il peut arriver que les fonctions diplomatiques soient conférées à une personne nationale du pays où elle est accréditée; bien que beaucoup de pays n'admettent pas à titre de ministres étrangers leurs propres nationaux (V. Décret français du 26 août 1811, art. 24), le fait se présente quelquefois, même en violation des lois existantes. Quand il en est ainsi, certaines lois décident, notamment en Allemagne et en Autriche, que le national représentant un Etat étranger reste soumis à la juridiction du pays. Mais dans le silence de la loi à ce sujet, comme en France, il faut maintenir les immunités au national chargé de représenter un Etat étranger, son caractère diplomatique l'emportant sur sa nationalité (C. de Paris, 30 juin 1876, *Jour. Clunet*, 1876, p. 272; V. n° 225).

III. *Fondement des immunités diplomatiques.*

249. Le principe de l'exterritorialité est généralement fondé sur un usage adopté par les Etats civilisés dans leurs relations. Quelques législations le consacrent aussi d'une manière formelle.

En France, après avoir été établi dans les décrets des 11 décembre 1789 et 3 mars 1794, il fut éliminé du Code civil, dans le projet duquel il figurait, parce qu'il se référait à une matière étrangère à ce Code. Mais les anciens décrets subsistent toujours et la Cour de cassation a pu considérer leur inobservation comme une violation de la loi justifiant un pourvoi devant elle (arrêt précité du 19 janvier 1891).

Les immunités diplomatiques, consacrées par l'usage ou confirmées par la loi des différents pays, sont généralement expliquées comme une conséquence de la fiction d'exterritorialité, d'après laquelle les ministres étrangers sont réputés conserver leur domicile dans le pays qu'ils représentent. Cette prétendue explication n'est qu'une pétition de principes : il faudrait commencer par donner la raison d'être de la fiction elle-même. Au surplus, avec cette fiction, on n'expliquerait pas, au moins en France, la plus marquante des immunités, celle de la juridiction, puisque l'article 14 du Code civil permet aux Français d'assigner en France un étranger même domicilié à l'étranger.

Ces immunités, comme le faisaient ressortir les anciens auteurs les plus considérables, se justifient par la nécessité d'assurer l'indépendance des agents diplomatiques en les soustrayant à toute action des autorités locales, afin qu'ils puissent librement exercer leur mission, et que leur dignité, dans laquelle se résume celle du pays qu'ils représentent, ne soit pas compromise par la soumission à une juridiction qui n'a aucun droit à faire valoir vis-à-vis de la souveraineté étrangère. Suivant la parole de Montesquieu, « les ambassadeurs sont la parole du prince qui les envoie, et cette parole doit être libre ». De là découlent, afin d'éviter les pressions directes ou indirectes que l'on pourrait exercer sur l'agent diplomatique pour l'empêcher de défendre comme il doit le faire les intérêts de son pays, ou pour se venger de son habileté ou de son énergie à remplir sa mission, l'inviolabilité et l'immunité de juridiction civile et criminelle qu'on lui reconnaît.

250. Ces immunités, surtout celle de juridiction, peuvent donner lieu à des abus et l'on a proposé, pour les éviter, de limiter les privilèges diplomatiques.

Au point de vue pénal, on pourrait distinguer entre les faits commis dans l'exercice de la fonction diplomatique et ceux qui ont lieu en dehors d'elle. Mais l'inviolabilité des agents diplomatiques est considérée comme trop nécessaire au libre exercice de leur fonction et au respect qui est dû à la souveraineté qu'ils représentent, pour qu'on écarte jamais l'immunité de la juridiction en matière pénale (V. Rapport de Genève, art. 17, 3°).

Au point de vue civil, au contraire, on estime de plus en plus que l'immunité de juridiction ne doit être attribuée que pour les actes relatifs à l'exercice de la fonction diplomatique ou à l'entretien personnel du représentant étranger, tandis qu'elle n'a plus sa raison d'être pour les obligations contractées à propos d'une profession exercée en dehors de toute mission officielle, comme le commerce et l'industrie. On a objecté que la distinction à faire entre les obligations contractées par l'agent diplomatique à titre officiel ou autrement serait fort difficile à établir dans bien des cas ; qu'elle serait toujours faite par une autorité partiale, le tribunal du pays ou l'un des deux gouvernements intéressés ; enfin que l'on compromettrait l'indépendance · de l'agent diplomatique par les poursuites exercées contre lui en qualité de simple particulier. Aussi les opinions des auteurs et les décisions des tribunaux sont-elles fort contradictoires à cet égard (Comp., Lyon, 11 décembre 1883, *J. Clunet,* 1884, p. 56 ; Paris, 21 août 1841, S., 41. 2. 592 ; Bordeaux, 21 novembre 1883, *J. Clunet,* 1883, p. 619). Cependant le rapport présenté à l'Institut de Droit international dans la session de Genève en 1892 conclut à l'exclusion de l'immunité de juridiction pour les obligations contractées par l'agent diplomatique à raison d'une profession exercée par lui concurremment avec sa fonction officielle (art. 17, 1°).

Une autre limitation tend également à triompher dans la doctrine.

On a pu constater de nombreux abus de la part des agents subalternes des légations qui ont invoqué l'immunité de juridiction civile pour se soustraire à leurs obligations, leurs créanciers se trouvant souvent dans l'impossibilité d'obtenir d'eux l'exécution de leurs engagements, faute de pouvoir utilement les poursuivre devant les tribunaux du pays à la mission diplomatique duquel ils appartiennent. Aussi propose-t-on de restreindre l'immunité de juridiction civile aux seuls représentants des Etats, chefs de la légation, aux fonctionnaires diplomatiques, secrétaires ou conseillers, appelés à les remplacer éventuellement en cas d'empêchement ou de congé, et aux femmes des uns et des autres. Cela semble bien suffisant pour assurer l'indépendance des fonctions diplomatiques ; le privilège abusif d'un simple attaché d'ambassade de ne pas payer ses dettes en invoquant l'immunité de juridiction est de nature à compromettre le prestige de la légation plutôt qu'à sauvegarder sa dignité. Si les subalternes du ministre étranger sont victimes de tentatives de chantage, il sera généralement facile de les défendre ; s'ils sont véritablement traqués par leurs créanciers, il est plutôt de l'intérêt de chaque pays de se débarrasser d'agents dont la situation est compromise. On a pensé que seuls les représentants des Etats, ceux qui peuvent les remplacer, et leurs femmes dont la situation influe directement sur la leur, ont besoin d'une immunité absolue, pour que l'exercice de la fonction diplomatique ne soit pas entravé (Projet de Genève, 1892, art. 14).

251. Quelques publicistes vont plus loin encore et proposent la suppression complète de toutes les immunités diplomatiques. Ces immunités, disent-il, jadis nécessaires pour défendre les agents diplomatiques contre les violences et les vengeances dont l'histoire nous offre de nombreux exemples, sont inutiles actuellement, étant donnés le respect pour tous les étrangers, en général, dans les pays civilisés, la bonne organisation de la justice et son indépendance vis-à-vis de l'autorité politique qui ne peut la contraindre à rendre des décisions iniques contre les ministres étrangers. On ajoute que les immunités diplomatiques n'ont que des inconvénients : au point de vue de l'équité, en permettant aux ministres étrangers d'échapper aux conséquences de leurs actes, tant au civil qu'au criminel ; au point de vue même de leur intérêt, car la perspective de les voir échapper à toute réclamation en justice éloigne ceux qui voudraient traiter avec eux autrement qu'au comptant.

Mais ces considérations sont généralement regardées comme beaucoup trop optimistes encore, et l'on maintient les immunités diplomatiques réputées indispensables pour sauvegarder l'indépendance des ministres étrangers. Cependant on ne peut disconvenir qu'un fort mouvement de réaction se manifeste contre elles et qu'on tend à les limiter : peut-être en viendra-t-on à ne maintenir que l'inviolabilité personnelle des représentants étrangers, sans les soustraire à la juridiction locale pour tous les procès dans lesquels ils sont engagés.

252. De tout ce qui précède il résulte que, étant données les raisons produites pour justifier les immunités des agents diplomatiques, l'ancienne fiction de l'exterritorialité n'a pas sa raison d'être. En effet, cette fiction, établie par Grotius comme *explication* et non comme fondement rationnel des privilèges des ambassadeurs, a été prise au pied de la lettre par les écrivains postérieurs qui en ont tiré les conséquences logiques. Or, nombre de ces conséquences n'ont aucun rapport avec le respect de l'indépendance et de la dignité des ministres étrangers, par conséquent ni avec le fondement, ni avec le but des immunités qui leurs sont attribuées : telle est, par exemple, la faculté d'écarter la règle *Locus regit actum* pour les actes accomplis à titre personnel par l'agent diplomatique, en vertu de cette fiction qu'il est domicilié dans le pays qu'il représente. Au surplus, on est quelquefois obligé de reculer devant les conséquences logiques de la fiction qui conduiraient à des résultats inadmissibles. Ainsi il a été reconnu qu'un meurtre, commis par un Russe à l'hôtel de l'ambassade de Russie à Paris, était accompli en France, malgré la fiction de l'exterritorialité, et non en territoire russe, ainsi qu'on le prétendait à Saint-Pétersbourg (Cass., 13 octobre 1865, Dal., 65. 1. 233).

252 bis. Les agents diplomatiques ne peuvent se prévaloir de leur caractère pour invoquer leurs immunités sur le territoire d'une Puissance tierce, en dehors du pays où ils sont accrédités. Cependant, le maintien des bons rapports internationaux commande qu'on les traite avec des égards exceptionnels, même s'ils sont accrédités dans un pays avec lequel on est en guerre, pourvu qu'ils conservent une attitude correcte, c'est-à-dire une parfaite neutralité. Ainsi, en 1870, M. de Bismark refusa aux ambassadeurs étrangers qui se trouvaient dans Paris la liberté de correspondance qui aurait pu nuire aux opérations militaires de l'Allemagne, mais il leur laissa la faculté de sortir comme ils voudraient de la capitale assiégée. En 1854, le gouvernement français donna l'autorisation de traverser le territoire *sans s'y arrêter*, à M. Soulé, ministre des Etats-Unis en Espagne, bien qu'il eût des soupçons fondés sur les antécédents de ce diplomate.

On peut résumer la situation des agents diplomatiques chez les Puissances tierces, dont ils traversent le territoire pour se rendre à leur poste ou pour en revenir, dans les trois règles suivantes consacrées dans le projet de Genève présenté à l'Institut de Droit international en 1892 (art. 19) : 1° ces agents ainsi que leur suite, officielle ou non, et leur famille ont le privilège de l'inviolabilité ; 2° les mêmes personnes jouissent de l'exterritorialité personnelle, par exemple au point de vue de leur succession qui s'ouvre à leur domicile dans le pays qu'ils représentent ; 3° mais elles n'ont pas l'immunité de juridiction.

SECTION IX

DES SOUVERAINS ET CHEFS D'ÉTATS

253. Les souverains et chefs d'Etat ne sont pas des personnes du Droit international qui n'a pour sujets que les Etats eux-mêmes ; ils sont partie intégrante des Etats à la tête desquels ils sont placés et ne doivent être considérés que comme les représentants de leur pays. A ce dernier titre, ils doivent être traités, dans leurs rapports avec les gouvernements étrangers, comme les ambassadeurs, sauf les honneurs plus considérables qui peuvent leur être attribués dans le cérémonial diplomatique.

Tant qu'ils restent chez eux, les souverains et chefs d'Etat ont droit aux honneurs conformes à l'importance du pays qu'ils

représentent, par exemple aux honneurs royaux dans les cas
que nous avons déjà indiqués (V. n° 170).

C'est dans le chef de l'Etat, même dans les Républiques, que
réside le droit de légation actif et passif, et par lui, en conséquence, que s'exerce la représentation internationale (V. n° 219).

254. Hors de son pays, le chef d'Etat peut voyager *incognito*
et est alors traité, en principe, comme un simple particulier,
sauf la faculté pour lui de reprendre, quand il le veut, son
caractère officiel avec les immunités qui y sont attachées,
comme le fit, en 1873, le roi de Hollande qui, assigné pour une
contravention de simple police à Vevey, en Suisse, fut exonéré
de la juridiction locale quand il eut fait connaître sa qualité. En
fait, les souverains gardent rarement l'incognito absolu; le
gouvernement local, prévenu de leur présence, les entoure
d'égards et même de certains honneurs, dans la mesure indiquée
par leur propre désir.

Quand ils voyagent avec leur caractère officiel, les souverains
ont droit à toutes les immunités diplomatiques attribuées aux
ambassadeurs, spécialement à l'immunité de juridiction civile et
criminelle, pour eux, leur famille qui les accompagne, et leur
suite officielle ou privée. Leurs biens sont également soustraits
à la juridiction territoriale, sauf leurs immeubles situés dans le
territoire et en dehors de l'hôtel de leur résidence qui est inviolable, et les meubles qu'ils y possèdent pour l'exercice d'une
profession privée, comme le commerce ou l'industrie.

Pas plus que les ambassadeurs ils n'ont le droit de juridiction
à l'étranger, même sur les personnes de leur suite, sauf au point
de vue disciplinaire. Ainsi, en 1657, Christine de Suède dut
quitter la France après avoir fait mettre à mort son écuyer
Monaldeschi; d'ailleurs elle n'était plus reine en ce moment,
ayant déjà abdiqué. De même, en 1878, le gouvernement anglais
s'opposa à l'exécution d'une personne de la suite du Schah de
Perse que celui-ci avait condamnée à mort pendant son séjour à
Londres.

On a prétendu que les immunités diplomatiques n'appartiennent pas aux chefs d'Etats qui ne sont pas des souverains
monarchiques, par exemple aux Présidents de République. En
réalité, cette assertion, erronée dans sa généralité, doit être
réduite à la distinction suivante. Le souverain proprement dit

représente en principe son pays, et a droit comme tel aux privilèges diplomatiques, sauf dans les cas où il est établi qu'il agit comme homme privé, par exemple comme commerçant ou industriel ; le Président de République, au contraire, est, en thèse générale, un simple particulier, sauf les égards qu'on lui doit par courtoisie internationale ; mais dès qu'il se présente avec un caractère officiel et comme représentant de son Etat, il doit être traité sur le même pied qu'un souverain.

Un souverain peut se soumettre à l'autorité d'un autre, à titre personnel, en acceptant des fonctions publiques dans l'Etat de ce dernier ; tel est le cas de souverains allemands officiers dans l'armée prussienne. Ils peuvent toujours reprendre leur indépendance en résignant ces fonctions. Il va sans dire qu'il ne faut attacher aucune importance aux grades que les souverains se concèdent réciproquement aujourd'hui, à titre purement honorifique, dans leurs armées respectives.

255. La famille du souverain peut avoir les mêmes immunités et dans les mêmes conditions que lui. Sa femme, en particulier, a droit aux mêmes honneurs et aux mêmes prérogatives. Le mari de la souveraine a sa situation fixée au point de vue des immunités diplomatiques et du titre par le droit constitutionnel de chaque Etat. En Portugal, il n'est roi qu'à la naissance d'un enfant ; en Angleterre, un vote du Parlement lui donne ce titre, comme cela eut lieu pour Guillaume III d'Orange, époux de la reine Marie, et pour le prince Albert, mari de la reine Victoria.

Les membres de la famille souveraine jouissent des immunités diplomatiques en tant qu'ils font partie de la suite du chef de l'Etat à l'étranger ; mais on ne les leur attribue à titre individuel que par simple courtoisie, par exemple dans la constitution de Saxe-Cobourg, art. 94.

Toutes les familles souveraines sont d'ailleurs réputées d'égale naissance au point de vue nobiliaire, cette règle a été appliquée aux princes allemands qui ont été dépossédés en 1806 (Acte fédéral allemand du 8 juin 1815, maintenu après le traité de Prague de 1866). Mais tous les membres de la famille du souverain sont les sujets de ce dernier, sauf les régents qui ont les prérogatives de la souveraineté, moins le titre.

Souvent le droit local d'un pays restreint exceptionnellement

la capacité juridique des membres de la famille souveraine, par
exemple en leur interdisant de souscrire des lettres de change
ou de se marier sans autorisation du souverain, comme en Russie, ou même du Parlement, comme en Espagne. Malgré le
principe de droit international privé d'après lequel la capacité
des individus se règle conformément à leur loi nationale, on
décide en général que les incapacités dont il s'agit, inspirées
par des considérations purement politiques et en dehors du
droit commun, ne peuvent avoir d'influence à l'étranger. (Paris,
16 janvier 1836 ; Sir., 36. 2. 70 ; Paris, 26 novembre 1850. 2. 666 ;
Trib. de la Seine, 7 mai 1873 ; *J. Clunet*, 1875, p. 20.)

256. Les souverains qui ont abdiqué ou qui ont été déposés
peuvent être traités en monarques légitimes par un Etat étranger
où ils se réfugient ; Louis XIV agit ainsi vis-à-vis du fils de
Jacques II d'Angleterre, jusqu'à ce qu'il reconnût la nouvelle
dynastie à la paix d'Utrecht, en 1713. Sans aller jusqu'à cette
attitude qui est une véritable intervention dans la souveraineté
interne des autres pays, il est d'usage d'entourer d'égards les
souverains déposés, sans pour cela leur maintenir les immunités
auxquelles ils avaient droit quand ils régnaient. C'est par pure
déférence que Charles X et Henri V étaient justiciables en Autriche du tribunal du grand maréchal de la Cour, comme les
membres de la famille souveraine.

Au contraire, le maintien des relations diplomatiques avec un
chef d'Etat dépossédé du pouvoir implique la reconnaissance de
sa souveraineté ; c'est ce qui avait lieu quand Louis XIV recevait
les ambassadeurs représentant la dynastie des Stuarts et quand les
Etats-Unis agissaient de même vis-à-vis de Juarez pendant que
Maximilien occupait le trône du Mexique. Aussi est-il inadmissible que l'on reçoive en même temps les agents diplomatiques
des deux souverains qui se disputent le pouvoir : Mazarin refusa
d'écouter les ambassadeurs de Charles II quand il eut accueilli
ceux de Cromwell. C'est une véritable anomalie que l'on ait vu,
au couronnement de Guillaume Ier de Prusse, le ministre de
François II de Naples et celui de Victor-Emmanuel que la Prusse
n'avait pas encore reconnu comme roi d'Italie.

257. Si les souverains et chefs d'Etats sont exempts de la
juridiction locale *quand ils sont en pays étranger,* au même titre
que tous les représentants diplomatiques. c'est, au contraire,

une question des plus controversées que celle de savoir si on peut les assigner devant les tribunaux d'un autre Etat à raison des engagements par eux contractés soit en leur nom personnel, soit pour le compte de leur pays. Ainsi se pose simultanément le problème de savoir si une action peut être introduite, dans un Etat quelconque, contre un souverain ou un Etat étranger (1).

Il est deux cas où l'affirmative est admise sans conteste : 1° pour les actions réelles, y compris les actions possessoires, relatives à des immeubles situés sur le territoire, et même pour les actions réelles concernant des meubles qui se trouvent dans le territoire quand naît la contestation ; 2° quand l'Etat ou souverain étranger accepte la compétence des tribunaux locaux, par exemple en assignant lui-même ou en introduisant une demande reconventionnelle, ou quand il est intimé en appel sur une instance ouverte par lui. (Résolution de l'Institut de Droit international, Hambourg, 1891, *Ann.*, t. XI, p. 436.) En dehors de ces deux cas, la controverse est très vive.

Les uns dénient toute compétence aux tribunaux vis-à-vis des Etats étrangers et de leurs souverains, et cette opinion a été souvent consacrée par la jurisprudence, particulièrement en France (V. Cass., 22 janvier 1849, Dal., 49. 1. 81; comp. Demangeat sur Fœlix, *Droit. int. privé*, t. I, p. 418, note *a;* V. aussi jurisprudence belge, R. D. I., t. IV, p. 153; XX, p. 119, et XXII, p. 425). Notre Cour suprême a même été jusqu'à ne pas admettre la validité d'une saisie-arrêt faite contre un gouvernement étranger et ayant pour but d'assurer l'exécution d'un jugement français (Cass., 5 mai 1885, *J. Clunet*, 1886, p. 83). Cette manière de voir absolue, fondée essentiellement sur le respect de la souveraineté étrangère, est généralement partagée par les juristes (V. Trib. de la Seine, 22 avril 1890, *Gazette du Palais*, 29 avril; pour les jurisprudences italienne, anglaise, belge, autrichienne, v. *J. Clunet*, 1883, pp. 67 et 75;

---

(1) V. articles de MM. Gabba, *J. Clunet*, 1888, p. 180 ; 1889, p. 538 ; 1890, p. 26; Holtzendorff, *id.*, 1876, p. 432 ; de Cuvellier, R. D. I., 1888, p. 108 ; Hartmann, *id.*, 1890, p. 425 ; Von Bar, *J. Clunet*, 1885, p. 645 ; *Theorie und Praxis des internationen Privatrechts*, t. II, p. 660, et Rapport à l'Institut de Droit int., Session de Hambourg, 1891 ; Gerbaud, *De la compétence des tribunaux français à l'égard des étrangers en matière civile et commerciale*, 1883 ; Bonfils, *De la compétence des tribunaux français à l'égard des étrangers;* Spée, *J. Clunet*, 1876, pp. 339 et 435.

1886, p. 746; 1876, p. 125; 1878, pp. 46 et 386; Aubry et Rau, t. VIII, p. 141; Demolombe, t. I, no 251 *bis*).

. Mais la plupart des publicistes modernes, et c'est une tendance qui s'affirme de plus en plus dans la jurisprudence des différents pays, reconnaissent qu'il doit y avoir entre les Etats un accord tacite, fondé sur la bonne foi et la justice, pour permettre les actions judiciaires contre les pays étrangers et leurs souverains, en tant que ces actions ne compromettent pas leur indépendance et sont justifiées par leur engagement implicite d'exécuter leurs obligations dans l'Etat où ils sont assignés. De là une distinction de plus en plus admise entre les actes d'un caractère privé et ceux qui se réfèrent à l'exercice de la souveraineté, les premiers seuls pouvant rentrer dans la compétence des tribunaux étrangers. Ainsi les tribunaux français se sont déclarés compétents pour une action en paiement de fourniture de bijoux à la reine d'Espagne, et incompétents pour une action en paiement de fourniture de décorations commandées par Maximilien, empereur du Mexique, introduite contre son héritier l'empereur d'Autriche (Cour de Paris, 15 mars 1872 et 3 juin 1873; *J. Clunet,* 1874, pp. 32 et 33; note de M. Chavegrin, Sir., 86. 1. 353; Haute-Cour d'Amirauté d'Angleterre, 7 mai 1873, *J. Clunet,* 1874, p. 36 et 1875, p. 25).

Cette distinction est peut-être arbitraire au point de vue pratique, étant donnée la difficulté de discerner, dans nombre de cas, les obligations contractées par un souverain à titre privé de celles qui se rattachent à l'exercice de sa souveraineté, et le danger que peut présenter la partialité inévitable des tribunaux pour résoudre cette première question.

Au point de vue juridique, on peut se demander comment on concilie le respect de la souveraineté étrangère, sur laquelle on se fonde pour soustraire en principe les Etats et leurs souverains à la juridiction étrangère, avec leur obligation de se soumettre à elle quand il s'agit d'actions réelles concernant des immeubles situés à l'étranger, et la possibilité, pour eux, de l'accepter volontairement au risque de compromettre leur indépendance. Au fond, l'Etat ou le souverain qui conclut une affaire dans des conditions telles que, en cas de contestation, il relève de la compétence des tribunaux étrangers, agit comme un simple particulier qui, malgré son extranéité, relève de la compétence des tribunaux locaux. Décider que ceux qui traitent avec des Etats étrangers ou leurs souverains se soumettent implicitement à leur juridiction, c'est aller contre la vraisemblance des faits et même contre l'esprit évident de toutes les lois de procédure qui n'admettent aucune distinction entre le cas où le débiteur est un particulier ou un gouvernement étranger. C'est ainsi que l'article 14 de notre Code civil, qui a d'ailleurs le tort de violer le principe équitable *Actor sequitur forum rei*, permet à tout Français d'assigner en France son débiteur étranger, simple particulier ou souverain. Il n'y a pas lieu davantage d'invoquer ici les privilèges diplomatiques et l'exterritorialité, puisque ces privilèges et cette fiction ne s'appliquent que lorsqu'il s'agit du représentant d'un Etat, souverain ou ambassadeur, qui, tant qu'il est en pays étranger, peut se prévaloir de l'immunité de juridiction vis-à-vis des tribunaux locaux, et qu'il s'agit ici du cas où l'on assigne en exécution de ses engagements un Etat étranger ou son chef résidant dans son pays. On objecte que l'on pourra compromettre ainsi l'administration et les finances de l'Etat étranger par une assignation intempestive ; mais, comme on ne doit pas prêter à cet Etat l'intention de ne pas payer ses dettes, il faut reconnaître que son embarras viendra de ses obligations imprudemment contractées et non de la réclamation qui lui est faite.

On fait ressortir encore l'impossibilité d'obtenir l'exécution d'un jugement obtenu contre un Etat ou un souverain étranger qui n'a généralement pas de biens dans le territoire où la sentence est rendue ; mais la difficulté d'exécution n'infirme en rien la valeur juridique de la condamnation prononcée, et il s'agit simplement de savoir si un Etat civilisé pourra moralement se soustraire, chez lui, aux effets d'une décision équitablement rendue contre lui par un tribunal étranger compétent dans l'espèce.

C'est souvent sous la forme d'une saisie-arrêt que l'on fait valoir ses droits contre un Etat étranger ; si, en pareil cas, les tribunaux locaux peuvent être compétents pour autoriser cette mesure conservatoire, il peut arriver qu'ils ne le soient plus pour valider la saisie elle-même et établir ainsi la dette de cet Etat, les lois de nombre de pays, comme la France, ne permettant pas aux tribunaux judiciaires de déclarer l'Etat débiteur et cette question étant exclusivement réservée aux juridictions administratives afin de sauvegarder la bonne administration et l'ordre des finances. En pareil cas, la saisie-arrêt pratiquée en France, par exemple, contre un Etat étranger, devrait être suivie, au point de vue de la déclaration de validité et de l'autorisation de paiement, devant la juridiction compétente de cet Etat.

258. La doctrine générale sur la question que nous venons d'examiner a été résumée et précisée dans le rapport de M. von Bar à la session tenue à Hambourg, en 1891, par l'Institut de Droit international. Voici les résolutions essentielles qui ont été acceptées (V. Texte définitif des résolutions dans le Tableau général de l'Institut, 1893, p. 117).

Les tribunaux sont compétents vis-à-vis des Etats et souverains étrangers : 1° pour les actions *réelles* et *possessoires* concernant des immeubles ou *même des meubles* situés sur le territoire; 2° pour les actions fondées sur la qualité de l'Etat ou du souverain étranger comme héritier ou légataire d'un ressortissant du territoire ou d'une succession qui s'y est ouverte (V. n° 186); 3° pour les affaires relatives à un établissement commercial ou industriel, par exemple à un chemin de fer, exploité par l'Etat étranger sur le territoire; 4° dans le cas où l'Etat ou souverain étranger accepte volontairement la juridiction territoriale; 5° pour les dommages et intérêts venant d'un délit ou quasi-délit commis par le souverain étranger ou ses agents sur le territoire; 6° pour les actions fondées sur des contrats conclus avec l'Etat étranger dans le territoire, si l'exécution complète dans le territoire en peut être demandée d'après les règles de la bonne foi. Cette dernière règle repose sur cette idée que certains engagements des Etats sont de telle nature que les tiers contractants n'ont pu, de bonne foi, compter que l'Etat débiteur s'exécuterait à l'étranger et conformément aux dispositions d'une loi autre que la sienne. L'application la plus remarquable de cette idée se montre à propos des obligations, venant d'emprunts par souscription publique. L'Etat débiteur se réserve toujours, en pareil cas, en vertu de son droit de conservation et des principes qui régissent son droit public, un bénéfice de *compétence,* dans le sens romain de l'expression, c'est-à-dire la faculté de ne payer que dans la mesure où sa situation financière lui permet de le faire. Il lui est donc impossible d'accepter à l'avance, à ce point de vue, des décisions judiciaires rendues à l'étranger, qui ne tiendraient pas compte de ses nécessités budgétaires souverainement appréciées par lui. C'est là un élément de risque, variable suivant la situation économique des Etats, dont il est toujours tenu compte dans les conditions de l'émission et dont les porteurs de titres étrangers doivent, de bonne foi, supporter les conséquences.

Le projet de Hambourg déclare, au contraire, irrecevables, indépendamment des actions concernant les dettes des Etats contractées par souscription, ainsi que nous venons de le dire, celles en dommages-intérêts pour des *actes de souveraineté*, conformément à la doctrine générale déjà indiquée, y compris celles résultant d'un engagement du défendeur comme fonctionnaire de l'Etat. En cas de doute, l'action contre l'Etat étranger est réputée irrecevable (art. II, §§ 2 et 3).

LIVRE III

DES CONFLITS DE LOIS ENTRE LES ÉTATS

---

259. Ces conflits peuvent se présenter pour les lois se rattachant au Droit privé, lois civiles et commerciales, auxquelles on joint habituellement les lois de procédure bien que, par leur objet, elles ne fassent pas partie du Droit privé (V. n° 49), et pour les lois criminelles qui rentrent dans le Droit public.

CHAPITRE PREMIER

CONFLIT DES LOIS CIVILES ET COMMERCIALES

260. La souveraineté interne de chaque Etat se manifeste notamment par des lois privées au moyen desquelles il règle, suivant sa manière de voir, les rapports entre les particuliers. Ces lois des différents pays ont une tendance très marquée à l'uniformité chez les peuples qui sont dominés par les principes d'une civilisation commune. Cependant, chaque peuple conserve encore, et conservera probablement toujours, l'influence des circonstances particulières dans lesquelles il se trouve placé et qui se traduit par des dispositions divergentes dans les lois privées, sous l'action de la race, des traditions, de la religion, de l'état politique, économique, social etc... De là une diversité inévitable des législations qui peut s'atténuer encore, mais qui se maintiendra toujours pour les points touchant d'une manière plus particulière à la condition spéciale de chaque pays. Cette divergence des lois, combinée avec la souveraineté de chacune d'elles dans le territoire où elle a été promulguée, amène inévitablement un conflit toutes les fois qu'une question de droit privé quelconque peut, étant données les circonstances dans lesquelles elle se pose, donner lieu à l'invocation de lois de différents pays.

261. Si l'on ne s'en tient qu'à l'apparence des choses, le problème paraît des plus simples : il est vrai, peut-on dire, que les lois des différents pays peuvent ne pas être d'accord sur un point donné : mais chacune étant souveraine chez elle, il faudra l'appliquer exclusivement dans le pays où elle domine, sans tenir compte des prétendues raisons que l'on pourrait invoquer pour demander l'application d'une loi étrangère. Ce système de la *territorialité* des lois, fondé sur l'exclusivisme de la souveraineté territoriale, a été appliqué au début de la féodalité, quand chaque puissance s'enfermait dans son domaine récemment conquis et veillait jalousement à ce qu'aucun empiétement de souveraineté n'y fût exercé. C'était la contre-partie du système de la *personnalité des lois* consacré par les barbares et en vertu duquel, sans souci de l'autorité territoriale de la loi, chacun relevait de sa loi personnelle déterminée par son origine nationale ; on arrivait ainsi, non à résoudre le conflit des lois, mais à le supprimer.

Cependant, la difficulté, pour ne pas dire l'impossibilité des rapports internationaux avec une pratique semblable conduisit bien vite à accepter l'application sur chaque territoire des lois étrangères, toutes les fois que cela pouvait présenter un avantage soit dans l'intérêt des parties, soit dans l'intérêt collectif, en obtenant en retour des concessions semblables des puissances étrangères, en facilitant les relations économiques, ou même en se conciliant la sympathie des Etats qu'on avait à ménager. La souveraineté absolue de la loi territoriale pliait devant ces avantages ou ces nécessités ; mais c'était par bonne grâce intéressée et non par application d'un principe supérieur de droit ou de raison que l'on admettait alors l'application de la loi étrangère, en dérogeant au principe strict de la souveraineté. Cette manière de voir fut, au fond, celle de tous les anciens juristes ; elle reçut, au XVIIe siècle, la qualification de *Comitas gentium* (courtoisie internationale) que lui donna P. Voët, et c'est sous ce titre qu'elle est encore défendue et appliquée par les jurisconsultes anglo-américains, tandis qu'elle est très généralement répudiée sur le continent européen (V. notre *Précis de Droit int. privé*, 2e édit., n° 20). C'est d'ailleurs à cette doctrine que l'on aboutit fatalement quand on veut faire de la matière du conflit des lois privées une partie du droit national de chaque Etat ; s'il en est ainsi, en effet, chaque législateur règle les difficultés de ce genre à sa guise et ne se prononce pour l'application de la loi étrangère que tout autant qu'il le juge opportun, de par sa souveraineté et en vertu d'une concession gracieuse de cette dernière. Aussi, les jurisconsultes anglo-américains, partisans de la *Comitas gentium,* font très logiquement rentrer les conflits de lois dans la sphère du droit privé interne de chaque Etat.

262. Nous avons déjà, contrairement à l'opinion indiquée ci-dessus, affirmé que la matière du conflit des lois privées fait partie intégrante du Droit international (V. n° 45). Il nous faut, maintenant, préciser cette idée, et faire ressortir comment les rapports des Etats au point de vue du conflit de leurs lois ne sont qu'une application particulière de leurs relations générales et sont dominés par les mêmes principes de Droit international (1).

263. La conception de la souveraineté absolue de la loi territoriale plus ou moins mitigée par une concession gracieuse de cette même souveraineté, est une conception étroite, même barbare, qui n'a pu se faire jour que dans une période où les rapports internationaux étaient à peine noués et presque pas réglementés ; elle ne tend à rien moins, en effet, qu'à la négation du Droit international dans une de ses applications les plus certaines et les plus pratiques.

Nous avons déjà vu que les Etats, à raison même de leur existence comme faits naturels et par conséquent légitimes, ainsi que de leurs rapports nécessaires, se doivent réciproquement le respect de leur égalité, de leur personnalité et de leur commerce mutuel. Or, ce serait concevoir d'une manière trop étroite ces différents attributs des Etats que de n'en tenir compte que dans les circonstances où leur intérêt collectif est directement en jeu. La personnalité des Etats est également à respecter toutes les fois qu'elle se manifeste légitimement à propos d'un intérêt particulier ; sinon on commet contre la souveraineté de l'Etat étranger une atteinte qui ne diffère que par l'importance de celle qu'on commettrait en lésant directement ses droits

---

(1) Les idées qui suivent déjà indiquées dans leur principe par Heffter, affirmées dans notre *Précis du Droit int. privé,* 2ᵉ édit., 1891, nᵒˢ 21 et 22, ont été développées par M. A. Pillet, *Le Droit int. privé dans ses rapports avec le Droit int. public,* broch. 1892 et *Rev. pratique de Droit int. privé,* 1892. — Comp. Jitta, *La méthode du Droit int. privé,* 1890.

politiques ; sans compter que la généralisation d'actes semblables, finissant par compromettre la souveraineté des Etats au point de vue de l'exercice légitime de tout leur pouvoir législatif, aboutirait à un mépris complet de leur autorité souveraine, même en tant que personnes politiques égales à tous les autres Etats.

Il ne s'agit plus, par conséquent, que de démontrer la relation nécessaire qui existe entre le respect de l'égalité, de la personnalité souveraine et du commerce mutuel des Etats, et la tolérance, dans certains cas déterminés, de l'application de la loi étrangère sur le territoire de chaque pays. Ce point établi, cette dernière tolérance nous apparaîtra, non plus comme une concession bénévole et révocable suivant les inspirations de l'intérêt, mais comme l'exécution d'une *obligation* venant des principes généraux du Droit international révélé par la conscience commune des peuples.

Au point de vue du respect de l'égalité, tout d'abord, il serait étrange qu'un pays revendiquât le droit de régler un rapport juridique, même en tant qu'il doit se réaliser à l'étranger ou y produire certains effets, sans reconnaître un pareil droit à la loi étrangère pour un rapport de droit semblable, en tant qu'il se manifeste sur le territoire de ce pays. Le respect de la compétence législative chez autrui, quand on le revendique pour soi-même, et l'obligation qui en résulte pour chaque Etat de limiter, sur son proqre territoire, la souveraine application de sa loi, est comparable à la limitation de l'exercice des facultés de l'individu pour permettre l'exercice légitime des facultés d'autrui. Comme le dit Heffter : « L'Etat qui voudrait nier l'autorité d'un droit » civil en dehors de celui qu'il a établi, nierait en même temps » l'existence d'autres Etats et l'égalité de leurs droits avec les » siens ».

On voit également que la méconnaissance absolue de la compétence législative étrangère, dans les questions qui relèvent d'elle, aboutit à écarter la personnalité des Etats étrangers en tant qu'elle se manifeste dans une de ses fonctions les plus importantes, l'exercice du pouvoir législatif.

Enfin, il est clair que le commerce international devient impossible si l'on n'admet jamais pour les étrangers ou même pour ses propres nationaux qui accomplissent des actes juridiques hors de leur patrie l'application de la loi étrangère. Geffcken dit, avec raison : « Comment le commerce international serait-il possible, si le marchand n'était pas sûr de voir reconnaître dans un Etat les paiements qu'il a opérés dans l'autre »? Holtzendorff écrit encore : « Quelle atteinte à l'autorité de la loi civile si le fait d'avoir franchi les limites d'un territoire devait faire dépendre les droits d'un citoyen de la volonté arbitraire d'un Etat ou d'un fonctionnaire étranger ! Pour assurer ces droits, surtout dans les temps de communications faciles dans lesquels nous vivons, il fallait des garanties solides qui les sauvegardassent au-delà même du lieu de domination des lois territoriales. *C'est en cela que le Droit privé trouve son point de contact avec le Droit des gens* ». C'est même cette dernière raison qui a motivé, pour la plus large part, les exceptions tolérées, sous prétexte de courtoisie internationale et en vue de considérations d'intérêt pratique, par les anciens juristes et par tous ceux qui suivent encore la doctrine de la *Comitas*. On comprit notamment que l'application de la loi territoriale pour fixer l'état et la capacité des personnes entraînerait ce résultat choquant, susceptible d'empêcher le commerce international, que telle personne, capable dans un pays, serait incapable dans un autre et réciproquement. De là la notion du *statut personnel* en vertu de laquelle une seule loi, celle du domicile suivant les uns, la loi nationale suivant les autres, doit régler la condition juridique des personnes en quelque pays qu'on l'envisage.

On pourrait objecter, il est vrai, que cette dernière considération tirée des nécessités du commerce international ne fait pas absolument obstacle à la doctrine de la territorialité des lois mitigée par la *Comitas gentium,* puisque, par une application intelligente et assez large de concessions gracieuses, on peut arriver à concilier les exigences des rapports internationaux et de la souveraineté des lois dans chaque pays.

A cela il faut répondre que les applications de la courtoisie internationale, en ce qui concerne la compétence législative étrangère, doivent, pour être logiques avec l'idée dont elles dérivent, se fonder sur un intérêt particulier de l'Etat qui les admet : aussi deviennent-elles fatalement arbitraires, suivant les inspirations de l'intérêt actuel, et surtout complètement étrangères à l'intérêt des autres pays, au principe du respect *mutuel* des rapports internationaux ainsi que de l'égalité et de la personnalité souveraine des autres Etats. Deux exemples classiques le montrent bien. En Amérique, il a été jugé que la capacité d'un étranger contractant avec un national est réglée par la loi de son pays ou par la loi américaine, en tenant compte de celle qui le déclare capable ou incapable, suivant l'intérêt qu'a au maintien ou à l'annulation de la convention le contractant américain ; impossible de pousser plus loin la logique et en même temps l'arbitraire et l'iniquité de la *Comitas* intéressée.

En France, bien que l'on accepte le principe du statut personnel avec application de la loi nationale, la jurisprudence aboutit souvent à faire revivre la souveraineté de la loi territoriale pour régler l'état, la capacité des personnes et les rapports de famille, sous l'influence de considérations d'intérêt national. C'est ce qui a lieu quand on écarte la loi nationale d'un étranger ayant contracté avec un Français ignorant l'incapacité dont son cocontractant est frappé par la loi de son pays, et quand on refuse la tutelle à un parent étranger désigné par la loi nationale du mineur, pour sauvegarder les prétendus droits d'un parent français qui devrait être tuteur d'après la loi de notre pays (V. Cass. 16 janvier 1861, Sir., 61. 1. 305 ; 13 janvier 1873, Sir., 73. 1. 13).

Ces solutions arbitraires sont inévitables si l'on ne rattache pas le respect de la compétence législative des autres pays au respect même de l'égalité des Etats, de leur personnalité souveraine et de leur droit de commerce mutuel.

263 *bis*. Mais, dans les rapports entre Etats, comme dans ceux entre particuliers, le respect de l'exercice des facultés d'autrui se trouve nécessairement limité par la conservation des propres facultés et de l'existence physique et juridique de chacun.

Or, il existe dans toute législation un ensemble de règles qui sont considérées comme absolument impératives ou prohibitives, de telle sorte que leur transgression est réputée attentatoire à la sûreté de l'Etat, au maintien des principes moraux, politiques, sociaux ou économiques sur lesquels repose sa constitution. Cet ensemble de règles est désigné par l'expression quelque peu vague *d'ordre public,* ou de lois de *police et de sûreté* (Art. 3, alin. 1, Code civil).

On conçoit que la détermination exacte de ces règles dites

d'ordre public ne puisse être ramenée à une formule précise, étant donnée la variété des conceptions de la bonne organisation sociale dans les différents pays sous l'influence des éléments très différents qui agissent sur les législateurs, la race, le climat, les traditions, la religion, l'état social, politique ou économique.

Nous n'avons pas à entrer dans le détail des différents cas où la considération de l'ordre public territorial peut faire obstacle à l'application d'une loi étrangère : c'est là une question qui rentre dans l'étude spéciale du conflit des lois, objet du Droit international privé (1). Ce qui est certain, et cette observation suffit au point de vue du Droit international considéré dans ses principes généraux, c'est que l'on doit limiter l'obligation pour un Etat de respecter, même sur son territoire, l'application des lois étrangères, par le Droit, pour cet Etat, d'écarter toute disposition légale en contradiction avec l'ordre public tel qu'il le conçoit et dont le maintien est la condition même de son existence indépendante. Ne pas accepter cette limitation serait compromettre les sujets du Droit international, c'est-à-dire les Etats, sous prétexte de régler leurs devoirs réciproques.

264. Les considérationsq ui précèdent, et qui ont pour but de ramener la question du conflit des lois privées aux principes généraux du Droit international, semblent perdre leur force quand il s'agit du conflit entre lois régissant les diverses parties du territoire d'un même Etat, cas très fréquent étant donné le grand nombre de pays qui n'ont pas l'unité de législation. Au fond, cependant, la situation est identique et les principes à appliquer sont les mêmes. En effet, les provinces ou les Etats différents, groupés sous une même souveraineté au point de vue politique, ont conservé leur souveraineté indépendante au point de vue restreint de la législation ; dans cette limite, ils agissent vis-à-vis des autres territoires relevant de la même autorité politique à l'instar de souverainetés complètement étrangères les unes aux autres. C'est ainsi que les choses se passaient dans les conflits entre nos anciennes coutumes françaises ; seulement il va sans dire que, en pareil cas, la nationalité, qui joue

---

(1) V. notre étude sur l'*Ordre public en Droit int. privé*, J. *Clunet*, 1889, pp. 5 et 207 ; A. Pillet, *L'Ordre public en droit int. privé*, broch. 1890.

un rôle si important pour fixer la loi applicable, ne peut plus être invoquée puisque toutes les parties en cause ont la même, et qu'elle est remplacée par le domicile rattachant plus particulièrement chaque individu à la fraction de territoire régie par une loi différente.

Souvent d'ailleurs, surtout dans les pays fédérés ou confédérés, chaque Etat fait abandon de sa souveraineté interne pour régler ses conflits avec les autres faisant partie de la même union, en les soumettant à une juridiction suprême dont la compétence et l'autorité s'étendent à tous les territoires relevant de la même souveraineté : c'est ce qui a lieu en Allemagne, aux Etats-Unis et en Suisse.

265. Si la question du conflit des lois privées n'est, comme nous l'avons démontré, qu'une application spéciale des principes généraux du Droit international, il s'ensuit que les règles à observer en pareilles matières n'ont pas d'autres sources que celles du Droit international lui-même. C'est en effet dans la conscience générale des Etats sentant la nécessité de respecter leurs droits réciproques, quand leurs lois se rencontrent à propos d'un même rapport juridique, que l'on trouve la base même des règles rationnelles à suivre pour déterminer la législation applicable, aussi bien que de toutes celles qui concernent les rapports internationaux à un point de vue quelconque. De là résulte cette conséquence que la solution des conflits de lois ne peut pas être particulière à chaque pays, établie d'une manière indépendante par chaque législateur. C'est ce qui montre combien est fausse l'idée qui fait rentrer la théorie du conflit des lois dans le droit positif interne de chaque Etat ; on n'a plus ainsi qu'une série d'opinions isolées, efficaces seulement dans le pays où elles sont admises ; on peut compiler et rapprocher des législations et des jurisprudences sans lien entre elles ; mais on n'arrivera jamais à une doctrine rationnelle, à une science.

Mais cette doctrine, qui doit être internationale puisqu'elle n'est qu'un fragment du Droit international, peut être exprimée de manière individuelle par chaque Etat dans sa législation, ou sous la forme d'un accord international, traité ou coutume : autant de prétendues sources de la théorie du conflit des lois d'après la plupart des auteurs, et qui n'en sont que la *manifes-*

tation comme pour tout le Droit international, ou, si l'on veut, les sources formelles et matérielles par opposition à la source rationnelle qui est la conscience de l'humanité civilisée révélée par l'opinion des hommes éclairés.

Cependant, étant donnés sa nature et son objet, il semble que la forme des accords internationaux ou traités convienne particulièrement à la manifestation de cette partie du Droit international ; si, en effet, la consécration dans la loi spéciale de chaque pays donne aux règles admises la sanction dans chaque État, elle ne leur donne pas la garantie d'une autorité internationale comme le font les traités qui, tout en ayant la valeur d'une loi pour chaque pays contractant et pour ses tribunaux, assurent la réciprocité à l'étranger (1). De plus, nombre de questions de détail ayant besoin de précision se soulèvent dans les conflits de lois, ce qui rend la rédaction de traités particulièrement utile (V. n° 61). Des essais ont été faits pour aboutir, en cette matière, à une entente générale portant sur les principales questions ; une motion en ce sens, votée par le Parlement italien le 24 novembre 1873, n'a pas eu de suite, pas plus qu'une autre semblable due à l'initiative de la Hollande en 1874 (V. *J. Clunet*, 1874, p. 159 et 1888, p. 35). Néanmoins les traités ayant pour objet de régler les conflits de lois se multiplient, tout en restant particuliers et, par conséquent, obligatoires seulement pour les pays qui les contractent : le plus complet est celui qui est intervenu le 15 juin 1869 entre la France et la Suisse ; on peut citer également la série de conventions passées entre la plupart des États de l'Amérique du Sud à la suite du Congrès de Montevideo, tenu du 25 août 1888 au 18 février 1889 (V. Pradier-Fodéré, R. D. I., 1889, pp. 217 et suiv.). Malheureusement, l'influence des législations particulières empêche trop souvent une entente absolument générale ; c'est ainsi que le Congrès de Montevideo s'est prononcé en faveur de la loi du domicile pour régler le statut personnel, tandis que nombre de législations en Europe et la doctrine la plus récente se déclarent pour la loi nationale. Il est, au contraire, plus facile de s'entendre pour des questions d'un caractère plus général, dont l'intérêt est à

---

(1) V. Mancini, *De l'utilité de rendre obligatoires pour les États les règles générales du Droit int. privé*, J. *Clunet*, 1874, pp. 221 et 285 (Résolutions de l'Institut, Annuaire, I, p. 123).

peu près partout le même et à l'égard desquelles, par suite, les divergences des lois sont moins marquées : c'est ainsi que deux grands traités d'union entre les principaux Etats du monde ont réglé d'une manière uniforme les droits de propriété littéraire, artistique et scientifique (Traité de Berne du 9 septembre 1886) et de propriété commerciale ou industrielle (Traité de Paris du 20 mars 1883).

266. On pourrait être tenté de distinguer complètement la question de conflits de lois et le droit international à raison de deux différences extérieures que l'on remarque entre les deux.

On fait remarquer, d'abord, que les conflits de législations sont généralement prévus et réglés, au moins quant aux principes généraux, dans la loi positive de chaque pays (art. 3, Cod. civil français ; titre préliminaire du Code civil italien de 1866, etc., etc.), tandis que les questions de Droit international proprement dit ne sont guère fixées que dans les traités et, plus souvent, par la coutume.

Remarquons que cette différence, purement formelle, s'explique par ce fait que les principes de Droit international relatifs aux conflits de lois ont besoin d'être précisés dans l'intérêt des particuliers qui ont à s'en préoccuper directement, et dans l'intérêt des tribunaux qui ont à les appliquer, comme nous le verrons plus bas. Dans tous les cas, les règles consacrées à ce sujet par chaque législation n'ont véritablement de valeur comme expression du Droit international, ce qu'elles doivent être, que tout autant qu'elles correspondent à la manière de voir communément acceptée par les Etats dans leurs rapports. A ce titre, elles ne diffèrent nullement des dispositions législatives qui visent quelquefois des questions de Droit international public, lorsqu'il s'agit d'une matière intéressant les particuliers ou dont les tribunaux peuvent avoir à s'occuper, par exemple les privilèges des agents diplomatiques, les prises maritimes, les devoirs des soldats en campagne, les droits et obligations en cas de neutralité, etc. Dans un cas comme dans l'autre, la disposition légale n'a de valeur comme formule du Droit international qu'en tant qu'elle exprime le droit commun accepté par les Etats dans leurs relations. Tout ce que l'on peut retenir comme différence entre les règles des conflits de lois et celles de droit international public au point de vue de leur

consécration législative, c'est que les premières sont plus
souvent contenues dans la loi interne des différents pays afin
d'éclairer les particuliers et les tribunaux, tandis que les
secondes, généralement appliquées d'une manière directe par
les gouvernements représentant les intérêts collectifs auxquels
elles se réfèrent, sont fixées ordinairement par les traités internationaux et par la coutume.

Ceci nous conduit à la seconde différence invoquée entre les
questions de conflits de lois et celles de Droit international
public ; les secondes n'ont guère d'autre sanction que celle qui
peut venir de l'action directe des Etats les uns vis-à-vis des
autres, tandis que les premières, toujours soumises à l'appréciation d'un tribunal, trouvent dans la décision de ce dernier
une solution dont l'exécution est garantie (V. nº 46). Cette
différence est absolument exacte, mais elle est toute formelle et
extérieure. En effet, dans les difficultés de conflits de lois, ce
sont des intérêts privés qui se trouvent directement en jeu, et
il est naturel que les tribunaux préposés à la surveillance de
ces intérêts interviennent en pareil cas ; au surplus, il n'y a
aucun inconvénient à leur maintenir ici leur mission habituelle,
les questions agitées n'étant pas de nature à compromettre les
intérêts de la collectivité. Même, quand il s'agit de questions de
droit international public où des intérêts privés sont en cause,
ou bien dans lesquelles la part de l'intérêt collectif est minime,
les tribunaux sont souvent compétents ; par exemple, pour
les prises, les immunités des agents diplomatiques, la validité
des actes juridiques faits avec l'autorité ennemie pendant une
invasion, etc. C'est uniquement leur gravité, ou la responsabilité
qu'elles entraînent pour le gouvernement, qui fait que ce
dernier ne veut pas laisser à d'autres qu'à lui le soin d'apprécier
les difficultés les plus importantes, et d'ailleurs beaucoup plus
rares, du droit international relatif aux intérêts collectifs des
Etats.

D'autre part, tandis que les autres pays accepteront généralement l'autorité d'une sentence judiciaire intervenue à propos
d'un conflit de lois, si elle est conforme aux principes universellement admis en la matière, parce que leur intérêt ne s'y
oppose pas et leur commande même de prêter leur concours à
l'action des tribunaux étrangers, en vue d'une réciprocité sur

laquelle ils ont le droit de compter pour les jugements de leurs propres magistrats ; on conçoit sans peine que la décision d'un tribunal n'ajouterait rien à l'interprétation donnée par un gouvernement à une question qui met en jeu les intérêts collectifs de deux ou plusieurs pays, et à propos de laquelle aucun d'eux ne voudra céder que sous l'influence de l'opinion publique, ou de considérations politiques, ou enfin de la force.

267. Cependant, la distinction habituelle entre la théorie du conflit des lois privées et le Droit international considéré dans son ensemble a sa raison d'être si l'on tient compte de la nature spéciale des rapports internationaux que la première doctrine a pour objet de régler. Nous savons déjà que les conflits de lois privées font l'objet d'une étude particulière appelée Droit international privé (V. n° 44).

Cette expression peut être considérée comme inexacte si l'on entend le mot droit dans son acception vulgaire de législation promulguée ; il n'y a pas de lois au-dessus des Etats, parce qu'il n'y a pas de législateur, pas plus au sujet des conflits de lois que de toutes les autres relations qui peuvent exister entre eux. De là la préférence de beaucoup d'auteurs pour l'expression : Théorie des conflits de lois privées. Mais si l'on prend le mot droit dans son sens scientifique d'ensemble de principes acceptés par les êtres, individus ou collectivité, qui doivent être régis par eux ; si l'on se rappelle que les problèmes des conflits des lois ne peuvent être réglés que par le droit commun reconnu par les divers Etats ; on voit que l'expression Droit international est parfaitement juste appliquée aux règles qui doivent être suivies pour trancher les conflits de législations ; quant au qualificatif complémentaire *privé,* il constitue une simple précision pour désigner cette partie du Droit international où l'on traite des rapports survenus entre les Etats à propos d'intérêts privés, par opposition à celle, plus générale, où l'on s'occupe de ceux qui interviennent à propos d'intérêts collectifs et que l'on désigne alors par l'expression Droit international public, pour la distinguer de la première (V. n° 44).

268. Au Droit international privé ainsi compris, le Droit international général fournit deux principes fondamentaux : 1° En vertu du respect réciproque qu'ils se doivent de leur égalité juridique, de leur personnalité souveraine et de leur droit de commerce mutuel, les Etats sont tenus de tolérer sur leur territoire l'application d'une loi étrangère quand elle est légitimement compétente pour régler un rapport juridique; 2° en vertu de leur droit de conservation comme personnalités souveraines et indépendantes, les Etats peuvent *toujours* écarter l'application d'une loi étrangère contraire à leur ordre public.

Ces principes établis, deux questions se posent à propos de tout conflit des lois : 1° quelle est la législation qu'il faut appliquer dans l'espèce; 2° cette législation une fois déterminée, comment, par son application, doit être résolue la question de droit ou de fait posée au juge?

La seconde de ces deux questions rentre complètement dans le droit privé; ce n'est plus qu'un problème d'application d'une loi positive, d'après les règles de l'art des juristes, ce qui suffit à expliquer la compétence des tribunaux judiciaires.

La première, au contraire, rentre véritablement dans le domaine du Droit international, car il s'agit de régler des rapports entre Etats en fixant le domaine de leurs lois respectives, et en décidant quelle est celle qui, d'après les principes dominant les relations internationales, doit s'appliquer de préférence et limiter ainsi la souveraineté des autres.

L'objet particulier du Droit international est de répondre à cette dernière question dans chaque cas de conflit. On a proposé quantité de théories pour donner la formule générale de la solution; toutes sont insuffisantes parce qu'elles sont trop absolues et ne peuvent pas s'appliquer à la grande variété des espèces (V. notre *Précis de Droit inter. privé,* 2ᵉ édit., livre I, ch. II). Le plus simple est de tenir compte de la nature juridique de chaque rapport de droit, relations de famille, contrats, successions, condition des biens, etc..., pour appliquer à chacun, suivant cette nature, la loi dont il relève rationnellement. Cette manière de voir, déjà présentée par de Savigny (*Système de Droit Romain,* t. VIII, pp. 27 à 41), peut être rattachée aux principes fondamentaux sur lesquels nous avons fait reposer toute la théorie des conflits de lois. Il s'agit, en effet, sur la base d'un respect réciproque de l'égalité, de permettre à chaque législation d'exercer son action légitime dans les cas où elle est compétente; or, on constatera cette compétence des législations en voyant quels sont les rapports qui, à raison de leur nature,

leur sont rationnellement soumis. Ainsi, les questions d'état et
de capacité sont de la compétence de la loi nationale des intéressés en tout pays, parce que la condition juridique des individus est fixée par leur loi nationale à raison des influences
spéciales auxquelles ils sont soumis, race, climat, tradition,
état social ou politique de leur pays, religion, etc... et que la
nature de ces questions d'état et de capacité commande que
l'on respecte l'application de la loi rationnellement autorisée à
les régler, toutes les fois qu'elle n'est pas incompatible avec
l'ordre public territorial.

269. L'objet tout spécial du Droit international privé, malgré
l'identité de sa nature avec le Droit international considéré dans
son ensemble, explique que l'on en fasse une étude séparée.
Des deux questions dont il se compose, l'une, celle de savoir
quelle est la loi applicable parmi plusieurs en conflit, est la
seule d'un caractère vraiment international et elle ne peut être
résolue que par une analyse du rapport juridique à régler ; l'autre, qui se résume dans l'application de la loi choisie, est purement juridique, comme nous l'avons déjà vu (n° 268). Aussi la
discipline d'esprit et la méthode sont-elles complètement différentes dans les deux études : sous le bénéfice de la connaissance
des principes généraux du Droit international sur lesquels il
repose, le Droit international privé exige avant tout la préoccupation des intérêts privés, l'esprit d'analyse appliqué aux rapports de droit, en un mot l'esprit juriste ; le Droit international
public, au contraire, visant surtout l'harmonie des intérêts collectifs des Etats, doit être étudié dans un esprit plus large, avec
le secours de l'histoire et de ses enseignements pour l'avenir,
avec une méthode de prudente observation, sans les déductions
rigoureuses que comporte souvent le raisonnement dans les
interprétations de textes.

270. Les explications que nous venons de présenter suffisent
pour déterminer les rapports de l'étude des conflits de lois avec
le Droit international ; la précision de détail de la loi applicable
dans chaque conflit particulier constitue l'objet spécial du Droit
international privé qui reste en dehors de notre cadre. Aussi
nous bornerons-nous à indiquer les principes généraux de la
théorie du conflit des lois en montrant comment ils se rattachent
à ceux qui dominent les rapports internationaux.

271. Dans les problèmes de conflits de lois se soulèvent deux questions préjudicielles qui, sans faire partie du Droit international privé proprement dit, nécessitent cependant une solution préalable avant de déterminer la loi applicable parmi celles qui sont en présence : ce sont les questions de nationalité et de condition des étrangers. Etant donné, en effet, que la loi fréquemment applicable est la loi nationale des individus, et que, avant d'appliquer telle ou telle législation pour régler un droit invoqué par un étranger, il faut d'abord savoir si, d'après la loi territoriale, le droit dont il s'agit est reconnu à d'autres qu'aux nationaux, il est évident que ces deux points doivent tout d'abord être élucidés.

Ces deux questions sont, en principe, réglées par la loi interne de chaque pays que le juge ne peut qu'appliquer. Mais nous montrerons qu'au point de vue du Droit international chaque législateur doit se conformer, soit en réglant l'attribution de la nationalité dans son pays ou en prononçant sa déchéance, soit en déterminant la condition des étrangers au point de vue de la jouissance des droits, au devoir du respect d'égalité et de la personnalité politique des autres Etats (V. nᵒˢ 329 et suivants ; 350 et suiv.).

272. Pour résoudre la question fondamentale de savoir quand la loi étrangère peut être appliquée, quand au contraire la loi territoriale doit être maintenue, les anciens juristes, reprenant et exagérant même la distinction des *Statuts* créée par les postglossateurs en Italie, classèrent toutes les lois en *Statuts réels* et *personnels*. Prenant pour point de départ la souveraineté absolue de la loi territoriale, par application du principe féodal « toutes coutumes sont réelles », ils admettaient des exceptions plus ou moins étendues, suivant la manière de voir de chacun et presque toujours en vertu d'une concession gracieuse inspirée de la *Comitas gentium*, sous le nom de Statuts personnels.

Nous n'avons pas à revenir sur le manque de base de cette théorie qui ne rattache en rien, comme il faut le faire, l'application de la loi étrangère aux devoirs réciproques des Etats d'après les principes du Droit international ; mais nous devons faire ressortir, maintenant, l'insuffisance absolue de cette théorie des statuts au point de vue plus spécial de la solution pratique des conflits de lois dans chaque espèce particulière. Tout d'abord, avec l'idée de la *Comitas gentium*, on peut arriver à expliquer pourquoi on admet l'application de la loi étrangère, mais on ne peut résoudre le problème spécial du Droit international privé qui est *d'indiquer*, dans chaque conflit, *quelle* est la loi qu'il faut suivre de préférence aux autres. C'est ce qu'avouent des jurisconsultes anglais ou américains, si partisans en principe de la *Comitas* (V. Lawrence, *loc. cit.*, t. III, pp. 56 et 57).

Quant à la distinction des statuts, qui a la prétention de répondre à cette dernière question, elle ne peut être de quelque utilité que lorsqu'il s'agit de fixer la loi applicable à des matières juridiques se référant uniquement à la condition des personnes (statut personnel), ou à celle des biens (statut réel). C'est en lui donnant ce champ d'application restreint que l'avaient établi les premiers jurisconsultes italiens (V. Lainé, *Introd. au Droit int. privé*, pp. 223, 297 et 316) ; mais la plupart des anciens juristes, désignés sous le nom de *Statutaires,* firent de la distinction des statuts le *criterium* unique des conflits de lois, même pour des questions où il ne s'agissait pas plus de la condition des biens que de celle des personnes, par exemple pour les formes des actes et l'interprétation des contrats. Chacun pouvait ainsi voir une exception à la territorialité, un statut personnel, partout où il jugeait opportun d'accepter l'application d'une loi étrangère. Aussi, toutes les interminables controverses de ces jurisconsultes ne sont-elles qu'une suite de raisonnements subtils, souvent d'une finesse d'analyse remarquable, pour justifier ou condamner une interprétation nécessairement arbitraire du caractère réel ou personnel d'un statut ou disposition légale.

Aujourd'hui on ne peut plus entendre par statut personnel que ce qui se réfère à la condition juridique des personnes, état, capacité, relations de famille telles que mariage, puissance paternelle ou maritale, tutelle etc... La compétence législative rationnelle pour régler ces matières est celle de la loi nationale des intéressés, parce que cette loi, faite pour eux et en tenant compte de leur situation, est appelée à les régir partout : en acceptant l'application sur leur territoire de la loi nationale de l'étranger, les autres Etats ne font que respecter l'égalité et la personnalité souveraine de l'Etat auquel cet étranger appartient, conformément aux principes du Droit international (V. nº 263). Ceci montre bien que la loi du domicile, imposée encore par certaines lois et défendue par quelques auteurs, n'est pas applicable au statut personnel, car c'est la nationalité et non le domicile qui rattache l'individu à une souveraineté et peut autoriser cette dernière à réclamer l'autorité sur lui vis-à-vis des autre Etats. Il n'en serait différemment que dans les conflits entre lois de diverses provinces relevant d'une même souveraineté et où, par conséquent, la question de nationalité ne se pose pas : c'est au contraire le domicile qui, en pareil cas, rattache chaque individu à la souveraineté partielle de chaque province au point de vue de la loi civile (V. nº 264).

Quant au statut réel, il ne peut comprendre que l'ensemble des règles légales ayant pour objet la condition des biens (de *res,* chose) considérés en eux-mêmes; par exemple leur classification en meubles et immeubles ou autrement, la détermination des droits réels que l'on peut établir sur eux, leurs conséquences et leur limitation, enfin la transmission des droits réels, l'inscription, la transcription, la possession et la prescription. Tous ces points sont exclusivement régis par la loi territoriale, en tenant compte de la situation matérielle des biens, sans distinguer entre les meubles et les immeubles. Ce n'est pas là une conséquence de la territorialité des lois comme la comprenaient les anciens juristes dominés par l'influence des idées féodales, et dont la manière de voir se montre trop souvent dans les jurisprudences modernes qui distinguent sans raison entre les meubles et les immeubles et étendent l'action du statut réel à tous les cas où il s'agit d'immeubles, sans rechercher si la condition juridique de ces biens est directement en cause. L'application exclusive de la loi territoriale pour les questions rentrant dans le statut réel tel que nous l'avons précisé s'explique par cette considération bien simple qu'il s'agit ici de règles concernant l'organisation de la propriété, et intéressant la collectivité de l'Etat au point de vue économique, en un mot de règles d'ordre public au sujet desquelles, en vertu de son droit de conservation, l'Etat est dispensé du devoir de respecter la compétence des lois étrangères (V. nº 263. V. notre étude sur la *Théorie des statuts dans le code civil,* Rev. pratique de législ. et de jurispr., 1884).

Il faut donc placer en dehors de la distinction des statuts toutes les autres matières pour lesquelles un examen spécial est nécessaire.

Ainsi les formalités d'actes juridiques sont fixées par la loi du pays où l'acte est accompli, d'après la règle *Locus regit actum,* par une considération de nécessité pratique et pour obéir au devoir de respect du commerce mutuel entre Etats, qui sans cela deviendrait impossible (V. notre article : *La règle Locus regit actum et l'ordre public,* Rev. pratique de Droit intern. privé, 1890-1891, II, p. 52).

Les successions, sans avoir égard aux distinctions surannées encore maintenues dans la pratique, doivent être réglées par la loi nationale du défunt dont la compétence doit être respectée par les autres pays, parce qu'elle est naturellement appelée à régir la transmission des biens conformément aux relations de famille et aux principes d'organisation politique et sociale consacrés dans l'Etat auquel le défunt appartenait.

Quant aux conventions, on ne fait que respecter un principe rationnel tiré de la nature même de ces actes juridiques, en appliquant la loi formellement acceptée par les contractants, ou à laquelle ils peuvent être considérés s'être référés d'après les circonstances de fait tirées, par exemple, de leur nationalité, ou du pays où la convention s'est formée.

273. En matière de procédure, les conflits de lois sont dominés par les principes que nous venons d'indiquer. Voici les principaux points de vue auxquels ils peuvent se produire.

En ce qui concerne la compétence on ne peut que suivre les dispositions de la loi territoriale, c'est-à-dire de la loi du juge saisi de la contestation ou *lex fori;* les règles de compétence, en effet, se réfèrent directement au fonctionnement du service public de la justice qui intéresse la collectivité de chaque Etat; elles constituent, par conséquent, des règles d'ordre public. Il en est de même des formalités et des délais de procédure, ainsi que des voies d'exécution, pour une raison semblable.

Mais si les étrangers doivent, comme les nationaux, se soumettre à la loi territoriale à ces deux points de vue, il est contraire au respect de l'égalité des Etats et aux obligations réciproques que leur impose le Droit international de placer les étrangers dans une situation d'infériorité par rapport aux

nationaux en ce qui concerne l'exercice des actions en justice.
Ainsi l'article 14 de notre Code civil, que l'on ne retrouve plus
guère dans les autres législations, et d'après lequel un Français
peut assigner un étranger domicilié hors de France devant un
tribunal de notre pays, n'est que l'expression d'un véritable
sentiment de méfiance injurieuse à l'égard des autres Etats et
une violation du respect de l'égalité, puisque la France reven-
diquerait pour ses nationaux assignés à l'étranger l'application
de la règle de droit commun : *Actor sequitur forum rei*. De
même, la jurisprudence, de plus en plus atténuée d'ailleurs par
de multiples exceptions, en vertu de laquelle les tribunaux
français se déclarent incompétents dans les contestations entre
étrangers, revient à priver ces derniers du droit essentiel
d'exercer les actions qui leur appartiennent, et à un véritable
déni de justice quand ils sont dans les conditions voulues de
domicile pour saisir nos tribunaux, tandis que les juges de leur
pays ne peuvent plus connaître de leur litige.

On peut mieux justifier la caution *Judicatum solvi* imposée
par la plupart des législations (art. 16 Code civil) à l'étranger
demandeur, parce qu'elle est une simple garantie contre son
insolvabilité pour le paiement des frais et des dommages-intérêts
quand il n'a pas de biens suffisants dans le pays.

Le concours des Etats se révèle plus particulièrement au
point de vue du fonctionnement de la justice par les commissions rogatoires et par les mesures prises pour assurer l'exécution des jugements rendus en pays étrangers.

Par les commissions rogatoires, les autorités judiciaires d'un
pays demandent aux magistrats d'un autre de procéder à des
actes destinés à leur permettre de statuer sur une question dont
elles sont régulièrement saisies, une enquête, une expertise,
une vérification d'écritures, etc. Dans la pratique internationale, il est toujours satisfait à ces demandes en tant qu'elles
n'ont rien de contraire à l'ordre public. Elles sont habituellement transmises par voie diplomatique, notamment en France.
(V. *Annuaire de l'Institut de Droit int.*, t. II, p. 151 ; Circ. du
garde des sceaux du 19 décembre 1891).

Relativement à l'exécution des jugements rendus par les tribunaux étrangers, il est universellement reconnu qu'elle ne
peut avoir lieu que lorsque la sentence étrangère a été revêtue

de la formule exécutoire consacrée dans le pays et par l autorité compétente de ce pays : c'est ce que l'on appelle le *parea-
tis* ou *exequatur*. Il serait contraire au respect de la souveraineté territoriale que les agents de la force publique prêtassent
leur concours à un ordre d'exécution qui n'émane pas de l'autorité investie de la puissance souveraine de leur pays. Il est
également certain que cet *exequatur* peut et doit être refusé
toutes les fois que l'exécution du jugement est incompatible avec
l'ordre public territorial (art. 2123 Code civil).

C'est au contraire une question très controversée et très
diversement résolue suivant les pays, soit par la législation,
soit par la jurisprudence, que celle de savoir si les jugements
étrangers, déjà définitifs d'après la loi du pays où ils ont été
rendus, le sont également dans celui où leur exécution est
requise ; cela revient à se demander si, avant d'accorder l'*exequatur*, il faut réviser le jugement étranger quant au fond, de
manière à s'assurer de sa valeur au point de vue du droit et de
l'équité.

Les principes du Droit international semblent bien exiger que
l'on accepte comme définitif un jugement qui a déjà ce caractère
dans le pays où il a été prononcé ; le réviser, en effet, n'est-ce pas
mettre en doute les lumières ou l'impartialité du tribunal étranger,
n'est-ce pas empiéter sur une souveraineté qui s'est exercée d'une
manière indépendante à propos d'un litige dont elle était régulièrement saisie? Ne viole-t-on pas ainsi le respect qui est dû à
cette souveraineté dans son domaine normal, et celui de l'égalité des Etats, puisqu'on impose à autrui un contrôle dont on ne
tiendra pas compte s'il est pratiqué par un autre pays sur les
jugements émanant des magistrats nationaux ?

A cela on peut répondre que la souveraineté territoriale reste
dans sa sphère légitime en tant qu'elle apprécie un jugement
étranger au point de vue seulement de son exécution dans le
pays ; c'est ainsi que personne ne conteste la légitimité du refus
d'*exequatur* quand il est fondé sur une raison d'ordre public;
ce n'est plus alors que l'exercice du droit de conservation de
chaque Etat. Cependant, la déférence que se doivent les Etats
ainsi que les facilités qu'ils sont tenus d'apporter au commerce
international grandement entravé et souvent d'une manière
inique par la nécessité de recommencer dans un pays des

débats déjà terminés dans un autre, commandent de n'exercer
la révision des sentences étrangères que dans la limite stricte
de la sauvegarde de l'ordre public territorial. Ce n'est donc
qu'en temps que l'exécution d'un jugement manifestement
erroné en droit ou profondément inique peut compromettre
l'ordre public territorial, que la révision au fond peut être justifiée. En fait, les garanties qu'offre l'organisation de la justice devraient déterminer une entente sur ce point entre la
plupart des États civilisés; mais la tentative faite en ce sens
par le gouvernement hollandais en 1874 a échoué devant les
méfiances ou l'inertie des puissances, et la plupart des États ne
sont liés à ce point de vue que par de rares conventions; la
France en particulier n'en a conclu que pour Bade, l'Alsace-
Lorraine, l'Italie, la Suisse et la Russie.

274. Nous devons signaler ici les effets particuliers de
l'annexion sur l'exécution des jugements (V. n° 89).

Cette matière est dominée par ce principe général en vertu
duquel l'annexion n'a pas d'effet rétroactif, de telle sorte qu'il
faut respecter tous les droits acquis par les parties au moment
où elle intervient. Ce principe posé, deux cas sont à considérer.

A. Si le jugement est définitif quand a lieu l'annexion, il
constitue un droit acquis pour celui qui l'a obtenu comme pour
la partie condamnée. En conséquence, rendu dans le pays
démembré ou dans le pays annexé, il y est exécutoire *de plano*
puisque son exécution a lieu sur un territoire relevant, au
moment où il est définitif, de la souveraineté au nom de laquelle
il a été prononcé. Cependant, si le jugement doit être exécuté
dans le pays annexé, on le revêt, sans pouvoir la refuser, de la
nouvelle formule exécutoire au nom de la souveraineté du pays
annexant qui règne sur ce pays quand l'exécution a lieu.
(Décret du 12 juin 1860, art. 2, relatif à l'annexion de Nice et
de la Savoie). De là il résulte que si un jugement rendu dans
un pays incorporé à un autre est définitif quand ce pays est
séparé plus tard du second, il est de plein droit exécutoire dans
ce deuxième pays, vu que le démembrement de territoire, qui
n'est qu'une annexion en sens inverse, n'a pas plus d'effet
rétroactif que l'annexion proprement dite (Comp. Cass., 27
août 1812, Sir., 1812. 1. 180, et Nancy, 7 décembre 1872,
Sir., 73. 2. 34).

D'autre part, le perdant a le droit acquis d'exiger l'*exequatur* quand le jugement rendu dans le pays annexé doit être exécuté dans le pays annexant ; il a été, en effet, prononcé au nom de la souveraineté du pays démembré. Il devrait en être de même pour un jugement rendu dans le pays annexant et exécutoire dans le pays annexé ; mais il serait peu rationnel de demander l'*exequatur* à des juges établis par le souverain même au nom duquel la sentence a été prononcée, et l'exécution a lieu alors *de plano* (Cass., 7 juillet 1862, Sir., 62. 1. 831 et Paris, 9 juin 1874, *J. Clunet*, 1875, p. 189).

B. Supposons que le jugement ne soit pas encore définitif quand s'opère l'annexion.

Si l'on veut employer une voie de recours, il faudra s'adresser aux juridictions compétentes de l'Etat annexant ou établies par lui dans l'Etat annexé ; les décisions rendues seront évidemment exécutoires *de plano* dans ces deux pays et moyennant *exequatur* dans le pays démembré. Une voie de recours peut être déjà ouverte quand l'annexion se produit.

a) Si elle est ouverte devant un tribunal du pays annexé, la décision à intervenir y sera exécutoire *de plano* ainsi que dans le pays annexant.

b) Si la juridiction saisie appartient au pays démembré, l'*exequatur* sera nécessaire dans le pays annexé comme dans le pays annexant.

c) L'exécution a lieu *de plano* dans le pays annexé pour les décisions rendues à la suite d'une voie de recours, après l'annexion, par une juridiction du pays annexant.

d) La Cour de cassation saisie d'un pourvoi quand l'annexion se produit ne peut renvoyer la cause que devant une autre juridiction du pays démembré ; la décision rendue sur renvoi devra être revêtue de l'*exequatur* dans le pays annexé.

e) Quant aux voies de rétractation, comme l'opposition, elles pourront être utilisées, même après l'annexion, bien que la nouvelle loi du pays annexant ne les consacre pas, si elles sont déjà ouvertes, car elles constituent alors un droit acquis des parties ; dans le cas contraire, la loi nouvelle du pays annexé s'imposera.

Les traités modifient quelquefois les règles générales indiquées ci-dessus. Pour des annexions insignifiantes, on main-

tient quelquefois purement et simplement tous les actes judiciaires antérieurs (Convention entre la France et la Prusse du
23 octobre 1829 pour la limitation des deux Etats).

Dans la convention additionnelle au traité de Francfort, du
11 décembre 1871, art. 3, on a fixé une date, le 20 mai 1871,
pour arrêter les jugements définitifs. De plus, et ce sont là deux
innovations, les appels contre les jugements rendus en Alsace-
Lorraine ont été portés, après l'annexion, devant les cours de
France et non d'Allemagne, pour que ces affaires fussent appréciées par des juges au courant de la loi appliquée en première
instance ; les appels et pourvois commencés au 20 mai 1871
devaient continuer devant les juridictions allemandes pour les
questions de statut personnel intéressant des individus devenus
Allemands par l'annexion.

CHAPITRE II

CONFLIT DES LOIS PÉNALES

275. Dans leurs rapports au point de vue de l'application
de leurs lois pénales respectives, les Etats doivent se conformer
aux principes généraux du Droit international concernant le
respect réciproque de leur égalité, de leur personnalité politique indépendante et aussi de leur commerce mutuel. Cette
observation fondamentale enlève tout intérêt doctrinal à la
question si débattue de savoir si les conflits de lois pénales
font partie du Droit international privé ; pour les conflits de
lois pénales comme pour ceux des lois civiles, nous sommes
toujours dans le domaine du Droit international et nous devons,
dans les deux cas, recourir aux principes primordiaux rappelés
ci-dessus. Cependant, au point de vue d'une classification
logique des diverses applications des devoirs internationaux,
on doit mettre en dehors du Droit international privé les conflits
de lois pénales, parce qu'ils se rattachent à des rapports qui
mettent en jeu l'intérêt collectif des Etats et non pas seulement
des intérêts particuliers (V. nᵒ 49). Aussi, bien qu'étant, au
fond, d'une nature identique en tant que parties du Droit international considéré dans son ensemble, les conflits de lois pénales
et ceux de lois civiles doivent être étudiés à part, avec une

méthode et un esprit différents (V. n° 269). Dans l'application des lois pénales au point de vue international, il faut surtout tenir compte des Etats considérés comme collectivités, de leur conservation individuelle et de la solidarité qui doit les unir pour se prêter un concours réciproque contre les atteintes à l'ordre social ; il faut, d'autre part, se préoccuper davantage du respect de l'ordre public territorial qui est sans cesse en cause quand il s'agit de lois de police et de sûreté au premier chef ; aussi, presque toujours, les questions de ce genre sont-elles réservées par le gouvernement qui les traite par la voie diplomatique comme les questions de politique et de sécurité générale, ne voulant pas laisser aux tribunaux l'appréciation de problèmes qu'ils ne pourraient guère examiner qu'à un point de vue particulier, tandis qu'ils comportent la considération de l'intérêt collectif. On sait que c'est tout le contraire qui se passe pour les conflits de lois privées.

Il est vrai que la solution du conflit des lois criminelles implique très souvent l'interprétation de textes législatifs et que l'emploi de la méthode exégétique rapproche alors beaucoup cette matière de celle du Droit international privé. Certains auteurs ont même conclu de ce que les rapports internationaux au point de vue de l'application des lois criminelles sont fixés législativement dans la plupart des cas, qu'ils sont en dehors du Droit international public proprement dit (V. n° 49). Mais il suffit, pour écarter cette manière de voir, de remarquer que tout le Droit international peut être exprimé par chaque législateur ; le tout est de savoir s'il l'exprime exactement, s'il traduit la conscience commune du droit des rapports internationaux accepté par les différents Etats ; sa disposition n'ajoute rien au Droit international qui existe en dehors d'elle, et son seul résultat est de marquer l'adhésion formelle d'une loi à ce droit, ou quelquefois la violation de ce dernier par elle. Nous avons déjà vu que des questions de Droit international public peuvent aussi être réglementées législativement dans chaque Etat dans l'intérêt des parties ou des tribunaux, ce qui montre bien que cette particularité, purement formelle, n'implique pas une différence de nature entre ces questions, suivant que le législateur les prévoit ou non (Voir n° 266).

D'autre part, pour les points importants concernant les

rapports entre les États relativement à leurs devoirs réciproques dans le fonctionnement de la justice criminelle, tels que l'extradition et l'assistance internationale pour les commissions rogatoires et autres actes facilitant la découverte ou la répression des infractions, on voit que les gouvernements se mettent directement en relation par la voie diplomatique, sans employer l'action des tribunaux. Aussi pouvons-nous conclure que les conflits de lois pénales, partie du Droit international comme les conflits de lois privées, se rapprochent davantage, quant à l'esprit dans lequel ils doivent être envisagés et quant à la méthode d'étude qu'ils comportent, des questions de droit international public que de celles de Droit international privé, bien qu'ils nécessitent souvent l'intervention des tribunaux et l'interprétation de textes législatifs.

276. Les rapports internationaux en ce qui concerne le fonctionnement de la justice répressive peuvent être envisagés à quatre points de vue : 1° compétence; 2° extradition; 3° assistance internationale pour la découverte et la répression des infractions; 4° effet international des jugements en matière pénale.

SECTION I

COMPÉTENCE EN MATIÈRE PÉNALE (1).

§ Ier. *Infractions commises sur le territoire.*

277. Le respect de l'ordre public territorial et le droit de conservation de chaque État autorisent ce dernier à revendiquer la compétence exclusive pour toutes les infractions commises sur son domaine, que les auteurs en soient nationaux ou étrangers (art. 3, alin. 1, Code civil), et dans quelque condition qu'ils se trouvent; par exemple, même s'il s'agit d'un étranger qui est déjà sous le coup d'un arrêté d'expulsion quand il commet un délit, ou qui accomplit son infraction sur une portion du territoire envahie par les troupes de son pays en guerre avec celui dans lequel il se trouve (Cass., 10 juillet 1874, Sir., 75. 1. 136).

---

(1) V. P. Fiore, *Traité de droit pénal intern. et de l'extradition,* trad. Antoine, 2 vol., 1880; *Idem, Aperçu historique de diverses législations modernes en matière de délits commis à l'étranger,* R. D. I., 1879, p. 302; Von Bar, *Das intern. privat und Strafrecht;* Rohland, *Das intern. Strafrecht,* Leipzig, 1877; Deloume, *Principes généraux de Droit intern. en matière criminelle,* 1883.

Pour que la compétence territoriale soit justifiée, il suffit que l'infraction puisse être réputée accomplie dans le pays, d'après les dispositions de la loi pénale de ce même pays qui est souveraine en tant qu'elle édicte des règles d'ordre public et pourvoit à la sauvegarde de l'Etat. Suivant la juste expression de M. Garraud, « Tout fait constituant un acte *d'exécution*, soit » qu'il commence, soit qu'il consomme, soit même qu'il continue » cette exécution, fait réputer l'infraction commise en France ». Il n'y a qu'à appliquer cette formule générale aux diverses catégories d'infractions, simples, complexes, connexes, continues, d'habitude, suivant le caractère que leur attribue souverainement la loi locale, pour voir si l'on trouve, sur le territoire, les éléments nécessaires *de l'exécution*.

De là il suit qu'une même infraction peut comporter dans plusieurs pays des actes d'exécution suffisants pour attribuer compétence aux juridictions répressives de chacun d'eux : ainsi des manœuvres frauduleuses par correspondance de Londres à Paris pour extorquer de l'argent relèvent aussi bien de la justice anglaise que de celle de la France (Cass., 6 janvier 1872, Sir., 72. 1. 255).

Un conflit peut également résulter de la manière différente, dans les lois pénales des divers pays, d'apprécier la nature d'un acte au point de vue pénal. Ainsi les actes de complicité d'un crime commis en France, bien qu'ils soient accomplis à l'étranger, sont de la compétence des tribunaux français, la criminalité de ces actes dépendant de la criminalité même du fait auquel ils se rattachent; mais, réciproquement, on ne peut connaître en France des actes de complicité réalisés dans notre pays et se rattachant à une infraction commise à l'étranger (Cass., 17 octobre 1834, Sir., 35. 1. 23). Or le recel, malgré certains caractères spéciaux, peut être considéré comme la simple complicité d'un vol (Cass., 19 avril 1888, *J. Clunet*, 89, p. 660); donc des recéleurs à l'étranger d'un vol commis en France devraient relever, d'après cette jurisprudence, des tribunaux français qui connaissent du vol lui-même (Cass., 8 novembre 1888 et 13 mars 1891, *J. Clunet*, 1890, p. 649 et 1891, p. 499). Mais si le recéleur est dans son pays, son gouvernement n'accordera pas l'extradition parce qu'on la refuse pour les nationaux; il ne le fera pas poursuivre non plus, s'il le considère aussi comme complice d'un fait commis à l'étranger. L'extradition sera également refusée si le recéleur est dans un pays auquel il est étranger mais qui considère le recel comme un délit distinct relevant de la compétence territoriale et qui, par conséquent, en revendiquera la connaissance pour ses propres tribunaux ; c'est ce qui aurait lieu en Italie, en Suisse, en Belgique et en Allemagne (V. Trib. fédéral suisse, *J. Clunet*, 1882, p. 232 ; Cass. belge, 2 octobre 1885, *id.*, 1887, p. 649 ; Trib. de Leipzig, *id.*, 1882, p. 339 ; Code pénal d'Italie, art. 421).

Cet exemple, et on pourrait en citer bien d'autres, montre combien il serait nécessaire qu'une entente intervînt entre les Etats pour adopter des règles rationnelles uniformes quant à la qualification des faits au point de vue pénal, afin d'éviter les contradictions choquantes, et parfois iniques (V. Résolutions de l'Institut votées à Munich le 7 sept. 1883, Annuaire, t. VII, p. 156).

278. La souveraineté exclusive de la loi pénale peut être mise en échec dans différents cas : 1° Par l'effet de l'immunité de juridiction reconnue aux agents diplomatiques, à leur famille et à leur suite (V. n° 244).

2° Lorsque les consuls ont un pouvoir de juridiction pénale sur leurs nationaux, notamment en vertu des *Capitulations* (V. n° 358, B).

3° Quand il s'agit d'infractions commises par les membres d'une armée en campagne sur le territoire étranger qui relèvent exclusivement de la loi et de la juridiction militaires de cette armée.

On a soutenu que les sections étrangères d'une exposition internationale officiellement organisée par le gouvernement du pays où elle se tient sont à l'abri de la juridiction locale, en vertu d'une sorte d'exterritorialité. La prétendue immunité des exposants dans les sections étrangères, par exemple au point de vue des poursuites pour contrefaçons, ou des objets exposés au point de vue de la saisie, ne repose sur aucun traité, ni sur aucune coutume, ni enfin sur aucune considération rationnelle (V. Lyon-Caen, *J. Clunet*, 1878, p. 448 ; E. Clunet, *id.*, 1878, pp. 81 et 197). Il est vrai seulement que, pour faciliter le succès des expositions, des lois spéciales accordent des faveurs exceptionnelles aux exposants étrangers, par exemple la protection de la propriété industrielle bien que les formalités exigées par la loi territoriale n'aient pas été remplies, ou l'insaisissabilité des objets exposés (V. lois françaises, 8 avril 1878 et 30 octobre 1888).

279. Mais la compétence exclusive de la loi pénale de chaque pays doit s'entendre même à l'égard des infractions commises dans les limites d'extension du territoire universellement consacrées par le Droit international, c'est-à-dire dans les limites de la mer territoriale telles que nous les fixerons plus loin, et sur les navires dans les cas que nous allons indiquer.

Toute infraction commise dans les ports, havres, rades et d'une façon générale dans les limites de la mer territoriale d'un Etat, relève de la juridiction de ce dernier. Sauf en ce qui concerne les navires de guerre et ceux qui leur sont assimilés dont nous parlerons bientôt, cette solution n'est pas douteuse quand les étrangers auteurs des infractions stationnent plus ou moins dans les limites des eaux territoriales; mais elle est vivement discutée quand il s'agit de faits accomplis à bord d'un navire étranger qui ne fait que traverser la mer territoriale sans s'y arrêter. Que l'Etat limitrophe, dit-on, puisse prendre toutes les mesures de sécurité générale dans l'étendue de la mer territoriale, c'est là une conséquence de son droit de sauvegarde, en vertu duquel sa souveraineté est reconnue sur une partie de la mer le long de ses côtes; mais cette justification n'est possible, au point de vue de l'exercice de la juridiction pénale, que si les infractions sont commises dans des conditions telles qu'elles puissent troubler le bon ordre de cet Etat et compromettre sa sécurité, par conséquent sur un navire qui stationne dans ses eaux et non sur navire qui ne fait que passer au large quoique dans les limites de la mer territoriale; ou, tout au plus, si elles sont commises assez près du rivage pour que les habitants de l'Etat aient pu les constater.

Cependant, on décide en général que la sécurité même de l'Etat exige qu'il puisse réprimer toutes les infractions commises dans les limites de ses eaux territoriales, qu'elles aient lieu à bord d'un navire qui y stationne ou d'un navire qui ne fait que les traverser. Cette solution absolue a été consacrée par le *Territorial Waters juridiction act* (Acte sur la juridiction des eaux territoriales du 16 août 1878), rendu en Angleterre à la suite de décisions des tribunaux anglais qui, faute de textes dans leur législation, s'étaient déclarés incompétents pour connaître d'un abordage causé dans les eaux britanniques par un navire allemand, le *Franconia (J. Clunet,* 1877, p. 161 ; articles de MM. Pappafava, Renault, Wharton ; *id.,* 1879, p. 238 ; 1886, p. 72; 1887, pp. 441 et 570). Mais l'application de ce principe général commande certaines distinctions suivant le caractère des navires où sont commises les infractions et la nature comme aussi les conséquences de ces dernières.

280. Les navires de commerce doivent être considérés en pleine mer et dans les eaux territoriales étrangères.

En pleine mer, tous les actes accomplis à leur bord relèvent de l'autorité du pays dont ils portent le pavillon, par la raison que, la mer n'étant assujétie à aucune souveraineté particulière comme nous le verrons dans la suite (V. n° 410), les navires ne peuvent être astreints à aucune juridiction étrangère.

Les étrangers se trouvant en pleine mer sur un navire de commerce d'un autre Etat sont également soumis à la loi de cet Etat, soit au point de vue pénal, soit au point de vue civil en tant que la loi de cet Etat s'applique aux étrangers sur son territoire, par exemple pour la règle *Locus regit actum* (Cass., 11 février 1881, Sir., 82. 1. 433).

Dans les eaux territoriales étrangères, on considère les navires de commerce comme relevant de la juridiction de l'Etat riverain, les divergences de la doctrine sur ce point n'apparaissent qu'au point de vue des limites dans lesquelles doit s'exercer cette juridiction. La pratique est fixée à cet égard, en ce qui concerne la France, par l'Avis du Conseil d'Etat du 20 novembre 1806 qui pose les règles suivantes :

1° La juridiction territoriale ne doit jamais s'immiscer dans les actes de discipline intérieure accomplis à bord des navires de commerce étrangers qui se trouvent dans un port français;

2° Elle doit également rester étrangère à tous les délits commis *entre gens de l'équipage,* à moins qu'il n'y ait appel à son aide de la part de l'autorité du bord ou que la tranquillité du port ne soit compromise.

De là il résulte que, sauf le cas d'appel ou de faits troublant la tranquillité du port en dehors du navire étranger, la juridiction territoriale n'intervient jamais quand le crime ou délit se passe entre gens de l'équipage, même si la victime est de nationalité française (Cass., 25 février 1859, Dal., 59. 1. 88; Comp. Renault, R. D. I., 1882, pp. 79-80; Alger, 19 août 1873, Sir., 74. 1. 282). Au contraire, son intervention serait toujours justifiée si le fait se passait entre individus dont l'un au moins n'appartient pas à l'équipage. D'ailleurs, si la France revendique énergiquement la compétence exclusive de ses tribunaux pour les faits commis entre les membres des équipages des navires français dans un port étranger, et si elle donne des instructions sévères en ce sens à ses consuls (Ordonn. du 19 octobre 1833, art. 22 et du 7 nov. 1833, art. 10), elle accorde la réciprocité pour les navires étrangers qui sont dans nos ports : c'est même dans le sens de la compétence étrangère que se prononça le Conseil d'Etat dans son avis du 20 nov. 1806, à propos des cas survenus sur un navire américain la *Sally*, et dans le canot du *Newton*, de même nationalité, entre gens de l'équipage. Cette réciprocité est consacrée également dans nombre de conventions : 23 février 1853, art. 8, avec les Etats-Unis; 10 décembre 1860, art. 8, avec le Brésil; 9 mars 1861, art. 34, avec le Pérou; 26 juillet 1862, art. 13, avec l'Italie; 1er avril 1874, art. 11, avec la Russie. Les mêmes règles sont adoptées dans d'autres pays, soit par des conventions (notamment entre l'Allemagne et les Etats-Unis, 11 décembre 1871, art. 13), soit par les lois, par exemple par la loi consulaire allemande du 8 novembre 1867, art. 33 (V. décision du trib. sup. du Mexique, 25 février 1876, *J. Clunet*, 1876, p. 413).

Cependant, dans quelques pays, on aurait une tendance à ne pas assimiler à des actes de discipline intérieure des crimes ou délits de *droit commun* dont la juridiction territoriale pourrait connaître à la seule condition d'en être saisie, même s'ils sont commis entre membres de l'équipage étranger. Telle est notamment la pratique suivie par l'Angleterre, conformément à sa politique de suprématie maritime *(De la compétence de la juridiction à l'égard des navires étrangers dans les ports nationaux,* par A. Porter Morse, *J. Clunet*, 1891, pp. 751 et 1088).

Le droit de perquisition et de poursuite des malfaiteurs peut s'exercer à bord des navires de commerce étrangers mouillés dans le port d'un pays; la chasse peut même être donnée à ces

navires s'ils cherchent à fuir pour soustraire un refugié à leur
bord à l'action de l'autorité locale. Mais si le navire parvient à
s'échapper, on ne pourra pas l'arrêter ultérieurement pour le
même fait quand il reviendra dans les eaux territoriales du
même Etat : on ne pourra que recourir à la voie diplomatique
pour obtenir sa livraison du pays auquel il appartient. Ce droit
de perquisition et de poursuite peut être exercé même à l'égard
des refugiés politiques : ainsi fut validée l'arrestation de M. Sotelo,
ex-ministre espagnol, qui s'était refugié à bord de l'*Océan,* navire
de commerce français, dans le port d'Alicante, en 1840.

Cependant, dans la pratique par courtoisie, et obligatoirement
d'après nombre de conventions consulaires ou de navigation,
les autorités locales se font accompagner, dans leurs perquisitions, du consul du pays auquel le navire appartient. Cette précaution n'est imposée d'ailleurs que pour les perquisitions judiciaires ou des douanes; elle n'est plus nécessaire pour que les
officiers ministériels, notaires ou huissiers, aillent instrumenter
à bord des navires étrangers (V. *J. Clunet,* 1887, p. 166).

281. Les navires de guerre, même quand ils se trouvent
dans un port étranger, échappent complètement à l'action de la
juridiction locale, pour tous les faits commis à leur bord et entre
quelques personnes que ce soit. On fait reposer généralement
cette immunité sur une fiction d'exterritorialité en vertu de
laquelle les bâtiments de guerre sont réputés une fraction détachée de leur pays et relevant partout de l'autorité de ce même
pays. Mais cette fiction ne peut être qu'une explication et non
une justification de la règle admise, absolument comme pour
les immunités diplomatiques. Il est plus simple et plus vrai de
dire que le respect mutuel des Etats, au point de vue de leur
personnalité politique, commande que l'autorité de l'un ne s'immisce pas à bord d'un navire de guerre d'un autre, où la souveraineté de ce dernier Etat s'affirme par l'autorité militaire qui
le représente. En se plaçant à ce point de vue, on s'explique
très bien les restrictions qui doivent être apportées à l'immunité
de juridiction des navires de guerre toutes les fois que la souveraineté de l'Etat auquel ils appartiennent n'est plus susceptible
d'être compromise en tant qu'elle se manifeste à bord de ces
navires.

Ainsi l'immunité de juridiction pénale ne peut plus être invo-

quée pour les actes commis hors de leur navire et surtout à
terre par les membres de l'équipage militaire; il a été ainsi
décidé par la sentence arbitrale du roi de Belgique, le 18 juin
1863, au sujet de l'arrestation par l'autorité brésilienne de trois
personnes faisant partie de l'équipage de la frégate anglaise la
Forte qui avaient eu une rixe, à terre, avec un factionnaire
(V. Cass., 29 février 1868, Dal., 68. 1. 412). Cependant, il est
d'usage, en pareil cas, pour ménager les bons rapports internationaux, de livrer les coupables à l'autorité militaire du bord.
Réciproquement, quand une infraction est commise à bord d'un
navire de guerre par un national du pays dans les eaux duquel
le navire se trouve, il est préférable de livrer le coupable à
l'autorité de ce pays.

Le navire de guerre constitue un asile inviolable pour quiconque s'y réfugie; cependant, s'il s'agit de criminels de droit
commun, les commandants déféreront ordinairement à la requête
qui leur sera adressée de les livrer. On se montrera plus réservé
pour les réfugiés politiques dont l'extradition ne serait pas
accordée s'ils étaient en pays étranger, tout en s'abstenant de
prendre parti dans les luttes civiles du pays, ce qui constituerait
une intervention injustifiée. Dans tous les cas de refuge à bord
d'un navire de guerre étranger, il n'est d'ailleurs nullement
nécessaire de recourir aux formalités de l'extradition; la fiction
de l'exterritorialité, qui seule pourrait justifier l'extradition,
n'existant pas plus ici comme principe de Droit international
que pour l'hôtel d'un ambassadeur (V. n° 252). Pour la même
raison on ne saurait considérer comme libre un esclave qui se
réfugie à bord d'un navire de guerre d'un pays antiesclavagiste,
en invoquant le principe d'après lequel la liberté est acquise à
l'esclave dès qu'il arrive sur le territoire d'un Etat qui ne
reconnaît pas l'esclavage; seulement les commandants refuse-
ront, en pareil cas, usant légitimement de la souveraineté de
leur pays à leur bord, de livrer l'esclave, surtout s'il n'est
réclamé que comme tel, et non comme criminel de droit
commun.

On assimile aux navires de guerre tous ceux qui ont à leur
bord des souverains étrangers ou les représentants diplomatiques accrédités auprès de l'Etat dans les eaux duquel ils se
trouvent, ainsi que les navires de commerce affrétés par un Etat

et commandés par un de ses officiers pour un service public, par exemple, un transport de troupes ou de munitions, le service des postes.

Au point de vue également de la juridiction criminelle, on assimile quelquefois aux navires de guerre les paquebots-poste appartenant à des particuliers, mais chargés par un Etat du service postal, généralement avec une subvention (Conv. franco-anglaise, 3 avril 1843, art. 7 ; franco-italienne, 3 mars 1869, art. 6, etc....). Ainsi, en 1863, le gouvernement italien dut renvoyer en France, pour qu'ils fussent régulièrement extradés, cinq brigands qui avaient été arrêtés à Gênes, à bord du paquebot *l'Aunis*, sur lequel ils s'étaient réfugiés dans le port de Civitta-Vecchia (Conv. franco-sarde du 4 sept. 1860, art. 6).

282. On déroge parfois aux règles de la compétence territoriale quand il s'agit de délits spéciaux ; la loi française du 27 juin 1866 donne compétence aux tribunaux français pour certains délits commis dans des Etats limitrophes, s'il y a réciprocité établie par traité ou par décret avec ces Etats, délits de pêche, de police rurale, forestiers, de douanes, de contributions indirectes. Toutes les conventions conclues à ce sujet exigent que le coupable soit trouvé sur le territoire et qu'il n'ait pas été jugé définitivement dans le pays où l'infraction a été commise. (V. conv. avec la Belgique, 6 août 1885, pour la chasse ; l'Espagne, 24 décembre 1886, pour la contrebande ; la Suisse, 23 février 1882, pour les délits forestiers et 15 janvier 1885, pour la chasse, etc.). Il ne faut voir dans cette anomalie qu'une assistance réciproque que se prêtent des Etats voisins pour défendre des intérêts communs sur leurs frontières.

§ II. *Infractions commises hors du territoire.*

283. Sans entrer dans la controverse relative au fondement et à la portée du droit de punir en tant qu'il s'agit de déterminer la compétence de chaque loi pénale par rapport aux infractions commises hors du territoire, il est au moins certain, au point de vue du Droit international, que le droit de chaque Etat à la conservation de son existence l'autorise à réprimer les faits qui pourraient l'atteindre, même quand ils ont lieu à l'étranger, et que le respect mutuel de leur personnalité juridique impose aux Etats l'obligation de laisser chacun d'eux apprécier souverainement cette question sur son territoire, en tant qu'il ne lèse pas le droit des autres à l'exercice de leur justice répressive et à la protection de leurs propres nationaux.

Ces principes posés, nous devons distinguer suivant que l'infraction commise à l'étranger a pour auteur un étranger ou un national.

284. I. Si l'infraction est commise par un étranger, les solutions varient suivant la victime.

A. Quand il s'agit de crimes attentatoires à la sûreté de l'Etat, celui-ci est certainement compétent pour poursuivre et frapper le coupable s'il peut s'emparer de lui, soit parce que l'atteinte qu'il éprouve justifie son intervention, soit parce que seul il peut apprécier la gravité et les conséquences de l'acte commis, soit enfin parce que l'Etat sur le territoire duquel l'infraction a lieu, désintéressé dans une question qui ne le touche pas, doit laisser le fait impuni. Aussi toutes les législations, même la loi anglaise si fermement attachée en principe à la règle de la compétence territoriale exclusive, se prononcent-elles en ce sens, notamment pour les crimes d'attentats à la sûreté de l'Etat, de falsification de monnaies nationales (V. art. 7 Code d'Inst. crim.; Code pénal allemand de 1870, art. 4 et loi du 26 février 1876; Code de proc. pén. belge, art. 10, etc.).

B. Si la victime est un national, la compétence doit être maintenue à la juridiction de l'Etat où l'infraction est commise, car c'est dans cet Etat que l'ordre public a été atteint, c'est là que l'instruction, suivie sur le théâtre du délit, peut être facile et sûre, c'est là enfin que l'application de la peine peut être exemplaire. Il peut se faire cependant que les nationaux d'un pays n'obtiennent pas dans un autre la protection à laquelle ils ont droit. Si ce défaut de protection est provoqué par leur nationalité même, l'Etat auquel ils appartiennent présente des réclamations diplomatiques en vertu de son droit de défendre les intérêts de ses nationaux à l'étranger. Mais si le manque de répression du crime ou délit commis à l'étranger contre un national a pour cause l'insuffisance même de la loi étrangère ou de ses institutions judiciaires, pourra-t-on poursuivre le coupable dans le pays auquel appartient la victime, s'il peut y être arrêté? Il semble bien que, à titre subsidiaire et en cas de

répression impossible dans le pays où l'infraction a eu lieu, la
compétence de la juridiction du pays de la victime se justifie
par l'intérêt même de ce dernier pays à défendre ses propres
nationaux et à ne pas laisser impuni, sur son territoire, l'auteur d'un crime ou d'un délit contre un de ses membres. Mais
les législations sont très divisées sur ce point. La doctrine anglo-
américaine s'en tient à la compétence exclusive du pays qui a
été le théâtre de l'infraction; dans le silence de la loi, on suit
en France la même solution qui a été également maintenue dans
l'art. 7 de la loi belge du 15 avril 1878 et par le Reichstag allemand en 1876. La compétence du pays de la victime est au contraire acceptée, en pareil cas, par les lois suivantes : Code de
Zurich du 1er février 1871, art. 3 ; de Fribourg, 1873 ; la loi brésilienne du 4 août 1875, art. 5 ; le Code pénal russe de 1866,
art. 172 ; par les lois de Suède et Norwège, de la Hollande et de
la Grèce. Le nouveau Code pénal italien, art. 5 et 6, conformément à une doctrine que nous apprécierons plus loin (V. C.,
infrà), va jusqu'à admettre la compétence directe des tribunaux
de l'Italie pour tout crime commis à l'étranger par un étranger
contre un national italien, si le coupable arrive d'une manière
quelconque sur le territoire, sans se préoccuper de respecter en
premier lieu la compétence normale des tribunaux étrangers et
se contenter de n'intervenir que lorsque ces derniers ne peuvent
pas agir (V. à ce sujet conflit entre les Etats-Unis et le Mexique,
affaire Cutting, *J. Clunet,* 1887, p. 713 ; R. D. I., 1888, p. 559).

C. Si la victime est un étranger, tout intérêt, donc toute raison fait défaut pour justifier la compétence à l'égard des faits
commis à l'étranger par un étranger. On a soutenu, il est vrai,
une théorie, fort morale du reste, de solidarité universelle des
peuples dans la répression des crimes ; mais cette théorie
méconnaît complètement le caractère encore fort relatif et fort
variable, même dans les pays civilisés, de l'appréciation de la
criminalité ; on abandonne ainsi la base solide du droit de conservation de chaque Etat, pour se fonder sur une idée vague
de la criminalité jugée d'une manière abstraite et absolue, au
risque de tomber dans l'arbitraire et d'aboutir à de véritables
iniquités, sous prétexte de mieux servir la justice elle-même.

On trouve cependant, dans quelques lois pénales récentes,
une tendance marquée vers la théorie que nous venons de com-

battre. On punit l'étranger coupable d'un crime commis hors du territoire même contre un étranger, lorsqu'on ne peut pas, l'extrader pour une cause quelconque, c'est-à-dire le livrer au pays où l'infraction a eu lieu, sauf à n'appliquer qu'une peine réduite et à exiger que le coupable n'ait pas été acquitté ou n'ait pas subi sa peine, ou ne l'ait pas prescrite dans ce dernier pays. (V. L. Renault, *Etudes sur quelques lois récentes relatives à la répression des délits commis hors du territoire*, Bulletin de la Soc. de législ. comparée, 1880, p. 386 ; Code pénal d'Autriche, art. 39-40; de Hongrie, art. 9; de Bosnie et Herzégovine, art. 76; et d'Italie art. 5 et 6; v. sur le Code italien, art. de M. Fusinato, *J. Clunet*, 1892, pp. 56 et suiv. ; Olivi, *Des délits commis à l'étranger, d'après les dispositions du nouveau Code pénal italien*, 1893; J. Diena, *J. Clunet*, 1893, p. 24).

Toutefois, quand il s'agit d'un crime commis dans des pays barbares où les institutions judiciaires n'offrent aucune espèce de garantie, surtout s'ils sont voisins des possessions coloniales des Etats civilisés, on voit quelquefois admise la compétence des tribunaux de ces colonies, même si le crime a pour auteur et pour victime des étrangers. Sans recourir à l'idée de justice absolue qui commanderait de punir le coupable, assuré de l'impunité même dans le pays où l'infraction a lieu, on peut expliquer cette solution par la défense du pays civilisé contre l'immigration des criminels venant des Etats barbares voisins avec lesquels on ne peut songer à pratiquer l'extradition (V. Cass., 17 mai 1839, Dal., v° Comp. crim., n° 111). D'autres décisions refusent la compétence des tribunaux de la colonie en pareil cas, si le souverain du pays voisin, théâtre du crime, n'a pas abdiqué en faveur de la France le droit de juridiction criminelle (Cour d'assises du Sénégal, 20 juin 1882, *J. Clunet*, 1883, p. 281).

285. II. Si l'infraction est commise à l'étranger par un national, la compétence de la juridiction du pays auquel appartient le coupable par sa nationalité est généralement acceptée, au moins à titre subsidiaire, c'est-à-dire si le coupable revient dans sa patrie sans avoir satisfait à la loi pénale de l'Etat où le délit a eu lieu. Il peut même arriver, par l'effet de conventions internationales, qu'un pays ait d'une manière absolue l'exercice de la juridiction pénale sur ses nationaux se trouvant dans un autre Etat; il en est notamment ainsi dans le cas de protectorat, quand le pays protégé abandonne, à ce point de vue, son droit de juridiction territoriale indépendante (V. pour l'Andorre, Cass., 12 mai 1859, Sir., 59.1.975; *J. Clunet*, 1883, p. 281). On est même allé jusqu'à décider, en s'inspirant de la sauvegarde de l'intérêt national, qu'on pouvait s'emparer d'un Français coupable d'un crime dans un pays sauvage où l'absence d'une organisation judiciaire pouvait lui assurer l'impunité; mais cette dernière pratique, fort dangereuse par les abus qu'elle peut entraîner, ne peut être acceptée qu'avec les plus grandes réserves (cour d'assises de Saint-Denis (Réunion), 3 février 1882, *J. Clunet*, 1882, p. 176).

La compétence de la juridiction pénale de son pays pour un individu coupable d'une infraction à l'étranger, à titre subsidiaire par rapport à la compétence de la juridiction territoriale, a été justifiée par beaucoup d'auteurs au moyen de cette considération que la loi pénale est personnelle et suit le national de chaque pays en quelque lieu qu'il se rende. Mais, juridiquement, cette explication est inexacte ; la loi civile seule, en tant qu'elle règle la condition juridique des individus, ce que l'on appelle leur statut personnel, suit les nationaux à l'étranger; elle fléchit même devant la loi territoriale quand elle est contraire à l'ordre public établi par celle-ci : or, les lois pénales de chaque Etat, variables suivant la manière de voir de chaque législateur, constituent au premier chef des lois d'ordre public dont l'observation s'impose de la part de tous, sans dictinction de nationalité. Si la loi pénale était personnelle, il faudrait logiquement accepter cette conséquence, répudiée par tout le monde, que les étrangers sont régis dans le pays où ils se trouvent par la législation pénale de leur pays d'origine et non par celle qui est en vigueur dans le territoire où ils commettent des infractions.

La compétence subsidiaire de la loi pénale nationale ne s'explique que par l'intérêt de l'Etat dont l'ordre social serait compromis si un national pouvait offrir le spectacle de l'impunité dans sa propre patrie, après avoir commis un crime à l'étranger. Cette considération a d'autant plus de force que, la plupart des pays refusant l'extradition de leurs nationaux, le coupable resterait impuni, faute d'être livré au pays sur le territoire duquel il a commis son infraction, si l'autorité de sa patrie ne le frappait pas. C'est ce qui explique que l'Angleterre et les Etats-Unis, qui n'admettent que rarement la compétence de leurs juridictions pour les crimes commis par leurs nationaux à l'étranger, accordent assez facilement l'extradition de leurs sujets.

Des considérations qui précèdent il résulte que la compétence de la juridiction nationale n'est que subsidiaire : la présence sur le territoire de sa patrie du national coupable d'une infraction à l'étranger ne trouble pas autant l'ordre social de l'Etat que l'accomplissement de cette infraction sur le même territoire; il suffira, par conséquent, que le coupable ait satisfait à la justice pénale de l'Etat où le délit a eu lieu, pour que le scandale de son impunité disparaisse et pour que l'ordre public de son pays, s'il y revient plus tard, n'ait plus rien à réclamer. On explique souvent cette solution par la fameuse maxime *non bis in idem* dont on fait une règle d'équité à l'égard des coupables auxquels on ne peut demander deux fois de payer leur dette à la justice. Ainsi comprise et appliquée dans les rapports internationaux, cette règle nous ramène directement à la théorie du droit de punir fondé sur l'observation de la justice universelle et sur l'appréciation de la criminalité intrinsèque de chaque infraction (V. n° 284 C.) ; ayant satisfait à la justice absolue dans un pays, le coupable serait quitte partout. Mais on néglige complètement le point de vue essentiel, c'est-à-dire le droit de conservation des Etats. Nous expliquerons, par suite, la maxime *non bis in idem* en tenant compte du défaut d'intérêt de la patrie du coupable à le frapper, quand il a déjà satisfait à la loi pénale du pays où il a commis son infraction.

D'autre part, au point de vue du Droit international, c'est par application du devoir de respect de la personnalité souveraine des Etats étrangers, que l'on tient compte des actes de répression émanant de leurs juridictions à l'égard des actes pour lesquels elles ont compétence régulière puisqu'ils sont commis sur leur territoire. C'est pour cela que l'on doit accepter dans un pays les effets de l'acquittement, de la grâce, de la prescription, souverainement accordés par la loi ou les autorités étrangères compétentes.

Mais, réciproquement, le pays où l'infraction est commise n'a pas à tenir compte de la condamnation prononcée contre le coupable par la juridiction de sa patrie où il s'est réfugié, ce qui ne devrait pas être si l'on appréciait la maxime *non bis in idem* au point de vue humanitaire et de la justice absolue. L'Etat, théâtre de l'infraction, n'a pas son ordre public suffisamment protégé par la condamnation ou même la peine subie dans la patrie du coupable ; d'autre part, il n'a pas à respecter d'une manière absolue la souveraineté du pays auquel ce coupable appartient manifestée par la répression qu'elle a exercée, puisque la sauvegarde de son ordre public l'emporte sur l'observation de tout devoir international et que, au surplus, il est, primitivement et de préférence à tous, compétent pour juger et punir l'infraction. Cependant, en fait, on tiendra toujours compte de l'action judiciaire exercée dans la patrie du coupable en accordant à ce dernier une atténuation de peine (V. Cass., 11 sept. 1873, Dal., 74. 1. 133).

Au point de vue de l'application des idées générales que nous venons d'indiquer, les législations des différents pays varient beaucoup. Les Etats-Unis seuls persistent à ne jamais punir leurs nationaux coupables à l'étranger ; depuis 1861, l'Angleterre suit la règle ordinaire pour la haute trahison, l'assassinat, la bigamie, les délits commis dans les Etats non civilisés ; dans les autres cas, elle préfère, habituellement, extrader ses nationaux. En France, la question est réglée par la loi du 27 juin 1866 (art. 5 et 7 C. Inst. Crim.).

Il semblerait logique d'exiger, conformément au Code allemand de 1870, art. 5, que la peine ait été subie en pays étranger, sauf le cas d'acquittement ou de prescription, pour ne pas poursuivre en France, tandis que la loi française se contente que le crime ou délit n'ait pas été *définitivement jugé* à l'étranger.

286. Influence de l'annexion sur l'application de la loi pénale. — Cette influence doit être appréciée en tenant compte de la non-rétroactivité de l'annexion qui doit laisser intacts tous les droits antérieurement acquis par les accusés, combinée avec les règles de droit criminel d'après lesquelles entre deux lois pénales qui se succèdent on préfère toujours la plus favorable, c'est-à-dire la moins rigoureuse.

En principe, l'annexion substitue la souveraineté de l'Etat cessionnaire à celle de l'Etat cédant ; aussi la première pourra seule intervenir pour la répression des infractions commises sur le territoire annexé avant ou après l'annexion, qu'il y ait eu ou non des poursuites avant la cession du territoire. Par application de cette idée générale, le pays annexant n'accordera pas au pays démembré l'extradition d'un individu coupable d'un délit sur le territoire annexé avant l'annexion ; il le jugera lui-même (Cass., 17 avril 1863, Sir., 64. 1. 98). L'Etat annexant pourrait, au contraire, demander l'extradition de ce coupable s'il se réfugiait dans le pays démembré, comme ce dernier peut la requérir auprès de l'Etat annexant si des individus, coupables sur son territoire, se réfugient dans le territoire annexé.

On peut objecter, il est vrai, que, pour les délits antérieurs à l'annexion, il est difficile d'admettre que la violation d'une loi étrangère, celle du pays démembré, applicable dans le territoire annexé quand l'infraction a été commise, provoque des poursuites exercées au nom d'une loi pénale qui n'a pas été enfreinte, celle de l'Etat annexant. Sans doute le défaut de poursuites impliquerait alors l'impunité du coupable qui, devenu presque toujours national de l'Etat annexant par la cession de territoire, ne pourrait pas être livré au pays démembré, d'après la règle généralement admise qu'un pays n'extrade pas ses nationaux ; mais on pourrait au moins le livrer s'il n'est pas devenu national du pays annexant ou s'il appartient à une puissance tierce. D'autre part, si le pays démembré poursuit ses nationaux coupables à l'étranger quand ils n'y sont pas définitivement jugés, on pourrait lui laisser l'initiative de la répression à l'égard de ses nationaux coupables d'une infraction sur le territoire annexé considéré comme étranger (Comp. Ramon Ribeyro, *De la compétence criminelle en matière d'annexion de territoire, avec les observations de M. H. Saint-Marc, J. Clunet,* 1890, p. 586).

Mais nous pensons que la substitution de la souveraineté de l'Etat annexant à celle de l'Etat démembré autorise absolument la compétence de la première à l'égard des délits commis avant l'annexion sur le territoire cédé, par la raison que l'ordre public de l'Etat annexant lui donne le droit de frapper les coupables, afin d'éviter le scandale dangereux de leur impunité. Quant aux remèdes proposés plus haut pour éviter cette impunité, ils ont tous le défaut commun de transporter l'instruction hors du théâtre de l'infraction, de la rendre ainsi moins sûre, ou de violer le principe de non-rétroactivité de l'annexion : il est impossible, en effet, que le pays démembré considère l'infraction commise avant l'annexion sur le territoire cédé plus tard comme une infraction commise par un de ses nationaux à l'étranger, car, au moment du délit, ce territoire relevait encore de sa souveraineté.

Aussi ne trouve-t-on, dans les traités, de dérogation à la compétence de l'Etat annexant pour tous les délits commis sur le territoire annexé, qu'autant qu'il s'agit d'écarter des poursuites contre les habitants de ce territoire pour des faits politiques ou se rattachant aux hostilités entre le pays annexant et le pays démembré (V. traité de Zurich, 10 nov. 1859, art. 22 ; de Francfort, du 10 mai 1871, art. 2). Du reste, l'Etat annexant n'a pas à connaître des délits spéciaux, militaires et politiques, commis contre l'Etat démembré et qui n'intéressent pas son ordre public particulier.

287. Dans la répression des délits dont il s'agit, l'Etat annexant ne suivra, en principe, que sa loi pénale, expression de la nouvelle souveraineté qui domine dans le territoire annexé. Cette règle doit être combinée avec la préférence accordée à la loi la moins rigoureuse en matière pénale, soit pour respecter les droits acquis du coupable quand l'ancienne législation est plus douce, soit pour ne pas appliquer une première loi plus sévère quand une nouvelle, plus atténuée, est réputée suffisante par le législateur lui-même.

De là découlent d'importantes conséquences.

1° Un fait considéré comme délictueux par la loi du pays démembré ne peut être puni sous l'empire de la loi du pays annexant quand celle-ci ne le prévoit pas (Cass., 4 janvier 1861, Dal., 61. 1. 141 ; Cass., 28 mars 1861, Dal., 61. 1. 186). 2° S'il y a des divergences entre la loi pénale du pays démembré et celle de l'Etat annexant, on applique la loi qui édicte la peine la moins rigoureuse. Si, cependant, la loi du pays démembré prononce une peine plus douce mais inconnue dans la législation du pays annexant, il nous semble arbitraire d'appliquer, avec certains auteurs, la peine immédiatement inférieure à celle qu'indique pour le même cas la loi du pays annexant. Il faudrait conserver au coupable le bénéfice de la loi du pays démembré qui est plus douce, mais la peine édictée par celle-ci est inapplicable n'étant pas admise par la loi du pays annexant; il ne reste plus qu'à ne pas appliquer de peine du tout (V. Dal., 61. 1. 186, note 4). 3° On suit également la loi la plus favorable au coupable au point de vue de la qualification du fait, de l'admission des circonstances aggravantes et de la durée de la prescription. 4° Enfin, si la récidive s'apprécie d'après la loi du pays annexant, on tient compte des infractions commises sur un territoire qui, depuis, est incorporé à ce pays, bien que, en principe, les délits commis à l'étranger ne soient pas susceptibles d'entraîner la récidive (V. n° 325 ; Aix, 14 avril 1875, Sir., 76. 2. 5). Cette dernière solution n'est peut-être pas très logique, étant donné le caractère non rétroactif de l'annexion qui devrait faire considérer les premières infractions comme commises à l'étranger.

288. Les sentences criminelles rendues définitivement avant l'annexion par les juridictions du pays démembré ne pourront être exécutées sur le territoire cédé qu'après concession de *l'exequatur* par les autorités compétentes du pays annexant. Il serait même nécessaire de revoir le procès quant au fond, conformément à la loi du pays annexant, si la sentence rendue avant l'annexion prononçait une peine inconnue dans la loi de l'Etat annexant.

D'autre part, le pays qui réalise l'annexion remet au pays démembré les individus internés dans les prisons du territoire cédé et qui ne prennent pas la nationalité du pays annexant, comme le pays démembré lui remet les prisonniers qu'il a sur son territoire et qui, par l'annexion, deviennent nationaux de l'Etat annexant (Conv. de Francfort, 11 décem. 1871, art. 4).

SECTION II

EXTRADITION (1).

§ Ier. *Notions générales.*

289. L'extradition est l'acte par lequel un Etat livre un individu, accusé ou reconnu coupable d'une infraction commise

_____

(1) La bibliographie de l'extradition est très considérable. V. Vincent et Penaud, *Diction. de Droit intern. privé*, v° Extradition, p. 369 ; nous citerons surtout :

hors de son territoire, à un autre Etat qui le réclame et qui est compétent pour le juger et le punir.

La pratique de l'extradition s'est toujours rencontrée dans l'histoire depuis l'antiquité la plus reculée ; mais, jusqu'au xviiie siècle, elle n'était pas régulièrement organisée ; elle ne se présentait que d'une manière accidentelle et encore, la plupart du temps, sous l'influence de certaines considérations complètement étrangères aux principes du droit et de la justice. En effet, le droit d'asile que l'influence religieuse fit consacrer dans les temples païens d'abord, puis dans les églises, reçut une extension naturelle à tout le territoire de chaque Etat, étant donné que la souveraineté absolue de chaque pays considérait comme une atteinte la concession faite à une souveraineté étrangère en lui laissant saisir ou même en lui livrant un criminel échappé de son domaine. Aussi, malgré les idées émises par quelques publicistes, surtout par Bodin au xvie siècle, dans son livre *de la République*, qui fonda le premier l'extradition sur le devoir d'assistance réciproque des souverains, et par Grotius qui reprit la même manière de voir, l'extradition ne fut pas consacrée dans la pratique ordinaire jusqu'au xviiie siècle. Ce n'était guère que pour des raisons politiques, pour poursuivre des crimes de lèse-majesté ou des attentats contre une nation, qu'elle était demandée, et pour ménager les relations avec un Etat puissant qu'elle était accordée. Au xviie siècle, l'asile territorial n'est guère violé encore qu'au préjudice des proscrits pour cause politique et religieuse, c'est-à-dire pour ceux que l'extradition ne doit pas atteindre, comme nous le verrons : c'est par la menace que Louis XIV obtint de Genève l'expulsion des protestants français qui s'y étaient réfugiés.

Au xviiie siècle, les publicistes affirment la nécessité théorique de l'extradition, non sans quelques hésitations cependant au point de vue pratique : Vattel la restreint aux crimes les plus graves qui sont contraires au Droit pénal de toutes les nations civilisées, Beccaria veut attendre que les diverses

Billot, *Traité de l'extradition ;* Bernard, *Traité théorique et pratique de l'extradition,* 2e édit., revue par MM. Lucas et Weiss; Weiss, *Etude sur les conditions de l'extradition ;* Ed. Clarke, *Treatise upon the Law of extradition ;* Wallon, *Du Droit d'asile ;* P. Fiore, *loc. cit.,* n° 277; Bomboy et Gilbrin, *Traité pratique de l'extradition ;* J.-B. Moore, *A treatise on extradition and interstate Rendition,* Boston, 1891, 2 vol.

législations pénales deviennent moins barbares avant de livrer les coupables qui ont trouvé asile à l'étranger. Mais l'opinion publique était entrée dans une nouvelle voie; on sentait la nécessité de l'extradition, et la pratique suivit : à la veille de la Révolution, les traités d'extradition s'étaient multipliés; la France, en particulier, qui avait déjà passé quelques anciennes conventions, notamment avec la Savoie le 4 mars 1376, était unie en 1789 avec tous les Etats limitrophes et nombre d'autres pays par des traités de ce genre. L'Angleterre seule se refusait encore à accepter le principe nouveau.

La Constituante conçut très nettement l'idée de la distinction entre les délits politiques et les délits de droit commun, mais elle n'eut pas le loisir de faire la loi qui devait consacrer l'extradition applicable seulement aux seconds. Le traité d'Amiens du 27 mars 1802 consacra le principe de l'extradition dans son art. 20 entre l'Angleterre, la France, l'Espagne, la République Batave et la Turquie. L'asile inviolable des réfugiés politiques fut, à la même époque, affirmé par Bonaparte dans la sévère remontrance qu'il adressa au Sénat de Hambourg pour avoir livré à l'Angleterre trois proscrits irlandais. Le principe nouveau de la distinction entre les délits politiques et ceux de droit commun fut consacré par tous les Etats civilisés; sa reconnaissance collective et solennelle par les Puissances eut lieu à l'occasion de la réclamation par l'Autriche et la Russie d'insurgés hongrois réfugiés en Valachie, grâce à l'action des diplomates anglais et français (Lettre de lord Palmerston du 6 octobre 1849).

290. Dans les nombreuses justifications que l'on a proposées de l'extradition, on a presque toujours donné une trop large place à l'idée de la justice absolue commune à tous les Etats civilisés et en vertu de laquelle ces derniers devraient se donner un concours réciproque pour assurer la répression des crimes. On en revient ainsi à la théorie vague et quelque peu dangereuse du droit de punir fondé sur la justice abstraite, dont la base d'ailleurs manque complètement ainsi que le prouve la très grande variété des lois criminelles, même dans les pays également civilisés (V. n° 284, C.); ou bien on ne trouve l'accord de ces lois, expression de la *justice universelle* que tous les Etats devraient seconder, que pour un nombre assez limité d'infractions, et on en est réduit, avec la plupart des publicistes du xviii° siècle, à restreindre l'extradition aux crimes les plus graves que toutes les nations punissent.

En se plaçant au point de vue du Droit international qui détermine les droits et devoirs respectifs des États, on voit que chacun d'eux a un intérêt légitime, donc un droit certain, à exclure de son territoire les criminels qui s'y sont réfugiés et dont la présence, soit par leur impunité, soit par la crainte de nouveaux méfaits, constitue un danger pour lui. Si, bien souvent, l'État conjure ce danger par la simple expulsion, il le conjure beaucoup mieux en détournant les criminels de venir se réfugier sur son territoire par la menace de les livrer à la juridiction compétente. Il ne faut pas dire que, en agissant ainsi, un État viole l'humanité et trompe la confiance du criminel qui croyait compter sur un asile inviolable, ainsi que le soutiennent quelques représentants attardés d'idées aujourd'hui surannées. En demandant à l'État où il se réfugie de le défendre contre les réclamations d'un pays étranger, le criminel sollicite l'exercice du droit de souveraineté territoriale en sa faveur; mais le pays de refuge use également de sa souveraineté en l'extradant, et on ne peut lui reprocher de s'en servir dans un sens conforme à ses intérêts plutôt que dans l'intérêt beaucoup moins respectable d'un assassin ou d'un voleur. D'autant mieux que l'extradé est livré à la juridiction qui est mieux à même que toute autre d'établir sa culpabilité ou son innocence, puisqu'elle peut réunir tous les éléments d'information dans le pays même où le délit a été commis. L'extradé est alors placé dans la situation qu'il s'est faite; son refuge à l'étranger ne lui a pas donné un droit, il ne pourrait lui procurer, avec le bon vouloir de l'autorité du pays où il s'est rendu, qu'une simple faveur que ni la justice ni l'intérêt de ce pays ne justifient.

D'autre part, le respect réciproque que se doivent les États dans l'exercice légitime de leur souveraineté respective commande au pays de refuge de prendre les mesures nécessaires pour que la juridiction pénale de celui où le coupable doit être jugé et puni, d'après les règles rationnelles de la compétence criminelle, soit à même d'exercer son action : le refus d'extradition apparaît moins alors comme un défaut de concours à la justice étrangère que comme un obstacle à son exercice légitime.

Au surplus, même appréciée comme assistance entre les Etats, l'extradition est l'application des principes généraux du Droit international. Si les Etats, en effet, forment une société dont les éléments sont réunis par l'observation de devoirs réciproques, on ne saurait méconnaître que chaque pays est tenu, dans la mesure qui ne compromet pas sa propre existence, de donner son concours à la sauvegarde de l'existence des autres ; ce n'est pas là une simple prescription de morale, mais une obligation juridique étroite que le droit positif consacre souvent dans chaque société particulière pour les rapports entre individus. Le refus de secours peut constituer, dans certains cas, une infraction que prévoit la loi pénale (V. art. 475, n° 12 C. pén.), et le législateur ne fait que consacrer alors une obligation que commandent les relations sociales ; pourquoi n'en serait-il pas de même, au point de vue du Droit international, entre les Etats qui forment une véritable société, lorqu'il s'agit de prêter une assistance qui, loin de nuire à celui qui la procure, est toute à son avantage, soit en le débarrassant d'un criminel, soit en lui assurant une assistance réciproque de la part des autres pays quand il la réclamera? C'est ce qu'exprimait Beccaria en ces termes : « La persuasion de ne trouver aucun lieu sur la terre où le crime demeure impuni serait un moyen bien efficace de le prévenir ». L'Institut de Droit international a également consacré les mêmes idées en adoptant la formule suivante de M. L. Renault à la session de Bruxelles, en 1880 : « L'extradition est une opération conforme à la justice et à l'intérêt des Etats, puisqu'elle tend à prévenir et à réprimer efficacement les infractions à la loi pénale ».

291. Les explications qui précèdent peuvent nous permettre de résoudre la question très controversée de savoir si les Etats sont obligés d'accorder l'extradition qu'on leur demande ou s'ils ont la faculté de la refuser suivant leur volonté. C'est probablement pour avoir été mal posée, en confondant l'obligation théorique fondée sur les principes du Droit international et l'obligation positive, que cette question a donné lieu à des solutions si opposées.

Au point de vue positif, l'extradition n'est obligatoire que si elle est commandée par un engagement venant d'un traité dont le pays requérant peut invoquer les termes ; c'est là une conséquence de cette idée bien simple que le Droit international, n'ayant pas de loi formelle, ne peut se traduire que par l'accord volontaire des Etats.

Mais, si l'on se place sur le terrain des devoirs réciproques des Etats considérés au point de vue du Droit rationnel, l'extradition devient une obligation dont l'inobservation constitue une violation du Droit international tel que le comprend la conscience du monde civilisé. Seulement, comme la formule de ce Droit théorique n'est pas encore établie d'un consentement mutuel en dehors des dispositions des traités, chaque pays peut, en vertu de sa souveraineté, apprécier d'une manière indépendante les prescriptions du Droit international à propos de chaque demande d'extradition, et accorder ou refuser celle-ci comme il lui plaît, quand il n'est pas lié par une convention formelle. Si l'appréciation de son devoir international par un Etat à propos d'une demande d'extradition n'est pas conforme à la raison et à la justice, il n'y aura pas d'autre sanction que celle des représailles contre lui quand il demandera une extradition même justifiée, et la flétrissure de l'opinion publique.

§ II. *Extradition sans traité.*

292. Dans nombre de pays, il existe une loi générale qui détermine les règles à suivre en matière d'extradition ; malheureusement, le projet dû à l'initiative de M. Dufaure et voté par le Sénat le 5 avril 1879 n'a pas encore acquis force de loi. Le système législatif, en effet, a l'avantage sur celui des traités de procéder par dispositions générales, tandis que les conventions entre les Etats, soumises aux influences particulières, sont trop souvent divergentes et intéressées ; de plus, une loi sur l'extradition lie l'Etat qui la promulgue pour tous les cas où il n'y a pas de traité, et écarte ainsi les solutions arbitraires dues à l'action des sympathies ou antipathies internationales et à la pression de l'opinion publique souvent aveuglée par des considérations étrangères au point de vue du Droit international.

En l'absence de traité ou de loi sur l'extradition, on reconnaît généralement au gouvernement le droit d'accorder l'extradition en vertu même de l'exercice de la souveraineté qui lui appartient (Cass., 6 juin 1867, Sir., 68. 1. 138; comp. trib.

sup. de l'Empire allemand, 3 octobre 1890, *J. Clunet*, 1891, p. 570).

Mais l'extradition n'est accordée en fait que pour des actes qui sont également punis par la loi du pays de refuge : on évite ainsi les solutions arbitraires et on est dans l'esprit de l'extradition qui est fondée sur la sauvegarde des intérêts *communs* des Etats. Cependant, s'il s'agissait d'un délit qui, en lui-même, est punissable d'après la loi du pays de refuge, mais s'est présenté dans des conditions telles à l'étranger qu'elles ne pourraient pas se reproduire dans l'Etat où le criminel a cherché un asile, l'extradition serait possible : tel serait le cas de l'extradition demandée par les Pays-Bas à un Etat non maritime pour un délit de dommage public causé par un individu qui aurait rompu les digues protégeant le premier pays contre l'invasion de la mer.

Dans la pratique, l'extradition n'est accordée que sous la condition de réciprocité, sauf de rares exceptions comme dans la République Argentine (Circ. garde des sceaux, 2 août 1890 et 9 mai 1891 ; V. n° 293).

C'est par la voie diplomatique que se fait l'extradition, même en dehors des traités, sauf dans les pays d'Orient où les pouvoirs donnés aux consuls sur leurs nationaux rendent toutes les formalités de l'extradition inutiles (V. n° 358 *in fine*).

§ III. *Extradition en vertu des traités.*

293. Les traités sur cette matière se sont aujourd'hui très multipliés ; la France est liée par des conventions de ce genre avec à peu près tous les Etats (V. Liste de ces traités, Dictionnaire de Vincent et Penaud, p. 373 et Bernard, 2° édit. de MM. Lucas et Weiss).

L'effet essentiel de ces traités est de rendre l'extradition *positivement* obligatoire, comme exécution d'un contrat, dans les rapports des Etats qui les ont conclus.

Leur conclusion, au point de vue des autorités compétentes, est réglée par le droit constitutionnel de chaque pays ; ainsi, en France, s'ils sont le plus souvent soumis aux Chambres, ils pourraient être ratifiés par le Président de la République seul, étant donné qu'ils ne rentrent pas dans l'énumération des traités pour lesquels l'art. 8 de la loi du 16 juillet 1875 exige une loi (Comp. article de M. Clunet, dans le *J. Clunet*, 1880, pp. 5 à 55).

Les traités d'extradition reposent à peu près toujours sur la condition de réciprocité qui a même été consacrée dans le projet voté par le Sénat en 1879, art. 1er.

Mais cette condition, jadis nécessaire pour déterminer les autres pays à accorder l'extradition en leur promettant un avantage semblable, ne semble plus avoir sa raison d'être aujourd'hui que l'extradition est entrée dans la pratique de tous les États civilisés. En la maintenant, on entrave au contraire les facilités de l'extradition puisque, à raison de la divergence des lois de chaque pays relativement à la protection des étrangers et à l'étendue du droit d'asile, on ne trouve qu'un petit nombre de points où l'accord se produise entre elles et où la réciprocité absolue puisse être acceptée par les États contractants. Il serait plus sage et infiniment plus favorable à l'extension de l'extradition que chaque pays fixât dans son indépendance, en s'inspirant des principes du Droit international combinés avec les exigences de sa loi pénale particulière, les circonstances où il accorde l'extradition, sans poursuivre une étroite réciprocité qui ne peut que limiter le domaine où l'accord international peut se faire. Il est, du reste, assez étrange de faire de cette question une espèce de marchandage entre les États, comme si chacun n'avait pas à s'inspirer avant tout de ses devoirs internationaux et des règles particulières de sa législation, comme si surtout il n'était pas intéressé à se débarrasser, chaque fois qu'il le peut, des criminels réfugiés sur son territoire, abstraction faite de l'intérêt qu'il peut avoir à se faire livrer ses justiciables qui ont fui à l'étranger. C'est ce qu'ont compris les Anglais qui accordent facilement l'extradition sans condition de réciprocité. Telle est également la solution adoptée par l'Institut de Droit international (session d'Oxford, 1880).

294. Les traités d'extradition peuvent s'appliquer à des délits antérieurs à leur conclusion, sans que le principe de la non-rétroactivité soit violé, parce que ces traités ne font que confirmer et rendre obligatoire entre les États contractants l'extradition que les États pouvaient déjà accorder en vertu de leur souveraineté : mais quelques traités seulement tranchent la question.

295. Les traités d'extradition peuvent être conclus par les Etat souverains, et même souvent par ceux qui sont placés dans la condition de mi-souveraineté, en tant qu'ils se rattachent à l'exercice, dans les rapports extérieurs, du droit de police intérieure que ces Etats conservent le plus souvent : ainsi la Roumanie passait des conventions de cette nature avant 1878, lorsqu'elle était soumise à l'autorité du Sultan. Mais parfois les Etats mi-souverains sont tellement subordonnés à la souveraineté d'un autre pays, qu'ils ne peuvent s'opposer à la délivrance des criminels réfugiés sur leur territoire et que l'Etat protecteur suzerain réclame : telle est la situation de l'Andorre vis-à-vis de la France et de l'Espagne (Décret du 27 mars 1806, Cass., 9 mai 1845, Sir., 45. 1. 396).

296. On insère quelquefois dans les traités d'extradition des *clauses secrètes* qui réservent aux gouvernements des Etats contractants la faculté d'accorder l'extradition en dehors des cas prévus par la convention. Cette façon de procéder est des plus critiquables car elle permet d'apporter le plus grand arbitraire dans l'extradition, qui sera alors accordée suivant la condition particulière des délinquants et non d'une manière générale, suivant la nature des délits. D'autre part, si l'on proclame publiquement dans un traité ou dans une loi les faits pour lesquels on accordera l'extradition, il y a peut-être quelque mauvaise foi à se prévaloir d'une clause secrète, impossible à prévoir, contre un réfugié étranger qui pouvait compter sur un asile certain, le délit commis par lui n'étant pas de ceux pour lesquels l'extradition est annoncée. Cette objection est particulièrement forte aujourd'hui que les traités embrassent les simples délits et qu'on peut croire que les faits non prévus sont absolument écartés comme n'étant pas assez graves pour justifier l'extradition. Cependant, malgré les critiques présentées dans la doctrine, le projet de loi voté par le Sénat en 1879 consacre le droit pour le gouvernement d'accorder l'extradition pour tel cas spécial en dehors des termes des traités ; on dit que les abus de cette faculté laissée au pouvoir se trouveraient écartés par les prescriptions étroites de la loi sur l'extradition dont il ne pourrait pas s'écarter.

§ IV. *Des personnes susceptibles d'extradition.*

297. En principe, l'extradition peut s'appliquer à tous les criminels ; mais le Droit international et la législation positive des Etats consacrent des exceptions ; au premier, nous rattacherons celle qui couvre les souverains, les agents diplomatiques, leur famille et leur suite, qui n'est qu'une conséquence de l'immunité de juridiction et de l'inviolabilité qui leur est accordée, et l'exception relative aux esclaves.

L'esclavage étant aujourd'hui condamné par l'ensemble des Etats civilisés, il est inadmissible qu'on livre l'esclave fugitif au pays qui le réclame, soit parce qu'il est devenu libre en touchant le sol d'un Etat antiesclavagiste, soit parce que l'on ne trouve plus ici l'esprit de solidarité pour la protection d'intérêts communs qui est là base même de l'extradition ; celle-ci, si elle était accordée, ne serait plus que la sauvegarde de l'intérêt privé du propriétaire de l'esclave ; or, un pays antiesclavagiste n'a pas à intervenir pour défendre une propriété qu'il ne reconnaît pas, qu'il considère même comme immorale et inhumaine.

Si le refus d'extradition de l'esclave est ainsi pleinement justifié lorsqu'il a simplement fui pour conquérir sa liberté, le sera-t-il également si le fugitif est coupable de délits de droit commun ? A cet égard, une distinction s'impose. Si les crimes reprochés à l'esclave ont été commis par lui pour se rendre libre, par exemple s'il a tué ou blessé ceux qui voulaient le retenir, l'extradition ne peut être accordée par un pays antiesclavagiste qui, logiquement, ne saurait considérer comme un crime un acte rendu nécessaire pour la défense d'un droit imprescriptible, celui de la liberté. Au surplus, la sauvegarde d'intérêts communs qui justifie l'extradition n'apparaît plus en pareil cas, le pays de refuge n'ayant jamais à redouter des infractions uniquement provoquées par l'esclavage qu'il n'admet pas. C'est en ce sens que se prononça le gouvernement anglais au sujet de la demande d'extradition qui lui fut adressée par les Etats-Unis, en 1841, contre des esclaves embarqués sur *la Créole* et qui, après avoir tué leur maître et enchaîné les officiers du bord, s'étaient réfugiés dans le port anglais de Nassau. Malgré les raisons assez mauvaises invoquées par l'Angleterre et tirées de l'expiration du traité d'extradition conclu avec les Etats-Unis (comme si, pour un crime d'assassinat surtout, l'extradition ne pouvait pas être accordée sans traité), c'est en réalité aux considérations exposées ci-dessus que le gouvernement anglais obéit pour refuser de livrer les esclaves réclamés (V. L. Renault, *Etude sur l'extradition en Angleterre*, p. 5).

S'il s'agit de délits commis par l'esclave en dehors de toute préoccupation de conquête de la liberté, le refus d'extradition peut conduire à ce résultat inique que la condition d'esclave lui vaudra l'impunité. Mais livrer l'esclave, c'est l'abandonner à la rigueur d'une loi injuste, c'est surtout le maintenir dans cette servitude que l'Etat de refuge condamne ; aussi, même dans ce cas, l'extradition est-elle refusée.

Cependant on a vu des pays antiesclavagistes accorder l'extradition d'esclaves criminels, à la condition qu'on les jugerait et traiterait comme des hommes libres, ce qu'il est fort difficile d'obtenir et très imprudent d'espérer (V. conv. de l'Uruguay, 12 octob. 1851, et de la République Argentine, 14 décem. 1857, avec le Brésil ; V. pour la pratique de l'Angleterre, Perels, *Droit marit. intern.*, trad. Arendt, pp. 126 et suiv.).

298. La législation dans la plupart des pays, ou la jurisprudence, consacrent deux autres exceptions en faveur des nationaux et des refugiés non volontaires.

A. Pour soutenir que les refugiés venus malgré eux sur le territoire de notre pays, par exemple à la suite d'un naufrage, ne sont pas passibles d'extradition, on s'est fondé sur un prétendu principe traditionnel de notre droit pénal, d'après lequel, en pareil cas, on ne doit pas profiter du malheur qui frappe ces réfugiés involontaires et les soumettre à la loi pénale française quand ils ont encouru son application. Cette raison, plus sentimentale que juridique, a motivé l'arrêté des consuls du 18 brumaire an VIII en vertu duquel on rendit la liberté aux émigrés évadés du fort de Ham et qu'un naufrage rejeta sur les côtes de France. Cette décision isolée n'a que la valeur d'un acte de politique habile. Mais beaucoup de criminalistes ont entendu dans le sens de retour *volontaire* la condition du retour en France exigée par l'art. 5 du Code d'instruction criminelle, modifié par la loi du 27 juin 1866, pour qu'un Français, coupable à l'étranger, puisse être poursuivi en France. Outre que cette interprétation de notre loi est plus que douteuse, il est certain que, au point de vue de l'extradition, pareille exigence n'est nullement justifiée. L'arrestation des criminels s'explique dans tous les cas pour qu'on puisse les livrer à l'Etat qui les réclame, et puisqu'on peut expulser les étrangers, même réfugiés malgré eux dans notre pays, on ne voit pas pourquoi il serait interdit de les extrader. En fait, les traités se contentent d'employer le mot *refugiés* sans autre précision, ce qui autorise l'extradition en toute circonstance ; bon nombre même stipulent l'extradition à la seule condition que le coupable *soit trouvé* sur le territoire de l'un des pays contractants : ces mêmes expressions sont employées dans le projet de loi sur l'extradition de 1879.

B. Le refus d'extradition des nationaux repose, en France, sur une vieille tradition de notre ancienne jurisprudence (V. remontrance du Parlement de Paris du 3 mars 1555, Jousse, *Justice criminelle,* t. I, p. 427), et il pouvait s'expliquer par l'influence du droit d'asile si généralement admis autrefois, comme par la méfiance assez naturelle à l'égard des juridictions criminelles alors barbares et dont l'impartialité était fort douteuse quand il s'agissait de juger des étrangers. Cependant, l'art. 6 primitif du Code d'Instruction criminelle semblait, par sa généralité, autoriser l'extradition des nationaux, et il fut interprété dans ce sens par le Décret du 23 octobre 1811. Sans rechercher si ce décret était constitutionnel, ni s'il a été abrogé par les art. 4 et 62 de la Charte de 1814, constatons seulement qu'il n'en a été fait que de très rares applications. Depuis 1830, la non-extradition des nationaux est stipulée dans tous les traités passés par la France, et la circulaire du garde des sceaux du 5 avril 1841 la considère comme un principe de notre droit public et du Droit international ; on retrouve la même manière de voir dans le projet de loi de 1879 sur l'extradition (art. 3, 1°). A l'étranger, soit la pratique, soit la loi consacrent la même règle, sauf en Angleterre et aux Etats-Unis dont nous indiquerons plus bas la ligne de conduite à ce sujet.

Cependant, cette quasi-unanimité des Etats pour refuser l'extradition de leurs nationaux ne saurait nous faire illusion sur la faiblesse des arguments présentés à l'appui de cette solution et qui ont été si bien mis à néant par J. Favre et par E. Picard lors de la discussion de la loi du 27 juin 1866 (V. Dal., 66. 4. 82 et 84).

On a invoqué, tout d'abord, la dignité de l'Etat qui lui commande de ne pas livrer ses nationaux, dont il est le protecteur, à la justice étrangère. Mais est-il du devoir d'un Etat de protéger ses nationaux pour les soustraire au juste châtiment qu'ils ont mérité à l'étranger? Est-il plus digne pour un pays d'assurer l'impunité à ses nationaux criminels que de les livrer à la juridiction dont ils relèvent rationnellement en vertu de l'infraction qu'ils ont commise?

Il ne faut pas, ajoute-t-on, soustraire le national à ses juges naturels, c'est-à-dire à ceux de son pays. Encore une assertion bien hasardée; en matière criminelle, le juge naturel est celui du lieu où le délit est commis. Il faudrait donc admettre qu'un Français jugé par les tribunaux d'un pays où il se serait rendu coupable d'une infraction pourrait en appeler, en France, aux tribunaux nationaux, sous le prétexte qu'il n'a pas été traduit devant ses juges naturels!

Le seul moyen d'atténuer les résultats choquants du refus d'extradition des nationaux est de donner compétence aux tribunaux de leur pays à raison des infractions qu'ils ont commises à l'étranger, comme l'a fait la loi française du 27 juin 1866. Mais cette règle est bien insuffisante quand on n'exige pas, pour empêcher les poursuites, que le coupable ait subi sa peine à l'étranger, et que l'on se contente, comme en France (art. 5, Inst. crim.), qu'il n'ait pas été définitivement jugé : il arrive ainsi que le Français condamné à l'étranger et se réfugiant en France échappe à toute action et est assuré de l'impunité. Enfin, quelque amélioration que l'on apporte à la loi sur ce point, il restera toujours que le coupable sera jugé par des tribunaux éloignés du théâtre de l'infraction, dépourvus des moyens d'instruction nécessaires et qui ne sont pas, en un mot, les vrais *juges naturels* du fait à apprécier (Comp. loi suisse du 22 janvier 1892, art. 2). La Suisse prend l'engagement de punir son national réfugié sur son territoire conformément à la loi suisse, à la condition que l'Etat requérant s'engage à ne pas punir une seconde fois le coupable.

Au fond, la pratique suivie ne s'explique que par l'influence d'une méfiance traditionnelle à l'égard des juridictions étran-

gères appelées à juger des nationaux d'autres pays. On a
renoncé à cette méfiance au point de vue civil, notamment en
ce qui concerne l'exécution des jugements rendus à l'étranger
(Comp. ordonn. de 1629, art. 121); et les quelques traces qui
en restent encore, par exemple dans l'art. 14 de notre Code
civil, sont universellement condamnées : pourquoi ne pas agir
de même au point de vue pénal, alors surtout que l'on admet
l'extradition qui n'a plus sa raison d'être si l'on n'a pas confiance
dans les juridictions répressives étrangères ?

Le refus d'extradition des nationaux soulève de nombreuses
difficultés se rattachant à la détermination de la nationalité de
ceux dont l'extradition est demandée. Nous n'insisterons que
sur celles qui se réfèrent directement aux rapports internationaux, abstraction faite des particularités de chaque législation
sur les cas où la nationalité peut être obtenue par des réfugiés
étrangers.

Si le réfugié prend, après son délit, la nationalité du pays où
il est venu chercher asile, certaines législations permettent de
le poursuivre au même titre qu'un national coupable d'une
infraction sur le territoire d'un autre Etat (V. Code pénal allemand de 1870, art. 4 ; loi belge du 15 mars 1874, art. 10).
Mais cette solution est directement contraire au principe généralement admis, d'après lequel l'attribution de nationalité n'a
pas d'effet rétroactif.

Il semble préférable de ne pas tenir compte de la naturalisation obtenue dans de pareilles conditions comme ayant un
caractère frauduleux, et de livrer le coupable. C'est la solution
consacrée par quelques traités (V. Conv. entre l'Angleterre et
le Brésil, 13 nov. 1872; l'Italie, 5 février 1873); elle résulte
également des déclarations faites par le garde des sceaux dans
la discussion du projet de loi sur l'extradition (*J. officiel*,
4 avril 1879). Quelques traités, pour éviter toute fraude, permettent l'extradition dans un certain délai, habituellement cinq
ans, depuis la naturalisation dans le pays de refuge (traités
anglo-italien du 5 février 1873, art. 4; franco-anglais 1876,
art. 2; entre Italie et Brésil, 1872). Lorsqu'il y a annexion et
que le coupable se trouve encore dans les délais fixés par le
traité pour l'option de nationalité, le procédé le plus simple,
employé d'ailleurs entre la France et l'Allemagne au sujet de

l'annexion de l'Alsace-Lorraine, consiste à le mettre en demeure d'opter immédiatement pour pouvoir déterminer la juridiction dont il doit relever.

Dans les rapports des Etats faisant partie d'une confédération ou d'une fédération, le refus d'extradition des nationaux de chacun d'eux vis-à-vis des autres entraînerait des inconvénients tels qu'il est généralement écarté (V. pour l'empire fédéral allemand, le règlement du 1er juillet 1871, étendu à l'Alsace-Lorraine le 11 décembre 1871 ; pour la Suisse, chaque canton peut refuser l'extradition à un autre s'il s'engage à punir le coupable, loi du 24 juillet 1852, art. 1er). Il en est de même dans les Etats qui sont en union réelle (V. pour la Suède et Norwège, ordon. du 1er juin 1819, R. D. I., p. 179, note 1).

L'Angleterre et les Etats-Unis sont les seuls pays qui admettent, en principe, l'extradition de leurs nationaux, ce qui s'explique étant donné qu'ils ne poursuivent pas non plus, en règle générale, les infractions de leurs nationaux à l'étranger. Cette solution, admise par la commission royale britannique en 1878, a conduit l'Angleterre à conclure des traités dans lesquels elle accorde l'extradition de ses nationaux, tandis que l'autre Etat contractant se réserve de juger les siens (avec l'Espagne, 1878) ; le principe traditionnel de la non-extradition des nationaux a été, au contraire, maintenu de part et d'autre, dans le traité franco-anglais du 14 août 1876, art. 4 (V. Renault, *Etude sur l'extradition en Angleterre,* p. 17).

Notons que le projet de loi voté par le Sénat en 1879 est allé plus loin encore que l'opinion traditionnelle en décidant (art. 3), non seulement que l'extradition sera refusée pour les Français, mais qu'on ne pourra même pas demander aux pays étrangers celle de leurs propres nationaux, seraient-ils disposés à l'accorder, comme l'Angleterre ! C'est évidemment dépasser la mesure.

299. Extradition des nationaux d'une Puissance tierce. — Un pays peut toujours livrer à un autre la personne coupable d'une infraction sur le territoire de ce dernier, même quand cette personne appartient, par sa nationalité, à un troisième Etat. Mais, pour ménager les rapports internationaux et pour permettre à chaque pays d'exercer son droit de protection légitime sur ses sujets à l'étranger, il est d'usage d'aviser l'Etat auquel le coupable appartient et de lui demander son avis sur l'opportunité de l'extradition. C'est ainsi que la Sardaigne refusa de livrer à la France l'Anglais Hodge impliqué dans l'attentat du 14 janvier 1858 contre Napoléon III, parce que l'Angleterre consultée invoqua le traité franco-anglais du 13 février 1843, d'après lequel Hodge n'était pas dans une situation telle que la France eût pu obtenir son extradition de l'Angleterre.

Dans tous les cas, l'avertissement adressé au pays auquel le coupable appartient doit être considéré comme purement facultatif, et il n'est nullement nécessaire d'avoir l'avis favorable de ce pays, puisque l'Etat où le criminel s'est réfugié use de sa souveraineté absolue en accordant ou refusant l'extradition. Les traités sont généralement muets sur cette question depuis 1869.

§ V. *Concours de demandes d'extradition.*

300. Le même criminel peut être réclamé par plusieurs pays pour une même infraction ou pour des infractions différentes.

Dans le premier cas, la préférence doit être accordée au pays qui invoque la compétence territoriale, la première de toutes en matière pénale, c'est-à-dire à celui sur le territoire duquel l'infraction a été commise. Si ce pays est hors de cause, on peut suivre l'ordre des demandes.

Dans le second cas, la compétence territoriale étant respectée en première ligne, on doit préférer ensuite le pays auquel le coupable appartient par sa nationalité ; ensuite on se conforme à l'ordre des demandes, si les infractions sont d'égale gravité. Dans le cas où les infractions sont de gravité différente, l'extradition doit être accordée au pays où la plus grave a été commise, sauf à l'accorder d'abord à celui sur le territoire duquel la moins grave a été accomplie, à la condition qu'il s'engage à livrer le coupable, après l'avoir jugé et puni, à l'Etat où le fait plus grave a été réalisé (Traités entre la France et la Belgique, 29 avril 1869, art. 9, § 3 ; la Bavière, 29 nov. 1869, art. 8, § 3 ; Institut de Droit intern., session de Bruxelles, 1879 ; loi suisse, 22 janv. 1892, art. 14).

§ VI. *Faits passibles d'extradition.*

301. La nature même de l'extradition, qui repose sur un esprit de solidarité entre les Etats pour leur défense commune, commande de ne l'appliquer qu'à des faits dont l'importance est telle qu'il y ait intérêt que l'accord se fasse pour leur répression, et qui sont susceptibles de compromettre la sécurité de tous les pays où ils pourraient se commettre. De là une double restriction de l'extradition tirée de la gravité des infractions et de leur caractère spécial eu égard à l'organisation de chaque pays.

302. I. Restrictions fondées sur la gravité des infractions. — A raison de leur peu d'importance et de la disproportion entre l'arrestation préventive que nécessite l'extradition et la peine dont elles doivent être frappées, les petites infractions, comme les contraventions telles qu'elles sont définies dans notre loi pénale, ne donnent pas lieu à extradition.

Pour les faits plus graves, on exige habituellement qu'ils soient punis par la loi du pays requis comme par celle du pays requérant, afin d'avoir une base sérieuse et non arbitraire pour apprécier l'intérêt commun des deux Etats à accorder et à demander l'extradition. C'est ainsi que l'usure, qui ne constitue guère un délit que dans la loi française, ne justifiera pas l'extradition aux yeux des pays étrangers qui ne la répriment pas. Cependant, on ne saurait accepter cette règle d'une manière absolue, en ce sens qu'il faut toujours tenir compte de la gravité du fait apprécié en lui-même, lorsqu'il est de telle nature qu'il ne peut être commis dans le territoire du pays requis (V. n° 292) : la Suisse, par exemple, n'était pas autorisée à refuser l'extradition pour délits de piraterie ou de baraterie, sous prétexte que sa loi de pays non maritime ne pouvait prévoir de pareilles infractions. Quand il s'agit de faits particulièrement graves, l'extradition est justifiée par l'intérêt commun de l'Etat requis, alors même que, par leur nature, ces faits ne pourraient être commis sur son territoire, parce que la présence d'auteurs de méfaits aussi considérables constitue déjà un danger pour lui. Aussi la loi suisse du 22 janvier 1892, art. 4, a-t-elle rompu avec l'ancienne jurisprudence fédérale en permettant l'extradition à raison de faits non prévus par la loi du canton de refuge pour des circonstances extérieures, par exemple la différence des situations géographiques.

Pendant longtemps, on a limité l'extradition aux crimes les plus graves; le traité anglo-français du 13 février 1843 ne prévoyait même que le meurtre, le faux et la banqueroute frauduleuse. Aujourd'hui l'extradition s'étend à tous les crimes de droit commun.

Quant aux délits, on est entré actuellement dans la voie de l'extradition; mais les énumérations des traités varient infiniment, suivant l'appréciation de la gravité des faits, soit d'une manière intrinsèque, soit en prenant pour *criterium* la peine dont ils sont frappés et qui doit être ordinairement un minimum de deux ans ou quelquefois d'un an de prison. Souvent aussi la situation particulière des Etats contractants commande plus ou moins de sévérité : ainsi, entre pays limitrophes, il est naturel d'étendre davantage les cas d'extradition à cause des facilités plus grandes qu'ont les délinquants de se soustraire à la justice de leur pays (V. traité franco-belge du 29 avril 1869, art. 2, qui prévoit 38 cas d'extradition).

Depuis la convention franco-belge du 29 avril 1869, on assimile, dans les traités, la tentative au fait accompli au point de vue de l'extradition, ainsi que la complicité, et, sur ces deux points, la plupart des lois étrangères ont adopté la même solution.

303. L'application des traités d'extradition en tant qu'ils énumèrent les faits auxquels elle s'applique, soulève de nombreuses difficultés.

1° Si un fait a une qualification ou une pénalité différente dans les lois des deux pays, à laquelle s'attachera-t-on? C'est, croyons-nous, à la loi du pays requérant, qui a compétence pour qualifier les infractions commises sur son territoire, qu'il faudra s'en tenir. D'ailleurs, chaque pays, en passant le traité, a implicitement compté sur l'extradition pour les faits qui, d'après sa loi, ont la qualification indiquée dans le contrat intervenu avec l'autre pays. Cette solution rationnelle et conforme à l'interprétation de bonne foi des traités, après avoir été méconnue dans les anciennes conventions, tend à prévaloir dans les plus récentes, depuis le traité de 1869 avec la Belgique : il y est dit, en effet, que l'extradition sera accordée pour les délits frappés au minimum de deux ans de prison, *d'après la loi du pays réclamant.*

2° Que décider si un fait prévu dans le traité d'extradition change de caractère à la suite d'une modification de la loi pénale de l'un des deux pays et ne rentre plus désormais dans les prévisions du traité? On a soutenu que chaque Etat, en vertu de sa souveraineté, conserve la faculté de changer sa législation pénale et de soustraire ainsi un fait à l'extradition prévue dans le traité. Mais nous croyons que cette considération doit céder devant le caractère des traités qui sont de véritables contrats dont l'une des parties ne peut changer les clauses sans l'assentiment de l'autre.

3° Il n'y a pas lieu de tenir compte des circonstances atténuantes ni des excuses dont l'appréciation appartient souverainement à la juridiction du pays requérant; quelle que puisse être leur influence sur la pénalité ou sur la qualification du délit, il suffit de rechercher si ce dernier rentre dans les prévisions du traité.

4° La prescription, soit de l'action publique, soit de la peine, mettant obstacle à toute poursuite, on doit faire figurer la date de l'infraction dans les pièces produites pour obtenir l'extradition. Si les lois des deux pays en présence diffèrent quant à la durée de la prescription, la règle générale est que l'on s'en tient à la loi du pays requis, ce qui revient à dire que l'on applique la prescription la plus courte, puisque le pays requérant ne demandera pas l'extradition lorsque la prescription sera acquise d'après sa propre législation. Quelques traités cependant se contentent de dire que le pays requis *pourra refuser* l'extradition si la prescription est acquise d'après sa loi pénale. La solution rationnelle serait d'appliquer exclusivement la loi du pays requérant qui règle souverainement la prescription en ce qui le concerne, et qui a le droit de compter sur l'extradition pour tous les faits prévus au traité en appréciant, par lui-même, l'application qui doit leur être faite de sa loi pénale.

304. II. Restrictions fondées sur le caractère des infractions. — L'extradition étant essentiellement justifiée par la solidarité légitime des Etats pour défendre leurs intérêts communs, il en résulte qu'elle perd sa raison d'être toutes les fois qu'il s'agit d'infractions d'un caractère tout relatif, dépendant des intérêts ou de l'organisation de tel ou tel Etat, et qui n'accusent pas, en elles-mêmes, une criminalité susceptible de compromettre la sécurité des autres pays. Cette considération s'applique aux *délits spéciaux* et aux *délits politiques*.

A. *Délits spéciaux*. Ce sont ceux qui constituent une infraction aux lois particulières d'un Etat sans violer les prescriptions générales des lois pénales dans les autres pays et qui ne sont pas susceptibles de nuire à l'ordre public de ces derniers. Tels sont les délits fiscaux, de chasse, de pêche et les délits purement militaires, par exemple les actes d'indiscipline. Pour la désertion, en particulier, tandis qu'au xviii° siècle et même jusqu'en 1830 l'extradition était accordée dans les traités, on ne voit plus aujourd'hui un seul traité qui stipule la remise des déserteurs dans les rapports avec la France, et les exemples du contraire sont fort rares entre les autres Etats. Mais il en est différemment pour les marins déserteurs, qu'ils soient d'ailleurs de la marine marchande ou militaire : la facilité de la désertion de leur part quand ils vont à l'étranger, les inconvénients qui en résulteraient au point de vue de l'abandon du navire, l'intérêt commun des Etats à empêcher un fait pouvant mettre obstacle aux relations internationales maritimes, ont même fait adopter une procédure simple et rapide d'extradition. Sur la simple requête du consul, les autorités locales arrêtent le déserteur et le reconduisent à son bord (Ordonn. des 29 octobre et 7 nov. 1833, confirmées dans toutes les conventions consulaires ou de navigation de la France. — Comp. vœu de l'Institut de Dr. int., session d'Oxford, restreignant la règle aux seuls *matelots* des navires de guerre, tandis que les traités paraissent l'étendre à tous ceux qui font partie de l'équipage, par conséquent aux soldats des armées de mer).

B. *Délits politiques*. Par leur nature même, les délits de ce genre ne sont pas passibles d'extradition. En effet, ils n'atteignent que les intérêts particuliers de l'Etat dont ils tendent à changer l'ordre politique, et la solidarité d'intérêt de tous les pays fait ainsi défaut pour justifier l'extradition, comme pour tous les délits spéciaux. D'autre part, les délits politiques, en eux-mêmes, n'impliquent aucune criminalité appréciée au point de vue de la conscience humaine dans les divers pays, et leurs auteurs ne peuvent pas être considérés, à raison de leur immoralité, comme un danger pour l'Etat où ils se réfugient. Les livrer au pays où ils ont commis leur délit purement politique, ce serait les mettre à la discrétion d'un gouvernement qui poursuit sa vengeance et non d'une autorité impartiale qui sauvegarde l'ordre social ; les défauts de garanties des lois répressives et des tribunaux en matière politique commandent au pays de refuge de ne pas s'associer à une œuvre de défense qui ne regarde que l'Etat étranger et qui, trop souvent, sera une œuvre d'iniquité et de barbarie. D'ailleurs, le délinquant en matière politique, c'est le vaincu ; le triomphe de sa tentative est sa justification ; et il serait contraire au devoir de non-intervention dans les affaires intérieures d'un pays étranger de prêter son concours à l'un des partis pour l'aider à frapper ses adversaires.

Aussi, tandis qu'autrefois c'était surtout par l'extradition des criminels politiques que les souverains se prêtaient un concours réciproque suivant les liens de sympathie qui les unissaient et les intérêts de leurs gouvernements respectifs (V. n° 289), la doctrine l'a rejetée en pareil cas depuis la fin du xviiie siècle, et la pratique l'écarte formellement, soit dans les traités, soit dans les lois des peuples civilisés, depuis 1830 (Circulaire du 5 avril 1841, de M. Martin, du Nord).

Si la question est ainsi aisément résolue pour des délits *purement* politiques, elle présente les plus graves difficultés quand il s'agit d'infractions qui constituent en même temps des délits de droit commun.

Un point certain, tout d'abord, c'est que l'appréciation du caractère de l'infraction, pour savoir si elle doit ou non provoquer une extradition, ne peut appartenir qu'au pays requis ; ce dernier est juge de la conduite qu'il doit tenir, et l'Etat requérant ne peut réclamer une extradition que l'autorité du pays de refuge estime injustifiée en droit et inique en fait : le pays requérant n'offre d'ailleurs, précisément parce que son intérêt politique est en jeu, aucune garantie d'impartialité dans l'appréciation de cette question.

Bien des opinions ont été émises pour déterminer le *criterium* servant à fixer le caractère, au point de vue politique, des infractions qui sont en même temps des délits de droit commun, appelées par beaucoup d'auteurs étrangers *délits politiques relatifs,*

et qui, dans la terminologie de notre droit criminel, sont qualifiées de délits politiques *complexes* ou *connexes* (1).

On dit qu'il y a délit *complexe* quand le même fait constitue
en même temps un délit politique et un délit de droit commun ;
tel est le régicide commis dans un but de politique et qui est,
en même temps, un meurtre ou un assassinat. Le délit *connexe*
est un fait 'qui, en lui-même, constitue une infraction de droit
commun, mais qui, à raison du but poursuivi dans d'autres faits
auxquels il se rattache, peut présenter un caractère politique ;
tel est le pillage d'une boutique d'armurier au cours d'une
émeute pour fournir des armes à ceux qui veulent combattre
les forces du gouvernement.

On comprend combien est délicate l'appréciation, dans chaque cas particulier, du caractère politique des infractions qui
sont, en même temps, des délits de droit commun ou qui, par
leur but ou l'intention de leurs auteurs, se rattachent à un fait
politique. Dans la pratique de la plupart des pays, soit par les
traités, soit par les dispositions légales, soit, à défaut des deux,
par l'usage suivi, on écarte la difficulté en refusant l'extradition
pour tous les délits complexes ou connexes pouvant offrir un
caractère politique.

Cependant, en ce qui concerne les délits complexes, une heureuse innovation a été introduite dans nombre de traités au
sujet du régicide. A la suite des difficultés opposées par la Belgique à l'extradition de Célestin Jacquin, accusé d'attentat contre
la vie de Napoléon III en 1854, intervint le traité franco-belge
du 22 septembre 1856 qui autorise l'extradition pour meurtre,
assassinat, empoisonnement du chef de l'Etat ou de membres de
sa famille. Cette clause figure dans la plupart des traités posté-

---

(1) V. sur ce sujet : *Le droit d'extradition appliqué aux délits politiques*, d'après
Lammasch, trad. et annoté par MM. A. Weiss et P. L. Lucas, 1882 ; du même : *Aus-
lieferungspflicht und Asylrecht*, Leipsig, 1887 ; Ch. Soldan, *l'Extradition des criminels politiques*, 1882 ; Albéric Rolin, *Du principe de la non-extradition pour
délits politiques*, Rapport à l'Inst. de Droit intern. R. D. I., 1892, p. 17 ; Lenep-
veu de Lafont, *Des crimes et des délits politiques et des infractions connexes
d'après les plus récents traités d'extradition*, J. Clunet, 1891, p. 766 ; L. Renault,
Des crimes politiques en matière d'extradition, J. Clunet, 1880, p. 55 ; Teich-
mann, *Les délits politiques, le régicide et l'extradition*, R. D. I., 1879 ; P. L.
Lucas, *De la non-extradition pour délits politiques relatifs*, Rev. pratique de
Droit int. privé, 1892, II, p. 69 ; Brusa, *Le délit politique et l'extradition*, R. D. I.,
1882.

rieurs, sauf dans ceux avec quelques pays, notamment la Suisse, l'Italie, le Pérou, l'Angleterre et l'Espagne. Sans que ces derniers pays refusent systématiquement l'extradition pour les attentats contre la vie du chef de l'Etat, ils ont voulu se réserver la faculté d'appréciation dans chaque cas particulier.

A fortiori en serait-il de même pour l'assassinat d'un personnage autre que le souverain au sujet duquel le caractère politique peut encore moins être invoqué.

La vraie solution semblerait devoir être, pour le cas de délits complexes, que l'extradition eût lieu à la condition que le pays requérant s'engageât à ne punir le coupable qu'à raison de l'infraction de droit commun, par exemple comme assassin en cas de régicide, sans lui appliquer les aggravations de peine ni la procédure extraordinaire que sa loi consacre à cause du caractère politique du délit. C'est dans ce sens que se prononce la loi suisse du 22 janvier 1892, art. 10, en laissant au tribunal fédéral le soin d'apprécier si le fait constitue principalement un délit de droit commun et si l'extradition doit être accordée ; on trouve même le germe de cette doctrine dans les traités qui, lorsque l'extradition est accordée pour un crime de droit commun, y mettent comme condition que l'extradé ne sera pas recherché pour les délits politiques qu'il aurait antérieurement commis (V. Traité entre l'Autriche et la Belgique de 1881, art. 3, et avec l'Italie, 1869, art. 3, etc...). C'est en se plaçant à ce point de vue, que la Russie a demandé à la France l'extradition de Hartmann, inculpé dans l'attentat de décembre 1879 contre le Czar, en invoquant son crime en lui-même et sans signaler le caractère de la personne contre laquelle il était dirigé (V. R. D. I., 1881, p. 232).

Si cette façon de procéder n'est pas admise, on en vient, et c'est ce qui a lieu dans la pratique, à couvrir par l'immunité politique les actes les plus contraires à la conscience, de telle sorte que l'invocation d'un motif politique suffirait pour assurer l'impunité au plus grand criminel. La satisfaction de la passion politique n'est pas plus une cause d'excuse que celle de toute autre passion qui peut être aussi forte et souvent aussi légitime. Le crime ne sera véritablement politique que lorsqu'il sera susceptible d'obtenir un but politique par la transformation ou la destruction des institutions qu'il veut combattre. Ainsi, la

France a accordé l'extradition d'un individu qui, en 1869, avait préparé le meurtre du général autrichien Folliot de Crenneville pour le punir de sa conduite lors de la prise de Livourne ; on devrait suivre la même règle pour des faits comme le meurtre de Mgr Affre, en 1848, et le massacre des otages pendant la Commune ; le motif politique se trouve dans ces actes, le caractère politique résultant du but susceptible d'être atteint par eux ne s'y rencontre pas. Le traité d'extradition qui vient d'être conclu en juin 1893 entre la Russie et les Etats-Unis autorise la livraison des criminels pour les attentats contre la vie de l'un des chefs des deux Etats ou contre leur famille.

Quant aux délits connexes, la non-extradition en ce qui concerne tous les forfaits commis à l'occasion d'un acte politique a abouti à des résultats scandaleux, tels que le refus par l'Angleterre, l'Autriche, la Belgique et la Suisse, de livrer les assassins et incendiaires de la Commune ayant commis leurs crimes sans espoir ni profit pour leur cause, quand la lutte était terminée au point de vue des chances de succès, et le refus semblable de la part de la France d'extrader des chefs carlistes coupables des plus graves méfaits qui ne se rapportaient en rien au but politique ni aux nécessités de leur insurrection.

L'Institut de Droit international a proposé comme *criterium* la règle suivante : l'extradition serait ou non possible au sujet des faits commis dans une insurrection politique, suivant qu'ils ne seraient pas ou seraient conformes aux lois ou usages de la guerre. Mais, outre que les lois de la guerre sont loin d'être nettement fixées et universellement admises, il faut reconnaître que la plupart d'entre elles sont inapplicables dans les insurrections politiques, tant que celles-ci n'ont pas pris le caractère d'une guerre civile se rapprochant des hostilités entre deux Etats.

Quelque sévère et contraire à l'usage suivi qu'elle soit, nous estimons que la seule solution conforme à la sécurité solidaire des Etats et aux progrès de la civilisation est de permettre l'extradition pour tout acte qui implique une criminalité suffisante en lui-même, fût-il commis, à titre de délit connexe, à l'occasion d'une entreprise politique et pour en assurer le succès, sous la condition que l'extradé sera jugé comme criminel de droit commun et non comme criminel politique.

Cette solution tranche la question en ce qui concerne les attentats contre l'ordre social commun à tous les Etats civilisés, comme ceux dont les anarchistes ont donné depuis quelque temps les horribles exemples. Outre que leur criminalité intrinsèque et le danger commun qu'ils offrent pour tous les pays justifient l'extradition en ce qui les concerne, il est à remarquer que leur connexité avec un but politique plus ou moins sincèrement allégué est même inadmissible, étant donné que leur réalisation, nécessairement très limitée, est hors de proportion avec le but général à atteindre, et qu'ils ne sont plus alors que l'expression d'un sentiment de vengeance contre un ordre de choses établi, non un moyen sérieux de le modifier. Autant vaudrait, sinon, refuser l'extradition pour tous les criminels agissant en groupe qui sont aussi des révoltés contre l'organisation sociale.

Voici le texte des dernières résolutions adoptées par l'Institut de Droit international à Genève en septembre 1892, modifiant les art. 13 et 14 des Résolutions d'Oxford en 1880 (Ann., t. XII, p. 182).

1° L'extradition ne peut être accordée pour crimes ou délits *purement* politiques.

2° Elle ne sera pas admise non plus pour infractions mixtes ou connexes à des crimes ou délits politiques, aussi appelés délits politiques relatifs, à moins, toutefois, qu'il ne s'agisse des crimes les plus graves au point de vue de la morale et du droit commun, tels que l'assassinat, le meurtre, l'empoisonnement... ainsi que les vols graves, notamment ceux qui sont commis à main armée.

3° En ce qui concerne les actes commis dans le cours d'une insurrection ou dans une guerre civile... ils ne pourront donner lieu à extradition que s'ils constituent des actes de barbarie odieux ou de vandalisme inutile *suivant les lois de la guerre,* et seulement lorsque la guerre civile a pris fin.

4° Ne sont pas réputés délits politiques, au point de vue de l'application des règles qui précèdent, les faits délictueux qui sont dirigés contre les bases de toute organisation sociale, et non pas seulement contre tel Etat déterminé ou contre telle forme de gouvernement.

Dans quelques pays (Const. suisse du 12 septembre 1848,

art. 5 ; loi fédérale allemande du 21 juin 1869), les délits de presse sont tous assimilés aux délits politiques et, comme tels, non susceptibles d'extradition. Mais c'est là une véritable exagération si l'on ne fait pas la distinction entre les délits de presse d'un caractère vraiment politique, tels que l'injure contre le gouvernement ou l'appel à la population pour le renverser, et les faits de droit commun, comme la diffamation des particuliers, la provocation à l'assassinat et au pillage, les outrages aux mœurs. Cependant on a une telle tendance à confondre sous un même caractère politique tous les délits commis par la voie de la presse, que la pratique refuse toujours l'extradition en ce qui les concerne, à tel point que l'on a jugé inutile d'insérer, dans le projet de 1879, une disposition en ce sens.

La communauté de gouvernement qui existe entre les Etats fédérés, confédérés ou en union réelle autorise l'extradition pour les délits politiques dans leurs rapports respectifs ; on peut même concevoir la même règle entre Etats rapprochés par la simple union personnelle (V. Etats-Unis, Pacte fédéral, section II, art. 4). Il en est différemment entre les cantons suisses d'après la constitution helvétique (29 mai 1874, art. 67). On a, avec raison, critiqué cette exclusion de l'extradition pour faits politiques entre cantons fédérés, car elle peut être la cause de divisions préjudiciables à l'unité de l'Etat fédéral.

§ VII. *Procédure de l'extradition.*

305. La procédure de l'extradition varie suivant les Etats ; aussi n'insisterons-nous que sur les points qui se rattachent aux rapports internationaux en ce qui concerne l'observation des devoirs réciproques des Etats dans cette matière.

306. Une règle universellement admise, c'est que l'extradition se fait par la voie diplomatique, c'est-à-dire par l'intermédiaire des représentants des Etats, sans que les autorités judiciaires d'un pays puissent entrer directement en communication avec celles d'un autre pour demander ou accorder l'extradition (V. circ. du 5 avril 1841). Cette façon de procéder peut se justifier parce qu'il s'agit d'un acte de souveraineté engageant la responsabilité du gouvernement qui accorde l'extradition, et que la demande émanant du gouvernement du pays étranger offre plus de garantie du sérieux et du bien fondé de la requête que celle qui viendrait d'une autorité subalterne. Mais les lenteurs et les complications de la voie diplomatique présentent de bien graves inconvénients, en favorisant la fuite des coupables qu'une communication rapide entre les autorités judiciaires des différents pays permettrait d'arrêter immédiatement. Aussi, dans les colonies lointaines, où il serait impossible d'attendre le résultat des rapports diplomatiques entre les métropoles, il est fréquemment admis que l'extradition peut être directement accordée par le gouverneur sur la demande du gouverneur de la colonie d'où le coupable s'est enfui, ou sur la requête du consul du pays qui sollicite l'extradition (Acte anglais de 1870, art. 17; traité anglo-belge 31 juillet 1872, art. 14; anglo-français pour Pondichéry et les Indes britanniques, 7 mars 1815; franco-hollandais pour la Guyane, 3 août 1860; 4 juin 1869 entre Suède et Norwège et la France; anglo-français 14 août 1876, et 14 décem. 1877 franco-espagnol, etc.).

307. Les phases de la procédure peuvent se décomposer de la manière suivante.

A. *Arrestation provisoire du coupable dans le pays requis,* afin de le livrer à l'Etat requérant. Les conditions exigées pour que l'arrestation puisse avoir lieu varient beaucoup. Dans certains traités, la production d'un mandat d'arrêt venant du pays requérant impose au pays requis l'arrestation provisoire; dans d'autres, il en est de même s'il y a avis diplomatique officiel de l'existence d'un mandat d'arrêt dans le pays requérant; suivant certaines conventions, l'arrestation peut avoir lieu, mais à titre facultatif, sur simple demande diplomatique, même par télégramme; enfin, souvent, cette arrestation peut être obtenue sur requête des autorités judiciaires ou administratives du pays requérant, à la condition de remplir ultérieurement les formalités diplomatiques dans un délai que fixent les traités. Cette dernière pratique est autorisée en France, par argument *à fortiori* tiré de ce que l'on pourrait d'office se saisir du réfugié étranger pour l'expulser (Circ. minist. 2 avril 1885); mais les parquets doivent alors aviser immédiatement la chancellerie (Circ. min. 30 juillet 1872 et 30 décem. 1878). Il va sans dire que, en arrêtant le coupable dont l'extradition est demandée, on se saisit des pièces à conviction et des objets dont il est détenteur pour les remettre à qui de droit.

Mais l'Angleterre, fidèle au principe de l'*Habeas Corpus* ou de l'inviolabilité individuelle, n'accorde l'arrestation provisoire que quand l'autorité judiciaire britannique a reconnu que la culpabilité serait certaine d'après les lois anglaises, si le délit avait été commis en Angleterre. Même règle aux Etats-Unis.

B. *Production des pièces justificatives de la demande d'extradition.* 1° Pour fixer l'identité de l'accusé et du réfugié, certains traités demandent le signalement ; longtemps les Etats-Unis ont exigé des témoins connaissant le réfugié. C'est faute de justification de son identité que l'extradition d'Hartmann accusé d'attentat contre le Czar a été refusée. 2° Pour prouver la nationalité ou la condition du réfugié quand on allègue qu'il est national du pays de refuge ou esclave. 3° Pour établir la nature du fait incriminé et sa pénalité, afin de voir s'il rentre dans la nomenclature du traité ; on exige souvent le texte de la loi du pays requérant qui vise ce fait. 4° Pour prouver la compétence du pays requérant. Les traités avec l'Angleterre et le Luxembourg n'accordent l'extradition que si nos tribunaux sont compétents *ratione loci ;* la Belgique et l'Espagne se contentent de la compétence personnelle fondée sur la nationalité du coupable, pourvu que leur propre loi admette cette compétence en pareil cas. 5° Enfin pour prouver la condamnation ou l'accusation. Pour la première, il faudra produire le jugement définitif ; pour la seconde, les exigences varient beaucoup. D'après nombre de traités et aussi le projet français de 1879, un mandat d'arrêt suffit : mais si l'on peut se contenter de ce document pour procéder à l'arrestation provisoire qui est urgente, il semble qu'il ne saurait établir la culpabilité du réfugié, ce dernier pouvant en contester le bien fondé devant une juridiction supérieure. Aussi certains traités demandent-ils que le mandat d'arrêt soit appuyé par un arrêt de mise en accusation ou un acte équivalent, constatant la poursuite et la nature du délit. En Angleterre et aux Etats-Unis, il faut que la culpabilité du réfugié soit établie devant les tribunaux locaux (V. *J. Clunet,* 1877, p. 459 et 1876, p. 224 pour le Mexique). Cependant, dans le traité avec la France du 14 août 1876, art. 8, l'Angleterre se contente que les pièces produites soient, pour être reçues comme preuve de la culpabilité, signées ou attestées par un magistrat ou un fonctionnaire du pays requérant.

Toutes les pièces produites sont rédigées dans la langue du pays requérant : nombre de traités demandent seulement qu'elles soient accompagnées d'une traduction.

308. En France, faute de loi sur la matière, la procédure de l'extradition est réglée par des circulaires ministérielles (5 avril 1841 et 12 octob. 1875, V. *J. Clunet,* 1875, p. 400, note ministérielle, 15 janv. 1886, Bull. off. de la Justice, 1886, p. 2 ; avril 1882, *id.,* 1882, p. 79). Les Parquets ne communiquent qu'avec le ministre de la justice qui traite directement avec celui des affaires étrangères pour les rapports avec les autres Etats, et avec celui de l'intérieur pour l'arrestation des refugiés. Ces derniers doivent être interrogés immédiatement après leur arrestation (Note minist., janvier 1878).

309. C. *Examen de la demande d'extradition dans le pays requis.* — On distingue, à ce sujet, quatre pratiques différentes.

a) En France, faute de loi, on s'en tient à l'intervention de l'autorité administrative qui a été consacrée dans le décret du 23 octob. 1811, le traité de 1843 avec l'Angleterre et la circulaire du 5 avril 1841. Le ministre des affaires étrangères apprécie la demande au point de vue diplomatique et peut la rejeter *à priori*. S'il l'accepte, il la transmet à son collègue de la justice qui statue sur son bien fondé après interrogatoire du refugié par le Procureur du lieu où l'arrestation provisoire a été opérée et sur rapport du Procureur général. La demande est alors soumise au chef de l'Etat avec un rapport du garde des sceaux, et l'extradition, s'il y a lieu, est ordonnée par décret. Dans cette procédure absolument secrète, l'extradé n'a pas de défense à opposer et est privé de toute garantie venant de l'intervention du pouvoir judiciaire : aussi est-elle à peu près universellement condamnée (V. J. Favre, Discours au Corps législatif du 28 février 1866, et Prévost-Paradol, Rev. des Deux-Mondes, 15 février 1866).

b) Dans le système belge (loi du 15 mars 1874) et hollandais (loi du 6 avril 1875), que l'on a largement imité dans le projet français de 1879, l'extradition n'est accordée qu'après que la Chambre des mises en accusation a été mise à même de donner

son avis, qui ne lie pas d'ailleurs le gouvernement, à la suite
d'un débat dans lequel le réfugié arrêté discute sa culpabilité et
peut se défendre publiquement, à moins qu'il ne réclame le
huis-clos. De plus, l'arrestation provisoire n'a lieu que sur un
mandat d'arrêt du pays requérant rendu exécutoire par le juge
d'instruction du lieu de refuge, et la mise en liberté est de
droit, si le réfugié ne reçoit pas notification du mandat d'arrêt
du pays requérant dans un délai variable suivant qu'il s'agit
d'un pays limitrophe ou plus éloigné. Ce délai, pour les pays
limitrophes, peut être porté de quinze jours à trois semaines
(loi du 28 juin 1889), ce qui a été fait dans les rapports avec
la France par la convention du 14 nov. 1889, modifiant l'art.
7 du traité du 15 août 1874.

Le système belge offre de sérieuses garanties, mais il a le
défaut de n'être facilement applicable qu'entre pays dont les
institutions juridiques se correspondent, comme la France et la
Belgique.

c) En Angleterre (acte de 1870) et aux Etats-Unis (actes du
Congrès, 12 août 1848 et 22 juin 1860), le réfugié est déféré à
la juridiction locale compétente qui statue souverainement sur
la demande d'extradition après avoir constaté, à la suite des
débats, si celui qui est réclamé par un Etat étranger serait
passible de l'application des lois pénales anglaises ou américaines au cas où il aurait commis son délit dans le pays de
refuge. Le rôle du gouvernement se borne à saisir l'autorité
judiciaire, ce qu'il peut ne pas faire en rejetant la demande
d'extradition *à priori*, quand elle ne lui paraît pas fondée. Il
peut même arrêter la procédure, quand il estime que le fait
incriminé n'est pas passible d'extradition, notamment qu'il a
un caractère politique.

Le système anglais offre le maximum de garanties au réfugié,
mais il déplace complètement la compétence rationnelle en faisant juger le délit par un tribunal qui n'est pas à même de bien
le connaître puisqu'il a été accompli à l'étranger. D'autre part,
l'extradition est rendue fort difficile dans ce système, car le
pays requérant devra pousser l'instruction assez loin pour avoir
des preuves certaines de la culpabilité afin de convaincre les
tribunaux anglais ou américains et, pendant ce temps, le réfugié
pourra se soustraire à toute poursuite. Enfin, le jugement rendu

par les tribunaux du pays de refuge, dans de mauvaises conditions au point de vue de l'appréciation de la véritable culpabilité, créera contre l'extradé, devant la juridiction du pays requérant, un préjugé défavorable et même inique qui pourra avoir une influence regrettable sur la sentence définitive. Le système anglo-américain apprécie l'extradition à un point de vue trop étroit ; celle-ci n'a pas pour but seulement de permettre aux États de punir les coupables reconnus, sans quoi on ne l'appliquerait qu'aux condamnés et non aux simples accusés ou prévenus, mais d'établir un concours réciproque entre les différents pays pour que chacun puisse poursuivre et juger, en vue de sa conservation sociale, ceux qui relèvent de la compétence de ses tribunaux. En Angleterre et aux États-Unis, on aboutit ainsi à un véritable empiétement sur la juridiction des États étrangers.

d) En Suisse (loi du 22 janvier 1892, art. 15 à 25), le pouvoir exécutif (Conseil fédéral) statue souverainement sur l'extradition après interrogatoire du réfugié. Mais le tribunal fédéral peut être saisi, pour les trancher d'une manière indépendante, des questions relatives à l'observation de la loi helvétique sur l'extradition, des traités ou de la condition de réciprocité que le réfugié veut lui soumettre, sans qu'il ait à apprécier la culpabilité même de ce dernier, comme en Angleterre.

310. Dans le cas particulier où le réfugié est sous le coup de condamnations ou de poursuites dans le pays de refuge, il faut distinguer.

S'il s'agit du même fait que celui invoqué pour obtenir l'extradition, et si l'extradition est demandée par le pays auquel le coupable appartient, se disant compétent *ratione personæ* à cause de la nationalité du réfugié (art. 5, Inst. crim.), l'extradition doit être refusée, car la compétence *ratione loci* l'emporte sur toute autre.

S'il s'agit de faits différents, on peut n'accorder l'extradition qu'après que le réfugié a été jugé et a subi sa peine dans le pays de refuge, ou bien l'extrader à la condition que le pays requérant le restituera après qu'il l'aura jugé et puni. Les anciens traités et la circulaire du 5 avril 1841 n'adoptaient que la première solution : les nouvelles conventions laissent au gouvernement le droit de prendre, suivant les circonstances, l'un

ou l'autre parti (Conv. franco-belge du 29 avril 1869, art. 9 ;
loi suisse du 22 janvier 1892, art. 13).

Dans tous les cas, les actions civiles n'empêchent pas l'extradition, même si elles peuvent entraîner la contrainte par corps,
sauf à la partie lésée à faire valoir ses droits devant la juridiction étrangère.

D'ailleurs la prescription court au bénéfice de celui qui, sous
le coup d'une extradition demandée par la France, purge une
peine dans le pays de refuge et est ainsi dans l'impossibilité de
se défendre ; (Trib. corr. Seine, 20 décembre 1878, *J. Clunet*,
1879, p. 64).

311. D. *Remise de l'extradé.* Dans tous les pays, l'extradition est accordée en vertu d'un acte du pouvoir exécutif; en
France, c'est par un décret. Habituellement, le pays requis
conduit l'extradé en un point déterminé de la frontière; l'Angleterre et les Etats-Unis demandent que les agents du pays
requérant viennent chercher l'extradé chez eux : cependant,
dans ses rapports avec la France, l'Angleterre conduit les
extradés à Calais.

S'il faut traverser le territoire d'une puissance tierce pour
opérer le *transit* de l'extradé, le consentement de cette puissance est indispensable ; il est accordé sur la production du
double des pièces exigées pour l'extradition. Quelques pays
n'accordent le transit que s'il s'agit de faits susceptibles de
provoquer l'extradition d'après leur propre loi; mais généralement on ne le refuse que s'il s'agit de délits militaires, spéciaux
ou politiques (V. cependant loi suisse du 22 janvier 1892, art.
32, 2 et 3).

Les frais de l'extradition jusqu'à la remise de l'extradé sont
ordinairement à la charge de l'Etat requis ; l'Angleterre et les
Etats-Unis les réclament à l'Etat requérant (Conv. franco-anglaise,
14 août 1876, art. 45), ce qui s'explique étant donné que leur
système, d'après lequel l'extradition n'est accordée qu'après un
jugement sur la culpabilité du réfugié, entraîne des dépenses de
procédure souvent considérables.

§ VIII. *Effets de l'extradition.*

312. L'extradition place le réfugié sous l'autorité judiciaire du pays requérant compétente pour le juger; mais elle ne l'y place qu'au point de vue du fait à propos duquel l'extradition a été obtenue, de telle sorte que l'extradé ne peut être jugé pour toute autre infraction que l'on pourrait relever contre lui, à moins que l'on n'obtienne son extradition spécialement au point de vue de cette dernière infraction. Cette solution, consacrée par la doctrine, est universellement admise par les lois, les traités ou la pratique de tous les Etats; seuls les Etats-Unis avaient émis la prétention de juger les extradés pour tous les faits relevés contre eux, mais leur jurisprudence a été changée depuis le fameux arrêt sur l'affaire Rauscher en 1886. On s'explique fort bien la généralité de cette solution, parce que l'extradition est le résultat d'un contrat intervenu entre le pays requérant et le pays requis dont les termes, qui limitent la livraison du réfugié au fait allégué, ne sauraient être dépassés par l'une des parties sans violer la convention conclue entre elles; d'autre part, les actes d'extradition sont des actes de haute souveraineté que les tribunaux n'ont pas à apprécier ni à interpréter, mais à appliquer seulement dans la limite stricte de leur teneur : saisis d'une accusation particulière par l'acte d'extradition, ils n'ont pas à examiner d'autres faits qu'ils pourraient relever à la charge de l'extradé.

La limitation dont nous venons de parler ne doit être entendue qu'au point de vue des jugements contradictoires à rendre contre l'extradé. Les magistrats instructeurs et la Chambre des mises en accusation embrassent dans les poursuites tous les faits à la charge de l'extradé; mais la juridiction de jugement s'en tient à ceux pour lesquels l'extradition est accordée. Quant aux autres, le coupable est tenu pour défaillant ou contumax, et on le juge par défaut, comme on aurait pu le faire s'il n'avait pas été extradé. De là l'obligation de scinder les débats et de n'appliquer que la peine résultant du jugement contradictoire relatif aux faits pour lesquels l'extradition a été obtenue (Cass., 5 sept. 1845, Sir., 45. 1. 157; 9 février 1883, Sir., 84. 1. 172; 2 août 1883, Sir., 85. 1. 509). En général, d'ailleurs, on reconnaît, soit dans la jurisprudence, soit dans les traités, que l'extradé

peut demander à être jugé contradictoirement sur tous les faits
qui lui sont reprochés en dehors de ceux pour lesquels l'extradition a eu lieu, et que, lorsqu'il a donné son consentement à ce
sujet, sa décision est irrévocable. Dans les traités, on demande
seulement que l'Etat qui a accordé l'extradition soit avisé de la
décision prise par l'extradé. Exceptionnellement, on considère,
en Allemagne, que la faculté dont nous parlons n'appartient
qu'à l'Etat requis et non à l'extradé.

313. Il peut arriver que les débats fassent changer la qualification du fait pour lequel l'extradition a été accordée. Pour
certains auteurs, il ne peut y avoir alors de jugement de condamnation, le fait n'étant plus celui qui a été prévu dans l'acte
d'extradition. Mais alors on en est réduit à acquitter le coupable !
D'autre part, l'acte d'extradition n'est nullement violé par la
condamnation ; c'est bien le fait pour lequel le réfugié est livré
qui est jugé : mais on ne peut prévoir à l'avance les modifications qui résulteront des débats et que le pays requis abandonne
à la souveraine appréciation de la juridiction compétente du
pays requérant. Aussi décide-t-on, en général, que l'instance
suit son cours en pareil cas.

L'extradé accusé d'autres faits que ceux pour lesquels il a été
livré est, après avoir subi sa peine ou avoir été acquitté pour
ces derniers, reconduit à la frontière. Si c'est un étranger, on
agit en vertu du droit d'expulsion (loi du 3 décem. 1849). Si
c'est un national, on le place dans la situation où il se trouvait
avant l'extradition ; mais cette mesure ne peut être prise que
par l'autorité administrative car, ordonnée par les tribunaux
judiciaires, elle constituerait une véritable peine qu'aucune loi
n'autorise (Cass., 25 juillet 1867, Sir., 67. 1. 409).

Dans tous les cas, aucun pays ne peut profiter de l'extradition par lui obtenue pour livrer ensuite le coupable à une autre
Puissance qui le réclamerait à raison d'autres délits : ce serait
violer le contrat strict conclu avec le pays requis qui n'a entendu
accorder l'extradition qu'au premier Etat requérant.

314. Il peut arriver qu'un criminel, réfugié à l'étranger, se
livre spontanément au pays compétent pour le juger ; c'est ce
que l'on appelle, assez improprement, *l'extradition volontaire.*
En pareil cas, suivant quelques-uns, le criminel, comme dans
l'extradition proprement dite, ne peut être jugé que pour le fait

à raison duquel il s'est livré : c'est la solution adoptée en Belgique. Les traités ne prévoient pas la question ; mais, en France, on assimile *l'extradé volontaire* au criminel qui se dénonce à la justice et s'abandonne à elle ; il peut donc être jugé contradictoirement pour tous les délits relevés contre lui (Cass., 4 juillet 1867, Sir., 67. 1. 409 ; 25 juillet 1867, *ibid.*). Le système français est rigoureux, car il méconnaît la véritable pensée du criminel qui n'a probablement entendu se livrer que pour le fait déjà connu et non pour ceux, encore ignorés, qui aggraveront sa situation quand les débats les révéleront. Mais cette solution est absolument logique ; seul un Etat requis peut limiter la portée de l'extradition qu'il accorde dans ses rapports avec l'Etat requérant ; pareille convention est inadmissible entre un particulier et la justice.

§ IX. *Réclamations de l'extradé.*

315. L'extradé peut avoir des réclamations à présenter au sujet de la régularité, du bien fondé ou de la portée de l'extradition dont il est l'objet. Il appartient, en principe, à la loi du pays requérant de décider si et dans quelle mesure ces réclamations peuvent être admises et examinées par l'autorité judiciaire ; cependant, bien que cette question rentre ainsi dans le domaine du droit interne de chaque Etat, le rapport étroit qu'elle a avec l'observation des devoirs internationaux relativement à la pratique de l'extradition nous commande d'en dire quelques mots (V. Résolutions de l'Institut de Droit intern. Annuaire de l'Institut, V, p. 130 ; X, p. 173 ; R. D. I., XX, p. 603 et XXI, p. 578 ; rapport de M. Lammasch à la session de 1890).

Ces réclamations de l'extradé peuvent se présenter à trois points de vue principaux.

1° Elles peuvent viser l'irrégularité de l'extradition d'après les règles contenues dans les lois ou les traités. Mais il est généralement admis, dans les différents pays, que les tribunaux judiciaires ou administratifs n'ont pas à apprécier un acte de souveraineté comme l'extradition ; c'est la solution admise particulièrement en France (Cass., 2 août 1883, Sir., 85. 1. 509). On pourrait cependant admettre que les tribunaux fussent tenus de surseoir avant de prononcer leur sentence, jusqu'à ce que l'interprétation ou l'appréciation de l'extradition fût faite par le gouvernement. Après avoir adopté cette manière de voir pendant quelque temps (Circ. du 5 avril 1841), la jurisprudence s'est prononcée en sens contraire ; c'est au gouvernement à prendre toute initiative à cet égard sans y être invité par les tribunaux, et tout sursis demandé par l'extradé doit donc être refusé (Cass., 2 août 1883 précité ; 11 janvier 1884, Sir., 85. 1. 510). Une solution contraire est consacrée dans le projet de loi sur l'extradition de 1879, art. 5, 6, 7.

L'art. 26 des Résolutions votées en 1880 par l'Institut de Droit international à Oxford accordait à l'extradé le droit de protester contre toutes les irrégularités de l'extradition dont il est l'objet. Mais on propose de modifier cet article en ce sens que l'extradé ne pourra réclamer que l'observation des conditions imposées à l'extradition par l'Etat requérant, proposition qui est soumise à l'Institut pour la session de 1894. Il importe, en effet, de préciser que, si l'extradé a le droit de réclamer contre la violation des lois ou des traités du pays requérant où il doit être jugé, il ne faudrait pas aller jusqu'à dire qu'il est autorisé à réclamer contre les irrégularités commises par le pays requis pour l'arrêter et le livrer. D'une part, en effet, l'extradition étant un droit souverain du pays requis, celui-ci peut l'accorder en dehors des cas prévus par les traités ; d'autre part s'il a violé, en l'accordant, les règles de ses lois particulières, il n'appartient pas aux tribunaux étrangers du pays requérant de juger sa conduite. C'est ainsi que l'Espagne a refusé en 1882 de réextrader des condamnés politiques qui, réfugiés à Gibraltar, lui furent livrés par une erreur des autorités anglaises et contrairement à la règle que les crimes politiques ne donnent pas lieu à extradition. L'extradé ne peut donc protester, en bonne doctrine, que contre une extradition dont l'irrégularité viole les lois ou traités du pays requérant. Le pays de refuge peut également protester quand son droit est violé ; par exemple si l'extradition a été le résultat d'une violation de son territoire ou de ses navires ; l'Italie dut demander l'extradition régulière des brigands enlevés de force à bord de l'*Aunis*, paquebot français couvert par l'inviolabilité, en 1863.

2° Les réclamations de l'extradé peuvent porter sur l'effet de l'acte d'extradition, en ce sens qu'il soutient qu'il est jugé pour un fait non prévu dans cet acte. Peut-il demander un sursis pour que le gouvernement statue sur la portée de l'extradition?

Certains auteurs lui refusent ce droit. Mais la jurisprudence est actuellement fixée en sens contraire, en France (Cass., 27 janv. 1887, *Gazette du Palais*, 9 février 1887), et dans la plupart des pays, conformément à la proposition XXII votée par l'Institut de Droit intern., à Oxford, en 1880. Cette solution paraît commandée par le droit incontestable qui appartient à l'extradé, comme nous l'avons établi (V. n° 312), de n'être jugé que pour le fait à propos duquel l'extradition est accordée.

3° L'extradé ou le tribunal qui le juge peut-il demander la production de l'acte d'extradition pour en apprécier la portée? La doctrine est fort divisée sur ce point. Sauf en Angleterre et aux Etats-Unis, l'acte d'extradition n'est pas produit, et telle est la pratique suivie en France (Cass., 27 janv. 1887, précité). On en donne pour raison que l'extradition est généralement accordée par des documents diplomatiques échangés et non par un acte proprement dit que l'on puisse produire. On ajoute que cet acte, s'il existait, serait un document de l'Etat étranger requis, sans autorité pour les magistrats du pays où l'extradé doit être jugé.

Ces raisons, assez mauvaises, aboutissent à cet étrange résultat que l'on tient secret un document ou un ensemble de pièces dont dépendent les intérêts les plus graves, et que les tribunaux, obéissant aveuglement aux indications du gouvernement, doivent statuer d'après des actes qu'ils ne sont pas en droit de connaître.

SECTION III

ASSISTANCE INTERNATIONALE POUR LA RÉPRESSION ET LA DÉCOUVERTE DES INFRACTIONS

316. L'extradition constitue déjà l'application la plus importante de l'assistance que se doivent les Etats pour assurer en commun l'exercice de leur droit de conservation individuelle contre les attaques des malfaiteurs; mais il nous reste à voir comment cette assistance se manifeste au point de vue du concours donné par les autorités d'un pays à celles d'un autre pour réaliser les actes d'instruction que nécessite le fonctionnement de la justice répressive.

317. A. Les commissions rogatoires sont des requêtes adressées par la juridiction compétente d'un État à celle d'un autre État afin d'obtenir de cette dernière l'accomplissement d'actes d'instruction relatifs à une affaire dont la première est saisie, par exemple pour demander un interrogatoire de témoins résidant à l'étranger.

En France, et d'après la plupart des traités, ces commissions rogatoires doivent toujours être transmises par la voie diplomatique (Circ., 5 avril 1841); le magistrat qui en est directement saisi par l'autorité étrangère doit en référer au ministre de la justice qui apprécie s'il faut y donner suite. Le procureur général transmet au ministre les actes d'instruction faits par le magistrat instructeur; c'est par le ministre des affaires étrangères et la voie diplomatique qu'ils parviennent ensuite au pays requérant. Les lenteurs de cette forme de procéder déterminent à admettre de plus en plus la communication directe entre les autorités compétentes dans les cas d'urgence (projet de 1879, art. 20).

Les commissions rogatoires sont toujours refusées à propos des délits politiques; mais il n'y a que le traité franco-bavarois de 1869 qui les écarte quand l'accusé est un national du pays auquel la requête est adressée : si on peut s'expliquer dans une certaine mesure qu'un pays n'extrade pas ses nationaux, on ne comprend pas qu'il refuse son concours à la juridiction étrangère pour apprécier la culpabilité de l'un de ses nationaux qui est déjà entre les mains de la justice dans le pays où il a commis son délit. On ne peut également approuver les pays qui, comme l'Angleterre, n'acceptent les commissions rogatoires que pour les faits punissables d'après leur propre loi : cette solution conduit à un véritable empiétement sur la souveraineté interne des autres pays qui est seule juge de la criminalité des faits commis sur son territoire.

Les frais provoqués par les commissions rogatoires sont généralement laissés à la charge de l'État requis, sauf, d'après certains traités, quand il s'agit de dépenses trop considérables, telles que celles d'expertise.

318. B. Presque tous les traités stipulent l'envoi réciproque de détenus ou de documents judiciaires ou de pièces à conviction, soit pour confrontation, soit pour examen.

319. C. Pour les notifications, les pièces, transmises par la voie diplomatique ou directement, sont signifiées par les soins du Parquet qui renvoie au magistrat étranger l'original de la signification avec son visa. L'Etat requis ne répond alors que de l'authenticité de l'acte signifié à la partie intéressée.

320. D. D'après la plupart des traités, chaque Etat promet de transmettre les assignations adressées par l'autre pays aux témoins résidant sur son territoire, et d'*engager* ces derniers à s'y conformer. La comparution des témoins est, en effet, volontaire, nul n'étant tenu d'obéir dans un pays aux ordres émanant d'une autre souveraineté. De plus, les témoins venant ainsi volontairement sont sous la garantie d'un sauf-conduit tacite qui ne permet de les poursuivre, soit à propos du fait pour lequel ils viennent témoigner, soit à propos de tout autre qu'on pourrait relever contre eux.

321. E. A défaut du casier judiciaire dont l'efficacité est purement territoriale, on a organisé la communication réciproque des *bulletins internationaux de condamnation,* grâce auxquels les pays se renseignent mutuellement sur la moralité des nationaux des uns habitant le territoire des autres. Cette pratique est consacrée dans la plupart des traités d'extradition de la France depuis 1858.

SECTION IV

EFFETS INTERNATIONAUX DES JUGEMENTS EN MATIÈRE PÉNALE

322. En matière civile l'exécution des jugements étrangers s'obtient par la concession de l'*exequatur* qui est délivré par l'autorité judiciaire du pays où cette exécution doit se faire; la justice civile serait illusoire si l'effet des jugements ne pouvait se produire sur les biens de la partie condamnée en quelque lieu qu'ils se trouvent. Mais l'action de la justice pénale a un objectif différent; elle tend à sauvegarder l'organisation sociale de chaque Etat, et les jugements en matière pénale doivent être appréciés, dans leur exécution, comme des actes de souveraineté interne d'une portée essentiellement territoriale. Aussi est-on unanime pour reconnaître qu'une peine prononcée dans un Etat ne peut jamais être appliquée dans un autre. Cependant, une condamnation prononcée à l'étranger contre un délinquant ou un criminel n'est pas dépourvue de toute conséquence dans les autres pays; ses effets peuvent même se manifester à des points de vue très importants (V. Peiron, *Effets des jugements répressifs en Droit intern.*, 1885).

323. A. Dans le pays auquel il appartient par sa nationalité, le condamné ne peut plus être poursuivi à raison du fait commis à l'étranger lorsque, dans ce dernier pays, il a été définitivement jugé, ce que l'on exprime, assez inexactement, par la formule *non bis in idem* (V. n° 285). Mais nous avons vu que, en sens inverse, le jugement prononcé dans le pays auquel le coupable appartient ne paralyse pas l'action de la justice dans le pays qui a été le théâtre de l'infraction (V. n° 285). Par application de ce qui précède, un criminel ne peut pas invoquer la prescription fixée par la loi de son pays dans celui où il a accompli son délit; tandis que la prescription d'après la loi de ce dernier pays doit lui profiter dans sa patrie.

324. B. Des condamnations pénales résultent souvent des déchéances de droits qui modifient profondément l'état et la capacité des condamnés. Il est tout d'abord certain que ces déchéances ne peuvent être admises dans un autre pays avec l'ordre public duquel elles sont en contradiction, comme la mort civile en France depuis la loi du 31 mai 1854.

Mais, dans l'opinion générale de la doctrine et de la jurisprudence, on écarte absolument les déchéances résultant des condamnations prononcées à l'étranger, en les considérant comme de véritables peines dont l'application ne peut avoir lieu qu'en vertu d'un jugement rendu au nom de la souveraineté territoriale (Humbert, *Conséquences des condamnations pénales*, n° 209; Cass., 14 avril 1868, Sir., 68. 1. 183). Une loi formelle pourrait seule déroger à cette règle générale, comme les décrets du 2 février 1852 (art. 15, n° 17) et du 8 décembre 1883 (art. 2, n° 8), qui font maintenir en France les déchéances résultant d'un jugement de faillite rendu contre un Français à l'étranger, quand ce jugement a reçu l'*exequatur*.

En sens inverse, on a fait ressortir que cette solution est inadmissible, parce qu'elle aboutit à consacrer le scandale de l'exercice de tous les droits civils et même politiques par des personnes ayant subi les plus graves condamnations à l'étranger, sans qu'il soit d'ailleurs possible de les priver de ces droits, le jugement définitif prononcé contre elles à l'étranger interdisant toute poursuite en France (V. Demangeat, *Hist. de la condition des étrangers*, p. 375; Sénat russe, 13 mai 1868, *J. Clunet*, 1874, p. 47).

Nous pensons que la difficulté doit être résolue suivant une distinction. En principe, les jugements modifiant la capacité des individus ont un effet extraterritorial, parce qu'ils constituent des éléments du statut personnel dont la particularité est d'être régi par une loi unique, la loi nationale de chacun. De là il résulte que seule la loi nationale ou les tribunaux nationaux agissant en conformité de cette loi ont compétence pour modifier l'état et la capacité des personnes. Dès lors, une condamnation pénale prononcée en France contre un Français entraînera des déchéances de droits qui suivront le condamné à l'étranger; mais les modifications de capacité provenant d'une condamnation prononcée contre un Français à l'étranger ne pourraient pas l'atteindre en dehors du pays où la sentence a été rendue. Dans le premier cas, il s'agit d'un changement du statut personnel émanant de l'autorité compétente pour fixer l'état et la capacité des individus en cause; dans le second, il n'y a plus que l'intervention de la souveraineté d'un Etat imposant ses lois d'ordre public aux étrangers comme aux nationaux, par conséquent un acte d'une portée uniquement territoriale (V. Colmar, 6 août 1814, Sir., 1845. 2. 20; notre *Précis de Droit intern. privé*, 2ᵉ édit., p. 328).

En adoptant cette dernière solution, il restera toujours vrai qu'un individu, frappé des condamnations les plus graves à l'étranger, jouira dans sa patrie de la plénitude des droits civils et politiques, son statut personnel n'ayant pu être modifié par une sentence émanant des tribunaux d'un autre pays et par l'application d'une loi autre que sa loi nationale (Cass., 14 avril 1868, Sir., 68. 1. 183).

Pour remédier à ce dernier inconvénient, plusieurs lois pénales admettent que le national condamné à l'étranger peut être poursuivi quand il est de retour dans sa patrie, non pas pour être frappé d'une deuxième peine, mais pour être placé sous le coup des échéances édictées par la loi du pays à raison du fait pour lequel la condamnation a été prononcée à l'étranger (V. Code pénal allemand de 1870, art. 47; Code hongrois du 29 mai 1878, art. 15). En adoptant ce dernier système, on est logiquement amené à conclure que la réhabilitation du condamné pour la réintégration dans ses droits doit émaner de l'autorité du pays auquel il appartient par sa nationalité. Elle doit être accordée au contraire par l'autorité du pays où le jugement a été rendu, si l'on n'admet pas que les déchéances qui en résultent puissent s'appliquer dans les autres Etats.

325. C. L'aggravation de peine et la rélégation provoquées par la récidive ne peuvent pas résulter des infractions commises à l'étranger; ce n'est qu'au point de vue du danger que peut présenter pour lui la répétition des délits par le même agent sur son propre territoire, que chaque Etat frappe plus sévèrement les récidivistes (Cass., 3 avril 1875, Dal., 75. 1. 150; Renault, *Rev. critique*, 1881, p. 467).

Cependant, étant donné que l'annexion n'a pas d'effet rétroactif, on devrait considérer comme en état de récidive l'individu coupable d'une infraction quand il en a déjà commis une dans un territoire qui faisait partie du même pays et qui, depuis, a été incorporé à un autre Etat. Pour la même raison, il faudrait ne pas tenir compte, dans l'appréciation de la récidive, des infractions commises sur un territoire étranger qui, au moment où s'accomplit l'infraction postérieure, est annexé au pays où cette dernière est accomplie (V. n° 287).

326. D. L'*exequatur* ne peut pas être accordé, comme nous l'avons dit (V. n° 322), pour l'exécution de la peine prononcée par une sentence étrangère, et il en est de même pour les dépens du procès qui se rattachent directement à l'instance criminelle. Mais il en est différemment en ce qui concerne l'action civile sur laquelle il est statué par la juridiction répressive étrangère, parce qu'il ne s'agit plus alors que d'un procès civil et non de l'exécution du jugement répressif proprement dit. Bien que les traités relatifs à l'exécution des jugements civils ne prévoient pas la question, c'est en ce sens qu'il faut les interpréter, parce que leurs rédacteurs n'ont statué que sur le cas normal d'une exécution de jugements civils ou commerciaux, sans vouloir exclure le cas spécial d'une action civile jointe à une instance criminelle (Paris, 30 novembre 1860, Dal., 61. 2. 69).

327. E. L'influence d'un jugement répressif étranger sur l'action civile dans un autre pays peut se manifester à plusieurs points de vue.

1° Le principe de la souveraineté territoriale s'oppose à ce que l'autorité de la chose jugée au criminel sur le civil se produise dans les rapports de pays différents. Il est seulement permis à la juridiction de chaque pays de tenir compte, suivant son appréciation, des faits établis dans une sentence pénale étrangère, pour juger les questions soulevées devant elle en matière civile ; par exemple, elle peut, dans une instance en divorce, tenir pour prouvé un adultère déjà puni par le tribunal d'un autre Etat.

2° La règle que le criminel tient le civil en état (art. 3, Inst. crim.) n'a pas davantage d'effet international, la litispendance ne pouvant pas se produire entre tribunaux de différents pays, et chaque Etat n'établissant cette subordination d'une juridiction à l'autre que pour assurer l'harmonie des décisions entre ses propres tribunaux (V. *J. Clunet*, 1878, p. 382 ; Comp. Cour suprême d'Autriche, id. 1886, p. 462). Par conséquent, l'action civile peut être introduite en France à propos d'un fait qui est déjà soumis à l'action publique à l'étranger.

3° Il faut en dire autant, et pour les mêmes raisons, de la règle : *Electá uná viá, non datur recursus ad alteram;* sauf aux juges de chaque pays à apprécier si le demandeur n'a pas renoncé implicitement à l'action dont ils pourraient être saisis, en portant l'autre action devant les tribunaux d'un autre Etat.

4° Il peut y avoir lieu à surseoir à un jugement dans un Etat, quand un tribunal étranger est régulièrement saisi d'une question préjudicielle, par exemple à une condamnation pour adultère quand on a soulevé, à l'étranger, la question de nullité du mariage (Trib. Seine, 9 déc. 1879, *J. Clunet,* 1880, p. 189). Il en serait de même, d'après la loi du 29 juillet 1881, art. 35, pour une instance en diffamation, si une action publique était intentée devant la juridiction répressive étrangère à propos des faits pour lesquels la plainte en diffamation est portée.

LIVRE IV

DE L'INDIVIDU DANS LES RAPPORTS INTERNATIONAUX

328. Bien que le Droit international n'ait pour objet que de régler les rapports entre les Etats, comme nombre de ces derniers rapports naissent à propos des intérêts ou des droits des individus qui provoquent l'intervention directe des Etats, il est nécessaire de fixer la condition des particuliers en ce qui concerne les relations internationales. Nous pouvons envisager cette condition à quatre points de vue : la nationalité ; les rapports des individus avec leur patrie quand ils la quittent et avec le pays sur le territoire duquel ils se rendent ; l'organisation des consulats ayant particulièrement pour objet de protéger les nationaux à l'étranger ; enfin la défense des droits généraux de la personnalité humaine, abstraction faite de sa nationalité, par tous les Etats civilisés.

CHAPITRE PREMIER

LA NATIONALITÉ (1).

329. Par opposition au sens politique dans lequel on l'entend dans la Théorie des Nationalités (V. n° 103), cette expression, prise dans un sens juridique, désigne le lien particulier qui rattache un individu à un Etat.

La détermination de la nationalité des individus a un très grand intérêt dans les rapports internationaux, notamment aux points de vue suivants : 1° pour fixer les droits politiques, publics ou civils qu'ils peuvent exercer en dehors de leur patrie,

---

(1) V. Bluntschli, *loc. cit.*, art. 364 à 375 ; *id., De la qualité de citoyen d'un Etat au point de vue des relations intern.*, R. D. I., 1870, p. 107 ; Cogordan, *La Nationalité au point de vue des rapports internationaux*, 2ᵉ édit., 1890 ; Weiss, *De la Nationalité*, t. I du *Traité de Droit intern. privé*, 1892 ; de Folleville, *Traité de la Naturalisation, Etudes de Droit international*, 1880.

toutes les législations établissant à cet égard des différences entre les nationaux et les étrangers; 2° pour savoir quel est l'Etat auquel ils peuvent recourir quand ils ont besoin de protection, ou celui qui peut exiger d'eux certaines obligations, par exemple le service militaire, à raison de leur nationalité; 3° enfin pour connaître la loi applicable dans un très grand nombre de conflits de législations où la loi nationale doit l'emporter sur toute autre, notamment dans toutes les questions qui se rattachent au statut personnel.

330. En principe, la détermination de la nationalité est un acte de la souveraineté interne en vertu de laquelle chaque législateur concède ou refuse comme il l'entend la qualité de national de son pays. Nous n'avons pas évidemment à entrer dans le détail des variations infinies des diverses lois à ce sujet : remarquons seulement que leurs conflits en pareille matière sont insolubles par l'application de quelque principe de Droit international privé permettant de déterminer celle d'entre elles qui doit être appliquée de préférence aux autres, comme cela a lieu quand plusieurs lois se rencontrent à propos d'un même rapport juridique (V. n° 268); les questions de nationalité sont, au premier chef, des questions d'ordre public pour chaque pays intéressé qui s'en tient uniquement, pour ce qui les concerne, à l'application de sa loi territoriale. Aussi n'est-ce que par la voie d'arrangements et de concessions réciproques que les Etats peuvent éviter les contradictions de leurs lois respectives sur la nationalité.

D'autre part, le Droit international ayant pour objet de régler les rapports des Etats, c'est-à-dire de concilier l'exercice de la souveraineté des uns avec celui de la souveraineté des autres, il s'ensuit que, même dans la réglementation de la nationalité en ce qui le concerne, chaque pays est astreint à certains devoirs pour respecter les droits égaux aux siens des autres Puissances. Ce sont ces devoirs internationaux que nous avons à signaler.

331. L'idéal à réaliser, en pareille matière, est que tout homme ait une nationalité et qu'il n'en ait qu'une seule. L'individu sans nationalité est, en effet, dans une condition extra-sociale qui amène les plus graves difficultés quand il s'agit de déterminer la loi dont il relève, ses droits et ses obligations.

D'autre part, on ne peut raisonnablement concevoir qu'un homme soit rattaché à deux patries différentes, soumis à des lois peut-être contradictoires; aussi M. Crémieux avait-il raison de répondre à lord Brougham demandant à être naturalisé Français, en 1848, tout en restant Anglais : « La France n'admet pas de partage; pour devenir Français, il faut cesser d'être Anglais » (V. cependant les deux nationalités admises au Danemark, Cogordan, *loc. cit.*, p. 14; et en Suisse, *J. Clunet*, 1882, p. 233; 1883, p. 531; *Rev. pratique de Droit int. privé*, 1890-91. 1. 244. La double nationalité est fréquente aussi quand on appartient à deux Etats fédérés ou confédérés. Bluntschli, *loc. cit.*, art. 474; Klœppel, *J. Clunet*, 1891, p. 82; Lehr, R. D. I., 1880, p. 312). Tout au plus peut-on admettre qu'une personne, en gardant sa première nationalité, obtienne dans un autre pays des avantages qui la rapprochent des nationaux de cet Etat sans lui en donner la nationalité (art. 13 C. civ. français; les droits de bourgeoisie; la *denization*, acte anglais du 12 mai 1870, art. 13).

Malheureusement, par suite de dispositions législatives qui enlèvent la nationalité sans que l'individu ainsi atteint soit en situation d'être considéré comme national dans un autre pays, il y a beaucoup de personnes sans patrie, appelées en Allemagne et en Suisse *heitmathlosen;* cet inconvénient est surtout sensible dans les pays fédérés ou confédérés par suite de la divergence des lois de chaque Etat de l'union et de leurs rapports incessants : c'est ce qui a déterminé la Suisse, par la loi du 3 décembre 1850, et la confédération allemande, par la convention de Gotha du 15 juin 1851, à procéder à l'attribution d'une nationalité aux *heimathlosen* en tenant compte de leur domicile. Les lois les plus récentes, comme la nôtre du 26 juin 1889, continuent à enlever la nationalité pour des causes qui n'en font pas obtenir une autre, par exemple pour le fait d'avoir accepté des fonctions publiques à l'étranger, d'y avoir pris du service militaire, d'avoir possédé des esclaves (art. 17, 21 Code civil; loi du 28 mai 1858). Il serait bien préférable de se contenter, pour des cas semblables, de prononcer certaines déchéances, sans aller jusqu'à la privation de la nationalité. La loi suisse du 3 juillet 1876, art. 6, n° 3, prend l'excellente précaution de décider qu'un citoyen helvétique ne pourra pas abdiquer sa nationalité s'il ne justifie pas qu'il en a acquis une autre pour lui, sa femme et ses enfants mineurs. On trouve une disposition analogue, mais pour des cas spéciaux seulement, dans la loi du 26 juin 1889, nouvel art. 8, n° 4, du Code civil, et nouvel art. 19, alin. 1.

En sens inverse, les divergences des lois particulières font souvent attribuer la nationalité à une personne qui ne perd pas d'ailleurs sa nationalité actuelle d'après la loi qui la régit ; ou bien les principes différents consacrés dans les Etats font qu'un individu est revendiqué comme national dans plusieurs pays. C'est ce qui a déterminé le législateur suisse (loi 3 juillet 1876, art. 2), et luxembourgeois (loi 27 janvier 1878, art. 2), à n'attribuer la naturalisation qu'autant que cela ne pourra entraîner aucun conflit avec la loi du pays auquel appartient celui qui la sollicite.

De même, la femme et les enfants mineurs de celui qui se fait naturaliser dans un pays peuvent être considérés comme nationaux dans la patrie qu'abandonne le chef de famille et, en même temps, dans celle qu'adopte ce dernier, lorsque la loi de la première n'attache qu'un effet individuel à la naturalisation, tandis que celle de la seconde lui attribue un effet collectif applicable à tous ceux qui sont placés sous l'autorité du chef de famille.

Seuls les arrangements internationaux peuvent mettre fin à ces conflits ; nous citerons notamment le traité du 23 juillet 1879 en vertu duquel les enfants mineurs d'un Français naturalisé en Suisse restent Français conformément à notre législation et contrairement à la loi helvétique, sauf à pouvoir opter pour la nationalité suisse dans le courant de leur vingt-deuxième année ; et le traité du 30 juillet 1891, destiné à concilier la loi belge et notre loi du 26 juin 1889, dans lequel nous relevons cette concession remarquable que la Belgique reconnaît pour Français, conformément à l'art. 8, n° 3, de notre Code civil et contrairement à sa propre législation, les individus nés en France de parents belges qui eux-mêmes y sont nés.

332. Pour atteindre le double idéal exposé plus haut, chaque législation doit consacrer deux règles.

1° Attribuer une nationalité à tout individu dès sa naissance, ou même, lorsque la question présente un intérêt juridique, dès qu'il est conçu. Mais, tandis que certaines lois déterminent la

nationalité d'origine d'après le lieu de la naissance conformément à la doctrine de l'ancien droit féodal *(jus soli)*, d'autres
s'attachent uniquement à la nationalité des parents *(jus sanguinis)*, et d'autres enfin, tout en adoptant en principe la dernière
solution, tiennent compte aussi dans une large mesure du *jus
soli* (V. nouveaux art. 8 et 9 de notre Code civil). De là des
conflits insolubles *à priori :* par exemple, même depuis l'acte
du 12 mai 1870 qui a atténué considérablement l'influence du
jus soli en Angleterre, l'enfant né sur le territoire britannique
de parents français est Français *jure sanguinis* d'après notre
législation, tandis qu'il est Anglais au point de vue de la loi de
la Grande-Bretagne, jusqu'à ce qu'il ait opté pour la nationalité
française.

2° La loi doit reconnaître à chacun, dans les conditions de
capacité qu'elle prévoit pour l'exercer, le droit de changer de
nationalité. Cette faculté doit être reconnue par respect pour la
liberté individuelle que les Romains admettaient déjà à ce point
de vue (Cicéron, *pro Balbo*, 13, 32) ; et par une considération
d'intérêt politique, un pays n'ayant aucun avantage à conserver, malgré eux, des sujets peu fidèles et peu dévoués. Le droit
d'*expatriation*, généralement consacré de nos jours, n'était pas
admis sous l'empire du droit féodal en vertu duquel le national
était toujours attaché à son souverain, comme le serf l'était à la
glèbe, par le lien de *perpétuelle allégeance*. La loi britannique,
encore dominée par les traditions féodales, n'a admis la faculté
d'expatriation que par l'acte du 12 mai 1870, et aux Etats-Unis,
malgré les critiques formulées contre la règle de perpétuelle
allégeance par le Congrès lui-même dans le bill du 27 juillet
1868, ce principe subsiste toujours. En Suisse, la loi fédérale
du 3 juillet 1876, art. 6, a consacré la liberté d'expatriation
que n'admettaient pas certains cantons ; en Russie, l'ukase du
6 mars 1864 ne l'accorde qu'aux Russes naturalisés et non à
ceux qui ont la nationalité moscovite d'origine ; dans la République Argentine, l'expatriation ne fait perdre que les droits
politiques et non la nationalité (loi 1er octobre 1869, art. 8) ; au
Vénézuela, elle est sans effet (art. 7 de la Constitution et loi
15 mai 1882, Ann. législ. étrang., 1890, p. 960).

On conçoit cependant qu'un législateur, tout en respectant le
droit de changer de nationalité, en subordonne l'exercice à une

autorisation dans les cas où l'expatriation ne serait qu'un moyen frauduleux d'éluder des obligations envers le pays, par exemple le service militaire (V. nouvel art. 17, n° 1, Cod. civ., loi 26 juin 1889 ; lois d'Autriche-Hongrie, 21 déc. 1867, art. 4, 5 déc. 1868 et 13 mai 1869, loi allemande du 1er juin 1870).

Un pays peut même subordonner d'une manière absolue la faculté d'expatriation à la concession d'un permis qui peut être refusé arbitrairement, en dehors de toute condition spéciale, comme celle d'avoir satisfait au recrutement. C'est ce qu'a fait la Turquie par la loi du 19 janvier 1869, art. 5 et 6, pour couper court aux abus de naturalisation à l'étranger, particulièrement en Grèce, de la part des sujets ottomans qui voulaient se placer sous la protection des consuls conformément aux *Capitulations*. Malgré les critiques émises, on a dû reconnaître que la Turquie avait agi en pareil cas dans la plénitude de sa souveraineté et n'avait violé en rien les *Capitulations*.

333. Les principes énoncés plus haut étant établis, il importe que chaque législateur, pour respecter les droits des autres souverainetés, exige, pour l'obtention de la nationalité dans son pays, certaines conditions.

1° Attendre une manifestation de volonté de la part des immigrants étrangers et ne pas leur imposer la nationalité malgré eux. Dans la Bolivie, la nationalité est imposée à quiconque acquiert un immeuble dans le pays ou y épouse une indigène, et au Vénézuela à tout immigrant : c'est dénaturer le caractère du changement de nationalité qui doit être l'expression libre de la volonté ; c'est aussi attenter au droit des autres Etats de revendiquer leurs nationaux tant que ceux-ci n'ont pas abdiqué leur première patrie. Aussi le gouvernement français est-il loin d'avoir usé de son droit en déclarant que nos nationaux fixés au Vénézuela n'avaient plus à compter sur la protection des consuls de France, par suite de la nationalité nouvelle qui leur est imposée (V. *J. Officiel*, 18-20 mai 1875).

2° Apprécier la capacité de l'étranger qui demande à obtenir la naturalisation d'après sa loi nationale, seule compétente pour le régir a ce point de vue ; c'est, du reste, la seule manière d'éviter que le naturalisé ne soit considéré comme ayant toujours conservé sa première nationalité, faute d'avoir la capacité voulue pour l'abandonner, et ne soit ainsi investi de deux nationalités (V. Affaire de Beauffremont, Cass. Req., 18 mars 1878, Dal., 78. 1. 201). C'est dans ce sens que se prononcent certaines lois, notamment la loi allemande du 1er juin 1870, art. 8, et l'acte anglais du 12 mai 1870, art. 7. La loi française du 29 juin 1867 se contentait que l'étranger fût âgé de 21 ans pour accepter sa demande de naturalisation, sans se préoccuper de sa majorité fixée par sa loi nationale; quant à la loi du 26 juin 1889, elle est muette à cet égard, ce qui, croyons-nous, donne toute latitude pour appliquer la loi nationale de celui qui demande à être naturalisé.

3° On ne doit considérer comme une naturalisation véritable que celle qui est accompagnée de l'immigration dans le pays où elle est obtenue; sinon il est trop facile d'acquérir la naturalisation en pays étranger pour éviter l'application des lois de son propre pays, sans d'ailleurs prêter sérieusement son concours à sa nouvelle patrie ni se soumettre effectivement à ses lois en qualité de national. D'autre part, les Etats qui favorisent cette fraude, en accordant la naturalisation sans exiger l'établissement sur leur territoire, peuvent s'exposer à de légitimes réclamations de la part des puissances ainsi dépouillées de leur autorité sur ceux qui, tout en restant dans leur première patrie, s'affranchiraient des devoirs de leur nationalité, ou bien s'attendre à ce que les autres pays tiennent pour nulle une naturalisation ainsi obtenue. Aussi presque toutes les législations admettent-elles actuellement que l'établissement du domicile dans le pays, avec un stage plus ou moins long, est nécessaire pour obtenir la nationalité. La loi de quelques cantons suisses, qui permettait d'obtenir la naturalisation sans déplacement du domicile, avait donné lieu à de sérieuses difficultés internationales : la jurisprudence française ne tenait aucun compte des naturalisations ainsi acquises, parfois à prix d'argent, par des Français qui voulaient se donner une faculté juridique que ne leur donnait pas leur loi nationale, par exemple celle de divorcer; et le gouvernement prussien considéra également comme nulle la naturalisation que des jeunes gens de Francfort avaient obtenue en 1866, sans immigrer en Suisse, pour se soustraire au service militaire; aussi la loi fédérale du 3 juillet 1876 a-t-elle subordonné la naturalisation à l'établissement du domicile sur le territoire helvétique.

Du reste, en dehors de la condition sus-indiquée, on peut avoir des précautions à prendre pour éviter que l'expatriation ne soit frauduleuse et ne constitue un simple moyen d'éluder l'application des lois du pays d'origine. Signalons, à ce sujet, les nombreux traités conclus par les Etats-Unis avec diverses puissances, notamment avec l'Allemagne le 22 février 1868, d'après lesquels un immigrant n'est considéré comme sérieusement naturalisé que s'il réside pendant cinq ans aux Etats-Unis après en avoir acquis la nationalité, et tout naturalisé revenant dans sa patrie d'origine perd le bénéfice de sa naturalisation après y avoir séjourné deux ans (V. Cass., 19 juillet 1875, Dal., 76. 1. 5).

334. Influence de l'annexion sur la nationalité. — L'annexion entraîne, comme effet essentiel, la substitution de la souveraineté du pays annexant à celle qui dominait auparavant dans le pays annexé; par voie de conséquence, elle implique l'attribution de la nationalité du pays annexant aux habitants du pays annexé. Mais il est essentiel de déterminer quels sont les habitants du territoire incorporé qui subiront ce changement de nationalité, et de se demander si et à quelles conditions ils pourront l'éviter.

335. Il est tout d'abord évident que les nationaux d'une puissance tierce établis sur le territoire annexé demeurent complètement étrangers à l'annexion : celle-ci est le résultat d'un contrat entre le pays annexant et celui qui cède tout ou partie de son territoire, dont les effets ne peuvent atteindre que ceux qui sont représentés par les deux Etats en présence; pour les individus appartenant à un autre pays, l'annexion est une *res inter alios acta* qui leur est juridiquement indifférente.

Parmi les nationaux de l'Etat qui subit l'annexion, on a voulu dénationaliser tous ceux qui sont domiciliés sur le territoire cédé. Cette opinion, la plus ancienne de toutes (Pothier, *Des personnes*, partie I, titre 2, section I), est basée sur d'excellentes raisons. Ce qui rattache plus particulièrement les nationaux d'un Etat à une partie de son territoire, ce qui, par conséquent, doit déterminer à leur faire suivre le sort de cette fraction de leur patrie, c'est cette circonstance qu'ils y ont fondé leur principal établissement, en d'autres termes qu'ils y ont leur domicile. D'autre part, ce que recherche le pays annexant, c'est acquérir un territoire où sont fixés ceux qui vont prendre sa nationalité, et non un territoire peuplé d'individus étrangers vis-à-vis de lui et probablement hostiles à son autorité.

Suivant d'autres, le changement de nationalité s'appliquerait à tous ceux qui sont *originaires* du territoire annexé, qu'ils y soient domiciliés ou non. Il est facile de déterminer alors ceux que frappe l'annexion, la vérification des actes de l'état civil peut lever tous les doutes. Quelques-uns n'entendraient cependant par originaires que ceux qui sont nés dans le territoire cédé de parents qui y sont nés eux-mêmes ou qui, du moins, y sont établis depuis quelque temps. Mais lorsqu'un traité ne parle que des originaires sans autre précision, son interprétation normale comporte le changement de nationalité pour tous ceux qui sont nés sur le territoire annexé, sans autre condition. Dans tous les cas, en s'attachant à l'origine, on risque fort de dénationaliser des individus qui n'ont conservé aucune relation ni aucun intérêt dans le territoire cédé et qui se sont ainsi rendus étrangers aux changements politiques survenus dans le pays où ils sont nés ; on donne en même temps comme nationaux au pays annexant des personnes qui ne sont plus rattachées par aucun lien à leur nouvelle patrie.

On a proposé également de ne dénationaliser que ceux qui seraient à la fois nés et domiciliés dans le territoire cédé ; pareille exigence restreint trop les droits du pays annexant pour qu'elle soit admise dans la pratique. On a dit encore qu'il fallait cumuler les deux premiers systèmes et déclarer annexés les originaires et les domiciliés. Enfin on a admis qu'il fallait ne tenir compte que de l'origine quand l'annexion porte sur un pays unitaire, comme la France, où la situation des sujets est la même en quelque lieu qu'ils soient domiciliés ; tandis qu'on ne tiendrait compte que du domicile quand l'annexion se fait dans un pays divisé en fractions soumises à un régime spécial, par exemple dans un Etat fédéré ou confédéré, parce que, dans ce dernier cas seulement, le siège du domicile peut avoir une influence sur la condition politique des individus (V. Cauwès, Sir., 75. 2. 225).

Pour nous, en vertu des raisons indiquées plus haut, c'est au domicile qu'il faut s'attacher, en principe, pour déterminer les personnes atteintes par l'annexion, au moins s'il s'agit d'un

démembrement de territoire. Si, au contraire, l'annexion porte
sur la totalité d'un pays, nous pensons que tous les nationaux
de l'Etat incorporé dans un autre, en tenant compte des lois de
cet Etat sur la nationalité, doivent être considérés comme prenant la nationalité du pays annexant : ils suivent le sort de la
collectivité politique dont ils faisaient partie, et ils seraient d'ailleurs sans patrie si on ne leur donnait pas la nationalité du pays
qui réalise l'annexion.

336. Mais il est équitable, par respect pour la liberté individuelle, de permettre à ceux qui sont atteints par l'annexion de
conserver leur première nationalité, en même temps qu'il est de
l'intérêt politique de l'Etat annexant de ne pas conserver malgré
eux des nationaux dont il ne peut conquérir les sympathies et
qui emploieront tous leurs efforts à combattre son influence
dans le territoire annexé. C'est pour cela que l'on a organisé le
droit d'option, en vertu duquel les individus atteints par
l'annexion peuvent éviter le changement de nationalité en
manifestant l'intention de conserver celle qu'ils avaient auparavant. Cette faculté semble prévue pour la première fois dans le
traité de la capitulation d'Arras en 1640, et les anciens auteurs
l'admettent sous la seule condition d'abandonner le territoire
cédé et de se fixer sur une autre partie de l'Etat démembré. Le
droit d'option, subordonné à la condition d'émigrer hors des
territoires annexés dans un certain délai, est nettement réglé
dans les traités de la période révolutionnaire et de l'Empire.
Du reste, jusqu'à Louis XIV, on exigeait généralement de la
part des émigrants qui usaient du droit d'option la liquidation
de tous les biens qu'ils possédaient dans le territoire annexé;
depuis les traités d'Utrecht (11 avril 1713) et de Rastadt
(6 mars 1714), on leur permet de conserver la propriété des
immeubles.

Dans l'usage actuel, l'option est soumise à deux conditions :
1° une déclaration formelle devant les autorités compétentes
désignées dans chaque traité, généralement devant l'autorité
municipale, afin de déterminer facilement les nationalités et
éviter les doutes sur l'intention des annexés; cette déclaration
doit être faite dans un certain délai, à peine de forclusion, ordinairement dans un délai d'un an, pour ne pas laisser les situations longtemps indécises; cependant le traité de San-Stefano du

19 février 1877, remplacé par celui de Constantinople du 8 février 1879, se contente de l'émigration dans les trois ans, sans option formelle ; 2° l'émigration hors du territoire annexé.

Cette dernière condition a été critiquée comme trop rigoureuse ; mais il faut bien reconnaître à l'Etat annexant le droit de se défendre contre des étrangers dont le séjour sur le territoire annexé serait une cause de troubles et un élément de résistance à l'autorité qu'il compte implanter dans ce territoire. Aussi n'écarte-t-on cette condition que pour les annexions minimes ou d'un caractère pacifique dans lesquelles ces dangers ne sont pas à craindre (V. Cession de la Californie aux Etats-Unis par le Mexique, 2 février 1848, traité franco-suisse, 8 octobre 1862, pour rectification des frontières dans la vallée des Dappes). On peut aussi, et c'est la solution qui concilie le mieux les intérêts en présence, réserver seulement le droit d'exiger l'émigration à l'égard des *optants* qui, par leur attitude, entraveraient l'action de l'Etat annexant (Traité du 10 août 1877 pour la cession de l'île de Saint-Barthélemy par la Suède à la France).

337. Dans les différents traités d'annexion on trouve des divergences assez marquées au point de vue de l'application des idées que nous venons d'exposer.

A. Dans les nombreuses conventions conclues par la France de 1790 à 1814, il semble bien que l'on ait voulu annexer les domiciliés sur les territoires cédés à la France et les originaires de ces territoires, qu'ils y fussent ou non domiciliés (Cass., 12 janvier 1874, Dal., 75. 1. 333).

Le traité du 30 avril 1814, art. 17, accordait six ans à tous les habitants des territoires enlevés à la France, *quelle que fût leur nationalité*, pour disposer de leurs biens et se fixer où ils voudraient. Quelques-uns ont voulu voir dans cette disposition la consécration d'un véritable droit d'option ; mais, plus généralement, on l'interprète en ce sens que, les conquêtes de la France étant effacées, les habitants des territoires en question ont repris *ipso jure* la nationalité qu'ils avaient avant l'annexion à la France (Cass., 7 décembre 1883, Dal., 84, 1. 209 ; 25 février et 22 avril 1890, *Rev. pratique de Droit int. privé*, 1890-91, pp. 17 et 18). Le délai de six ans n'avait pour but que de laisser toute faculté d'émigration à ceux que leurs nouveaux souverains auraient voulu retenir malgré eux. Sinon, en effet, on s'expliquerait difficilement que la disposition visât également les nationaux d'une tierce puissance habitant les territoires enlevés à la France et pour lesquels l'option est inutile, puisqu'ils ne sont pas atteints par le changement de souveraineté.

La loi française des 14-17 octobre 1814 facilita *la naturalisation des habitants qui avaient été réunis à la France depuis 1791*, ainsi que porte sa rubrique, et montra bien que l'on ne considérait pas le délai de six ans fixé par le traité de 1814 comme un délai d'option, sans quoi la loi aurait été inutile. Le parti libéral avait bien demandé que l'on reçût *comme Français* les habitants des territoires enlevés à notre pays qui immigreraient en France ; mais le gouvernement de l'époque, redoutant les idées politiques de ces immigrants, leur imposa un stage de dix ans d'après la loi de 1814.

D'ailleurs le traité de 1814, bien qu'ayant pour but d'effacer les conquêtes de la Révolution et de l'Empire, n'a pas d'effet rétroactif et n'a pu empêcher ceux qui étaient devenus Français par ces conquêtes d'avoir eu ce titre : leurs enfants peuvent donc se prévaloir de la qualité qui a appartenu à leurs parents, afin de devenir Français eux-mêmes par le bienfait de la loi (Cass., 7 décembre 1883, Dal., 84. 1. 209).

Enfin, le traité de 1814 n'a rendu leur première nationalité qu'aux pays qu'il restitue à leurs anciens souverains ; ainsi la république de Raguse n'est pas prévue dans le traité de 1814 au point de vue de l'attribution d'une nationalité à ses habitants, et le traité de 1815 qui la donna à l'Autriche à laquelle elle n'appartenait pas auparavant n'a pu lui conférer la nationalité autrichienne que pour l'avenir (V. Amiens, 26 novembre 1891, *le Droit*, 28-29 décembre 1891).

B. Dans le traité du 24 mars 1860, conclu à Turin pour consacrer l'annexion à la France de la Savoie et du territoire de Nice, on a déclaré Français les individus originaires des territoires annexés ou domiciliés sur ces territoires au moment de l'annexion : c'est le cumul de deux systèmes indiqués plus haut. L'option pour la nationalité sarde est subordonnée à la condition d'une déclaration formelle devant l'autorité municipale, ou consulaire si l'on est à l'étranger, dans un délai d'un an, et à l'émigration en Italie ; mais on s'est montré sur ce dernier point fort tolérant dans la pratique et contenté d'une émigration n'importe où (Aix, 19 février 1873, Sir., 73. 2. 204).

Un décret du gouvernement français, en date du 30 juin 1860, est venu compliquer ces dispositions très nettes ; tout ce qu'on en peut dire, au point de vue du Droit international, c'est qu'il est nul par sa contradiction même avec le traité, un des pays contractants ne pouvant pas changer de sa propre initiative et unilatéralement les clauses de la convention (V. notre *Précis de Droit int. privé*, 2ᵉ édit., pp. 227 et 233). La convention du 2 février 1861 reproduit le traité de Turin pour la cession de Menton et de Roquebrune par le prince de Monaco.

C. L'art. 2 du traité de Francfort du 10 mai 1871 déclarait dénationalisés « les *originaires* des territoires cédés, *domiciliés* actuellement sur ces territoires » ; mais la convention additionnelle du 11 décembre 1871 a interprété cette clause en ce sens que l'annexion atteignait tous les originaires, domiciliés ou non sur les territoires annexés. Toutefois, contrairement aux conventions formelles, l'Allemagne a prétendu considérer comme annexés les non-originaires domiciliés en Alsace-Lorraine ; le gouvernement français dut rejeter cette interprétation (*J. off.*, 14 septembre 1872), de sorte que les simples domiciliés en Alsace-Lorraine au moment de l'annexion sont Français au point de vue de la France et Allemands d'après l'Allemagne (V. Cass., Req., 6 mars 1877, Sir., 79. 1. 305).

L'option, d'après le traité de Francfort, est soumise à la double condition ordinaire de la déclaration formelle et de l'émigration ; pour les domiciliés non originaires qu'elle considère comme dénationalisés, l'Allemagne s'est contentée d'une option tacite par simple émigration.

D. Le traité du 10 août 1877, relatif à la cession de l'île de Saint-Barthélemy, organise le droit d'option sous la condition d'une déclaration formelle, en n'imposant l'émigration que si la France le juge nécessaire (V. nº 336). Ce traité est le seul qui, pour fixer les personnes atteintes par l'annexion, ne tienne compte que du domicile, sans se préoccuper de l'origine, conformément au principe que nous avons adopté (V. nº 335).

338. Dans tous les cas où elle est accordée, l'option fait considérer celui qui en use comme ayant toujours conservé sa première nationalité, comme si l'annexion ne l'avait pas atteint.

Mais l'annexion a directement pour effet de changer la nationalité de ceux qui sont prévus par le traité, de sorte que, pendant les délais d'option, ils doivent être considérés comme nationaux du pays annexant, sauf à voir cette nationalité effacée rétroactivement par l'effet de la condition résolutoire, c'est-à-dire de l'option en faveur du pays démembré. C'est donc à tort que les tribunaux français ont considéré comme ayant conservé leur première nationalité les Alsaciens-Lorrains qui optaient plus tard pour la France et pendant le délai qui précédait l'option. (Vesoul, 19 juillet; Nancy, 31 août 1871, Sir., 71. 2. 129 et 185; comp. Reichsgericht de Leipzig. 8 janvier 1884, *J. Clunet,* 1885, p. 332). Malgré les termes équivoques du traité du 10 mai 1871 d'après lesquels les optants *conservent* ou *maintiennent* leur nationalité, l'exposé des motifs de la convention du 11 décembre 1871 est formel dans le sens que nous avons indiqué et qui est, d'ailleurs, conforme aux principes rationnels sur les effets de l'annexion.

339. L'annexion s'opérant en vertu d'un acte de souveraineté et indépendamment de la volonté des habitants qu'elle doit atteindre, ses effets se produiront à l'égard des incapables comme des capables. Mais on se demande si les premiers, notamment les femmes mariées et les mineurs, pourront user d'un droit d'option personnel ou subiront le sort de leurs représentants légaux, le mari, les parents ou le tuteur. Un conflit apparaît inévitablement à cet égard entre les législations qui admettent le caractère collectif du changement de nationalité réalisé par le chef de famille, et celles qui ne donnent à ce changement qu'un effet individuel. Au point de vue théorique, le caractère personnel du choix de la nationalité semble commander que la femme puisse opter pour son compte sans qu'on ait à se préoccuper du parti pris par le mari; pour les mineurs, le délai d'option ne devrait courir que du jour de leur majorité, de manière qu'ils pussent exercer par eux-mêmes un acte qui, par sa nature, ne comporte guère l'exercice par l'intermédiaire d'un représentant légal : cette dernière solution a été consacrée dans le traité du 10 août 1877 (protocole du 31 octobre 1877, art. 2), pour la cession de l'île Saint-Barthélemy. Dans le silence du traité de Turin du 24 mars 1860, on a reconnu un droit individuel d'option aux femmes sardes; mais les tribunaux français ont jugé que les mineurs suivaient nécessairement la condition de leur père ou de leur mère, contrairement d'ailleurs à l'esprit de la loi française qui n'admettait nullement alors que le changement de nationalité du père s'appliquât aux enfants (Chambéry, 22 décem. 1862, Sir., 63. 2. 113; Cass., 3 août 1871, Sir., 71. 1. 200; 19 août 1874, Sir., 75. 1, 52; comp. loi 7 février 1851, art. 2, et nouvel art. 12, alin. 3, Code civil; comp. aussi : Cass., Turin, 11 juin 1874, *J. Clunet*, 1875, p. 138). Dans le traité de Francfort, la France ne put obtenir que le délai d'option ne courût pour les mineurs que du jour de leur majorité; mais il semblait au moins acquis que les femmes mariées et les mineurs jouiraient d'un droit d'option individuel (Circ. minist. 30 mars 1872). Cependant l'Allemagne se refusa à admettre cette conséquence en appliquant le principe de la naturalisation collective que consacre sa législation et en attribuant, par suite, aux femmes et aux enfants mineurs la nationalité du mari ou du père (Ordonn. allemande du 15 juillet 1872). La France n'a pu accepter cette manière de voir et de là un conflit insoluble entre les deux pays (*J. Off.*, 14 décembre 1872).

CHAPITRE II

RAPPORTS DE L'ÉTAT ET DE L'INDIVIDU AU POINT DE VUE INTERNATIONAL

SECTION PREMIÈRE

RAPPORTS DE L'ÉTAT AVEC SES NATIONAUX A L'ÉTRANGER

340. Bien qu'il appartienne à chaque souveraineté de déterminer la mesure dans laquelle elle entend s'exercer sur les nationaux qui se trouvent dans le territoire d'un autre pays, et que les questions se référant à cet ordre d'idées fassent partie, en principe, du droit interne, il est certain néanmoins qu'elles provoquent entre les Etats des rapports souvent forts délicats, étant donné que l'action de la souveraineté d'un pays sur ses nationaux dans un pays étranger peut se rencontrer avec l'exercice de la souveraineté territoriale sur ces mêmes individus : c'est à ce dernier point de vue que les rapports de l'Etat avec ses nationaux se trouvant à l'étranger rentrent dans le domaine du Droit international.

341. Les migrations d'un pays dans un autre ont pris de nos jours une très grande extension, à raison de la facilité des transports et des communications et du développement des relations économiques entre les Etats. D'autre part, il est admis actuellement, au moins dans les peuples civilisés, que l'émigration est libre, ce qui n'est qu'une application du principe de la liberté individuelle dont la faculté d'expatriation est une autre conséquence importante, comme nous l'avons déjà vu (V. n° 332). Les nationaux peuvent quitter leur patrie sans entraves; les étrangers peuvent également abandonner le pays où ils s'étaient fixés; le droit moderne ne connaît plus les obstacles consacrés par le droit féodal qui permettait au souverain territorial de retenir ses sujets ou les étrangers (aubains) établis sur son domaine, afin de conserver les services que lui devaient les premiers et les contributions (droits d'*aubainage, chevage, formariage*) qu'il percevait sur les seconds.

On conçoit cependant qu'un Etat, sous l'empire d'une nécessité sociale, interdise à ses nationaux une émigration qui est dangereuse pour lui, par exemple quand elle a pour but d'éviter le service militaire ou de prendre part à une agression contre la patrie : ainsi se justifient les mesures de rigueur prises contre les émigrés pendant la Révolution.

D'autre part, par mesure d'ordre public et pour protéger les émigrants eux-mêmes, l'émigration peut être réglementée quand elle fait l'objet d'une entreprise commerciale (V. loi du 18 juillet 1860). Les Etats peuvent même avoir à s'entendre pour protéger leurs nationaux à cet égard. C'est ainsi que, depuis la suppression de l'esclavage, on a eu à s'occuper du recrutement des travailleurs dans les colonies par l'émigration des indigènes de certains pays orientaux. Le traité de Tien-Tsin du 25 oct. 1860 autorise l'émigration des Chinois (art. 9), en annonçant des règlements destinés à sauvegarder les *coolies* engagés et à éviter que leur situation ne devienne un esclavage déguisé. Ces règlements n'ont jamais paru et nos consuls doivent seulement surveiller nos nationaux qui se livrent à ce recrutement des travailleurs chinois. De même, par la convention du 1er juillet 1861, l'Angleterre a donné à la France le monopole du recrute-

ment des travailleurs dans l'Inde pour la Réunion, la Marti-
nique, la Guadeloupe et la Guyane, avec faculté de supprimer
sa concession pour certaines colonies, ce qu'elle a fait pour la
Guyane en 1877 et pour la Réunion en 1884. Le monopole ainsi
attribué n'appartient qu'au gouvernement par l'intermédiaire de
ses agents et non aux particuliers français (Cons. d'Etat, 15 juin
1864, Lebon, 64, p. 567 ; v. aussi décrets sur l'émigration des
13 février, 7 mars 1852 et du 30 juin 1890 pour la Guadeloupe).

342. Le national émigré à l'étranger conserve sa nationalité
qui ne doit être perdue en principe que par l'obtention d'une
autre. Cependant, certaines législations font dériver la perte de
la nationalité d'un établissement à l'étranger effectué dans certaines conditions : telle est la loi allemande du 1er juin 1870 qui
déclare déchu de sa nationalité l'Allemand fixé à l'étranger
depuis dix ans et qui ne s'est pas fait immatriculer au consulat
allemand de sa résidence. Les dispositions de ce genre ont le
grave défaut de multiplier les personnes sans patrie, car il peut
arriver que l'établissement à l'étranger ne donne aucun droit à
la nationalité du pays où l'on s'est fixé. Aussi est-ce avec raison
que la loi du 26 juin 1889 a abrogé la disposition de l'art. 17
de notre Code civil d'après laquelle l'établissement à l'étranger
sans esprit de retour entraînait la perte de la nationalité française.

Conservant ainsi sa nationalité, l'émigrant continue à être
rattaché à sa patrie par des devoirs et par des droits qui dérivent de cette nationalité (1).

343. Les devoirs de l'émigrant envers sa patrie se résument
en deux points : 1° Il doit, tout d'abord, se conformer aux dispositions de sa loi nationale, en tant que celle-ci lui est applicable à l'étranger ; par exemple, en ce qui concerne son état et
sa capacité (art. 3, alin. 3, Code civil) ; 2° L'émigrant doit
répondre à l'appel de sa patrie quand celle-ci a besoin de lui,
par exemple pour satisfaire au service militaire ou pour abandonner le pays où il se trouve quand celui-ci entre en lutte avec
le sien. Si ce droit de rappel (*jus avocandi*) n'est pas respecté,

---

(1) Louiche-Desfontaines, *De l'émigration : Etude sur la condition juridique
des Français à l'étranger*, 1880.

la sanction peut varier : en France, depuis la loi sur le recrutement du 27 juillet 1872, les consuls doivent refuser toute protection aux insoumis, sauf les cas de dispense prévus par l'art. 50 de la loi du 15 juillet 1889 ; en Allemagne, on les déclare déchus de leur nationalité (loi de 1870, art. 20), ce qui peut avoir l'inconvénient de les rendre sans patrie.

344. L'émigrant qui a conservé sa nationalité peut invoquer comme un droit la protection des agents diplomatiques ou consulaires de son pays. Si le tort qui lui est fait vient d'un particulier, il doit s'adresser aux autorités locales compétentes puisque, comme nous le verrons bientôt (V. n° 351), il est soumis à la juridiction territoriale ; le recours aux agents diplomatiques ou consulaires n'est justifié que lorsque l'attaque vient du gouvernement étranger ou de ses agents, ou quand les autorités du pays lui refusent justice, soit d'une manière formelle, soit d'une façon dissimulée par une incurie inconsciente ou volontaire.

Mais les étrangers peuvent souffrir un préjudice à la suite d'une guerre, d'une révolution ou d'une émeute éclatant dans le pays où ils se trouvent : il est universellement admis aujourd'hui que la protection diplomatique ou consulaire ne peut être invoquée en pareil cas, parce qu'il s'agit d'un accident de force majeure dont les étrangers courent les risques absolument comme les nationaux du pays. Ce serait, d'ailleurs, trop restreindre la liberté d'action des belligérants ou du gouvernement qui combat les insurgés que de les obliger à respecter les biens et les personnes des étrangers, alors surtout qu'il est souvent impossible de les distinguer dans une lutte violente. Aussi refusa-t-on à l'Angleterre d'accepter le principe d'un arbitrage au sujet des réclamations qu'elle présentait pour le préjudice éprouvé par ses nationaux en 1848, dans les insurrections de Livourne et de Messine (note du prince Schwarzenberg pour l'Autriche du 24 avril 1850, et du prince Nesselrode pour la Russie du 2 mai 1850) ; en 1851, les Etats-Unis refusèrent une indemnité aux Espagnols victimes de la populace à la Nouvelle-Orléans et n'en accordèrent qu'au consul d'Espagne, en le considérant comme directement placé sous la protection de l'Etat fédéral à raison de ses fonctions.

Cependant, on accorde souvent des indemnités en pareille

circonstance, mais à titre gracieux et sous la condition de la réciprocité : citons, à ce propos, le traité du 20 juillet 1880 relatif à la réparation des dommages soufferts par les Français dans la guerre de Sécession et par les Américains dans celles du Mexique et de 1870-1871, et pendant la Commune ; du 2 nov. 1882 avec le Chili au sujet de la guerre avec le Pérou ; les arrangements avec l'Espagne pour les évènements de Cuba, des guerres carlistes et du Sud Oranais ; les réparations données par l'Angleterre à la suite du bombardement d'Alexandrie en 1882.

Mais le principe d'assimilation des étrangers aux nationaux est toujours maintenu : c'est ainsi qne la loi votée en septembre 1871 pour attribuer des indemnités aux victimes de la guerre et de la Commune n'a pas distingué entre les Français et les étrangers, tout en affirmant le caractère purement gracieux de ces secours.

SECTION II

RAPPORTS DE L'ÉTAT AVEC LES ÉTRANGERS SUR SON TERRITOIRE

345. La condition légale des étrangers est, en principe, fixée d'une manière souveraine par le droit interne de chaque pays ; mais le respect qui est dû aux autres Etats impose au législateur certaines restrictions que fixe le Droit international.

§ 1er. *Admission des étrangers.*

346. Un Etat peut, en vertu de sa souveraineté interne, exclure de son territoire tous les étrangers comme le faisaient certains pays dans l'antiquité, comme l'ont fait de nos jours le Japon et le Paraguay. Mais, en agissant ainsi, il rompt tout commerce international et se place en dehors de la société des Etats que doit régir un droit commun. Si, en particulier, son exclusion vise les nationaux de certains pays seulement, son attitude peut être considérée comme une offense grave par ces derniers et une cause d'hostilités (V. n° 183).

Toutefois, chaque Etat peut, en vertu du droit de conservation qui lui appartient, prendre les mesures nécessaires pour écarter de son territoire les étrangers dont la présence pourrait être dangereuse pour lui, sauf à ne pas dépasser la mesure commandée par le respect qui est dû aux droits des étrangers (V. n°ˢ 173, 174, 175). Le refus d'admettre des étrangers, soit soit en masse, soit à titre individuel, peut être d'ailleurs justifié par nombre de raisons qui se ramènent toutes à la nécessité de sauvegarder les intérêts de l'Etat (V. le projet de loi voté par l'Institut de Droit intern. à Genève, en 1892, art. 4. V. Tableau général de l'Institut, p. 137). C'est ainsi qu'on peut écarter notamment : 1° les étrangers dont les menées politiques sont compromettantes au point de vue des rapports avec les autres Etats ou de la sécurité de l'Etat où ils veulent se réfugier ; 2° les repris de justice, vagabonds, mendiants, les gens qui ne justifient pas de moyens d'existence ; 3° tous ceux qui pourraient importer une maladie contagieuse.

L'exclusion des étrangers fondée sur la protection du travail national, très critiquable au point de vue économique, ne semble que difficilement acceptable au point de vue du Droit international, parce qu'elle constitue une atteinte très grave à la liberté d'émigration et du travail, en même temps qu'un obstacle au commerce entre les Etats (V. Projet de Genève, 1892, art. 7 ; v. cependant la pratique des Etats-Unis envers les Chinois, *J. Clunet*, 1885, p. 126 et 1887, p. 382, et n° 175 *suprà ;* v. pour l'Angleterre, *J. Clunet*, 1888, pp. 159 et 875).

Le refus d'accès dans le territoire ne peut évidemment s'appliquer aux nationaux du pays ; ces derniers seraient-ils frappés dans leur patrie de la peine du bannissement, on est tenu de les recevoir quand ils sont expulsés par les pays étrangers (Projet de Genève, art. 2).

Chaque Etat peut enfin, pour sauvegarder son intérêt général, subordonner l'admission des étrangers à certaines justifications d'origine, de moralité et de ressources ; c'est ce qu'ont fait en France le décret du 2 octobre 1888, en vertu duquel tout étranger non autorisé à fixer son domicile dans notre pays (art. 13 C. civ.) doit établir, devant la municipalité de sa résidence, son identité et sa nationalité, celles de sa femme et de ses enfants mineurs, ses moyens d'existence, et la loi du 8 août 1893 qui les assujétit à une déclaration de résidence quand ils doivent exercer une profession. On peut également exiger des passeports dont l'usage n'est plus maintenu en

France, au moins en principe (V. *Rev. gén. d'Administration*, 1883, t. I, p. 493 ; *J. Clunet*, 1885, p. 475 et n° 175 *suprà*).

§ II. *Expulsion des étrangers.*

347. Dans tous les pays, sauf en Angleterre où les étrangers jouissent du droit de l'inviolabilité individuelle comme les nationaux, la législation donne au gouvernement la faculté d'expulser hors du territoire les étrangers dont la présence constitue un danger ou est susceptible de provoquer des inconvénients, soit au point de vue de l'ordre interne, soit au point de vue des rapports internationaux.

Ce droit d'expulsion a été très diversement apprécié et a donné lieu à des controverses très vives entre les publicistes, les uns l'approuvant comme indispensable pour assurer la sauvegarde des Etats, les autres le trouvant abusif et de nature à livrer ceux qui en sont les victimes à l'arbitraire des gouvernements.

Au fond, l'accord existe à peu près pour reconnaître à chaque souveraineté la faculté d'expulser les étrangers, car elle peut être souvent nécessaire pour permettre à l'Etat d'exercer son droit de conservation ; les divergences sont surtout provoquées par la manière dont l'expulsion est pratiquée. Dans nombre de pays, notamment en France (loi du 3 décembre 1849, art. 7 et 8), l'expulsion a lieu en vertu d'un simple arrêté de l'autorité administrative, émanant du ministre de l'intérieur ou même d'un fonctionnaire local, comme un préfet dans les départements de la frontière, et l'étranger n'a aucune garantie contre l'arbitraire de la mesure qui lui est appliquée. Dans d'autres pays, au contraire, l'expulsion est entourée par la loi de garanties et de réserves qui en atténuent la rigueur et l'iniquité possibles (V. Renault, *Bulletin de la Soc. de législ. comparée*, t. XIII, p. 715 ; R. Millet, *id.*, 1882, p. 588) (1).

---

(1) Féraud-Giraud, *Réglementation de l'expulsion des étrangers en France*, J. *Clunet*, 1890, p. 414 ; *idem, Droit d'expulsion des étrangers*, 1890, Aix ; Bès de Berc, *De l'expulsion des étrangers*, Paris, 1888 ; Rapport de M. Von Bar, à l'Institut de Droit intern., session de Hambourg, 1891 ; Résolutions de l'Institut, session de Genève, 1892 ; *Expulsion des étrangers*, Von Bar, J. *Clunet*, 1886, p. 1 ; *en Angleterre*, Craier, *idem*, 1889, p. 357 ; *Du séjour et de l'expulsion des étrangers*, par A. Chantre, Genève, 1891 ; Langhaard, *Das Recht der Fremdenauswei-*

On a même proposé de régler d'une manière uniforme le droit d'expulsion dans tous les pays; c'est l'objet des résolutions votées par l'Institut de Droit international, dans sa session de Genève en 1892. Mais, malgré toutes les précautions prises pour déterminer les cas où cette expulsion pourra être appliquée d'une manière légitime, on est toujours réduit à tenir compte de la souveraine appréciation de chaque Etat qui juge d'une manière indépendante de l'opportunité de l'expulsion, étant donné que cette mesure s'applique non seulement quand l'étranger a, par ses agissements, compromis la sécurité du pays de refuge, mais encore quand on redoute ses actes à venir en tenant compte de ses précédents, de ses intentions, voire même de ses tendances politiques. Les résolutions de l'Institut indiquent cependant une règle générale dont le bien fondé n'est pas contestable, à savoir que l'expulsion ne peut être motivée que par l'intérêt collectif de l'Etat, et jamais par un intérêt privé pour empêcher une légitime concurrence de se produire ou pour arrêter des actions régulièrement ouvertes devant les tribunaux compétents du pays (art. 14), et que l'expulsion ne doit jamais être un moyen détourné de livrer un étranger à l'Etat qui le poursuit, sans observer les règles de l'extradition (art. 16). L'Institut demande en outre que, contrairement à la pratique de la plupart des pays, l'expulsé ait un recours devant la juridiction judiciaire ou administrative indépendante du gouvernement pour protester contre une expulsion contraire à une loi ou à un traité international (art. 21); mais le caractère d'acte de haute police et de souveraineté attribué dans presque tous les pays à l'expulsion des étrangers rendra bien difficile l'intervention des tribunaux pour contrôler une mesure qui, par son caractère même, échappe à leur appréciation (V. Cons. d'Etat, 14 mars 1884, Sir., 86. 3. 2; Labbé, Sir., 1876. 1. 193; V. de Lalande, *Du recours contentieux en matière d'expulsion des étrangers en France*, Rev. prat. de Droit int. privé, 1892, II, p. 59).

Il en est différemment si l'expulsé se prétend national et invoque la loi du pays qui ne permet son expulsion du territoire qu'en vertu d'un jugement régulier le condamnant au bannis-

sung mit besonderer Berücksichtigung der Schweiz ; A. Desjardins, *Rev. des Deux-Mondes,* 1882, p. 657 ; Jamais, *La Loi,* 4 et 5 mars 1881; Projet de loi du 29 juin 1882, *J. Offic.,* 10-12 mai, 30 juin 1882.

sement (Cass., 7 décembre 1883, Sir., 85. 1. 89). En France, la
jurisprudence a même considéré comme étant à l'abri de l'expulsion les étrangers nés en France et en situation d'obtenir la
nationalité française par une déclaration à leur majorité, en
vertu du bienfait de la loi (Douai, 6 décembre 1890 ; Cass.,
27 octob. 1891, *le Droit*, 5 nov. 1891). Cette solution est des
plus critiquables étant donné que l'expulsé est étranger au
moment où la mesure s'applique à lui et qu'il n'a aucun droit
acquis à devenir Français, une loi nouvelle pouvant très bien
supprimer le bienfait de la loi dont il est appelé à profiter à sa
majorité (Comp. Cass., Cham. crim., 19 décembre 1891, *le Droit*,
25 décembre 1891 ; v. Chausse, *Rev. critique*, 1891, p. 212).

348. Dans les rapports internationaux, l'expulsion des étrangers est dominée par le principe que tout Etat a le droit de
prendre en main la défense de ses nationaux victimes de
rigueurs arbitraires et iniques dans un autre pays. Tout Etat
peut, par conséquent, protester et demander réparation au sujet
d'une expulsion systématique de ses nationaux, quand elle n'est
nullement justifiée par l'attitude de ces derniers ou qu'elle est
faite dans des conditions trop rigoureuses pour eux ou offensantes pour le pays auquel ils appartiennent.

De nombreuses conventions déterminent la situation respective des Etats contractants en ce qui concerne l'expulsion par
chacun d'eux des nationaux de l'autre, en exigeant que cette
mesure ne soit prise que pour des faits graves, que l'on pré-
vienne le pays auquel appartient l'expulsé et que ce dernier soit
mis à même de se justifier des accusations ou soupçons portés
contre lui (Conv. de la France avec le Pérou, 9 mars 1861,
art. 3, § 3 ; l'Espagne, 7 janvier 1862, art. 17, etc). Du reste,
l'assimilation des étrangers aux nationaux au point de vue de
la condition juridique ne s'applique pas à l'expulsion dont ils
sont toujours passibles, ainsi que dans le cas où ils sont autorisés
à s'établir dans le pays comme les nationaux (V. Trib. fédéral
suisse, *J. Clunet*, 1883, p. 537 et Conseil fédéral suisse,
24 juillet 1883, id., 1883, p. 535).

§ III. *Asile accordé aux étrangers.*

349. Sous l'empire de l'idée de souveraineté territoriale
absolue, et aussi, dans une certaine mesure, à raison du peu de

confiance qu'inspiraient les lois criminelles et les juridictions répressives presque toujours barbares ou partiales, les Etats ont, pendant longtemps, réservé un asile inviolable aux étrangers poursuivis par la justice de leur pays.

Dans chaque Etat, et vis-à-vis de la justice locale elle-même, l'Eglise, continuant les traditions du paganisme, fit maintenir un droit d'asile semblable dans ses temples ou dans des lieux particulièrement sacrés ; l'asile religieux a même subsisté en Espagne jusqu'en 1877.

Nous avons vu comment l'extradition, jadis très limitée, a été de plus en plus étendue et réglée presque d'un commun accord entre les Etats civilisés. Cependant il reste toujours vrai que, sauf dans le cas où un traité les oblige à l'accorder, les Etats peuvent souverainement refuser l'extradition et assurer ainsi un asile inviolable à ceux qui se réfugient sur leur territoire.

Quand il accorde un asile aux étrangers, un Etat doit prendre les mesures nécessaires pour les empêcher d'accomplir sur son territoire des actes compromettants pour la sécurité des autres pays ; sinon la protection qu'il leur donne dégénérerait en une véritable complicité tacite dont les Puissances, victimes des agissements des réfugiés, pourraient se plaindre. Le pays de refuge ne peut d'ailleurs alléguer son impuissance légale ou matérielle pour réprimer les abus commis par les réfugiés, car son devoir serait de ne pas accueillir ces derniers s'il n'est pas en situation de leur imposer une attitude conforme à l'observation des devoirs internationaux.

Du reste, les mesures à prendre en pareil cas peuvent varier suivant les circonstances. 1° On peut refuser l'accès du territoire aux étrangers qui, par leur attitude, compromettent la tranquillité publique ou les rapports avec les autres Etats, ou bien les expulser. C'est ce que décident la loi belge du 30 mai 1868, par application de laquelle Victor Hugo fut invité à quitter la Belgique pour avoir offert un asile aux membres de la Commune, et la loi roumaine de 1881. L'Angleterre s'est généralement refusée, à ce point de vue, à donner satisfaction aux réclamations des autres Puissances, notamment en accordant un asile aux insurgés de la Commune, malgré les observations du gouvernement français. 2° Le pays de refuge sévit contre les actes des réfugiés qui constituent des atteintes contre les Etats étrangers ou des excitations à des crimes devant être commis dans un autre pays ; par exemple en interdisant des publications encourageant au meurtre d'un souverain étranger. 3° Tout en évitant d'expulser les réfugiés, pour des considérations d'humanité ou de justice, on peut leur interdire le séjour de certaines localités, par exemple voisines du pays contre lequel ils voudraient diriger leurs attaques, ou même les interner dans certaines villes : c'est ainsi que, après l'insurrection de 1872, la France a interné ou fait conduire à la frontière belge ou allemande les carlistes venus sur son territoire.

L'étendue des réclamations que peut présenter un Etat contre la tolérance accordée par un pays aux personnes réfugiées chez lui ne saurait être fixée à l'avance ; elle se mesure toujours d'après le danger réel que ces agissements font courir à cet Etat et d'après le devoir pour le pays de refuge de prévenir ce danger tout en respectant sa propre souveraineté. Ainsi le gouvernement français n'avait pas le droit de demander à la Belgique, en 1856, de restreindre la liberté de la presse sous prétexte que les réfugiés français en abusaient contre l'Empire : il n'y avait, en pareil cas, que l'exercice d'un droit commun que la législation du pays reconnaissait à tous, dans sa souveraineté, aux Belges comme aux étrangers. A plus forte raison un pays n'a-t-il rien à réclamer quand les attaques dirigées contre lui par des individus réfugiés dans un autre pays sont intentionnellement fomentées par lui dans un but politique ; c'est ainsi que, en 1887, la Suisse a pu expulser, en refusant énergiquement les réparations comme les garanties que l'Allemagne voulait exiger d'elle, les agents provocateurs envoyés par la police de Berlin pour pousser les socialistes allemands fixés sur le territoire hélvétique à un complot, et, en 1889, le commissaire de police Wohlgemuth surpris en flagrant délit d'espionnage et de provocation (V. *J. Clunet*, 1889, p. 418).

§ IV. *Condition légale des étrangers.*

350. Le principe général d'après lequel les Etats doivent mutuellement respecter leur égalité juridique, tout en sauvegardant leur souveraineté respective, conduit aux solutions suivantes en ce qui concerne les limitations qui s'imposent, au point de vue international, à chaque législateur, en tant qu'il fixe la condition légale des étrangers sur son territoire.

351. A. Les étrangers sont soumis à toutes les lois d'ordre public en vigueur dans le pays où ils se trouvent (art. 3, alin. 1, Code civil). On sait du reste que la notion de l'ordre public varie suivant les Etats et que l'on doit accepter la manière de voir souveraine de chaque législateur (V. n° 263); sont donc d'ordre public toutes les dispositions légales, non seulement garanties par une sanction pénale, mais qui, dans la pensée de l'autorité qui les promulgue, sont essentiellement impératives ou prohibitives de telle sorte que leur violation est réputée compromettante pour le bon ordre social.

En retour, l'étranger a le droit de n'encourir que la sanction ordinaire édictée par les lois territoriales; une aggravation de peine fondée sur sa nationalité constituerait une iniquité contre laquelle le pays auquel il appartient pourrait protester. A plus forte raison a-t-il le droit d'être garanti par les institutions légales du pays où il se trouve au point de vue de la sauvegarde de sa personne et de ses biens comme de l'application des lois pénales : ainsi l'Italie était autorisée à réclamer, en 1891, contre la mise à mort de ses nationaux par la populace de la Nouvelle-Orléans, soit parce qu'ils avaient été régulièrement acquittés par le jury, soit parce que leur exécution par la foule, en vertu de la prétendue loi de Lynch, n'avait rien de régulier, auraient-ils été reconnus coupables.

On peut cependant admettre que la loi pénale remplace par une peine efficace à leur égard la peine de droit commun qui serait sans effet sur des étrangers : par exemple, l'art. 35 de notre Code pénal substitue pour les étrangers l'emprisonnement à la dégradation civique quand elle est édictée comme peine principale, parce que cette dernière peine ne pourrait enlever aux criminels étrangers des droits qui, pour la plupart, ne leur appartiennent pas.

La soumission des étrangers à l'ordre public du pays où ils se trouvent implique leur sujétion aux juridictions locales toutes les fois que celles-ci sont compétentes d'après la loi qui les régit. L'édit de juin 1778, art. 2, qui défendait aux Français de saisir de leurs litiges les tribunaux étrangers est certainement sans valeur aujourd'hui, puisque l'on accorde l'*exequatur* en France aux jugements étrangers rendus pour ou contre nos nationaux (art. 2123 C. civ.), et que l'art. 5 du Code d'Instr. crim. respecte l'autorité des jugements rendus à leur égard par les juridictions des autres pays quand elles sont compétentes, même en matière criminelle. L'idée de méfiance qui avait inspiré l'édit de 1778 est incompatible avec l'état actuel des relations internationales; d'autre part, pas un pays ne supporterait qu'il fût fait échec à sa souveraineté interne en soustrayant les étrangers à la juridiction de ses tribunaux quand ceux-ci sont compétents pour les juger. Seuls les pays musulmans, en vertu des capitulations, et les Etats de l'Extrême-Orient se sont départis de la règle ordinaire à ce sujet, ainsi que nous le dirons plus loin; aussi décide-t-on que l'édit de 1778, enregistré par le Parlement d'Aix, auquel a succédé la Cour de cette ville devant laquelle sont portés les appels des jugements rendus par les consuls dans les Echelles du Levant, s'applique encore dans l'Empire ottoman où les Français ne peuvent pas se soumettre à la juridiction des tribunaux turcs (Inst. du 8 août 1814 aux consuls du Levant; Cass. Req., 19 déc. 1864, Sir., 65. 1. 217 et note de M. Labbé).

Par voie de conséquence logique, les étrangers doivent pouvoir invoquer la compétence des tribunaux dans les conditions prévues par la loi territoriale, sans qu'on puisse tirer de leur seule extranéité une raison d'incompétence et les priver ainsi du droit primordial d'obtenir justice; cette manière de voir, généralement admise dans les autres pays, n'est pas malheureusement acceptée d'une manière complète par notre jurisprudence, malgré les progrès constants de ses décisions dans le sens de la solution la plus rationnelle et la plus équitable (V. notre *Précis de Droit intern. privé*, 2e édit., pp. 307 à 318).

Cependant, à peu près partout, on soumet les étrangers demandeurs en justice à la prestation d'une caution *(cautio judicatum solvi)*, sauf en matière commerciale, pour garantir le paiement des frais du procès et des dommages et intérêts éventuellement dus au défendeur, lorsqu'ils n'ont pas de biens suffisants dans le pays pour en répondre (art. 16 C. civ.). On pourrait, à l'exemple de l'Italie, faire disparaître cette exigence que nombre de traités internationaux ont supprimée (V. notre *Précis de Droit int. privé*, 2e édit., n° 281).

Mais une dérogation aux règles de la compétence pour soustraire les étrangers à leurs juges naturels au bénéfice des nationaux, comme l'art. 14 de notre Code civil qui permet à un Français d'assigner en France un défendeur étranger domicilié dans son pays, même à propos d'une obligation contractée à l'étranger, constitue une atteinte à l'égalité des Etats, sous la forme d'une inégalité choquante de leurs nationaux vis-à-vis de ceux du pays où cette dérogation est consacrée. Cette disposition inique ne se retrouve que dans le code des Pays-Bas ; les législations imitées de la nôtre l'ont supprimée après l'avoir admise, et même dans les rapports avec la France on l'a écartée par nombre de traités, afin d'éviter les mesures de représailles auxquelles elle donne lieu de la part des tribunaux ou des législateurs étrangers.

352. B. Quant à la jouissance des droits, la condition des étrangers peut être appréciée à trois points de vue.

1° Les droits politiques, qui impliquent la qualité de citoyen et la participation à la souveraineté du pays, sont évidemment toujours refusés aux étrangers : ces derniers ne sont, par conquent, ni électeurs, ni éligibles, ni susceptibles d'être investis d'une fonction publique quelconque ; le cumul des droits politiques dans des Etats différents entraînerait d'ailleurs une contradiction inconciliable au point de vue pratique comme au point de vue rationnel.

2° Quant aux droits publics qui s'exercent dans les rapports de l'homme vis-à-vis de l'humanité tout entière, qui lui appartiennent par conséquent en dehors de toute question de nationalité, tels que les diverses libertés de pensée, de conscience, de circulation, d'association, etc., ils doivent être reconnus aux étrangers comme aux nationaux. Seulement chaque Etat peut, pour des raisons tirées de la sauvegarde de ses institutions et de ses intérêts généraux, restreindre l'exercice de ces droits pour les étrangers un peu plus que pour ses propres nationaux ; par exemple, en France, le gérant d'un journal doit être français (loi du 29 juillet 1881, art. 7) ; il en est de même pour les directeurs et administrateurs des associations syndicales (loi du 21 mars 1884, art. 4) ; il existe aussi des restrictions pour la liberté d'enseignement (loi du 12 juillet 1876, art. 9), sans parler des limitations de la liberté individuelle (loi du 3 décembre 1849, art. 7 et 8) et de la liberté d'immigration dont nous avons déjà parlé.

3° Pour les droits privés qui s'exercent dans les rapports entre particuliers, il faudrait les considérer comme des facultés naturelles réglementées par la loi et qui doivent être reconnues à tout homme sans distinction de nationalité. Cependant, soit en en Droit romain, soit dans notre ancien droit, on distinguait, parmi les droits privés, ceux qui faisaient partie du *jus gentium* accessible aux étrangers, de ceux qui formaient le *jus civile* exclusivement réservé aux citoyens nationaux. Cette manière de voir est encore admise par beaucoup d'auteurs et on prétend qu'elle est consacrée par notre Code civil (art. 11).

Sans discuter cette dernière question qui concerne le droit interne (V. notre *Précis de Droit int. privé*, 2ᵉ édit., p. 71), nous écartons la distinction même du droit des gens et du droit civil, parce que tous les droits privés sont inhérents à la nature humaine et doivent, conformément à l'égalité juridique des Etats et de leurs nationaux respectifs, être reconnus à tout homme quelle que soit sa nationalité. D'ailleurs, cette distinction, qui avait sa raison d'être dans les rapports des peuples de l'Antiquité pour lesquels les droits de l'étranger existaient à peine et qui entendaient conserver uniquement pour eux leur loi particulièrement nationale, *jus civile*, avait perdu toute autorité au moyen-âge quand les légistes la firent revivre en suivant servilement les traditions du Droit romain ; déjà les idées morales communes venant du christianisme et le rapprochement des peuples ne permettaient plus de justifier la distinction d'un droit privé réservé aux nationaux de celui que l'on déclarait applicable aux étrangers ; à plus forte raison en est-il de même aujourd'hui où la notion de l'égalité des nationaux et des étrangers devant la loi est complètement établie en tant qu'il s'agit de l'exercice de facultés inhérentes à la nature humaine, sans préoccupation de nationalité ; par exemple, pour la faculté de se marier, d'être propriétaire, de succéder et de transmettre, d'être tuteur, etc.

Au surplus, bien que maintenue en théorie, la distinction du *jus gentium* et du *jus civile* perd sans cesse de son importance pratique étant donné que, par l'effet du rapprochement des peuples, l'égalité des étrangers et des nationaux est de plus en plus acceptée. Déjà les légistes avaient dû reconnaître que les facultés de se marier et d'être propriétaire appartenaient aux étrangers, tandis que les Romains en faisaient des éléments du *jus civile* venant du *connubium* et du *commercium* réservés aux citoyens ; de nos jours, on a rendu à peu près partout aux étrangers tous les droits privés, par exemple la faculté de recevoir et de transmettre des successions dont ils étaient jadis privés par l'application du droit d'*aubaine* (V. art. 726, 912, C. civ.; loi du 14 juillet 1819), sauf à appliquer des mesures de rétorsion contre les nationaux des pays dont la loi prive encore les étrangers de ces droits.

Cependant, on trouve encore dans certaines législations des dispositions qui privent les étrangers du droit d'être propriétaires fonciers ; cette règle surannée a disparu en Turquie (loi du 18 juin 1867), en Grèce, et en Angleterre par l'acte du 12 mai 1870 ; elle subsiste au contraire dans plusieurs Etats de l'Union américaine (V. Lawrence, *loc. cit.*, t. III, p. 89 et suiv., loi du 9 mars 1888 pour l'Etat de Colombie), dans certains cantons suisses, en Suède (loi du 3 oct. 1829), dans certaines provinces russes (ukase du 14 mars 1887, *J. Clunet,* 1889, p. 189 et 1891, p. 324) et en Roumanie (*J. Clunet,* 1892, p. 1121).

Dans nombre de législations, on subordonne pour les étrangers la jouissance des droits privés considérés comme *droits civils* à une autorisation de fixer leur domicile dans le pays (art. 13 C. civ.), ou à la réciprocité accordée soit par la loi de leur pays, soit par un traité international, ce que l'on appelle la réciprocité législative ou diplomatique (art. 11, C. c.). Ces conditions restreignant l'exercice de droits qui doivent être attribués absolument aux étrangers sont heureusement écartées par le Code civil italien de 1866, art. 3, qui représente le dernier état de la doctrine sur cette question (V. aussi loi du Congo Belge, *J. Clunet,* 1891, p. 671 ; Heffter, *loc. cit.,* § 60).

353. C. Les étrangers sont astreints, dans le pays où ils se trouvent, au paiement des impôts établis par les lois locales.

La règle exacte est que les étrangers doivent tous les impôts que l'on pourrait exiger des nationaux placés dans la même condition qu'eux : il s'agit, en effet, de lois d'ordre public qui s'appliquent de la même manière aux uns qu'aux autres ; c'est ainsi que la contribution personnelle peut être exigée d'un étranger résidant en France, alors même qu'il n'y aurait pas son domicile (Cons. d'Etat, 13 mai 1852, Sir., 52. 2. 479).

Dans quelques pays on subordonne même le permis de séjour des étrangers au paiement d'une taxe particulière, et l'on a proposé plusieurs fois en France, depuis quelques années, d'établir cet impôt : sans discuter au point de vue économique la valeur fort contestable de cette contribution (V. Paul Leroy-Beaulieu, *J. Clunet,* 1888, p. 169), il faut remarquer que, au point de vue du Droit international, elle ne saurait être justifiée que comme compensation de certaines charges publiques auxquelles échappent les étrangers, surtout du service militaire.

L'assimilation des nationaux respectifs des Etats en ce qui concerne les impôts est stipulée dans nombre de traités ; cependant la divergence des lois fiscales des différents pays peut aboutir souvent à ce résultat inique que l'impôt soit dû dans plusieurs pays pour le même fait : ainsi la loi française du 23 août 1871, art. 3 et 4, assujétit au droit de mutation toutes les valeurs mobilières dépendant de la succession d'un étranger domicilié de fait en France, même sans autorisation ; or, d'après l'art. 5 du traité franco-suisse du 15 juin 1869, la succession d'un Suisse décédé en France est censée s'ouvrir au domicile d'origine dans sa patrie, ce qui entraîne le paiement d'un nouveau droit de mutation en Suisse (V. *J. Clunet,* 1879, pp. 256 et suiv.).

354. D. Les étrangers ne peuvent être astreints au service militaire, car ce serait les exposer à porter les armes contre leur patrie, et, dans tous les cas, les faire participer à un devoir politique qui ne leur incombe que vis-à-vis de l'Etat auquel ils appartiennent. Aussi est-ce à juste titre que l'Angleterre protesta contre l'obligation de servir dans l'armée qui fut imposée à quelques-uns de ses nationaux, pendant la guerre de Sécession, dans le Wisconsin (dépêche de lord Lyons, 29 nov. 1862), et que des réclamations furent présentées par les puissances au gouvernement de la Défense Nationale à raison de la pression exercée par la foule de Paris contre certains étrangers pour les contraindre à faire partie de la garde nationale pendant le siège. De même l'obligation de servir dans l'armée imposée aux étrangers dans la République Argentine provoqua le blocus de la Plata par la France en 1838 et par la France et l'Angleterre en 1846. Nombre de traités rappellent ces principes qui, d'ailleurs, subsistent en dehors de toute convention (Conv. de la France avec l'Angleterre, 28 février 1882, art. 4; l'Italie, 21 février 1868; Suisse, 23 février 1882, art. 4).

Toutefois, on peut remplacer le service militaire, comme nous l'avons vu (n° 353), par une taxe, ainsi que l'a fait en Suisse la loi du 28 juin 1878, art. 1er. De plus, deux Etats peuvent s'entendre pour que chacun incorpore dans son armée les nationaux de l'autre pays fixés sur son territoire et qui ne justifient pas de l'accomplissement du devoir militaire dans leur patrie : c'est un moyen d'éviter par un concours réciproque l'insoumission au préjudice des deux armées. Telle est la convention franco-espagnole du 7 janvier 1862, art. 4, d'après laquelle les Espagnols nés en France et les Français nés en Espagne sont soumis au recrutement s'ils ne prouvent pas qu'ils ont satisfait à cette obligation dans leur pays, sans que d'ailleurs leur incorporation dans l'armée change leur nationalité (V. *J. Clunet*, 1887, p. 326; et 1885, p. 92). Une déclaration du 2 mai 1892 (*J. Off.*, 14 juillet 1892) a porté d'un an à deux ans, à compter du tirage au sort, le délai imparti aux Français en Espagne pour justifier de l'observation de la loi militaire de leur pays.

Quant aux nationaux d'autres pays admis dans la Légion étrangère, on sait qu'ils ne peuvent être employés qu'en dehors du continent européen pour éviter qu'ils ne soient exposés à combattre leur patrie.

§ V. *Traités d'établissement.*

355. On désigne par cette expression les conventions internationales ayant pour objet de fixer la condition des nationaux de chacun des pays contractants établis sur le territoire de l'autre. Ces traités ont généralement pour objet d'améliorer la condition des étrangers par rapport à ce qu'elle serait d'après le droit commun du pays où ils sont établis, sous la condition de réciprocité pour les nationaux de ce dernier pays sur le territoire de l'autre.

Ces conventions peuvent se partager en deux catégories. Les unes règlent une matière spéciale et l'exercice de certains droits ;

tels sont les nombreux traités de commerce et de navigation qui
assurent en même temps la liberté et la protection du négoce
aux sujets des Puissances signataires, ou fixent les règles auxquelles ils devront se conformer pour obtenir ces avantages. Les
autres, et ce sont les traités d'établissement proprement dits,
s'occupent principalement de la condition légale des nationaux
de chaque Etat établis sur le territoire de l'autre, en la considérant dans son ensemble et non pas seulement au point de vue
de certains droits spéciaux. La France a conclu peu de traités
de ce dernier genre : on peut citer celui du 30 juin 1864 avec
la Suisse, remplacé par celui du 23 février 1882.

Cependant, dans des traités de navigation ou de commerce,
on a quelquefois inséré une disposition générale en vertu de
laquelle les nationaux de chacun des Etats contractants sont
investis de tous les droits civils sur le territoire de l'autre, ce
qui leur assure, d'une façon absolue, le bénéfice de la réciprocité diplomatique exigée par l'art. 11 de notre Code civil (Conv.
avec l'Espagne, du 6 février 1882, art. 3 ; avec la Serbie, du
18 juin 1883, art. 9, *J. Clunet*, 1883, p. 669). De plus, dans la
plupart des conventions relatives à la condition légale des nationaux de chaque Etat sur le territoire de l'autre, on prend la
précaution de leur assurer les bénéfices que l'un des pays pourrait attribuer plus tard au sujet d'une tierce puissance, en insé-
rant la clause dite *de la nation la plus favorisée* dont on
connaît la portée.

Dans les traités d'établissement conclus entre les Etats civilisés et les peuples barbares, on est souvent contraint de s'en
tenir à un minimum de concessions de la part de ces derniers
qui n'accordent aux étrangers que les droits strictement prévus
dans la convention, tandis que les peuples civilisés accordent
d'une manière implicite toutes les facultés légales que le Droit
international accepté par eux commande de reconnaître à tous
les hommes sans distinction de nationalité (V. n° 53 *in fine*).

§ VI. *Règles spéciales aux pays hors chrétienté.*

356. La différence absolue de religion entre les peuples chrétiens et les peuples musulmans ou de l'Extrême Orient entraîne
une telle divergence d'idées entre eux au point de vue de la
morale et du droit, que les premiers n'auraient jamais pu s'as-

treindre à la législation ni au pouvoir arbitraire et despotique des seconds ; aussi, presque tous les gouvernements de l'Europe ont-ils passé avec ces derniers Etats des traités qui ont pour objet de soustraire à peu près complètement leurs nationaux établis dans ces pays à l'influence des autorités locales. C'est en nous plaçant au point de vue des conventions conclues par la France que nous étudierons ce régime exceptionnel qui se présente avec des particularités distinctes dans l'Empire ottoman, en Egypte et dans les Etats de l'Extrême Orient; à peu de différence près, d'ailleurs, les autres puissances chrétiennes ont obtenu des concessions semblables.

I. *Empire ottoman.*

357. La France la première, ou tout au moins après les Italiens, a obtenu des Sultans les concessions dont il s'agit, qui étaient contenues dans des actes connus sous le nom de *capitulations,* sans doute parce qu'ils étaient divisés en chapitres *(caput).* Ces actes n'étaient pas des traités, toute convention étant inadmissible d'après les idées du temps entre un prince chrétien et les infidèles, mais des concessions gracieuses et unilatérales de la part de chaque Sultan : ce qui explique qu'ils aient été renouvelés à l'avénement de chaque Empereur ottoman, depuis la première capitulation générale octroyée en 1535 par Soliman II à François Iᵉʳ, jusqu'à la dernière du 18 mai 1740 que Mahmoud concéda à Lous XV et qui a été considérée comme définitive et perpétuelle (V. aussi Capit. du 25 juin 1802; 25 nov. 1838, etc.). Depuis, les bénéfices de cette dernière capitulation ont été confirmés dans la forme d'un engagement synallagmatique liant les deux Etats contractants, par le traité de commerce franco-turc du 29 avril 1861.

L'abandon si considérable de la souveraineté interne que comportent les capitulations, étrange de la part de la Turquie jadis si puissante, peut s'expliquer de diverses manières. Voici, pour nous, l'explication la plus simple : déjà les croisés avaient obtenu des empereurs grecs de Constantinople des concessions analogues pour certains peuples d'Occident, notamment pour les Génois et les Vénitiens, dont les nationaux s'établissaient en grand nombre en Orient ; les Turcs, après leur conquête, conservèrent les droits acquis, suivant en cela leur caractère national peu innovateur ; ils les étendirent même par des capitulations ultérieures, soit qu'ils comprissent l'impossibilité d'astreindre les chrétiens à leur loi fondée sur le Coran, puisqu'ils laissèrent leur législation même aux peuples chrétiens qu'ils avaient soumis, comme avaient fait les barbares après l'invasion de l'Europe occidentale, soit que, plus soucieux de dominer par la force que de gouverner par les institutions légales, ils n'eussent pas compris leur rôle de nouveaux souverains au point de vue politique et social (V. Alb. Desjardins, *Origine des Capitulations,* Acad. des sciences morales et politiques, 1891, p. 45).

D'autre part, l'établissement des Français était entouré de restrictions par la France elle-même, de manière à prendre les plus grandes précautions pour assurer l'honorabilité des émigrants : de la sorte, les faveurs des capitulations ne s'appliquaient qu'à un groupe choisi et peu nombreux, ce qui peut les expliquer dans une certaine mesure. L'édit du 3 mars 1781 imposait l'autorisation du roi ou de la Chambre de commerce de Marseille, un cautionnement, et créait une responsabilité solidaire entre tous les Français établis dans la même Echelle ; de plus, les Français ne pouvaient pas se marier en Turquie sans l'autorisation du roi. Toutes ces restrictions sont abrogées aujourd'hui par l'ord. du 18 avril 1835 ; d'autre part, la loi turque du 18 juin 1867 a conféré à tous les étrangers la faculté d'être propriétaires fonciers.

Les Français établis dans les Echelles du Levant formaient un corps appelé la *Nation* qui élisait des représentants nommés *députés;* aujourd'hui la Nation ne subsiste que dans les villes les plus importantes, Constantinople, Alexandrie, Smyrne.... et ses députés n'ont plus guère qu'une mission officieuse et honorifique, depuis que les consuls sont les représentants et les défenseurs officiels des intérêts de leurs nationaux.

358. La capitulation de 1740 assure aux Français la liberté du commerce, la dispense des impôts arbitraires, l'inviolabilité de leur personne et de leur domicile (art. 2, 3, 20, 21, 24, 25, 67 et 70). Mais les particularités les plus remarquables sont relatives à la juridiction (1).

---

(1) Féraud-Giraud, *De la juridiction française dans les Echelles du Levant et de Barbarie,* 2 vol., 1866 ; Annuaire de l'Institut : t. VII, p. 190, 199 ; X, p. 258 ; XII, p. 258.

A. *Juridiction civile et commerciale.* 1° Entre Français, le tribunal consulaire est compétent ; il est composé du consul et de deux assesseurs français pris parmi les notables de la localité (Edit du 7 juin 1778, art. 6). Ce tribunal est compétent même pour les questions d'état (Cass., 1er mars 1875, Sir., 76. 1. 319) et si le défendeur est seul domicilié en Orient, le demandeur se trouvant en France, par application de la règle *Actor sequitur forum rei* (Poitiers, 16 avril 1891, *Rev. pratiq. de Droit int. privé*, 1891. 1. 320). 2° Entre Français et étrangers d'une autre nationalité, la juridiction turque se désintéresse encore du litige (art. 52, cap. de 1740). Aussi, en vertu d'un accord diplomatique intervenu en 1820 entre les représentants de la France, de l'Angleterre, de l'Autriche et de la Russie à Constantinople, accord qui fut accepté par tous les Etats intéressés, on convint que ces procès seraient jugés par trois arbitres, deux désignés par la légation du défendeur et un par celle du demandeur. Mais cette juridiction, organisée par un simple accord des représentants diplomatiques et non par un traité proprement dit, peut être seulement acceptée spontanément par les parties, qui ne sont pas forcées de s'y soumettre (Aix, 28 nov. 1864, Dal., 65. 1. 112). Aussi suit-on aujourd'hui dans la pratique la règle *actor sequitur forum rei* et l'affaire est portée devant le tribunal consulaire du défendeur (Cass., 16 janv. 1867, Dal., 67. 1. 308 ; *J. Clunet,* 1881, p. 167). 3° Entre Français et indigènes, les tribunaux turcs statuent en présence du drogman du consulat français (Cap. de 1740, art. 26, alin. 2) ; mais, dans beaucoup de localités, ces procès sont portés devant le tribunal consulaire. Dans les places les plus importantes, le gouvernement ottoman a organisé, pour les contestations commerciales entre Européens et indigènes, des tribunaux mixtes où figurent des assesseurs européens désignés annuellement par les ambassadeurs.

Il est à remarquer que, pour toutes les questions de propriété immobilière qui peuvent intéresser les Européens depuis la loi du 18 juin 1867 donnant aux étrangers la faculté d'être propriétaires fonciers, les tribunaux ottomans sont seuls compétents, quelle que soit la nationalité des parties en cause.

B. *Juridiction criminelle.* 1° Pour les infractions commises par un Français contre un autre, le tribunal consulaire est seul

compétent. Le consul seul remplit les fonctions de juge de simple police ; avec deux assesseurs, il forme le tribunal correctionnel ; pour les crimes, il procède à l'instruction, fait arrêter et
conduire en France l'accusé qui, après arrêt de la Chambre des
mises en accusation d'Aix, est jugé, sans le concours du jury,
par la première chambre et celle des appels correctionnels réunies (loi du 28 mai 1836). 2° Si la victime est un étranger d'une
autre nationalité ou un indigène, les tribunaux turcs devraient
statuer avec l'assistance d'un drogman du consulat français
(Cap. de 1740, art. 65) ; en fait, le coupable n'est jamais jugé
que par sa juridiction consulaire.

Enfin les consuls peuvent faire, dans les Echelles du Levant,
des règlements de police obligatoires pour leurs nationaux ; ce
droit était jadis beaucoup plus large encore, quand la *nation
française* était cantonnée dans un quartier spécial, la *Fondique,*
où le consul avait presque toute autorité. Les consuls peuvent
aussi faire saisir et embarquer pour la France ceux dont la conduite serait répréhensible ou qui seraient poursuivis par la justice de la métropole, ce qui rend inutile l'extradition des Français réfugiés dans l'empire ottoman (édit de 1778, art. 82 et
83 ; loi du 28 mai 1836, art. 82 et 75).

359. Le bénéfice des capitulations s'étend aux étrangers placés sous la protection de nos consuls, spécialement aux établissements religieux de Terre Sainte ainsi qu'aux sujets turcs
employés au service des consuls comme fonctionnaires et
domestiques. Tous les Etats européens, sauf la Suisse, ayant
obtenu de la Porte des concessions analogues à celles qui sont
contenues dans les capitulations accordées à la France, il n'y a
plus que les nationaux helvétiques qui aient à se prévaloir de
l'art. 38 de la capitulation de 1740 aux termes duquel les sujets
du pays qui n'a pas d'ambassade auprès du Sultan peuvent se
placer, s'ils le désirent, sous la protection de nos consuls.
D'autre part, d'autres pays ayant stipulé la clause de la nation
la plus favorisée, les Suisses peuvent invoquer, à leur gré, la
protection de la France, de l'Allemagne ou de l'Autriche.

360. Le régime des Capitulations est applicable dans toute
l'étendue de l'empire ottoman, même dans les provinces chrétiennes du Danube, malgré les protestations que ces dernières
ont émises. Le traité de Berlin du 13 juillet 1878 en a stipulé le

maintien même dans celles de ces provinces dont il a consacré l'indépendance, jusqu'à ce que leurs gouvernements en aient obtenu la modification au moyen de nouveaux traités avec les Puissances intéressées (art. 8, 25, 40, 49 et 50). En fait, la Serbie a stipulé l'abrogation des Capitulations avec plusieurs Etats, notamment avec la France, sauf quelques réserves (traité du 18 juin 1883, art. 26). En Bosnie et en Herzégovine, l'Autriche les a supprimées bien qu'elles dussent y être maintenues d'après le traité de Berlin (Féraud-Giraud, *Les justices mixtes dans les pays hors chrétienté*, p. 125. V. loi allemande du 7 juin 1880 soumettant les Allemands dans ces deux pays aux tribunaux autrichiens). On les a également écartées en fait en Roumanie, en Bulgarie et dans la Roumélie orientale. Cependant, on peut toujours exiger leur maintien, comme l'a fait la France, en janvier 1892, au sujet de l'expulsion d'un Français, M. Chadourne, par le gouvernement bulgare, sans l'avis du consul et contrairement aux Capitulations : en traitant uniquement avec le Sultan considéré comme responsable de la Bulgarie, sa vassale, le gouvernement français a nettement affirmé, à cette occasion, le caractère de cette principauté qui est toujours liée par les traités internationaux passés avec la Porte (V. article de M. Mérignhac, R. D. I., 1892, p. 147).

Dans l'île de Chypre qui, d'après la convention du 4 juin 1878, devait rester soumise à l'autorité du Sultan sous la simple occupation anglaise, le gouvernement britannique a substitué aux juridictions consulaires des Etats européens celle d'une Haute-Cour qui rend la justice au nom de la Grande-Bretagne (V. Esperson, R. D. I., 1878, p. 587 ; Saripolos, *id.*, 1880, p. 389 et 1882, p. 331 ; *J. Clunet*, 1882, p. 457).

Les capitulations s'appliquent aussi à Tripoli et au Maroc (V. pour le Maroc, Conv. générale du 3 juillet 1880). En Tunisie, après avoir correctement sollicité et obtenu des Puissances l'autorisation de les supprimer, la France a organisé sa justice par la loi du 27 mars 1883, complétée par un décret du Bey du 31 juillet 1884 qui a étendu la compétence des tribunaux français aux actions intentées par des Européens contre des indigènes.

II. *Egypte.*

361. Lors de la réorganisation de l'Egypte en 1841, les capitulations y furent maintenues; des actes du Sultan les confirmèrent le 21 mai 1866 et le 5 juin 1867. Mais l'usage s'introduisit d'assigner toujours le défendeur devant le tribunal consulaire de son pays, ce qui, vu le grand nombre de juridictions européennes dans les grandes villes d'Egypte, entraînait des complications inextricables et favorisait la mauvaise foi des débiteurs. A l'instigation du ministre égyptien Nubar-Pacha, dont les efforts remontent à 1867, on organisa des tribunaux mixtes par la convention provisoire du 10 novembre 1874 qui fut acceptée plus tard par les Puissances et, en particulier, par la France dans la loi du 17 décembre 1875. Cette acceptation, faite d'abord pour cinq ans, a été renouvelée en 1884 et enfin, pour cinq ans encore à compter du 1er février 1889, le 15 février 1889.

Cette organisation comprend une Cour d'appel siégeant à Alexandrie (12 conseillers, 8 étrangers, 4 indigènes), et trois tribunaux (7 juges dont 3 indigènes), au Caire, à Alexandrie et à Mansourah; on adjoint deux assesseurs désignés par l'élection, l'un étranger l'autre indigène, pour les affaires commerciales. Tous ces magistrats sont nommés par le Khédive, mais les Européens doivent être autorisés par leur gouvernement.

En matière immobilière, ces tribunaux sont compétents entre toutes personnes, sauf entre indigènes, qui relèvent des tribunaux égyptiens (loi de 1875, art. 9, al. 2). Pour les actions personnelles et mobilières, ils le sont entre Européens de nationalité différente et entre eux et les indigènes, sauf que les questions d'état sont réservées au tribunal consulaire de l'intéressé. Entre Européens de même nationalité, le tribunal consulaire est seul compétent, conformément aux Capitulations. Les tribunaux mixtes sont également compétents dans les procès entre les étrangers d'une part, et le Khédive, sa famille, son gouvernement ou son administration d'autre part (V. Alexandrie, 24 mai 1876, *J. Clunet,* 1876, p. 396).

En matière pénale, les contraventions de simple police sont jugées par un magistrat européen délégué par ses collègues.

Pour les crimes et délits, les tribunaux mixtes ne connaissent que de ceux qui sont dirigés contre eux, tels que outrages aux magistrats, résistance à l'exécution de leurs sentences, etc., ou de ceux qui sont commis par leurs membres dans l'exercice de leurs fonctions. La Cour d'assises se compose alors de trois conseillers dont le président est toujours indigène avec 12 jurés dont moitié au moins de la nationalité de l'accusé si celui-ci le demande, et le tribunal correctionnel est formé de trois juges, dont un indigène président, avec quatre assesseurs, dont deux de même nationalité que le prévenu quand celui-ci le demande aussi. On étudie actuellement l'extension de la compétence des tribunaux mixtes à toutes les infractions commises par des Européens ou par des indigènes contre les premiers (V. *J. Clunet,* 1884, p. 584 et 1886, p. 270).

Les tribunaux mixtes appliquent des codes rédigés par des jurisconsultes français, à peu près calqués sur les nôtres, et auxquels il ne peut être apporté de modifications sans le consentement des puissances qui les ont agréés (1).

III. *Extrême Orient.*

362. La Chine, après la guerre dite de l'opium, en 1842, fut en partie ouverte aux Européens; ses rapports avec la France ont été réglés par le traité du 24 octobre 1844, remplacé par celui de Tien-Tsin le 25 juin 1858, confirmé lui-même par celui du 25 octobre 1860. Les Français ont la liberté du commerce et de circulation dans une zone déterminée, la liberté de culte et l'inviolabilité de leurs biens. Quant à la juridiction, les litiges entre Français relèvent de nos consuls; entre Français et Chinois, ils sont jugés par le consul et le magistrat indigène conjointement, mais après une tentative de conciliation faite par le consul; enfin, entre Européens de nationalité différente, compétence appartient au tribunal consulaire du défendeur (V. Cass., 23 août 1870, Dal., 70. 1. 351). En matière criminelle, le coupable est toujours jugé par le tribunal de sa nationalité, le tribunal consulaire européen ou la juridiction indigène, quelle que soit la nationalité de la victime.

---

(1) V. *J. Clunet,* 1875, p. 473 ; Renault, *Bulletin de la Soc. de législ. comp.,* 1875, p. 255 ; Lavallée, *Rev. des Deux-Mondes,* 1er février 1875 ; G. Bousquet, *id.,* 1er mars 1878, p. 194; Rapport de M. Rouvier, *J. Off.,* 16, 17, 18, 19, 20, 24, 25 décem. 1875 ; Rapport de M. Féraud-Giraud à l'Instit. de Droit intern., R. D. I., 1890, pp. 70 et suiv. et Annuaire de l'Institut, 1891-1892, pp. 337 et suiv.; Privat, *De l'organisation judiciaire en Egypte, J. Clunet,* 1887, p. 521.

L'indépendance des Européens en Chine vis-à-vis des autorités locales est assurée par ce fait qu'ils habitent, dans les
grands centres, des quartiers spéciaux appelés les *Concessions
étrangères* ou *européennes,* qui sont directement administrés
par les consuls au point de vue de la police. Les arrestations
des indigènes ne peuvent même être pratiquées par les autorités
locales dans ces quartiers que sur le visa du consul. Le gouvernement chinois borne à peu près son action dans ces quartiers
à la perception de l'impôt foncier et du droit de mutation sur
les immeubles (V. Rapport de M. Fergusson sur les institutions
judiciaires de la Chine, R. D. I., 1890, p. 251).

Au Japon, le traité de Yeddo du 9 oct. 1858, art. 6 et 7, et
la convention du 25 juin 1866 établissent les mêmes règles
qu'en Chine. Mais les progrès de ce pays dans la voie de la
civilisation ont fait penser que ce régime exceptionnel devait y
disparaître et une conférence internationale a déjà été réunie à
Tokio pour étudier cette réforme (V. *J. Clunet,* 1875, pp. 169
et 249; 1887, pp. 252 et 693; Boissonnade, *L'exterritorialité
au Japon, id.,* 1892, p. 632; Paternostro, R. D. I., 1891, pp. 5
et suiv.). Par le traité du 11 juin 1889, l'Allemagne a même
renoncé à la juridiction consulaire dans ce pays.

On trouve encore, avec des variantes de détail, le régime de
la juridiction consulaire organisé dans les pays suivants dont
nous ne ferons que citer les conventions avec la France :
1° Perse, traité du 12 juillet 1855; 2° Annam, 6 juin 1884;
3° Imanat de Mascate et Zanzibar, 17 nov. 1844, art. 6, maintenu dans ce dernier pays malgré sa séparation de Mascate
(Cass., 11 février 1881, Sir., 82. 1. 433); 4° Siam, 15 août 1856;
5° Madagascar, 17 nov. 1885; 6° Cambodge, 17 juin 1883;
7° Birmanie, 24 janvier 1873 et 15 janvier 1885; 8° Corée,
4 juin 1886.

Les pouvoirs donnés aux consuls dans les Echelles du Levant
par la loi du 28 mai 1836 ont été étendus, sauf quelques modifications de détail, aux consuls de Chine, de Mascate, de Perse,
de Siam et du Japon (lois du 8 juillet 1852, 18 mai 1858,
29 mars 1862 et décret du 15 nov. 1887). L'appel des décisions
des tribunaux consulaires se porte à la cour de Saïgon, à partir
de 3,000 fr., pour la Chine, le Japon et Siam; à la cour de la
Réunion, à partir de 1,500 fr., pour Mascate et Madagascar; et

à la cour d'Aix, pour la Turquie et l'Egypte, à partir de 1,500 fr. également (Edit de juin 1778; loi du 28 avril 1869).

CHAPITRE III

DES CONSULATS

363. Les intérêts et les droits des nationaux de chaque Etat établis à l'étranger sont particulièrement placés sous la sauvegarde des consuls dont l'action se rattache ainsi directement aux rapports des Etats au point de vue de la condition de leurs nationaux respectifs : c'est ce qui explique que nous traitions de l'institution des consulats à propos des rapports internationaux auxquels donnent lieu les intérêts et les droits individuels.

SECTION I

ORIGINE ET ORGANISATION DES CONSULATS

364. L'antiquité connaissait déjà des institutions qui avaient pour objet la sauvegarde des étrangers : il suffit de rappeler la *proxénie* chez les Grecs, l'*hospitium*, le *patronatus* et le *prætor peregrinus* chez les Romains; mais les consulats proprement dits ne datent que du moyen-âge et, plus particulièrement, des croisades. A compter surtout des expéditions entreprises pour la conquête des Lieux Saints, les peuples commerçants du Midi fondèrent des colonies marchandes sur le littoral oriental de la Méditerranée. La première préoccupation de ces colonies fut, pour sauvegarder leurs intérêts commerciaux et leur autonomie, de s'affranchir de la juridiction territoriale, ce qui leur fut possible par l'effet d'une tolérance de la souveraineté du pays où elles étaient fondées, étant donné que l'on acceptait alors facilement le principe de la personnalité des lois en vertu duquel chacun pouvait relever des institutions légales de sa patrie d'origine. Pour atteindre ce but, les colonies dont nous parlons élirent parmi elles des juges ou consuls qui eurent pour mission de les diriger, en même temps qu'ils étaient investis de la juridiction entre leurs nationaux. Certaines villes, comme Marseille au XIIIᵉ siècle, établirent elles-mêmes leurs consuls dans les colonies fondées par elles, et les cités de la Ligue Hanséatique procédèrent de même dans leurs comptoirs de la mer du Nord et de la Baltique en créant les *aldermanns*. Au surplus, l'usage des légations permanentes pour représenter les Etats n'étant pas encore répandu, les consuls remplissaient également les fonctions diplomatiques. Peu à peu, les gouvernements prirent l'habitude de nommer eux-mêmes, en les investissant d'un caractère officiel, les consuls qui prirent alors la qualification de *missi*, tandis qu'auparavant, désignés par leurs compatriotes à l'étranger, ils n'étaient que *electi*.

Mais l'envoi d'un fonctionnaire exerçant le droit de juridiction sur ses nationaux ne pouvait plus être toléré quand les souverainetés territoriales se furent accentuées et voulurent exercer leur autorité sur tout leur domaine. La création des légations permanentes dépouilla les consuls de leur mission diplomatique et, privés en même temps de la juridiction, ils n'eurent plus qu'un rôle d'agents chargés de surveiller et de défendre les intérêts de leur nationaux, spécialement au point de vue commercial.

Ce n'est que dans les Etats hors chrétienté que, pour les raisons indiquées plus haut, la mission des consuls a conservé toute l'étendue qu'elle avait dans le principe, spécialement au point de vue du droit de rendre la justice.

365. Quand les consuls furent officiellement investis de leur mission par le gouvernement, on dut se préoccuper d'assurer leur organisation et de fixer leurs attributions.

En France, cette œuvre a été accomplie successivement par le Mémoire au Roi, de Colbert, en 1669 ; par la grande ordonnance sur la marine de 1681 ; puis par l'ordonnance de 1781 que commenta et précisa la circulaire du ministre des affaires étrangères du 8 août 1814. L'institution des consulats a été réformée par une série d'ordonnances parues en 1833 et dont l'ensemble constitue un modèle imité par la plupart des pays étrangers.

366. Pour se rendre compte du caractère des consuls, il faut distinguer les consuls nommés directement par le gouvernement, qui suivent l'ordre hiérarchique de la carrière, sont rétribués par l'Etat et à qui toute autre profession est interdite, de ceux qui, quoique exerçant une profession particulière, généralement le commerce, sont simplement appelés à suppléer les consuls proprement dits, dans les localités où ces derniers ne peuvent se trouver. On appelle souvent les premiers *consules missi* ou consuls de carrière, les seconds ne sont que des *consules electi*, parce qu'ils sont souvent désignés par le consul qui les délègue, ou des agents consulaires.

367. Consuls de carrière.—L'Administration des consulats, en France et dans la plupart des pays, est composée de fonctionnaires nommés par le chef de l'Etat, sauf aux Etats-Unis où le Président les nomme avec le concours du Sénat (const. art. II, sect. 2, 2); après avoir dépendu du ministère de la marine, elle relève en France, depuis le décret du 14 février 1793, de celui des affaires étrangères.

L'ensemble des consulats français dans un pays étranger forme un *établissement consulaire* qui est subdivisé en *arrondissements* embrassant l'ensemble du pays. Dans la plupart des Etats, par esprit d'économie, l'ambassadeur ou autre représentant diplomatique est le chef de l'établissement consulaire; depuis 1890, la France n'a plus même de consuls aux sièges des ambassades, le représentant diplomatique remplissant, en même temps, les fonctions consulaires. L'Angleterre seule maintient des chefs d'établissement consulaires distincts du représentant diplomatique.

La classification adoptée en France est celle de consuls généraux, consuls de 1re et de 2me classe, de vice-consuls (Ordon. 20 août 1833 ; décrets du 20 sept. 1880 et 12 nov. 1891).

D'ailleurs, quel que soit leur grade, tous les agents des consulats ont des fonctions égales et indépendantes; ils communiquent tous directement avec le ministre des affaires étrangères de leur gouvernement : ils sont seulement placés sous la surveillance administrative du chef de l'établissement consulaire.

Dans les pays fédérés ou confédérés, l'administration consulaire devrait être une, de même que les consuls étrangers devraient pouvoir exercer leurs attributions dans leurs rapports avec la Fédération ou la Confédération tout entière. Cependant, en Allemagne, si l'Empereur nomme seul les consuls à l'étranger pour l'Empire fédéral tout entier, après avis du Comité fédéral pour les relations commerciales (art. 56 de la Constit.), chaque Etat de l'Empire peut recevoir des consuls étrangers spéciaux pour son territoire, en même temps qu'il y a des consuls autorisés par l'Empire fédéral lui-même.

368. Les agents subalternes des consulats, en France, sont les suivants : 1° les secrétaires interprètes, à l'administration centrale, à Paris ; 2° les drogmans ou secrétaires interprètes des consulats d'Orient, recrutés parmi les indigènes élevés dans ce but à Paris, ou *Jeunes de langues,* et parmi les élèves de l'Ecole des langues orientales vivantes ; 3° les chanceliers, qui cumulent les fonctions d'archiviste, greffier, huissier, notaire et trésorier, sans parler de leur rôle dans la rédaction des actes de l'état civil ; dans les Echelles du Levant le chancelier est un drogman désigné par le chef de l'Etat (Ordon. du 26 avril 1845, art. 7).

Tous ces agents sont salariés par l'Etat comme les consuls et, comme eux, ne peuvent se livrer à une autre profession, notamment faire le commerce (Ordon. du 28 août 1833, art. 24).

368 bis. Les *agents consulaires* sont délégués par les consuls pour les remplacer dans les localités où ils ne peuvent se trouver, généralement commissionnés par les consuls eux-mêmes et agissant sous la responsabilité de ces derniers. On les appelle vice-consuls dans les postes les plus importants et, dans certains pays, par exemple en Espagne, ils portent toujours ce titre.

A la différence des consuls de carrière et de leurs agents subalternes, qui doivent toujours être citoyens français (Décret du 24 juin 1886), les agents consulaires sont souvent des nationaux du pays étranger, généralement pris parmi les commerçants familiarisés avec les affaires maritimes. Ils n'ont pas de traitement fixe et reçoivent seulement, à titre d'indemnité, certains droits sur les actes qu'ils rédigent ou qu'ils visent.

Le décret du 18-20 septembre 1880 a créé les vice-consuls qui sont nommés par le chef de l'Etat et ont le caractère de fonctionnaires publics français, distincts ainsi des agents consulaires dont nous venons de parler. Le décret du 12 novembre 1891 fait de cette fonction la première étape, après le concours d'entrée, de la carrière des consulats. Un décret du 29 février 1880 a créé aussi les consuls suppléants remplaçant les élèves consuls ou attachés consulaires, que le décret du 12 novembre 1891 qualifie encore d'élèves consuls en leur imposant un stage dans les consulats.

SECTION II

CARACTÈRE ET INVESTITURE DES CONSULS

369. Les consuls, à la différence des ambassadeurs et autres agents diplomatiques, ne sont pas les *représentants* du pays qui les nomme; leur mission est de protéger leurs nationaux à l'étranger et de remplir envers eux certaines fonctions administratives et quelquefois judiciaires. Ils ne prennent le caractère de représentants des Etats que lorsqu'ils sont spécialement chargés d'une mission diplomatique, et tout autant que dure la mission qui leur est confiée.

De là résultent certaines conséquences importantes.

1° Le consul qui quitte son poste n'a pas de lettre de rappel à présenter au gouvernement du pays où il exerçait ses fonctions; ce gouvernement est simplement informé du changement de consul par l'agent diplomatique qui a annoncé la nomination du premier.

2° Le retrait de l'autorisation donnée à un consul d'exercer ses fonctions n'implique pas de rupture des rapports internationaux, à la différence du renvoi d'un ministre diplomatique.

3° Les changements politiques, les annexions dans le territoire où il siège, n'affectent en rien la mission du consul.

4° L'envoi de consuls n'entraîne pas la reconnaissance d'un Etat ou d'un gouvernement nouveau; ainsi l'Espagne, en 1867, déclara que, en acceptant le concours des consuls nommés par le roi Victor-Emmanuel, elle n'entendait pas reconnaître le nouveau royaume d'Italie.

5° L'agent diplomatique peut se retirer, dans les circonstances graves et sous sa responsabilité; le consul, qui est simplement chargé de la défense des intérêts privés et non d'une mission politique, doit rester en fonctions jusqu'à ce que son gouvernement le rappelle.

6° Le consul n'est pas, au point de vue de la protection qui lui est accordée par la loi du pays où il exerce ses fonctions, investi des mêmes immunités que les agents diplomatiques représentant les Etats étrangers.

7° En refusant systématiquement de recevoir les consuls d'un pays, un gouvernement rompt en fait les rapports internationaux avec cet Etat, aussi bien que lorsqu'il refuse de recevoir des agents diplomatiques, quoique d'une autre manière. Cependant, tout pays peut, pour des considérations d'intérêt personnel dont il est seul juge, refuser l'établissement des consuls étrangers dans certaines localités, par exemple dans les places fortes pour des raisons d'ordre militaire, ou dans certaines provinces pour des raisons politiques, comme l'a fait l'empire allemand pour l'Alsace-Lorraine.

370. L'investiture des consuls est complètement différente de celle des agents diplomatiques chargés de représenter les Etats.

Le consul reçoit de son gouvernement un titre (lettres de provision, commission ou lettres patentes), qui est remis, par la voie diplomatique, au ministre des affaires étrangères du pays où le consul est envoyé.

Le principe essentiel est que le consul ne peut entrer en fonctions avant d'y avoir été autorisé par le gouvernement local : c'est ce que l'on appelle la concession de l'*exequatur*. En France, l'*exequatur* est donné par décret du chef de l'Etat, transmis par le préfet au tribunal de commerce qui en ordonne la lecture publique et la transcription sur ses registres.

Le gouvernement local peut d'ailleurs refuser d'agréer telle personne en qualité de consul, sans avoir à donner les motifs de son refus.

On peut accepter en qualité de consuls des Puissances étrangères ses propres nationaux ; mais alors on exige, au moins en France, par une clause formelle de l'*exequatur*, qu'ils renoncent à toutes les immunités personnelles généralement attribuées aux consuls et qui pourraient les soustraire à l'action des autorités locales. Dans tous les cas, l'acceptation de fonctions consulaires par un Français pour le compte d'un gouvernement étranger peut entraîner la perte de sa nationalité, dans les conditions prévues par l'art. 17 du Code civil, modifié par la loi du 26 juin 1889.

SECTION III

PRIVILÈGES DES CONSULS

371. En principe, les consuls n'ont pas l'ensemble des immunités et privilèges que le Droit international reconnaît aux représentants des Etats. Cependant des traités particuliers peuvent, à certains égards, les assimiler aux agents diplomàtiques proprement dits : c'est ainsi que la convention franco-belge du 30 juillet 1891 accorde une des conséquences les plus directes de la fiction d'exterritorialité aux ministres diplomatiques et aux consuls *envoyés*, en disant que les enfants des uns et des autres nés dans le pays où leur père exerce ses fonctions seront réputés nés dans la patrie de leur père et ne pourront, par conséquent, être assujétis aux règles de la loi locale concernant l'attribution de la nationalité *jure soli*, à moins de réclamation contraire de leur part.

D'autre part, dans l'empire ottoman, ils jouissent de la plénitude des immunités et prérogatives reconnues aux représentants des Etats (Préambule de la Capitulation de 1740) ; ils ont même une force armée, les kawas ou janissaires, pour assurer l'exécution de leurs sentences et, sauf à en user avec tact et modération, le droit d'asile dans leur hôtel, ainsi que la protection de tout le *quartier franc* ou européen qu'ils habitent quand il est distinct des quartiers indigènes. Ces faveurs ont été étendues aux consuls dans les pays d'Extrême Orient par les traités que nous avons déjà cités (V. n° 362).

372. Dans les pays de chrétienté, on détermine les privilèges des consuls d'après les lois locales, les traités ou les usages généralement fondés sur la réciprocité ; mais on n'accorde aux consuls que les prérogatives limitativement indiquées comme étant nécessaires à l'exercice libre de leur mission. L'Angleterre seule réduit les privilèges des *consules missi* au point de les assimiler à de simples négociants agents consulaires.

Les dispositions des lois et des traités relatives aux privilèges des consuls varient à l'infini ; il est évidemment impossible de donner un tableau complet des règles contenues dans les innombrables conventions consulaires ; aussi nous contenterons-nous de signaler celles qui sont adoptées en France dont la pratique est, d'ailleurs, généralement suivie à l'étranger.

373. Privilèges des consuls. — 1° Les consuls peuvent arborer sur leur habitation, afin d'en assurer la protection, le drapeau et l'écusson du pays qui les a nommés.

2° La plupart des conventions et des usages réciproques leur accordent l'inviolabilité personnelle, sauf pour les cas de crime (Inst. générale du 8 août 1814 ; Paris, 8 janvier 1886, *Le Droit*

16 janvier; Comp. jurisprudence du Brésil, *J. Clunet*, 1880, p. 521).

3° Les bureaux du consulat, la chancellerie et les archives sont inviolables, l'autorité locale ne peut y procéder à des perquisitions ni à des saisies. L'Angleterre seule n'admet pas cette prérogative et les archives du consulat de France, ainsi que la propriété consulaire des Etats-Unis, ont été saisies à Londres pour dettes.

Cette inviolabilité fut violée par un magistrat italien qui fit procéder, au mois de janvier 1888, à la saisie, dans les archives du consulat français à Florence, des papiers dépendant de la succession d'un Tunisien protégé par la France. Cet incident provoqua des excuses et des réparations de la part de l'Italie et détermina les deux pays à régler la question d'inviolabilité des archives consulaires par l'arrangement du 7 février 1889. Conformément à la règle ordinairement établie dans les conventions consulaires, il fut stipulé que les bureaux et archives seraient inviolables, et, dans ce but, distincts des appartements particuliers du consul.

4° Sous la condition de la réciprocité, les consuls sont exonérés des impôts directs personnels tels que le logement militaire, les contributions personnelles et mobilières, somptuaires etc. Ils doivent, au contraire, les impôts directs réels, tels que l'impôt foncier, ainsi que ceux qui sont basés sur l'exercice d'une profession, tels que la patente. On les exempte de l'impôt des portes et fenêtres pour leur habitation officielle (Cons. préfec. de la Seine, 26 sept. 1878, *Jurispr. des cons. de préfecture*, 1878, p. 286; Cons. d'Etat, 21 janv. 1843, Sir., 43. 2. 135). Ils sont grevés également de toutes les taxes indirectes et des impôts sur la consommation, douanes, octroi, péage, droits de mutation et de timbre, etc.

En principe d'ailleurs, les exemptions d'impôts ne visent que les consuls; certaines conventions seulement les étendent aux élèves consuls et autres agents officiels des consulats : telle est, notamment, la règle dans les conventions consulaires de la France avec le Brésil, la Grèce, le San-Salvador, les îles Sandwich et le Venezuela.

En Angleterre, toute faveur est enlevée aux consuls à ce point de vue; aussi, par voie de rétorsion, en est-il de même pour les consuls anglais en France ; c'est pour éviter ce résultat que l'Angleterre a nommé son consul général à Paris secrétaire d'ambassade, ce qui lui assure l'immunité diplomatique.

5° A la différence des représentants des Etats, les consuls n'ont pas l'immunité de juridiction vis-à-vis des tribunaux du pays où ils exercent leur mission. Cependant les conventions contiennent souvent des exceptions à cette règle, pour la juridiction civile ou pénale.

Ainsi dans les conventions consulaires de la France avec l'Autriche (11 décembre 1866, art. 2, § 2) et avec le Venezuela (24 octob. 1856), l'immunité absolue de juridiction est stipulée pour les consuls des pays contractants. Nombre d'autres conventions ne parlent que de l'*immunité personnelle* qui ne vise que l'inviolabilité individuelle et non l'immunité de juridiction (Paris, 8 janvier 1886, *Le Droit*, 16 janvier ; comp. *J. Clunet*, 1886, p. 78).

D'ailleurs, l'immunité de juridiction civile existe de plein droit si le consul est assigné à raison de son caractère officiel et à propos d'actes relatifs à l'exercice de sa mission, les tribunaux locaux étant incompétents en pareil cas (Cass., 30 juin 1884, *J. Clunet*, 1885, p. 307). Mais, tandis que l'assignation contre un ministre diplomatique est nulle de plein droit, il appartient aux tribunaux d'apprécier en fait si l'acte à propos duquel le consul est assigné est relatif à l'exercice de ses fonctions (Poitiers, 4 nov. 1886, *J. Clunet*, 1886, p. 703).

En matière pénale, les consuls relèvent également, en principe, des tribunaux locaux ; mais presque toutes les conventions stipulent qu'ils ne peuvent être arrêtés que dans le cas de crime. Cette clause doit être entendue en ce sens que l'arrestation préventive n'est possible à leur égard que s'ils ont commis un crime ; et non comme entraînant pour eux l'immunité de la juridiction locale dans le cas de simple délit (Paris, 8 janvier 1886 précité). Cependant, la convention avec le Venezuela dispose que les consuls ne peuvent même pas être traduits en justice (art. 2).

Avant de poursuivre un consul devant la juridiction répressive, il est indispensable de rechercher si le fait qu'on lui reproche est relatif à l'exercice de ses fonctions ou a été accompli à l'instigation de son gouvernement : dans ces derniers cas, en effet, il faudrait procéder par voie de réclamations diplomatiques contre le pays qui directement ou indirectement a provoqué une violation, par son consul, des lois d'ordre public de l'Etat où ce dernier exerce sa mission. Lorsque, en 1843, le commandant français d'Aubigny fit arrêter puis expulser de Taïti le missionnaire Pritchard qui était, en même temps, consul d'Angleterre, pour avoir voulu empêcher par ses menées l'influence de la France dans ce pays, aucune réclamation ne pouvait être produite parce que Pritchard ne pouvait pas établir qu'il avait reçu mandat de son gouvernement pour agir comme il l'avait fait et que, d'ailleurs, il avait déjà résigné ses fonctions consulaires ce qui l'assimilait à un simple particulier : aussi l'indemnité de 25,000 fr. qui lui fut accordée par le ministère Guizot pour calmer l'irritation de l'Angleterre fut-elle, avec raison, considérée comme une concession abusive et un acte de faiblesse.

On en peut dire autant au sujet de l'affaire du missionnaire anglais Shaw, expulsé de Madagascar pour son attitude hostile à la France, en 1883, et à qui une indemnité a été accordée.

Observons d'ailleurs que, avant de poursuivre un consul au point de vue pénal, on lui retire d'abord l'*exequatur*, sauf dans le cas de flagrant délit.

6° Généralement, les consuls sont dispensés de l'obligation de témoigner en justice et la plupart des conventions stipulent que l'on doit prendre leur témoignage à domicile. Cette prérogative peut entraîner de sérieux inconvénients dans les pays où la loi n'admet pas les dépositions écrites : c'est ainsi que, contrairement à la convention consulaire du 23 février 1853, le consul de France à San-Francisco, M. Dillon, fut conduit de force devant la cour de district pour y donner son témoignage, ce qui contraignit les Etats-Unis à fournir une réparation d'honneur pour l'abus de pouvoir commis par les magistrats. Certaines conventions, du reste, stipulent que les consuls devront témoigner en personne dans les affaires criminelles après en avoir été priés par une lettre officielle de l'autorité judiciaire; telle est la règle contenue dans nos conventions consulaires avec la Grèce, la Russie et le San-Salvador.

374. Les privilèges que nous venons de parcourir ne sont attribués qu'aux *consules missiou* de carrière; les agents consulaires ont simplement le droit d'arborer le drapeau et l'écusson du pays pour lequel ils exercent leur mission et de faire respecter l'inviolabilité de leurs archives : en dehors de ces deux privilèges qui intéressent le pays étranger bien plus qu'eux-mêmes, ils ne peuvent invoquer que les prérogatives personnelles autorisées en leur faveur par l'usage du pays où ils se trouvent (Circ. des affaires étrangères, 22 janvier 1837). Cependant, dans les pays régis par les capitulations et dans les Etats de l'Extrême-Orient, le pavillon national les couvre d'une inviolabilité complète, comme les consuls.

SECTION IV

ATTRIBUTIONS DES CONSULS

375. Les attributions des consuls sont très complexes et semblent exiger d'eux une compétence presque universelle, ce qui faisait dire à Talleyrand que lorsqu'on avait été ministre diplomatique, il restait encore beaucoup de choses à apprendre pour être un bon consul. Sans entrer dans le détail de leurs fonctions si multiples et si variées, bornons-nous à signaler les principaux points de vue auxquels se manifeste l'action des agents de l'ordre consulaire.

376. A. Les consuls peuvent être accrédités comme agents diplomatiques pour une affaire spéciale ou pour remplacer le représentant de l'Etat à l'étranger ; dans ce cas, ils agissent comme agents diplomatiques, ils ont les pouvoirs et les immunités attribués à ces fonctionnaires.

B. Au point de vue des relations politiques des Etats, sans jouer le rôle de représentants de ceux-ci comme les ministres diplomatiques, les consuls sont chargés de surveiller l'observation des traités qui intéressent plus particulièrement les particuliers, tels que les traités de commerce, de navigation, de pêche, etc... Ils ont le devoir de protester contre leur violation, soit directement et par eux-mêmes dans les cas spéciaux et urgents, soit en en référant au représentant diplomatique de leur pays, et d'appeler l'attention de leur gouvernement sur les faits qu'ils ont constatés à ce sujet.

Au point de vue politique également, les consuls sont appelés à faire des rapports sur la situation du pays où ils exercent leur mission et à signaler tous les événements qui peuvent intéresser leur gouvernement.

C. Au point de vue économique, les consuls doivent recueillir et transmettre tous les renseignements de nature à favoriser leur pays en ce qui concerne les relations commerciales et l'immigration de leurs nationaux dans l'Etat où ils exercent leurs fonctions. On cherche particulièrement à développer, aujourd'hui, l'initiative des consuls français à cet égard, et à réagir contre la tendance de notre corps consulaire à se restreindre à sa mission politique ou de protection générale des nationaux. L'exemple des rapports de certains consuls étrangers qui fournissent des statistiques et des indications précieuses sur la condition économique des différents pays, notamment des rapports des consuls belges et allemands, commence à être suivi chez nous (V. *Recueil consulaire spécial*).

D. Les consuls ont la charge de protéger leurs nationaux contre les violences, les lésions ou les dénis de justice dont ils sont victimes de la part des autorités locales, dans les limites que nous avons déjà précisées (V. nº 344). Pour s'assurer cette protection, les nationaux se font *immatriculer* ou inscrire à leur consulat. Cette formalité, obligatoire d'après certains traités (Conv. avec l'Espagne, 7 janvier 1862, art. 3 ; avec la Suisse, 23 février 1882, art. 2), est en général facultative, mais toujours très utile (V. ordonn. du 28 nov. 1833, art. 1, 2, 4).

La protection des consuls peut d'ailleurs s'étendre à d'autres qu'aux nationaux.

Dans les pays de chrétienté, ils ne peuvent intervenir pour défendre des nationaux d'une tierce puissance contre les agissements des autorités locales que dans trois cas : 1º si cette Puissance n'a dans le pays ni agent diplomatique, ni consul, ni agent consulaire ; 2º quand les relations entre cette Puissance et le pays où se trouvent ses nationaux sont rompues, de telle sorte que ces derniers sont dépourvus de toute protection ; 3º lorsque, en cas de guerre, de trouble, d'émeute, des nationaux d'un Etat viennent réclamer la protection d'un consulat autre que celui de leur patrie et se placer sous la garantie de son pavillon. Dans tous ces cas, d'ailleurs, les consuls doivent agir avec beaucoup de réserve, attendre, si l'urgence n'est pas trop grande, les instructions de leur gouvernement, se borner à la protection générale des biens et des personnes sans s'immiscer dans les actes judiciaires, administratifs ou de l'état civil intéressant des nationaux étrangers; enfin, autant que possible, se borner à de bons offices pour obtenir des autorités locales le respect des droits de ces nationaux, sans recourir à des protestations directes susceptibles de compromettre leur propre pays. Au surplus, la protection des consuls, dans ces diverses circonstances, est facultative de leur part et dépend de leur appréciation, sans que des étrangers puissent jamais la réclamer comme un droit.

Dans les pays hors chrétienté, en vertu des capitulations, nos consuls ont la protection et, par conséquent, l'autorité de police sur d'autres que leurs nationaux.

1° Sur tous les établissements catholiques européens, quelle que soit leur nationalité, de Jérusalem et de toute la Syrie (Ordonn. 3 mars 1781, tit. I, art. 134, 135; Circ. aff. étrangères, 18 janvier 1816); 2° sur les indigènes ottomans employés au service des consulats (ordonn. de 1781, art. 144, 145); 3° sur les Levantins admis à domicile en France (art. 13 C. civ.) et qui sont revenus dans le Levant avec esprit de retour en France (Circ. Aff. étrang., 12 janvier 1856); 4° sur tous les Européens dont le pays n'a pas d'ambassadeur auprès de la Porte, ni de consul dans le Levant ou en Barbarie; aujourd'hui il n'y a plus que les Suisses qui soient dans cette situation.

E. La juridiction contentieuse sur leurs nationaux n'appartient aux consuls que dans les pays hors chrétienté (V. nos 357 et suiv.). En pays chrétiens, leur rôle se borne aux actes suivants : 1° régler à bord des navires de leur pays les différends qui ne sont pas de la compétence des tribunaux locaux, tels que certains litiges entre capitaines et matelots ou passagers; 2° dresser des actes authentiques de conciliation entre leurs nationaux; 3° prononcer, à titre d'arbitres, dans les procès entre leurs nationaux quand ceux-ci y consentent et renoncent à la juridiction locale; 4° remplir des commissions rogatoires quand ils en sont chargés par les autorités de leur pays, ou même d'un pays étranger (Instruct. du 29 nov. 1833).

F. Les consuls sont chargés de la rédaction, pour leurs nationaux à l'étranger, de certains actes qui peuvent se décomposer de la manière suivante.

1° Actes de l'état civil; souvent, comme en France (art. 48, C. civ. et ordonn. du 23 oct. 1833), la loi de leur pays ne leur attribue compétence que pour les actes intéressant uniquement leurs nationaux; aussi les consuls étrangers ne peuvent pas, malgré les dispositions contraires de la loi de leur pays, recevoir des actes qui intéressent d'autres que leurs nationaux, dans les Etats dont la législation n'accorde pas un pareil pouvoir aux autorités consulaires (V. n° 229, 1°, Cass., 10 août 1819, Sir., 19. 1. 111; Trib. Seine, 2 juillet 1872, *J. Clunet,* 1874, pp. 71 et 73). Il semble cependant que, le but des Capitulations étant de soustraire les Français à toute action des autorités locales, les actes de l'état civil intéressant à la fois des Français et des nationaux d'autres pays, par exemple des actes de mariage entre eux et des indigènes ottomans, doivent être rédigés par les consuls (*Contrà :* Cass., 18 avril 1865, Sir., 65. 1. 317; comp. *Revue critique,* 1891, p. 214).

2° Les actes notariés sont rédigés par les chanceliers des consulats; ces fonctionnaires agissent alors seuls quand ils sont nommés directement par le gouvernement (Décret du 11 oct. 1892); avec l'assistance du consul, quand ils sont d'une classe inférieure, c'est-à-dire nommés par le consul et le ministre des affaires étrangères (Décret du 12 nov. 1891|). Dans tous les cas, ces actes n'ont la force exécutoire en France et ne font foi qu'après avoir été légalisés par le consul (Instruc. du 30 nov. 1833; Décret du 1er décembre 1869).

Les conventions consulaires règlent les attributions des consuls à ce point de vue; d'après nombre d'entre elles, les consuls sont compétents même pour des actes intervenus entre leurs nationaux et des étrangers, ou entre des étrangers seulement, quand ces actes se réfèrent à des biens situés dans le pays du consul ou à des affaires qui doivent y être traitées (V. Conv. avec la Russie, 1er avril 1874, art. 9, alin. 2, n° 2; la Grèce, 7 janvier 1876, art. 10, alin. 2; etc.).

3° Les consuls peuvent accomplir les actes de juridiction gracieuse, tels que homologation pour la vente des biens des mineurs, réception des déclarations d'adoption.

4° Au point de vue administratif, ils délivrent toutes les pièces pouvant intéresser leurs nationaux dans leur pays, telles que passeports et certificats de vie; ils sont également chargés du visa et de la légalisation de tous les documents à produire par leurs nationaux dans leur patrie.

G. La protection à titre individuel de leurs nationaux par les consuls comprend les mesures à prendre par eux afin d'organiser la tutelle ou la curatelle des incapables, de sauvegarder les biens des absents, de veiller à la conservation des successions et aux intérêts des héritiers, etc... Leurs pouvoirs à ces différents points de vue qui se réfèrent plus particulièrement au Droit international privé sont réglés dans les conventions consulaires ou dans des traités spéciaux (V. notamment conv. franco-suisse du 15 juin 1869).

H. Les fonctions des consuls dans leurs rapports avec la marine de leur pays sont fort nombreuses : visite des navires au départ et à l'arrivée, visa des pièces de bord, contrôle en matière de jet, d'avaries, de vente du navire ou de la cargaison, d'emprunt à la grosse, d'hypothèque maritime, etc... La plupart de ces points sont réglés par le Droit commercial de chaque pays.

I. Enfin, au point de vue de l'administration générale, les consuls représentent les autorités de la métropole dans un grand nombre de cas : délivrance des patentes de santé aux navires; appel et examen médical des conscrits ; réception des engagements volontaires; poursuite et répression de la piraterie, de la traite ou de la baraterie de la part des nationaux; surveillance de la grande pêche primée, telle que la pêche à la morue, etc.

SECTION V

FIN DE LA MISSION CONSULAIRE

377. La mission du consul prend fin par sa mort, son rappel, le retrait de l'*exequatur* ou la déclaration de guerre. Le gouvernement territorial est prévenu du changement de consul par le représentant diplomatique du pays qui l'avait nommé. Comme le consul n'est pas le représentant diplomatique du pays qui l'a chargé de sa mission, il n'a pas à présenter de lettres de rapport quand il se retire ; pour la même raison, il n'a pas besoin non plus d'un nouvel *exequatur* quand survient un changement de souverain ou de régime politique dans le pays qui l'envoie. Un nouvel *exequatur* est, au contraire, nécessaire en principe quand un nouveau régime s'établit dans le pays où le consul exerce sa mission.

Dans le cas de décès du consul, les agents du consulat apposent les scellés sur ses papiers et en font l'inventaire, en même temps qu'ils avisent l'agent diplomatique et le ministre des affaires étrangères du pays qui a nommé le consul.

378. *Appendice.* Pour en terminer avec cet aperçu sur l'institution des consulats, nous devons signaler d'importantes réformes qui sont proposées et actuellement soumises à l'examen de l'Institut de Droit international (V. R. D. I., t. XXI, p. 588; t. XXII, p. 336; t. XXII, p. 438; Annuaire de l'Institut, t. X, 1888-89, p. 274; t. XI, 1890-91, p. 347). L'assimilation trop souvent établie en fait entre les simples agents consulaires et les consuls de carrière a le grave inconvénient d'élever trop la condition des premiers et de rabaisser celle qui devrait être faite aux seconds. Les agents consulaires, nationaux fréquemment du pays où ils exercent leur mission, absorbés par leurs intérêts commerciaux personnels, manquant de la culture qu'exige la mission complexe et délicate des consulats, doivent avoir une situation nettement définie et distincte de celle des *consules missi,* car l'expérience démontre que leur zèle, leur impartialité et surtout leur capacité ne peuvent pas être toujours à la hauteur de la charge qui leur incombe. On demande, par suite, que leurs privilèges soient limités à la faculté d'arborer, non le pavillon, mais l'écusson du pays qui les nomme, à l'inviolabilité de leurs archives, à l'exemption des charges personnelles, telles que le jury, la tutelle et le conseil de famille, et des taxes réelles pour les immeubles affectés à leur office, et que, pour éviter toute confusion, ils ne portent que le titre d'*agents commerciaux.* D'autre part, on propose d'assimiler les *consules missi* aux ministres diplomatiques, en leur attribuant toutes les immunités reconnues à ces derniers par le Droit international. On peut croire que cette dernière proposition a peu de chance d'être acceptée par les Etats, étant donnée la tendance générale à restreindre plutôt qu'à étendre les privilèges souvent excessifs des agents diplomatiques (V. n° 250). La meilleure solution consiste peut-être à limiter d'un commun accord les attributions et les privilèges respectifs des agents consulaires et des consuls de carrière, tout en développant davantage, dans chaque pays, la mission économique de ces derniers qui, au moins en France, ont pu quelquefois donner raison, en négligeant ce côté de leur tâche, à ceux qui prétendent qu'ils rendent moins de services que de simples négociants chargés de les suppléer (1).

CHAPITRE IV

PROTECTION GÉNÉRALE DE L'INDIVIDU DANS LES RAPPORTS INTERNATIONAUX. — PROHIBITION DE L'ESCLAVAGE ET DE LA TRAITE.

379. S'il appartient à chaque pays de protéger ses nationaux même à l'encontre des autres Etats, il s'est de plus établi, par suite des progrès de la civilisation, une entente en vertu de laquelle la plupart des souverainetés mettent leurs efforts en commun pour empêcher les actes contraires au respect de la liberté humaine, sans se préoccuper d'ailleurs de la nationalité de ceux qu'il s'agit de défendre contre de pareils abus.

Partant de ce principe que l'esclavage est opposé au but social qu'ils doivent poursuivre, inhumain et contraire à la raison, dans l'état actuel de leur développement intellectuel et moral, les peuples civilisés, non contents de l'avoir supprimé chez eux, forment une sorte d'association pour ne pas en accepter les conséquences quand il est maintenu par les Etats barbares, et, sans pouvoir le détruire directement chez ces derniers que protége leur souveraineté interne, pour en paralyser les effets dans tout le domaine extérieur où leur autorité peut se manifester, c'est-à-dire sur leur propre territoire et sur la mer.

Cette conquête a été le résultat d'une longue évolution. L'esclavage, l'une des bases des sociétés antiques, disparaît peu à peu sous l'influence du Christianisme ; il est remplacé, dans

---

(1) Bibliographie : 1° Chevrey-Rameau, *Répertoire diplomatique et consulaire;* 2° de Clercq et de Vallat, *Guide pratique des consulats,* 2 vol., 4° édit., 1880 ; 3° *Guide diplomatique,* de Martens, annoté par Geffcken, 1866, 5° édit., 3 vol.; 4° de Miltitz, *Manuel des consuls;* 5° Malfatti, *Manuel des consulats austro-hongrois,* 1889-1892 ; 6° Neumann, *Manuel des affaires de consulat;* 7° Lehr, *Manuel des agents diplomatiques et consulaires,* 1888.

une certaine mesure, par le servage qui est successivement supprimé et dont les derniers vestiges ont été effacés en Russie par l'ukase du 19 février 1861. Mais, dès la fondation des colonies européennes, à la suite des grandes découvertes depuis le xve siècle, l'esclavage revit sous une forme bien plus inhumaine par le recrutement des noirs pour l'exploitation de ces colonies ; l'horrible commerce de la traite se développe, consacré par la pratique des Etats civilisés et même par des accords internationaux : c'est ainsi que, au traité d'Utrecht en 1713, l'Angleterre se faisait concéder le monopole de l'importation des noirs dans les colonies espagnoles.

Dès la fin du xviiie siècle, une énergique réaction se manifesta contre cette institution barbare ; à l'instigation de l'Angleterre, qui avait déjà commencé à combattre le commerce de la traite, le Congrès de Vienne posa le principe de la prohibition de l'esclavage de la part de tous les Etats civilisés et de la nécessité d'une entente entre eux pour le supprimer (déclaration du 8 février 1815 et acte additionnel au traité de Paris du 20 nov. 1815). Des résolutions semblables furent prises au congrès d'Aix-la-Chapelle en 1818 et à celui de Vérone le 28 nov. 1822.

Tous les Etats civilisés sont d'abord entrés dans cette voie en interdisant la propriété ou le commerce des esclaves sur leur territoire, ou de la part de leurs nationaux à l'étranger (V. pour la France, Décret du 28 sept. 1791 ; loi du 4 mars 1831, 24 avril 1833, décret du 27 avril 1848). Les pénalités édictées par ces lois s'appliquent à tout navire français transportant des esclaves, la capture et l'achat de ces derniers auraient-ils eu lieu à l'étranger (Cass., 10 février 1881, Sir., 82. 1. 433) ; il s'agit là d'ailleurs d'une règle d'ordre public qui s'impose, sur le territoire français, aux étrangers comme aux nationaux (Cass., 1er décem. 1854, Sir., 55. 1. 67). Tous les autres Etats chrétiens ont également interdit l'esclavage ; en dernier lieu les Etats-Unis en 1865, à la suite de la guerre de Sécession, et le Brésil, le 3 mai 1883. Cet exemple a été suivi dans des Etats musulmans, notamment en Turquie où la loi du 16 décembre 1889 prohibe la traite des noirs, et en Tunisie où un décret du Bey, publié en mai 1890, confirme l'abolition de l'esclavage dans la Régence.

La tendance des Etats chrétiens et des pays musulmans qui adhèrent à leur manière de voir est de supprimer le commerce des esclaves avec les cruautés qu'il entraîne pour leur capture et leur transport, ce que l'on appelle plus particulièrement la traite, sans songer à abolir brusquement l'esclavage domestique encore nécessaire dans certains pays dont la situation rappelle, à ce point de vue, celle des peuples de l'Antiquité, et pour lesquels l'esclavage est une base même de l'organisation sociale et une nécessité économique qu'une transformation plus ou moins longue peut seule faire disparaître. S'inspirant de cette idée générale, les puissances signataires de l'acte de la conférence africaine de Berlin du 25 février 1885 se sont engagées à prendre toutes les mesures en leur pouvoir pour que les territoires du bassin du Congo sur lesquels s'exercerait leur autorité ne pussent servir *ni de marché ni de voie de transit* pour la traite des esclaves et *à concourir à la suppression de l'esclavage et surtout de la traite des noirs* (art. 9 et 6). On s'en tint pour le moment à ces déclarations générales, sans préciser les moyens à employer pour atteindre le but proposé.

380. La première conséquence qui résulte de la condamnation de l'esclavage et de la traite par la majorité des Etats, c'est que ces derniers ne reconnaissent pas, en ce qui les concerne, l'institution de l'esclavage en tant qu'elle est encore maintenue par certains pays. Cette conséquence générale se traduit par l'adoption des règles suivantes du Droit international.

1° On n'accorde jamais l'extradition d'un criminel esclave d'après la loi du pays qui le réclame (V. n° 297).

2° On ne reconnaît pas la validité ni le caractère obligatoire des traités qui, directement ou indirectement, tendent à consacrer ou à faciliter le commerce des esclaves.

3° Tout pays antiesclavagiste considère comme libre l'esclave étranger qui met le pied sur son territoire métropolitain ou colonial.

Cependant, par ménagement politique et pour respecter l'esclavage domestique pratiqué chez elles, on n'applique pas cette règle aux tribus africaines voisines de nos possessions françaises et qui ont accepté notre protectorat (V. Lettre minist. de la marine, 21 juin 1855; Circ. du gouverneur du Sénégal, 14 nov. 1857 ; Dalloz, v° Organisation des colonies, n° 967 et suiv.) ; ni aux pays placés sous le protectorat français avec condition que les lois locales seront respectées.

Au surplus, ce n'est que par voie d'action extérieure et en respectant la souveraineté interne des pays esclavagistes, que l'on peut condamner et combattre l'esclavage, ce qui implique la liberté laissée aux Etats qui l'adoptent de maintenir l'esclavage domestique, *un facteur essentiel encore de l'état social africain*, comme l'avouait le cardinal Lavigerie, un des plus illustres et des plus ardents apôtres de la lutte contre la traite des noirs.

381. L'action des Etats antiesclavagistes étant ainsi limitée à la suppression du commerce ou de la traite des noirs, le moyen auquel on a songé tout d'abord pour la réaliser a été d'interdire pour le transport des esclaves l'usage de la mer, domaine libre en principe et sur lequel aucun pays ne peut invoquer un droit exclusif. On aboutit ainsi à l'exercice du droit de visite sur les navires soupçonnés de se livrer à la traite, quelle que soit leur nationalité, et à la saisie de ceux reconnus coupables, avec application d'une peine contre les auteurs et les complices de ce trafic. Le droit de visite nous apparaît ainsi comme la deuxième conséquence de la condamnation de l'esclavage.

Pour bien comprendre la portée du droit de visite, il faut d'abord remarquer qu'il n'existe de plein droit, en temps d'hostilités, que pour s'assurer qu'un navire neutre ne transporte pas de la contrebande de guerre au bénéfice de l'ennemi et, en temps de paix, que lorsqu'un navire est sérieusement soupçonné de se livrer à la piraterie.

En dehors de ces deux cas, le respect de la souveraineté des Etats s'oppose évidemment à ce que les vaisseaux de guerre d'un pays se permettent d'arrêter et de visiter les navires marchands portant le pavillon d'une autre puissance, à moins que des conventions formelles ne les y autorisent. C'est l'histoire de ces conventions relatives à la suppression de la traite des noirs par l'exercice du droit de visite que nous devons d'abord présenter.

Après le Danemark, qui interdit la traite en 1794, l'Angleterre, jadis très adonnée à ce commerce, combattit pour sa suppression dès le jour où l'indépendance des Etats-Unis lui en enleva le principal intérêt. A l'instigation du philanthrope William Wilberforce, l'abolition de la traite fut votée par la Chambre des Communes en 1792, 1794 et 1796 et ratifiée par la Chambre des Lords en 1807 ; la Grande-Bretagne passa même avec la France, le 30 mai 1814, un traité pour obtenir en commun de toutes les puissances la réalisation de cette réforme.

Le gouvernement britannique songea, tout d'abord, à assimiler la traite à la piraterie, de telle sorte que les navires négriers, saisis par les vaisseaux de guerre d'une Puissance, auraient été jugés et punis par les tribunaux de cette dernière, ainsi que cela se pratique pour les pirates (V. n° 440). Cette proposition, émise au Congrès de Vérone en 1822, fut rejetée par la France avec raison, car elle était attentatoire au droit de juridiction souveraine de chaque pays sur ses nationaux, et de nature à favoriser la suprématie maritime de l'Angleterre par le pouvoir de police générale que sa puissante marine lui aurait donné.

Par les conventions du 30 mars 1831 et du 22 mars 1833 entre l'Angleterre et la France, le droit de visite complet avec la faculté de perquisition à bord fut concédé réciproquement à l'égard des bâtiments soupçonnés de se livrer à la traite, mais dans certains parages déterminés seulement.

Enfin, par le traité du 20 décembre 1841, la France, l'Angleterre, la Russie et l'Autriche se concédaient réciproquement le droit de visite complet dans une zone déterminée des mers d'Afrique, mais non dans la Méditerranée. Cependant le parti de l'opposition et même l'opinion publique tout entière, très excitée alors contre l'Angleterre, ne permirent pas au gouvernement français de ratifier cette convention que l'on regardait comme une abdication vis-à-vis des Anglais. Plus tard, par la convention du 29 mai 1845, les deux pays se sont donné le droit réciproque de s'assurer de la nationalité des navires soupçonnés de se livrer à la traite et de voir s'ils ont bien le droit de porter le pavillon anglais ou français qu'ils arborent ; si, cette constatation faite, on voit que le navire appartient à un pays qui n'admet pas le droit de perquisition complète à son bord (*Right of Search*), on doit s'abstenir d'aller plus loin. Cette visite, limitée à l'enquête sur le pavillon, a été acceptée le

7 avril 1862 par les Etats-Unis, qui ont toujours résisté à l'exercice du droit de visite complet avec perquisition à bord.

382. Conférence de Bruxelles. — Depuis quelques années, la Belgique, secondée par un grand mouvement d'opinion du monde civilisé et par une encyclique de Léon XIII en 1888, avait pris l'initiative de réunir une conférence internationale pour exécuter les déclarations un peu vagues et inefficaces, quoi qu'on en ait dit, de la conférence de Berlin en 1885. Cette conférence s'est tenue du 18 novembre au 2 juillet 1890 ; dix-sept Etats, y compris les Etats-Unis, la Perse et le Zanzibar, étaient représentés. Mais, pour des raisons que nous indiquons plus loin, la Chambre des députés de France rejeta, le 25 juin 1891, la ratification du projet de traité auquel la conférence avait abouti le 2 juillet 1890. On prolongea alors le délai des ratifications jusqu'au 2 janvier 1892 et, sauf certaines réserves que nous aurons à préciser, la Chambre des députés vota la convention le 23 décembre 1891 ; les ratifications ont été effectivement échangées le 2 janvier 1892. L'acte de Bruxelles constitue, dans son ensemble, une heureuse réglementation des rapports internationaux pour la suppression de l'esclavage et de la traite, et il a été solennellement approuvé par l'Institut de Droit international dans sa session de Hambourg en 1891. Ses dispositions peuvent être groupées sous trois chefs principaux.

1° Arrêt de la traite des noirs aux lieux d'origine où se fait le recrutement, par achat ou capture, des esclaves. Dans ce but, les Etats signataires s'engagent à établir une surveillance rigoureuse pour empêcher la formation ou le départ des caravanes de marchands d'esclaves dans les régions soumises à leur action ; à pourvoir à l'éducation et à la moralisation des populations nègres de l'Afrique ; enfin à construire des voies de communication, des postes de protection pour les indigènes contre les marchands d'esclaves, et à assurer le fonctionnement des services administratifs, judiciaires, militaires et religieux. De plus, on interdit l'importation des armes à feu perfectionnées dans les pays où se fait le recrutement des esclaves, ces armes étant le moyen redoutable des marchands d'esclaves pour opérer leurs captures ; en même temps, on frappe de droits élevés l'importation de l'alcool dans certaines régions, on l'interdit absolument dans d'autres, afin de supprimer cet élément de démoralisation des noirs et cet instrument de trafic des esclaves.

2° Répression de la traite dans les pays de destination qui admettent encore l'esclavage domestique. Ces derniers pays, signataires de l'Acte de Bruxelles, s'engagent à interdire l'importation, le transit, l'exportation et le commerce des esclaves, ainsi qu'à punir les trafiquants et ceux qui mutilent les esclaves mâles pour les vendre.

Un bureau international maritime est organisé à Zanzibar, avec des bureaux auxiliaires suivant les besoins (art. 75); il a pour mission de centraliser tous les documents et renseignements de nature à faciliter la répression de la traite dans les limites des arrangements internationaux. Ce bureau a été constitué avec les consuls des Puissances à Zanzibar le 30 août 1892 et a tenu sa première séance le 9 novembre suivant.

3° Suppression de la traite maritime et droit de visite. La conférence de Bruxelles a pris le soin de limiter l'exercice du droit de visite de manière, tout en prenant des mesures efficaces contre la traite, à ménager les susceptibilités nationales; son but a été d'établir une transaction entre le système anglais de la perquisition complète à bord des navires soupçonnés, et le système français qui n'admet que l'enquête beaucoup moins minutieuse sur le pavillon et le droit de l'arborer. Pour atteindre ce résultat complexe, la conférence de Bruxelles a subordonné la visite aux conditions suivantes.

a) Elle ne peut être pratiquée que dans une zone déterminée: tandis que les anciens traités (Conv. franco-anglaise du 29 mai 1845, art. 1er) admettaient le droit de visite dans l'Atlantique, aux abords des côtes d'Afrique et même de Cuba, de Porto-Rico et du Brésil, l'art. 21 de l'acte de Bruxelles le limite à l'Océan Indien, au golfe Persique, à la mer Rouge, suivant une ligne qui part du Bélouchistan, va à la pointe de Tangalane, (Quilimane), de Tangalane au 26° degré de latitude sud, en contournant Madagascar par l'est, jusqu'à l'intersection avec le méridien du cap d'Ambre ; de ce point la ligne se dirige obliquement jusqu'à la côte du Bélouchistan, en passant à vingt milles au large du cap Raz-el-Had. De plus, on a écarté la proposition anglaise qui tendait à laisser exercer la visite dans les *eaux territoriales* des Etats ; la France a obtenu que l'on maintînt le droit absolu de juridiction de chaque pays dans la zone de mer longeant les côtes de son territoire et soumise à sa souveraineté.

b) L'Angleterre demandait également que la surveillance pût s'exercer sur tout navire à voiles ; la France obtint que la visite fût limitée aux navires de moins de 500 tonneaux. En effet, les navires européens qui vont aujourd'hui dans ces pays lointains sont presque toujours d'un tonnage supérieur ; s'il y en a quelques uns de moindre dimension, ils appartiennent à des maisons d'armement connues à l'égard desquelles tout soupçon de commerce illicite doit être écarté, et vis-à-vis desquelles on se gardera bien d'exercer le droit de visite, dans la crainte de s'exposer à de lourdes indemnités. Les navires arabes, *dhows* ou *boutres*, sont tous d'un faible tonnage et d'une construction facile à reconnaître : ce sont les seuls actuellement qui se livrent à la traite et ce sont eux que l'on a voulu viser.

c) En principe, dans la zone indiquée et pour les navires dans les conditions signalées ci-dessus, les vaisseaux de guerre peuvent procéder à la vérification des papiers de bord, afin de s'assurer que le bâtiment ne se livre pas à la traite et n'est pas coupable d'usurpation de pavillon. Mais on ne peut faire l'appel de l'équipage et des passagers, vérifier le chargement, que si le navire porte le pavillon d'un pays qui, par ses traités particuliers, autorise ces perquisitions. On respecte ainsi complètement la manière de voir des pays qui, comme la France, repoussent le droit de visite avec toutes ses conséquences et n'admettent que la vérification de la nationalité du navire (art. 22, 23, 42 à 45).

Toutes les Puissances signataires s'engagent d'ailleurs à surveiller l'emploi de leur pavillon par les navires indigènes ; l'autorisation à cet égard doit être renouvelée tous les ans, subordonnée à certaines garanties, et elle est retirée pour toute opération ou tentative de traite (art. 30 à 40).

La procédure de la visite sous les réserves indiquées ci-dessus est organisée de la manière suivante. Tout croiseur qui a arrêté un navire convaincu de se livrer à la traite ou d'avoir usurpé un pavillon le conduit dans le port le plus proche où se trouve une autorité compétente du pays dont le pavillon a été usurpé.

Cette autorité fait une enquête en présence du commandant du croiseur ou de l'officier qui le représente. Si ce dernier n'accepte pas les résultats de l'enquête, l'affaire est portée au tribunal compétent du pays dont le pavillon a été usurpé pour faire la traite, ou au consul, ou à toute autre autorité désignée par le gouvernement de ce pays pour juger la question sur place. Si le navire est condamné, il est de bonne prise et attribué au capteur; le capitaine, l'équipage et toutes autres personnes ayant participé au délit sont punis. Quand la capture est reconnue injustifiée, il est dû une indemnité qui est fixée par les autorités ayant procédé à l'enquête, et, en cas de désaccord entre elles, au moyen d'un arbitrage (art. 49 à 59).

383. Toutes les dispositions de l'Acte de Bruxelles ont été acceptées par les Puissances signataires dont elles forment la loi commune actuellement. Seule la France, comme il a été dit plus haut, a refusé d'adhérer complètement à cette convention. Malgré les concessions faites à nos représentants, malgré la restriction du droit de visite à la simple enquête sur le pavillon, la Chambre des députés, dominée par les souvenirs de la convention de 1841 et craignant de favoriser la suprématie de la marine anglaise, n'a pas voulu ratifier les clauses relatives : 1° à la limitation de la zone aux alentours de Madagascar (art. 21, 22, 23); 2° à la procédure de l'arrêt, de la saisie et du jugement des navires suspects de se livrer à la traite. On n'a pas voulu que l'action étrangère pût s'exercer sur des navires portant le pavillon français autour de Madagascar où domine aujourd'hui notre protectorat; il est de notre intérêt politique de garder notre juridiction exclusive sur les bâtiments relevant de la France dans une région où notre influence a besoin de s'affirmer. D'autre part, on a répugné à admettre, en cas de saisie, l'ingérence dans l'enquête d'un officier étranger du navire capteur, ce que l'on pouvait considérer comme une consécration partielle du système anglais d'après lequel la traite, assimilée à la piraterie, relève de la juridiction du capteur lui-même : la France a entendu maintenir son droit exclusif de juger les coupables relevant de son autorité pour avoir abusé de son pavillon, seraient-ils arrêtés par des croiseurs étrangers.

Sauf cette double réserve, le Parlement a ratifié par la loi du 23 décembre 1891 toutes les autres dispositions de l'Acte de

Bruxelles, de sorte que, pour les points réservés, on reste sous l'empire des anciennes conventions, notamment du traité de 1845 (1).

(1) V. Arthur Desjardins, *La France, l'esclavage africain et le droit de visite*, Revue des Deux-Mondes, 15 octobre 1891, p. 864; *Recueil des actes de la Conférence de Bruxelles;* Rapport de M. Engelhard à la session de Hambourg, 1891, de l'Institut du Droit international, Annuaire, t. XI, pp. 262, 268.

LIVRE V

DES BIENS AU POINT DE VUE DU DROIT INTERNATIONAL

384. Les rapports des Etats en ce qui concerne les biens peuvent se manifester au sujet de quatre catégories de choses : le domaine terrestre ; le domaine maritime ; le domaine fluvial ; enfin les navires, soit de guerre soit de commerce.

CHAPITRE Ier

DU DOMAINE TERRESTRE OU TERRITOIRE

SECTION I

NOTIONS GÉNÉRALES (1).

385. En sa qualité de personne morale, l'Etat est susceptible d'exercer les facultés juridiques compatibles avec sa nature ; il peut, notamment, être propriétaire. Son droit, à cet égard, est réglé par sa propre législation : c'est ainsi que, dans beaucoup de pays comme en France, les biens dont l'Etat a la propriété se partagent en domaine privé que l'Etat possède au même titre qu'un particulier, et en domaine public qui, à raison de sa nature et de son affectation, est placé hors du commerce, inaliénable et imprescriptible.

D'autre part, l'Etat ne peut se concevoir sans une étendue de terre déterminée sur laquelle il exerce sa souveraineté et que l'on appelle son territoire. Mais la souveraineté n'est pas la propriété ; sur son territoire, en dehors des portions rentrant dans son domaine public ou privé, l'Etat n'a qu'un droit supérieur et indépendant de gouvernement et d'administration, ce qui caractérise l'exercice de la souveraineté proprement dite. La confusion entre la souveraineté et la propriété, fréquente

---

(1) Ortolan, *Du Domaine international*, Rev. Wolowski, t. II, p. 289 ; III, p. 5 IV, p. 81.

chez les peuples barbares où le souverain a la libre disposition des biens dont les particuliers ne sont que des détenteurs précaires, était admise par les Romains en ce qui concerne les biens provinciaux, pour lesquels le paiement de l'impôt foncier représentait la redevance due à l'Etat propriétaire par les détenteurs réputés, au moins en théorie, simples fermiers du sol. A l'époque féodale, le seigneur suzerain, malgré les concessions plus ou moins étendues faites à son vassal, est toujours propriétaire de droit de la terre. Sous la monarchie absolue, les légistes font consacrer la théorie romaine du *domaine direct*, autrement dit de la propriété de droit, au bénéfice du souverain ; le *domaine utile*, ou propriété de fait, étant seul laissé aux détenteurs du sol ; théorie que Louis XIV affirme très nettement dans ses instructions au Dauphin. Malgré quelques protestations remarquables mais isolées, ces idées se maintiennent jusqu'à la Révolution. Elles sont officiellement condamnées par Portalis le 26 nivôse an XII ; le droit de propriété absolue est reconnu aux particuliers sur leurs biens ; l'Etat ne conserve que l'*empire*, suivant l'expression de Portalis, c'est-à-dire la souveraineté. Cette nouvelle manière de voir constitue aujourd'hui le fond même de la constitution dans les Etats civilisés. En Angleterre, l'influence des principes féodaux sur la législation laisse encore subsister quelques traces de la théorie ancienne qui n'a plus guère d'ailleurs de conséquences pratiques importantes : c'est ainsi que l'acte du 12 mai 1870 a donné aux étrangers la faculté de devenir propriétaires d'immeubles situés en Angleterre, ce que l'on considérait comme impossible auparavant, la propriété impliquant la vassalité vis-à-vis du souverain britannique et la qualité d'étranger faisant obstacle à ce que cette vassalité pût s'établir.

Mais, au point de vue du Droit international, la confusion entre la souveraineté de l'Etat sur son territoire et la propriété de ce dernier est presque toujours commise par les publicistes anciens et bon nombre de modernes. Cette confusion s'explique parce que, vis-à-vis des autres pays, la souveraineté territoriale de l'Etat s'affirme avec un caractère absolu et exclusif, comme la propriété dans les rapports entre particuliers, et que la plupart des modes d'acquisition ou de perte de cette souveraineté se présentent sous des formes semblables aux modes d'acquisition ou de perte de la propriété ; par exemple, la cession, l'accession, l'occupation. Cependant, il est bien certain que la nature du droit de l'Etat sur son territoire ne peut pas changer suivant les individualités à l'égard desquelles il l'invoque ; s'il n'a que la souveraineté vis-à-vis des particuliers propriétaires des portions du sol qu'ils détiennent, il n'a également que la souveraineté et non la propriété vis-à-vis des autres Etats.

Le territoire comprend d'ailleurs toutes les dépendances contenues dans les limites de l'Etat fixées comme nous l'indiquerons plus loin. Il embrasse également les colonies qui relèvent de la souveraineté de l'Etat quel que soit leur régime spécial et malgré l'autonomie qui peut leur être laissée, tant que celle-ci ne va pas jusqu'à leur conférer l'indépendance complète au point de vue intérieur et extérieur, auquel cas elles forment des Etats nouveaux.

386. Concours de souverainetés sur un même territoire. Par suite de certaines combinaisons politiques, il peut arriver qu'un même territoire soit placé, en même temps, sous la souveraineté de plusieurs Etats ; c'est ainsi que la Prusse et la principauté de Lippe possédaient jadis en commun la ville de Lippstadt ; par le traité de Vienne, du 30 octobre 1864, la Prusse et l'Autriche gouvernaient en commun le Schleswig-Holstein et le Lauenbourg ; cette situation a duré pour le Lauenbourg jusqu'au traité de Gastein, conclu en septembre 1865, et pour le Schlewig-Holstein jusqu'au traité de Prague, du 26 août 1866.

Actuellement encore, le traité de Berlin du 13 juillet 1878, art. 25, en laissant au Sultan une souveraineté plutôt nominale que réelle sur la Bosnie et l'Herzégovine, a confié l'administration et le gouvernement effectif de ces provinces à l'Autriche. De même les Pays-Bas et la Prusse n'ayant pu s'entendre en 1814 pour l'attribution du territoire de Moresnet et de ses riches mines de zinc connues sous le nom de mines de la Vieille Montagne, un *condominium* fut établi entre eux. Depuis, Moresnet dépend de la Belgique sur le territoire de laquelle il est situé et le *condominium* se maintient entre elle et la Prusse. Les habitants de Moresnet ne doivent le service militaire nulle part ; ils peuvent s'adresser, à leur gré, aux tribunaux belges ou prussiens, et la force publique des deux pays souverains agit librement sur ce territoire, par exemple pour y arrêter les criminels. Ce territoire doit être considéré comme neutre en tant qu'il fait partie de la Belgique ; mais aucun des deux Etats souverains ne peut le fortifier, car il accomplirait alors un acte de prise de possession exclusive contraire au droit de l'autre pays. Citons encore le protectorat commun de l'Allemagne, de l'Angleterre et des Etats-Unis sur l'archipel de Samoa, en vertu du traité de Berlin du 14 juin 1889.

387. Limitation du territoire. — Il est presque inutile d'insister sur l'intérêt capital que présente la détermination exacte et incontestée des limites du territoire ; c'est l'intérêt même du bornage entre propriétaires voisins, apprécié au point de vue de l'importance des questions qui peuvent s'élever entre les Etats et de la gravité des conflits qui peuvent en provenir : la guerre de Sept ans a eu pour prétexte une question de frontières entre l'Angleterre et la France dans les forêts du Canada; la question d'Orient a failli être agitée à nouveau en 1882 parce que le protocole de Constantinople de 1880 avait inexactement fixé les frontières de la Turquie et de la Grèee ; le récent conflit entre le Portugal et l'Angleterre avait pour cause une difficulté relative aux limites de leurs possessions respectives en Afrique.

Les frontières sont établies d'après une ancienne possession incontestée ou au moyen de conventions spéciales. Habituellement on ne fixe dans les traités que les points principaux de la ligne séparative des Etats ; une commission technique composée d'agents des pays intéressés précise les points de détail et dresse un procès-verbal de délimitation qui est soumis à l'approbation des gouvernements : ainsi le traité du 10 mai 1871 indiquait à grands traits la nouvelle frontière de la France et de l'Allemagne, et la commission technique n'a fini son travail que le 26 août 1877 ; il a été ratifié le 2 mars 1878.

En réglant les frontières, on prévoit l'entretien et l'usage des routes, rivières, chemins de fer, forêts, ponts, etc., longés ou traversés par la limite des Etats, ainsi que les droits des communes, des établissements publics ou des particuliers sur ces biens. Ainsi, d'après le procès-verbal rédigé à Metz, en 1877, les chemins de fer longeant la frontière sont déclarés communs aux deux pays et neutres au point de vue douanier, de telle sorte que les marchandises y circulent librement ainsi que les douaniers des deux Etats. L'art. 6 permet aux propriétaires d'user des chemins d'exploitation qui coupent la frontière comme s'ils étaient en entier dans un des Etats. On organise également la surveillance des signes extérieurs destinés à marquer les limites, et la procédure à suivre pour poursuivre et punir ceux qui les détruisent ou les déplacent (V. art. 257, C. pén.).

Les frontières établies sont, suivant la configuration du sol, purement artificielles ou conventionnelles, ou bien naturelles.

Dans le premier cas, elles sont uniquement déterminées par des signes posés d'un commun accord, tels que poteaux, bornes, murs, fossés sur terre, bouées sur l'eau, etc. Les frontières peuvent être aussi *mathématiques,* c'est-à-dire fixées par une ligne idéale, suivant la latitude et la longitude ; c'est ce qui a lieu quand il s'agit de borner des territoires inexplorés (V. Conv. franco-anglaise, du 5 août 1890, fixant la sphère d'influence des deux pays dans le bassin du Niger et du lac Tchad).

Dans le cas où l'on utilise des séparations naturelles pour fixer les frontières, on se conforme aux règles suivantes.

Pour les chaînes de montagne, on prend de préférence la ligne de partage des eaux, qui ne se confond pas toujours avec la ligne de crête ; pour les fleuves, la ligne médiane du thalweg, c'est-à-dire du chenal formé par le courant de l'eau, ligne qui ne se confond guère avec celle du milieu du cours d'eau lui-même que lorsque ce dernier a été endigué par la main de l'homme. Si le cours d'eau change de lit, il appartient en entier à l'Etat sur le territoire duquel il coule désormais et la frontière établie sur l'ancien lit n'est pas modifiée. Quand, au contraire, le cours d'eau empiète sur un de ses bords en changeant son lit primitif, la frontière se modifie en suivant toujours le milieu du thalweg nouveau, et l'Etat riverain profite par accession de la portion du lit abandonnée par les eaux.

Pour les lacs qui séparent plusieurs territoires, la frontière est établie suivant la ligne médiane de la nappe d'eau, à moins d'usage ou de convention contraire, comme pour le lac de Constance qui appartient aux Etats riverains sur ses bords et leur est commun pour le surplus.

Parfois même, surtout en vue d'éviter des conflits entre des populations ennemies, on fixe entre les deux territoires une zone qui est déclarée inhabitable ou dans laquelle le séjour est subordonné à certaines conditions ; c'est ce qui fut souvent stipulé dans les traités de paix entre l'Autriche et la Turquie.

SECTION II

DES MODES D'ACQUISITION ET DE PERTE DU TERRITOIRE

388. Les modes d'acquisition et de perte de la souveraineté sur le territoire sont, à peu de chose près, semblables à ceux d'acquisition et de perte de la propriété. On peut donc les classer, comme ces derniers, en modes dérivés et en modes originaires ; les premiers, qui impliquent la transmission de la souveraineté d'un Etat à un autre, constituent, par rapport au pays dépossédé de ses droits antérieurs, un mode de perte de la souveraineté, comme ils sont un mode d'acquisition pour celui auquel ces droits sont transférés, ce qui fait que, en les étudiant, nous exposerons en même temps l'acquisition et la perte du territoire ; les seconds impliquent au contraire une prise de possession de la souveraineté, sans qu'il y ait transmission d'un Etat à un autre.

Les modes d'acquisition dérivés peuvent être ramenés aux suivants, les uns volontaires, c'est-à-dire supposant le consentement réciproque des pays intéressés, les autres involontaires, c'est-à-dire s'accomplissant en dehors de tout accord de volontés : la cession à titre gratuit ou onéreux, d'une part ; l'accession, la prescription, d'autre part. Les modes originaires d'acquisition du territoire se réduisent à un seul : l'occupation.

§ Ier. *L'accession.*

389. L'accession ne peut avoir qu'une importance relativement secondaire dans les rapports internationaux, étant donné que les fractions de territoire ainsi modifiées sont toujours de peu d'étendue. On est du reste d'accord pour appliquer, dans les rapports entre Etats, les règles juridiques consacrées à peu près partout depuis le Droit romain dans les relations entre particuliers.

L'alluvion fluviale ou maritime appartient à l'Etat sur le territoire duquel elle se dépose ; il en est de même des portions du sol abandonnées par les eaux, comme les lais et relais de la mer. Les îles qui se forment dans un fleuve ou un lac doivent être attribuées au pays dont la souveraineté s'étend sur la portion des eaux où les îles se trouvent.

§ II. *Prescription.*

390. Faute de loi internationale établie au-dessus des États, la prescription ne peut être réglée à l'avance ni dans sa durée, ni dans ses conditions; cependant elle est à peu près universellement admise dans les rapports internationaux, en ce sens que la possession *ancienne et effective* d'un territoire doit faire supposer le droit d'y exercer la souveraineté et le mettre à l'abri des contestations ou des revendications de la part des autres États. Le défaut ordinaire de titres et de documents formels pour justifier du droit à la souveraineté ouvrirait la voie à des compétitions incessantes si les anciennes possessions ne devaient pas être respectées, et la carte du monde serait toujours à refaire.

Aussi ne saurait-on approuver la conduite de Louis XIV qui, en 1679, forma les fameuses *Chambres de Réunion* pour déterminer les dépendances des villes cédées à la France aux traités de Westphalie, d'Aix-la-Chapelle et de Nimègue, afin de les déclarer incorporées à la France contrairement aux anciennes possessions effectives.

Bluntschli observe de plus, avec raison, que le respect des possessions anciennes est la seule façon d'effacer la violence et l'iniquité qui caractérisent trop souvent les premières acquisitions territoriales, de sorte que, sans ce palliatif, on pourrait toujours remettre en discussion la formation de la plupart des pays.

Il va sans dire que, pour servir de base à un droit de souveraineté bien établi, la possession doit être incontestée et ne pas faire l'objet de réclamations de la part des populations du territoire ni d'une autre Puissance; c'est en ce sens qu'il faut entendre la parole fort juste de Heffter : « Un siècle de possession *injuste* ne suffit pas pour enlever à celle-ci le vice de son origine ».

§ III. *Cession du territoire.*

391. En principe, le territoire de l'Etat doit être considéré comme un et indivisible. Cette règle, consacrée par la plupart des constitutions modernes, exprime une réaction contre les anciennes idées féodales d'après lesquelles les territoires et leurs populations, laissés à la libre disposition du souverain, pouvaient faire l'objet d'aliénations sous forme de constitution de dot, de testament, de succession, de vente, etc., au même titre qu'une propriété privée. Elle est d'ailleurs la condition essentielle de l'existence de l'Etat, étant donné que le territoire constitue un élément indispensable à son existence, et que la faculté illimitée de l'aliéner entraînerait la possibilité de la détruire, ce qui est incompatible avec la capacité juridique d'un être : le suicide n'est pas plus un droit pour l'Etat qu'il ne l'est pour les individus. L'unité ou l'indivisibilité de l'Etat domine ainsi et écarte même les intérêts des souverains qui ne sont que des représentants de l'Etat et non des propriétaires du sol sur lequel l'Etat exerce sa souveraineté (V. n° 385).

392. De ce qui précède, il résulte que l'on ne peut plus admettre de nos jours des modes de cession du territoire fréquemment employés jadis quand les souverains en étaient considérés comme les propriétaires. Ces modes sont les suivants. 1° La succession *ab intestat* ou par testament entre souverains, couramment admise autrefois et qui a donné lieu à de célèbres conflits, comme les guerres de la succession d'Espagne et d'Autriche. Aussi les auteurs germaniques avouent-ils eux-mêmes que la Prusse commettait un anachronisme choquant en voulant régler la condition du Slesvig-Holstein, en 1864, d'après les titres des souverains de ce pays au moyen-âge. Aujourd'hui, la succession des princes, au point de vue de la transmission de la souveraineté, dépend de la Constitution de chaque pays qui dépend elle-même de la libre volonté de la nation.

2° La cession moyennant une rente perpétuelle ou la cession à titre de fief au bénéfice d'un souverain étranger ; ces procédés, logiques sous le régime féodal d'après lequel le souverain dispose du territoire comme un propriétaire de son domaine privé, sont inapplicables de nos jours.

3° La constitution d'hypothèque sur un territoire pour garantie d'une créance, avec abandon au créancier en cas de non paiement, était aussi d'un usage fréquent sous l'empire des idées anciennes relatives au droit du souverain sur le territoire. A une époque relativement récente, en 1768, Gênes donna la Corse à la France comme gage du remboursement des subsides que celle-ci lui avait fournis ; ce remboursement n'ayant pu être effectué et Gênes ayant d'ailleurs disparu comme Etat indépendant, la Corse devint une dépendance du territoire français.

Cependant il arrive encore souvent que le droit d'occupation sur certaine fraction du territoire est concédé pour assurer le paiement des indemnités de guerre au vainqueur : ainsi la Prusse, en 1807, donna en garantie à la France les forteresses de Stettin, Küstrin et Glogau ; de même une partie de notre pays a été occupée par les alliés en 1815 et par les troupes allemandes en 1871 jusqu'au paiement des indemnités promises : nous verrons les effets de cette occupation quand nous étudierons le droit de la guerre.

Souvent aussi un pays engage, comme garantie de ses obligations, notamment du remboursement de ses emprunts, certaines de ses ressources, telles que le revenu de ses douanes, ou des dépendances de son domaine public ou privé, comme cela a eu lieu en Tunisie et en Egypte où des propriétés du souverain ont servi de gage aux créanciers de l'Etat : l'hypothèque ou la constitution de gage peut alors produire tous ses effets juridiques suivant la loi de l'Etat débiteur ou conformément aux conventions passées avec les créanciers, puisqu'elle a pour objet, non pas le territoire en général qui n'est soumis qu'à un droit de souveraineté inaliénable en principe, mais des impôts, des revenus ou des domaines déterminés à l'égard desquels l'Etat peut disposer de sa propriété suivant les règles de son droit public.

4° L'échange de territoires peut être réalisé dans les conditions prévues par la Constitution de chaque pays (V. loi cons. 16 juillet 1875, art. 8); mais, vu le caractère d'indivisibilité du territoire, il ne peut être admis que dans des circonstances où il est commandé par l'intérêt de l'Etat et pour des portions de minime importance ou qui n'affectent pas l'unité de l'Etat lui-même. Ainsi on comprend l'échange pour assurer une rectification de frontières, car l'intérêt de cette rectification peut être très important et les terrains acquis ou aliénés sont presque insignifiants; de même on conçoit qu'une colonie sans profit pour un Etat soit échangée contre une autre qui lui offre plus d'avantages, car, quelle que soit l'importance des territoires coloniaux, leur changement de situation n'affecte pas directement l'unité de la mère patrie, étant donné surtout que leurs habitants sont presque toujours de simples sujets et non des citoyens de la métropole. Un échange qui porterait, au contraire, sur une partie considérable du territoire métropolitain pourrait modifier d'une façon essentielle l'ancien caractère et l'unité de l'Etat, et déterminer la substitution d'une nouvelle personnalité souveraine à celle qui existait antérieurement.

S'il s'agit d'une contestation sur le droit de souveraineté par rapport à un territoire, la décision d'un arbitre choisi peut servir de titre à l'Etat dont le droit est reconnu; elle ne crée pas directement ce droit qui est simplement constaté par l'arbitre en vertu des documents ou des faits antérieurs justifiant une acquisition déjà faite : telle fut la décision du pape Léon XIII affirmant le droit de souveraineté de l'Espagne sur les Carolines, malgré la prise de possession de l'Allemagne, etc.

5° La vente à prix d'argent du territoire est également incompatible avec la nature du droit à céder qui est la souveraineté, chose éminemment hors du commerce. Un Etat peut vendre ses propriétés et en trouver l'équivalent dans l'argent qu'il reçoit; jamais une somme ne peut remplacer l'élément indispensable à son existence, la souveraineté exercée sur le territoire. On voit cependant d'assez nombreuses conventions, même à l'époque moderne, qui ont pour objet une cession de territoire sous la condition du paiement d'une somme en argent; par exemple pour la Louisiane cédée par la France aux Etats-Unis, le 30 avril 1803; pour l'Amérique Russe également cédée aux Etats-Unis, le 30 mars 1868; pour l'île de Saint-Barthélemy abandonnée, le 10 août 1877, par la Suède à la France; pour la cession de Menton et Roquebrune faite à la France par le prince de Monaco, le 2 février 1861. Mais la somme fixée dans ces conventions doit être considérée comme la représentation des propriétés du domaine public ou privé, ou d'autres avantages matériels que l'Etat cédant abandonne à l'Etat cessionnaire; c'est ce que dit formellement l'art. 5 du traité du 10 août 1877 relatif à la cession de Saint-Barthélemy.

§ IV. *Des conventions ayant pour objet l'aliénation du territoire.*

393. Malgré le caractère du territoire qui est, en principe, inaliénable et indivisible, tout le monde reconnaît que l'Etat a la faculté d'en céder certaines portions exceptionnellement, sous l'empire d'une nécessité urgente ou d'un grave intérêt politique, en observant les conditions exigées en pareil cas par son droit public. Le sacrifice accompli par l'abandon d'une partie du territoire ne se justifie ainsi qu'à titre exceptionnel, et pour sauvegarder soit l'existence même de l'Etat, soit un intérêt plus considérable pour lui que celui qu'il aurait à conserver la fraction de territoire qu'il cède.

394. Les cessions contractuelles de territoire peuvent être amiables ou se produire à la suite des exigences du vainqueur dans les traités de paix. Les premières sont provoquées par le désir de satisfaire un intérêt politique, par exemple en abandonnant des possessions qui éveillent les susceptibilités des autres pays et dont la conservation pourrait entraîner des complications dans l'avenir, ou bien en se débarrassant des territoires qui donnent plus de charges que de profits, ou bien en gagnant l'appui et l'amitié d'une Puissance que l'on a besoin de ménager : telles sont les cessions des Iles Ionniennes par l'Angleterre à la Grèce en 1863 ; de Nice et de la Savoie à la France par la Sardaigne en 1860 ; de sa part de souveraineté sur le Lauenbourg par l'Autriche à la Prusse en 1865 ; des possessions russes de l'Amérique du Nord aux Etats-Unis en 1867 ; des colonies hollandaises de la Guinée à l'Angleterre en 1872 ; de l'île de Saint-Barthélemy par la Suède à la France en 1877.

Les cessions imposées par le vainqueur comme condition de la paix, en d'autres termes les conquêtes, ont été le mode presque normal de formation et de développement des Etats dans tout le cours de l'histoire. Aujourd'hui, le Droit international, fondé sur le respect de la personnalité des Etats et de leur souveraineté territoriale, condamne d'une manière absolue les guerres qui sont entreprises directement dans le but d'obtenir un accroissement de territoire. Mais le principe nouveau, déjà posé dans la Constitution française de 1791, titre VI, n'a jamais cessé d'être violé, même par les gouvernements qui l'ont formulé. Les prétextes des hostilités, plus ou moins habilement invoqués, ne font que masquer hypocritement l'ambition de conquêtes qui provoque la plupart des guerres.

395. L'annexion est-elle légitime ? — Bien que les cessions de territoire soient tellement fréquentes dans l'histoire qu'on peut les considérer comme un élément de la vie politique des Etats, on est loin d'être d'accord, dans la doctrine, sur le point de savoir si un pays a le droit d'exiger d'un autre l'abandon d'une partie de son territoire. Les diverses théories émises à ce sujet peuvent se ramener à trois principales que nous allons examiner.

396. I. Théorie du droit de conquête ou d'extension. — C'est la théorie des peuples antiques, ou plutôt leur pratique, car ils ne raisonnaient guère leur façon d'agir : s'inspirant uniquement de leur propre intérêt, méconnaisssant d'une façon complète les droits des autres Etats, ils cherchaient simplement à s'agrandir les uns aux dépens des autres, suivant leurs ressources et la faveur des circonstances. Les grands conquérants, à toutes les époques de l'histoire, n'ont pas eu d'autre ligne de conduite. La théorie est venue, après coup, fournir à ces conquérants une justification de leurs entreprises, généralement sous l'influence de passions religieuses ou politiques à satisfaire, ou d'un sentiment national exagéré à contenter; ce qui explique combien peu scientifiques nous apparaissent les doctrines émises à ce sujet.

Obéissant à une tendance mystique, certains publicistes ont vu dans les conquérants des hommes ou des peuples investis d'une mission providentielle et chargés d'exécuter par les armes les desseins de Dieu sur la terre. La notion du Droit qui repose sur la raison appliquée aux faits observés dans les rapports entre les hommes, ne peut se contenter de pareilles affirmations qui exigent un acte de foi, tant que les prétendus mandataires de ce que Hegel appelait l'*Idée supérieure,* M. Cousin, après lui, l'*Humanité,* Joseph de Maistre, avec la plupart des hommes, la *Providence,* n'auront pas produit la preuve de leur mission, en faveur de laquelle ils ne peuvent invoquer qu'une présomption bien fragile, celle du succès de leur ambition tant qu'il se maintient.

D'autres ont essayé de justifier la conquête au profit des peuples forts en invoquant le droit que ces derniers puisent, dans leur vitalité même, de s'agrandir aux dépens de ceux que leur incapacité native ou leur décrépitude prive de la faculté de régir les territoires qu'ils sont impuissants à conserver. Ce n'est là qu'une affirmation sans preuve du droit de la force brutale dont le Droit international ne peut se contenter, sans parler de la réfutation philosophique que l'on peut lui opposer et sur laquelle nous n'avons pas à insister.

397. II. Théorie du droit de conquête fondé sur le principe des nationalités. — Pour beaucoup de publicistes, spécialement en Allemagne et en Italie, la conquête se justifie quand elle a pour objet de permettre aux populations de se réunir à un Etat auquel appartient déjà la majorité des individus de même nationalité, et de s'affranchir ainsi du joug d'une autorité à laquelle, d'après la nature des choses, elles ne doivent pas rester soumises.

Nous n'avons pas à revenir sur la théorie des nationalités dont nous déjà montré le caractère vague et la base fragile (V. nᵒˢ 103 et suiv.). Au point de vue auquel nous nous plaçons maintenant, il nous suffit de faire remarquer que, fût-elle absolument justifiée, sa réalisation ne peut être obtenue que par des moyens légitimes en eux-mêmes, en respectant les droits acquis des autres Etats, et non en les violant brutalement par la force. Si, sans attendre que les populations intéressées réalisent d'elles-mêmes la théorie des nationalités, on veut les arracher par la force aux Etats auxquels elles appartiennent, on transforme cette doctrine en une arme de guerre pour troubler le monde et en un prétexte pour couvrir toutes les ambitions de conquête.

398. III. Théorie du droit de défense. — La plupart des auteurs modernes n'essaient de justifier la conquête que par les nécessités de la défense de l'Etat qui l'accomplit. Cette nécessité, dit-on, peut se présenter dans deux cas.

D'abord, on peut être obligé de prendre les devants dans l'attaque pour arrêter, de la part d'un autre pays, soit des agressions, soit un accroissement de puissance dangereux pour l'avenir : c'est même en se plaçant surtout à ce dernier point de vue du maintien de l'équilibre que l'on justifie habituellement l'initiative de l'agression à titre de mesure de défense préventive.

Nous avons déjà vu que la violation de l'équilibre peut justifier une déclaration d'hostilités qui n'est qu'une mesure préventive pour écarter un danger irréparable peut-être dans l'avenir si on le laissait se produire ; mais nous avons vu également que cette grave initiative ne peut être prise que lorsqu'il y a menace sérieuse pour la sécurité des autres Etats par l'accroissement excessif d'un autre, et surtout par le caractère illégitime des moyens employés par lui pour le réaliser. Malheureusement cette préoccupation de l'équilibre, précisément à cause du manque de précision et de limites bien arrêtées de son objet, a provoqué mille abus en offrant un prétexte à tout pays ambitieux de s'agrandir et qui invoquait, pour justifier sa conquête, les accroissements prétendus dangereux pour lui d'un autre Etat. Pour être admissible à titre de mesure de défense préventive, l'opposition aux accroissements d'un pays doit être provoquée par la crainte d'un danger sérieux venant de la rupture de l'équilibre ; il faut, de plus, que cette opposition se borne à un obstacle apporté à l'accomplissement ou au maintien des conquêtes qui constituent ce danger, sans que l'on voie en elles un prétexte pour en faire d'équivalentes dans son intérêt personnel : outre que, en agissant ainsi, on commet la faute reprochée à autrui, on perpétue les réclamations fondées sur la rupture de l'équilibre et on ne parvient jamais à rétablir celui-ci qu'au détriment d'autres territoires dont l'indépendance est sacrifiée au mépris de leur droit.

Montesquieu, dans un passage célèbre (liv. X, ch. II), développe également cette idée que l'agression peut être nécessaire de la part d'un Etat pour écarter un danger qui le menace dans l'avenir ; mais au début du chap. III, il ajoute : « Du droit de la guerre dérive celui de la conquête », ce qui semblerait indiquer que, dans sa pensée, contrairement à ce que nous avons dit, la conquête pourrait être justifiée dans tous les cas où une attaque l'est elle-même comme moyen préventif de sauvegarde. Admettre cette conséquence, c'est admettre que toute rupture de l'équilibre en justifie une autre, tandis qu'elle n'autorise qu'une action préventive ou répressive pour empêcher que cet équilibre ne soit détruit ou ne continue à l'être.

En second lieu, on justifie l'annexion comme une nécessité lorsque, à la suite d'une guerre *injuste* qui lui a été déclarée, un Etat vainqueur l'impose comme compensation des charges qu'il a eu à supporter et comme un moyen de se prémunir contre de nouvelles agressions. D'autres, au contraire, ne l'admettent même pas dans ce cas, soit parce que l'Etat vainqueur ne peut pas être juge et partie dans sa propre cause, soit parce que les cessions territoriales seront toujours hors de proportions avec les dommages à réparer ou les précautions à prendre, soit enfin parce que la conquête est une véritable peine appliquée par un pays à un autre sans qu'il ait aucun droit pour cela et qui, d'ailleurs, atteint les forces économiques et morales du pays démembré, alors que la guerre ne doit avoir pour résultat que de diminuer ou de paralyser sa puissance militaire.

Cette dernière opinion repose sur des considérations qui ont leur valeur incontestable au point de vue de la conception idéale du Droit international, mais qui ne sauraient écarter la nécessité des faits. C'est le trait caractéristique du Droit international de s'adresser à des êtres souverains au-dessus desquels il n'y a pas de tribunal ; il n'y a donc pas lieu de s'arrêter à cette objection qui n'est que la constatation d'un fait inévitable, à savoir que l'état vainqueur imposant la cession de territoire est juge et partie dans sa propre cause.

Mais il faut reconnaître, d'autre part, que, appréciée comme moyen d'obtenir réparation des attaques que l'on a eu à subir et comme moyen préventif de défense dans l'avenir, la conquête ne peut être qu'une ressource extrême et exceptionnelle. On comprend, par exemple, qu'elle soit nécessaire à l'égard des peuples barbares qui n'ont pas les ressources nécessaires pour réparer autrement les dommages qu'ils ont causés et dont le défaut de civilisation n'offre aucune garantie au point de vue des engagements qu'on leur ferait prendre pour l'avenir : la destruction totale ou partielle de leur souveraineté territoriale peut être un moyen suprême de se défendre contre eux, au même titre que la suppression d'un individu dangereux dans chaque société. Mais à l'égard des Etats qui n'ont pas ce caractère, il est presque toujours possible d'obtenir une réparation pécuniaire adéquate aux dommages matériels éprouvés de leur fait, et de prendre des précautions suffisantes pour paralyser leurs agressions futures, telles que des servitudes militaires leur interdisant de conserver des fortifications ou de concentrer des troupes dans une zone déterminée, ou bien de dépasser un certain contingent, ou enfin la neutralité de certains territoires séparant les Etats ennemis. La conquête, atteignant le pays vaincu dans son existence même au point de vue économique et politique, et non pas seulement militaire, dépasse presque toujours la mesure de la réparation légitimement due et des précautions à prendre. D'autre part, elle est loin d'atteindre le but proposé qui est de mettre fin au conflit. Insuffisante presque toujours pour diminuer la puissance militaire de l'Etat démembré de manière à la rendre non redoutable pour l'avenir, elle surexcite l'esprit de revanche et amène une série continue d'hostilités : la conquête de l'Alsace-Lorraine, en 1871, n'est-elle pas le seul obstacle insurmontable à la pacification des rapports entre l'Allemagne et la France ?

En somme, le principe général qui se dégage des observations précédentes est que la cession de territoire ne se comprend qu'à titre de sacrifice commandé par l'intérêt supérieur de l'Etat, en raison des inconvénients ou des dangers que peut entraîner la conservation de la fraction qu'il abandonne. Or, l'histoire nous montre que ces inconvénients ou ces dangers ne se présentent guère que pour les territoires récemment acquis, au sujet desquels se manifeste la susceptibilité ou l'inquiétude des autres Etats, ou bien pour les territoires conquis par la force et que le pays démembré cherche toujours à recouvrer : cette observation doit nous convaincre que la plupart des annexions, au moins dans les rapports des peuples civilisés, créent des difficultés et ne les résolvent presque jamais.

399. Conditions de l'efficacité juridique de l'annexion. — Appréciée dans sa réalisation et au point de vue de sa validité comme effet d'un accord international, l'annexion doit satisfaire à plusieurs conditions.

1° Il faut qu'elle soit consentie de part et d'autre par les pouvoirs désignés dans la Constitution de chaque pays. Les lois constitutionnelles exigent à peu près partout la ratification du pouvoir législatif (V. loi française du 16 juillet 1875), prévoyant ainsi et autorisant, par suite, les modifications territoriales.

2° Il faut également le consentement, soit tacite, soit plus généralement exprès, contenu dans le traité d'annexion, de l'Etat annexant et de l'Etat démembré. Celui de ce dernier peut être contraint par la force des armes, mais il n'en doit pas moins exister; aussi la simple occupation de fait pendant les hostilités, c'est-à-dire l'invasion, ne constitue pas une cession et n'entraîne pas de changement de souveraineté tant qu'il n'y a pas adhésion formelle ou tacite du pays vaincu.

3° Presque tous les auteurs exigent, en outre, qu'il y ait tradition et prise de possession effective du territoire cédé. Cette condition semble nécessaire au point de vue pratique pour l'exercice de la souveraineté de la part de l'Etat annexant sur le territoire cédé; mais, au point de vue juridique, la transmission peut être réputée accomplie quand les deux premières conditions ont été remplies; c'est ainsi que Napoléon III reçut la Lombardie dans les préliminaires de Villafranca confirmés à Zurich les 16 octobre-10 novembre 1859, et put en transmettre la souveraineté au Piémont, sans en avoir jamais pris possession lui-même.

Dans tous les cas, il ne faut pas considérer l'adhésion des puissances tierces comme une condition de la validité juridique de l'annexion; les protestations de ces puissances, provoquées par leur intérêt personnel ou par la préoccupation de l'équilibre, peuvent empêcher en fait l'annexion d'être maintenue; mais elles ne peuvent, en droit, atteindre une convention à laquelle les autres Etats ont été étrangers. Cette observation s'applique notamment à l'opposition de l'Angleterre et des Etats-Unis contre la cession de la Louisiane que l'Espagne proposa à la France en 1800, et à celle que fit la Prusse en 1867 contre l'annexion du Luxembourg à la France.

400. Des plébiscites d'annexion (1). — Nous avons déjà vu que, par respect pour la liberté individuelle, on permet aux individus atteints par l'annexion de conserver leur première nationalité en exerçant le droit d'option (V. n° 336).

De plus, on s'inspire actuellement de cette idée que, dans l'annexion, la cession porte sur la souveraineté territoriale, non sur un droit de propriété, de telle sorte qu'elle a directement

---

(1) V. Rouard de Card. *Etudes de Droit int. Les Annexions et les plébiscites dans l'histoire contemporaine*, p. 36; F. Lieber, *De la valeur des plébiscites en Droit international*, R. D. I., 1871, p, 139; Guido Padaletti, *id.*, p. 485 ; Stoerck, *Option und Plebiscit bei Eroberungen und Gebietscessionen*, 1879.

pour objet les habitants, les *âmes* comme on disait dans certains traités du premier Empire, et subsidiairement le sol qu'ils habitent. On a fait ressortir, en outre, que les populations ont seules le droit de se prononcer sur leur destinée politique et de choisir l'Etat auquel elles doivent être incorporées. De là est né un système moderne d'après lequel l'annexion ne serait justifiée et même valable que tout autant qu'elle serait ratifiée par un vote des populations du territoire cédé.

Ce consentement des populations pourrait être fourni ou refusé par leurs représentants politiques : mais on objecte, avec raison, que le mandat de ces représentants n'implique pas un pareil pouvoir et qu'ils n'ont pas l'autorité spéciale voulue pour agir à ce sujet.

On a songé alors à consulter les populations elles-mêmes dans un plébiscite où la question de l'annexion leur est nettement posée. Ce système, largement appliqué par la Sardaigne pour faire consacrer l'annexion successive des différents Etats de l'Italie, a été particulièrement défendu par Napoléon III qui y voyait une application de la souveraineté démocratique dont il était, disait-il, le représentant, et qui l'employa, soit dans sa politique intérieure, soit dans sa politique internationale en faisant ratifier par un vote populaire l'incorporation à la France du territoire de Nice et de la Savoie, en 1860. Le plébiscite a été appliqué aussi dans la cession de l'île de Saint-Barthélemy à la France, le 10 août 1877.

Ce système n'a au contraire jamais prévalu chez les puissances anglo-saxonnes ou germaniques : les Etats-Unis ont annexé le Texas et la Californie, les Allemands, l'Alsace-Lorraine, sans plébiscite ; la Prusse même, malgré une clause formelle du traité de Prague du 23 août 1866 inspiré par la médiation de Napoléon III, n'a jamais voulu consulter les habitants du Sleswig.

Il a été fait une curieuse application du plébiscite d'annexion dans le traité de mai 1883, entre le Chili et le Pérou : le premier occupe pendant dix ans la province de Tacna avec le port d'Arica et neuf lieues de côtes ; après dix ans, un vote populaire doit indiquer à qui la province restera, et l'Etat favorisé par ce vote doit payer à l'autre cinquante millions.

Au point de vue pratique, tout d'abord, les plébiscites n'ont qu'une médiocre valeur pour établir d'une manière sincère le véritable sentiment des populations. L'Etat annexant ne les propose ou ne les accepte que quand il est sûr à l'avance de leur résultat ; il les prépare, en outre, par une pression qui n'a ni contrepoids ni contrôle : ne faudrait-il pas au moins, pour que ce vote fût libre, qu'il eût lieu sur la consultation du pays démembré interrogeant les populations appelées à se séparer de lui, tandis que c'est l'Etat annexant qui, maître de la situation, le demande et le dirige ?

Au point de vue théorique, on peut remarquer que les plébiscites d'annexion sont une sorte d'application de la fausse doctrine du contrat social, d'après laquelle la société reposerait sur un accord des individus, au lieu d'être une conséquence forcée de la nature humaine, et en vertu de laquelle, par conséquent, un vote des intéressés serait nécessaire pour rompre l'union, comme il a fallu leur consentement pour la former. A cette conception de J.-J. Rousseau, aujourd'hui discréditée, on peut objecter ce que son auteur écrivait lui-même sur l'impossibilité pour les citoyens d'un pays de se donner un régime politique immuable sans tenir compte du droit des générations à venir d'en adopter un autre qui leur conviendrait mieux : est-il, en effet, plus admissible qu'un vote des citoyens du pays annexé consacre une transformation politique irréparable, sans se préoccuper de la génération future, ni même des hommes déjà nés et qui, dans peu de temps, seront des citoyens à leur tour ?

Au surplus, l'idée même du plébiscite d'annexion est incompatible avec la notion exacte de l'Etat. La souveraineté réside dans la collectivité qui forme l'Etat, et si cette dernière par l'intermédiaire de ses représentants, suivant les règles de son droit constitutionnel, a consenti à l'abandon d'une partie de son territoire, sa décision s'impose à tous ceux qui relèvent d'elle, aux habitants du pays cédé comme aux autres. Les populations du territoire annexé peuvent avoir une existence juridique distincte au point de vue administratif, par exemple en tant qu'elles forment un département ou une commune, mais les lois faites par la collectivité générale sont des actes de souveraineté devant lesquels elles doivent s'incliner ; elles manquent, par conséquent, d'une souveraineté individuelle qui puisse leur permettre d'empêcher les conséquences d'une annexion qui les vise : décider le contraire, c'est rompre l'unité de la souveraineté, c'est compromettre, par suite, l'existence même de l'Etat. On ne peut comprendre l'efficacité des protestations contre l'annexion que de la part d'un pays qui fait partie d'une fédération ou d'une confédération : ce pays a son individualité souveraine comme Etat, il ne l'a abdiquée que d'une manière limitée en s'unissant à d'autres, et on ne peut, sans violer le pacte fondamental de l'union, disposer de lui pour le placer dans une situation politique différente.

Disons enfin que les plébiscites peuvent constituer un grave danger pour l'unité des Etats et le maintien de la paix entre eux : il suffira d'un vote spontané des habitants d'une province en faveur de l'incorporation à un autre pays, par exemple pour des raisons tirées du principe des nationalités, pour que l'on soit conduit logiquement à admettre le démembrement de l'Etat. Habilement exploité par un gouvernement ambitieux, ce procédé peut autoriser toutes les incorporations, comme le montre l'exemple de la Sardaigne qui a provoqué dans tous les Etats italiens des plébiscites en sa faveur, et n'a plus eu qu'à invoquer le sentiment des populations pour s'annexer successivement l'Italie tout entière.

§ V. *L'Occupation* (1).

401. L'occupation a été un mode d'acquisition des territoires d'une très grande application dans l'antiquité, soit qu'il s'agît de territoires non soumis déjà à une souveraineté, soit surtout que l'on invoquât le principe, alors admis, d'après lequel l'ennemi était sans droit à l'égard des choses qu'il possédait et qu'on parvenait à lui enlever. Les Romains, on le sait, considéraient comme la plus ancienne et la plus légitime cause d'acquisition l'*occupatio bellica*.

---

(1) Heimbürger, *Der Erwerb des Gebietshoheit*, 1888 ; Ch. Salomon, *L'occupation des territoires sans maître*, 1889 ; Livre jaune, 1885 : *Affaires du Congo et de l'Afrique occidentale* ; Gourd, *Les Chartes coloniales*, 1885 ; Résolutions de l'Institut de Droit international, session de Lausanne, 1888, *Annuaire*, t. X, pp. 176 et 201 ; G. Moynier, *La question du Congo devant l'Institut de Droit int.*, 1883 ; *La fondation de l'Etat indépendant du Congo au point de vue juridique*, 1887 ; articles de M. Engelhardt, R. D. I., 1886, pp. 433 et 573 ; de Martitz, *id.*, 1887, pp. 371.

Aujourd'hui, la prise de possession du territoire de l'ennemi ne constitue qu'un simple état de fait pendant la période d'invasion : la transmission des droits ne s'opère entre les Etats que par l'accord qui survient entre eux ; encore cette transmission ne porte-t-elle que sur la souveraineté en respectant le droit de propriété des particuliers.

Le rôle de l'occupation proprement dite a été considérable également pendant la période des grandes découvertes, à compter du xv siècle. Après avoir, semble-t-il, perdu de son importance à cause de la rareté des prises de possession des territoires véritablement sans maître, l'occupation attire actuellement d'une manière particulière l'attention des publicistes et des diplomates, à la suite du grand mouvement de colonisation qui pousse les Etats européens à occuper des territoires jadis inconnus ou dédaignés, et du développement de la navigation ainsi que des modifications dans les itinéraires maritimes qui donnent un intérêt à la possession de rivages et d'îles jadis réputés sans importance.

402. D'après la doctrine moderne, l'occupation peut être définie : « La prise de possession *(corpus)*, avec l'intention de le soumettre à sa souveraineté *(animus possidendi)*, d'un territoire présentement sans maître au point de vue du Droit international *(res nullius)*. » De cette définition il résulte que, si l'occupation dans les rapports internationaux a des éléments semblables à ceux de l'occupation du droit privé, il faut bien la distinguer cependant de cette dernière, soit parce qu'elle a pour objet l'acquisition de la souveraineté et non de la propriété, soit parce qu'elle porte sur des territoires non soumis à une souveraineté, sans qu'on ait à considérer le droit de propriété auquel ils peuvent être assujétis.

403. Historique. — On divise habituellement l'histoire de l'occupation en trois périodes.

1° Du xiv à la fin du xvi siècle environ, les peuples navigateurs ne semblent pas fonder leur droit sur la découverte et encore moins sur une prise de possession effective qui n'est que rarement réalisée. L'Espagne et le Portugal, croyant ou paraissant croire à leur mission d'évangéliser les infidèles, entendent tenir du Pape l'investiture des territoires découverts par eux. Cette concession du Saint-Siège, purement gracieuse et révocable, peut être tout au plus déterminée par la priorité de découverte. Elle implique d'ailleurs l'attribution cumulée de la souveraineté et de la propriété alors confondues. Enfin, elle s'applique à tous les pays occupés par les infidèles réputés sans droit au point de vue chrétien, et dont les territoires sont, par le fait, *res nullius :* cette manière de voir fut toujours maintenue malgré les généreuses protestations du missionnaire Las Casas, dans sa *Brievissima relacion de la destruccion de las Indias* (1552), en faveur de la personne et des biens des indigènes de l'Amérique, et de F. Victoria en faveur même de leur droit de souveraineté. C'est par application de ces idées que Clément VI donna les Canaries aux Espagnols par sa bulle du 13 nov. 1344, et Nicolas V la Guinée au roi Alphonse V de Portugal, en 1454. La fameuse bulle *Inter cœtera* d'Alexandre VI, le 4 mars 1493, partagea les territoires à découvrir entre les Espagnols et les Portugais, suivant une ligne tracée à cent lieues des îles du Cap-Vert; le traité de Tordesillas, du 3 juin 1494, conclu entre les deux pays, étendit les droits du Portugal jusqu'à 370 lieues des îles du Cap-Vert, et cet arrangement fut confirmé par Jules II en 1509.

2° Mais, vers le milieu du XVIᵉ siècle, les autres peuples lancés également dans la voie des découvertes se refusèrent à reconnaître l'autorité des bulles que les publicistes dédaignèrent également. Les pays protestants, en particulier, affranchis à l'égard du Saint-Siège, ne pouvaient plus tenir leurs droits de celui-ci. En même temps, tandis que les Portugais et les Espagnols, les premiers en date comme navigateurs, mais peu persévérants dans leurs entreprises, invoquaient la priorité de découverte et l'investiture du Pape, les Anglais, les Français et les Hollandais, venus plus tard mais plus constants et meilleurs administrateurs de leurs possessions lointaines, avaient une tendance plus marquée à ne tenir compte que de la prise de possession réelle ou *effective,* comme l'exige le Droit international de nos jours. C'est ainsi que Elisabeth d'Angleterre répondit à Mendoza qui se plaignait de l'expédition de Drake, qu'elle n'avait pas à s'incliner devant la décision de l'évêque de Rome et qu'elle ne reconnaissait, comme base de droit sur les territoires, que l'occupation effective. Déjà se dégageait cette idée, si bien exprimée par M. P. Leroy-Beaulieu, « que le monde

n'appartient pas aux curieux qui le parcourent et l'explorent ;
c'est aux patients seuls et aux travailleurs qu'il finit par rester ».
On en venait ainsi naturellement à subordonner la validité de
l'occupation à la possession effective, suivant le principe posé
par Vattel et qu'ont reproduit tous les publicistes après lui.

Cependant, dans cette seconde période, la pratique est loin
de répondre à ces conditions théoriques. Elle peut se résumer
dans les règles suivantes : *a*) c'est le souverain qui donne aux
navigateurs le droit d'acquérir, en son nom, par la découverte,
la souveraineté et la propriété alors confondues sur les territoires inexplorés ; *b*) l'occupation est possible sur tout territoire
soumis à des infidèles qui sont toujours réputés sans droit ;
c) l'occupation peut être figurée ou fictive, par exemple au moyen
de l'érection d'une croix, d'un monument, du fait de planter le
drapeau ; autant de manifestations qui autorisent l'occupation
d'immenses étendues : l'Angleterre prétendit même avoir droit
à toute l'Amérique du Nord parce que Caboto, délégué par
elle, en avait longé les côtes en 1496. Cette pratique abusive
provoqua une foule de difficultés dont quelques unes subsistent
encore aujourd'hui : ainsi les îles Malouines au Falkland sont
disputées entre l'Angleterre d'une part, la République Argentine de l'autre, celle-ci succédant aux droits de l'Espagne, parce
que des officiers anglais ont cru en conserver la possession, en
1774, en laissant une inscription tout en les abandonnant en
fait (V. Pradier-Fodéré, R. D. I., 1888, p. 163). Il en est de
même pour le conflit entre le Portugal et l'Angleterre au sujet
des territoires de la côte orientale d'Afrique, conflit qui a été
tranché en faveur du Portugal par un arbitage du maréchal de
Mac-Mahon le 25 juillet 1875 (Affaire de la baie de Delagoa).

3° La troisième période est toute contemporaine ; elle est
caractérisée par l'obligation d'une prise de possession *effective*
pour que l'occupation ait lieu. Cette condition, déjà acceptée
comme essentielle par tous les publicistes, surtout depuis Vattel,
n'a pas été respectée dans la période antérieure et est même
souvent violée de nos jours par les gouvernements qui la pro-
clament. Cependant le Droit international positif est parvenu à
la préciser, dans une certaine mesure, à la Conférence dite Africaine ou du Congo, tenue à Berlin du 15 novembre 1884 au
24 février 1885.

Cette conférence a été provoquée par le traité du 26 février 1884 par lequel l'Angleterre et le Portugal mettaient fin à leurs difficultés relativement à l'occupation de vastes territoires dans la région du Congo. Ce traité donnait à l'Angleterre des avantages exorbitants et des prérogatives compromettantes pour l'extension des autres pays européens. Grâce au bon concours du Portugal et sous la pression de la France et de l'Allemagne, malgré la résistance non dissimulée de l'Angleterre, la conférence eut lieu ; treize Etats européens, c'est-à-dire tous ceux de l'Europe moins le Monténégro, la Roumanie, la Suisse et la Serbie, y prirent part en même temps que les Etats-Unis.

Les règles consacrées en ce qui concerne l'occupation sont consignées dans les articles 34 et 35 de l'acte final du 25 février 1885 : il faut notifier l'occupation aux autres puissances signataires de l'Acte de Berlin, et, de plus, l'occupation doit être réelle ou effective. Pour l'établissement du protectorat, on se contente de la première condition, c'est-à-dire de la notification.

Il résulte des termes mêmes des art. 34 et 35 de l'Acte de Berlin que les règles qu'ils contiennent doivent être entendues avec une triple restriction : 1° Elles ne s'appliquent qu'aux occupations *sur les côtes du continent africain ;* 2° aux occupations à venir sans atteindre en rien les droits acquis résultant des occupations antérieures à l'Acte lui-même, c'est-à-dire au 26 février 1885 ; 3° enfin, elles ne s'imposent que dans les rapports réciproques des Puissances qui ont signé l'Acte ou qui y adhèreront dans la suite.

Malgré ces restrictions, les règles admises dans la conférence de Berlin peuvent être considérées comme l'expression du Droit international commun des Etats à l'époque contemporaine, soit parce que la doctrine générale les consacre, comme le montre l'approbation qui leur a été donnée par l'Institut de Droit international, soit parce que la pratique des gouvernements tend de plus en plus à s'y conformer. Si la notification de l'occupation aux Puissances qu'elle peut intéresser est *facultative* et non *obligatoire* en dehors des termes de l'Acte de Berlin, on en comprend de plus en plus l'utilité et la justice évidentes. Par la convention du 1er juillet 1890, art. 5, l'Angleterre et l'Allemagne se sont engagées à se notifier tous les traités qu'elles passeront autour du lac Tchad, par conséquent en dehors des limites prévues par l'Acte de Berlin. Quant au caractère *effectif* de l'occupation, on peut le regarder comme exigé par le Droit international implicitement reconnu par les Etats à l'époque actuelle, bien qu'il ne soit pas toujours respecté en fait. De récents exemples accusent le caractère de généralité qu'il faut aujourd'hui reconnaître aux règles de l'Acte de Berlin qui ont été suivies dans des cas non prévus par ce document diplomatique. C'est, en effet, en tenant compte du droit historique de l'Espagne *pour le passé,* mais en lui faisant une obligation d'occuper *effectivement* pour l'avenir, que Léon XIII a reconnu la souveraineté de ce pays sur les îles Carolines contre l'Allemagne, dans sa médiation de 1885, ratifiée par ces deux Etats dans le protocole du 17 décembre de la même année. De même, dans le conflit qui s'est élevé en 1888 entre l'Italie d'une part, la Turquie et l'Egypte de l'autre, à propos de l'occupation, en 1885, de Massaouah, dans le Haut-Soudan, par les Italiens, toute la difficulté a porté sur le point de savoir si le Sultan, par lui-même ou par le Khédive, avait maintenu une occupation suffisamment *effective* pour mettre obstacle à la prise de possession par une Puissance tierce (V. Archiv. diplom., 1889, t. IV, p. 82).

404. Qui peut occuper ? — Le droit d'occupation des territoires sans maître appartient incontestablement aux Etats; ceux qui ne sont que mi-souverains ne doivent pouvoir occuper qu'avec l'autorisation de l'Etat dont ils relèvent et indirectement pour le compte de ce dernier. Nous avons dit, plus haut, quelle est, à cet égard, la situation des Etats placés en neutralité perpétuelle.

D'après le régime des bulles pontificales, les Etats chrétiens seuls pouvaient invoquer la souveraineté et l'acquérir à la suite d'une occupation; si, aujourd'hui, ils sont à peu près les seuls à entreprendre des œuvres de colonisation et par conséquent d'occupation, l'indépendance du Droit international au point de vue confessionnel doit évidemment faire admettre un droit semblable pour les pays non chrétiens. Ainsi le sultan de Zanzibar a adhéré le 8 décembre 1886 à la conférence de Berlin, conformément à l'art. 37 de l'Acte final du 26 février 1885; il s'est ainsi soumis aux conditions indiquées plus haut pour l'occupation, au même titre que le plus récent des Etats, reconnu dans le même Acte, celui du Congo.

L'occupation peut être faite par un mandataire chargé de sa mission par l'Etat ; ce mandataire peut être un fonctionnaire ou un particulier délégué, soit d'une manière générale, soit avec mandat spécial ; il peut être national de l'Etat qui l'envoie ou appartenir à un autre pays : le Génois Christophe Colomb fut au service de l'Espagne, le Vénitien Caboto à celui d'Henri VIII d'Angleterre, l'Américain Stanley à celui de l'Etat indépendant du Congo. Mais c'est là une mission officielle qui peut être interdite aux nationaux étrangers, comme en Angleterre, ou qui exige l'approbation du gouvernement sous peine de déchéance de la nationalité (V. art. 17, Code civil).

Ce premier mode d'occupation par mandataires officiels a le grand avantage, au point de vue des rapports politiques, d'éviter les équivoques et de préciser les relations entre les Etats, l'intention d'occuper et d'étendre la souveraineté n'étant pas alors douteuse. Mais, au point de vue économique, il est très critiqué comme entraînant de grosses dépenses ; comme substituant l'initiative administrative toujours plus coûteuse à celle des particuliers généralement plus habiles et plus économes parce qu'ils sont plus libres et plus intéressés ; comme favorisant, en un mot, les colonies de fonctionnaires ainsi qu'on les a appelées, au lieu de permettre le développement spontané des entreprises commerciales, industrielles et agricoles dans les territoires occupés. C'est ce premier système que M. de Bismark qualifiait de *Français*, en tenant compte de la manière d'agir traditionnelle dans notre pays, et en l'opposant au système anglais que l'Allemagne a adopté dans ses récentes entreprises coloniales et que nous allons exposer.

L'occupation peut être faite par un gérant d'affaires, particulier ou société privée, qui opère d'abord de sa propre initiative et sous sa responsabilité, sauf à faire ratifier ensuite ses actes par le gouvernement pour le compte duquel il a agi et qui bénéficie alors de l'occupation accomplie. Par exemple, M. Savorgnan de Brazza passa en 1880 des traités avec un potentat nègre, Makoko, au nom de l'Association Française de l'Afrique qui agissait pour le compte de la France sans mandat officiel ; plus tard, ses actes ayant été ratifiés, il est devenu l'agent direct du gouvernement français.

On s'accorde d'ailleurs à reconnaître que la ratification fournie en pareil cas doit avoir un effet rétroactif, ce qui détruira l'effet des prises de possession effectuées par une tierce puissance entre l'occupation par le *negotiorum gestor* et la ratification.

Les avantages de ce dernier système d'occupation par des compagnies de colonisation ne sont pas douteux au point de vue économique, pour les raisons que nous avons indiquées plus haut et qui ont particulièrement séduit l'Angleterre et l'Allemagne. Mais il ne faut pas se dissimuler ses graves inconvénients au point de vue politique et des bons rapports internationaux : trop souvent les compagnies de colonisation s'aventurent à la légère dans des entreprises compromettantes pour le pays qui doit les soutenir quand il a implicitement approuvé leurs actes ; souvent aussi, elles provoquent des conflits internationaux tout en permettant au gouvernement qui se cache derrière elles de les approuver ou de les désavouer, suivant les circonstances, ce qui enlève toute stabilité et toute franchise aux rapports entre les Etats.

En présence de ce dernier système aujourd'hui si largement appliqué, on s'est demandé si des particuliers, par exemple des compagnies de colonisation, pouvaient *occuper* pour leur compte personnel?

Il n'est pas douteux que l'acquisition de la propriété par voie d'occupation est possible à des particuliers sur des territoires qui ne sont l'objet d'aucune attribution au profit de personne. Mais en tant qu'il s'agit de l'acquisition du droit de gouvernement ou de souveraineté, le Droit international ne peut reconnaître à des particuliers le droit de réaliser une occupation. Là souveraineté est un attribut qui appartient exclusivement aux Etats ; si des particuliers le possédaient, ils devraient entrer dans les rapports internationaux, et cela ne leur serait possible que du jour où ils auraient affirmé leur indépendance complète en s'organisant en un Etat proprement dit sur le territoire occupé par eux. Ce dernier cas n'est pas d'ailleurs sans précédents, même dans l'histoire contemporaine. Sans parler d'aventuriers que des entreprises éphémères et peu sérieuses ont conduits pour quelques jours à la souveraineté dans des pays barbares, on peut citer sir Brooke qui fonda en 1841 la principauté de Sarawak, à Bornéo, dont la dynastie a été reconnue par les puissances en 1868 et qui est placée sous le protectorat anglais depuis la fin de 1888. De même, l'association antiesclavagiste fondée à Washington le 31 décembre 1816 acheta des terres sur la côte occidentale d'Afrique, fonda en 1822 la ville de Monrovia avec des esclaves affranchis et forma un Etat reconnu depuis 1839 et 1847, l'Etat de Libéria, auquel s'est joint en 1860 un Etat voisin, le Maryland, fondé dans les mêmes conditions. Enfin, l'Association internationale du Congo, fondée en 1876 sous le patronage du roi des Belges, s'est peu à peu organisée en un Etat indépendant sur les territoires occupés par elle et a été officiellement reconnue avec ce dernier caractère à la conférence de Berlin en 1885.

Cependant, on a une tendance très marquée aujourd'hui, même en doctrine, à reconnaître aux Compagnies privées de colonisation le droit d'occupation avec acquisition, non seulement de la propriété du sol, mais encore de la souveraineté. On invoque surtout l'exemple des anciennes compagnies qui, quoi qu'on en dise, n'ont jamais exercé la souveraineté pour leur compte et ont toujours été les mandataires du gouvernement du pays auquel elles appartenaient ; telles furent : la Compagnie hollandaise des Indes orientales, qui reçut du gouvernement des Pays-Bas une charte accusant son caractère de déléguée et de mandataire, le 20 mars 1602, et qui a pris fin en 1800 ; les Compagnies fondées par Richelieu, puis sous Louis XIV et Louis XV, également munies de chartes semblables ; la Compagnie anglaise des Indes qui, jusqu'à son extinction en 1857, n'a été que le représentant du gouvernement britannique ; les Compagnies anglaises de l'Amérique du Nord, comme celle de la baie d'Hudson, etc.

Actuellement, presque tous les pays colonisateurs donnent la préférence au système d'occupation par des Compagnies privées, à cause de ses avantages économiques. La France elle-même entre dans cette voie, en préparant un projet d'organisation de ces Sociétés (V. Cauwès, *Les nouvelles Compagnies de colonisation privilégiées, Rev. d'Economie politique,* janvier 1892 ; *Monde économique,* 27 août 1892 et suiv. ; P. Leroy-Beaulieu, *Economiste français,* 2 avril 1892 ; Léveillé, *Rev. critique,* 1892, p. 156). Cependant, malgré les prétentions alléguées au point de vue de l'exercice de la souveraineté pour leur

compte, il faut reconnaître que ces Sociétés sont presque toujours munies d'une charte de leur gouvernement, ce qui les
transforme en mandataires de ce dernier, ou en *negotiorum
gestores* dont l'occupation doit être ratifiée par l'Etat intéressé :
la *National African Society*, devenue la *Royal Niger Company*, a reçu sa charte le 10 juillet 1886 ; la *Compagnie allemande de la Nouvelle Guinée* a reçu une *lettre de protection
(Schutzbrief)*, le 17 mai 1885, celle de l'Est africain devenue la
Société allemande pour l'Afrique orientale, Karl Peters et Cie,
le 27 février 1885 ; enfin, la *South Africa Company*, le 29
octobre 1891. D'autres, sans avoir reçu de mandat formel, agissent pour le compte d'un gouvernement et sous son contrôle
de l'aveu de ce dernier, comme la *British East African Society*
(Déclaration de M. Fergusson, à la Chambre des communes, le
31 mai 1888). On peut signaler seulement la Compagnie anglaise
du nord de Bornéo qui a agi d'une manière absolument indépendante, et au sujet de laquelle le gouvernement britannique,
par une déclaration faite au Parlement, le 13 mars 1882, a
affirmé le droit pour les particuliers d'acquérir la souveraineté,
contrairement aux réclamations de la Hollande et de l'Espagne
intéressées dans cette région. Encore le gouvernement anglais
a-t-il reconnu la subordination en fait de cette Compagnie vis-
à-vis de l'Angleterre, dans une nouvelle déclaration du 25
février 1889 (V. *Economiste français*, du 2 mars 1889).

405. Que peut-on occuper ? — De la définition même de
l'occupation il résulte qu'elle ne peut s'appliquer qu'aux territoires non soumis *actuellement* à une souveraineté quelconque.

Pendant des siècles, notamment sur le continent américain,
on n'a tenu aucun compte de la souveraineté des infidèles dont
le territoire était réputé *res nullius*. C'était la conséquence d'un
prosélytisme religieux qui, malgré les éléments intéressés qui
s'y mêlaient, était cependant sincère dans la plupart des cas.
De nos jours, beaucoup de publicistes et de gouvernements ont
invoqué contre la résistance des peuples barbares un droit de
civilisation. Mais la civilisation est chose éminemment relative
qui ne peut se mesurer, suivant la pittoresque expression de
Montaigne, à ce que les uns portent des *haults de chausse*,
tandis que d'autres n'en ont pas. En l'appréciant à son point
de vue, chaque peuple peut se considérer comme possédant seul

la véritable civilisation et comme en droit de l'imposer aux autres. Que dire, si on accepte cette théorie, à la race germanique voulant soumettre les races latines à la *Deutsche Kultur* ?

D'ailleurs, le défaut de civilisation est un malheur pour un peuple sauvage, ce n'est pas une cause de déchéance autorisant à le dépouiller des droits qui lui appartiennent comme souverain, sauf à paralyser ses attaques si son défaut de civilisation le pousse à commettre des actes préjudiciables aux autres pays. De plus une expérience, trop bien confirmée par des faits même récents, montre que le vrai but des occupations de territoires est l'enrichissement des peuples forts au détriment des faibles, ainsi qu'en a fait cyniquement l'aveu la Compagnie allemande de l'Afrique orientale, parlant en flibustier plutôt qu'en colon, comme l'a dit M. Bamberger au Reichstag, le 25 janvier 1889.

Si ce prétendu droit à répandre la civilisation en dépouillant les peuples sauvages de leur souveraineté est défendu par les uns, combattu par les autres, tous les auteurs cependant s'accordent à reconnaître que la violence à l'égard des peuples sauvages est toujours blâmable, et qu'il faut respecter les personnes et le droit de propriété. On cite l'exemple de William Penn et des puritains ses compagnons qui achetèrent le territoire aux tribus du pays qui est devenu plus tard la Pensylvanie, et se donnèrent pour mission de leur inculquer la civilisation chrétienne. Mais, même avec ces atténuations, il n'en reste pas moins que l'on impose aux peuples sauvages une expropriation difficile à justifier en droit, dans le but de répandre la civilisation ; c'est-à-dire une expropriation dont la validité dépendra des intentions plus ou moins philanthropiques de ceux qui la réalisent et pour laquelle l'expropriant sera seul juge de sa propre conduite ! En somme, nous pensons que la propagande de la civilisation n'autorise qu'à nouer des relations pacifiques avec les pays barbares et à leur communiquer, grâce à ces rapports, les bienfaits de notre civilisation au point de vue économique et moral. Il va sans dire, du reste, que cette propagande ne peut suffire à elle seule, quelque développée qu'elle soit, notamment par l'action des missionnaires, pour entraîner l'occupation, si elle n'est pas accompagnée d'une prise de possession effective.

C'est le respect absolu de toute souveraineté, même barbare, qui a prévalu à la conférence de Berlin; si l'on n'a pas cru devoir insérer une disposition formelle sur ce point dans le traité, toutes les déclarations faites au cours de la conférence ne laissent aucun doute à cet égard (V. *Livre jaune*, 1885, affaires du Congo, pp. 21 à 23; 80, 97, 185 à 188).

Cependant cette règle, si juste, si nécessaire même pour la sauvegarde des souverainetés qu'un échec partiel peut toutes compromettre, doit être entendue d'une manière raisonnable. S'il ne faut pas regarder comme *res nullius* un territoire régi par une souveraineté même barbare et organisée d'une manière rudimentaire, on peut, au contraire, considérer comme susceptible d'occupation un sol habité par des peuplades sans organisation politique appréciable, n'ayant même pas la conception de la souveraineté et ne pouvant pas, par conséquent, la revendiquer. On peut, en pareil cas, avoir à tenir compte d'un droit de propriété ou tout au moins de possession antérieure, mais de souveraineté il n'est pas question.

Ainsi, toutes réserves faites quant aux violences et aux spoliations commises, les Etats-Unis ont pu traiter avec les Peaux-Rouges pour la question de propriété; mais la souveraineté, dont ces peuplades n'ont jamais eu la conception nette ni la pratique, ou du moins ne l'avaient plus, a pu être établie par le gouvernement américain sur le domaine de ces tribus sauvages. Il est au contraire difficile de ne pas approuver les protestations que le roi des îles Samoa, Malietoa, publiait contre l'Allemagne en 1886 et en 1887, pour se plaindre de l'occupation déguisée de son royaume sur lequel il exerçait une souveraineté incontestable.

On tourne habituellement la difficulté de nos jours en passant avec les souverains barbares des traités par lesquels ces derniers abandonnent leur souveraineté ou se soumettent à un protectorat. La valeur de ces traités peut être appréciée d'une manière très différente suivant que l'on se place au point de vue des rapports des peuples colonisateurs entre eux, ou au point de vue de leur mérite intrinsèque.

Ces traités étant aujourd'hui d'un usage général de la part des pays civilisés, il y aurait mauvaise foi à ne pas en tenir compte en passant des conventions contraires avec les souverains barbares ou en prenant possession des territoires qui ont été cédés à un autre pays. Ces traités peuvent être regardés comme une manifestation sérieuse de réaliser une occupation ou d'établir un protectorat et il faut les respecter à ce titre, sauf à exiger que l'occupation, nécessairement fictive au début, devienne réelle dans la suite (V. n° 406).

Mais, considérées en elles-mêmes, ces conventions n'ont qu'une médiocre autorité dans la plupart des cas. Le plus souvent, un chef barbare cède une souveraineté qu'il n'a pas, ou ne comprend pas la portée de ses concessions, aussi se refuse-t-il quelquefois à exécuter des promesses qu'il prétend lui avoir été extorquées par la violence ou la ruse, ce qui est souvent vrai, ou bien il allègue qu'on leur donne un effet qu'il n'a pas entendu leur attribuer. Maintes fois encore, peu scrupuleux et désireux d'obtenir le plus d'avantages possibles de tout le monde, il abandonne successivement sa souveraineté à divers pays civilisés, ce qui provoque de graves difficultés entre ces derniers. Enfin, l'exemple récent du conflit entre l'Angleterre et le Portugal montre que les pays colonisateurs devraient mieux s'assurer qu'ils traitent avec un souverain sérieux et stable, et non avec un guerrier favorisé par la fortune dont l'autorité éphémère se borne à l'exploitation momentanée des peuples vaincus, sans une organisation, même rudimentaire, de sa prétendue souveraineté. Les Portugais ont invoqué les traités conclus en 1607 et 1629 avec un Empereur du Monomotapa. Ce monarque, apprécié comme tel, a-t-il jamais existé? C'est fort douteux.

Pour éviter les conflits, les Etats colonisateurs stipulent souvent dans des traités spéciaux que chacun d'eux aura, dans une zone déterminée, une influence exclusive, de manière que l'autre s'abstient de toute tentative d'occupation ou de protectorat dans la sphère ainsi réservée. C'est ce que l'on appelle l'*Hinterland,* ou pays en arrière. La majeure partie de l'Afrique est actuellement partagée en zones réservées à chaque pays, spécialement dans les rapports de la France, de l'Angleterre, de l'Allemagne et du Portugal. (V. notamment Conv. franco-allemande 24 déc. 1885; franco-portugaise, 12 mai 1886, art. 6; anglo-allemande, 1er juillet 1890; franco-anglaise, 5 août 1890; anglo-italienne, 15 avril 1891). Dans le même but, on s'engage aussi réciproquement à ne pas occuper un territoire que, pour cela, on qualifie assez improprement de neutre.

Il ne faut pas se dissimuler, d'ailleurs, que la clause de délimitation d'influence a pour effet de consacrer, dans les rapports des peuples contractants, la pratique de l'occupation fictive : le pays auquel une sphère est attribuée y fait dominer son autorité sans avoir à justifier d'une prise de possession réelle, au moins à l'égard des Etats qui se sont engagés à ne pas le contrecarrer dans cette région.

406. Conditions exigées pour l'occupation et l'établissement du protectorat. — On n'attache plus d'importance aujourd'hui, pour l'occupation, à la priorité de découverte ; on exige la prise de possession effective. Cependant l'occupation est nécessairement, au début, purement figurée ou fictive ; elle commence à se manifester par une démonstration qui consiste ordinairement dans le fait de planter le drapeau national en le saluant d'une salve de coups de canon ou de mousqueterie. Une pareille manifestation ne suffit plus comme jadis ; mais, sauf à être suivie d'une occupation réelle, elle doit être respectée par les autres Etats qui doivent provisoirement s'abstenir d'occuper le même territoire. A ce titre, la découverte peut encore donner un droit de priorité pour réaliser une occupation réelle, en écartant les Etats qui voudraient occuper un territoire qui vient d'être découvert par un autre, lorsque ce dernier a montré nettement l'intention de se l'approprier. Il faut, du reste, quand il s'agit d'actes accomplis par de simples particuliers, que l'Etat intéressé les approuve et s'en approprie le bénéfice : ainsi les expéditions scientifiques, annoncées uniquement comme telles et sans caractère politique, ne peuvent pas réaliser l'occupation, même comme première prise de possession.

Plusieurs auteurs discutent sur le point de savoir quel est le délai maximum qui peut s'écouler entre la découverte ou l'occupation fictive et la prise de possession réelle ; quelques-uns même le fixent à vingt-cinq ans. Mais toute solution absolue sur ce point est arbitraire ; il y a là une question de fait variable suivant l'étendue des pays à occuper, leur état de civilisation plus ou moins avancée, leur éloignement et leur facilité d'accès, etc. Cependant, étant données l'activité de la colonisation chez les peuples modernes et la rapidité toujours plus grande des communications avec les territoires éloignés, il semble que ce délai doive devenir de plus en plus court.

On a prétendu encore qu'un pays ne doit pas occuper plus de territoire qu'il n'en peut exploiter et civiliser. Mais le Droit international n'a pas à juger la manière plus ou moins heureuse dont s'exerce la souveraineté; il n'apprécie que son exercice véritable pour le respecter, et l'Etat n'a d'autres limites à son expansion que ses ressources matérielles pour occuper effectivement les territoires dont il prend régulièrement possession.

407. Les articles 34 et 35 de l'Acte de Berlin du 26 février 1885 ont réglé ainsi qu'il suit l'occupation et l'établissement du protectorat sur les côtes d'Afrique, pour l'avenir et dans les rapports des Puissances adhérentes (V. n° 403-3°) : Art. 34 : « La Puissance qui, *dorénavant*, prendra possession d'un territoire *sur les côtes du continent africain* situé en dehors de ses possessions *actuelles,* ou qui, n'en ayant pas eu jusque-là, viendrait à en acquérir, et de même la Puissance qui y assurera un *protectorat,* accompagnera l'Acte respectif d'une *notification* adressée aux autres Puissances *signataires du présent Acte,* afin de les mettre à même de faire valoir, s'il y a lieu, leurs réclamations. — Art. 35 : Les Puissances signataires du présent Acte reconnaissent l'obligation d'assurer, dans les territoires occupés par elles, sur les côtes du continent africain, l'existence d'une autorité *suffisante pour faire respecter les droits acquis* et, le cas échéant, la liberté du commerce et du transit dans les conditions où elle serait stipulée ».

De ces textes il résulte que deux conditions sont prévues, la notification et l'occupation effective : voyons quelle est leur portée et dans quels cas elles sont exigées.

A. La notification aux Puissances est exigée pour l'occupation et pour l'établissement du protectorat : dans ce dernier cas, cette seule formalité est même demandée. Nous rappelons que la notification n'est obligatoire que pour les territoires africains prévus par l'Acte de Berlin et dans les rapports des Puissances qui y ont adhéré. Mais, bien qu'elle soit facultative dans les autres circonstances, son avantage est tel pour éviter les malentendus et les conflits dans la concurrence coloniale des peuples modernes, que la doctrine tend à la généraliser et à en faire une condition essentielle de toute occupation ou de tout établissement de protectorat (Résolutions de l'Institut de Droit int. à Lausanne, le 7 sept. 1888, art. 1er).

Mais on s'accorde à regretter que la notification seule, sans prise de possession réelle ni organisation sérieuse d'une autorité, suffise pour établir un protectorat sur les peuples barbares. Ces protectorats peuvent varier beaucoup, l'Angleterre notamment pratique six systèmes différents dans son domaine colonial ; mais, dans les pays peu civilisés, le protectorat dégénère presque toujours en une souveraineté quasi absolue et en une véritable annexion : il est donc facile, l'expérience l'a déjà démontré, de dissimuler sous le titre de protectorat une véritable occupation pour laquelle la notification sera suffisante sans prise de possession réelle, et qui ne sera plus alors qu'une occupation fictive. Si l'on avait voulu maintenir une différence entre les deux cas, il aurait fallu nettement définir le protectorat qui ne peut s'appliquer qu'à une souveraineté organisée, et le distinguer de l'occupation qui ne s'applique qu'aux territoires *res nullius* d'après le Droit international : c'est ce qu'on n'a pas fait malheureusement à la conférence de Berlin. L'Institut, dans ses résolutions de 1888, ne l'a pas fait d'avantage ; mais il exige les mêmes conditions pour l'établissement du protectorat que pour l'occupation (art. 2).

La notification n'est assujétie à aucune formalité spéciale ; l'essentiel c'est qu'elle soit sérieusement portée à la connaissance des Etats intéressés, ce qui sera plus sûrement obtenu par la voie diplomatique.

Elle ne peut précéder la prise de possession, car ce serait trop faciliter les occupations fictives ; mais il y a évidemment intérêt à la faire le plus vite possible, une fois l'occupation réalisée.

Pour lui donner toute son efficacité et toute son utilité, il faudrait exiger qu'elle contînt la détermination approximative des limites du territoire occupé ou protégé (Résolutions de Lausanne, art. 1 *in fine);* mais l'art. 34 de l'Acte de Berlin se contente qu'elle soit telle que les puissances intéressées soient mises à même de faire valoir leurs réclamations, s'il y a lieu : cela implique évidemment une certaine précision et la faculté pour les Puissances de demander des renseignements complémentaires si ceux qu'on leur a fournis sont jugés insuffisants.

B. Pour l'occupation proprement dite, *outre* la notification, l'Acte de Berlin exige la prise de possession réelle : ce n'est là que l'application de la condition de l'*effectivité* que le Droit international consacre pour toutes les occupations.

Cette *effectivité,* néologisme commode pour désigner le *corpus* dans la possession tel que l'entendaient les Romains, correspond à cet ensemble de circonstances qui permettent d'avoir le territoire à sa disposition et d'y exercer la souveraineté, comme le *corpus* indique la faculté de pouvoir, en fait, disposer d'une chose. On comprend que cette situation ne peut pas être déterminée par un *criterium* absolu : l'occupation par des troupes, l'établissement de services administratifs, judiciaires, financiers, etc., sont autant d'éléments de ce qu'on appelle l'*effectivité* de la possession. D'autre part, les nécessités mêmes des choses commandent d'attendre une marche progressive de cet exercice effectif de la souveraineté, et de tenir compte de l'état des territoires occupés suivant l'importance des besoins collectifs auxquels il faut satisfaire. Dans le premier projet de l'Acte de Berlin, on exigeait que l'Etat occupant *établît* et maintînt une juridiction suffisante... ; sur la proposition du plénipotentiaire français, on a adopté la formule suivante : les Puissances signataires reconnaissent l'obligation d'*assurer...* l'*existence* d'une autorité suffisante pour faire respecter les droits acquis et, le cas échéant, la liberté du commerce et du transit; cette dernière rédaction permet de *conserver,* suivant les cas, les anciennes institutions du pays occupé. Le respect des droits acquis dont il est question dans le texte précité vise, non seulement ceux des autres Etats et de leurs nationaux, mais encore ceux des indigènes (V. art. 5 des résolutions de Lausanne); on coupe court ainsi, au moins en théorie, aux actes inhumains des peuples colonisateurs qui ne faisaient aucun cas de la propriété, ni même de la vie des peuples sauvages.

408. Les principes exposés ci-dessus condamnent la théorie du droit de vicinité, de priorité, de préemption ou d'enclave, particulièrement appelé *Right of contiguity* (droit de contiguïté) par les Anglo-Américains, suivant lequel l'occupation s'étend à tout le territoire formant un ensemble, d'après les imites géographiques, avec le point occupé. Cette prétention a

été une des causes de la guerre de Sept ans, à cause des difficultés soulevées par le traité d'Utrecht de 1713 qui avait cédé à
l'Angleterre l'Acadie ou Nouvelle-Ecosse *avec les autres terres
qui en dépendent;* de même les Américains, à propos de leur
conflit avec l'Angleterre au sujet de l'Orégon, ont soutenu que
l'établissement à l'embouchure d'un fleuve donnait droit à tout
son bassin ainsi qu'à celui de ses affluents, et ce conflit ne s'est
terminé qu'en 1846 par une transaction.

La théorie du droit de contiguïté est incompatible avec le
principe communément admis aujourd'hui d'après lequel l'occupation, pour être efficace, doit être effective ou réelle, et que
l'Acte de Berlin de 1885 a nettement établi pour les côtes du
Continent africain. D'autre part, les dispositions du même acte
dans les cas qu'il prévoit, et la tendance de la doctrine à les
généraliser, en ce qui concerne la notification des occupations
effectuées, condamnent cette théorie ; la délimitation, au moins
approximative, des territoires que l'on occupe ne permettant
plus d'invoquer un droit sur les terres rattachées géographiquement au point dont on a véritablement pris possession. Il est à
remarquer, à ce propos, que la pratique de l'occupation par
mandataires officiels de l'Etat est de nature à mieux écarter le
prétendu droit de contiguïté, parce que ces mandataires agissent
directement dans tout le territoire qu'ils entendent dominer,
tandis que les simples gérants d'affaires, préoccupés surtout des
intérêts purement économiques, se cantonnent dans les postes
les plus avantageux, spécialement sur le littoral, et se contentent d'exercer leur action d'une manière plus ou moins sérieuse,
généralement intermittente, sur les terres voisines situées à
l'intérieur, en se bornant presque toujours à des rapports de
simple commerce avec elles.

409. Quand un Etat ne satisfait plus aux conditions requises
pour une occupation effective, le territoire redevient *res nullius* et peut être occupé par un autre suivant le principe juridique applicable à toute chose abandonnée, *res derelicta.* Mais ni
une interruption momentanée de la possession, dans des circonstances telles que l'intention d'abandon définitif ne puisse
être présumée, ni celle qui est provoquée par des cas de force
majeure entraînant une impossibilité matérielle du maintien de
l'occupation, ne peuvent faire considérer le territoire comme

devenu *res nullius :* c'est ce qui résulte de l'arbitrage du maréchal de Mac-Mahon au sujet de l'affaire de la baie de Delagoa, le 24 juillet 1875, tandis que le gouvernement italien soutenait le contraire à propos de l'occupation de Massaouah.

CHAPITRE II

DE LA MER ET DU TERRITOIRE MARITIME

SECTION PREMIÈRE

DE LA HAUTE MER

410. Tout le monde reconnaît aujourd'hui que la haute mer est insusceptible d'appropriation particulière, car il est impossible de l'occuper matériellement et d'en prendre possession, ce qui est juridiquement nécessaire pour invoquer un droit de propriété. La haute mer ne peut pas davantage être soumise à un droit de souveraineté, parce qu'elle est la voie de communication nécessaire pour les relations internationales et que son libre usage constitue ainsi un élément indispensable de la vie des différents peuples : c'est une *res communis* dont tous peuvent user sans qu'aucun puisse limiter l'usage d'autrui ni le réglementer.

Ces idées si simples n'ont cependant triomphé qu'à grand' peine ; dans l'antiquité et plus tard jusqu'à la fin du xviii⁰ siècle, presque tous les peuples ont invoqué un droit de domination absolue sur certaines parties de la mer qu'ils regardaient comme rattachées à leur territoire : Venise sur l'Adriatique, dont on symbolisait la soumission par le mariage avec le Doge ; les Espagnols sur le Pacifique, les Anglais sur la Manche et sur l'Atlantique jusqu'aux côtes de l'Amérique du Nord, les Portugais sur la Mer occidentale d'Afrique et sur toute la route des Indes par le cap de Bonne-Espérance, les Génois sur la Mer ligurienne, etc... L'Angleterre, profitant du développement de sa marine, en vint à formuler la prétention de posséder *l'empire des mers* qui se traduisait par le droit de visiter partout les navires des autres Puissances et d'exiger le premier salut dans des formes humiliantes. Grotius combattit ces prétentions dans son *Mare liberum* en 1609 ; J. Selden les défendit en 1635 par son livre *Mare clausum* qui fut approuvé par le gouvernement anglais. L'acte de navigation de Cromwell transforma en loi les revendications britanniques et provoqua la guerre avec la Hollande. Mais jamais cet empire des mers n'a été reconnu par les autres Puissances; la France, en particulier, l'a sans cesse dénié avec énergie : Henri IV, après la paix de Vervins, Louis XIV surtout l'ont combattu, et la première République fit mettre sur les pavillons de ses navires de guerre la devise suivante : « Liberté des mers, égalité des droits pour toutes les nations ».

De ce principe de la liberté de la haute mer, actuellement incontesté, résulte pour toutes les Puissances la faculté d'en user à leur guise sous la seule condition de ne pas entraver le droit des autres Etats : ainsi les navires y circulent sans être soumis à aucun contrôle; ils ne peuvent être arrêtés ou visités que dans les cas limitivement prévus où ils se livrent à la traite, ainsi que nous l'avons vu, ou quand ils sont coupables de contrebande de guerre, de violation de blocus ou de piraterie, comme nous l'indiquerons plus loin; la pêche est libre en pleine mer; enfin, le salut maritime n'est dû à titre d'acte de soumission au pavillon d'aucun pays.

SECTION II

DU TERRITOIRE MARITIME (1).

411. Malgré le principe de la liberté des mers, il est certaines portions du domaine maritime le long des côtes qui sont universellement considérées comme le prolongement du territoire de chaque Etat et sur lesquelles on reconnaît la souveraineté de ce dernier, parfois même son droit de propriété. Ce territoire maritime comprend divers éléments dont la condition juridique peut être différente : nous allons les examiner successivement. Mais les raisons qui justifient l'extension de la souveraineté de l'Etat en dehors des limites de son territoire terrestre sont toujours les mêmes; M. Perels les résume exactement en trois principales : 1° la sécurité de l'Etat riverain exige qu'il ait la

---

(1) Perels, *Droit maritime international*, trad. Arendt; Hautefeuille, *Droits et devoirs des nations neutres en temps de guerre maritime;* T. Ortolan, *Règles internationales et diplomatie de la mer;* Imbart-Latour, *La mer territoriale*, 1889.

possession exclusive de ses rivages et qu'il puisse en protéger
les abords ; 2° la surveillance des navires qui entrent dans les
eaux territoriales, en sortent ou y stationnent, est imposée par
la garantie de la bonne police et le développement des intérêts
politiques, commerciaux et fiscaux de l'Etat; 3° enfin, la jouissance exclusive des eaux territoriales, par exemple pour la pêche
et le cabotage, peut être nécessaire pour assurer l'existence des
populations côtières.

§ Ier. *De la mer territoriale.*

412. La mer territoriale est celle qui est adjacente au rivage,
jusqu'à la limite où l'Etat peut, de la côte, exercer sa puissance
par la force des armes.

La nature du droit de l'Etat sur la mer territoriale est très
diversement appréciée par les auteurs ; pour les uns c'est une
véritable propriété, *dominium,* parce qu'il entraîne dans certains cas une jouissance exclusive, bien caractéristique de la
propriété, notamment en matière de pêche et de cabotage ; pour
d'autres, c'est un droit *sui generis,* de souveraineté en principe, mais produisant certains effets de la propriété. Nous pensons, au contraire, qu'il ne s'agit, en pareil cas, que d'un droit
de souveraineté ou *imperium.* La souveraineté n'est pas tellement limitée qu'on ne puisse en faire dériver des droits d'usage
exclusif à son profit, comme dans le cas de propriété ; mais, en
revanche, l'admission d'une véritable propriété sur la mer territoriale peut conduire à des conséquences inacceptables ; c'est
ainsi que quelques publicistes en ont déduit le droit pour l'Etat
d'écarter les navires étrangers de la mer territoriale, sans que
ces navires présentent le moindre danger pour le pays, ou de
leur imposer un péage ; or, nous verrons dans la suite que le
droit de l'Etat riverain doit se borner à user de son pouvoir pour
assurer sa sécurité et la protection de ses intérêts dans ses eaux
territoriales, sans soustraire celles-ci à la navigation pacifique
des autres puissances.

413. Etendue de la mer territoriale. — Cette étendue doit
être comptée depuis le rivage, sans qu'il y ait lieu de préciser
davantage toutes les fois que l'on se borne à admettre la limite
normale de la plus grande portée de canon, l'Etat riverain pou-

vant établir ses batteries aussi près des flots que les circonstances le lui permettent. Mais quand on adopte une limite fixe,
il faut déterminer exactement le point de départ ; or, ce point
où finit le rivage est réglé par le droit administratif de chaque
pays, souvent d'une manière incomplète et donnant ainsi lieu
à de grandes difficultés, notamment en France. Dans les conventions qui déterminent la limite des eaux territoriales, notamment au point de vue de la pêche, on prend pour point de départ
la laisse de la basse mer ; c'est la règle adoptée aussi par l'Acte
anglais de 1878 sur la juridiction dans les eaux territoriales.

La limite de la mer territoriale au large a beaucoup varié ;
les anciens auteurs l'avaient portée très loin, à cent milles suivant les uns, à l'horizon visible du rivage suivant les autres.
Aujourd'hui on est d'accord pour la fixer au point extrême jusqu'auquel l'Etat peut, du rivage, faire respecter sa souveraineté, c'est-à-dire à la plus grande portée de canon ; cette portée
varie évidemment suivant les progrès de la balistique, et on
l'évalue actuellement à huit milles nautiques, soit 14 kilomètres
816 mètres, parfois même 18 kilomètres.

Les traités peuvent fixer cette limite *dans les rapports des
Etats contractants :* pour la police douanière, on admet habituellement, dans les conventions internationales ou dans les lois
de chaque pays, de quatre à cinq lieues ; enfin, nombre de traités,
tous relatifs à la pêche, adoptent celle de trois milles marins
comptés depuis la laisse de la basse mer (V. notamment la
convention générale du 6 mai 1882, conclue à la Haye, pour la
pêche dans la mer du Nord, art. 2).

Il est à remarquer que cette dernière limite a été adoptée
parce qu'on a tenu compte de l'ancienne portée ordinaire de
canon ; mais il ne faut pas en conclure qu'elle constitue la limite
normale en dehors des conventions spéciales ; la limite de droit
commun reste toujours, sauf le cas de convention contraire, la
plus grande portée de canon au moment où l'on se trouve.

Cette dernière limitation, admissible en ce qui concerne
l'exercice de la souveraineté pour la protection de l'Etat contre
les actes des navires des belligérants auxquels il ne peut pas
permettre de combattre à une distance telle que leurs projectiles
puissent atteindre le rivage, semble bien exagérée quand il
s'agit de l'exercice de la juridiction, de la police de la naviga-

tion, du droit de pêche et de cabotage. Aussi s'efforce-t-on de faire adopter pour ces dernières questions une limite invariable, écartant toute surprise, et assez modérée pour que la souveraineté de l'Etat riverain puisse raisonnablement s'y exercer. Tout en reconnaissant que la limite conventionnelle de trois milles est insuffisante, on ne peut se mettre d'accord pour en fixer une autre : la question déjà discutée par l'Institut de Droit international à Hambourg en 1891, à Genève en 1892, a dû être ajournée (V. Annuaire, t. XI, pp. 133 et suiv.; Compte-rendu de la session de Genève par Ed. Rolin, R. D. I., t. XXIV, n° 5; V. aussi *J. Clunet*, 1875, p. 38; 1876, p. 413; 1877, p. 164).

§ II. *Des ports, havres et rades.*

414. De même que chez les Romains, ces dépendances du territoire maritime font partie du domaine de l'Etat dans tous les pays modernes, au même titre que les rivages, lais et relais de la mer (art. 538 C. civil); elles sont donc soumises à un droit de propriété et non pas seulement de souveraineté.

L'Etat qui les possède peut, en conséquence, en faire tel usage qu'il veut et en écarter les autres puissances, sauf à ne pas méconnaître les devoirs que le Droit international lui impose vis-à-vis de celles-ci. Cette idée générale est susceptible d'applications très variées, dont voici les principales :

1° Un port quelconque ne peut jamais être fermé à un navire étranger qui y cherche un abri nécessaire contre la tempête ou la poursuite d'un ennemi ; 2° les ports militaires, par mesure de précaution facilement justifiable, peuvent être fermés à tous navires étrangers de guerre ou de commerce ; 3° dans les ports, même de commerce, l'entrée des navires de guerre peut être soumise à certaines restrictions, soit quant au nombre des navires qui peuvent y pénétrer, soit quant à la durée de leur séjour; c'est ainsi que, en 1825, la flotte française fut arrêtée à l'entrée du port de la Havane jusqu'à ce que l'amiral Jurien de la Gravière eût expliqué ses intentions : d'ailleurs, nombre de traités ont été conclus pour fixer ces restrictions ; 4° on peut réglementer librement l'entrée des navires de commerce étrangers, notamment au point de vue fiscal, sauf à ne pas établir de différences entre les Etats de manière à favoriser les uns au détriment des autres, ce qui constituerait une cause de froissement pouvant provoquer des représailles ; réserve faite, bien entendu, du cas où ces différences proviennent de conventions économiques par lesquelles les Etats s'accordent des avantages réciproques.

Certains ports sont d'ailleurs déclarés *fermés*, c'est-à-dire inaccessibles à la navigation étrangère par la loi du pays, tandis que d'autres sont déclarés *francs*, c'est-à-dire accessibles sans paiement de droits de douanes ou autres. L'article 59 du traité de Berlin de 1878 consigne l'intention de la Russie de déclarer franc le port de Batoum ; mais cette franchise a été rapportée par l'ukase des 23 juin-5 juillet 1886 ; on a soutenu que le traité de Berlin ne faisait que prendre acte d'une intention manifestée par la Russie, bien que les circonstances dans lesquelles l'art. 59 a été rédigé semblent indiquer que la déclaration du gouvernement russe a été la condition de la cession de Batoum, et constitue ainsi un véritable engagement obligatoire.

Il est à remarquer que les embouchures des fleuves doivent être traitées comme les havres et rades au point de vue de l'exercice de la souveraineté. Les îles formées à ces embouchures ou celles qui se trouvent le long du littoral font partie intégrante du territoire, et la mer territoriale doit être comptée à partir de ces îles et non depuis le rivage continental.

§ III. *Golfes et baies étendues.*

415. Sur les golfes et baies étendues l'Etat n'a plus un droit de propriété (arg. *à contrario*, art. 538 C. civ.) ; il ne peut exercer qu'un droit de souveraineté. Ce dernier droit est d'ailleurs subordonné à cette condition que la puissance effective de l'Etat puisse s'exercer sur toute l'étendue du golfe ou de la baie, qui ne doit pas ainsi excéder une double portée de canon en partant des deux rives. Dans les conventions ou les lois spéciales, spécialement en ce qui concerne le monopole de la pêche, on adopte souvent la règle en vertu de laquelle le droit de souveraineté ne s'exerce d'une manière absolue que sur les baies dont l'ouverture ne dépasse pas dix milles (V. Conv. franco-anglaise du 2 août 1839 et loi française du 1er mai 1888).

Les golfes étendus au-delà de la portée de canon doivent

être assimilés à la haute mer. On ne saurait donc admettre
les prétentions des Américains sur le golfe du Mexique et sur
la baie d'Hudson, pas plus que la théorie anglaise des *King's
Chambers* ou *narrow seas* (mers resserrées) d'après laquelle tout
espace de mer compris entre deux rives appartenant à un même
Etat relève de la souveraineté de ce dernier : c'est ainsi que
l'Angleterre a voulu faire de la mer d'Irlande une mer *anglaise*
au même titre que le bras de mer entre la Grande-Bretagne et
l'île de Wight, et que, par une ordonnance de 1872, elle a
considéré comme telle la baie de la Conception, à Terre-Neuve,
qui a quarante milles de longueur et quinze de largeur.

§ IV. *Mers intérieures.*

416. S'il s'agit d'une mer complètement enclavée dans un Etat,
ce n'est plus qu'un grand lac qui relève de la souveraineté
exclusive du pays sur le territoire duquel il se trouve : telle est
la mer Morte par rapport à l'Empire ottoman. Si les rives de la
mer enclavée appartiennent à plusieurs pays, et s'il n'y a pas
de conventions contraires entre ces derniers pour fixer leurs
limites sur les eaux, la souveraineté de chacun doit être respectée dans la zone des eaux territoriales, et au-delà la partie centrale de la mer enclavée est une *res nullius* comme la haute
mer. Telle devrait être la situation de la mer Caspienne dont les
rives appartiennent à la Russie et à la Perse ; mais par le traité
de Tourkmanchaï du 22 février 1828, la Perse a cédé à la
Russie, à perpétuité, le droit exclusif d'avoir sur cette mer des
navires de guerre, ce qui la place sous la souveraineté moscovite, en attendant que l'expansion constante de l'empire russe
l'ait englobée tout entière.

Quand la mer intérieure est en communication avec la haute
mer, elle est sous la souveraineté de l'Etat qui possède toutes
ses rives ; cependant ce dernier, qui ne peut pas interdire la
navigation dite innocente ou pacifique dans ses eaux territoriales,
ne peut pas davantage écarter du détroit qui conduit à cette mer
intérieure les navires de commerce étrangers : tel est le cas de
la mer d'Azof qui est entourée par le territoire russe. A plus
forte raison en est-il de même lorsque les rives de la mer intérieure appartiennent à différents pays ; celui d'entre eux qui

possède les deux bords du détroit ne peut en interdire l'accès aux navires étrangers qui ont le droit de communiquer avec les autres pays dont le territoire borde la mer intérieure.

La mer Noire a fait l'objet de conventions particulières à cause de son importance économique et surtout politique. Enclavée jadis dans les provinces turques et fermée aux étrangers jusqu'au traité de Kutchuk-Kaïnardji en 1774, elle est bordée aujourd'hui par la Russie, la Roumanie et la Turquie. Le traité de Paris du 30 mars 1856, art. 2, la déclara librement ouverte à la navigation commerciale de tous les pays, mais interdite à tous les navires de guerre ; seules la Russie et la Turquie étaient autorisées à y entretenir des bâtiments de guerre de petit tonnage et en nombre très limité. Nous avons déjà vu que, à la suite de la conférence réunie à Londres et par le traité du 13 mars 1871, la Russie a obtenu l'abrogation de toutes ces restrictions ; de sorte que la Turquie et elle-même peuvent développer sans entrave leur marine militaire sur la mer Noire, ce qui a été confirmé par le traité de Berlin du 13 juillet 1878, en même temps que la liberté de la navigation commerciale dans cette mer.

SECTION III

DROITS DE L'ÉTAT RIVERAIN SUR SON TERRITOIRE MARITIME

417. Ces droits peuvent se ramener à quatre principaux : droits de juridiction, de police, de pêche et de cabotage.

§ Ier. *Droit de juridiction.*

418. Au point de vue de la juridiction criminelle, nous avons déjà indiqué la situation des navires de guerre ou de commerce qui se trouvent dans les ports ou dans les eaux territoriales d'un autre Etat (V. nos 279 et suiv.); quant à la juridiction civile, nous déterminerons dans quelle mesure elle s'applique en étudiant la condition générale des navires dans les rapports internationaux.

§ II. *Droit de police.*

419. Sans pouvoir entrer dans les détails d'une réglementation qui est généralement fort complexe et qui rentre dans la législation administrative de chaque pays, il suffit de signaler, au point de vue des rapports internationaux, les principales matières à propos desquelles elle peut s'exercer sur les navires étrangers dans les eaux territoriales.

1° Pour la police sanitaire : vérification des patentes de santé, quarantaines, paiement de frais divers nécessités par l'exercice de ce droit de police, tels que droits pour la visite, pour le séjour au lazaret, la désinfection, etc.

Pour éviter les abus de certains pays, la négligence dangereuse des autres, pour concilier surtout la protection des populations contre l'invasion des maladies épidémiques avec les légitimes besoins du commerce et de la navigation, un accord international était très désirable en vue d'adopter des règles communes dans l'exercice de la police sanitaire. Un projet de règlement sanitaire international, signé à Paris le 3 février 1852, n'a été ratifié qu'entre la France et la Sardaigne le 18 mai 1853, puis le nouveau royaume d'Italie le 24 juin 1864. Les conférences sanitaires de Constantinople en 1866 et 1871, de Vienne en 1874, de Rome en 1885, n'ont pas donné de résultat. Le rapport présenté à l'Institut de Droit international, dans la session de Hambourg en 1887, par le docteur de Landa (V. Annuaire, t. VIII, p. 233 et R. D. I., 1887, pp. 384-388), préparait une réforme prochaine. Elle a été réalisée en partie par la Conférence internationale de Venise, qui a terminé ses travaux le 30 janvier 1892 : on a établi des mesures de précaution pour le passage des navires en quarantaine *dans le canal de Suez ;* réorganisé le conseil sanitaire qui siège à Alexandrie et qui comprend désormais quatre délégués de l'Egypte et quatorze Européens ; institué enfin un corps de *gardes sanitaires* pour la surveillance du passage en quarantaine dans le canal.

Quoique soumis comme les autres à la police sanitaire, les navires de guerre jouissent de certaines faveurs pour la quarantaine : on s'en rapporte habituellement à la parole du commandant pour l'indication du lieu de provenance et pour la promesse de ne pas communiquer avec le littoral.

2° Abstraction faite des dispositions infiniment variées des conventions douanières dont l'appréciation rentre dans le domaine de l'Economie politique, il n'est pas douteux que chaque Etat a un droit de contrôle absolu dans ses eaux territoriales pour assurer la protection de ses intérêts fiscaux. Dans la plupart des pays, le rayon de surveillance et de contrôle pour la douane est même fixé en dehors des limites établies ordinairement pour la mer territoriale : en France, ce rayon est aujourd'hui de deux myriamètres d'après la loi du 27 mars 1817, art. 13 ; en Espagne, il est de six milles (décrets du 3 mai 1830 et 20 juin 1852) ; en Angleterre, de douze milles (loi du 28 août 1833), etc.

Les navires de guerre sont généralement exemptés de la visite douanière ; il en est ainsi, par mesure de réciprocité, entre la France et l'Angleterre (Circ. du 13 juillet 1814). Du reste, en France, les navires de guerre étrangers peuvent être considérés comme exonérés des droits de douane et des taxes de consommation pour les produits de ravitaillement qu'ils consomment sur place ou qu'ils emportent pour leur voyage (V. *J. Clunet*, 1875, p. 87).

3° Au point de vue de la police de sûreté, chaque pays peut prendre, dans ses ports et dans ses eaux territoriales, des mesures de sauvegarde contre les navires étrangers : notamment interdire ou limiter l'accès dans ses ports des bâtiments de guerre ; prohiber les combats et les exercices de tir à une distance telle que le littoral ou les navires qui s'en approchent ou s'en éloignent puissent être atteints. Chaque État peut d'ailleurs s'opposer à tout exercice de la souveraineté dans ses eaux territoriales de la part d'un autre pays, même quand ce dernier agit dans un intérêt général, par exemple en poursuivant des pirates. Quelquefois, cependant, des États qui ne sont pas en situation de surveiller leurs eaux territoriales concèdent ce droit à une autre Puissance ; tel est l'objet de l'art. 19 du traité du 8 août 1868 entre la France et Madagascar. En dehors de cette concession volontaire, la poursuite des pirates dans les eaux territoriales d'un État constitue un véritable empiétement de souveraineté ; la thèse contraire a été soutenue, en 1869, par l'Espagne dont un navire de guerre avait poursuivi des insurgés cubains, arbitrairement considérés comme pirates, dans les eaux territoriales des possessions britanniques, ce qui avait provoqué des réclamations de la part de l'Angleterre.

4° La police de la navigation est également obligatoire dans les eaux territoriales, pour tous les navires sans distinction, de guerre ou de commerce, et dans toutes ses manifestations :

droit de pilotage, responsabilité en cas d'abordage quand il y a violation des règlements locaux sur la navigation, établissement et protection des bouées, des balises et des feux flottants, règlements de protection des câbles sous-marins dans les eaux territoriales (loi française du 20 décembre 1884, art. 11 et 14; anglaise du 5 août 1885, art. 5; italienne 1er janvier 1886, art. 9, etc...).

Un règlement international pour fixer les feux ou autres signaux et les manœuvres en vue d'éviter les collisions a été adopté par les Etats maritimes *(J. officiel*, 5 sept. 1884); la France y a adhéré définitivement par les décrets du 4 nov. 1879 et 1er septembre 1884. Signalons aussi le *Code international des signaux maritimes* publié en France par le décret du 25 juin 1864; enfin les lois françaises du 27 mars 1882 pour la protection du balisage dans les eaux maritimes et du 12 mars 1891 qui établit une sanction pénale des règlements relatifs aux précautions à prendre pour éviter les collisions. Quant à la détermination de la loi applicable pour fixer la responsabilité en cas d'abordage, ou les droits du navire sauveteur, ou enfin la compétence sur ces différentes questions, elle rentre dans le domaine du conflit de lois privées ou Droit international privé (V. Congrès maritime d'Anvers en 1885 et de Bruxelles en 1888, *J. Clunet*, t. XII, pp. 636, 889; Lyon-Caen, *Etudes de Droit intern. privé maritime*, pp. 56 et s.).

§ III. *Droit de pêche.*

420. En pleine mer, la pêche est absolument libre pour toutes les Puissances : on ne tiendrait plus compte aujourd'hui des prétentions à un monopole pour la pêche, comme celles qu'émettait jadis le Danemark sur toutes les mers du Groënland et de l'Islande et que des traités consacraient encore au xviie siècle, ou comme celles que soutenait Selden pour l'Angleterre.

Dans les eaux territoriales, au contraire, on comprend que chaque Etat se réserve un monopole absolu du droit de pêche dans l'intérêt des populations du littoral, parce qu'il s'agit en pareil cas d'un usage épuisable et susceptible d'appropriation particulière, à la différence du droit de navigation pacifique qui n'a pas les mêmes caractères et ne peut être enlevé aux autres pays. Ce monopole peut d'ailleurs être établi soit par la loi particulière de chaque pays, soit par des conventions avec les autres Etats.

En fait, au point de vue de la pratique suivie, les Etats se partagent en trois catégories : *a*) droit de pêche exclusif pour les nationaux dans les eaux territoriales (Angleterre, Espagne et France, depuis la loi du 1er mars 1888 qui a été provoquée par la concurrence trop facile permise aux pêcheurs étrangers); *b*) faveurs spéciales données aux nationaux par les lois ou les traités, sans exclusion des étrangers (Belgique, Suède et Norwège); *c*) enfin liberté de la pêche pour tous (Pays-Bas, Grèce, Etats-Unis).

Dans les lois particulières comme dans les traités, la limite des eaux territoriales pour la pêche est ordinairement fixée à trois milles géographiques, c'est-à-dire de 60 au degré de latitude, depuis la laisse de basse mer ; ce rayon est mesuré, pour les baies, à partir d'une ligne droite tirée en travers de la baie, dans la partie la plus rapprochée de l'entrée, au premier point où l'ouverture n'excèdera pas dix milles (V. Conv. de La Haye du 6 mai 1882, art. 2 et 3 ; loi française du 1er mars 1888, art. 1er ; décret du 5 mars 1888 pour l'Algérie).

421. Indépendamment de la pêche dans les eaux territoriales, les Etats peuvent régler d'un commun accord la *pêche côtière,* c'est-à-dire celle qui est pratiquée le long des côtes mais au-delà de la limite des eaux territoriales indiquée ci-dessus. Tel est l'objet de la convention de La Haye du 6 mai 1882 conclue entre les Etats riverains de la Mer du Nord. En réservant le monopole exclusif aux nationaux de chaque pays dans le rayon de trois milles, cette convention établit un règlement de police de la pêche qui, au-delà de cette limite, est placée sous la surveillance des croiseurs des Etats signataires. Les commandants des croiseurs relèvent les infractions sur tous les bateaux de pêche des Etats contractants et peuvent même les *visiter,* si cela est nécessaire, pour recueillir des preuves (art. 29). En cas de délit minime, la réparation est établie d'un commun accord, sauf recours aux tribunaux si les parties ne peuvent s'entendre; si le délit est grave, le bateau coupable est conduit devant la juridiction compétente *de son pays.* La France a accepté cette convention les 16 février et 28 décembre 1883; mais elle n'a pas adhéré à une convention particulière du 16 novembre 1887, intervenant entre les autres Etats qui ont accepté un droit d'enquête sur le pavillon et même de visite dans les bateaux soupçonnés de servir *de cabarets flottants* pour les pêcheurs.

422. Un Etat peut céder à un autre le droit de pêche dans ses eaux territoriales, même en écartant ses propres nationaux : tel est le cas pour la pêche à Terre-Neuve. Si la pêche est libre sur le grand banc de Terre-Neuve situé en pleine mer, si elle appartient exclusivement aux Français dans les eaux territoriales de nos colonies de Saint-Pierre et Miquelon, elle est exceptionnellement réservée à la France sur une partie des eaux territoriales de Terre-Neuve, appelée pour cela *French-Shore*, par le traité d'Utrecht de 1713 qui portait cession de l'île à l'Angleterre : cette réserve a été confirmée aux traités de Versailles du 3 septembre 1783, de Paris du 30 mai 1814, et dans une convention spéciale réglant l'exercice de la pêche, du 14 janvier 1857. Les marins français ayant toléré des établissements des indigènes de Terre-Neuve sur la partie du littoral qui leur est réservée et l'Angleterre ayant prétendu que le monopole de la France était restreint à la *pêche* du poisson sans pouvoir s'étendre à la *capture* des crustacés, tels que les homards, alors que les traités ne contiennent aucune distinction semblable, le gouvernement français a dû affirmer énergiquement la plénitude de nos droits, soit devant le Parlement (*J. Off.*, 20 janvier 1890), soit dans ses déclarations diplomatiques. Pour mettre fin à ces difficultés, la France et l'Angleterre ont signé le 11 mars 1891 un traité d'arbitrage d'après lequel la question doit être soumise, indépendamment des représentants des deux pays, à trois arbitres : les résistances du gouvernement local de Terre-Neuve n'ont pas encore permis d'exécuter cette convention.

De graves difficultés ont surgi aussi entre les Etats-Unis et l'Angleterre au sujet de la pêche des phoques dans la mer de Behring ; la Russie d'abord, puis les Etats-Unis après la cession de l'Alaska, ont émis la prétention de posséder un droit de pêche exclusif sur cette mer dont les dimensions ne permettent pas cependant de la considérer comme soumise à la souveraineté de l'Etat riverain (V. H. Geffcken, *Question des pêcheries*, R. D. I., 1890, p. 229 ; *Question de l'Alaska*, id., 1891, p. 236).

Pour couper court aux confiscations des navires pêcheurs anglais que consacrait la Cour suprême des Etats-Unis, les deux pays ont conclu une convention d'arbitrage.

§ IV. *Droit de cabotage.*

423. En vue de la protection de ses intérêts économiques, un Etat peut réserver la navigation au cabotage entre les ports de son littoral à ses propres nationaux. La pratique suivie par les Etats est d'ailleurs très variable, en raison des conditions ou des idées économiques qui changent d'un pays à l'autre : en France, le cabotage est réservé aux nationaux (loi du 29 janvier 1881 ; V. décret du 7 sept. 1856 et loi du 19 mai 1886, art. 9, pour l'Algérie) ; il en est de même en Allemagne et en Portugal, tandis que le cabotage est libre, sous la condition de la réciprocité, en Angleterre et en Espagne, et d'une manière absolue en Belgique. Il faut remarquer, du reste, que, indépendamment des considérations d'ordre économique, le monopole du cabotage pour le pavillon national se justifie mieux encore peut-être par l'intérêt de la sécurité nationale, la présence d'un trop grand nombre de navires étrangers sillonnant les eaux territoriales pouvant être un danger dans certains cas, et leur participation trop grande au ravitaillement des ports entre eux pouvant devenir compromettante dans le cas où, leur concours manquant, les caboteurs nationaux seraient insuffisants pour l'assurer.

SECTION IV

DES DÉTROITS

424. L'importance particulière des détroits au point de vue de la navigation a fait adopter en ce qui les concerne des règles spéciales, différentes d'ailleurs suivant qu'il s'agit d'un détroit mettant en communication une mer intérieure avec une mer libre, ou d'un détroit faisant communiquer deux mers libres entre elles.

425. Les détroits d'une mer intérieure, dont les deux rives appartiennent au même pays et qui sont assez resserrés pour relever de sa souveraineté d'après les règles déjà établies, peuvent être fermés par l'Etat duquel ils relèvent, toutes les fois que l'intérêt de ce dernier le commande, par exemple pour interdire l'entrée des navires de guerre étrangers. Mais, comme dans toutes ses eaux territoriales, l'Etat riverain ne doit pas écarter la navigation innocente ou de commerce. Telle est la situation des Dardanelles et du Bosphore vis-à-vis de la Turquie ; cette Puissance fit consacrer son droit d'en écarter les navires de guerre, tout en laissant un libre accès à ceux de commerce, dans un traité avec l'Angleterre en 1809 ; par le traité d'Unkiar-Skelessi en 1833, elle faisait une exception au bénéfice de la Russie ; enfin la Convention des détroits, conclue à Londres le 13 juillet 1841, maintint l'interdiction de passage pour tous les navires de guerre, sauf pour les bâtiments légers au service des légations étrangères et autorisés par le Sultan (art. 1 et 2). Le traité de Paris du 30 mars 1856 confirme ces dispositions, et le traité de Londres du 13 mars 1871, qui a supprimé la limitation des forces navales de la Turquie et de la Russie dans la mer Noire, les confirme encore, tout en ajoutant que le Sultan peut, en temps de paix, permettre le passage des navires de guerre des puissances alliées ou amies, s'il le juge nécessaire pour l'exécution du traité de 1856. Le traité de Berlin du 13 juillet 1878 a consacré ces dispositions. Malgré les instances de la Russie, la Turquie maintient énergiquement ses droits sur les Dardanelles et le Bosphore.

426. Les détroits faisant communiquer deux mers libres doivent être ouverts sans entraves à la navigation innocente ou commerciale, bien que les deux rives appartiennent au même pays et que le passage soit assez étroit pour que toutes ses eaux soient territoriales.

C'est là une conséquence nécessaire de la liberté des mers dont l'usage serait paralysé si la traversée des détroits qui les font communiquer pouvait être interdite ou entravée.

Cependant l'Etat riverain peut prendre toutes les mesures commandées par sa sécurité, par exemple en limitant le nombre des navires de guerre pouvant traverser le détroit en même temps, ou la durée de leur séjour dans ce passage. Il peut également réglementer la police de la navigation, particulièrement dangereuse dans les détroits. Parfois les détroits sont *neutralisés*, de telle sorte qu'on ne peut y élever ni fortifications, ni ouvrages de défense militaire ; tel est le détroit de Magellan dans les rapports de la République Argentine et du Chili (traité du 23 juillet 1881, art. 5).

Si les deux rives du détroit appartiennent à des pays différents, chacun exerce sa souveraineté dans la limite des eaux territoriales; si celles-ci se confondent à cause du peu de largeur du passage, il faut nécessairement limiter chaque souveraineté à la ligne médiane du détroit.

Jadis les Etats riverains s'arrogeaient le droit de percevoir des péages fort onéreux sur les détroits, sans tenir compte de la liberté des mers.

Le Danemark, en particulier, en vertu de prétentions que les Puissances reconnurent en 1645, 1663 et 1742, grevait lourdement la navigation dans le Sund, le Grand et le Petit Belt. Sur les réclamations des Etats-Unis en 1848, les Puissances maritimes se sont libérées de tout péage par le traité du 14 mars 1857, moyennant le paiement d'une somme de 90 millions répartie entre elles au prorata de l'importance de leur navigation dans ces détroits ; les Etats-Unis ont racheté le péage par le traité du 11 avril 1857.

L'indemnité payée en pareil cas ne doit pas être considérée comme l'équivalent d'un péage injustifiable en lui-même ; elle est la représentation des frais de l'Etat riverain pour les travaux de balisage, de dragage, d'établissement de phares, etc., effectués dans le détroit pour le service de la navigation universelle. Aussi, dans cette mesure restreinte, et quand son produit est affecté à cet emploi, le péage dans les détroits peut être admis.

427. La liberté de la navigation se justifie pour les détroits artificiels créés par l'homme comme pour ceux que la nature a ouverts ; de plus, le but d'intérêt économique général de ces entreprises, ainsi que leur caractère international provenant de la participation des capitaux de tous les pays pour les effectuer, confirment encore la nécessité de les laisser accessibles à tous les navires.

Mais, en raison de leur but et de leur caractère, on s'est efforcé de rendre ces canaux maritimes neutres, de manière à les soustraire à l'action des belligérants qui pourraient en paralyser l'usage pendant les hostilités, les détériorer, même les détruire. L'intention d'établir la neutralité a été clairement manifestée dès la première annonce du projet de canal de Panama. La concession du canal de Suez en 1856 établissait en principe que ce canal serait neutre ; un vœu pour réaliser cette neutralité fut émis par l'Institut du droit national à Bruxelles, en 1879. La conférence internationale tenue à Paris, le 30 mars 1885, pour mettre ce vœu à exécution échoua devant les résistances de l'Angleterre. Cependant de nouvelles négociations ont pu aboutir au traité de Constantinople du 29 octobre 1888, grâce surtout à l'initiative de la France.

Depuis ce traité : 1° le canal est ouvert en tout temps aux navires marchands même des Etats belligérants ; 2° il ne peut être mis en état de blocus ; 3° aucun acte d'hostilité ne peut y être fait, ni dans ses ports d'accès, ni dans un rayon de trois milles, même si la Turquie est l'un des belligérants ; 4° les navires de guerre des Etats belligérants doivent passer le plus rapidement possible et, sauf le cas de relâche forcée, ne peuvent pas séjourner à Port-Saïd ou dans la rade de Suez plus de vingt-quatre heures ; 5° il faut toujours un intervalle de vingt-quatre heures entre le passage de deux navires ennemis ; 6° les belligérants ne peuvent débarquer ni prendre des troupes ou du matériel de guerre dans le canal ou dans ses ports d'accès ; 7° en tout temps, aucun navire de guerre ne peut stationner dans le canal, et les Etats *non belligérants* ont seuls le droit d'avoir deux stationnaires au plus dans les ports d'accès ; 8° le canal d'eau douce est placé sous les mêmes garanties, ainsi que le matériel des deux canaux. Le Sultan et le Khédive peuvent d'ailleurs prendre toutes les mesures de police générale, à la condition de respecter la liberté de la navigation.

CHAPITRE III

DU DOMAINE FLUVIAL (1).

428. Les fleuves, en tant qu'ils traversent un pays, font partie de son territoire et sont soumis à sa souveraineté ; ils peuvent même, en qualité de cours d'eau navigables, faire partie

(1) Carathéodory, *Du droit intern. des grands cours d'eau;* E. Engellardt, *Du régime conventionnel des fleuves internationaux; Histoire du droit fluvial conventionnel,* 1889; Godefroi, *Les tribunaux pour la navigation du Rhin,* R. D. I., 1888, p. 96; Travers Twiss, *La libre navigation du Congo, id.,* 1883, pp. 437, 547; 1884, p. 237.

du domaine public de l'Etat, comme en France, et être ainsi l'objet d'un véritable droit de propriété. Quand il s'agit de fleuves séparant le territoire de deux pays, nous avons déjà vu que la souveraineté de chaque Etat riverain s'étend jusqu'à la ligne médiane du *thalweg*.

Mais cette souveraineté de l'Etat ne peut aller jusqu'à interdire la navigation étrangère dans les fleuves qui longent ou traversent son territoire : les fleuves sont en effet les voies nécessaires à certains pays pour communiquer avec d'autres Etats ou avec la mer, et les considérations tirées du droit des peuples à un commerce mutuel justifient la liberté de la navigation sur les fleuves comme elles la justifient sur la mer.

Cette manière de voir est aujourd'hui universellement admise en principe pour les fleuves qui traversent le territoire de plusieurs pays et que l'on appelle, pour cela, *fleuves internationaux,* mais la pratique ne l'a pas encore consacrée pour les cours d'eaux qui sont contenus tout entiers dans le territoire d'un seul Etat. Cependant, il semble que les raisons sont les mêmes, le cours d'eau pouvant, dans les deux situations, être indispensable pour le commerce international. On ne voit pas, au surplus, comment ce qui est un devoir pour des Etats dont les territoires sont traversés par un même fleuve, deviendrait une faculté pour un seul pays dont la souveraineté s'étend sur tout le territoire arrosé par le cours d'eau. Comment s'expliquer, enfin, que la liberté de navigation reconnue sur un fleuve international puisse être écartée sous prétexte que, à la suite d'événements politiques, comme cela est arrivé pour le Mississipi et pour le Pô, ce fleuve est devenu en entier la propriété d'un seul Etat ?

Aussi la doctrine tend-elle à consacrer le principe de la liberté de navigation pacifique ou innocente dans tous les fleuves, la souveraineté de l'Etat riverain se bornant à écarter celle qui peut compromettre sa sécurité, par exemple en limitant ou interdisant l'accès aux navires de guerre étrangers, ou à imposer ses règlements de police et fiscaux pour la circulation des navires. Encore faut-il que les taxes sur les navires étrangers ne soient pas établies à titre de péage, ce qui serait détruire la liberté de cette navigation ; elles ne peuvent être que la représentation des services rendus à la navigation pour les travaux faits dans le fleuve. Le transit sans escale ni introduction de produits dans le pays doit être libre de tout impôt.

On pourrait aussi, en établissant la neutralité des fleuves internationaux, sauvegarder la liberté de la navigation commerciale en temps de guerre : mais cette heureuse initiative n'a été prise que pour le Congo et le Niger, le Parana et l'Uruguay, comme nous le verrons plus loin.

Enfin il serait aussi logique qu'utile d'étendre la liberté de navigation aux affluents des fleuves internationaux, même lorsque ces affluents ne traversent pas plusieurs Etats : cette extension n'a été formellement consacrée que pour le Congo et le Niger.

429. La liberté de la navigation fluviale a été longtemps méconnue, les Etats riverains établissant des droits de péage fort lourds sur les bateaux étrangers. Cette liberté, déjà consacrée en principe par la France en 1792 et en 1798, fut admise pour le Rhin au traité de Paris du 30 mai 1814, art. 5, et l'Acte final du Congrès de Vienne du 9 juin 1815, art. 108 à 115, l'étendit à tous les cours d'eau navigables traversant le territoire de plusieurs Etats. Les règles principales consacrées par le Congrès de Vienne et dont l'application a été successivement faite à divers fleuves sont les suivantes : 1° les Etats riverains d'un même fleuve s'engagent à régler d'un commun accord ce qui a rapport à sa navigation ; 2° la navigation sur les fleuves internationaux est libre *jusqu'à leur embouchure* pour toutes les nations ; 3° les règlements de police de la navigation doivent être uniformes pour toutes les nations et favorables au commerce ; ils doivent être aussi conçus de telle sorte qu'ils ne rendent pas nécessaire un examen détaillé des cargaisons pour leur application ; 4° chaque Etat riverain se charge des travaux nécessités par la navigation dans le parcours du fleuve sur son territoire ; 5° les péages sont supprimés ; on ne peut percevoir que des taxes représentant la rémunération des travaux faits dans l'intérêt de la navigation *générale,* abstraction faite des droits de douane qui sont indépendants.

430. Condition internationale des principaux fleuves. — 1° Les anciens péages qui grevaient la navigation sur le Rhin furent abolis au Congrès de Rastadt sur la demande de la France et un règlement fut établi par les Etats riverains le 15 août

1804. L'art. 5 du traité de Paris du 30 mai 1814 consacra la
liberté de navigation sur ce fleuve et, suivant l'Acte final du
Congrès de Vienne du 9 juin 1815, art. 116, une commission
internationale fut établie à Mayence pour faire un règlement de
la navigation. Les Pays-Bas soulevèrent une difficulté en pré-
tendant que, la liberté de navigation étant accordée *jusqu'à la
mer,* les branches du Rhin qui forment de vrais bras de mer sur
leur territoire ne faisaient plus partie du fleuve et n'étaient plus
placées sous le principe de la liberté de navigation : cette interprétation rendait illusoire l'acte du Congrès de Vienne pour le
Rhin, les seules branches navigables de ce fleuve à son embouchure étant des bras de mer. Sur les réclamations de l'Angleterre au Congrès de Vérone et plus tard dans la déclaration du
27 novembre 1827, la Prusse, l'Autriche et la Russie exigèrent
la liberté de navigation du Rhin sur tout son cours, *jusque dans
la mer.* La Hollande résista jusqu'à la convention de Mayence
du 31 mars 1832 qui écarta ses prétentions.

Cependant, on a maintenu le monopole de la petite batellerie
au profit des Etats riverains. Enfin les derniers péages sur le
Rhin et ses affluents traversant plusieurs pays ont été supprimés par la convention de Manheim du 17 octobre 1868, qui
institue une commission internationale pour régler la navigation
sur ce fleuve, fixe la compétence en cas de contestation et
déclare exécutoires dans chaque Etat, sans révision au fond,
les sentences rendues par les tribunaux mixtes (V. loi du 21
avril 1832 et art. 2123, Code civil *in fine*).

2° Le traité de Westphalie (24 octobre 1648) avait fermé
l'Escaut aux provinces belges, ce que confirma le traité de Fon-
tainebleau du 8 novembre 1785. Le traité de Paris du 30 mai
1814 (troisième article secret), consacra la liberté de sa navigation comme pour le Rhin et, par le traité du 19 avril 1839,
la Hollande et la Belgique convinrent d'appliquer à ce fleuve
les règles du Congrès de Vienne, en surveillant en commun
leur application. Les droits de péage de la Hollande ont été
rachetés par la Belgique le 12 mai 1863, et celle-ci s'est entendue avec les autres Etats pour les faire participer proportionnellement au rachat, le 16 juillet 1863.

3° La Prusse et la Saxe convinrent, le 18 mai 1815, d'appliquer le principe de la liberté de navigation à l'Elbe; mais la

commission chargée de rédiger le règlement qui parut le 23 juin 1821 laissa subsister bien des entraves que l'on atténua le 14 avril 1844 : la dernière, le fort péage que percevait le Hanôve à Stade, et qui remontait au xie siècle, n'a disparu que par le traité de rachat du 22 juin 1861 entre les Etats allemands et un grand nombre d'autres Puissances.

4° La liberté de navigation sur le Pô était consacrée par diverses conventions, notamment par le traité de Milan du 3 juillet 1849 et celui de Zurich du 10 novembre 1859 ; mais, depuis la paix de Vienne du 3 octobre 1866, tout le cours du Pô est compris dans le territoire italien.

5° Le traité de Bucharest en 1812 réservait la navigation du bas Danube à la Russie et à la Turquie ; par le traité d'Andrinople du 14 septembre 1829, la Russie s'attribua l'embouchure de Sulina et le monopole de la navigation. Mais le traité de Paris du 30 mars 1856, art. 15, a imposé à la Russie l'application pour le Danube des règles du Congrès de Vienne sur la liberté de la navigation fluviale.

Le traité de 1856 a créé une Commission européenne composée de délégués de tous les Etats *signataires*. Cette commission a rédigé un règlement qui a été signé à Galatz le 2 novembre 1865. Après des prorogations successives, notamment d'après l'art. 54 du traité de Berlin du 13 juillet 1878, cette commission a été maintenue pour 21 ans, avec reconduction tacite de trois ans en trois ans, à compter du 24 avril 1904, sauf des modifications possibles dans sa constitution et ses attributions, par la convention de Londres du 10 mars 1883.

Cette commission forme une *véritable personnalité indépendante, d'un caractère international;* elle jouit d'une neutralité absolue, son action ne pouvant être entravée par aucun belligérant; elle a son pavillon particulier. Elle exerce la police de la navigation sur le Danube, dans la branche de Sulina jusqu'à Braïla, et prononce, *en son nom et avec un pouvoir propre,* la sanction des contraventions commises. Elle a également la surveillance et l'entretien des travaux destinés à faciliter la navigation et concourt aux règlements sanitaires avec le *conseil international* siégeant à Bucharest.

Le traité de Paris de 1856 avait aussi créé une *Commission riveraine,* composée seulement des délégués des Etats riverains du Danube, qui devait être *permanente* et était chargée de faire un règlement de la navigation. Ce règlement, en date du 7 nov. 1857, consacrait la liberté, mais en réservant le monopole de la navigation intérieure dans le fleuve, de port à port, aux riverains. Sur les protestations de la France et de l'Angleterre à ce sujet, ce règlement ne fut pas appliqué et se trouva remplacé par celui de la *Commission européenne* du 2 nov. 1865. Cette dernière Commission fut également chargée par le traité de Berlin de 1878, art. 55, de rédiger un règlement pour l'amont de Galatz, comme elle l'avait fait pour l'aval. Mais ce règlement, rédigé le 2 février 1883 et approuvé à la Conférence de Londres le 10 mars suivant, est resté sans effet, la Roumanie ayant refusé de reconnaître la présidence attribuée à l'Autriche.

6o Par le traité du 26 février 1884, l'Angleterre et le Portugal s'étaient reconnu le droit de souveraineté et de perception de taxes sur la navigation du Congo. A la suite des réclamations de la France et de l'Allemagne, et avec l'adhésion du Portugal, les Puissances tinrent la Conférence dite africaine ou du Congo, à Berlin, du 15 novembre 1884 au 26 février 1885. Le chapitre IV de l'Acte final du 26 février 1885 contient les règles admises en ce qui concerne la navigation sur le Congo (art. 13 à 26).

1° La liberté de navigation est admise sur le fleuve et *sur tous ses embranchements et issues* pour tous les navires de commerce, avec un *traitement égal* pour toutes les nations; cette règle est reconnue comme faisant partie désormais du droit public international. 2° Tous les péages sont supprimés, sauf ceux qui auront le caractère de rétribution pour les services rendus à la navigation. 3° Le régime est le même pour les *affluents* du Congo et pour les rivières, canaux et lacs du bassin déterminé par l'Acte de Berlin. 4° *Les routes, chemins de fer ou canaux latéraux établis pour suppléer à l'innavigabilité de certaines portions du Congo, de ses affluents ou d'autres cours d'eau assimilés, sont soumis aux mêmes règles.* 5o Une commission internationale, *ayant le même caractère que celle du Danube,* est chargée de veiller à l'observation du règlement de la navigation ; ses membres, ses offices, bureaux et archives sont *inviolables;* elle a pour mission de faire le règlement de la navigation sous l'approbation des Puissances signataires et d'appliquer les sanctions des contraventions de sa propre autorité. Mais cette autorité ne s'exerce que sur le Congo et ses affluents ; dans les autres cours d'eau du bassin, elle ne peut s'exercer que du consentement des Puissances sous la souveraineté desquels ils sont placés. Cette commission peut contracter des emprunts gagés sur les revenus qui lui sont attribués.

6° Enfin, la navigation du Congo, de ses affluents, de son embouchure et de la mer territoriale en face de celle-ci, est libre en temps de guerre, même pour les navires de commerce des belligérants. La neutralité ne cesse que pour le cas de contrebande de guerre.

7° Le chapitre V de l'Acte de Berlin (art. 26 à 34) reproduit pour le Niger les mêmes règles que pour le Congo ; cependant leur application est confiée aux diverses Puissances riveraines, sans être placée sous le contrôle d'une Commission internationale comme pour le Congo.

8° Après de vifs débats entre l'Espagne et les Etats-Unis, la liberté de navigation a été consacrée pour les deux Etats sur le Mississipi, par le traité de San-Lorenzo en 1795. Ce fleuve relève en entier aujourd'hui de l'Union américaine.

9° La même liberté a été assurée au Saint-Laurent pour la communication avec les grands lacs par le traité du 5 juillet 1856, entre l'Angleterre et les Etats-Unis.

10° Le Parana et l'Uruguay sont déclarés libres et neutralisés en cas de guerre par le traité de San-José de Florès du 10 juillet 1853, entre la France, la République Argentine et d'autres Etats (V. n° 621, 5°).

11° La liberté de navigation est également assurée sur le fleuve des Amazones par les traités du 13 mai 1858 et du 7 décembre 1866.

CHAPITRE IV

DES NAVIRES ET DE LA NAVIGATION

SECTION I

DES NAVIRES ET DE LA NAVIGATION EN GÉNÉRAL

431. Si, en vertu du principe de la liberté des mers, la navigation est libre pour les navires de toutes les Puissances, il est indispensable de déterminer le pays auquel chaque navire se rattache, en d'autres termes de fixer sa nationalité. Cette nécessité, pour tout navire, d'avoir une nationalité se justifie aussi bien que pour les individus.

Tout d'abord, il faut que le navire puisse, en pleine mer ou dans les eaux territoriales d'un pays, invoquer la protection d'un État si ses droits ou ses intérêts sont injustement compromis.

D'autre part, un navire qui circulerait sur les mers sans relever d'un pays déterminé ne serait plus tenu par aucune règle et pourrait devenir un vrai danger international ; quelle garantie offrirait-il s'il causait un préjudice à d'autres navires ou s'il se livrait volontairement à des déprédations? Il faut que le navire autorisé à porter le pavillon d'un pays dont il a la nationalité soit responsable de ses actes devant ce pays, comme ce dernier est garant d'une façon plus ou moins complète de ses navires.

Enfin, la détermination de la nationalité des navires présente un grand intérêt pratique pour savoir quelles sont les faveurs spéciales qu'ils peuvent invoquer, étant donné que, dans la plupart des pays, sous l'influence de considérations économiques infiniment variables, on accorde aux navires nationaux des avantages refusés aux étrangers. Les principaux de ces avantages sont les suivants : 1° le monopole du transport des marchandises dans le pays qu'accordaient les anciens *Actes de navigation*, notamment celui de Cromwell en 1651, et le décret de la Convention du 21 septembre 1793 qui, en interdisant *l'intercourse* ou *tiers pavillon*, ne permettait l'importation qu'aux navires français ou, à leur défaut, à ceux du pays de production ; ce monopole, aboli en 1816, fut remplacé par une élévation des droits sur les importations venant par navires étrangers, ou *surtaxe de pavillon* qui, supprimée par la loi du 19 mai 1866, rétablie un moment en 1872, a disparu d'après la loi du 30 juillet 1873 ; elle n'a été maintenue que dans les rapports de la France et de l'Algérie par la loi du 2 avril 1889 ; 2° le monopole de la pêche côtière (V. n° 420) ; 3° celui du cabotage en douane, c'est-à-dire de port à port d'un même pays ; 4° les primes à la marine marchande réservées aux navires nationaux.

A part ces privilèges, on admet généralement l'égalité de situation des navires de toutes nationalités, au point de vue de l'accès dans les ports, des taxes à payer ou des formalités à remplir, et cette égalité est le plus souvent confirmée par les traités de commerce ou de navigation. Chaque pays conserve d'ailleurs son attitude indépendante au point de vue de la défense de ses intérêts économiques, dans le sens de la liberté commerciale ou de la protection, en variant cette attitude suivant la nature de ses rapports avec les autres Etats.

Cependant, les navires étrangers peuvent se trouver dans une situation particulière par suite de l'exercice de *l'Angarie*, c'est-à-dire de la réquisition faite par le gouvernement du pays dans les ports duquel ils se trouvent pour effectuer un transport ou tout autre service public. Les anciens traités stipulaient souvent l'interdiction de cette mesure ; d'autres, plus récents, ne la permettent que moyennant juste indemnité ; la plupart des traités de navigation n'en parlent plus, condamnant ainsi une pratique aussi contraire à la souveraineté des Etats dont les navires étrangers portent le pavillon qu'à la justice (V. n° 499).

432. La nationalité des navires ainsi que les avantages accordés aux navires nationaux sont librement déterminés par la loi souveraine de chaque Etat, appelée quelquefois en cette matière *Acte de navigation*. Les dispositions des diverses lois varient beaucoup à cet égard, parce qu'elles sont motivées par les conditions politiques et économiques différentes suivant les Etats ; un pays où la construction navale est peu développée acceptera la naturalisation des navires étrangers ; tel autre qui a beaucoup de marins exigera que tout l'équipage soit composé de nationaux ; ailleurs, on se montrera plus sévère pour la nationalité des propriétaires du navire parce qu'on redoute, en cas d'hostilités, que le pays soit privé du concours si précieux de sa marine marchande.

Sans entrer dans le détail des diverses législations sur les conditions de la nationalité des navires, il suffit de remarquer qu'elles se ramènent toutes aux trois points suivants : origine ou lieu de construction du navire, nationalité des officiers et de l'équipage, nationalité des propriétaires.

En France, actuellement, les conditions requises pour qu'un navire soit national sont les suivantes : 1° Les officiers et les trois quarts de l'équipage doivent être Français ; 2° le navire doit être construit en France, ou, dans le cas contraire, francisé moyennant le paiement d'un droit de deux francs par tonneau de jauge ; 3° la moitié au moins du navire doit appartenir à des Français (V. décret du 21 septembre 1793 ; lois des 19 mai 1866, 30 janvier 1872, 7 mai 1881, 9 juin 1845 ; décret du 21 avril 1882).

En ce qui concerne la dernière condition, on remarquera le danger qui peut se produire si la moitié d'un grand nombre de navires français appartient à des nationaux d'un pays en guerre avec la France. De plus, l'application de cette dernière condition présente de grandes difficultés quand les navires appartiennent à une société. Le conseil d'Etat a émis l'avis en 1887 qu'un navire ne peut pas être français quand il appartient à une société *anonyme* où la prédominance de l'élément étranger ne permet pas de considérer des Français comme propriétaires de la moitié (V. *J. Clunet,* 1887, p. 250). Cependant beaucoup d'auteurs estiment qu'il suffit que la société soit française, plus de la moitié des actions appartiendrait-elle à des étrangers. Dans le cas de société en nom collectif, fût-elle française, on exige que la moitié des droits 'appartienne à des associés français (V. *J. Clunet,* 1885, p. 192 ; *Revue critique,* 1885, p. 603).

Un pays peut d'ailleurs autoriser des navires étrangers à voyager sous son pavillon toutes les fois que cette concession a pour but de leur procurer un avantage légitime ou une protection plus efficace ; mais cette concession ne peut jamais être accordée pour tromper les autres Puissances, par exemple pour faire bénéficier de faveurs qui ont été exclusivement accordées au pays dont le pavillon est ainsi frauduleusement employé. Un pays non maritime peut, à la rigueur, avoir une marine et un pavillon national ; mais, comme on l'a constaté récemment au sujet d'une proposition en ce sens faite en Suisse, il faut des circonstances exceptionnelles pour justifier l'exercice de ce droit, parce que, faute de pouvoir agir directement sur la mer et offrir un asile à ses navires, l'Etat ne pourra guère ni répondre d'eux ni les protéger.

433. Les navires peuvent, comme les individus, perdre leur nationalité et en changer. L'absence de l'une des conditions prescrites par la loi de chaque Etat pour la nationalité fera perdre celle-ci.

Quant au changement de nationalité, il a lieu le plus habituellement par l'effet de la vente à des personnes d'un autre pays. Cette vente est opposable aux autres Puissances, sauf le cas de fraude, par exemple quand elle est fictive pour léser les tiers. En temps de guerre, cette fraude est particulièrement motivée par le désir d'éviter les conséquences de la prise de la propriété privée ennemie ; la vente devra être respectée avec ses conséquences quand le navire aura été régulièrement immatriculé sur les registres de l'Etat dont les nationaux l'ont acquis.

Les lois des différents pays peuvent également considérer comme nationaux les navires étrangers dans certains cas déterminés. Ainsi sont français :

1° Les navires étrangers déclarés de bonne prise (loi du 21 sept. 1793, art. 2), et ceux confisqués pour violation des lois françaises ; 2° ceux qui, échoués sur les côtes, sont vendus à des Français quand ceux-ci font des réparations d'une valeur quintuple du prix d'achat ; 3° les navires trouvés épaves en pleine mer et vendus au profit de la caisse des Invalides de la marine.

En sens inverse, le bénéfice de la nationalité peut être perdu pour les causes spéciales prévues dans les différentes lois, par exemple, en France, quand on ne peut ramener le navire dans un port français, et quand, sauf le cas de nécessité, on fait faire à l'étranger des réparations pour plus de 6 francs par tonneau de jauge (loi du 27 vendémiaire an II, art. 8).

434. Tout navire prouve sa nationalité par un signe extérieur, le pavillon. L'usurpation de pavillon constitue une offense grave à l'égard du pays dont on prend les couleurs sans autorisation et à l'égard de celui que l'on cherche à tromper ainsi. Les abus faciles du pavillon nécessitent souvent la production d'une autre preuve : elle se trouve dans les *papiers de bord* ou *lettres de*

mer variables suivant les législations (V. art. 226 C. com. français), spécialement dans le congé ou patente de navigation qui
établit l'identité du navire, et dans l'acte de nationalité, appelé
chez nous acte de francisation.

Pour les navires de guerre, le déploiement du drapeau,
appuyé quelquefois d'un coup de canon dit *coup d'assurance,*
même du pavillon spécial ou *flamme militaire,* doit suffire en
principe. L'affirmation sur l'honneur du commandant doit également suffire, sauf à exiger, dans les cas particulièrement
douteux, la production de son brevet de commandement ou
commission.

435. Navires naufragés. — Tandis que la loi romaine pro-
tégeait les naufragés, pendant tout le moyen-âge on établit et
pratiqua le *Droit d'épave ou de naufrage,* par lequel les riverains s'enrichissaient des dépouilles arrivant sur le littoral à la
suite de naufrages souvent provoqués par des signes trompeurs
qui entraînaient les navigateurs sur les récifs. Malgré les condamnations de l'Eglise, notamment au Concile de Latran
en 1179, ce droit barbare ne disparut qu'à la suite de l'ordonnance de 1681 sur la marine et du règlement de Louis XIV
en 1688. Aujourd'hui, le droit de ceux qui sauvent un navire
ou qui recueillent des épaves se borne à une indemnité ou à une
attribution partielle, variables suivant les circonstances et toujours considérées comme la rémunération d'un service rendu.
En France, les droits des sauveteurs sont réglés par l'ordonnance de 1681, par celle du 15 juin 1735 et par la loi du
6 nivôse an VI, art. 1, cette dernière donnant un droit sur les
deux tiers des effets trouvés en pleine mer quand ils sont
propriété ennemie. Du reste, ce droit de sauvetage n'est généralement admis que pour les biens ; exceptionnellement le
Merchant shipping act de 1854, art. 458, modifié par l'*Admiralty Court act* de 1861, l'établit pour les personnes sauvées sur un navire anglais n'importe où, et sur n'importe quel
navire dans les eaux territoriales anglaises.

Si le sauvetage a lieu dans les eaux territoriales d'un pays,
c'est la loi de ce dernier qui doit être appliquée, quelle que soit
la nationalité des navires ; en pleine mer, on suit la loi du navire
sauveteur qui place sous sa dépendance le navire sauvé (V.
Cass., 6 mai 1884, *J. Clunet,* 1884, p. 512; Demangeat, *ibid.,*

1885, p. 143; Congrès maritime d'Anvers de 1885, art. 10, *ibid.*, 1888, p. 887).

D'après la plupart des traités de commerce et de navigation ou des conventions consulaires, on attribue aux consuls la direction du sauvetage des navires de leur pays; les autorités locales ne doivent intervenir que pour assurer l'ordre, garantir les intérêts des naufragés étrangers au pays auquel le navire appartient, et surveiller l'entrée et la sortie des marchandises sauvées qui sont dispensées des droits de douane à moins qu'on ne les destine à la consommation intérieure.

SECTION II

DE LA JURIDICTION SUR LES NAVIRES

436. L'application de la loi et la compétence des tribunaux d'un pays peuvent se manifester à propos des actes accomplis sur un navire soit au point de vue civil, soit au point de vue pénal et de police générale : nous avons déjà vu quelles sont les règles de la compétence répressive sur les navires de guerre ou de commerce en pleine mer et dans les eaux territoriales, ainsi que les droits des États riverains pour soumettre à leurs lois de police générale et d'ordre public les navires étrangers qui sont dans leur domaine maritime ou fluvial. Il ne nous reste donc plus qu'à apprécier la situation des navires en ce qui concerne la soumission à la loi et à la compétence civiles.

437. En pleine mer, tous les bâtiments, de guerre ou de commerce, ne relèvent que de la loi du pays dont ils portent le pavillon, en ce qui concerne les actes accomplis à leur bord. C'est donc la loi du pays auquel ils appartiennent qui devra être observée : 1° pour les formalités des actes juridiques réalisés sur les navires, notamment des actes de l'état civil, d'après la règle *Locus regit actum;* 2° pour régler les contrats également conclus à bord, toutes les fois qu'il y aura lieu de suivre la *lex loci contractûs,* suivant le principe ordinaire en matière de conventions; 3° pour fixer la nationalité d'après le lieu de naissance, l'enfant né à bord en pleine mer devant être considéré comme né dans le pays du navire.

Le conflit de législation entre deux navires de nationalité différente peut se présenter, en pleine mer, surtout dans deux cas. D'abord, en cas de sauvetage, et nous savons que l'on suit alors la loi du navire sauveteur (V. n° 435). En second lieu, en cas d'abordage, on discute beaucoup pour fixer les responsabilités et déterminer, à cet égard, la loi applicable. Cette question rentrant dans le domaine du Droit international privé, nous nous contenterons d'en donner la solution générale.

Il est d'abord évident que si les deux navires appartiennent à des pays qui ont accepté le règlement général de la navigation pour éviter les abordages, c'est en tenant compte de l'observation de ce règlement que les responsabilités devront être déterminées (V. n° 419-4°). Dans le cas contraire, ou si l'observation du règlement n'est pas en question, les opinions sont fort partagées : les uns s'en tiennent à la loi du pays où la réclamation sera portée et jugée ; les autres, et cette solution a été consacrée par le Congrès maritime d'Anvers, veulent régler la responsabilité particulière de chaque navire d'après la loi de son pavillon ; d'autres se prononcent pour la loi du navire abordé ; enfin, il nous semble plus juste de s'en tenir au principe commun adopté par toutes les législations d'après lequel la responsabilité n'existe que pour celui à l'encontre duquel on peut prouver une faute ou une négligence, les autres particularités des différentes lois n'ayant aucune autorité en pleine mer et par rapport aux navires étrangers qui ne leur sont pas soumis. (V. notre *Précis de Droit int. privé*, 2e édit., p. 513 ; Institut de Droit int., Session de Lausanne en 1888, Annuaire, t. X, pp. 105-114 ; 146-152).

438. Dans les eaux territoriales d'un Etat, il faut distinguer entre les navires de guerre et de commerce.

Les navires de guerre sont toujours affranchis de la loi et de la juridiction territoriales, sauf application des règlements généraux de police, comme nous l'avons indiqué plus haut. Tout ce qui a été dit au sujet des navires en pleine mer pour l'application de la loi de leur pays à raison des faits survenus à leur bord, tels que les actes juridiques ou la naissance d'un enfant, doit être maintenu pour le cas où les navires de guerre sont dans les eaux territoriales étrangères. Ajoutons que ces navires restent toujours à l'abri de toute action de la part des particuliers, qu'ils sont notamment insaisissables à tous les points de vue.

On assimile aux navires de guerre ceux qui sont spécialement affectés au transport des souverains ou des agents diplomatiques, ainsi que ceux qui sont affrétés par un Etat pour un service public et placés sous le commandement d'un de ses officiers.

Les navires affectés à un service postal ne jouissent des immunités et dé l'indépendance des bâtiments de guerre qu'en vertu de conventions formelles que prévoit l'art. 13 de la convention d'union postale conclue à Berne le 9 octobre 1874. Nombre de ces conventions assurent aux navires postaux le bénéfice de l'insaisissabilité même dans les ports étrangers, et il a été jugé par la Cour d'Aix, le 3 août 1885 (Sir., 87. 2. 217), dans l'affaire du *Solunto*, que ce bénéfice doit être maintenu même quand le navire relâche dans un port non compris dans son itinéraire. (V. H. Guillebert, *De l'insaisissabilité... des navires affectés à un service postal, J. Clunet*, 1885, p. 515). Cependant cette insaisissabilité ne s'étend pas aux biens personnels du propriétaire du paquebot ni au fret qu'il perçoit pour les marchandises transportées par ce navire.

Le navire de commerce au contraire se place sous la souveraineté du pays dans les eaux territoriales duquel il est entré, au même titre qu'un simple particulier qui se trouve sur le territoire d'un Etat. Sans avoir à examiner les nombreux conflits de lois rentrant dans le domaine du Droit international privé auxquels peut donner lieu la présence d'un navire étranger dans un port, notamment pour savoir quelle est la loi qui détermine les pouvoirs et les devoirs du capitaine, les formalités de la vente ou de l'hypothèque, les privilèges sur les navires, etc. (V. notre *Précis de droit int. privé*, 2ᵉ édit., pp. 506, à 509; 611, 614, 619, 626), il suffit de constater, au point de vue du Droit international public, sa sujétion vis-à-vis de la loi et de la compétence territoriales. Cette sujétion peut se manifester à différents points de vue : 1° les formalités des actes juridiques sont fixées par la loi territoriale en ce qui concerne les actes passés à bord d'un navire de commerce dans un port étranger ; 2° l'enfant né à bord dans les mêmes conditions est réputé né dans le pays où se trouve le navire ; 3° les officiers publics territoriaux peuvent instrumenter à bord des navires étrangers (V. de Rossi, *J. Clunet*, 1887, p. 166) ; 4° en cas de sauvetage ou d'abordage dans les eaux territoriales, la loi du pays riverain doit seule être appliquée.

439. Il n'est pas douteux, comme nous l'avons déjà constaté, que l'Etat riverain peut imposer l'observation de ses lois de police et de sûreté dans toute l'étendue de ses eaux territoriales aux navires qui ne font que les traverser comme à ceux qui y séjournent ou qui mouillent dans ses ports. Il n'y aurait même pas lieu, en pareil cas, de tenir compte d'une circonstance de force majeure qui contraindrait le navire coupable d'attentat contre le pays à se réfugier dans les eaux de ce dernier : le droit de conservation de l'Etat intéressé ne peut être mis en échec par des considérations plus sentimentales que juridiques tirées de la nécessité où s'est trouvé le navire de se soumettre à sa juridiction pour fuir un plus grand malheur, par exemple un naufrage.

C'est ainsi que le *Carlo-Alberto*, qui venait de débarquer la duchesse de Berry, le 28 avril 1832, fut arrêté à la Ciotat où il avait été contraint de relâcher à la suite d'avaries (V. Cass., 3 août 1832 ; Sir., 1832, 1, 577 à 580 ; 591, 592).

Mais la juridiction territoriale s'étendra-t-elle également aux navires qui ne font que *traverser* les eaux territoriales sans y séjourner?

On a vu que, en s'inspirant de l'intérêt de la souveraineté et de la sécurité des Etats, on consacre habituellement l'affirmative pour la juridiction criminelle et généralement pour toutes les lois d'ordre public, par exemple pour la police de la navigation : c'est ainsi que le *Territorial Waters juridiction act* de 1878 établit cette compétence territoriale en cas d'abordage, à propos de l'affaire du *Franconia* (V. n° 279). Il semblerait juste cependant de limiter l'exercice de la souveraineté dans les eaux territoriales à ce qui est nécessaire pour la sauvegarde de l'ordre public et de la sécurité de l'Etat, par exemple en ce qui concerne l'observation des règlements généraux de police, à l'égard des navires qui ne font que traverser son domaine maritime sans y séjourner. Si l'on peut soutenir, à la rigueur, que l'exercice de la juridiction criminelle est possible, en se plaçant à ce point de vue, sur les navires qui traversent seulement les eaux territoriales, on peut critiquer comme abusive l'application de la juridiction civile en pareil cas; le navire qui sillonne ces eaux en poursuivant sa route peut, en tant qu'il s'agit d'actes indifférents à la sécurité et à la sauvegarde de l'Etat riverain, être considéré comme étant en pleine mer. C'est pour cela que la décision absolue de l'acte anglais de 1878 qui admet la compétence exclusive des tribunaux locaux pour toute contestation entre navires de toutes nationalités dans les eaux territoriales, notamment en cas d'abordage, a été fort critiquée (V. auteurs cités au n° 279, et Renault, *J. Clunet*, 1879, p. 238). Dans tous les cas, il est inadmissible que la loi territoriale d'un pays s'impose pour fixer les formalités juridiques d'un acte accompli sur un navire qui *traverse* ses eaux territoriales, ou pour faire considérer un enfant né sur ce navire comme né dans ce pays, ou un contrat qui y est conclu comme passé sur son territoire.

SECTION III

RESTRICTIONS A LA LIBERTÉ DE NAVIGATION. — DE LA PIRATERIE.

440. Indépendamment des restrictions à la liberté de navigation admises pendant les hostilités en cas de capture des navires ennemis, de contrebande de guerre ou de blocus, cette liberté n'est pas tolérée en temps de paix pour les navires qui se livrent à la traite (V. n° 381), ni pour ceux qui s'adonnent à la piraterie.

On entend par pirates les navires qui, sans pavillon, ou avec un pavillon usurpé, ou sans l'autorisation du pays dont ils portent du reste régulièrement les couleurs, attaquent, pillent ou détruisent d'autres navires soit par esprit de butin, soit par esprit de vengeance.

Dès l'antiquité, les pirates, alors fort nombreux, étaient considérés comme les ennemis communs de tous les Etats et placés en dehors du Droit des gens : « *Pirata communis hostis omnium* », disait Cicéron (*De officiis*, I, III, 29). De là cette conséquence, admise de tout temps, que le pirate peut être saisi par les navires de n'importe quel Etat et jugé par l'autorité compétente du pays qui a fait sa capture.

Autrefois, les pirates étaient jugés sur place et exécutés sommairement par pendaison aux vergues. Mais aujourd'hui cette façon de procéder ne serait tolérée qu'en cas de légitime défense et lorsque le navire capteur n'a pas les moyens nécessaires pour garder les prisonniers. Encore faudrait-il, en pareil cas, prononcer un jugement avec le concours et sous la responsabilité des officiers du bord, et en rédiger procès-verbal.

Actuellement, les différentes législations défèrent les pirates aux cours martiales maritimes ; telle est la loi française du 10 avril 1825, qui prononce contre eux la peine de mort ou des travaux forcés.

Les navires pirates sont de bonne prise, sauf restitution aux propriétaires qui justifient de leur droit des objets trouvés à bord.

Enfin, en cas de soupçon *sérieux* de piraterie, tout navire de guerre peut arrêter en pleine mer un bâtiment suspect, sauf à devoir accorder réparation morale et pécuniaire si l'erreur est établie. (Dans les eaux territoriales d'un Etat, v. n° 419, 3°).

441. Le caractère de pirate à attribuer à un navire peut parfois présenter de sérieuses difficultés.

Un navire dont l'équipage s'est révolté et navigue sans la garantie de l'ancien commandement et de l'ancien pavillon doit être considéré comme pirate quand il se livre à des déprédations : c'est ce qu'a décidé la juridiction anglaise du Banc de la Reine, en 1863, au sujet du navire *Gerity* réfugié dans le port anglais de Belize. Cependant, si l'Etat auquel appartient le navire le réclame avec l'équipage coupable, on satisfait ordinairement à sa demande, comme le firent les Etats-Unis à l'égard de la France au sujet du navire *Alexandre*, de Bordeaux, dont les marins révoltés s'étaient rendus à New-York.

D'après quelques traités et certaines lois (V. loi française du 10 avril 1825, art. 3), on assimile aux pirates les navires neutres qui font la *course* pour le compte de l'un des belligérants et sans l'autorisation de leur gouvernement. L'abolition de la course par la plupart des Puissances, en 1856, a rendu cette disposition à peu près inutile, sauf en ce qui concerne les pays qui tolèrent encore l'usage des corsaires, tels que l'Espagne et les Etats-Unis. D'ailleurs les pays qui maintiennent encore la *course* ne délivrent des *lettres de marque* autorisant à la faire qu'à leurs navires nationaux.

La question s'est posée également pour les navires appartenant à des insurgés. Lors de l'insurrection contre le gouvernement républicain de Madrid, en 1873, les navires de guerre appartenant au parti dit *Cantonaliste* furent considérés comme libres, tant qu'ils se livrèrent seulement à la guerre civile en respectant les bâtiments des autres Puissances (notes du *Foreign-Office* du 24 juillet 1873, et de l'ambassadeur d'Allemagne à Londres, du 9 août, confirmées par les circulaires aux consuls de France des 4 août et 10 septembre 1873). Le Brésil agit de même vis-à-vis du navire espagnol *Montézuma*, tombé au pouvoir des insurgés cubains en 1879. Le *Huascar*, navire insurgé péruvien, ne fut attaqué par l'escadre anglaise, en 1877, que par la raison, plus ou moins bien établie en fait, qu'il avait attaqué et pillé des navires anglais. De même, lorsque par le décret du 21 avril 1861 le président Lincoln déclara pirates tous les corsaires des Etats du Sud, le gouvernement anglais refusa d'admettre cette assimilation abusive, et les Etats du Nord traitèrent les équipages sudistes en prisonniers de guerre.

442. La piraterie caractérisée conformément à la définition que nous avons donnée est la seule admise par le Droit international et qui puisse justifier la compétence du pays qui a fait la capture, quelle que soit la nationalité du navire saisi et de son équipage. Mais nombre de lois assimilent à la piraterie des faits qui ne doivent pas être confondus avec elle ; par exemple, le fait de naviguer sans papiers de bord, ou avec ceux de plusieurs Etats, ou avec des papiers faux ; le fait encore de se livrer à la traite ; de s'emparer du navire quand on fait partie de l'équipage et de le livrer à des pirates ou à l'ennemi, etc. (V. loi française du 10 avril 1825, art. 4 ; Cass., 26 avril, 10 août, 27 septembre 1866, Dal., 1866, 1, pp. 401 et suiv.). De même, en 1790, le Congrès des Etats-Unis déclara acte de piraterie tout crime passible de la peine capitale commis en pleine mer contre les Etats-Unis par un citoyen. Enfin, dans le projet de 1879 pour la protection internationale des câbles sous-marins, l'Autriche proposa de traiter comme pirates ceux qui détruiraient ces câbles ; d'après la convention générale du 14 mars 1884 et la loi française du 20 décembre 1884, les bâtiments coupables de dommages causés aux câbles relèvent des tribunaux de leur pays. Ces assimilations ne peuvent créer qu'une piraterie en quelque sorte interne et au point de vue seulement du pays qui les consacre, elles n'ont d'autre effet que d'étendre les pénalités et la juridiction établies en cas de piraterie aux faits assimilés à cette dernière. Au point de vue international, ces faits ne relèvent que de la compétence du pays qui les punit ; ils ne peuvent pas justifier la compétence internationale du pays qui fait la capture comme pour la piraterie proprement dite, ni la capture elle-même de la part des Etats étrangers, à moins de convention contraire, comme pour la traite.

LIVRE VI

DES RAPPORTS D'OBLIGATIONS ENTRE LES ETATS

---

443. Indépendamment des droits généraux et absolus qui leur appartiennent et que nous avons déjà vus (V. livre II), les Etats peuvent en avoir de particuliers et contingents, variables à l'infini suivant les circonstances qui leur donnent lieu. De même que les droits absolus ont pour corrélatifs des devoirs de même nature, de même aux droits accidentels correspondent des devoirs semblables qui, par analogie avec ce qui a lieu dans le droit civil, peuvent être qualifiés d'obligations. Ces obligations peuvent venir d'un rapport contractuel exprimé dans un traité conclu par les Etats, ou de la réalisation de certains faits qui, par leur nature et leurs conséquences, entraînent une responsabilité juridique vis-à-vis d'autrui et que le Droit ramène aux trois types des quasi-contrats, des délits et des quasi-délits. De là la distinction des obligations contractuelles provenant des traités et des obligations non contractuelles.

CHAPITRE PREMIER

DES TRAITÉS INTERNATIONAUX

SECTION I

NATURE DES TRAITÉS

444. Nous avons déjà apprécié la valeur des traités comme source du Droit international (V. n°s 58 et suiv.) et leur caractère général qui doit les faire assimiler à un véritabe contrat. On peut les définir : *l'accord expressément déclaré par deux ou plusieurs Etats pour établir, modifier ou éteindre entre eux un rapport obligatoire.*

Malgré le manque de précision de la terminologie diplomatique à ce sujet, on distingue : 1° les *traités* ou accords les plus importants par leur objet, ou le nombre ou la puissance des Etats qui y prennent part, ou la variété des points sur lesquels ils portent ; 2° les *conventions,* qui ont pour objet des questions spéciales ou d'un caractère plutôt économique ou juridique que politique, telles que le commerce ou la navigation, les attributions des consuls, la propriété littéraire ou industrielle, les postes, les chemins de fer, etc... ; 3° les *déclarations,* qui sont les conventions établies par expression de la volonté d'un Etat à laquelle correspond une expression semblable d'un autre, ou la simple acceptation de sa manifestation de volonté ; 4° les *cartels* ou conventions portant sur des points particuliers et secondaires consenties par des fonctionnaires ayant à cet effet une délégation de leur pays, notamment par les chefs militaires pour un échange de prisonniers, une suspension d'armes, etc. D'ailleurs, dans le langage diplomatique, on emploie souvent l'expression générique *Acte* pour désigner tous les accords internationaux : on dit l'Acte de Berlin de 1885, l'Acte de Bruxelles de 1891.

Tous les accords conclus entre les Etats constituent des *Traités publics ;* mais il ne faudrait pas attribuer le même caractère à des contrats passés par un Etat avec de simples particuliers, par exemple avec une maison de banque pour garantir un emprunt fait par un autre Etat, ou avec une compagnie de colonisation pour occuper et exploiter un territoire. Ces actes n'étant pas intervenus uniquement entre des Etats, n'ont pas le caractère international et échappent à l'appréciation de notre Droit pour rentrer dans le domaine du Droit interne de l'Etat qui y a participé, au moins dans les rapports de l'Etat et des particuliers, sauf à devenir internationaux en tant qu'ils mettent en rapport plusieurs pays, par exemple quand ceux-ci ont contracté des engagements entre eux pour la garantie de l'emprunt fait à un particulier. De même, ne sont pas des *traités publics* les conventions entre princes, agissant en *leur nom personnel* et non comme représentants de l'Etat, pour établir ou modifier l'ordre de succession au trône.

445. Par la force même des choses, étant donnée l'indépendance des Etats entre lesquels les règles juridiques des relations internationales ne peuvent s'établir qu'au moyen d'un accord commun, les traités ont toujours été conclus dès l'antiquité la

plus reculée. Seulement, dominés jadis par l'influence des sentiments religieux qui seuls pouvaient en assurer l'observation
sous le Paganisme et au Moyen-Age, ils sont aujourd'hui placés
surtout sous la garantie du Droit, de la bonne foi et de l'intérêt
pratique des peuples. D'autre part, tandis que les traités ne
portaient guère jadis que sur les questions d'un caractère purement politique, et n'intervenaient la plupart du temps qu'entre
peu d'Etats contractants, ils ont de plus en plus pour objet, à notre
époque, des questions d'un intérêt économique et social et tendent à former de vastes unions dans lesquelles la plupart des
pays civilisés règlent uniformément leurs intérêts communs.

SECTION II

MODE DE CONCLUSION ET FORME DE TRAITÉS

446. La conclusion d'un traité comprend trois phases : les
négociations, la rédaction, enfin la ratification.

447. A. Négociations. — Il est fort rare que les traités
soient directement conclus entre chefs d'Etat, surtout dans les
constitutions où la responsabilité du souverain est couverte par
celle des ministres et où, par conséquent, le ministre des affai-
res |étrangères doit intervenir directement. En fait, c'est par
l'intermédiaire de représentants diplomatiques que les conventions internationales sont conclues ; on en désigne un ou plusieurs suivant les cas et parmi eux, en général, le ministre
accrédité auprès du pays où les négociations doivent être engagées. On leur adjoint parfois des délégués techniques qui les
aident de leurs lumières pour les questions spéciales.

Les négociateurs sont munis des *pleins pouvoirs* qui leur
donnent le droit de traiter au nom de leur pays et qui sont plus
ou moins précisés ou restreints par les *instructions* qu'ils ont
reçues. Ces pleins pouvoirs sont tout d'abord produits et échangés entre les négociateurs des Etats pour établir leur droit à
passer la convention.

Les négociations peuvent d'ailleurs être écrites ou verbales ;
mais nous avons déjà vu que l'on en conserve toujours procès-
verbal (V. n° 229). Si elles sont rompues, on constate les causes
et les circonstances de la rupture dans un document signé par
tous les plénipotentiaires et qui prend le nom de protocole, de
déclaration, quelquefois de *manifeste*.

448. B. Rédaction et forme des traités. — Les traités ne sont soumis à aucune forme sacramentelle ; ils pourraient même n'être pas constatés par écrit bien que l'histoire n'offre que de rares exemples de traités verbaux, à cause de l'importance de conventions semblables dont il importe de conserver la preuve et de préciser les clauses. On peut néanmoins concevoir un accord conventionnel s'établissant d'une manière tacite, par la façon d'agir concordante de deux ou plusieurs Etats sur un point déterminé.

La forme même de l'acte écrit est indifférente. On peut procéder par échange de lettres entre souverains ayant le pouvoir d'engager l'Etat, ou par une *déclaration collective* signée par les représentants des Etats, comme celle de Paris en 1856 sur la guerre maritime ; ou par *déclarations unilatérales mais identiques entre elles* de la part de chaque Etat; ou enfin par rédaction d'un acte contractuel ou traité proprement dit.

La teneur habituelle des traités est la suivante : 1° parfois une invocation à la divinité, « au nom de Dieu Tout-Puissant » ; 2° indication des Etats contractants, de l'objet et du but du traité ; 3° désignation des négociateurs et constatation de leurs pouvoirs ; toutes les mentions précédentes forment le *Préambule ;* viennent ensuite : 4° les clauses par articles de la convention ; 5° la réserve de la ratification : 6° le lieu et la date de la rédaction, le nombre des exemplaires rédigés, la signature et le sceau des négociateurs.

On ajoute souvent aux traités des articles séparés appelés *complémentaires* ou *additionnels;* parfois ils sont publics et alors ils confirment ou précisent certaines parties du traité ou contiennent des réserves pour l'avenir afin d'éviter que l'on ne considère certaines concessions comme un précédent *(clause salvatoire) ;* d'autres fois, ils sont secrets *(réserves)* et modifient alors ou écartent des clauses du traité principal ; dans ce dernier cas ils lient les Etats qui les ont conclus, mais ils ne sont pas opposables aux particuliers qui les ignorent. Le *protocole de clôture* contient souvent aussi des précisions ou compléments de la convention.

Aux traités principaux on joint souvent aussi des *conventions additionnelles* qui ont le plus souvent pour objet de régler la situation faite par les traités à des Etats qui n'y ont pas participé directement, par exemple des alliés avec les parties principales ou des alliés entre eux à la suite d'un traité de paix.

Enfin les *déclarations annexes* ou *additionnelles* établissent les principes admis par les Etats contractants sur des points prévus dans le traité principal ou qu'ils précisent en commun en profitant de l'occasion que leur offre la conclusion du traité : c'est ainsi que le traité de Vienne du 9 juin 1815 fut accompagné de seize déclarations sur la navigation fluviale, le rang des agents diplomatiques, etc., et celui de Paris du 30 mars 1856, de trois déclarations annexes, dont l'une sur la guerre maritime.

449. C. Ratification des traités. — Les négociateurs qui ont signé le traité dans la limite de leurs pouvoirs ne lient pas définitivement l'Etat ; leurs engagements doivent être ratifiés. On ne discute plus aujourd'hui, comme on le faisait autrefois, sur le point de savoir si le mandataire ayant agi dans les limites de son mandat oblige le chef d'Etat son mandant et par suite l'Etat lui-même, conformément aux principes du Droit civil. Les intérêts en jeu sont trop considérables pour qu'on puisse admettre une délégation absolue du pouvoir de lier l'Etat au bénéfice de fonctionnaires quelque élevés qu'ils soient ; d'ailleurs, au point de vue du Droit constitutionnel de tous les pays, le chef de l'Etat n'a pu que déléguer le pouvoir qu'il a lui-même de négocier une convention qu'il peut ensuite, en vertu des pouvoirs dont il est investi, approuver ou rejeter. Très exceptionnellement, on autorise dans certains pays les représentants du souverain dans des possessions lointaines à conclure des traités définitifs dans les limites de leurs pouvoirs, par exemple en Russie le gouverneur général du Turkestan, et, en Angleterre, le vice-roi des Indes.

La question d'ailleurs n'a plus guère d'intérêt pratique, étant donné qu'il n'y a peut-être plus un seul traité qui ne contienne de nos jours la réserve de la ratification.

450. De ce qui précède il résulte que, juridiquement, la ratification n'est pas une condition suspensive du traité douée d'un effet rétroactif et procurant à la convention son caractère obligatoire du jour où elle a été conclue et signée ; c'est un élément essentiel de sa formation dont la réalisation est indispensable pour que le traité soit complet. Du reste, la question de savoir à quel moment le traité est parfait et obligatoire est peu prati-que, parce qu'elle est presque toujours tranchée par les Etats contractants. Voici les règles suivies à cet égard : 1° Le plus ordinairement, le traité n'est en vigueur qu'à compter de l'échange des ratifications, ou après un certain délai à compter de cet échange. Cette opération, qui d'ailleurs se pratique tou-jours, se réalise en rédigeant autant d'exemplaires de l'acte de ratification qu'il y a de parties au traité, acte dans lequel on reproduit le traité lui-même, ou du moins le premier et dernier article; ces exemplaires sont collationnés et un *protocole* en constate l'échange. Les traités fixent souvent un délai pour les ratifications, et il faut le consentement de tous les Etats signa-taires pour le proroger, comme cela a été fait en faveur de la France pour l'Acte de Bruxelles de 1890 (V. n° 382). 2° Quel-quefois le traité fixe une date à compter de laquelle il produit ses effets. 3° D'autres conventions, par stipulation expresse, sont efficaces du jour de leur promulgation légale dans chaque pays contractant. 4° Il est rare que la convention soit consi-dérée comme définitive du jour où elle est signée, comme cela a été convenu pour le traité de Madrid du 3 juillet 1880 relatif à la protection des nationaux européens au Maroc.

En principe la ratification doit être intégrale et sans modifi-cation ni réserve, à moins que les autres Etats n'admettent les restrictions qui y sont apportées par l'une des parties : c'est ainsi que l'Acte de Bruxelles du 2 juillet 1890 n'a été ratifié que partiellement par la France avec l'assentiment des autres Puissances (V. n° 383).

Ajoutons que très exceptionnellement, pour des raisons d'ur-gence et sans que cette façon de procéder puisse être considérée comme régulière, on déclare parfois une convention *exécutoire* avant sa ratification : c'est ce qui a été fait pour la convention du 15 juillet 1840 entre l'Autriche, l'Angleterre, la Prusse, la Russie et la Turquie, pour calmer les troubles en Egypte.

451. La ratification peut être refusée pour des causes graves venant soit de l'intérêt supérieur de l'Etat, soit d'un change-ment survenu dans les circonstances qui avaient motivé le traité : la convention du 20 décembre 1841 ne put être ratifiée par la France parce que la Chambre des députés ne voulut pas admettre le droit de visite (V. n° 381). Mais un refus de ratification systématique et injustifié pourrait être considéré comme un acte de mauvaise foi et provoquer des réclamations ou des conflits.

L'autorité investie du pouvoir de ratifier est fixée par le Droit constitutionnel de chaque pays ; d'après la plupart des constitutions modernes, si le chef de l'Etat a l'initiative des traités et de leur négociation, il ne peut ratifier que les conventions les moins importantes ; celles qui mettent en jeu l'intérêt collectif de l'Etat au point de vue territorial ou financier et celles qui touchent aux principaux droits des citoyens doivent être approuvées par le pouvoir législatif (V. loi du 16 juillet 1875, art. 8).

452. La ratification n'est plus nécessaire évidemment pour les conventions conclues par les chefs d'Etat directement dans la plénitude de leurs pouvoirs, par exemple pour un traité d'alliance ou pour des préliminaires de paix. Il en est de même pour les conventions purement militaires consenties par les officiers dans le cours des hostilités et dans la limite des pouvoirs qui leur sont conférés à raison de l'urgence des décisions à prendre (V. n⁰ˢ 555 et suiv.). C'est en considérant la convention relative à l'évacuation d'une partie du territoire français comme une véritable convention militaire dont la conclusion était exceptionnellement confiée à M. Thiers, et bien que la paix fût déjà conclue, que l'on peut expliquer la ratification avant même la signature qui fut donnée par l'Assemblée nationale en 1871 ; du reste, on était alors dans une période intérimaire au point de vue constitutionnel, et l'Assemblée investie de la plénitude des pouvoirs pour la ratification des traités pouvait les transférer, pour une affaire spéciale, au chef du pouvoir exécutif.

SECTION III

CONDITIONS DE VALIDITÉ DES TRAITÉS

453. Ces conditions se réfèrent à l'objet du traité ou à la personnalité soit des Etats contractants, soit de leurs représentants.

454. Les conditions *objectives* de la validité d'un traité se ramènent à deux : l'objet du traité doit être possible ou réalisable ; il doit être licite.

Sans parler de la possibilité matérielle qui n'a pas besoin de démonstration, il faut exiger également la possibilité juridique, c'est-à-dire la conciliation possible du traité avec les devoirs des Etats contractants et les droits des Puissances tierces; il faut en particulier que l'exécution de la convention n'aboutisse pas à détruire l'effet de celles que l'un des contractants a passées avec un autre pays, condition que certains auteurs qualifient de *réconciliation des traités.* Par exemple un pays perpétuellement neutre ne peut contracter d'alliances offensives au mépris des engagements pris envers les Etats garants de sa neutralité; de même, quand le traité anglo-allemand de juin 1890 reconnut à l'Angleterre le protectorat du Zanzibar, il fallut tenir compte des protestations de la France dans le traité du 5 août 1890, parce que la déclaration franco-anglaise de 1862 stipulait que ce pays serait garanti dans son indépendance (V. n° 135).

Mais il ne faut pas confondre avec les protestations fondées sur des droits acquis d'une autre Puissance et qui enlèvent au traité son efficacité, celles qui ne reposent que sur un froissement d'intérêts et qui ne peuvent que provoquer des conflits politiques sans détruire la valeur juridique des conventions : telles furent les protestations des Papes contre le traité de Westphalie qui sécularisait des biens ecclésiastiques; de l'ex-roi de Suède Gustave IV contre l'union de la Suède et de la Norwège sous l'autorité de Bernadotte etc.

Un traité est également nul, bien que la sanction manque souvent et que les considérations politiques en fassent maintenir l'application, quand son objet est en opposition avec les principes reconnus du Droit international : par exemple quand il consacre la traite, la proscription de la liberté de conscience ou du droit des peuples à choisir leur régime politique, l'anéantissement d'un Etat par conquête violente ou en le faisant renoncer par la force aux droits essentiels de sa vie politique, par exemple au droit de guerre défensive, comme cela eut lieu pour la Pologne en 1768.

455. Les conditions *subjectives* de la validité d'un traité sont au nombre de trois.

A. *Capacité des Etats contractants.* Les Etats qui ont conservé la plénitude de leur souveraineté ont la capacité de passer des traités sans aucune limitation ; pour ceux dont la souveraineté est plus ou moins restreinte, soit à cause de leur union avec d'autres, soit en raison de leur subordination qui les fait qualifier de *mi-souverains*, la capacité de contracter est plus ou moins étendue. .

Si, dans l'union personnelle, la capacité de passer des traités reste entière pour chaque Etat, on sait que, au contraire, dans l'union réelle, elle est confondue pour être exercée en commun par les Etats ainsi unis.

Dans la Confédération, chaque Etat garde la capacité de traiter sur les points qui ne sont pas confiés à l'autorité commune par le pacte de la Confédération (Acte de la Confédération germanique, du 9 juin 1818, art. 11, § 2). Dans l'Empire fédéral allemand actuel, dont le caractère est mixte, chaque Etat peut passer des traités sur les matières qui ne rentrent pas dans le domaine de la législation commune de tout l'Empire ou qui ont été formellement réservées (V. Constitution allemande, art. 4, n° 11, art. 52 et 66 ; Conv. du 23 nov. 1870, art. 2, avec la Bavière). Dans l'Etat fédéral, la conclusion des traités est réservée à l'autorité commune qui représente tous les Etats de la fédération ; telle est la règle aux Etats-Unis ; mais, en Suisse, chaque canton peut passer des conventions pour des questions économiques, de police, de rapports de voisinage, pourvu qu'elles soient compatibles avec la Constitution (art. 9 et 10, Const. de 1874).

Pour les Etats mi-souverains, la capacité de traiter est déterminée par les conventions spéciales entre eux et l'Etat dont ils relèvent. En général, les pays vassaux ne conservent la capacité de passer des traités que pour les questions d'ordre économique, telles que celles relatives au commerce, à la navigation, aux douanes, etc. Ce droit a été reconnu à l'Egypte, sauf communication préalable au Sultan, en 1879, et maintenu par le firman d'investiture d'Abbas-Pacha, en avril 1892 ; il semble aussi qu'il soit établi pour la Bulgarie (V. art. 8 du traité de Berlin de 1878).

Quant aux Etats protégés, le plus ordinairement leur capacité de passer des traités disparaît et ils sont uniquement représentés dans les conventions internationales par l'Etat protecteur (V. pour la Tunisie, traité du 12 mai 1881 ; pour Madagascar, du 17 décembre 1885 ; pour l'Annam, 11 avril 1863 ; pour le Cambodge, 6 juin 1884).

B. *Pouvoirs des représentants des Etats contractants.* Il faut, pour qu'un traité soit valable, que les Etats contractants aient été régulièrement représentés par les pouvoirs compétents d'après le droit public de chacun d'eux.

C'est partout le chef de l'Etat qui a l'initiative des traités et qui en dirige les négociations, le plus souvent par l'intermédiaire du ministre des affaires étrangères responsable. Il n'y a d'exception que pour les conventions militaires conclues définitivement, de leur propre initiative et sans ratification, par les officiers dans les limites des pouvoirs qui leur sont confiés et sous leur responsabilité (V. n° 555 et suiv.).

La ratification des traités appartient également au chef de l'Etat, en règle générale ; mais la plupart des constitutions exigent l'approbation du Parlement pour les questions les plus graves (loi du 16 juillet 1875, art. 8 et 9). L'inobservation de cette dernière condition paralyse le traité conclu par le chef de l'Etat, comme cela eut lieu pour la convention du 4 juillet 1831 par laquelle Louis-Philippe se reconnut débiteur de vingt-cinq millions envers les Etats-Unis pour réparation des préjudices causés par les guerres de la Révolution et de l'Empire, convention que les Chambres refusèrent de considérer comme valable, parce qu'elle aurait dû leur être soumise en tant qu'elle engageait les finances de l'Etat, aux termes de la Constitution elle-même ; le Parlement ne vota le crédit qu'en 1835 (V. également pour la nullité de certains traités, Ed. Clunet, *J. Clunet,* 1880, p. 5 ; comp. Renault, *le Droit,* 26 mai 1880 ; V. n° 293 ; en Italie, pour la déclaration du 1er septembre 1860 sur l'exécution des jugements français, *J. Clunet,* 1879, p. 306).

Mais le chef de l'Etat lui-même n'exerce son initiative en matière de traités, au moins le plus souvent, que par l'intermédiaire de négociateurs accrédités par lui ; il est évident que ces derniers doivent avoir reçu une mission officielle pour traiter et n'agir que dans les limites de leur mandat. Les engagements pris par un fonctionnaire sans mandat ou en dehors des limites de ce dernier sont qualifiés de *Sponsiones :* l'autorité compétente peut les accepter ou les désavouer ; dans ce dernier cas, si l'autre Etat contractant s'est déjà exécuté, il faut, en bonne justice, rétablir les choses dans la situation antérieure, par exemple en restituant les prestations fournies. Mais, dans le cours des hostilités, il est d'usage de profiter des promesses faites et exécutées, alors même que les engagements réciproques ne seraient pas approuvés par l'autorité compétente de l'autre pays.

Rappelons enfin que, dans l'appréciation de l'autorité compétente pour engager l'Etat, les autres pays, sans avoir à juger les questions de Droit constitutionnel de cet Etat, doivent ne tenir compte que du pouvoir de fait jusqu'à ce qu'il soit remplacé ; telle est la règle à suivre en cas de révolution, d'usurpation ou d'interrègne.

C. *Libre consentement*. Comme tous les contrats, les traités impliquent la libre volonté des parties contractantes. Mais la plupart des vices du consentement ne se rencontreront guère dans les conventions internationales au même titre que dans les contrats entre particuliers. L'erreur et le dol sont pratiquement écartés par les précautions prises dans les négociations et par les facilités des renseignements qui sont mises aujourd'hui à la disposition des Etats.

La lésion ne peut davantage être invoquée, étant donné qu'il n'y a ni loi ni juges pour l'apprécier, ce qui permettrait à l'Etat lésé d'échapper toujours aux conséquences de ses engagements, et que, d'ailleurs, il appartient à chaque pays, agissant dans la plénitude de son indépendance, de peser les suites de ses obligations et d'apprécier la portée des sacrifices qu'il doit faire pour obtenir d'autres avantages ou pour éviter de plus grandes pertes. La *lesio enormis* figurait cependant dans les anciens traités, notamment dans le traité d'Utrecht de 1713 où l'on renonça à s'en prévaloir, quel que fût le préjudice résultant pour la maison de Bourbon de la promesse de ne jamais réunir les couronnes de France et d'Espagne.

La violence se rencontre fréquemment au contraire dans les traités ; la paix est presque toujours acquise par une pression qui fait consentir le vaincu à des concessions excessives auxquelles il est contraint par la force, et les grandes Puissances abusent souvent de leur situation dans toutes les conventions avec les petits Etats, comme cela a eu lieu dans le traité anglo-portugais du 14 nov. 1890 qui a si gravement compromis la situation du Portugal en Afrique et qui a dû être accepté sous la menacé d'une action militaire de la part de la Grande-Bretagne.

Mais ce serait détruire l'efficacité de presque tous les traités, bases du Droit international, que de permettre à un Etat de s'en dégager en invoquant la violence exercée contre lui. Tous les auteurs se contentent à peu près de cette raison et écartent ainsi la nullité tirée de la violence.

Mais peut-être est-elle un peu trop utilitaire et insuffisante au point de vue rationnel : quelle serait donc la valeur d'un Droit international et d'une société à maintenir entre les Etats sur le fondement des traités, si la base même en était viciée au point de vue de la raison et de la justice ? Il faut ajouter, croyons-nous, que la violence exercée sur une collectivité comme un Etat ne peut jamais être assez accentuée pour détruire le consentement, ni même pour empêcher toute liberté dans l'option qui appartient à un peuple entre la résistance et le sacrifice de certains droits ou de certains intérêts, à la différence de ce qui a lieu pour la violence exercée sur un particulier. Le pays qui subit les exigences abusives d'un vainqueur a du reste toujours la faculté de les écarter plus tard, quand il aura ressaisi la force qui lui manque encore, et quand les sacrifices faits par lui deviendront incompatibles avec sa situation nouvelle et son légitime développement ; car, comme le disait le manifeste du roi de Prusse du 9 octobre 1806 : « au-dessus de tous les traités se trouvent les droits des nations ». Cette faculté de dénonciation sur laquelle nous reviendrons dans la suite manque au contraire aux individus qui devraient supporter les conséquences indéfinies de leurs engagements obtenus par la violence, si la loi ne leur offrait pas une action en nullité fondée sur la pression qu'ils ont subie.

De ce qui précède, il résulte que la violence peut être invoquée contre les traités quand elle s'exerce dans les mêmes conditions que prévoit le Droit privé, c'est-à-dire contre les individus chargés de conclure les conventions au nom de l'Etat ; on peut citer comme exemple celle par laquelle on extorqua le traité du 2 septembre 1772 de la Diète de Pologne, et celle qu'employa Napoléon Ier contre Ferdinand VII, en 1807, à Bayonne. Mais un prince prisonnier qui traite avec le gouvernement ennemi n'est pas violenté par le fait même de sa capti-

vité, à moins qu'une pression spéciale ne soit exercée contre
lui : François Ier était donc mal venu à dénoncer le traité de
Madrid de 1526, sous l'unique prétexte qu'il n'y avait consenti
que pour acquérir sa liberté. On évite aujourd'hui de traiter
avec les souverains prisonniers ; ainsi, après le 4 septembre 1870,
les négociations ne furent plus continuées avec Napoléon III
captif de l'Allemagne.

SECTION IV

EFFETS DES TRAITÉS

456. Comme contrats, les traités créent un lien juridiquement obligatoire entre les Etats qui y ont participé ; l'observation
des obligations contractuelles est la base même du Droit international (V. n° 59, 3°).

Cependant les accords *personnels* survenus entre souverains
et qui n'ont pas le caractère de *traités publics* sont subordonnés au maintien du monarque ou de la dynastie qui les a conclus. C'est ainsi que, le 26 août 1790, on ne maintint dans le
Pacte de famille de 1761 que les dispositions pour lesquelles
Louis XV avait agi au nom de la France, et on écarta celles
qui étaient relatives aux seuls intérêts de la maison de Bourbon.

457. Mais l'effet des traités, comme de tous contrats, est
limité aux parties contractantes (V. n° 59, 3°) ; il ne peut, par
conséquent, être invoqué ni pour ni contre les autres Etats ou
leurs nationaux (Douai, 3 juin 1885, *J. Clunet,* 1887, p. 606).
Cependant, le bénéfice d'une convention internationale peut
parfois être invoqué par les nationaux d'une tierce Puissance
en vertu d'une clause formelle des contractants : 1° quand l'application d'un avantage est stipulé au profit des nationaux des
autres Etats, par exemple des industriels ayant leur établissement dans l'un des pays contractants d'après le traité d'Union
du 20 mars 1883 ; 2° pour l'exécution des jugements rendus
dans l'un des Etats contractants entre nationaux de tierces Puissances ; 3° en vertu de la clause dite *de la nation la plus favorisée* qui fait profiter de tous les avantages concédés à d'autres
pays par l'un des Etats contractants.

Un Etat peut devenir partie contractante dans un traité en
vertu d'une *accession* ultérieure, qui est souvent offerte aux

autres pays n'ayant pas participé à la convention primitive dans la plupart des grands traités modernes réglant une situation générale ou organisant un service public international.

Quand un Etat ne fournit que son *approbation* pour un traité conclu par d'autres, il entend seulement en reconnaître le bien fondé et la conciliation avec ses propres droits ou intérêts, sans pouvoir l'invoquer en qualité de partie contractante.

L'*adhésion* marque un degré de plus dans l'approbation, indiquant généralement l'intention d'adopter des règles semblables à celles qui sont contenues dans le traité, sans impliquer d'avantage une participation directe, à la différence de l'*accession*.

D'ailleurs la terminologie diplomatique est souvent incertaine sur ce point, et l'adhésion est souvent prise pour l'accession ou réciproquement.

SECTION V

CARACTÈRE JURIDIQUE ET INTERPRÉTATION DES TRAITÉS

458. Caractère juridique. — Au point de vue du Droit interne de chaque pays, les traités sont des lois véritables, soit que le pouvoir législatif les ratifie, soit que la ratification vienne du chef de l'Etat auquel la constitution confère le pouvoir de la donner. A ce titre ils lient les particuliers et leur violation dans les rapports privés peut autoriser un pourvoi en cassation. En tant que lois particulières, les traités régulièrement conclus peuvent déroger au droit commun (V. Cass., 25 juillet 1887, Sir., 88. 1. 17).

D'autre part, les traités sont des contrats qui lient les nationaux des Etats contractants représentés par l'autorité compétente qui les a conclus et ratifiés, comme les Etats eux-mêmes envisagés en tant que collectivités politiques. De là il suit que les nationaux ne peuvent pas plus que les Etats contractants écarter l'application d'un traité, sous prétexte que l'application du droit commun leur est plus avantageuse. Toutefois, quand il s'agit d'une véritable faveur accordée aux particuliers, par exemple de l'autorité de chose jugée reconnue aux sentences étrangères, il semble plus raisonnable de leur laisser la faculté d'y renoncer pour s'en tenir au droit commun (V. Cass., 5 mars 1888, Sir., 88. 1. 313).

459. Interprétation. — En tant qu'ils constituent des actes politiques et de souveraineté, les traités échappent à toute appréciation des tribunaux judiciaires et administratifs, seule l'autorité qui les a ratifiés peut en donner l'interprétation générale et diplomatique. Mais, comme lois particulières applicables à un rapport privé entre particuliers, les traités sont interprétés par les tribunaux chargés de les appliquer et qui peuvent même les écarter comme inconstitutionnels et illégaux (Cass., 27 juillet 1877, Dall., 78. 1. 137 ; Trib. des conflits, 30 juin 1877 ; Sir., 79. 2. 159 ; 15 nov. 1879; Sir., 81. 3. 17 ; Béquet, Dall., 1878. 1. 137 ; Cons. d'Etat, 28 avril 1876 ; Sir., 78. 2. 189 ; Labbé, Sir., 76. 2. 297).

Quant aux règles d'interprétation, on ne peut s'inspirer exclusivement de celles que le Droit privé contient pour les contrats entre particuliers, à cause de la différence des situations. Le grand principe est que les traités doivent être interprétés de *bonne foi* et de manière à concilier le mieux possible leurs clauses avec les droits et devoirs de chaque contractant, soit au point de vue des principes généraux du Droit international, soit au point de vue des conventions antérieures. D'ailleurs le commentaire le plus sûr des traités se trouvera dans l'histoire des rapports de même nature que ceux prévus dans ces traités ; la coutume traditionnelle éclaire ainsi les contrats.

Pour que l'interprétation d'une convention lie tous les Etats contractants, il faut qu'elle soit acceptée par eux, ce qui est constaté dans le *protocole* de clôture des négociations ou dans des *déclarations* ultérieures.

SECTION VI

GARANTIES D'EXÉCUTION DES TRAITÉS

460. Des garanties, jadis très usitées, sont aujourd'hui tombées en désuétude. 1° La garantie religieuse, soit sous la forme du serment comme dans l'Antiquité et jusqu'à la fin du XVIII° siècle, soit sous la forme de la communion faite ensemble par les contractants, la menace de l'excommunication, le baiser de la croix, au Moyen-Age et jusque dans les premiers temps de l'époque moderne. D'ailleurs, les mœurs religieuses de l'époque autorisaient les *réserves mentales* à l'égard du serment prêté par les souverains ou les ambassadeurs *in animam principis aut populi*, et les papes accordaient de nombreuses *dispenses* d'obéir aux promesses jurées. De là la clause, alors fréquente, par laquelle on s'engageait à ne pas solliciter les *dispenses* du Pape. De nos jours, le serment n'est guère employé que dans les rapports avec les peuples barbares pour mieux frapper leur esprit. 2° Des garanties matérielles, soit mobilières, comme l'engagement des diamants de la couronne de Pologne qui fut fait à la Prusse, soit plus souvent immobilières, comme l'hypothèque consentie par Gênes à la France sur la Corse en 1750, 1764 et 1768, ne sont plus employées de nos jours, au moins sous cette forme. 3° Est de même abandonné le cautionnement des *conservateurs de paix*, c'est-à-dire des vassaux du souverain promettant de le contraindre à respecter ses engagements, même par la force; on en trouve des exemples dans le traité de Senlis entre Maximilien et Charles VIII en 1493 et dans le traité d'Orléans entre Louis XII et le roi d'Angleterre en 1514. 4° La livraison des *otages* comme garantie de l'exécution des traités n'est plus usitée de nos jours dans les rapports des Etats civilisés; on en trouve un dernier exemple dans le traité d'Aix-la-Chapelle du 18 octobre 1748, art. 9, entre l'Angleterre et la France. Les otages, quelquefois livrés en temps de guerre entre peuples civilisés, ne sont guère une garantie des traités que dans les rapports avec les peuples sauvages. Le seul droit que l'on reconnaisse sur les otages est d'ailleurs de les garder jusqu'à l'exécution du traité, sans qu'on puisse les persécuter ni surtout les mettre à mort.

461. Nous avons à indiquer maintenant les garanties que consacre la coutume moderne.

1° Pour les engagements pécuniaires, un Etat peut donner en garantie certains de ses revenus ou tous à la fois. En 1858 le gouvernement argentin engagea tous ses revenus pour garantir l'indemnité due à la France; en 1866, le Mexique abandonna aussi la moitié de ses douanes à notre pays; la Turquie et l'Egypte ont attribué aux porteurs de titres de leurs emprunts certains impôts et les produits de certains biens du Sultan ou du Khédive.

2° Fréquemment, à la suite d'un traité de paix, le pays

vaincu consent à une occupation d'une partie de son territoire jusqu'au paiement de ses obligations, particulièrement de l'indemnité de guerre ; c'est ce qui a eu lieu en ce qui concerne les forteresses de Stettin, Glogau et Custrin, d'après le traité du 8 septembre 1808, art. 6, jusqu'au paiement de l'indemnité promise à la France par la Prusse, et pour une fraction du territoire français d'après l'art. 5 du traité de Paris du 20 novembre 1816, et d'après les préliminaires de Versailles du 28 février 1871, art. 3.

3° On recourt quelquefois à la *garantie*, c'est-à-dire à l'engagement de Puissances tierces d'assurer l'observation du traité. Cet engagement est consacré dans des conventions spéciales appelées *traités de garantie* (V. n° 470).

SECTION VII

EXTINCTION DES TRAITÉS

462. Le caractère de contrats qu'il faut reconnaître aux traités publics permet de leur appliquer certains des modes d'extinction que le Droit privé établit pour les conventions entre particuliers ; mais ce sont seulement ceux qui dérivent de la nature même des choses et que le législateur consacre plutôt qu'il ne les crée ; ceux qui, au contraire, impliquent une intervention directe de la loi ne sont pas applicables dans les rapports internationaux, faute d'un législateur suprême pour les imposer aux Etats. C'est en nous plaçant à ce point de vue que nous devons écarter en matière de traités publics l'effet extinctif direct : 1° de la nullité ou rescision ; 2° de la compensation ; 3° de la novation ; 4° de la prescription libératoire. Il ne reste donc plus comme modes d'extinction des obligations du Droit privé applicables aux traités publics que : le paiement ou l'exécution, la condition résolutoire, l'impossibilité d'exécution, l'arrivée du terme, la renonciation du créancier, le consentement mutuel.

Mais il est d'autres causes d'extinction spéciales aux traités et dont la justification résultera des explications qui suivent ; ce sont : 1° la dénonciation ; 2° la déclaration de guerre.

463. Modes d'extinction communs aux contrats privés

et aux traités publics. — *a).* Le paiement ou exécution intégrale ne peut se manifester que pour les obligations d'une réalisation immédiate ou dans un délai déterminé ; pour nombre de
traités où les engagements sont d'une exécution successive et
indéfinie, il ne pourra pas en être question. *b).* La condition
résolutoire expresse prévue dans un traité en amène l'extinction
quand elle se réalise. Il en est de même de la condition résolutoire tacite, tirée de l'inexécution de ses engagements de la
part de l'un des contractants, car elle est fondée sur une interprétation rationnelle de l'intention des parties et non sur une
conception arbitraire de la loi. Cependant, à défaut de tribunal
pour apprécier l'engagement inexécuté et l'influence qu'il peut
avoir sur la résolution du traité, le bon sens et la bonne foi
commandent de décider que la convention ne sera légitimement
considérée comme résolue que si l'inexécution de la part de l'autre Etat contractant porte sur un point d'une certaine importance. Il est d'ailleurs impossible d'établir à cet égard des règles
générales sans tomber dans l'arbitraire ; mais il faut reconnaître
que, la bonne foi étant la base même des traités publics, un
pays se croira souvent autorisé à rompre une convention à propos de laquelle un autre Etat n'aura pas tenu ses engagements,
même sur un point secondaire, en invoquant le peu de confiance
qu'il peut avoir désormais pour des obligations plus importantes. De là la clause souvent insérée d'après laquelle l'inexécution
de certaines parties du traité en laisse subsister le surplus.
c). L'impossibilité d'exécution peut se manifester matériellement
ou juridiquement, par exemple dans le cas de perte par cas fortuit de l'objet du traité, ou quand l'un des contractants réunit
en lui les qualités de créancier et de débiteur, ce que l'on
appelle en droit privé la *confusion. d).* Le terme extinctif dans
les traités publics peut être exprès ou tacite, c'est-à-dire être indiqué formellement, comme par exemple dans les traités de commerce qui sont souvent conclus pour un temps déterminé, ou
bien résulter de la nature même des engagements, comme de la
promesse de neutralité pendant le cours d'une guerre. *e).* L'Etat
créancier en vertu d'un traité peut renoncer à ses droits, ce
qu'il ne fait guère dans la pratique qu'en retour d'autres avantages. *f).* Le consentement mutuel éteint les traités publics, contrats consensuels, comme il les forme ; il se manifeste presque

toujours par une révision de l'ancien traité et la substitution d'un nouveau; ainsi la convention de Londres du 13 mars 1871 a remplacé les clauses du traité de Paris de 1856 relatives à la navigation sur la Mer Noire.

464. Modes d'extinction spéciaux aux traités publics.— 1° La guerre éclatant entre les Etats peut mettre fin à leurs conventions ou les suspendre; nous déterminerons ses effets à ce point de vue en étudiant les conséquences de la déclaration des hostilités (V. n° 522).

2° La *dénonciation* est la notification faite par un Etat à un autre pour aviser ce dernier qu'il entend ne plus maintenir un traité conclu avec lui et s'en dégager. Cette faculté de dénonciation, exorbitante de prime abord et qui n'existe pas dans les rapports entre particuliers, à moins de convention formelle, peut être prévue à l'avance par les Etats contractants ou être exercée sans clause qui la consacre.

Tout d'abord, soit dans les traités devant produire des effets d'une durée indéfinie, soit même dans des conventions d'une durée limitée, on stipule le plus souvent que chacun des contractants aura le droit de dénoncer; mais, le plus habituellement, pour éviter les surprises et sauvegarder les intérêts réciproques, la dénonciation doit être faite un certain temps avant l'expiration du terme fixé, ou, s'il s'agit d'un traité d'une durée indéfinie, l'extinction ne doit se produire qu'après un certain délai suivant la dénonciation.

Faute de clause relative à la faculté de dénonciation, celle-ci n'en existe pas moins en faveur des Etats contractants. En raison de leur durée indéfinie, des changements plus ou moins lointains qui peuvent se produire dans leur condition, de l'influence que les anciens traités peuvent exercer sur leur existence, même par suite de l'incompatibilité des engagements antérieurement pris avec leur situation nouvelle, les Etats ne peuvent pas se lier à perpétuité, à la différence des individus pour lesquels la loi interdit même les obligations pouvant paralyser leur liberté essentielle, notamment le louage de service à vie (art. 1780, C. civ.). Mais cette faculté de dénonciation ne doit être exercée que dans les limites mêmes des nécessités qui l'autorisent, sous peine de détruire la valeur des traités et, du même coup, tout le Droit international. Les cas où la dénonciation des traités est légitime peuvent se ramener à trois principaux. *a*). Quand l'observation d'un traité est devenue compromettante pour l'existence politique ou économique d'un pays. Il faut cependant se garder en pareil cas de formules trop vagues et trop élastiques, comme de dire que la dénonciation est permise quand le traité est nuisible au *développement* de l'Etat ; on pourrait autoriser ainsi la répudiation de tous les traités devenus onéreux ou simplement gênants, tandis qu'ils ne doivent cesser que devant un *péril véritable* pour la conservation des Etats.

b). Quand les circonstances qui ont motivé le traité ont changé et enlèvent à l'ancien accord sa raison d'être. Mais la condition du maintien des traités, *rebus sic stantibus,* doit être comprise de bonne foi et ne devra pas être étendue à des modifications accidentelles qui ne sont pas de nature à faire supprimer les anciens engagements d'après les intentions communes des parties contractantes. On s'accorde généralement à reconnaître que les changements de situation invoqués par la Russie pour faire modifier le traité de Paris relativement à la neutralité de la mer Noire étaient insuffisants ; aussi a-t-il fallu un accord nouveau, le traité du 13 mars 1871, et non une simple dénonciation pour supprimer cette neutralité.

c). Enfin un traité peut être dénoncé quand il est devenu incompatible avec le Droit commun international des Etats civilisés auquel prennent part les pays contractants ; tel serait aujourd'hui un traité ancien, non formellement abrogé, qui consacrerait la traite des noirs.

465. Les traités arrivés à expiration peuvent être *prorogés* d'un commun accord pour un temps déterminé. On les renouvelle quelquefois en tout ou en partie, avant leur expiration ; le *renouvellement* crée un traité nouveau qui prendra la place de l'ancien dès que celui-ci aura pris fin. Si le traité déjà expiré est convenu à nouveau, il y a ce que l'on appelle *rétablissement* du traité, ce qui entraîne une interruption entre l'expiration de l'ancien et la mise en vigueur du second. Enfin, en cas de terme convenu, il peut y avoir *tacite reconduction* soit par une clause formelle qui en fixe la durée, soit par observation du traité après son expiration ; mais, dans ce dernier cas, il faudra rechercher, en fait, si les Etats ont voulu maintenir la convention pour son ancienne durée, ou simplement l'appliquer encore quelque temps pour ménager une période de transition.

SECTION VIII
DES DIVERSES SORTES DE TRAITÉS

466. En envisageant les traités à différents points de vue, on en donne de multiples classifications dont l'intérêt est médiocre et même nul le plus souvent.

Nous plaçant seulement au point de vue de la nature de leur objet, nous distinguerons les traités publics *politiques* et *économiques*, distinction qui suffit pour donner un aperçu des principales matières sur lesquelles ils portent ordinairement.

§ Ier. *Traités politiques.*

467. Ce sont ceux qui ont principalement pour but de régler des questions se référant aux intérêts des Etats considérés comme Puissances publiques. Nous signalerons les plus importants.

468. A. Certains traités politiques ont pour objet d'établir entre des Etats une union *permanente* qui met en commun leur existence dans l'exercice de la souveraineté ; ils aboutissent ainsi à l'union personnelle ou réelle, à la Confédération, à la Fédération, au Protectorat, autant de situations dont nous avons déjà étudié les effets.

Parfois l'union entre les Etats ne se manifeste que par une *association d'efforts et de ligne de conduite vers un but commun général ou spécial, sans qu'aucun d'eux absorbe en rien sa souveraineté dans celle de ses cocontractants.* Dans ce dernier cas on a l'*alliance* qui peut être *générale* ou *spéciale,* conformément à la définition ci-dessus.

Dans le premier cas, l'entente entre les alliés doit être constante pour tous les actes de la vie politique et économique dans les rapports internationaux. Cette alliance générale suppose une identité d'intérêts qui existe rarement ou pour peu de temps entre les Etats; aussi ne dure-t-elle guère, comme le fameux *Pacte de famille* du 15 août 1761 entre les deux branches de la maison de Bourbon, de France et d'Espagne.

L'alliance spéciale est au contraire fréquente, la communauté d'intérêts existant souvent entre plusieurs Etats pour un objet déterminé. Cette dernière est *pacifique* quand elle a pour objet de poursuivre un même but sans recourir à la force, comme la Sainte-Alliance ; plus souvent elle est contractée en vue d'unir les forces des alliés dans une guerre. Dans ce dernier cas, elle est *défensive* ou *offensive ;* mais on avoue rarement ce dernier caractère ; le plus souvent l'alliance est annoncée au point de vue de la défense commune contre tous ennemis ou certains particulièrement visés, sauf à prévoir, dans des articles secrets, le cas d'attaque commune contre les ennemis de l'un des alliés ou de tous.

Si l'alliance est contractée au cours d'une guerre et en vue de cette guerre seulement, son application est clairement indiquée. Mais si elle est conclue en vue d'une guerre éventuelle, il faut déterminer quand il y aura véritablement cas de guerre, c'est-à-dire nécessité pour l'allié qui exige le concours des autres de la déclarer ou de la soutenir. On écarte souvent la difficulté en se contentant d'une simple *notification* ou d'une *réquisition* de la part de l'un des Etats à ses alliés pour exiger leur aide, sans que l'opportunité de la guerre soit à discuter. (Pacte de famille de 1761, art. 2 ; traité entre la France et la Suisse du 2 fructidor an VI).

L'alliance se borne parfois à un simple traité de *subsides* ou de *secours* par lequel un Etat ne promet son concours à un autre que dans la limite déterminée de la prestation d'une certaine somme pour atteindre un but spécial. On appelait aussi jadis traités de subsides ceux par lesquels un pays louait à un autre un corps de mercenaires levé sur son territoire, par exemple les capitulations militaires de la Suisse relatives à la levée des mercenaires de ce pays.

Quant à la clause de *paix et amitié perpétuelle* qui figure dans presque toutes les conventions, notamment dans celles qui mettent fin aux hostilités, il ne faut y voir qu'une formule de courtoisie internationale.

469. B. D'autres traités politiques concernent le territoire ou la restriction de la souveraineté sur le territoire : traités de limites et de constitution de servitudes, de cession ou d'échange de territoires.

C. D'autres sont relatifs à l'exercice de la juridiction : Capitulations avec les Etats d'Orient, traités d'extradition, conventions pour l'exécution des jugements civils et commerciaux, pour l'assistance judiciaire.

D. Conventions consulaires (V. nᵒˢ 364 et suiv.).

E. Traités de neutralité soit *perpétuelle* (V. nᵒˢ 137 et suiv.), soit *temporaire*. Cette dernière est convenue entre l'un des belligérants et une Puissance tierce de l'abstention de laquelle il a besoin de s'assurer pendant le cours des hostilités ; ou bien entre Puissances tierces qui s'engagent les unes envers les autres à ne pas prendre part à la guerre qui a éclaté entre deux pays et à en limiter ainsi les effets : c'est ce que convinrent en 1870 l'Angleterre, l'Autriche, l'Italie et la Russie par correspondance diplomatique, à propos de la guerre franco-allemande.

470. F. Traités de garantie (1).

Il faut en distinguer deux espèces qui sont souvent confondues par les auteurs : les traités *accessoires* et les traités *principaux* de garantie.

1° Les traités accessoires de garantie sont ceux par lesquels un ou plusieurs Etats s'engagent à prêter leur concours pour l'observation des clauses d'un traité conclu par d'autres Etats.

La garantie apparaît alors comme un cautionnement personnel; mais la situation de l'Etat garant diffère de celle de la caution en Droit privé. a). Il n'est pas tenu de fournir l'équivalent de l'engagement garanti ce qui lui serait impossible, sauf quand il s'agit d'une obligation pécuniaire ; il n'est contraint qu'à employer ses efforts pour assurer l'exécution du traité. b). La garantie ne peut être imposée à des Etats contractants, comme le cautionnement peut être établi sans le consentement des débiteurs ; ce serait attentatoire à la souveraineté d'un Etat que de le soumettre à l'intervention d'un garant sans sa volonté. c). Le garant est juge de l'opportunité de son action pour faire exécuter le traité, soit au point de vue de la nécessité de son concours, soit au point de vue de l'appréciation de son propre intérêt qu'il n'est pas obligé de sacrifier à autrui.

La garantie que se promettent réciproquement les Etats con-

---

(1) V. Milovanowitch, *Des traités de garantie en Droit international*, 1888 ; Bluntschli, *loc. cit.*, art. 430 à 440.

tractants n'en est pas une, car elle n'ajoute rien à l'efficacité de la convention ; ce n'est qu'une forme solennelle de l'engagement pris d'exécuter le traité de bonne foi.

La garantie accessoire, fréquente jadis sous la forme des engagements des *conservateurs de paix* (V. n° 460, 3°), est aujourd'hui bien abandonnée, soit parce qu'elle est à la discrétion des garants, soit parce qu'elle favorise les interventions abusives de leur part dans les affaires des Etats dont les traités sont garantis.

2° Par les traités de garantie principaux, les Etats s'engagent à respecter ou, à la fois, à respecter et faire respecter un état de choses relatif aux rapports internationaux, ou même à la condition intérieure d'un ou de plusieurs pays.

Cette garantie peut être fournie par un seul pays, on la qualifie alors de *pure et simple;* ou bien par plusieurs, elle est alors *collective*. Nous avons déjà vu quels sont les effets de l'une et de l'autre, ainsi que les difficultés que soulève leur application, à propos de la garantie de la neutralité perpétuelle de certains Etats (V. n°⁵ 140 et 144).

La garantie porte généralement sur un des quatre points suivants.

a) Indépendance et intégrité territoriale d'un Etat; par exemple de l'Empire Ottoman, d'après le traité de 1856; *b*) la neutralité perpétuelle (V. n°⁵ 141 et suiv.), ce qui implique la garantie de l'indépendance et de l'intégrité du territoire; *c*) le maintien d'un gouvernement, ce qui est une forme d'intervention injustifiable dans les affaires intérieures d'un pays, comme celle que réalisait la Sainte-Alliance en imposant partout l'autorité monarchique; *d*) enfin garantie des droits publics, politiques et civils pour les citoyens dans un pays étranger, par exemple pour les chrétiens dans l'Empire Ottoman et pour les musulmans dans les Etats des Balkans (V. n°⁵ 210 et suiv.).

§ II. *Traités économiques.*

471. Les conventions relatives aux intérêts économiques des Etats sont fort nombreuses et fort variées; en signalant les principales, nous devons faire ressortir l'influence qu'elles ont sur le développement et le caractère des rapports internatio-

naux, suivant qu'elles accusent un rapprochement par la solidarité des intérêts ou un état de lutte par leur opposition,
suivant encore qu'elles ne se forment qu'entre quelques
Etats ou qu'elles les réunissent presque tous, soit en contenant
des dispositions presque identiques, soit en étant directement
conclues entre un grand nombre de pays constitués en de vastes
unions. A raison de l'importance actuelle des questions économiques, on peut mesurer, dans la plupart des cas, les progrès
du Droit international et les chances de maintien des bons rapports entre les Etats d'après l'harmonie ou le désaccord qui se
manifeste entre eux sur les questions de cette nature.

1° *Unions douanières* qui solidarisent la vie économique des
Etats contractants et aboutissent souvent à leur union politique.
Le *Zollverein,* dans ses progrès successifs, a été un des grands
facteurs de l'unité allemande jusqu'au jour où, d'après la constitution de 1871, la politique douanière a été centralisée par
l'Empire fédéral.

2° *Les traités de commerce* qui règlent les rapports d'échange
entre les Etats et dont l'influence se manifeste surtout au point
de vue du caractère des tarifs douaniers et de l'application du
libre-échange, de la protection ou même de la prohibition. Ces
traités contiennent souvent la clause dite de la *nation la plus
favorisée* dont l'effet est connu et dont nous n'avons pas à
apprécier la valeur économique. Souvent aussi ils traitent de
questions indépendantes des rapports commerciaux dont le sort
se trouve lié ainsi à celui de la politique dans le commerce
international, telles que les attributions des consuls, la protection de la propriété littéraire ou artistique et industrielle. On
s'efforce aujourd'hui de régler ces questions dans des traités
distincts, afin de ne pas leur faire subir les fluctuations trop
fréquentes des traités de commerce qui n'ont pas d'ailleurs de
lien nécessaire avec elles. On ne peut espérer, dans l'état de
lutte actuel sur le terrain économique, voir se former une
union générale pour les rapports de commerce: cependant la
convention de Bruxelles du 5 juillet 1890 a fondé l'*Union
internationale pour la publication des tarifs douaniers* qui
fournit, à frais communs pour les Etats signataires, de précieux
renseignements dans le *Bulletin international des douanes,*
avec le concours du bureau international créé à Bruxelles (V.
loi du 2 janvier 1892, *J. off.,* 8 janvier).

3° Les *traités de navigation,* parfois indépendants, parfois joints à des traités de commerce ou à des conventions consulaires, règlent les droits et les devoirs des navigateurs dans les eaux de chaque Etat et consacrent en général la liberté de navigation dans les limites du respect de l'ordre public territorial, spécialement en assurant l'égalité de traitement pour tous les Etats étrangers.

4° *Conventions monétaires,* telles que l'Union latine de Paris du 23 décembre 1865, réorganisée le 6 novembre 1885. Les principes divergents des Etats au sujet du bimétallisme ou du monométallisme n'ont pas permis d'étendre davantage cette union.

Rapprochons les conventions des poids et mesures, spécialement l'union conclue à Paris le 20 mai 1875 sur la base de notre système métrique.

5° Pour les *postes et télégraphes,* l'union internationale est aujourd'hui acquise depuis la convention postale de Berne du 9 octobre 1874 successivement modifiée par des congrès ultérieurs tenus conformément à ses dispositions, l'Acte de Berne du 17 mai 1865 pour les télégraphes, modifié également à la suite de conférences successives, et enfin la convention de Paris du 14 mars 1884 pour la protection des câbles sous-marins.

6° Pour les *chemins de fer,* leur circulation d'un territoire dans un autre, le transit, etc. (V. convention générale de Berne du 14 octobre 1890 pour le transport des marchandises).

7° Protection internationale de la propriété commerciale et industrielle (Union de Paris du 20 mars 1883, modifiée dans les rapports de certains Etats par la convention de Madrid des 14-15 avril 1891) ; de la propriété littéraire et artistique (Union de Berne du 9 septembre 1886).

8° Ajoutons aux conventions économiques celles qui ont pour but d'éviter les épizooties et les fléaux contagieux des produits agricoles, tels que le phylloxéra, et les conventions sanitaires, telles que la convention internationale de Venise du 30 janvier 1892 pour les quarantaines dans le canal de Suez, et celle de Dresde du 15 avril 1893.

CHAPITRE II

DES OBLIGATIONS NON CONTRACTUELLES ENTRE LES ÉTATS

472. Les relations juridiques qui peuvent s'établir entre les Etats comme entre les individus aboutissent à créer, en dehors des traités, des obligations analogues à celles que le Droit privé consacre dans les rapports entre particuliers. On sait que les faits donnant naissance à ces obligations sans qu'il y ait de convention conclue se divisent en quasi-contrats, délits ou quasi-délits.

473. Il est bien rare qu'un quasi-contrat tel que le paiement de l'indû ou la gestion d'affaires se réalise entre Etats ; on peut cependant supposer qu'un pays ait fait des travaux sur un territoire qu'il croyait à lui et qu'il est obligé de restituer plus tard à un autre Etat : un véritable quasi-contrat de gestion d'affaires autorisera alors le premier à réclamer au second une indemnité jusqu'à concurrence du profit retiré des travaux par ce dernier. De même le traité de Berlin de 1878 a reconnu à la Russie le droit à une indemnité pour sa *negotiorum gestio* consistant à avoir maintenu l'ordre dans la Roumélie Orientale et la Bulgarie, à la fin de la guerre des Balkans.

474. Il arrive plus fréquemment qu'un Etat assume une responsabilité à raison de faits illicites, intentionnels ou non, c'est-à-dire de délits ou de quasi-délits qui causent un préjudice à un autre Etat ou à ses nationaux. L'acte préjudiciable peut être commis directement par l'Etat ou ses fonctionnaires agissant dans les limites de la mission qui leur est confiée, ou bien par un fonctionnaire en dehors de son mandat, ou enfin par de simples particuliers nationaux de cet Etat.

Dans le premier cas, la responsabilité de l'Etat s'impose; nous rappelons seulement qu'elle est écartée dans les circonstances de force majeure (V. n° 344). Cependant, pour l'*embargo* des navires, la plupart des traités stipulent une réparation du préjudice causé par suite du refus d'accès dans les ports ou de retenue plus ou moins prolongée (traités avec le Chili, 30 juin 1852; San-Salvador, 2 janvier 1858; le Pérou, 9 mars 1881). Quant à l'*angarie*, comme elle consiste dans le concours forcé des bâtiments étrangers à un service public, elle implique une indemnité comme toute réquisition en temps de paix.

Si l'agent de l'Etat est sorti des limites de son mandat, la responsabilité du pays dont il relève est en principe dégagée. Il n'en serait différemment que si l'Etat : 1° approuvait la conduite de son fonctionnaire ou ne le désavouait pas quand il a connaissance de ses actes injustifiés ; 2° si, prévenu à l'avance, il ne prenait pas les précautions nécessaires pour les empêcher ou en arrêter les conséquences. On voit de fréquents exemples de désaveu des actes accomplis sans mandat par un fonctionnaire public ; c'est ainsi que l'Angleterre a désavoué en 1868 le commandant d'un bâtiment de guerre qui avait bloqué et bombardé, sans autorisation, la ville du Cap Haïtien, et l'Allemagne son consul à Samoa pour ses agissements en 1890.

Quand l'acte préjudiciable est commis par de simples particuliers, la responsabilité ne peut incomber à l'Etat auquel ils appartiennent que s'il s'associe à leur conduite, soit en ne prenant pas les précautions nécessaires pour les arrêter, soit en ne réprimant pas leurs actes, soit en opposant un déni de justice formel ou détourné aux réclamations justifiées de l'Etat ou des particuliers étrangers contre ses propres nationaux. Cette responsabilité indirecte a été souvent invoquée contre les Etats orientaux, au sujet d'actes commis par leurs habitants contre les étrangers.

Un pays ne peut même pas alléguer, pour se dégager en pareil cas, l'insuffisance de ses moyens d'action ni les vices de ses institutions politiques, administratives ou judiciaires ; c'est à lui à développer les premiers ou à corriger les secondes. Sous l'influence de cette idée, la Turquie et la Chine ont souvent payé des indemnités pour des attaques contre les étrangers qu'elles n'avaient pas le moyen de prévenir ni de réprimer à cause des défectuosités de leur organisation. De même, l'Angleterre n'a pas pu se prévaloir de l'insuffisance de ses lois sur la neutralité dans l'affaire de l'Alabama, ni les Etats-Unis de leur impuissance constitutionnelle pour intervenir dans les affaires intérieures de la Louisiane, lors du massacre des Italiens à la Nouvelle-Orléans, en 1891 ; l'Allemagne également a reconnu sa responsabilité dans l'affaire de Vexaincourt, en 1887, parce que le meurtre d'un Français par un soldat allemand était « le résultat des institutions existant en Allemagne, dont les Français ont eu à souffrir sans leur faute ». D'ailleurs, l'attitude plus ou moins provocante des fonctionnaires ou particuliers étrangers ne peut justifier les attaques dont ils sont victimes ; le Chili a dû indemniser les Etats-Unis pour les violences commises contre l'équipage du *Baltimore,* qui n'étaient qu'une vengeance de l'hostilité montrée par le ministre plénipotentiaire de l'Union à l'égard du parti congressiste pendant la guerre civile de 1891.

En fait, pour ménager les rapports internationaux, les gouvernements accordent presque toujours des réparations matérielles ou d'honneur au sujet des attaques commises par leurs nationaux contre les Etats, leurs souverains ou leurs agents diplomatiques, bien qu'ils y aient été complètement étrangers, et sans préjudice des poursuites contre les coupables ; c'est ce qui a été fait pour les offenses adressées à Alphonse XII, à Paris, en 1883, pour les attaques contre le consulat d'Allemagne au Havre en 1888, pour les offenses contre la légation allemande à Madrid lors du conflit des îles Carolines, et à propos du meeting insultant pour l'Angleterre tenu à Paris au sujet de la disparition d'Olivier Pain en Egypte (V. Clunet, *Offenses et actes hostiles commis par des particuliers contre un Etat étranger* et *J. Clunet,* 1887, p. 5).

LIVRE VII

DES CONFLITS ENTRE LES ÉTATS

475. La situation même des Etats qui, par leur souveraineté, échappent à toute autorité supérieure qu'on voudrait leur imposer, ne permet pas de compter sur l'intervention d'un tribunal suprême qui serait chargé d'apprécier leurs conflits, ni sur l'action d'un pouvoir coercitif qui assurerait vis-à-vis d'eux l'exécution des sentences prononcées par cette juridiction internationale.

Sans que cette situation autorise à conclure qu'il n'y a pas de Droit international, comme nous l'avons déjà établi (V. nº 40), il n'en est pas moins vrai qu'elle constitue pour lui une infériorité très marquée par rapport aux garanties d'interprétation et d'application qui sont données au Droit interne dans tous les pays suffisamment organisés. Il en résulte, en effet, que les peuples sont encore, au point de vue de la solution des litiges survenant entre eux, dans la condition où étaient les particuliers à l'époque où le défaut d'organisation judiciaire contraignait chacun à recourir à la force pour défendre ou pour faire reconnnaître ce qu'il considérait comme son droit.

Si l'on étudie le développement de cet état de choses dans le cours de l'histoire, on voit bien vite que, par suite de notions insuffisantes au point de vue moral, du manque de reconnaissance des droits des autres Etats, des relations rares et difficiles entre eux, comme aussi des oppositions plus tranchées qu'aujourd'hui au point de vue des races, des religions et des mœurs, le recours à la force était jadis considéré comme plus naturel, et, par conséquent, était beaucoup plus fréquent, même pour des causes hors de proportion avec la gravité d'une pareille mesure.

Depuis, la disparition en grande partie des divergences qui séparaient autrefois les peuples, notamment des oppositions de races et de religions, le progrès moral qui fait de plus en plus sentir le défaut au point de vue rationnel de la force brutale

comme mode de solution des conflits, la reconnaissance réciproque de la personnalité des Etats et de leurs droits qui en découlent, surtout peut-être le développement des rapports internationaux qui ont déterminé un désir d'entente commune et solidarisé
les intérêts des différents pays que les hostilités compromettent,
enfin la transformation du régime politique qui donne aux populations, premières victimes de la guerre et généralement dési-
reuses de l'éviter, une part de plus en plus grande dans la direction des relations extérieures, tous ces faits réunis ont contribué
à faire écarter, dans la mesure du possible, les hostilités comme
moyen de résoudre les difficultés entre les Etats.

La marche de cette évolution progressive est caractérisée par
trois faits principaux.

Tout d'abord, avant de recourir à l'emploi de la force, on
comprend de plus en plus qu'il est aussi juste et rationnel
qu'avantageux de tenter une solution amiable, toutes les fois
qu'il est possible de l'obtenir en sauvegardant les droits essentiels des parties en présence, dût-on, pour la faire aboutir, consentir à des concessions qui représentent un sacrifice bien moins
considérable que les dépenses, les pertes d'hommes et les catastrophes que peut entraîner la guerre. Ces solutions amiables,
pratiquées de tout temps, mais plus rarement employées jadis
par suite du défaut d'idées communes et de relations suivies
entre les Etats, se multiplient de nos jours et sont même envi-
sagées, dans la doctrine moderne, comme un devoir imposé par
le Droit international, toutes les fois qu'elles sont réalisables : la
guerre est un moyen extrême que sa nécessité absolue peut seule
justifier.

En second lieu, la guerre est de plus en plus réglementée d'un
accord commun pour en écarter les effets fâcheux, de manière
à concilier le mieux possible son fonctionnement comme manifestation de la puissance militaire des belligérants destinée à
faire reconnaître les droits allégués et contestés, avec la sauvegarde des intérêts publics et privés, le respect de la civilisation
acquise et des sentiments d'humanité. De là les *lois de la guerre*
acceptées par les peuples civilisés et que nous étudierons plus
loin.

Enfin, reprenant une idée déjà ancienne, manifestée d'une
manière plus ou moins autorisée et isolée à maintes reprises,

l'esprit moderne se préoccupe de supprimer la guerre elle-même dont les défauts essentiels au point de vue du droit et de l'humanité subsisteront toujours, quels que soient les adoucissements apportés à sa pratique. De même que l'accord des États a établi les règles des rapports internationaux en temps de paix et les lois humanitaires pendant les hostilités, leur entente particulière, dans chaque conflit spécial, peut confier la solution à des juges volontairement choisis par eux ; c'est l'arbitrage international dont les applications sont de plus en plus fréquentes. Une fois entré dans cette voie, on songe naturellement à l'organisation d'un tribunal permanent, volontairement accepté par les États dont la soumission vis-à-vis de lui écarterait jusqu'à la possibilité des conflits violents : c'est le tribunal international dont nous aurons à apprécier les chances de succès.

476. Les phases de l'évolution que nous venons de signaler nous montrent que les conflits internationaux sont susceptibles de trois sortes de solutions : 1° pacifiques ou amiables ; 2° coercitives ou violentes ; 3° véritablement juridiques par l'intervention d'arbitres, soit accidentels et acceptés dans chaque cas particulier, soit, ce qui n'est encore qu'un projet fort discutable d'ailleurs, permanents et investis d'une juridiction générale pour tous les États et pour tous les litiges internationaux.

TITRE PREMIER

SOLUTIONS PACIFIQUES OU AMIABLES

477. Ces solutions, appelées aussi *tentatives amiables* par quelques auteurs, sont habituellement qualifiées de *diplomatiques,* soit parce qu'elles se réalisent par l'intermédiaire de la diplomatie, soit pour les distinguer d'autres solutions également pacifiques mais d'un caractère juridique, c'est-à-dire de celles qui sont obtenues par sentences arbitrales : on peut ainsi opposer les unes et les autres aux modes de solution violents ou coercitifs.

En dernière analyse, les solutions diplomatiques se ramènent toutes aux types suivants : les négociations directes, l'intervention amiable d'une Puissance tierce, les Congrès ou Conférences.

Nous ne citerons que pour mémoire les solutions aléatoires ou fondées sur le hasard, jadis assez usitées parce qu'on y voyait une manifestation mystérieuse de la Divinité. Aujourd'hui, le sort n'est plus consulté que pour des questions de minime importance et qu'on ne peut résoudre autrement, par exemple pour déterminer le rang des signataires dans un traité public si l'on ne veut pas user du procédé de l'*alternat* qui est presque toujours employé. L'histoire nous offre cependant des exemples de solutions aléatoires des conflits internationaux, soit par la voie du tirage au sort, soit sous la forme d'un combat singulier entre les souverains ou les guerriers choisis dans chaque Etat, à la façon de la lutte entre les Horaces et les Curiaces. C'est en considérant le souverain comme la représentation même de l'Etat et, en quelque sorte, comme son incarnation, en accentuant l'idée plus ou moins avérée que la guerre était, avant tout, une affaire personnelle des monarques réalisée par eux avec le concours de leur peuple, que l'on pouvait comprendre des provocations en duel comme celles adressées par François Iᵉʳ à Charles-Quint en 1528, par le roi de Suède Charles à Christian IV de Danemark en 1611, et par Gustave IV de Suède à Napoléon Iᵉʳ. Ces dernières provocations étaient déjà considérées comme peu sérieuses à l'époque où elles eurent lieu et il va sans dire que, de nos jours, les conflits internationaux n'étant appréciés qu'entre les Etats et non entre les souverains, ce genre de solution ne pourrait guère être accepté qu'entre chefs de tribus barbares.

CHAPITRE PREMIER

NÉGOCIATIONS DIRECTES

478. Elles se font par échange de notes diplomatiques ou bien par entretien des représentants ordinaires ou spécialement délégués à cet effet des Etats. Les règles qui doivent les dominer se résument ainsi : 1° bonne foi et désir sincère d'arrangement dans la limite du respect des droits essentiels de chacun, de part et d'autre; 2° communication loyale réciproque des documents, et confiance des deux côtés dans leur authenticité et dans leur exactitude, à moins de fraude bien constatée.

Le succès des négociations se traduit : 1° ou bien par une renonciation de l'une des parties à ses prétentions ou par la reconnaissance de celles de l'autre, souvent avec des *protestations* en ce qui concerne le droit lui-même, afin d'écarter un préjugé pour l'avenir à propos de questions semblables ; 2° ou bien par une transaction obtenue au moyen de concessions réciproques.

Quand les négociations ne peuvent pas aboutir, on manifeste souvent son intention de maintenir ses réclamations, soit en rompant complètement les relations diplomatiques, soit en rappelant seulement le chef de légation, les rapports étant désormais poursuivis par l'intermédiaire d'un fonctionnaire subalterne faisant l'intérim de l'agent diplomatique.

CHAPITRE II

INTERVENTION AMIABLE D'UNE PUISSANCE TIERCE

479. Cette intervention peut se manifester par les *bons offices* ou par la *médiation*.

SECTION I

DES BONS OFFICES

480. Souvent confondus dans le langage courant et même diplomatique, les bons offices et la médiation ont ce caractère commun de consister dans l'action d'une Puissance tierce qui fait des efforts amiables pour amener un arrangement entre des Etats qui sont en conflit. Mais la différence entre les deux apparaît en ce que la médiation est beaucoup plus accentuée que les bons offices, ce qui explique qu'elle est souvent nécessaire lorsque ces derniers ont été inefficaces.

On peut définir les bons offices : l'action amiable d'une tierce Puissance s'efforçant de rapprocher des Etats en conflit et de les amener à une entente en facilitant les négociations entre eux. Ils n'entraînent aucune obligation juridique de se conformer aux conseils de l'Etat qui les fournit, mais le seul devoir moral de les écouter et de les suivre quand ils sont raisonnables.

Sur la demande de la *Société de la paix* de Londres, le

représentant britannique au Congrès de Paris en 1856, lord Clarendon, fit accepter par les Puissances un protocole 23, signé le 16 avril 1856, qui contient le vœu suivant : « Que les Etats entre lesquels viendraient à s'élever de graves dissentiments, avant de recourir à l'emploi des armes, fassent appel, *autant que les circonstances le comporteront,* aux bons offices d'une Puissance amie ». Ce vœu complète à l'égard de toutes les Puissances, et sous la forme des bons offices, l'art. 8 du traité de Paris du 30 mars 1856 qui *impose* la *médiation* aux Etats signataires pour tous les conflits qu'ils peuvent avoir *avec la Porte.* Quarante Etats ont adhéré à ce vœu. Sans le considérer comme une solution définitive, ainsi que semblaient le croire MM. de Laveleye, Gladstone, le comte Derby qui le qualifiaient de « gloire immortelle du Congrès de Paris », il serait exagéré de ne voir dans ce vœu qu'une manifestation platonique comme d'autres l'affirment. Pour bien en apprécier la portée, il faut retenir que ce n'est qu'un vœu et non un engagement créant une obligation, et que l'acceptation des bons offices a été subordonnée à l'examen des circonstances, ce qui laisse chaque Etat libre de les écarter s'il juge qu'ils peuvent avoir des inconvénients sérieux pour lui. Malgré cela, sa portée *morale* est considérable en tant qu'il accuse l'intention généralement sincère des peuples civilisés d'épuiser les solutions amiables avant d'en venir aux hostilités.

En fait, le protocole du 16 avril 1856 a été utilement invoqué pour arrêter, à la Conférence de Londres de 1867, le conflit entre la France et la Prusse au sujet du Luxembourg, et celui entre la Grèce et la Turquie, à la Conférence de Paris de juin 1869. Mais les bons offices proposés conformément au même protocole par la Russie, puis par l'Angleterre et la France, ont été repoussés par les Etats-Unis lors de la guerre de sécession, et par la Prusse en 1866 dans sa lutte avec l'Autriche ; enfin, en 1870, la France a également refusé ceux de l'Angleterre. L'Acte de Berlin du 26 février 1885, art. 8, établit la faculté de recourir aux bons offices de la Commission internationale du Congo pour les difficultés relatives à la navigation et au commerce (V. aussi l'art. 11 pour la neutralité dans le bassin du Congo).

SECTION II

DE LA MÉDIATION

481. Elle est plus accentuée que les bons offices, car elle se produit lorsqu'une Puissance, sans se borner à faciliter les négociations entre les Etats en conflit, comme dans les bons offices, participe régulièrement à leurs discussions, *avec leur consentement*, ou même les dirige dans un sens déterminé.

La médiation doit être acceptée par les Etats qui sont parties au litige ; une médiation imposée serait la ruine de leur souveraineté.

Le devoir essentiel du médiateur est l'impartialité et l'absence d'arrière-pensée d'intérêt personnel dans le résultat des négociations ; suivant l'expression de M. de Bismarck, il doit être « un honnête courtier ».

D'autre part, le médiateur a le droit de participer à toutes les négociations, de suggérer des solutions, de discuter les prétentions des parties. Mais, à la différence de ce qui a lieu dans l'arbitrage, sa décision n'a qu'une autorité morale, elle ne lie pas les Etats entre lesquels elle intervient. De plus, n'étant pas partie au contrat, le médiateur ne peut exiger dans la suite l'exécution du traité conclu entre les Etats engagés dans le litige, même si ce traité est dû à son action médiatrice : on repoussa, pour cette raison, les prétentions de Napoléon III qui voulait exiger l'observation de l'art. 5 du traité passé à Prague en 1866, grâce à sa médiation, entre la Prusse et l'Autriche (V. n° 400). *A fortiori,* le médiateur n'est-il pas garant de l'observation du traité.

482. Beaucoup d'auteurs parlent de la *médiation armée,* expression assez contradictoire en elle-même, et, comme le fait Travers Twiss, développent cette idée qu'un Etat puissant doit imposer sa médiation par la force pour protéger, s'il y a lieu, un Etat faible contre les abus dont il est victime. Mais ce n'est là qu'une manifestation du droit et du devoir moral de solidarité entre les Etats ; il peut y avoir en pareil cas guerre légitime, il n'y a pas médiation.

On discute aussi sur le point de savoir si l'*offre* de la médiation n'est pas un devoir pour les Etats afin d'arrêter les conflits violents.

Au milieu de la divergence des opinions, on semble reconnaître que c'est là une question éminemment relative qui dépend de l'appréciation des circonstances et qui est subordonnée à la conciliation du devoir d'empêcher autant que possible les hostilités, avec la sauvegarde de ses propres intérêts et le maintien de ses droits.

483. L'art. 8 du traité de Paris du 30 mars 1856 stipule que les Puissances signataires et la Porte, « avant de recourir à la force, mettront les autres parties contractantes en mesure de prévenir cette extrémité par leur action médiatrice ». La médiation est ainsi imposée *obligatoirement* pour tous les conflits des Puissances signataires avec la Porte, et les autres Puissances, également signataires mais étrangères au conflit, ont un *droit* absolu d'intervenir dans le débat.

CHAPITRE III

CONGRÈS ET CONFÉRENCES

484. Les réunions de représentants d'Etats pour discuter des questions d'intérêt commun prennent le nom de Congrès ou de Conférences. Bien que ces expressions soient presque indifféremment employées l'une pour l'autre et qu'il n'y ait pas de différence juridique à relever entre les deux, on a essayé de les distinguer, soit d'après la composition, soit d'après l'objet des assemblées diplomatiques qu'elles désignent.

On a prétendu, tout d'abord, que les Congrès sont formés par la réunion des souverains, et les Conférences par celle des agents diplomatiques. Cette différence n'est nullement établie d'une manière constante. On peut remarquer cependant que les Congrès sont habituellement formés par les ministres des affaires étrangères des pays qui y participent, tandis que les Conférences sont des réunions de ministres plénipotentiaires souvent présidées par le ministre des affaires étrangères du pays où elles siègent, comme cela a eu lieu dans la Conférence qui a suivi le Congrès de Paris de 1856 et qui a eu pour objet de régler la situation des Provinces danubiennes, dans la Conférence tenue à Berlin en 1880 pour régler les frontières de la Grèce en vertu de l'art. 24 du traité du 13 juillet 1878, et dans la Conférence antiesclavagiste de Bruxelles en 1890.

Quant aux différences de fond, certains auteurs proposent d'appeler Congrès les réunions diplomatiques qui tranchent les questions, et Conférences celles qui ne font que préparer les bases d'une entente ultérieure.

Mais, d'après l'usage ordinaire, on appelle plus particulièrement Congrès les assemblées diplomatiques qui traitent de questions générales ou d'un ensemble de questions intéressant plusieurs Etats, et Conférences celles qui ont pour objet une question spéciale et plus restreinte, par exemple des services publics internationaux, postes, télégraphes, propriété littéraire ou industrielle, etc.

485. Les Congrès et Conférences tendent à devenir de plus en plus le mode de solution pacifique des difficultés internationales intéressant un certain nombre d'Etats. Ils combinent les négociations directes entre ceux que la difficulté touche directement avec la médiation de la part de ceux qui n'y ont qu'un intérêt indirect.

Malheureusement, les diplomates n'ont pas toujours respecté ce caractère si précieux des Congrès et Conférences ; presque toujours, ils n'y ont vu qu'un moyen de profiter des circonstances ou de résoudre des difficultés immédiates, sans songer à s'inspirer des principes rationnels du Droit international et à en assurer l'application future : le Congrès de Westphalie, malgré les heureuses idées nouvelles qu'il consacre, est, avant tout, un procédé pour sauvegarder l'équilibre européen contre la maison d'Autriche ; celui d'Utrecht, en 1713, représente la même façon d'agir contre l'ambition de Louis XIV ; le Congrès de Vienne et tous ceux qui suivent, depuis la Sainte-Alliance et la Pentarchie, ne sont qu'une coalition des monarchies contre l'esprit démocratique ; enfin ceux de Paris en 1856 et de Berlin en 1878 ne constituent également, sauf en ce qui concerne les principes consacrés par le premier, notamment pour le Droit international maritime, que des combinaisons politiques pour arrêter l'accroissement de la Russie.

Bien que souvent détournés de leur but principal, les Congrès et Conférences n'en sont pas moins de nature à assurer d'une manière très efficace les solutions amiables des conflits internationaux. Ils constituent un mode de médiation d'autant plus *puissante* qu'elle est *collective,* et d'autant plus *impartiale* qu'elle est formée par la réunion d'Etats ayant fréquemment des intérêts opposés qui se balancent.

Ces assemblées diplomatiques peuvent également servir la cause du Droit international en manifestant la consécration et la reconnaissance de ses principes par les Etats, ce qui est la seule façon de leur donner le caractère de droit positif. Ainsi, dans la déclaration des quatre grandes Puissances du 20 nov. 1815 à laquelle la France adhéra en 1818, à Aix-la-Chapelle, les signataires affirment vouloir agir suivant les principes du Droit international, « seuls capables de garantir l'indépendance de chaque gouvernement et la durée de l'association générale »; ils reconnaissent « le maintient de la paix pour motif et pour but de l'activité de la Pentarchie ». Il importe peu que la Pentarchie soit devenue un instrument de despotisme en violation du Droit international ; la reconnaissance solennelle et collective de ce Droit n'en est pas moins à retenir.

486. Fonctionnement des Congrès et Conférences. — Toute Puissance peut les provoquer. On en fixe le but, le lieu et les formes dans des conventions préliminaires.

Les débats sont dirigés par un ministre plénipotentiaire d'un Etat médiateur, ou par un diplomate élu par ses collègues, ou par un Conseil directeur formé des délégués de certaines Puissances, comme au Congrès de Vienne ; dans l'usage actuel, la présidence appartient au chancelier ou ministre des affaires étrangères, ou au président du conseil du pays où siège la réunion : c'est ce qui a été fait aux Congrès de Paris, 1856, et de Berlin, 1878.

Les négociations sont consignées dans des procès-verbaux ou *protocoles,* et les résolutions prises dans un document qui porte souvent le nom d'*acte final.*

Il va sans dire que, comme il s'agit de conventions à conclure, la majorité ne lie pas la minorité, et que tout Etat a le droit de se retirer, ce que l'on appelle le droit de *sécession.*

487. Caractère des Congrès et Conférences. — Ce sont des tentatives d'accord qui, lorsqu'elles aboutissent, amènent la conclusion d'un traité qui ne lie que les parties contractantes (V. n° 59, 3°).

Cependant, en fait, beaucoup de Congrès ont agi à la façon de véritables tribunaux jugeant la conduite des Puissances et leur imposant leur manière de voir, même par la force. D'après le Congrès de Vienne et les Congrès postérieurs, les grandes Puissances faisaient la loi aux autres Etats et agissaient sur eux sans même les consulter, comme le fit la France à l'égard de l'Espagne dans l'expédition de 1823. A la Conférence de Paris, en 1869, pour trancher le conflit gréco-turc, on appela la Turquie et non la Grèce, celle-ci fut condamnée à se soumettre sans avoir été entendue. On voit ainsi avec quelle facilité les Congrès, œuvre de conciliation dans leur essence, peuvent être dénaturés et dégénérer en une oppression des grands Etats s'érigeant en véritables juges de la conduite des plus faibles.

488. Projet d'organisation permanente des Congrès. — Si les assemblées diplomatiques sont en progrès au point de vue de la fréquence plus grande et du nombre plus considérable des Etats qui y participent, elles ne sont cependant encore ni permanentes, ni complètement générales, même à l'égard des Etats civilisés. La tentative faite le 4 nov. 1863 par Napoléon III de régler en un Congrès général toutes les difficultés pendantes en Europe et d'affermir, en les révisant, toutes les situations troublées, échoua *comme manquant de bases*, au dire de l'Angleterre ; en réalité, devant la méfiance de l'Europe au sujet de l'ambition du gouvernement impérial que ce Congrès aurait pu favoriser.

Nombre de publicistes estiment que la paix du monde est subordonnée à une organisation permanente des Congrès pour régler les rapports internationaux ; nous retrouverons l'occasion d'apprécier la valeur de ce projet, en étudiant la solution juridique des conflits entre les Etats et l'institution d'un tribunal international permanent.

En fait, l'initiative privée a réalisé, autant qu'il était en son pouvoir, les avantages que l'on attend des Congrès organisés. L'Institut de Droit international propose des règlements des rapports internationaux dont l'autorité, quoique simplement scientifique, est telle par la valeur des principaux membres de cette assemblée et par leur impartialité que garantit la différence de leur nationalité, que bon nombre sont peu à peu consacrés en tout ou en partie dans les usages ou dans les traités. Ce travail continu et progressif, qui prend les questions une à une en les choisissant d'après leur opportunité et leur état d'avancement, est le seul qui puisse offrir encore des chances de succès, au lieu d'une tentative d'accord international direct sur un programme immense et dont presque tous les points mettent en opposition des passions ou des intérêts (V. *Tableau général de l'Institut de Droit intern.*, 1873-1892, par E. Lher, 1893).

TITRE II

SOLUTIONS VIOLENTES OU COERCITIVES

489. L'échec des tentatives de solution amiable autorise les Etats à recourir au seul moyen qui leur reste pour défendre leurs droits dans l'état actuel des rapports internationaux et en l'absence d'une juridiction organisée, c'est-à-dire à l'emploi de la force. Mais la gravité même d'une pareille mesure a instinctivement poussé les peuples à chercher des moyens de se faire justice par des procédés directs qui leur permettent d'obtenir l'équivalent de la réparation par eux réclamée sans recourir tout d'abord aux hostilités proprement dites. Ces procédés sont inspirés par cette considération qu'un acte de vigueur peut déterminer le peuple dont on a à se plaindre à accorder ce qu'on lui demande, sans qu'on ait à courir les chances de la guerre et à supporter ses lourdes charges. Aussi les voit-on d'autant plus employés que l'on hésite davantage à déclarer la guerre, surtout quand il s'agit de difficultés dont l'importance ne comporte pas une mesure aussi grave. En même temps, l'usage ou les traités, suivant les progrès de la civilisation, règlementent de plus en plus ces modes de coercition plus atténués que la guerre, afin d'en écarter, autant que possible, les abus et les iniquités. On peut ramener ces modes de coercition à quatre : la rétorsion, les représailles, l'embargo et le blocus dit pacifique.

CHAPITRE I

MODES DE SOLUTION VIOLENTS AUTRES QUE LA GUERRE

SECTION I

DE LA RÉTORSION

490. La rétorsion consiste à appliquer des mesures de rigueur à un État ou à ses nationaux quand cet État applique lui-même à d'autres pays ou à leurs nationaux des mesures qui, sans constituer une violation des principes généraux du Droit international ou des droits acquis par les traités, sont cependant trop dures ou même iniques. La rétorsion se manifeste, par exemple, quand un pays refuse l'accès libre de ses tribunaux aux nationaux des autres pays, ou les place dans une situation de grande infériorité par rapport à ses propres nationaux quant à la jouissance des droits, déroge à leur égard aux règles rationnelles de la compétence (art. 14, C. civ.), les prive de la faculté de succéder en vertu du fameux droit d'*aubaine* (art. 726, 912, C. civ.), frappe les produits étrangers de droits excessifs, ou même accorde des avantages considérables à certains États ou à leurs nationaux et les refuse à d'autres. Dans tous ces cas, l'État dont on se plaint ne viole pas le Droit international strict; il reste dans les limites de sa souveraineté interne, mais il abuse de celle-ci et on veut le faire revenir sur sa conduite en agissant de même à son égard.

La rétorsion est au contraire injustifiable quand elle repose uniquement sur ce que les nationaux n'ont pas autant d'avantages, par application normale de la loi étrangère, qu'ils en auraient dans leur patrie. C'est là une conséquence naturelle de la variété des lois qui n'est nullement provoquée par une hostilité contre les étrangers et qui atteint les nationaux aussi bien qu'eux. Aussi faut-il critiquer l'art. 2 de notre loi du 14 juillet 1819 d'après lequel les héritiers français peuvent compenser par un prélèvement, au préjudice des héritiers étrangers, ce que la loi étrangère leur enlève par rapport à ce qu'ils auraient d'après la loi française et sans que leur nationalité motive la diminution de leur part à l'étranger.

Est également inadmissible la rétorsion ayant pour but de faire accorder à ses nationaux à l'étranger plus de droits que n'en ont les nationaux du pays étranger. Chez les peuples barbares cependant, dont l'organisation intérieure n'offre aucune garantie de justice ni de sauvegarde des droits, les peuples civilisés ont le droit de demander plus que l'assimilation avec les nationaux, et qu'on leur assure le *minimum* que les principes du Droit international commandent d'accorder à tout homme, quelle que soit sa nationalité.

491. La rétorsion s'exerce par des mesures identiques ou *talion,* ou équivalentes à celles dont on se plaint. Mais jamais elle ne peut aller jusqu'à des procédés contraires à ce *minimum* de facultés juridiques que le Droit international commande de respecter toujours chez l'étranger, par exemple jusqu'à la confiscation des biens ou à la séquestration des personnes.

L'application de la rétorsion dépend du Droit constitutionnel de chaque pays. En bonne théorie, pour assurer l'unité des mesures prises, la loi seule devrait la régler : c'est ce qui arrive quand la jouissance de certains droits pour les étrangers est subordonnée à la réciprocité législative dans leur pays, ou à la réciprocité diplomatique établie dans un traité (V. art. 11, C. civ. ; lois du 23 juin 1857, art. 5 et 6, et 26 nov. 1873, art. 9, pour la propriété industrielle, etc...). Parfois, les tribunaux sont chargés d'appliquer la rétorsion, notamment quand ils interprètent les lois qui exigent la réciprocité ; d'autres fois, la loi confère l'initiative au gouvernement, par exemple pour l'élévation des tarifs douaniers ou leur abaissement dans les limites de la loi elle-même.

491 *bis*. Quelle que puisse être, dans certains cas, la nécessité d'y recourir pour défendre les intérêts nationaux, la rétorsion a le grave défaut de corrompre les lois de l'Etat en leur enlevant le caractère général qui leur convient et en provoquant des dispositions de circonstances ; d'autre part, la rétorsion consiste toujours à appliquer une règle reconnue mauvaise ou inique uniquement pour répondre à une mesure semblable prise à l'étranger (V. n° 352 *in fine*). D'ailleurs, l'effet pratique de cette façon de procéder est fort contestable : on la voit plus souvent, en irritant les rapports internationaux, pousser au maintien hostile des dispositions que l'on voudrait faire supprimer, que déterminer le pays qui en a pris l'initiative à les abroger.

SECTION II

DES REPRÉSAILLES

492. Les représailles (de *reprehendere,* reprendre), désignent tout acte par lequel un Etat méconnaît ou viole les *droits* d'un Etat étranger ou de ses nationaux, pour répondre à une méconnaissance ou à une violation de ses propres *droits* ou de ceux de ses nationaux. Elles sont plus accentuées que la rétorsion puisqu'elles consistent dans la *violation d'un droit* et non dans une simple mesure de rigueur, précisément parce qu'elles ont pour objet de répondre non pas à une iniquité seulement ou à des procédés trop durs, mais à une autre violation de droit dont on est victime.

493. Les représailles sont un procédé trop conforme aux sentiments de la nature humaine pour n'avoir pas été pratiquées de tout temps ; on en cite des exemples chez les Grecs qui employaient dans ce but les croisières ou la course maritime, et les Romains s'en sont beaucoup servis. Au moyen-âge, en présence de la faiblesse de l'autorité centrale et de la puissance relative des seigneurs féodaux, les guerres privées sont constantes et chacun se fait justice, par voie de représailles, pour les violations de droit dont il prétend avoir à se plaindre de la part de tout pouvoir étranger. Plus tard, surtout à partir du xvᵉ siècle, les guerres privées disparaissent. On accordait cependant des représailles spéciales aux individus lésés, comme celles que Louis XVI autorisa en 1778 au profit des sieurs Reculé de Basmarin et Raimbeaux, armateurs à Bordeaux, dont onze navires avaient été capturés par les Anglais, et de générales, en vertu desquelles tous les nationaux pouvaient, spécialement sous la forme de la course maritime, s'emparer des biens des étrangers.

Aujourd'hui les représailles sont un acte de gouvernement que l'Etat peut seul accomplir par l'intermédiaire de ses agents autorisés.

494. Des anciennes classifications fort nombreuses des représailles, il n'y a à retenir que celle qui les distingue en *positives* et *négatives :* les premières sont des actes formels causant un préjudice à l'étranger au mépris de ses droits ; les secondes consistent dans le refus d'exécuter ses engagements envers lui, ou dans l'obstacle apporté à l'exercice de ses droits.

Les unes et les autres ne doivent être employées qu'après des efforts de solution amiable reconnus inutiles, ainsi que le décidaient les anciens traités qui imposaient un délai de deux à six mois entre la demande de satisfaction et le recours aux représailles, ou après avoir attendu la décision judiciaire de laquelle dépend la réparation que l'on demande.

Elles sont d'ailleurs justifiées, que le droit de la violation duquel on se plaint vienne des principes généraux qui dominent les rapports entre les Etats ou des clauses spéciales d'un traité ; on les admet également quand elles sont fondées sur un déni de justice ou un retard qui équivaut au déni ; enfin quand l'urgence est telle pour sauvegarder les droits compromis qu'il est impossible d'attendre une réparation régulière.

495. Limitation des représailles. — 1° Bien que pouvant aller jusqu'à la violation des droits de l'Etat étranger ou de ses nationaux, elles ne peuvent jamais consister en des actes de barbarie, comme la mise à mort des personnes inoffensives, même pour répondre à des actes semblables commis par des peuples sauvages ; 2° Elles doivent cesser dès que la réparation est accordée ; 3° Il faut qu'elles soient en rapport avec le préjudice dont on se plaint. On voit trop souvent des abus commis à ce propos par des Etats puissants à l'égard d'Etats faibles, sous la forme de représailles excessives pour des préjudices relativement minimes.

496. Sujets des représailles. — Bien que beaucoup d'auteurs confondent les deux cas, il faut distinguer suivant que les représailles portent sur les nationaux d'un Etat étranger, ou sur cet Etat lui-même.

A. Les représailles contre les particuliers peuvent se manifester de bien des manières : refus d'accès dans le territoire, expulsion, séquestre des biens, privation des droits privés ou publics, arrestation d'otages, etc. Mais le Droit moderne n'admet plus les violences, la mise à mort, ni même l'arrestation des étrangers non résidants, comme les voyageurs, les marchands forains, ou des femmes et des enfants. Le procédé de l'arrestation a titre d'otages, pratiqué de tout temps, par exemple chez les Grecs sous le nom d'*androlepsie,* a été même usité de nos jours : Napoléon, après la paix d'Amiens, fit arrêter en France dix mille Anglais pour faire fléchir le gouvernement britannique ; cependant cette pratique tend à disparaître dans les rapports des Etats civilisés. Comme exemple de confiscation des biens, V. Affaire de l'emprunt silésien, n° 521, B, 2.

B. Contre l'Etat les représailles consistent notamment : dans le séquestre de ses biens situés sur le territoire du pays plai- 'gnant, dans le refus d'exécuter les engagements contractés envers lui, dans la rupture des rapports diplomatiques ou éco- nomiques, enfin dans l'occupation militaire d'une partie de son territoire, et alors c'est le commencement des hostilités. Mais, quoi qu'on en ait dit, on ne peut, même par voie de repré- sailles, arrêter les représentants diplomatiques ou fonction- naires étrangers appelés sur le territoire que leur inviolabilité couvre toujours.

497. Appréciation des représailles. — En tant qu'elles s'exercent contre des particuliers, on s'accorde de plus en plus à les condamner, car elles ont la grave iniquité de frapper des innocents pour répondre aux actes des coupables que l'on ne peut atteindre. D'ailleurs, si la guerre, comme nous l'établirons plus loin, est une relation d'Etat à Etat qui ne doit pas atteindre directement les particuliers, *à fortiori* doit-il en être de même des représailles qui se réfèrent à des actes isolés d'un Etat ou de quelques-uns de ses nationaux, et dont il est impossible de rendre responsables des particuliers appartenant à ce même Etat. Exercées directement contre l'Etat, les représailles ont été défendues par des publicistes comme un procédé plus atténué que la guerre et qui peut faire obtenir satisfaction sans recourir aux hostilités. Cependant l'histoire semble bien établir qu'elles atteignent rarement leur but ; la plupart du temps elles irritent les rapports et rendent la guerre inévitable ; ou bien, exercées par un Etat fort au détriment d'un pays faible, elles permet- tent d'abuser de la puissance vis-à-vis du second et de lui imposer toutes les concessions sans déclarer les hostilités, en évitant ainsi les charges et les responsabilités de la guerre, soit au point de vue constitutionnel, soit au point de vue des diffi- cultés possibles avec les autres Etats.

498. Il faut faire une place à part aux représailles exercées au cours des hostilités comme moyen de contraindre l'ennemi à respecter les lois de la guerre ; nous les examinerons plus loin (V. n° 544).

SECTION III

DE L'EMBARGO

499. D'origine britannique malgré l'étymologie espagnole *(embargar,* arrêter), l'embargo a été aussi pratiqué surtout par l'Angleterre, conformément à la rigueur de son droit maritime international. Pour comprendre le caractère de l'embargo considéré comme mesure de représailles, il faut le distinguer de ceux qui ont une nature différente.

1° L'*embargo civil* ou *arrêt du prince* consiste dans la défense faite aux navires étrangers de quitter les ports du pays où ils se trouvent. Il peut être justifié comme mesure sanitaire, afin d'éviter la contagion d'une maladie, ou comme mesure de police pour empêcher la révélation d'un événement que l'on a intérêt à tenir secret, par exemple la mort d'un souverain, une révolution, des préparatifs de guerre ; mais la facilité actuelle des communications rend ce procédé tellement illusoire qu'on y a renoncé dans la pratique pour ce dernier cas.

2° L'embargo *international* peut se présenter sous deux formes. *a).* Après une déclaration de guerre et comme première mesure d'hostilité. On y a renoncé, en fait, en accordant un délai aux navires du pays ennemi pour quitter les ports, car cette mesure inique qui surprend les navigateurs étrangers à l'improviste peut rejaillir sur les nationaux qui souffrent de la ruine des sujets de l'État ennemi avec lesquels ils sont en relations d'affaires (V. n° 614). *b).* L'embargo à titre *d'angarie,* d'origine française et appliqué surtout sous Louis XIV, qui consiste dans la réquisition des navires étrangers pour un service public, tel que le transport des troupes ou des munitions. Généralement supprimé aujourd'hui pendant la paix (V. n° 431 *in fine*), l'angarie subsiste encore en cas de guerre, les navires neutres étant soumis aux lois de nécessité et d'ordre public comme les navires nationaux. Une indemnité n'est même pas due, en principe, dans cette dernière circonstance, les neutres devant subir les conséquences des cas de force majeure qui se produisent dans un pays où la guerre a éclaté, comme le répondit M. de Bismarck à la réclamation de l'Angleterre du 30 décembre 1870, au sujet des navires anglais coulés à Duclair par les Allemands pour barrer la Seine aux vaisseaux de guerre français. Cependant les traités modernes stipulent habituellement le paiement d'une indemnité en pareil cas (Allemagne et Espagne, 30 mars 1868, article 5 ; Allemagne et Portugal, 2 mars 1872, art. 2).

500. L'embargo à *titre de représailles* est celui qui est exercé comme moyen de répression d'une violation de droit ou d'un déni de justice commis à l'étranger, et faute de pouvoir obtenir réparation par des réclamations amiables.

Cet embargo, en agissant sur la propriété privée, est contraire aux vrais rapports internationaux, qui ne doivent se manifester directement qu'à l'égard des Etats ; il frappe les innocents pour les coupables et présente ainsi tous les défauts des représailles (V. n° 497). Son maintien ne s'explique que par suite de la non-extension, si critiquable, du respect de la propriété privée de la guerre terrestre à la guerre maritime ; quand cette extension si rationnelle sera faite, les Etats le supprimeront : on devrait même comprendre déjà qu'il nuit au pays qui le pratique au point de vue de son commerce et de son crédit, par la méfiance qu'il peut inspirer à la navigation étrangère. Il a été cependant souvent pratiqué dans les guerres contemporaines, par exemple par le Danemark contre l'Allemagne en 1864. Mais plusieurs traités écartent l'embargo, sauf en cas de guerre déclarée : Prusse et Etats-Unis, 1er juillet 1799, art. 16 ; Russie et Suède, 30 mai 1801, art. 32.

SECTION IV

DU BLOCUS PACIFIQUE (1).

501. D'une manière générale, le blocus est le fait d'intercepter les communications extérieures d'un Etat au moyen d'un déploiement de forces ; le plus souvent, ce sont les communications avec les ports ou le littoral que l'on intercepte, au moyen de bâtiments de guerre ; il est fort rare que l'on établisse un blocus terrestre par un cordon de troupes.

___

(1) Fauchille, *Du blocus maritime*, ch. II, sect. 1 ; Geffcken, *Du droit de blocus en temps de paix*, J. *Clunet*, 1888, p. 585.

Le blocus peut se présenter sous deux formes : 1° Parfois il est une mesure de coercition employée au cours des hostilités et comme manœuvre de guerre (V. n° 617) ; 2° Quelquefois, avant une déclaration de guerre, il a pour but de paralyser certains actes de la part d'un ennemi éventuel, par exemple le départ d'une flotte ou la concentration des troupes dans une place, ou de contraindre un Etat à accorder les satisfactions qu'on lui réclame, sans aller jusqu'à déclarer les hostilités. Sous cette dernière forme, le blocus est dit *pacifique*, ou blocus pratiqué sans qu'il y ait déclaration de guerre.

La pratique de ce genre de blocus est récente ; elle a été inaugurée contre la Turquie à propos de l'insurrection hellénique en 1827 ; on la trouve employée par la France aux bouches du Tage en 1831 contre le Portugal, et contre la Nouvelle-Grenade et le Mexique en 1836 et 1838 ; par la France de 1838 à 1840 et par la France et l'Angleterre de 1845 à 1848 contre la Plata ; par la France encore contre la Chine à l'île Formose en 1885 ; par l'Allemagne, l'Angleterre, l'Autriche, l'Italie et la Russie en 1886, contre la Grèce, mais à l'égard des navires grecs seulement et sans atteindre les neutres ; par la France contre le Siam en 1893. Enfin la France a menacé deux fois la Suisse, en 1831 et en 1852, d'un blocus terrestre pacifique.

502. Effets du blocus pacifique. — Seules la France et l'Angleterre qui ont établi cette pratique en ont fixé les effets. En principe, comme nous le verrons, un blocus régulièrement établi doit être respecté par les neutres sous la sanction de la saisie des navires qui tentent de le violer; mais, en bonne théorie, ce devoir de la neutralité avec ses conséquences ne devrait être admis que quand la neutralité s'impose, c'est-à-dire quand il y a déclaration de guerre. En fait, la France confisque les navires neutres qui violent le blocus pacifique et séquestre seulement jusqu'à la fin du blocus ceux du pays bloqué ; l'Angleterre confisque également les uns et les autres. La solution française, suivie lors du blocus de la Plata, a été adoptée pour les navires grecs lors du blocus pacifique de la Grèce en 1886. Elle se rapproche davantage de la notion du blocus pacifique qui suppose que la guerre n'est pas *déclarée* contre le pays bloqué, ce qui enlève toute base à la confiscation.

503. Appréciation du blocus pacifique. — Beaucoup de

publicistes l'approuvent comme un moyen de coercition atténué permettant d'obtenir satisfaction sans recourir à la guerre. D'autres, tout en l'approuvant, estiment qu'il n'est pas opposable aux neutres, ce qui lui enlève toute efficacité. Enfin c'est avec raison que la majorité des auteurs le condamne.

Tout d'abord, en effet, ce blocus est profondément illogique; c'est un acte d'hostilité sans qu'on veuille reconnaître l'état de guerre. Ainsi que le disait pittoresquement un diplomate turc après la bataille de Navarin, « c'est comme si, cassant la tête d'un homme, on l'assurait en même temps de son amitié : un pareil procédé ne serait-il pas fou? » De plus, ce blocus nuit au commerce des tierces Puissances en leur imposant les devoirs des neutres sans qu'il y ait déclaration de guerre ni, par suite, de neutralité établie. En fait, le blocus pacifique n'est employé que par des Etats puissants à l'égard de pays beaucoup plus faibles, comme moyen de pression à leur égard, tout en évitant les charges et les responsabilités de la guerre proprement dite au point de vue de leur constitution et des relations avec les autres Puissances : M. Guizot était fort embarrassé pour définir, le 8 février 1841, l'attitude de la France vis-à-vis des autres Etats lors du blocus de la Plata, et l'on sait les difficultés qui ont été soulevées en 1885 contre le gouvernement, dans les débats parlementaires au sujet des actes d'hostilité sans déclaration de guerre contre la Chine. En outre, la guerre proprement dite nuit au commerce des belligérants mais peut développer celui des neutres qui prennent leur place; tandis que, contre toute équité, le blocus pacifique paralyse celui des neutres et laisse libre celui de l'Etat bloquant avec le pays bloqué. Pratiquement d'ailleurs, les blocus pacifiques n'empêchent nullement de recourir à la guerre, à moins qu'ils ne soient employés contre un pays incapable de résistance et à l'égard duquel ils ne sont qu'un abus de la force : c'est ainsi que le blocus de 1827 contre la Turquie, ceux de 1838 contre le Mexique et de 1885 contre la Chine ont abouti à la guerre.

Au point de vue du droit positif, il importe de remarquer que les lois des différents pays et les traités qui s'occupent du blocus supposent toujours qu'il est pratiqué comme mesure de guerre et n'admettent pas ainsi l'hypothèse d'un blocus pacifique : tels sont le règlement français du 26 juillet 1778, art. 1, les grands traités sur la neutralité de 1780 et de 1800 que nous étudierons plus loin, et la déclaration de Paris du 16 avril 1856. Le tribunal des prises ne peut sanctionner des confiscations de navires en cas de blocus pacifique, ce tribunal n'ayant sa raison d'être qu'en temps de guerre maritime. Cependant, en France, le tribunal des prises valide les saisies des navires neutres, pourvu que le blocus pacifique ait été régulièrement notifié (V. n° 629). L'Institut de Droit international, dans sa session de Heidelberg, le 7 septembre 1887, a déclaré le blocus pacifique non opposable aux neutres et en a limité les effets au simple séquestre des navires du pays bloqué.

CHAPITRE II

DE LA GUERRE

SECTION I

NOTIONS GÉNÉRALES

504. Définition. — Le mot guerre a pour étymologie, et cela n'est pas indifférent pour en fixer la véritable portée, le mot du vieil allemand *war* ou *werra* (défense), d'où l'on a fait *wehr* en allemand moderne, *weer* en hollandais, *war* en anglais. Seul Grotius a essayé de faire dériver cette expression du latin *duellum*.

Il existe à peu près autant de définitions de la guerre que d'auteurs qui ont écrit sur ce sujet. Une des plus simples est celle de Vattel : « La guerre est l'état d'une nation qui poursuit par la force la reconnaissance de ce qu'elle considère comme son droit ». La plus complète nous paraît être la suivante de Calvo : « La guerre est l'état d'hostilité substitué à la bonne harmonie de nation à nation, ou entre citoyens (d'un même pays) appartenant à des partis politiques différents, et qui a pour objet de conquérir par la force des armes ce qu'on n'a pu obtenir par des voies pacifiques et amicales ». Cette définition a l'avantage de montrer que la guerre est un état anormal entre les Etats, de comprendre la guerre civile comme la guerre internationale, et de rappeler que les hostilités sont une ressource

extrême à laquelle on ne doit recourir que lorsque les tentatives
de solution pacifique ont échoué.

505. Divisions des guerres. — Les auteurs anciens et
quelques modernes ont donné des guerres des classifications
fort nombreuses dont la plupart n'ont aucun intérêt au point
de vue du Droit international; nous ne retiendrons que celles
qui ont une importance juridique.

506. A. Guerres *offensives* et *défensives*. Au point de vue du
Droit, à la différence du point de vue militaire, la guerre offensive n'est pas toujours celle dans laquelle on accomplit les premiers actes d'hostilité, mais bien celle qui est soutenue par le
parti dont les agissements l'ont provoquée et rendue inévitable.
On peut qualifier *d'agresseur* celui qui attaque le premier, même
pour soutenir une guerre défensive, et de *provocateur* celui qui
est cause des hostilités, ne les entreprendrait-il pas le premier.
En se plaçant à ce point de vue, on a pu soutenir que Frédéric II envahissant inopinément la Saxe, pour prévenir les attaques ourdies par les coalisés contre lui, faisait une guerre
défensive.

507. B. Guerres *publiques* ou d'Etat à Etat, les seules que
reconnaisse le Droit international moderne qui ne règle que les
rapports entre les souverainetés indépendantes, par opposition
aux *guerres privées* qui ont désolé le moyen-âge et qui étaient
une conséquence de la tradition germanique relative à la *Fehde*
ou vengeance familiale, combinée avec l'organisation des puissances féodales. Atténuées par l'Eglise, grâce à la *paix de Dieu*
et à la *trêve de Dieu*, par la royauté, depuis Philippe-Auguste,
par les institutions des *trêves du Roi,* de la *Quarantaine le Roi*
et de *l'Asseurement*, les guerres privées disparurent peu à peu,
du jour où le gouvernement central plus fort créa les armées
permanentes et fit relever du roi toute force armée, c'est-à-dire
depuis Charles VII (Ordonn. d'Orléans, 2 nov. 1439).

508. C. La guerre *civile* est étrangère au Droit international
qui ne s'occupe que des rapports entre Etats indépendants ;
cependant l'humanité commande d'observer dans les guerres
civiles les lois auxquelles se conforment les peuples civilisés
dans les luttes entre Etats. Toutefois, la différence apparaîtra
en ce que : 1° le gouvernement régulier, tout en respectant
l'humanité, n'a pas à tenir compte des prétendus droits invo-

qués par le parti insurgé qui n'a à ses yeux aucune existence légale; 2° la lutte finie, les vaincus de la guerre civile ne sont pas libérés comme des prisonniers de guerre; ils ont à répondre de leur insurrection suivant la loi du pays; 3° les chefs d'armée n'ont pas à traiter avec les insurgés dont ils ne doivent pas admettre la personnalité et le droit de passer des conventions comme parti indépendant; mais les conventions effectivement conclues doivent être observées comme la parole donnée dans un accord avec un chef militaire étranger (V. n° 555).

Par rapport aux autres pays, la guerre civile peut donner lieu à l'application des règles du Droit international, en ce sens que, par humanité, les Etats étrangers doivent traiter les personnes engagées dans cette guerre comme les Etats neutres traitent les belligérants dans une guerre internationale. Cette façon de procéder, manifestée par exemple en recueillant après les avoir désarmés les insurgés refugiés sur le territoire neutre, n'implique pas une reconnaissance de l'insurrection elle-même qui puisse être considérée comme une offense ou une attaque contre lui par le gouvernement régulier du pays où la guerre civile a éclaté. Ce gouvernement doit être respecté en fait tant qu'il détient le pouvoir, et le parti insurrectionnel ne doit être traité comme le représentant officiel du pays que lorsque son triomphe est assuré (V. n° 82). Il importe d'ailleurs d'agir, en pareil cas, avec beaucoup de réserve et, tout en traitant les insurgés en belligérants conformément aux règles de la neutralité, de s'abstenir de tout acte qui pourrait être interprété comme appui moral ou matériel, direct ou indirect, en leur faveur. La conduite du gouvernement régulier envers les insurgés peut servir de guide sûr aux autres Puissances : ainsi les Etats du Nord étaient mal fondés à se plaindre de l'attitude de la France et de l'Angleterre à l'égard des Sudistes dans la guerre de Sécession, puisqu'ils les traitaient eux-mêmes comme prisonniers de guerre, et que le blocus de leurs ports, proclamé par Lincoln en 1861, était une attribution officielle du caractère de belligérants qui leur était faite.

509. D. Les guerres *légitimes* ou *justes, illégitimes* ou *injustes* peuvent être appréciées à deux points de vue.

1° Au point de vue de la régularité formelle de leur déclaration et de leur caractère international, ainsi que de l'observation des lois de la guerre dans le cours des hostilités. C'est en ce sens que les Romains qualifiaient de *bellum justum* la guerre déclarée dans les formes sacramentelles contre les ennemis du dehors, la seule qui pût produire des effets juridiques, par exemple la réduction en esclavage des captifs.

2° Au point de vue des causes qui la déterminent, la guerre n'est juste ou légitime que « lorsqu'elle est entreprise pour obtenir justice », suivant les expressions de Grotius. Aussi, malgré les variantes infinies des formules, tout le monde ramène la notion de la guerre légitime à son étymologie (Werra, défense), et, comme l'a nettement indiqué Montesquieu, ne l'admet que lorsqu'elle est un moyen de défense des droits de l'Etat (*Esprit des Lois*, liv. X, chap. II, alin. 1, 2, 4, 5). Il importe de rappeler ici que la défense ne se confond pas avec la défensive; faute d'autorité supérieure à laquelle ils puissent recourir pour obtenir réparation du préjudice qui leur serait causé, les Etats doivent souvent employer l'offensive pour prévenir une attaque certaine (Montesquieu, *loc. cit.*, alin. 3; v. n° 506).

510. Cette conception générale des guerres justes conduit logiquement à exiger trois conditions pour que ce caractère puisse être reconnu à des hostilités.

Il faut qu'il y ait de la part d'un autre Etat attaque ou menace d'attaque *injustifiée,* et assez *grave* pour autoriser un recours à la guerre afin de la repousser. C'est ce que les anciens auteurs appelaient une *offense;* mais ils se montraient beaucoup trop larges dans l'appréciation de l'offense, par exemple en admettant la légitimité des guerres non seulement *justes* et *nécessaires,* mais encore *justes* et *utiles,* comme celles qui pouvaient être favorables à l'humanité ou à l'honneur national. De nos jours encore des publicistes, allemands surtout, emploient des formules vagues particulièrement dangereuses en ce qu'elles peuvent faire passer pour justes des guerres inspirées uniquement par l'ambition nationale, par exemple des guerres entreprises par un peuple *pour développer ses qualités naturelles,* ou *pour remplir sa mission !* (V. Bluntschli, art. 517). Il faut s'en tenir, avec Grotius, à la condition stricte d'une injustice grave à réparer ou d'un droit important à défendre. Le recours à la force peut d'ailleurs se justifier pour la défense d'autrui autant que pour la sienne propre, car le concours réciproque contre l'injustice est une application de la loi de la solidarité humaine qui existe entre les Etats comme entre les individus ; d'autant mieux que l'aide que l'on prête à d'autres en pareil cas n'est souvent qu'une sage précaution contre les dangers dont on pourrait être menacé à son tour.

Cette première condition générale d'une offense grave ou d'un danger sérieux et imminent ne peut être appréciée qu'en fait. Elle condamne dans tous les cas les guerres d'ambition et de conquêtes, avouées ou dissimulées (Montesquieu, *loc. cit.*, liv. X, ch. II, *in fine*).

2° La défense doit être proportionnée à l'attaque ; si, dans la guerre comme dans la lutte pour la légitime défense entre particuliers, cette proportion est en fait impossible à respecter d'une manière exacte, du moins faut-il se la proposer comme règle et arrêter la guerre quand son but de protection ou de réparation des droits est atteint. Cette règle de raison et d'équité est trop souvent violée ; si les guerres de Crimée et d'Italie ont été arrêtées dès que les réclamations adressées à la Russie et à l'Autriche ont eu des chances d'être satisfaites, la poursuite des hostilités par l'Allemagne après la bataille de Sedan, quand toute réparation lui était accordée, n'était plus que la réalisation d'une entreprise de conquête que rien ne justifiait.

3° Enfin la guerre, comme toute légitime défense, ne peut être acceptée qu'en qualité de ressource extrême et quand tous les moyens de l'éviter, notamment les solutions pacifiques, sont inutiles, impossibles ou dangereux. Cette condition doit d'ailleurs être plus largement entendue pour les Etats que pour les particuliers, soit parce qu'ils n'ont pas de recours possible à une autorité supérieure ce qui les contraint plus souvent à se défendre eux-mêmes, soit parce que la dignité nationale, élément vital pour les peuples, ne leur permet pas d'accepter, à l'égard de certaines questions, même l'essai d'un arrangement amiable qui impliquerait de leur part des concessions éventuelles auxquelles ils ne peuvent se soumettre. Le caractère d'*ultima ratio* de la guerre est aujourd'hui universellement admis, suivant la belle parole de Tite-Live : « *Justum bellum quibus est necessitas, et pia arma quibus nulla nisi in armis relinquitur spes* ». Notamment, c'est en se fondant sur le défaut de nécessité de la guerre contre le Danemark que l'Angleterre a blâmé la conduite de la Prusse et de l'Autriche, en réponse à la note de M. de Bismarck du 9 août 1864.

511. Appréciation des causes de guerre. — Les tentatives des anciens auteurs pour donner une énumération des causes légitimes de guerre sont considérées, avec raison, comme une œuvre vaine. Tout est relatif et variable à l'infini en pareille matière, et chaque cause d'hostilité doit être jugée en elle-même suivant les circonstances, en se plaçant toujours au point de vue du principe fondamental d'après lequel la guerre n'est justifiée que comme moyen *nécessaire* de défendre ses droits. Mais la complexité même des faits qui provoquent la guerre explique que les deux Etats adversaires s'illusionnent sur leur droit vérible et que chacun soit également convaincu qu'il reste dans les limites de la légitime défense. Cette illusion, presque inévitable toutes les fois que l'on est juge et partie dans sa propre cause et que l'on est contraint de se faire justice soi-même, par exemple dans le duel, est bien plus naturelle chez les peuples que les intérêts collectifs passionnent, que le sentiment généreux du patriotisme aveugle et qui, ne connaissant guère qu'un côté de la question en litige, celui qu'il plaît au gouvernement de leur montrer, sont presque toujours hors d'état de juger sainement la difficulté. Ose-t-on et peut-on d'ailleurs discuter toujours la justice de la cause, quand la patrie est engagée et que douter de son droit c'est l'affaiblir? Cet état moral a été admirablement exprimé par Prévost-Paradol : « Le drapeau est une raison suffisamment persuasive, puisqu'il rappelle que la Patrie doit être suivie, même si elle se trompe, parce qu'elle périt si on l'abandonne et que sa chute est un plus grand mal que son erreur ».

On n'a pas renoncé cependant à prévoir les causes de guerre possibles, surtout en se plaçant au point de vue des complications politiques probables eu égard à la situation actuelle des Etats (V. de Laveleye, *Des causes actuelles de guerre en Europe et de l'arbitrage;* Comte Kamarowsky, R. D. I., 1888, p. 132). Indépendamment des causes d'hostilités permanentes parce qu'elles tiennent à la nature humaine, telles que l'ambition et les rivalités, il en est de variables qui résultent de créations de la politique et qui, vu la complexité croissante des rapports internationaux, augmentent chaque jour, comme les causes de conflits entre les particuliers se multiplient avec les relations devenues plus nombreuses par l'effet de la civilisation elle-même : la neutralité garantie à certains pays, l'intervention collective dans la question d'Orient, les protectorats, les traités de commerce et la concurrence économique, l'expansion coloniale, etc., autant de faits nouveaux qui peuvent devenir des causes de guerre comme ils sont la conséquence d'un progrès général des rapports internationaux. Ainsi, comme l'observent MM. Funk-Brentano et Sorel, la civilisation diminue moins les causes de guerre qu'elle ne les modifie : les transformations des besoins et des idées créent, à chaque époque, un courant d'action internationale qui peut être une cause de conflits.

De là il suit que, en réalité, les causes de guerre sont généralement profondes, d'origine relativement ancienne, provenant d'une opposition le plus souvent latente entre les peuples ; la circonstance, le plus souvent fortuite et hors de proportion avec la déclaration des hostilités, qui amène la guerre, n'est que le prétexte pour traduire d'une manière violente l'opposition plus ou moins mal dissimulée depuis longtemps. Aussi faut-il bien se garder de juger de la légitimité d'une guerre en ne tenant compte que de l'événement qui en motive la déclaration : la vraie cause est souvent plus haut et plus loin. Cela est si vrai que, dans les conflits les plus graves, on a vu l'intention manifeste de faire éclater la lutte, quand le prétexte invoqué venait à manquer ; lorsque, en 1870, le motif d'hostilité résultant de l'avénement d'un Hohenzollern au trône d'Espagne disparut par suite de la renonciation de l'Allemagne, une dépêche, qu'il est permis aujourd'hui d'après de récents aveux de considérer comme fabriquée pour les besoins de la cause, annonçait à l'Europe que l'ambassadeur de France avait été offensé par le roi de Prusse et rendait la lutte inévitable.

Quant aux causes accidentelles de guerre, prétextes dont on s'emparait jadis avec empressement, on peut les limiter en quelque sorte, les apprécier isolément au point de vue de leur valeur intrinsèque et les régler d'un commun accord ou par voie d'arbitrage. Cette façon de procéder explique le développement actuel des sentences arbitrales auxquelles il est facile de se soumettre quand il s'agit de conflits isolés dont les conséquences ne mettent en jeu que des intérêts restreints et faciles à apprécier, qui ne touchent pas à la dignité ou à l'existence nationale sur lesquelles on ne peut transiger, qui ne se rattachent pas à une opposition profonde entre deux peuples dont chacun veut combattre l'action générale de l'autre.

512. Il importe de remarquer que, en fait, le but de la guerre correspond rarement à sa cause véritable; il se modifie et se développe au cours des hostilités mêmes, les exigences du vainqueur croissant avec les sacrifices qu'il a dû faire, avec les périls qu'il a courus et les succès qu'il a obtenus, sans que l'on tienne compte de la réclamation même qui a provoqué le conflit et sans qu'on limite les satisfactions demandées à la réparation que l'on a cherchée dès le début en engageant la lutte. La guerre n'est plus alors seulement un moyen de faire maintenir le droit violé, « elle est une force spéciale qui provoque la création de nouveaux droits; la vie publique des États se transforme souvent au milieu du tonnerre et des éclairs de la bataille; l'histoire progresse au bruit de l'orage » (Bluntschli, art. 536, note). Ces brillantes métaphores, bien qu'exprimant une vérité de fait, ne doivent pas faire illusion au point de vue de l'équité et du droit. Si la guerre entraîne après elle une « foule d'effets indépendants de l'objet primitif du litige », suivant l'expression du même auteur, il faut en conclure qu'elle est un moyen juridiquement sans valeur pour résoudre les conflits internationaux. Pour la rapprocher, dans la mesure du possible, de la solution rationnelle et équitable que peut offrir un véritable jugement, pour la maintenir même dans la limite de la légitime défense qui est sa seule justification, il faudrait que son résultat fût adéquat à la réclamation qui la provoque, avec une indemnité en plus représentant les sacrifices nécessités par la revendication violente de son droit; les prétendus droits ultérieurs auxquels elle donne naissance ne sont que l'expression des exigences de la force du vainqueur. Il est profondément illogique de condamner les guerres de conquête et de domination dans leur origine même, et de légitimer celles qui, une fois leur but atteint, ont le même caractère à la suite des succès de l'un des belligérants qui saisit l'occasion à lui offerte d'augmenter sa puissance, sans plus se préoccuper de la cause qui avait déterminé les hostilités.

513. Droit et lois de la guerre. — On pourrait être tenté de considérer la guerre comme en dehors de toute réglementation de droit, étant donné qu'elle est l'expression de la force brutale entre les Etats, faute d'une autorité supérieure pour apprécier la valeur de leurs réclamations. Mais, si l'on considère la guerre comme l'exercice de la légitime défense dans les rapports internationaux, on doit bien reconnaître qu'elle est soumise à certaines règles de raison et de justice, au même titre que la légitime défense entre particuliers. De plus, même en tant que mode imparfait de solution pour les conflits internationaux, rendu inévitable par suite du défaut de tribunal supérieur, la guerre peut et doit être l'objet d'une réglementation véritablement juridique, afin d'en atténuer les inconvénients et de faire respecter autant que possible la justice et l'humanité dans le cours des hostilités; absolument comme la loi soumettait à des règles précises l'exercice de la lutte privée entre les individus, quand le Droit de la procédure encore insuffisamment développé, par exemple à l'époque du duel judiciaire, n'avait pas assuré l'action directe des tribunaux et l'efficacité de leurs sentences par une sanction.

Cet accord des Etats civilisés dans la réglementation de la guerre peut se résumer dans trois principes : 1° La guerre est un rapport d'Etat à Etat, ce qui exclut toutes les guerres privées; 2° la guerre ne se manifeste *directement* qu'entre les forces militaires des Etats ; elle ne peut atteindre *d'une manière immédiate* les simples particuliers en dehors de leur caractère de belligérants : c'est ce que reconnaît aujourd'hui la doctrine à peu près unanime (J.-J. Rousseau, *Contrat social,* liv. I, chap. IV); 3° enfin les actes de guerre sont restreints par leur nécessité même, et l'on doit condamner tous ceux qui ne sont pas justifiés par le besoin bien établi de détruire ou d'affaiblir la puisssance militaire de l'ennemi. Le Droit moderne condamne ainsi la théorie antique d'après laquelle tous les droits de l'ennemi étaient méconnus, ce qui pouvait justifier toutes les atrocités.

514. Cependant cette conception d'un droit de la guerre est de date relativement récente. Si les Grecs introduisirent des règles d'humanité dans la guerre, principalement sous l'influence du tribunal des Amphictyons, les Romains ne respectèrent que le formalisme de la guerre établi par leur propre loi, par exemple au point de vue de la déclaration des hostilités et du respect du serment prêté à l'ennemi que la loi romaine commandait de tenir ; à tous les autres points de vue, ils furent d'une cruauté et d'une mauvaise foi insignes quand leur intérêt ne leur inspirait pas de ménager l'ennemi (Montesquieu, *Grandeur et décadence des romains,* ch. VI ; Revon, *Le droit de la guerre sous la république romaine,* 1891). C'est au moyen-âge que l'humanité et l'honneur se font jour dans la guerre sous l'action du christianisme et de la chevalerie, sans pouvoir faire disparaître toutes les horreurs que l'on retrouve encore dans la guerre de Trente Ans.

Témoin de ces horreurs, Hugo Grotius, qui avait été déjà précédé dans cette voie par les écrits de Suarez, de Victoria, de Dominicus Soto et de Balthazar de Ayala, défendit la cause de l'humanité en se plaçant sur le terrain du Droit, et proposa « de faire dans la guerre les affaires de la paix », suivant son beau conseil à Louis XIII.

Mais ces idées nouvelles restaient encore dans le domaine de la doctrine, sans être consacrées efficacement par la diplomatie. Leur réalisation pratique date de la Déclaration du 16 avril 1856 sur la guerre maritime, qui consacre notamment l'abolition de la course. Plus tard, à l'occasion de la guerre de Sécession, les *Instructions pour les armées en campagne,* rédigées en 1863 par Lieber, à l'instigation du président Lincoln, servent de point de départ à une réglementation précise des hostilités. Elles sont suivies de la *Convention de Genève* du 22 août 1864 pour la protection des malades et blessés ; de la *Convention de Saint-Pétersbourg,* du 11 décembre 1868, interdisant l'emploi des balles explosibles. En 1873, la fondation de l'Institut de Droit international facilite l'action commune de la doctrine qui résume les règles de la guerre dans le *Manuel des lois de la guerre sur terre* adopté à Oxford le 9 septembre 1880 (Annuaire, t. V, p. 150). Dans l'intervalle, la Conférence internationale réunie à Bruxelles à l'instigation de l'empereur de Russie, en 1874, étudia un projet général de convention. Bien que cette importante tentative ait échoué, soit parce qu'on était encore trop près de la lutte passionnée de 1870-1871 entre la France et l'Allemagne, soit à cause de l'opposition de vues en ce qui concerne la détermination des belligérants entre les grands Etats aux puissantes armées permanentes et les petits pays qui comptent sur le concours de toute leur population, son effet moral a été considérable : le projet de Bruxelles sert de base à la plupart des manuels rédigés dans les différents pays pour fixer les devoirs des troupes en campagne. Ces manuels sont consacrés officiellement et obligatoires pour les armées, ou recommandés officieusement par les gouvernements. Nous signalerons particulièrement le *Manuel de droit international à l'usage des officiers de l'armée de terre* (1884, 3ᵉ édit.), publié sous les auspices du ministre de la guerre en France et recommandé par lui ; le manuel de l'armée russe et les manuels rédigés en Allemagne par M. Dahn, par M. Berti en Italie, par M. van der Beer Portugael en Hollande ; pour l'Angleterre, V. Summer Maine, *Le Droit int., La guerre,* pp. 168 et suiv.

515. Si la guerre rentre ainsi dans le domaine du Droit international en tant que rapport de fait entre les Etats qui doit être soumis à une réglementation, il est indéniable qu'elle constitue un moyen très imparfait et même irrationnel de trancher les difficultés internationales, au même titre que le duel judiciaire dans l'enfance de la procédure et de l'organisation des tribunaux. Aussi ne peut-on l'assimiler à un véritable procès d'un caractère vraiment juridique, comme semblent le faire certains auteurs. Est-il besoin de démontrer que la guerre n'a rien d'une procédure régulière telle que la raison et l'équité la réclament, soit parce que chacun y est juge et partie, soit parce que son résultat correspond à la force supérieure et non pas nécessairement au droit mieux établi, soit enfin parce que, même dans le cas où le succès s'accorde avec la justice d'une cause, ses résultats ne sont jamais strictement limités à la reconnaissance du droit violé et à la réparation du préjudice causé (V. n° 512)?

Certains publicistes, frappés du caractère irrationnel et barbare de la guerre, ont pensé que le plus sûr moyen d'en détourner l'humanité était de l'abandonner à elle-même, ses excès mêmes devant la faire prendre en horreur par les peuples. Ce paradoxe ne tient pas devant cette simple considération que le mieux est d'atténuer un mal quand on ne peut le supprimer immédiatement, et surtout que les améliorations introduites dans la pratique des hostilités sont le moyen le plus efficace d'habituer les peuples aux idées de modération, d'honneur et d'humanité qui sont la seule préparation possible à l'affermissement de la paix : le plus sûr acheminement vers la suppression de la guerre est encore dans les efforts faits pour l'*humaniser*, suivant l'expression de Kant.

Les considérations qui précèdent nous suffisent au point de vue du Droit international proprement dit. Ce serait sortir de notre domaine que d'apprécier les innombrables jugements qui ont été portés sur la guerre à des points de vue très variés, et dont quelques-uns ne tendent à rien moins qu'à la considérer comme une institution nécessaire au développement de l'humanité.

Des mystiques, d'ailleurs opposés à la doctrine chrétienne orthodoxe qui voit dans la guerre un mal, un fléau contraire à la paix par lequel Dieu punit les hommes, ont considéré la lutte entre les Etats comme le mode d'exécution des desseins de la Providence (Joseph de Maistre, *Soirées de Saint-Pétersbourg*, 7ᵉ entretien) ; essayer de la faire disparaître est donc inutile et presque criminel, d'après eux.

D'autres, qui sur bien des points se rattachent à la théorie de la guerre *providentielle*, apprécient surtout l'heureuse influence qu'a la guerre, à leur avis, pour élever les caractères, inspirer les nobles sentiments et empêcher les hommes « de croupir dans le matérialisme » (V. lettre de de Moltke à Bluntschli, du 11 décembre 1880, R. D. I., 1881, p. 79 ; Prévost-Paradol, *La France nouvelle*). Ils semblent oublier que, dans la guerre, l'homme civilisé, revenant en partie à la barbarie, trouve autant d'occasions de montrer ses vices et ses brutales passions que de faire preuve de ses vertus ; que toutes les catastrophes peuvent servir à exercer l'esprit de sacrifice et le courage, sans qu'on songe pour cela à les favoriser ; que la perspective des guerres vraiment défensives, que l'on doit toujours considérer comme inévitables, suffit à entretenir le patriotisme le plus noble, comme chez les peuples que la neutralité perpétuelle met à l'abri de la plupart des chances d'hostilités, et que ce patriotisme se développe avec son effet moral dans la préparation et la résolution de la défense nationale, tout autant que par la prise des armes et la lutte effective ; enfin que le développement actuel de la civilisation offre suffisamment d'applications aux grandes vertus d'abnégation, de courage et d'activité, au point de vue philanthropique, intellectuel et même physique, par exemple par le dévouement à la science, au progrès social et économique, à l'expansion coloniale de son pays, sans qu'il soit nécessaire de compter sur le métier des armes pour les conserver.

Suivant une autre doctrine, la guerre serait le mode de formation du Droit, ce qui devrait lui donner un caractère normal et constant, la paix n'étant, au contraire, qu'une situation momentanée et artificielle (V. H. Brocher, *Les principes natu-rels du Droit de la guerre,* R. D. I., 1872, p. 381; *L'enfantement du Droit par la guerre, ibid.,* 1878, p. 473; 1880, pp. 60 et 206; Comp. von Ihering, *La lutte pour le Droit,* et Sumner-Maine, *Le Droit int., La guerre,* p. 10). Cette assertion, vraie en ce sens que bien des droits ne sont que la consécration par le temps de situations conquises à l'origine par la force, devient complètement erronée en tant qu'elle fait de la lutte la situation normale des rapports internationaux, alors que la guerre ne peut être qu'un moyen de résoudre les conflits auxquels ils donnent lieu et non le but final de l'activité des Etats : autant vaudrait dire que les procès sont la situation naturelle des individus!

Au point de vue philosophique, avec des nuances de doctrine dans lesquelles nous n'avons pas à entrer, on aboutit en Allemagne depuis Hegel, en Angleterre surtout depuis Darwin et Herbert Spencer, à reconnaître une identification du Droit avec la force inévitable qui en est l'expression; cette théorie, avec des variantes nombreuses, a inspiré, en France, Proudhon dans son livre *La guerre et la paix* paru en 1861 et quelques autres; ainsi M. Melchior de Vogüé, estimant avec Darwin que la lutte pour la vie est une loi de nature qui régit tous les êtres, en conclut que si, *par impossible,* le monde civilisé avait la certitude absolue de la paix, il y aurait, comme le disait de Moltke, une décadence plus destructive de l'homme que la pire des guerres, tandis que les races plus instinctives *donneraient raison à la nature* et triompheraient des peuples dégénérés par une trop longue quiétude. Cette même théorie est la base des conceptions philosophiques et historiques de la plupart des publicistes allemands (V. notamment Lasson : *Das Culturideal und der Krieg,* 1868; *Princip und Zukunft des Völkerrechts,* 1871).

Toutes ces variantes du droit de la force, le fameux *Faustrecht* ou *droit du poing,* restent étrangères à l'appréciation purement *juridique* de la guerre, la seule que nous ayons à retenir comme nous l'avons fait plus haut. Il est permis seulement de reconnaître que si la guerre a été le plus puissant instrument de l'évolution humaine, la révélation effective de la grande lutte pour la vie qui domine les États comme les individus et tous les êtres de la nature, son rôle, à ce point de vue, semble s'effacer chaque jour et perdre de son importance. Au moins dans les rapports des peuples civilisés, la guerre a donné tout ce qu'on pouvait en espérer, même en se plaçant au point de vue de sa justification comme loi naturelle de la concurrence vitale, et la situation actuelle de ces peuples ne commande plus qu'un développement pacifique de leurs facultés morales, intellectuelles et économiques, conforme à leur organisation et à leur condition acquises. « La guerre a donné tout ce qu'elle pouvait. L'occupation de la terre par les races les plus puissantes et les plus intelligentes, est un bienfait en grande partie réalisé ; ce qui reste à gagner ne demande plus qu'une chose : la pression croissante qu'une civilisation industrielle, qui étend ses domaines, exerce sur une barbarie qui recule » (H. Spencer, *Principes de sociologie,* trad. Cazelles, t. III, §§ 438 et 582 et V, 19). Aussi les économistes, se plaçant au point de vue de la forme de civilisation sinon la plus élevée, du moins la plus active à l'époque actuelle, sont-ils à peu près unanimes à condamner la guerre dont la préparation absorbe, aujourd'hui surtout, une part énorme des ressources nationales, et dont les effets détruisent en un instant le résultat de longs efforts d'épargne et de travail (P. Leroy-Beaulieu, *Recherches économiques, historiques et statistiques sur les guerres contemporaines,* 1853-1866 ; de Foville, *Ce que coûte la guerre, Economiste français,* 1888, 11 sept. ; 23 oct. ; 13 et 27 nov.).

516. Continuant à n'apprécier la guerre qu'au point de vue des règles du Droit international, nous devons étudier : 1° La déclaration de guerre et ses effets ; 2° les droits et devoirs des belligérants dans les actes d'hostilités ; 3° les conventions conclues entre belligérants ; 4° l'occupation militaire et ses effets ; 5° la fin de la guerre ; 6° les règles spéciales de la guerre maritime ; 7° enfin les règles de la neutralité.

SECTION II

DE LA DÉCLARATION DE GUERRE ET DE SES EFFETS (1).

517. Nécessité et formes de la déclaration de guerre.
— Un avertissement préalable avant d'engager les hostilités
s'impose en raison et en équité pour plusieurs motifs : *a*) d'abord
pour permettre les tentatives d'arrangement amiable dont l'insuccès doit être constaté par la déclaration de guerre ; *b*) pour
éviter la méfiance et le trouble continuel qu'apporterait dans
les rapports internationaux la perspective d'une attaque inopinée ; *c*) pour fixer le point de départ précis des droits et devoirs
des belligérants et des neutres, ainsi que le moment exact où
certains actes de commerce entre les nationaux des Etats ennemis peuvent être déclarés nuls.

La pratique de la déclaration de guerre a varié suivant les
époques.

Pour les Romains, la guerre n'était juste, *bellum justum*,
c'est-à-dire susceptible d'entraîner des effets juridiques, que
lorsqu'elle était déclarée avec un cérémonial solennel par le chef
des Fétiaux, le *Pater Patratus*. Au moyen-âge, les mœurs che-
valeresques rapprochèrent la guerre du combat singulier : du
xıı⁰ au xıv⁰ siècle, la déclaration était faite par *lettres de défi*
remises par messager spécial au souverain ennemi. On exigeait
même un délai de trois jours entre la déclaration et l'attaque
(*Landfriede* ou constitution de la paix de l'Empire publiée par
Frédéric Barberousse à Nüremberg en 1187 et Bulle d'Or de
Charles VI en 1356). Du xv⁰ au milieu du xvıı⁰ siècle, la déclaration
se faisait souvent par l'envoi d'un héraut d'armes ; puis on se
servit quelquefois d'une déclaration écrite ou imprimée, comme
celle que Charles II d'Angleterre adressa aux Pays-Bas en 1671.
Cependant, dès le xvıı⁰ siècle et surtout à la fin du xvııı⁰, on se
dispensa de plus en plus des formalités de la déclaration préalable et les attaques à l'improviste devinrent la règle commune.

Aujourd'hui, la déclaration de guerre n'est soumise ni en droit
ni en fait à aucun formalisme spécial ; il suffit qu'elle résulte

---

(1) V. L. de Sainte-Croix, *La déclaration de guerre et ses effets immédiats*,
1892 ; Féraud-Giraud, *Des hostilités sans déclaration de guerre*, R. D. I., 1885,
p. 19.

d'un acte explicite. Il n'est pas besoin de recourir à une déclaration formelle comme celle que fit la France au roi de Prusse par son ambassadeur à Berlin, en 1870. Fréquemment on procède par l'envoi d'un *manifeste* qui est adressé à l'ennemi et aux Puissances neutres ; parfois aussi par l'envoi d'un *ultimatum* qui contient l'objet de la réclamation et qui est remis par l'agent diplomatique auprès de l'État ennemi; ce document contient souvent l'indication d'un délai passé lequel, si satisfaction n'est pas accordée, les hostilités commencent. La déclaration de guerre est alors *conditionnelle ;* mais il est dangereux, au point de vue de l'incertitude que cela peut créer et des facilités que l'on donne aussi aux attaques inopinées, de faire dépendre les hostilités de l'accomplissement de certains actes dont on est menacé.

Si *l'ultimatum* ne contient pas de délai comminatoire, la guerre doit être annoncée par un acte précis, par exemple le rappel des ambassadeurs. Quelques traités, notamment entre la France et le Brésil, du 7 juin 1826, art. 7, se contentent même de ce rappel pour la déclaration des hostilités ; mais, sauf ce cas de convention formelle, cet acte semble insuffisant, la retraite des agents diplomatiques pouvant n'exprimer qu'un mécontentement qui n'ira pas jusqu'aux hostilités et les rapports pacifiques étant même maintenus quelquefois par des agents subalternes des légations.

A la rigueur, la guerre défensive au sens militaire du mot, c'est-à-dire celle dans laquelle on répond à l'agression, est dispensée de déclaration, sauf à l'État attaqué à observer les règles ci-après, pour permettre aux nationaux de l'État ennemi d'échapper aux conséquences de la guerre. La déclaration ne s'impose pas non plus dans les guerres civiles qui sont constituées par l'état même d'insurrection d'un parti.

Actuellement, la nécessité de la déclaration est admise par la grande majorité de la doctrine et elle a été consacrée dans l'acte du Congrès de Paris en 1856. En fait, néanmoins, il est arrivé trop fréquemment que les guerres aient été ouvertes sans déclaration et par véritable surprise; on peut signaler notamment la plupart des guerres maritimes entreprises par l'Angleterre au xviiie siècle et au commencement du xix^o.

518. Publication de la déclaration de guerre. — Il est

nécessaire de porter à la connaissance de plusieurs intéressés le nouvel état de choses que créent les hostilités : 1° Chaque pays belligérant en informe ses nationaux pour fixer le point de départ des droits et devoirs que fait naître la guerre pour eux ; 2° l'un des belligérants peut même aviser de ses intentions les nationaux de l'autre pays ; ainsi le roi de Prusse, dans sa proclamation du 11 août 1870, annonçait qu'il faisait la guerre à l'Empire et non aux Français et qu'il respecterait les citoyens paisibles ; 3° enfin on annonce la guerre aux neutres pour les informer de la situation nouvelle qui leur est faite d'après les règles de la neutralité ; le manifeste adressé dans ce but est souvent accompagné de pièces justificatives pour établir que l'on est dans son droit.

519. Tout ce qui précède ne concerne que la déclaration dans les rapports internationaux ; il appartient, d'autre part, au Droit constitutionnel de chaque pays de déterminer les autorités qui ont le pouvoir d'engager l'Etat dans une guerre. Dans les régimes despotiques, en Russie et en Turquie, la volonté du souverain est absolue ; quelques pays seulement, peu exposés et peu portés aux hostilités, exigent l'intervention et l'*initiative* directes du pouvoir législatif : telle est la règle en Suisse d'après la Constitution du 29 mai 1874, art. 85, et aux Etats-Unis, suivant la Constitution du 17 septembre 1787. Presque tous les autres pays, vivant sous un régime de royauté constitutionnelle ou de république parlementaire, laissent au chef du pouvoir exécutif l'*initiative exclusive* de la proposition de guerre, mais exigent l'approbation des représentants de la nation. Ce système, introduit dans le décret des 22-27 mai 1790, sous l'influence de Mirabeau, et plus tard dans la Constitution des 3-13 septembre 1791, après avoir subi des péripéties diverses dans les constitutions ultérieures, est encore consacré par l'art. 9 de la loi du 16 juillet 1875. C'est celui qui concilie le mieux l'action de direction et d'initiative du pouvoir qui est chargé des relations extérieures et qui peut les connaître, avec la légitime garantie qu'offre le contrôle des représentants du pays dans une décision aussi grave que celle de la guerre. Ainsi le chef de l'Etat ne peut pas engager les hostilités sans y être autorisé par les Chambres ; mais celles-ci ne peuvent pas le contraindre à déclarer la guerre.

L'initiative d'hostilités, souvent prise de nos jours par le gouvernement, sans vouloir engager la guerre proprement dite, par exemple sous forme de représailles violentes, de blocus pacifique, même d'occupation du territoire étranger, soulève un problème difficile pour déterminer les pouvoirs du chef de l'Etat : les récents débats parlementaires à l'occasion des hostilités engagées contre la Chine en 1885 en sont la preuve. Sans entrer dans le détail de cette question de Droit constitutionnel, il est permis de trouver téméraire la distinction admise entre les *expéditions* et les guerres proprement dites ; nous avons déjà vu que le Droit international ne saurait admettre cette pratique irrationnelle et contradictoire d'actes d'hostilités sans guerre ; aussi inclinerions-nous à les confondre avec la guerre véritable et à exiger l'approbation du Parlement en ce qui les concerne, d'après les termes généraux de la loi du 16 juillet 1875, art. 9. Cette solution est d'autant plus sage, que la concurrence des Etats dans la colonisation des pays où se produisent habituellement ces prétendus actes d'hostilités sans guerre, peut provoquer des complications redoutables, et que la garantie parlementaire, sauvegarde de la nation, peut ainsi devenir illusoire même pour une guerre européenne.

Il va sans dire, d'ailleurs, que cette solution n'atteint en rien le droit et le devoir du gouvernement de prendre les mesures urgentes pour repousser une attaque du territoire et sauvegarder les droits de la nation, par exemple à l'égard des populations barbares voisines des colonies. Il est également certain que, conformément à ce qui arrive le plus souvent, le vote des crédits nécessaires pour une *expédition* que l'on ne veut pas qualifier de guerre équivaut à une approbation du Parlement.

520. Si la guerre est entreprise sans déclaration préalable, ou déclarée par un pouvoir qui n'en a pas le droit d'après la Constitution de son pays, le pays attaqué peut considérer cette agression comme en dehors du Droit des gens et la repousser comme un véritable brigandage. Cependant, si le peuple ou le gouvernement agresseur observe les lois de la guerre dans la suite des hostilités, on agira comme lui. Il en est de même pour les effets de la guerre non déclarée régulièrement à l'égard des particuliers ; les hostilités de fait équivalent à une proclamation officielle de l'état de guerre.

521. Effets de la déclaration de guerre à l'égard des individus. — Les particuliers peuvent ressentir les effets de la déclaration de guerre quant à leur personne, quant à leurs biens et quant à leur faculté de contracter.

A. Jadis on admettait sans difficulté que les nationaux de l'Etat ennemi résidant sur le territoire pouvaient être maltraités et emprisonnés. Depuis longtemps cette pratique barbare a disparu ; on considère comme inique de surprendre les particuliers venus dans le pays sous la garantie de la paix, et il est de principe que la guerre, relation d'Etat à Etat, ne peut atteindre directement les individus.

L'Etat belligérant peut, au contraire, expulser les nationaux ennemis si cela est nécessaire pour sa sécurité. On leur accorde alors un délai moral pour se retirer en emportant leurs biens. D'ailleurs, cette expulsion en masse (xénélasie), jadis fréquente, n'est guère ordonnée de nos jours qu'en cas de nécessité ; ainsi on ne l'a pas employée pendant la guerre de Crimée. En 1870, la France n'expulsa pas d'abord les cent mille Allemands qui étaient chez nous et dont quarante mille habitaient Paris ; le 28 août seulement, à la menace d'investissement de la capitale, on en fit sortir ceux qui s'y trouvaient, en accordant facilement des permis de séjour et en confiant le rapatriement des autres aux représentants des Puissances qui voulurent s'en charger. Cette modération et le bien fondé de l'expulsion elle-même, par suite du danger que présentaient ces nombreux Allemands dans Paris, condamnent les critiques qui nous ont été adressées à ce sujet et la demande d'indemnité de cent millions que présenta l'Allemagne de ce chef.

Les nationaux ennemis autorisés à rester se placent sous la protection du représentant d'un Etat neutre. On peut d'ailleurs prendre, à leur égard, les précautions commandées par les circonstances, les interner dans une ville, leur interdire le séjour des places fortes, etc.

En sens inverse, on peut légitimement interdire aux nationaux ennemis de rejoindre leur patrie à laquelle ils peuvent donner leur concours ; mais on n'use plus guère de ce procédé qui expose à des représailles, crée des dangers à l'Etat par le séjour forcé des ennemis sur son propre territoire, et qui est quelque peu inique en donnant une sorte d'effet rétroactif à la déclaration de guerre vis-à-vis des étrangers venus sous la garantie de la paix antérieure. En 1870, la France a laissé partir même les Allemands appelés dans l'armée de leur pays, en considérant qu'ils ne pouvaient pas être traités en soldats tant qu'ils n'étaient pas incorporés.

Vis-à-vis de ses propres nationaux, chaque Etat belligérant peut appliquer les mesures spéciales que commande la déclaration de guerre : mobilisation, réquisition, rappel de ceux qui sont à l'étranger *(jus avocandi)*.

B. Quant aux biens des nationaux ennemis, jusqu'au xviii° siècle on admettait la confiscation, conformément à la tradition romaine qui en faisait un objet de butin : « *quæ res hostiles apud nos sunt, non publicæ sed occupantium fiunt* ». Vattel déjà exemptait les immeubles acquis en temps de paix et conseillait d'agir de même pour les meubles. Mais aujourd'hui le principe que la guerre est un rapport d'Etat à Etat défend la propriété privée contre toute confiscation, au moins dans la guerre terrestre. Les traités de commerce rappellent fréquemment cette règle qui a été confirmée aussi par la Cour suprême de Washington pendant la guerre de 1812. En fait, elle a été violée quelquefois ; en 1793 par la France et l'Angleterre, en 1807 par l'Angleterre et le Danemark, et par les Etats de l'Union américaine dans la guerre de Sécession, ce qui provoqua les protestations de l'Angleterre. D'autre part, le traité de Paris du 30 mai 1814 stipula la restitution de toutes les propriétés privées confisquées pendant la guerre, et ces propriétés ont été respectées dans les guerres de Crimée, d'Italie et de 1870-1871.

La même solution s'impose, et pour les mêmes motifs, en ce qui concerne les créances au sujet desquelles on peut établir les deux règles suivantes.

1° Un Etat belligérant ne peut pas se faire payer, après la déclaration de guerre, ce qui est dû à l'Etat ennemi ou à ses nationaux, sauf en ce qui concerne les impôts dans le cas d'invasion (V. n° 572). Quand cette confiscation a eu lieu, comme dans la guerre de Sécession ou dans celle des Anglais contre les Etats de l'Inde, elle était beaucoup plus une mesure de répression intérieure qu'une pratique vraiment internationale.

2° Un belligérant ne peut pas s'exonérer de sa dette envers les nationaux de l'ennemi. C'est ce que fit cependant Frédéric II en retenant le paiement de l'emprunt contracté en 1753 par l'empereur Charles VI en Angleterre et garanti par la Silésie qui passa plus tard à la Prusse avec cette charge, pour répondre à des confiscations de navires prussiens faites par les Anglais. La consultation des jurisconsultes de la Grande-Bretagne, tant admirée par Montesquieu, détermina Frédéric II à céder. La pratique dont il s'agit ne peut, d'ailleurs, comme l'observe Summer-Maine, que compromettre le crédit de l'Etat par la méfiance qu'il inspirerait aux capitalistes.

C. Quant à la faculté de contracter avec les habitants de l'Etat ennemi, certains auteurs estiment que la déclaration de guerre ne peut pas l'atteindre, soit parce que la guerre n'est qu'une relation d'Etat à Etat, soit parce que le commerce se fait quand même, par intermédiaires, mais avec plus de frais, soit enfin parce que le maintien des rapports économiques peut rapprocher les peuples et faciliter la paix.

En sens inverse, on fait ressortir que le maintien du commerce avec l'ennemi et le profit des opérations faites avec lui est un scandale ; que les intérêts du négoce peuvent entraîner, volontairement ou non, à des communications ou à des compromissions dangereuses pour la défense nationale ; enfin, que l'action des belligérants est gênée par l'obligation de respecter les relations commerciales.

Tout en se ralliant, en général, à cette dernière manière de voir, la doctrine est fort divisée sur le point de savoir si l'interdiction de commerce avec l'ennemi résulte de plein droit de la déclaration de guerre, ou si elle doit être édictée d'une manière spéciale comme mesure commandée par les circonstances. Dans le second sens, on peut dire que la faculté individuelle de faire le commerce subsiste malgré la guerre qui est un rapport d'Etat à Etat, et que seules les nécessités de la défense nationale peuvent en justifier la suspension. Mais, plus généralement, on considère le maintien du commerce avec l'ennemi comme incompatible avec l'état même des hostilités. La France et surtout l'Angleterre se sont toujours montrées particulièrement rigoureuses à cet égard : la Cour d'amirauté britannique a maintes fois déclaré de bonne prise des marchandises vendues avant la guerre et expédiées après. Le principe absolu pour tous contrats, tels que associations, assurances, négociations d'effets de commerce, même pour la correspondance directe, postale ou télégraphique, sous la sanction de la saisie des objets des conventions, a été édicté aussi dans une circulaire du ministre de la marine de France en 1870. La sanction peut être particulièrement grave quand il s'agit d'opérations en faveur du Trésor ennemi : ainsi fut condamné le financier berlinois Güterboeck. qui, en 1871, prêta son concours à l'emprunt Morgan fait par la France.

Cependant, on peut accorder des dispenses connues sous le nom de *licences* ou *saufs-conduits*. Il y en a de *générales,* accordées à tous et qui émanent du gouvernement, comme celles que donnèrent la France et l'Angleterre malgré la guerre avec la Chine, en 1860. D'autres sont *spéciales* ou *individuelles,* non transmissibles à moins de clause contraire, et permettent le commerce dans certaines conditions et limites, par exemple avec certains ports ennemis seulement. On les accorde quelquefois à des nationaux du pays ennemi qui ont alors la faculté d'ester en justice pendant la guerre dans les limites de leur licence. De nombreuses licences spéciales ont été accordées pendant la guerre de Crimée ; le 9 avril 1854, la Russie admit même les marchandises anglaises et françaises par navires neutres, sauf celles de contrebande de guerre, et elle autorisa les communications télégraphiques avec les Français.

Quant aux alliés, certains prétendent que la prohibition du commerce avec l'ennemi ne peut leur être imposée à moins de clause formelle dans le traité d'alliance ; mais on peut soutenir que, vu l'incompatibilité de ce commerce avec l'état de guerre qui s'impose aux alliés, il ne peut être toléré que du consentement du belligérant envers lequel les alliés sont engagés.

522. Effets de la déclaration de guerre à l'égard des États. — 1° L'état d'hostilité fait naturellement cesser entre les belligérants les anciens rapports pacifiques qui s'exerçaient par l'intermédiaire de leurs représentants ; les agents diplomatiques sont rappelés, la mission des consuls respectifs est suspendue, et les nationaux de chacun des deux pays autorisés à rester sur le territoire de l'autre se placent sous la protection des agents diplomatiques et consulaires d'une Puissance amie. 2° L'effet de la déclaration de guerre sur les traités conclus entre les États avant les hostilités donne lieu à de vives controverses.

Il est d'abord évident que la guerre fait cesser de plein droit les conventions incompatibles avec elle, c'est-à-dire qui supposent le maintien d'une conduite politique commune des Etats et leurs bons rapports ; tels sont les traités d'alliance.

En sens inverse, il est des traités qui ne trouvent leur application qu'à propos des hostilités ; soit entre les belligérants et d'autres Etats comme les traités d'alliance, de subsides, de garantie ; soit entre les belligérants eux-mêmes, comme toutes les conventions relatives à la conduite des hostilités, par exemple la Convention de Genève ou celle de Saint-Pétersbourg.

On reconnaît également que les traités conclus avant la guerre et qui fixent les droits respectifs des Etats quant à une situation définitivement acquise, par exemple à propos d'une limitation ou d'une cession de territoire, ou d'une reconnaissance de dette, continuent à les lier malgré la déclaration de guerre survenue entre eux. Mais le doute apparaît pour tous les traités dont l'application est d'ailleurs compatible avec la guerre et qui règlent une série de rapports entre les Etats, par exemple pour ceux qui concernent l'exécution des jugements, les droits des nationaux respectifs sur le territoire de l'autre Etat, la protection de la propriété littéraire ou industrielle, etc.

En premier lieu, ces traités subsistent toujours quand ils sont conclus en même temps avec d'autres pays qui ont le droit d'en exiger le maintien vis-à-vis d'eux, malgré la guerre déclarée entre deux ou plusieurs Puissances signataires : tels sont les traités de Paris, 1856 ; de Berlin, 1878 ; de Paris pour la propriété industrielle, 20 mars 1883 ; de Berne pour la propriété littéraire, 9 septembre 1886.

Sauf cette réserve, les auteurs sont très divisés : les uns estiment que la guerre *suspend* tous les traités ; les autres qu'elle les *annule* même, ce qui rend une nouvelle convention nécessaire après la paix. Cette dernière solution a été consacrée par le traité de Francfort du 10 mai 1871, art. 11, et par la convention additionnelle du 11 décembre 1871, art. 18, qui ont déclaré annulés par la guerre les traités entre la France et les Etats allemands, et ont *remis en vigueur* les conventions de commerce ainsi que la plupart des autres (V. Cass., 23 décembre 1854, Sir., 54. 1. 811).

Nous pensons au contraire que, la guerre étant un rapport direct entre les Etats qui ne met nullement obstacle au maintien des relations juridiques des particuliers, les traités relatifs à ces dernières et compatibles d'ailleurs avec les hostilités doivent être maintenus ; il arrivera seulement que leur application pourra être paralysée en fait par la rupture des rapports pacifiques et des communications matérielles ou juridiques entre les pays belligérants. (Aix, 8 décembre 1858, Sir., 59. 2. 605 ; Saint-Quentin, 30 octobre 1885, J. Clunet, 1888, p. 99).

523. La déclaration de guerre peut produire des conséquences à l'égard d'autres Etats que les belligérants.

A. Vis-à-vis des pays qu'aucun lien ne rattache aux belligérants, la déclaration de guerre entraîne la situation de neutralité dont nous apprécions plus loin les conséquences (n°s 671 et suiv.).

B. En ce qui concerne les Etats rattachés aux pays belligérants, plusieurs cas sont à distinguer :

a) Les pays en union personnelle jouissent d'une indépendance respective complète, de telle sorte que la guerre de l'un n'engage pas nécessairement l'autre. Il en est différemment des pays en union réelle dont l'existence est indivisible au point de vue international.

b) Dans les pays fédéraux, la situation est la même que dans le cas d'union réelle ; la guerre ne peut être engagée que par l'autorité fédérale et pour toute la fédération. Dans la Confédération, chacun des Etats peut conserver son indépendance au point de vue de la guerre dans les limites fixées par le pacte même de la Confédération : il en était ainsi d'après l'ancienne Confédération germanique ; l'Autriche n'engagea pas ses confédérés dans la guerre de 1859 contre la France et la Sardaigne, et la guerre de 1864 contre le Danemark ne mit en ligne que la Prusse et l'Autriche.

c) Pour les Etats mi-souverains, la question de savoir s'ils sont nécessairement engagés dans les guerres de l'Etat dont ils relèvent ne peut être résolue que par l'examen spécial de leur situation infiniment variable. Ainsi, l'Egypte dont les troupes font partie de l'armée turque doit être considérée comme engagée de plein droit dans les guerres de sa suzeraine ; de même, les pays protégés où le protecteur a le droit d'occupation militaire, comme la Tunisie, l'Annam et le Tonkin, vis-à-vis de la France, suivent fatalement le sort de leur protecteur ; c'est ce que le gouvernement français a reconnu en 1870 pour l'archipel de Taïti, alors placé sous notre protectorat et occupé par nos troupes. Au contraire, la Bulgarie, à raison de son indépendance militaire vis-à-vis du Sultan, ne serait pas atteinte de plein droit par une déclaration de guerre avec la Turquie.

d) La situation des alliés des belligérants peut être envisagée à deux points de vue. D'abord, tant que les alliés ne donnent pas leur concours effectif à l'ennemi, on ne peut les traiter en ennemis en raison du traité même d'alliance qu'ils ont conclu. La déclaration de guerre à leur égard est subordonnée à une action effective de leur part : ainsi la Russie a déclaré la guerre à la Turquie en 1877 sans se préoccuper des autres Puissances garantes de l'Empire Ottoman, puisque ces Puissances gardaient la neutralité. Si l'allié donne son concours effectif à l'ennemi, on le traite aujourd'hui en ennemi ; jadis, au contraire, quand les armées étaient en grande partie formées de mercenaires étrangers, on n'agissait ainsi que pour les alliances contractées en vue de la présente guerre ou qui avaient le caractère d'un concours général, tandis qu'on ne tenait pas compte des subsides limités conformément à un traité antérieur.

SECTION III

DROITS ET DEVOIRS DES BELLIGÉRANTS DANS LES HOSTILITÉS (1).

§ Ier. *Des personnes comprises dans les hostilités ou belligérants.*

524. Pour maintenir à la guerre son caractère de rapport entre les Etats et éviter qu'elle n'embrasse dans ses conséquences directes tous les particuliers, il est indispensable de déterminer exactement ceux qui reçoivent de l'Etat le mandat officiel de combattre à l'exclusion de tous les autres. De la sorte, les belligérants *officiels,* dont les hostilités sont prévues dans les limites fixées par le droit de guerre, ont le bénéfice d'être traités suivant ce même droit, par exemple quand ils sont prisonniers

(1) Guelle, *Précis des lois de la guerre sur terre ; id., La guerre continentale et les personnes ;* Pillet, *Le Droit de la guerre,* t. I, 1892 ; Morin, *Les lois relatives à la guerre ;* Lueder, *Handbuch des Völkerrechts* de Holtzendorff, t. IV ; Rüstow, *Kriegspolitik und Kriegsgebrauch ;* Dahn, *Das Kriegsrecht ;* Lentner, *Das recht in Kriege ;* A. Sorel, *Histoire diplomatique de la guerre franco-alle-*

ou blessés ; tandis que les non belligérants, placés à l'abri des actes directs d'hostilité en retour de leur engagement tacite de n'en pas commettre eux-mêmes, sont exposés aux mesures de la plus extrême rigueur s'ils violent cet engagement : cette sévérité à leur égard est la seule garantie que l'on ait de leur abstention dans les hostilités ; cette abstention elle-même est la condition nécessaire pour restreindre la guerre aux combattants officiels, sans qu'elle s'étende à toute la population même inoffensive, et pour éviter le retour à la barbarie des anciennes luttes d'extermination (V. Grenander, *Des conditions nécessaires suivant le Droit des gens pour avoir, en guerre, le droit d'être considéré et traité comme soldat,* trad. française, Rev. pratique, 1881, pp. 471 et suiv.). Les combattants peuvent d'ailleurs se présenter avec l'un des trois caractères suivants : membres de l'armée régulière, corps francs de volontaires, citoyens non incorporés compris dans une levée en masse.

525. A. Le caractère de belligérant appartient à tout membre de l'armée régulière, c'est-à-dire à tout homme appelé sous les drapeaux en vertu d'une disposition de la loi, quelle que soit la catégorie dont il fait partie : active, réserve, territoriale, réserve de la territoriale, landwehr, landsturm.

L'armée régulière comprend des non combattants, médecins, infirmiers, aumôniers, corps d'intendance ; ces non combattants subissent les conséquences des dangers généraux auxquels ils sont exposés sur le théâtre des hostilités, mais ils ne doivent pas être directement attaqués ; par contre, ils ne doivent eux-mêmes se servir de leur armes que pour se défendre ou pour protéger les lieux inviolables dont la garde leur est confiée, hôpitaux ou ambulances.

Le Droit international des peuples civilisés leur interdit d'employer comme combattants des auxiliaires sauvages qui ne connaissent pas les lois de la guerre. L'Allemagne a vivement

mande ; Valfrey, *Histoire de la diplomatie du gouvernement de la Défense nationale ;* Griolet, *Etude sur l'influence de la dernière guerre sur le droit des gens,* Bulletin de la Soc. de légis. comp., 1872 ; Ch. Giraud, *Le droit des gens et la guerre de Prusse,* Rev. des Deux-Mondes, 1871 ; Julius von Wikède, *Histoire de la guerre contre la France ;* Rolin Jæquemyns, *La guerre actuelle dans ses rapports avec le Droit international,* 1870 ; *Second essai sur la guerre franco-allemande dans ses rapports avec le Droit international,* 1871, et R. D. I., 1870, 1871.

reproché à la France l'emploi des troupes indigènes d'Algérie
pendant la guerre de 1870-1871 (Circ. de M. de Bismarck du
9 janvier 1871), sans tenir compte du caractère de ces troupes
qui sont partie intégrante de l'armée française, assujéties à la
même discipline, commandées par des officiers français responsables et qui comprennent d'ailleurs, pour une grande partie,
des soldats de la métropole. On n'a pu guère du reste reprocher
à ces troupes que des actes de folle témérité, et non des cruautés contraires au Droit des gens comme celles qui furent commises par les Croates au service de l'Autriche dans la répression
de l'insurrection hongroise en 1849, et par les irréguliers Turcs
ou bachi-bozoucks, notamment dans la guerre de 1877-1878 où
il a été établi qu'ils ignoraient toutes les prescriptions de la
Convention de Genève.

526. B. Sont également belligérants, sous les conditions ci-
après indiquées, les auxiliaires volontaires de l'armée, corps
francs, francs-tireurs, partisans, guerillas, etc... Leur concours,
de moins en moins utile en raison de l'organisation actuelle des
armées qui absorbe la totalité des hommes valides, est fort critiqué par les militaires comme étant peu efficace et plutôt nuisible au point de vue de la discipline générale et de l'unité de
direction. Mais il va sans dire que les soldats de l'armée régulière se chargeant volontairement d'une mission périlleuse restent toujours combattants réguliers, et n'ont pas à satisfaire aux
conditions spéciales exigées des corps francs.

Ces conditions sont les suivantes.

1° De l'avis de tout le monde, les corps francs doivent être
munis d'une autorisation du gouvernement qui assume la responsabilité de leurs actes en leur donnant la mission de combattre.
Ainsi, en 1859 et en 1866, les garibaldiens étaient autorisés
contre l'Autriche ; mais en 1860 et en 1867, bien que tacitement
approuvés par le gouvernement italien, ils n'avaient aucun
mandat officiel pour combattre à Naples et dans les Etats Pontificaux. En 1870, les francs-tireurs furent commissionnés et
rattachés à l'armée (Décrets des 27 septembre, 11 octobre, 4 nov.
1870) ; ce qui n'empêcha pas les Allemands de les considérer
comme en dehors des lois de la guerre. Le gouvernement allemand avait émis la prétention d'exiger une commission individuelle pour chaque franc-tireur, ce qui ne se fait dans aucune

armée ni dans aucun cas, la commission du corps tout entier s'appliquant à tous ses membres, ainsi que le reconnaissent des publicistes allemands 'eux-mêmes. La qualité de belligérants fut même déniée aux gardes nationaux, régulièrement incorporés cependant par les lois sur le recrutement de 1837, 1851, 1868 et la loi spéciale du 29 août 1870. La France dut répondre par la menace de traiter comme belligérants irréguliers les soldats de la *landwehr* et du *landsturm*.

2° Les corps francs doivent relever de l'autorité militaire de l'armée régulière, ce qui est une conséquence logique de la première condition, c'est-à-dire de l'investiture officielle qui leur est donnée. En 1870, une série de décrets a rattaché les corps francs à des corps ou à des divisions, en les plaçant sous l'autorité des généraux.

3° Les corps francs doivent avoir un uniforme ou un signe distinctif qui ne puisse être enlevé ou dissimulé à volonté, et qui puisse être distingué à une distance raisonnable ; on ne peut plus dire aujourd'hui que l'uniforme ou signe distinctif doit être reconnaissable à une portée de fusil, vu la portée actuelle des armes à feu. C'est du reste une pure question de fait que celle de savoir si le signe ou l'uniforme est assez distinct ; en 1870, l'Allemagne menaça de faire fusiller les gardes nationaux dont le costume, disait-elle, pouvait se confondre avec la blouse bleue des paysans français, ce à quoi le gouvernement français répondit, dans la séance du Sénat du 2 septembre, par la menace de représailles, les allégations contenues dans la dépêche de M. de Bismarck du 1er septembre n'étant réellement pas sérieuses.

4° Les corps francs doivent, comme tous les combattants réguliers, porter ostensiblement leurs armes.

5° Enfin, ils doivent observer les lois de la guerrre. Ceci d'ailleurs doit être entendu au point de vue individuel en ce qui concerne la responsabilité encourue : il serait monstrueux de rendre, comme on l'a fait en 1870-1871, chaque membre d'un corps franc responsable des actes commis par d'autres membres du même corps ou de corps différents, quand on n'a d'ailleurs rien à lui reprocher individuellement.

Toutes les conditions ci-dessus énoncées ont été consacrées dans le projet de la conférence de Bruxelles en 1874, et les publicistes les plus autorisés, spécialement les écrivains militaires, s'accordent pour les déclarer toutes indispensables afin d'éviter les abus.

527. C. Enfin on attribue le caractère de belligérants aux citoyens qui se lèvent en masse pour défendre leur patrie, soit spontanément, soit sur l'appel de leur gouvernement. Ces levées, peu pratiques aujourd'hui avec le recrutement des armées qui absorbent les forces vives de la nation, peu efficaces aussi dans les guerres modernes où le courage ne peut remplacer l'organisation et la discipline, peuvent même devenir dangereuses en provoquant des actes de patriotisme imprudent, contraires souvent aux lois de la guerre, et qui entraînent de la part d'un ennemi exaspéré de cette résistance de terribles représailles. En fait, dans les pays où l'armée permanente est largement organisée, la levée en masse est sans raison. Cependant, dans les Etats qui répugnent à l'organisation des grandes armées permanentes ou qui sont trop faibles pour en entretenir, la levée en masse des citoyens est considérée comme la ressource suprême en cas d'invasion, et cette manière de voir s'est nettement manifestée à la Conférence de Bruxelles.

La levée en masse peut être toute spontanée ou se faire sur l'appel du gouvernement ou avec son approbation tacite. Dans un cas comme dans l'autre, elle peut ne pas être organisée régulièrement, n'avoir ni commandement officiel, ni cadres, ni uniformes : telles furent les levées de 1808 à 1812 en Espagne, de 1812 en Russie, celle que le roi de Prusse provoqua par sa proclamation de 1813, sous le nom de *landsturm*, et qui devait agir en cachant ses armes et sans uniforme.

La levée en masse peut, au contraire, être organisée, équipée, revêtue d'un uniforme par l'Etat ; telles furent les levées en masse ordonnées par le décret de la Convention du 16 août 1793, et par le gouvernement de la Défense nationale le 2 nov. 1871. Il n'est pas douteux que, dans ce dernier cas, les soldats de la levée en masse satisfont à toutes les conditions que nous avons signalées pour les corps francs et doivent être traités en belligérants.

Dans le premier cas, au contraire, nous pensons, avec les auteurs le plus au courant des exigences de la guerre, qu'il y aurait danger des plus graves abus si l'on tolérait la résistance d'une population qui n'offrirait aucune garantie d'organisation, d'attaque ouverte, ni d'uniforme visible.

Les autres publicistes sont divisés quant aux conditions à exiger de la levée en masse pour qu'elle puisse profiter du droit de la guerre ; le projet de l'Institut de Droit international, art. 2, et le projet de Bruxelles, art. 10, assimilent à des belligérants les citoyens qui combattent spontanément pour défendre leur pays envahi, avant d'avoir pu s'organiser régulièrement, à la seule condition qu'ils respectent les lois de la guerre. C'est sur la réclamation des petits Etats que cette proposition fut admise ; elle a été un des principaux points de divergence avec les grands Etats et une des causes de l'échec du projet comme convention définitive. Tout en reconnaissant, en effet, que la levée en masse, quand elle n'est pas suivie d'une violation des lois de la guerre, impose à l'ennemi l'obligation de tempérer sa rigueur et de traiter autant que possible ses adversaires en soldats, il ne faut pas se dissimuler qu'on ne pourra pas absolument compter sur cette pratique humaine : si la guerre doit rester limitée dans ses conséquences, il faut déterminer exactement ceux qui y prennent part et qui offrent les garanties d'observation des lois de la guerre et d'attaque ouverte en retour desquelles ils bénéficient des avantages attachés à la qualité de belligérants ; si l'on abandonne cette règle, même sous l'action du plus pur patriotisme, on doit s'attendre à voir revenir les guerres d'extermination, les habitants inoffensifs pouvant être traités en adversaires dissimulés.

Mais il y a évidemment un abus monstrueux à refuser le caractère de belligérants, en les confondant avec les combattants d'une levée en masse, aux milices nationales régulièrement organisées, comme le fit Masséna pour la milice de l'*Ordenanza* en Portugal, et les Allemands pour les gardes nationaux *revêtus de leur uniforme* à Bazeilles, à Châteaudun et ailleurs.

§ II. *Des moyens légitimes d'attaque et de défense.*

528. Si l'on s'en tenait à la notion absolue et logique de la guerre, on aboutirait à cette conséquence que, puisqu'elle repose sur l'emploi de la force, celle-ci peut être exercée sans limites ni conditions, *silent inter arma leges,* et que le plus puissant par n'importe quel moyen, *qui armis plus posset,* suivant la formule romaine, doit profiter des avantages qu'il possède. Cependant, cette conception de la force brutale sans limites, bien qu'appliquée pendant des siècles et parfois même de nos jours encore, n'a jamais été sans quelques tempéraments qui, réduits à bien peu de chose chez les Grecs et surtout chez les Romains (V. n° 514), ont progressé sous l'influence du christianisme au moyen-âge, pour prendre un caractère de véritable réglementation juridique, sous la forme d'un accord des peuples civilisés, à compter de Grotius qui disait si exactement à ce sujet : « *Belli ac pacis sunt sua jura* ». Sous l'influence de cet ensemble complexe formé notamment de la doctrine morale du christianisme, du développement intellectuel et scientifique, surtout depuis la Renaissance, du prodigieux essor à l'époque actuelle des intérêts et des besoins matériels ainsi que de l'adoucissement des mœurs à un certain point de vue qui en est la conséquence inévitable, ensemble que les modernes appellent assez vaguement la civilisation, on voit, malgré des temps d'arrêt et parfois de recul, une atténuation toujours plus marquée se manifester dans les procédés des belligérants. De même que le duel, cette guerre des individus comme la guerre est le duel des peuples, est aujourd'hui minutieusement réglé, de manière à en écarter toute manœuvre perfide ou cruelle, par ce code vague de l'honneur qui n'est écrit nulle part et dont les dispositions purement coutumières n'en sont pas moins scrupuleusement observées presque toujours, de même l'usage des peuples civilisés, parfois même leur accord formel établi par des traités, ont limité l'emploi de la force et de la ruse dans la guerre, pour éviter les abus par trop contraires aux sentiments d'humanité et de loyauté qui sont devenus de plus en plus exigeants avec les progrès mêmes de la civilisation. C'est, en effet, à ces deux sentiments que l'on peut ramener toutes les restrictions commandées aujourd'hui par le Droit international dans la guerre. Malheureusement, les effroyables progrès de l'art de détruire, conséquences eux-mêmes du développement de la civilisation au point de vue scientifique, placent maintenant les peuples en présence de cette étrange contradiction, d'une ironie décourageante, que les instruments de mort et de ravage se perfectionnent sans limites, tandis que le Droit international condamne de plus en plus les procédés inhumains : on se donne alors une sorte de satisfaction morale en répudiant des pratiques auxquelles personne ne songe plus guère actuellement, comme l'emploi du poison et des boulets à chaîne, tandis que les explosifs sous toutes les formes et aux effets les plus effrayants sont tolérés.

On a essayé d'ailleurs de ramener à une formule générale, offrant un *criterium* suffisamment précis, les limitations qui doivent être respectées dans les actes d'hostilité. Les uns ont cru la trouver dans la suivante : « Les peuples doivent se faire dans la paix le plus de bien, et dans la guerre le moins de mal possible » (Déclaration du Droit des gens présentée par Grégoire à la Convention en 1795, et lettre de Talleyrand à Napoléon du 20 nov. 1806, *Moniteur* du 5 décembre 1806). Mais cette formule correspond bien mal à la réalité des faits qui nous montrent les belligérants se nuisant autant qu'ils le peuvent; de Moltke, dans sa lettre à Bluntschli du 11 décembre 1880, conseille même d'employer, *par humanité,* les procédés les plus efficaces pour mettre fin promptement aux hostilités, sauf à ne jamais se servir de ceux qui sont *condamnables,* restriction bien vague, comme on le voit. Pour la plupart des publicistes, la règle générale est qu'il faut condamner tout moyen qui n'est pas en rapport avec la fin de la guerre, c'est-à-dire avec la diminution des forces militaires de l'ennemi. C'est encore une formule qui peut prêter à toutes les interprétations; les chefs militaires seront en définitive les seuls juges du point de savoir si une mesure à prendre, quelque excessive qu'elle paraisse de prime abord, n'est pas nécessaire pour vaincre la résistance ou paralyser l'attaque de l'ennemi.

Aussi, renonçant à toute formule trop générale, dangereuse par les abus que l'on en peut faire, nous devons nous borner à signaler les atténuations que consacre le Droit international contemporain, en les rattachant aux deux sentiments qui les dominent, celui d'humanité et celui de loyauté ou d'honneur.

I. *Restrictions d'humanité.*

529. A. On prohibe toute rigueur inutile contre l'ennemi hors de combat, blessé ou qui se rend prisonnier, et par voie de conséquence on interdit de refuser à l'avance de faire quartier, ou de massacrer soit les soldats qui renoncent à la lutte, soit la population inoffensive d'une ville ou d'un pays où la résistance a eu lieu.

B. On ne doit jamais recourir à l'assassinat d'un chef ennemi ; l'assassinat de Guillaume d'Orange est resté un soupçon injurieux pour l'Espagne, tandis qu'on cite à la gloire de l'Angleterre l'avertissement donné par Fox à Napoléon qu'un aventurier était venu lui proposer d'assassiner ce dernier. Par la même raison, la mise à prix de la tête d'un ennemi doit être condamnée, bien que ce procédé soit quelquefois employé envers des chefs barbares par des peuples civilisés ; on a reproché à Napoléon de s'en être servi envers le major Schill qui, en 1809, soulevait l'Allemagne du Nord contre les Français occupés en Autriche, et aux alliés d'avoir procédé de même, en 1815, contre Napoléon.

C. Certaines armes sont interdites. *a)* Les armes empoisonnées sont réprouvées, en vertu d'une tradition déjà consacrée chez les Grecs, chez les Romains et, plus tard, chez les Musulmans. L'empoisonnement des eaux a été interdit de tout temps et l'Eglise confirma cette règle qui a été cependant violée quelquefois jusqu'au xvie siècle. Il n'est pas défendu néanmoins de détourner les eaux qui alimentent l'ennemi, ni même de les rendre impropres à la consommation en les corrompant d'une manière *ostensible* et *apparente*.

b) On défend également l'emploi des armes qui causent des blessures incurables ou douloureuses sans utilité : la chaux, le verre pilé, le petit plomb, les balles mâchées, etc... La plus importante réforme à ce point de vue est celle de la conférence de Saint-Pétersbourg du 11 décembre 1868 qui, à l'instigation de l'empereur Alexandre II, a interdit l'usage des *projectiles explosibles ou contenant des matières fulminantes ou inflammables d'un poids inférieur à 400 grammes.* Cette convention, signée par dix-huit Etats, est acceptée par tous les pays civilisés.

En 1870-1871, Allemands et Français se sont réciproquement adressé des reproches au sujet de l'emploi des balles explosibles ; ces accusations n'ont été prouvées de part ni d'autre, mais des spécialistes affirment que, à une certaine distance, les armes nouvelles à puissante portée produisent des effets rappelant ceux des projectiles explosibles, ce qui aurait donné naissance à ces plaintes. Par une note du 29 juin 1868, la Prusse avait proposé d'étendre davantage les restrictions que devait consacrer la conférence de Saint-Pétersbourg ; mais cette tentative échoua devant les résistances de l'Angleterre qui craignait de nuire aux intérêts de ses inventeurs ou industriels, et surtout d'affaiblir la puissance de son armée, inférieure comme nombre à celles des grands Etats. Malgré l'inanité des tentatives faites par l'initiative privée pour restreindre l'emploi des armes trop meurtrières, mitrailleuses, bombes explosibles, etc..., il est au moins acquis que les engins directement incendiaires, tels que ceux qui lancent du pétrole, en dehors des projectiles qui peuvent indirectement communiquer le feu, tels que les obus, sont interdits.

c) On prohibe enfin les armes qui sont susceptibles de produire des ravages trop considérables. C'est en vertu de cette idée que l'on continue, sans doute pour rendre hommage à la tradition, à interdire les boulets à chaîne, les boulets rouges, les couronnes foudroyantes et autres engins démodés, aujourd'hui bien insignifiants à côté des obus et des torpilles. C'est tout ce qui reste de l'opposition très vive que provoquèrent au début les armes de jet, moins à cause de leur effet meurtrier, que parce qu'elles annihilaient la valeur personnelle des combattants et allaient ainsi à l'encontre des principes de la chevalerie, comme félones et déloyales. Innocent III interdit l'arbalète entre chrétiens, et le concile de Latran en 1139 en avait déjà condamné l'usage ; les arquebusiers furent longtemps traités en bandits. Ces répugnances n'ont pu tenir devant les transformations de l'armement et la pratique des hostilités où l'emploi de l'arme blanche n'est plus qu'une exception relative.

D. Enfin on condamne les dévastations accomplies par esprit de vengeance et sans qu'elles soient commandées par les nécessités strictes de la guerre, comme le ravage du Palatinat réalisé par Turenne sur l'ordre de Louis XIV.

II. *Restrictions de loyauté ou d'honneur.*

530. La ruse a toujours été l'âme de la guerre et jamais on n'a songé à la prohiber sous ses formes si variées d'embuscades, d'attaques nocturnes, de fausses manœuvres, etc... L'interdiction ne porte que sur les ruses *perfides*, expression assez vague que l'on peut préciser en disant que la ruse ne doit jamais consister dans la violation de la foi jurée, ni dans l'emploi de procédés dont l'ennemi ne peut se garer, quelle que soit sa vigilance. Ces réserves générales faites, on a dû reconnaître, à la conférence de Bruxelles de 1874, que toute énumération des procédés licites, comme celle que proposait la Russie, est nécessairement incomplète, partant inexacte ; il faut se borner à examiner les cas les plus pratiques pouvant offrir des difficultés.

1° Est interdit tout manquement à la parole donnée, par exemple par la rupture inopinée d'une suspension d'armes, par le fait de tirer après avoir déclaré se rendre ou en avoir manifesté l'intention en levant la crosse.

2° Est interdit également tout abus des signes d'inviolabilité des personnes ou des édifices, par exemple l'emploi de la croix de Genève pour dissimuler des combattants ou couvrir un bâtiment employé en vue des hostilités.

3° On défend aussi d'encourager les soldats ou citoyens de l'ennemi au manquement à leur devoir militaire ou patriotique. Toutefois on tolère l'encouragement à la trahison de la part de simples particuliers ou le fait d'en profiter quand elle s'offre spontanément; on en donne pour raison qu'il est plus humain de réussir ainsi par ruse en évitant l'effusion de sang. Grotius cependant et bien d'autres après lui hésitent à admettre ce stratagème. Quoi qu'il en soit, on en profite en disant que chaque peuple doit s'attendre aux trahisons et les prévenir par sa vigilance comme par les rigueurs de sa législation. Néanmoins, la provocation à la trahison n'est tolérée que lorsqu'elle s'adresse à des civils *isolés*, jamais quand elle vise les soldats ennemis : aussi l'Autriche protesta-t-elle avec raison contre le projet que l'on conçut en France en 1859, et en Prusse en 1866, d'organiser contre elle des légions formées par des Hongrois révoltés. L'excitation *générale* des sujets non militaires de l'ennemi à la révolte n'est pas non plus permise; ce qu'il ne faut pas confondre avec le fait très licite de s'associer aux efforts d'une province ou d'une nation qui s'est spontanément insurgée, ou de profiter de son insurrection postérieure à la déclaration de guerre.

4° L'emploi des drapeaux, insignes et uniformes de l'ennemi pour le tromper constitue, en principe, une ruse condamnable ; on ne doit même faire aucune exception pour l'emploi du drapeau qui est comme l'affirmation d'honneur de la personnalité d'un parti : mais pour les uniformes, on se montre plus tolérant en fait, pourvu que la ruse cesse dès que la lutte est engagée et que, dans le combat, chacun se montre avec son vrai caractère. D'ailleurs, toutes ces ruses, bien peu pratiques quand il s'agit de troupes de quelque importance, sont condamnées en théorie (Projet de Bruxelles, 1874, et de l'Institut, session d'Oxford, 1880, art. 8).

5° L'emploi des sonneries et mots d'ordre de l'ennemi, blâmé par certains auteurs, est au contraire généralement admis par les militaires quand il ne présente rien de perfide ; ainsi on peut profiter des sonneries de l'ennemi habilement imitées pour déterminer un mouvement favorable à ses propres projets.

6° Enfin la diffusion des fausses nouvelles destinées à démoraliser l'ennemi, procédé si souvent employé par les Allemands, notamment pendant les sièges de Metz et de Paris, ne peut pas être considérée comme une ruse perfide, l'origine même des nouvelles devant mettre en méfiance sur leur authenticité. Il en serait différemment si l'exactitude des nouvelles était garantie sur l'honneur ou par une déclaration officielle. Ainsi, peu avant Austerlitz, Lannes et Murat s'emparèrent sans coup férir du pont de Spitz donnant entrée à Vienne, en *affirmant* au prince d'Auersperg, qui le gardait, qu'un armistice venait d'être conclu, ce qui était faux.

§ III. *Règles spéciales aux sièges et bombardements.*

531. Indépendamment du blocus ou investissement, du siège proprement dit ou série de travaux et d'efforts en vue de s'emparer d'une place forte, tout lieu fortifié peut être soumis au bombardement. Si les deux premiers procédés sont normaux, le troisième est, au contraire, particulièrement inhumain ; aussi a-t-on essayé de le condamner : mais le développement de l'artillerie rend cette tentative irréalisable et l'on doit se borner à atténuer les horreurs de cette pratique en la soumettant à certaines conditions.

532. A. On ne peut bombarder que les places *qui se défen-dent*, que ces places soient ou non fortifiées. On tolère aussi le bombardement d'une ville qui est protégée par des forts, quand il est nécessaire pour réduire ces derniers auxquels elle fournit des ravitaillements en hommes, en vivres ou en munitions.

533. B. Sauf le cas d'urgence absolue, par exemple quand l'ennemi en fuite vient de se renfermer dans une place forte, le bombardement doit être précédé d'un avertissement, soit pour l'éviter si la place préfère se rendre, soit pour permettre de placer à l'abri les non combattants, les objets précieux, les mala-des, les blessés.

Cette règle, observée par la France devant Anvers, devant Rome en 1849 et devant Sébastopol, n'a jamais été suivie par les Allemands en 1870-1871 : notamment la Fère et Paris ont été bombardés à l'improviste.

Cette façon d'agir provoqua de la part du Corps diplomatique étranger dans notre capitale une protestation qui fut présentée par M. Kern, ministre de Suisse, à M. de Bismarck, le 13 janvier 1871. Ce dernier répondit, le 17, que l'intention de bombarder résultait clairement des sommations antérieures et que, d'ail-leurs, l'avertissement préalable n'était nullement une obligation du droit de la guerre ; le corps diplomatique protesta contre cette dernière théorie par une nouvelle déclaration encore pré-sentée par M. Kern, le 23 janvier.

Les auteurs allemands les plus récents consacrent le système exposé par leur gouvernement en 1871 ; l'avertissement, d'après eux, étant inutile, puisque les assiégés qui résistent doivent s'attendre à toutes les conséquences du siège. D'ailleurs, la doctrine fait une concession bien dangereuse en dispensant de l'avertissement quand les nécessités militaires l'exigent. L'as-siégeant sera juge de ces nécessités, et il les trouvera toujours assez grandes pour autoriser un bombardement par surprise dont l'effet sera plus considérable. D'ailleurs, sauf dans le cas où le bombardement est en quelque sorte une phase de la bataille, comme dans le cas que nous avons réservé au début de ce numéro, on ne voit pas quand il peut être si urgent qu'on ne puisse procéder à un avertissement préalable, alors que l'in-vestissement de la place est déjà une garantie suffisante.

534. C. Le bombardement doit porter exclusivement, autant que possible, sur les fortifications et les édifices servant à la défense, casernes, dépôts de munitions, etc., en épargnant les habitations des particuliers. Telle était la règle générale avant 1870 : la France, en 1838, bombardait le fort de San Juan d'Ulloa, sans viser la ville de la Vera-Cruz, et les fortifications de Malakoff, en 1855, en respectant la ville de Sébastopol. En 1870-1871, de l'aveu de leurs généraux, notamment du général de Werder à propos de Strasbourg, les Allemands ont inauguré le système de la pression directe sur la population, qui consiste à la viser directement dans le bombardement, de manière à la faire agir sur l'autorité militaire de la place pour contraindre celle-ci à capituler (V. lettre du général Faidherbe au sous-préfet de Péronne du 22 janvier 1871).

On a essayé de justifier cette manière d'agir en disant qu'elle est plus *humaine,* en ce sens qu'elle détermine une capitulation plus rapide et évite les grandes pertes d'hommes venant de la longueur des sièges et des assauts. On a victorieusement répondu qu'il n'est pas permis de gagner le succès plus rapide et d'épargner le sang de ses soldats en sacrifiant les non-combattants inoffensifs, et que la conséquence logique de ce système conduirait à légitimer les plus grandes cruautés, rien n'étant plus de nature à déterminer l'ennemi à cesser sa résistance que le massacre général et la dévastation complète.

Les publicistes allemands les plus considérables reconnaissent eux-mêmes que la pratique *dite de la pression morale* sur les habitants d'une ville bombardée : 1o ne fait que surexciter la haine au lieu de provoquer la capitulation ; 2o est inutile, puisque les règlements militaires défendent au commandant de la place d'obéir aux injonctions de la population civile ; 3o enfin est immorale en faisant supporter aux non combattants la charge directe du bombardement.

535. D. Il faut, dans le bombardement, épargner les édifices affectés aux malades et blessés, hôpitaux et ambulances ; aux personnes inoffensives, écoles, couvents ; au culte, églises et temples ; aux lettres et aux sciences, musées, bibliothèques, etc. L'assiégé doit distinguer ces édifices par un signe bien apparent et ne doit plus les utiliser dans un but militaire, par exemple comme observatoire ou dépôt de munitions. Cette règle, consacrée en doctrine, peut présenter des difficultés dans la pratique en raison de la longue portée actuelle des canons. Elle a été violée, sans excuses plausibles, par les Allemands qui ont détruit en partie la cathédrale et totalement la bibliothèque de Strasbourg (Protestation de l'Institut de France du 18 septembre 1870), et qui n'ont pu donner pour explication des obus tombant sur le Val-de-Grâce, l'un des monuments les plus visibles de Paris, que les erreurs de tir venant du brouillard, alors que ces erreurs cessèrent dès que le gouvernement allemand eut été avisé que les prisonniers allemands blessés allaient être transportés dans cet hôpital. On peut rapprocher de ces actes les précautions infinies prises en 1849 par le général Oudinot pour ménager les monuments artistiques et historiques de Rome.

Les détestables pratiques introduites en 1870-1871 ont marqué un véritable recul vers la barbarie; on en a vu les tristes conséquences dans le bombardement de villes ouvertes et qui ne se défendaient pas, comme Pisagua au Pérou en 1879, et Alexandrie bombardée par les Anglais le 11 juillet 1882.

536. On se demande si l'assiégeant doit laisser sortir de la place investie les non combattants, ou s'il a le droit de les refouler dans la ville assiégée : le projet de Bruxelles n'examine pas la question, pas plus que le manuel adopté par l'Institut de Droit international à Oxford en 1880 ; mais les Instructions américaines de Lieber, art. 18, donnent à l'assiégeant le droit de contraindre les *bouches inutiles* à rester dans la place pour en rendre la reddition plus facile et plus prompte. Cette dernière solution est acceptée même par ceux qui n'admettent pas la légitimité du bombardement exercé contre les habitations privées sous forme de *pression morale,* conformément à la pratique allemande : n'est-ce pas cependant aboutir indirectement au même résultat en comptant sur l'effet de la famine à l'égard des non combattants? Cette solution a été pratiquée par les Allemands au siège de Péronne et à celui de Strasbourg, jusqu'à ce que, sur la demande des cantons suisses voisins, on laissât sortir de cette dernière ville 4,000 bouches inutiles environ, après un mois de bombardement.

537. Les agents diplomatiques des Puissances neutres auprès de l'ennemi ne peuvent se prévaloir de leurs immunités pour communiquer librement avec le dehors quand ils sont dans une ville assiégée ; cette faculté peut être trop compromettante pour l'assiégeant qui n'a pas à respecter le caractère inviolable des

correspondances émanant des personnes qui ne sont pas accré-
ditées auprès de son gouvernement : l'assiégeant doit seulement
laisser partir librement les agents diplomatiques s'ils le désirent,
et c'est ce qu'a accordé M. de Bismarck à ceux qui étaient
enfermés dans Paris.

§ IV. *Traitement de certains auxiliaires de l'ennemi.*

538. Il est certaines personnes qui, dans le cours des hostilités, sont appelées, volontairement ou non, à jouer un rôle dont
la responsabilité peut être fort grave, sans qu'on puisse les
confondre avec des combattants ordinaires : ce sont les espions,
les traîtres, les guides, les messagers, les aéronautes.

539. A. Tout individu qui, *d'une manière dissimulée,* cherche à obtenir des renseignements utiles à un des belligérants et
au détriment de l'autre est un *espion.* Le trait caractéristique
de l'espionnage est donc la dissimulation ; les militaires *en uniforme* qui font des reconnaissances, même en cherchant à
échapper à la vue de l'ennemi, ne sont pas des espions. Il ne
faut pas confondre ces espions avec les espions en temps de paix
qui sont passibles des lois pénales particulières de chaque pays
(V. notre loi du 18 août 1886); ni avec les agents de renseignements ou espions politiques de l'étranger, envoyés aussi en
temps de paix, que l'on peut expulser mais qui ne sont pas
punissables s'ils n'ont pas commis un des actes spécialement
prévus par la loi sur l'espionnage ou un acte illicite d'après le
droit pénal du pays (V. n° 349).

Bien que l'emploi des espions en temps de guerre ait été condamné au point de vue moral par beaucoup de publicistes,
Vattel, Montesquieu, P. Fiore, il est toléré par la grande majorité de la doctrine, pour cette raison qu'il est préférable d'obtenir le succès par la ruse que de le devoir à de grands sacrifices
d'hommes.

Dans la pratique, l'usage des espions et le danger qui en
résulte pour les belligérants autorisent l'application de la peine
de mort contre ceux qui sont pris. La tentative d'espionnage et
le recel des espions sont assimilés par plusieurs lois au crime
lui-même ; mais on admet les circonstances atténuantes pour
d'autres que les militaires (art. 63, 64, 206, 198, Code de jus-

tice militaire, et 83, Code pénal). Dans tous les cas, l'exécution sommaire des espions n'est plus admise ; ils doivent être régulièrement jugés (art. 63, 64 et 205, Code de justice militaire ; projet de Bruxelles, art. 20). C'est ainsi que le Conseil de guerre condamna le 15 juillet 1872 M. de Serres et le général Cremer, pour avoir fait procéder à l'exécution sommaire de l'espion français Arbinet, traître à son pays.

La rigueur de la peine contre les espions n'étant justifiée que par les dangers immédiats de l'espionnage, on ne peut frapper l'espion étranger qui s'enfuit et qui est pris plus tard, alors que son espionnage est terminé. Mais il va sans dire que, s'il s'agit d'un espion traître à sa patrie, il reste toujours sous le coup de la loi pénale du pays auquel il appartient et qu'il a trompé.

540. B. Les traitres, au sens propre du mot, sont ceux qui trompent leur patrie en fournissant des renseignements utiles à l'ennemi ; ils sont punis suivant la loi pénale de chaque Etat et, le plus généralement, de la peine de mort prononcée par les tribunaux militaires (art. 55 à 71, 132, 185, 187, 190, 205, 269, Code de justice militaire ; loi du 18 nov. 1875, art. 13 et 18 ; Code pénal, art. 2, 76-85, 89).

Mais on qualifie aussi de traîtres, dans le droit de la guerre, les habitants d'un pays occupé par l'ennemi qui cherchent à surprendre des renseignements utiles aux armées de leur pays et dangereux pour l'envahisseur, ou qui trompent ce dernier. La peine de mort, appliquée à ces prétendus traîtres dans les usages de la guerre, ne peut se justifier que parce que les non combattants faisant des actes d'hostilité en recueillant des renseignements pour le compte de leur pays ou en trompant l'ennemi se placent en dehors de la protection générale due aux particuliers inoffensifs, et subissent toute la rigueur des lois de la guerre.

541. C. Les transfuges et déserteurs, passibles des lois pénales du pays auquel ils appartiennent, doivent être accueillis par l'ennemi qui a le droit de profiter des renseignements qu'ils lui apportent volontairement.

542. D Les *guides* de l'ennemi peuvent être des nationaux du pays occupé qui trahissent volontairement leur patrie et s'exposent à la loi pénale de celle-ci. Mais souvent ce sont des habitants *contraints* par la violence à diriger la marche de l'ennemi. La plupart des auteurs et des lois positives autorisent à les punir comme traîtres quand ils égarent les troupes qu'on les a forcés à guider.

Mais cette solution nous semble odieuse ; on ne peut reprocher à ces non combattants un acte d'hostilité qu'ils ont été obligés de faire ; on les a rendus belligérants malgré eux et, s'ils nuisent à l'ennemi, il faut les traiter comme tels, c'est-à-dire les faire prisonniers.

543. E. Les courriers et messagers, s'ils ne font pas d'actes d'espionnage et s'ils se bornent à se cacher pour remplir leur mission, doivent être traités en prisonniers et non exécutés.

Pour les aéronautes, déjà employés à la bataille de Fleurus le 26 juin 1792, leur concours actif en 1870-1871 a donné lieu à de graves difficultés.

Dans sa dépêche du 19 novembre 1871, M. de Bismarck annonça l'intention de les traiter en espions, ce que des auteurs allemands ont approuvé. Mais on reconnaît aujourd'hui que l'aéronaute ne peut pas agir avec la dissimulation qui caractérise l'espionnage ; sinon il faudrait considérer comme espion celui qui, d'une hauteur, chercherait à surprendre les mouvements de l'ennemi. On peut tirer sur les ballons, faire prisonniers ceux qu'ils portent ; les assimiler à des espions est inadmissible (Projet de Bruxelles, art. 22, al. 3 ; manuel d'Oxford, art. 21 ; Wilhelm, *J. Clunet,* 1891, p. 440).

§ V. *Représailles en temps de guerre.*

544. Nous avons déjà étudié les représailles exercées avant la déclaration de guerre comme moyen de coercition destiné à faire cesser, de la part d'un Etat étranger, des pratiques contraires au Droit international (V. nº 492). Au cours des hostilités, les représailles apparaissent comme la sanction des lois de la guerre ; elles consistent dans les rigueurs employées contre un belligérant, contrairement à ces mêmes lois de la guerre, pour le déterminer à arrêter les violations de ces lois commises par lui : par exemple le refus de quartier quand lui-même ne veut pas en accorder. Logiquement, la pratique des représailles entraîne à la peine du talion sans limites, et c'est ainsi qu'elle a été suivie pendant des siècles. Mais, pour éviter un véritable retour à la barbarie, on a songé à régler les représailles, ne pouvant les supprimer. Les règles proposées par l'Institut dans son Manuel d'Oxford, art. 85 et 86, sont généralement admises par la doctrine.

a) Les représailles ne doivent être employées qu'après avoir inutilement demandé à l'ennemi réparation des faits qu'on lui reproche; *b)* elles ne peuvent être exercées que par les chefs de corps ou de détachement responsables; *c)* elles doivent être proportionnées à la violation des lois de la guerre dont on a à se plaindre; *d)* enfin, quelles que soient les fautes commises par l'adversaire, on n'est jamais autorisé à commettre contre lui des actes de barbarie, par exemple à massacrer les blessés, les femmes, les enfants, etc...

Malgré toutes ces conditions prescrites et difficilement observées, il semble bien que le Droit des gens ne peut consacrer les représailles et que la conférence de Bruxelles a sagement agi en refusant d'examiner la section IV du projet russe qui leur était consacrée. Les représailles ne sont en effet qu'une violation des lois de la guerre s'ajoutant à celle dont on se plaint de la part de l'adversaire, qui irrite ce dernier, le pousse à d'autres excès auxquels il faudra répondre par des excès semblables : elles manquent ainsi totalement leur but. De plus, et c'est là leur vice essentiel, elles ne peuvent être exercées qu'en frappant des innocents pour effrayer les vrais coupables.

En 1870-1871, la pratique des représailles sur des innocents a été poussée jusqu'aux dernières limites de la barbarie, de l'aveu même des publicistes allemands; nous nous bornerons à citer ce que l'histoire appelle déjà *le crime de Vaux* (Ardennes), c'est-à-dire l'exécution de trois habitants de ce village pour venger la mort d'un sous-officier prussien tué dans un combat par des francs-tireurs étrangers à la commune!

En fait, les règlements militaires n'autorisent l'emploi des représailles qu'avec la plus grande réserve (Inst. amér., 27-28; Manuel franç., ch. IV). On est moins scrupuleux à l'égard des peuples barbares dont il faut frapper l'esprit par des actes de vigueur : malheureusement, on peut citer, dans l'histoire de la colonisation même contemporaine ou des luttes contre les peuples barbares, bien des exemples d'inhumanité à la charge des peuples civilisés.

§ VI. *Traitement des prisonniers, des malades, des blessés et des morts.*

I. *Des Prisonniers.*

545. Historique. — Le principe fondamental de la guerre dans l'Antiquité c'est le droit absolu du vainqueur sur le vaincu; cette idée, jointe à la rudesse des mœurs et à l'esprit de vengeance, conduisit tout d'abord au massacre des prisonniers, malgré les protestations isolées de quelques philosophes plus humains. On trouve des traces de cette barbarie, mais à titre accidentel seulement, jusqu'au moyen-âge : c'est ainsi qu'Henri V d'Angleterre fit massacrer les prisonniers français pris à Azincourt.

Un premier progrès, dû à l'égoïsme du vainqueur qui préférait utiliser les prisonniers que les détruire sans profit, apparut sous la forme de l'esclavage des captifs (l. 239, 1, Dig. *De verb. signif*). Cette réduction des prisonniers en esclavage, droit commun de l'Antiquité, se maintint pendant le moyen-âge, sauf des adoucissements dûs à la pratique de la rançon et à l'influence des mœurs loyales de la chevalerie. L'Eglise seule parvint à supprimer l'esclavage des captifs dans les rapports des nations chrétiennes; (canon du concile de Latran en 1179, sous Alexandre III, pour l'Occident, et, pour l'Orient, interdiction qui remonte à 1260). Les publicistes du xvii⁰ siècle, tout en le désapprouvant, n'osent pas condamner absolument l'esclavage des prisonniers; Grotius notamment pense ainsi; mais, plus tard, Vattel se montre très-catégorique pour répudier la captivité permanente des prisonniers. C'est à J.-J. Rousseau que l'on doit la vraie formule de la règle à suivre à cet égard : les prisonniers, dit-il en substance, ne sont des ennemis que comme soldats et non comme particuliers, puisque la guerre n'existe qu'entre les Etats; il n'y a donc plus de raison pour les retenir quand leur rôle de soldat est terminé, c'est-à-dire quand la guerre a pris fin (Vattel, liv. III, ch. VIII; *Contrat social*, liv. I, ch. IV). Cette manière de voir a fini par triompher complètement; on cite, il est vrai, la décision de la Convention qui, en 1794, ordonna la mise à mort de tous les prisonniers anglais, hanovriens et espagnols, mais cette mesure d'exaspération fut bien vite rapportée et n'a jamais été exécutée. Les massacres de prisonniers dans les guerres civiles, par exemple dans celles de la Vendée et de la Commune, demeurent étrangers aux lois de la guerre internationale.

546. Qui peut être fait prisonnier? 1° Tous ceux qui participent d'une manière régulière aux hostilités, soit comme belligérants, d'après les précisions déjà indiquées, soit comme messagers ou aéronautes militaires, peuvent être retenus comme prisonniers et ont droit au traitement que nous indiquerons plus loin. S'il s'agit de particuliers non belligérants qui cherchent à franchir les lignes en ballon sans poursuivre aucun but militaire et uniquement dans leur intérêt personnel, il semble qu'il n'y a pas même de raison suffisante pour les retenir prisonniers; néanmoins, en 1870, l'Allemagne a agi différemment et elle a, en particulier, retenu des personnes appartenant à une tierce Puissance qui fuyaient Paris en ballon; l'Angleterre intéressée dans la question n'insista pas pour obtenir une indemnité. (V. affaire Worth, Geffcken et Heffter, p. 294, note 3).

2° Peuvent être faits prisonniers également les souverains et chefs d'Etat ennemis, les membres de leur famille. L'esprit de vengeance qui a si souvent déshonoré les vainqueurs dans le traitement barbare des princes vaincus est aujourd'hui remplacé par les égards dont on entoure les souverains prisonniers, comme Napoléon III après Sedan, et même les chefs barbares, comme Abd-el-Kader.

3° Les individus à la suite de l'armée sans être des combattants peuvent être faits prisonniers : correspondants de journaux, vivandiers, fournisseurs, etc... En fait, on ne retient ces personnes que si les nécessités militaires l'exigent, par exemple quand il importe d'éviter des divulgations compromettantes pour l'armée.

Les aumôniers et les membres du service hospitalier sont dans une situation spéciale qui est fixée par la convention de Genève (V. n° 552). Quant aux habitants absolument étrangers aux hostilités, jamais ils ne peuvent être faits prisonniers.

547. Caractère de la captivité militaire. — A la différence de ce qui avait lieu jadis, le prisonnier n'appartient pas à celui qui l'a pris et ce dernier ne peut pas le libérer moyennant rançon ; le prisonnier est au pouvoir de l'Etat ennemi. D'autre part, il est captif par simple mesure de sûreté, tant que dure la guerre, et non par mesure de châtiment ni de vengeance ; aussi doit-on se borner à le surveiller pour empêcher son évasion, et respecter tous les biens qu'il a avec lui, sauf à les séquestrer provisoirement pour qu'il ne s'en serve pas en vue de faciliter sa fuite.

548. Traitement des prisonniers. — Le caractère de la captivité militaire détermine le traitement que l'on doit appliquer aux prisonniers. Toute violence envers l'ennemi qui s'est rendu ; le refus de quartier pour ceux qui voudraient se rendre, si fréquent jadis, notamment pendant la guerre de cent ans ; la mise à mort d'une garnison qui a résisté jusqu'à la dernière limite, de manière à transformer l'héroïsme en crime ; toutes ces pratiques sont aujourd'hui condamnées. D'autre part, l'internement même des prisonniers est plus humain. En 1870-71, malgré les passions de la lutte et les reproches adressés de part et d'autre, les captifs ont été traités humainement, sinon confortablement. Tout le monde réprouve l'envoi des prisonniers français en Sibérie par la Russie, en 1812, les horreurs infligées à ceux qui furent enfermés sur les pontons anglais, et à ceux qui furent transportés à Cabrera par l'Espagne.

Habituellement, les soldats et sous-officiers sont internés dans une place ou un camp et placés sous une surveillance, avec appels périodiques. Les officiers ont plus de latitude en général, moyennant l'engagement d'honneur de ne pas s'enfuir.

L'entretien des prisonniers est à la charge de l'État capteur, sauf règlement avec l'autre pays à la fin de la guerre. En principe, on traite les prisonniers comme l'armée nationale sur le pied de paix ; en France, on leur accorde même une solde que ne touchaient pas les prisonniers en Allemagne.

Les prisonniers relèvent des lois de police du pays où ils sont ; en règle générale, ils sont soumis aux conseils de guerre ; leur insubordination est punie militairement et leur révolte en masse, en raison du danger qu'elle présente, peut entraîner la peine capitale.

Il est permis, et c'est là une mesure excellente au point de vue moral, de faire travailler les prisonniers, pourvu que le travail qu'on leur demande soit modéré et compatible avec leur dignité. En fait, on n'impose jamais le travail aux officiers. Les soldats peuvent être autorisés à travailler chez les particuliers ; leur salaire peut alors être retenu en partie pour les frais d'entretien ; cette retenue n'est pas faite en France.

Dans tous les cas, les travaux demandés aux prisonniers ne doivent jamais être un concours, même indirect, à l'action militaire contre leur patrie ; nous pensons même que l'on fait une trop grande concession en autorisant des travaux de constructions militaires loin du théâtre des hostilités ; on rend ainsi disponibles des troupes pour la guerre et on aboutit indirectement à un concours véritablement militaire en faveur du pays ennemi.

549. Fin de la captivité. — 1° L'*évasion* peut être réprimée avec la dernière rigueur, mais sur le fait seulement ; le fugitif repris est soumis à une surveillance plus étroite, mais il ne doit pas être puni pour sa première évasion.

2° En principe, la liberté sur parole, c'est-à-dire sur l'engagement de ne pas reprendre les armes, ne peut jamais être imposée aux prisonniers ; ils sont toujours libres de l'accepter ou de la refuser, et ils ne peuvent pas l'exiger eux-mêmes. Sauf cette réserve générale, la liberté sur parole peut être accordée sous deux formes qui ont été employées toutes les deux en 1870-1871.

a) Liberté relative de circulation dans le lieu d'internement, moyennant l'engagement d'honneur de ne pas s'enfuir. Ce contrat entre le capteur et les prisonniers doit être bien précis pour ne pas faire supposer des engagements qu'on n'a pas voulu prendre.

On a reproché aux Allemands d'avoir fait signer à leurs prisonniers des actes où la clause contenant l'engagement de ne pas chercher à fuir était équivoque ou non traduite pour ceux qui ignoraient la langue allemande, tandis que les signataires croyaient ne donner que des indications sur leur compte, ce qui expliquerait certaines évasions accomplies de fort bonne foi par des officiers français. C'est à la suite de ces faits que le général Vogel de Felkenstein prit la mesure inique, blâmée par les Allemands eux-mêmes, de faire enfermer en forteresse dix prisonniers pour chaque évasion.

b) Liberté de rejoindre sa patrie sous l'engagement de ne plus combattre. Malgré l'engagement pris, on admet cependant que le libéré sur parole peut rendre des services contre d'autres ennemis; par exemple Kléber et la garnison de Mayence, en 1793, purent, après leur capitulation, aller combattre les Vendéens. On admet même que le libéré peut faire les actes qui ne touchent pas directement aux hostilités; par exemple instruire des recrues, fortifier des places éloignées et non encore assiégées, etc.

Nous serions plutôt de l'avis de Geffcken qui, seul à peu près, fait ressortir l'avantage indirect prêté à la défense nationale par ce concours détourné et la violation de l'engagement pris envers l'ennemi qui en résulte.

En fait, la liberté sur parole n'est accordée qu'aux officiers ou aux soldats par l'intermédiaire des officiers, ces derniers étant supposés seuls comprendre la portée de l'engagement souscrit.

La sanction de la parole donnée est, si le libéré est pris en combattant, la peine capitale après jugement régulier (art. 204, Cod. just. milit. et 262, Cod. de la marine; avis du Cons. d'Etat du 4 mai 1812).

La patrie du libéré sur parole doit respecter son engagement et ne peut le contraindre à reprendre les armes; mais elle peut interdire à ses soldats d'accepter la liberté sur parole et alors le libéré n'a qu'une ressource, c'est d'aller se reconstituer prisonnier. Telle est la règle admise en France actuellement, dans l'intérêt de la discipline et pour ne pas séparer le sort des officiers de celui de leurs soldats (Décret du 23 octob. 1883, art. 209 et 4 octob. 1891, art. 196).

3° La liberté moyennant rançon, d'un usage général jusqu'au xviie siècle, n'est plus guère accordée aujourd'hui que dans les rapports avec les peuples barbares.

4° L'échange des prisonniers, toujours employé, est devenu fort pratique depuis le xviie siècle. La convention ou *cartel* d'échange en règle les conditions : on échange habituellement homme contre homme, à grade égal, sans que les prisonniers ainsi libérés se voient interdire de reprendre les armes, sauf clause contraire. Mais toute violation de la bonne foi, par exemple toute dissimulation ou allégation fausse de grade, fait perdre le bénéfice de l'échange à qui s'en rend coupable.

5° La conclusion de la paix libère de plein droit les prisonniers, sauf application de conventions particulières pour assurer leur rapatriement.

550. Des prisonniers nous devons rapprocher les otages qui sont retenus comme garantie des engagements d'un pays (V. n° 460, *in fine*). D'un usage jadis très fréquent, la pratique des otages n'est plus suivie que dans les rapports avec les peuples barbares, les seuls à l'égard desquels elle puisse avoir une certaine efficacité. Déjà la loi du 22 brumaire an VIII ordonna la mise en liberté des otages qui avaient été souvent pris, sans succès d'ailleurs, par la Convention et le Directoire. En 1870, les Allemands ont transformé cette pratique en représailles, en s'emparant de quarante notables de Dijon, Gray et Vesoul, notamment du baron Paul Thénard, et en faisant monter des fonctionnaires importants sur les locomotives lancées en éclaireurs pour déjouer les tentatives des Français de faire sauter la voie, ce que les publicistes d'Allemagne eux-mêmes sont contraints de blâmer comme inique (V. séance de l'Institut, Acad. des Sciences, 26 décembre 1870).

II. *Malades et blessés* (1).

551. Historique. — En théorie, le respect des ennemis sans défense, malades et blessés, a été affirmé dès la plus haute antiquité. *Hostes dùm vulnerati fratres,* disaient les Romains. Mais, outre que l'esprit de vengeance et la rudesse des mœurs faisaient souvent violer cette règle, rien n'était sérieusement organisé pour secourir les victimes de la guerre. Malgré les tentatives d'Ambroise Paré au xvi° siècle, quelques traités isolés dans la suite, les déclarations de l'intendant des hôpitaux de Chamousset, en 1764, en faveur d'une convention générale pour la protection des blessés, malgré tous ces efforts, aucune mesure d'ensemble n'avait pu être prise par les Etats civilisés.

Mais le médecin génevois H. Dunant, après avoir visité les champs de bataille de la guerre d'Italie en 1859, émut profondément l'opinion publique en en reproduisant fidèlement les horreurs dans un livre intitulé « *Souvenir de Solférino* ».

---

(1) Lueder, *La Convention de Genève,* trad. par Ch. Faure ; G. Moynier, *Etude sur la Convention de Genève,* 1870 ; Doct. Lefort, *Le service de santé dans les armées nouvelles, Rev. des Deux-Mondes,* 1er nov. 1871.

Admirablement secondé par M. G. Moynier, il provoqua une Conférence des représentants des Etats qui se tint à Genève et aboutit à un acte définitif le 22 août 1864, acte qui fut ratifié à Berne le 22 juin 1865.

. Une nouvelle convention a été signée à Genève le 20 octobre 1868, pour consacrer certaines clauses additionnelles et surtout pour étendre les règles concernant la protection des blessés à la guerre maritime que l'on n'avait pas prévue dans le principe. Cette dernière convention n'a jamais été ratifiée, mais elle constitue un *modus vivendi* qui est consacré dans la pratique et qui a été notamment respecté en 1870-1871.

Aujourd'hui la Convention de Genève comprend, avec les adhésions à la fin de 1888, tous les Etats Européens, la Perse, le San-Salvador, la République Argentine, la Bolivie, le Chili, les Etats-Unis, le Japon, le Pérou.

552. Convention de Genève. — Art. 1er. Sont déclarés *neutres* les ambulances et hôpitaux militaires, tant qu'il y a des malades ou blessés; la Convention de 1868 décide de même pour les hôpitaux de campagne et autres établissements temporaires qui suivent les troupes sur le champ de bataille. La neutralité cesse pour ces établissements s'ils sont gardés par une force militaire.

Cet article provoque plusieurs observations. D'abord les établissements dont il s'agit ne sont pas *neutres*, puisque l'ennemi peut s'en emparer, les diriger et les contrôler, ils sont seulement à l'abri de toute violence et ne peuvent pas être détournés de leur affectation ; il serait donc plus exact de les qualifier *d'inviolables*. En second lieu, une garde est nécessaire pour protéger ces établissements; elle devra seulement s'abstenir de toute agression ; on pourra la faire prisonnière sans que sa présence prive l'hôpital ou l'ambulance de l'inviolabilité. Le Manuel d'Oxford étend d'ailleurs, avec raison, l'inviolabilité aux bâtiments ou parties de bâtiments particuliers où sont recueillis des malades ou blessés (art. 36).

. Art. 2. Même neutralité (c'est-à-dire inviolabilité) au personnel hospitalier, médecins, pharmaciens, intendance, aumôniers, service de transport des blessés.

Cet article appelle également d'importantes observations. En premier lieu, on peut discuter l'inviolabilité étendue au service de l'intendance, surtout lorsque cette administration n'est plus chargée du service de santé, comme cela a lieu en France depuis la loi du 16 mars 1882. En second lieu, on omet de dire que tout le personnel inviolable peut être armé, mais pour se défendre seulement. Sont également inviolables les médecins, pharmaciens, infirmiers *volontaires,* officiellement autorisés à donner leur concours au service régulier de santé. L'inviolabilité doit aussi s'étendre aux soldats affectés *exclusivement* au transport des blessés, tant qu'ils remplissent cette mission ; mais, en France, les brancardiers sont provisoirement détachés des rangs, ils ne sont pas couverts par la croix de Genève et portent un autre signe spécial ; ils peuvent, par suite, être faits prisonniers (Décret du 25 août 1884, art. 34). Au contraire, les brancardiers volontaires, régulièrement autorisés, sont inviolables comme tout le personnel sanitaire.

Art. 3 combiné avec l'art. 1er de la Convention de 1868. — Le personnel du service de santé *doit* continuer sa mission dans les établissements occupés par l'ennemi. Ce dernier peut le renvoyer, sauf à imposer un délai suivant les précautions à prendre au point de vue des nécessités militaires, par exemple pour éviter des révélations ; c'est ainsi que, en 1870-71, Français et Allemands ont imposé très légitimement au personnel sanitaire renvoyé de longs détours, par l'Angleterre ou la Belgique.

L'art. 2 de la convention de 1868 assure aux médecins et pharmaciens leur traitement *intégral* tant qu'ils sont retenus par l'ennemi ; le manuel d'Oxford, art. 16, est plus raisonnable en se contentant d'exiger un traitement *convenable.*

Art. 4. Le matériel des *hôpitaux* devient la propriété de l'ennemi qui s'en empare ; le personnel ne garde que les effets qui constituent sa propriété particulière. Au contraire, tout le matériel des ambulances doit être respecté. Il est à noter que, à Metz, ignorant cette disposition, on incorpora aux hôpitaux le matériel des ambulances, ce qui eut pour résultat de le faire passer à l'ennemi.

Art. 5. Les habitants qui portent secours aux malades et blessés bénéficient de l'inviolabilité, et les chefs militaires doivent les en aviser pour exciter leur zèle. De plus, toute maison où est recueilli un malade ou blessé est sauvegardée, dispensée du logement des troupes et des contributions de guerre. Bien qu'il ne soit tenu compte de cette faveur que dans les limites du possible et de la justice (Conv. de 1868, art. 4), elle peut cependant donner lieu dans la pratique à de regrettables abus.

Art. 6. Les malades et blessés doivent être soignés quelle que soit leur nationalité. Les chefs militaires peuvent, quand les circonstances le permettent, et *si l'ennemi veut les recevoir*, faire remettre ses blessés à l'autre parti, aux avant-postes; ils peuvent également les retenir, quand ils ont à redouter leur indiscrétion ou le concours intellectuel, sinon physique, qu'ils peuvent donner à leur pays.

La convention de Genève oblige à renvoyer ceux qui, après guérison, sont reconnus *incapables de servir;* la convention de 1868, art. 5, décide de même à l'égard de ceux qui sont encore *capables de servir*, moyennant l'engagement à eux imposé de ne pas reprendre les armes, sauf pour les officiers que l'on peut toujours garder, si on le juge nécessaire. Cette clause, qui n'a pas été respectée en 1870, est inapplicable comme imposant l'engagement de ne pas reprendre les armes, alors que cet engagement doit être libre, et comme l'imposant en particulier à des soldats qui n'en saisissent pas toujours la portée. D'après le même art. 6, les évacuations de blessés par chemin de fer ou voiture sont également couvertes par l'inviolabilité.

Art. 7. Les établissements et le personnel hospitaliers sont couverts par un drapeau ou un brassard : croix rouge sur fond blanc, c'est-à-dire les couleurs suisses renversées. Le drapeau national doit toujours accompagner celui de Genève, et, pour éviter les méprises, ce dernier doit être au premier rang et plus apparent. En juin 1877, les Turcs ont accepté le croissant rouge sur fond blanc. On réclame, avec raison, un signe lumineux pour la nuit, par exemple une lanterne blanche avec croix rouge sur les vitres.

Comme l'usage du brassard peut donner lieu à mille abus et être usurpé, ainsi que cela a eu lieu en 1870, même par des malfaiteurs dépouillant les morts et les blessés, cet insigne ne peut être délivré que par l'autorité supérieure compétente, avec la garantie de son estampille, suivant le vœu exprimé par la conférence de Bruxelles en 1874 (V. n° 553).

Art. 8. Les chefs d'armée peuvent, d'après les instructions de

leur gouvernement, régler les détails d'exécution de la convention en s'inspirant de ses principes généraux.

553. Critique de la convention de Genève. — Indépendamment des observations de détail déjà présentées, on peut
reprocher à la convention de Genève d'être insuffisamment
connue des combattants, ce qui vise, non la convention elle-
même, mais les gouvernements responsables de son observation. De grands progrès sont d'ailleurs réalisés à cet égard par
l'enseignement particulier qui est donné aux troupes de leurs
devoirs envers les malades et blessés.

Un grave défaut de la convention de Genève est de laisser
une part trop large aux Sociétés privées qui, malgré leur bon
vouloir, sont peu utiles livrées à elles-mêmes, souvent gênantes,
même dangereuses en laissant discréditer les privilèges de la
convention de Genève dont les insignes sont trop facilement
pris par des gens indignes, ou tout au moins inconsidérés. Pour
parer à cet inconvénient, à l'exemple de ce qui s'est fait à
l'étranger (Guelle, *loc. cit.*, t. I, p. 179, note), le règlement
français du 2 mars 1878 et le décret du 3 juillet 1884 ont établi
quelques prescriptions fort sages dont les principales sont les
suivantes : 1° une seule Société est admise en rapport direct
avec l'autorité militaire, c'est la *Société française de secours
aux blessés* reconnue d'utilité publique par le décret du 3 juillet
1884 ; toutes les autres, *Union des femmes de France, Société
des Dames de France,* ne peuvent agir qu'en se plaçant sous
l'autorité de la première et en observant les mêmes règles ;
2° La Société française et autres à elle affiliées relèvent à tous
les points de vue de l'autorité militaire, et ne peuvent agir que
sur les derrières de l'armée ; 3° Les brassards ne sont délivrés
que par l'intendant général et doivent être accompagnés d'une
carte d'identité.

Mais on peut reprocher surtout à la convention de Genève de
manquer de sanction et, par conséquent, de garantie ; elle partage, à ce point de vue, le sort de tous les accords internationaux. M. G. Moynier a proposé d'établir un tribunal arbitral
composé de délégués d'Etats neutres et des Etats belligérants,
ou des premiers seulement, et qui serait chargé de prononcer
sur les violations alléguées de la Convention de Genève (V. R.
D. I., 1872, p. 325). Mais qui garantirait l'exécution de la sen-

tence, où serait la force pour la réaliser, faudrait-il recommencer la guerre? Le plus simple et le plus sûr est encore que chaque État assure, par des mesures sévères, l'observation de la Convention de Genève de la part de ses troupes.

III. *Des morts.*

554. Le protocole de la Conférence de 1868 exprime l'obligation pour les belligérants de respecter les cadavres, de les faire inhumer et de s'assurer de leur identité. Dans toutes les lois militaires (art. 204 C. just. militaire), le dépouillement d'un cadavre est puni, par exemple de la dégradation militaire, et même de mort quand le voleur achève le blessé pour le dépouiller. On ne peut pas admettre le dépouillement d'un cadavre dont l'identité n'est pas établie, quoi qu'en disent certains auteurs.

D'autre part, chaque belligérant doit, autant que possible, communiquer à l'autre le relevé de ses morts qu'il a recueillis. La distribution d'une plaque d'identité en métal à chaque homme (Décret du 25 août 1884, art. 26 et notice 1), ainsi que les prescriptions pour les ensevelissements (*id.*, notice 5) sont de nature à éviter le nombre encore excessif des *disparus,* ainsi que les inhumations trop précipitées d'individus non encore morts, ou trop lentes et dangereuses ainsi pour la santé publique.

SECTION III

DES CONVENTIONS ENTRE BELLIGÉRANTS

555. Bien que la guerre fasse cesser les rapports conventionnels, il arrive cependant que les hostilités mêmes contraignent les belligérants a régler d'un commun accord des faits qui s'y rattachent. Or, il a été admis de tout temps que la parole donnée à l'ennemi doit toujours être respectée : « *fides etiam hosti servanda est* », suivant la parole de saint Augustin.

Ces conventions entre belligérants, surtout en tant qu'elles sont d'une portée transitoire et qu'elles se réfèrent à des questions d'ordre purement militaire, prennent le nom de *cartels.* Leur caractère général, sauf les précisions que nous indiquerons plus loin (V. n° 557), est de constituer des traités militaires, ce qui les différencie des traités publics ordinaires à plusieurs points de vue.

a). Elles sont conclues, non par les agents diplomatiques, mais par les chefs militaires qui ont implicitement, sous leur responsabilité, délégation générale pour consentir tous les arrangements conformes à l'intérêt de leurs troupes ; tandis que les agents diplomatiques ne peuvent négocier qu'en vertu des pouvoirs spéciaux qui leur sont conférés par le chef de l'Etat.

Il va sans dire d'ailleurs que les chefs militaires ne peuvent traiter que dans les limites de leur mission, c'est-à-dire pour affaires militaires et dans la sphère de leur commandement : ils ne pourraient, par exemple, ni céder un territoire, ni même consentir à la capitulation d'une place qui ne relèverait pas de leur autorité.

b). De plus, les conventions militaires valent par elles-mêmes, sans qu'il soit besoin, vu leur caractère urgent, de la ratification du chef de l'Etat ou du Parlement.

556. Des parlementaires. — Ce sont les agents de communication entre les chefs des corps belligérants. Ce rôle est habituellement confié à un officier expérimenté, rarement à un civil, accompagné d'un homme qui porte un fanion blanc, signe distinctif de la mission du parlementaire, d'un tambour ou, plus ordinairement, d'un trompette et, si c'est nécessaire, d'un guide et d'un interprète.

Le parlementaire et ceux qui l'escortent sont inviolables ; tirer sur eux est une des plus graves violations des lois de la guerre.

Si son inviolabilité rapproche le parlementaire de l'agent diplomatique, les nécessités de la guerre autorisent cependant à prendre à son égard des précautions qui seraient incompatibles avec la dignité des représentants d'Etats. Par exemple, on lui bande les yeux pour traverser les lignes ; il ne peut communiquer qu'avec le commandant en chef ; on peut même le retenir quelque temps, afin de l'empêcher de révéler le secret d'une opération qu'il aurait pu surprendre.

Le parlementaire a le droit et même le devoir de profiter de tout ce qu'il peut voir ou qu'on ne sait pas lui cacher ; mais il perd ses privilèges et peut être traité en espion, s'il abuse de sa mission pour surprendre les secrets de l'ennemi. Cependant la violation de l'immunité du parlementaire est tellement grave, que l'on n'agira qu'avec la plus grande circonspection, même au cas où l'espionnage serait très vraisemblable.

On n'est pas obligé de recevoir des parlementaires quand on ne veut pas engager de pourparlers ou quand on soupçonne qu'ils ne sont envoyés que pour espionner ou gagner du temps. On évite surtout de les recevoir trop fréquemment, ce qui paralyse l'action des troupes et facilite l'espionnage.

557. Des diverses conventions entre belligérants. — Parmi ces conventions, il en est une, l'armistice général, dont le caractère est semblable à celui des traités publics ordinaires ; toutes les autres sont des conventions militaires dans le sens et avec les conséquences indiqués plus haut (V. nᵉ 555). Parmi ces dernières, il en est une sur laquelle nous nous sommes déjà expliqué, c'est la convention ou cartel d'échange de prisonniers.

558. A. *Sauf-conduit :* c'est la permission donnée à une personne de circuler librement dans le territoire occupé par l'armée et entre les lignes d'opérations ; on l'accorde souvent aux correspondants de journaux, et on ne la refuse pas aux agents diplomatiques. Le sauf-conduit est soumis aux règles suivantes : 1° il ne peut être délivré que par le commandant des troupes, mais il subsiste malgré le changement dans le commandement ; 2° il est toujours révocable ; 3° il ne vaut que dans le ressort du commandant qui l'a délivré ; 4° il peut être limité en durée, sauf l'excuse de force majeure quand on n'a pas pu s'éloigner après son expiration ; 5° il est personnel en principe, soit à un individu, soit à sa famille, donc intransmissible ; 6° tout abus d'un sauf conduit, par exemple pour espionnage, entraîne l'application des lois de la guerre dans toute leur rigueur.

559. B. *Licences :* Ce sont des autorisations de transporter des marchandises et de faire le commerce sur le territoire occupé par les troupes ; il y en a de *générales* qui ne sont accordées que par le gouvernement et de *spéciales* qui peuvent émaner du commandant en chef (V. nᵒ 521) : ces dernières sont soumises aux mêmes règles que les sauf-conduits, si ce n'est qu'elles peuvent être transmissibles en ce qui concerne les mêmes marchandises.

560. C. La *Sauvegarde (salva guardia)* est la protection spéciale assurée à des personnes ou à des monuments dans les hostilités, par exemple à la veille d'un assaut ou après une bataille, aux églises, couvents, bibliothèques, musées, hôpitaux, pensionnats, à des propriétés d'amis ou de neutres, ou même de certains ennemis.

La sauvegarde peut être de deux sortes. 1° *Simple ou par écrit*, elle n'est qu'un ordre adressé aux troupes de respecter certaines personnes ou certains édifices, ordre manifesté parfois par des signes extérieurs, par exemple les *poteaux de protection* plantés devant les bâtiments couverts par la sauvegarde. 2° *Réelle ou en nature,* la sauvegarde est garantie par une troupe désignée à cet effet et qui, en France, est la gendarmerie. Cette troupe, qui ne peut jouer aucun rôle agressif, est inviolable et doit être renvoyée sans être faite prisonnière par l'ennemi qui occupe le lieu dont elle a la garde.

On peut rapprocher de la sauvegarde la convention par laquelle les belligérants neutralisent une partie de leur territoire afin de restreindre le théâtre des hostilités.

561. D. Les *capitulations*, dans le sens de conventions militaires, sont des arrangements par lesquels un commandant de troupes abandonne, avec ou sans conditions, la résistance contre l'ennemi. Ce sont des traités purement militaires consentis par les chefs de troupes sans le concours des agents diplomatiques et sans ratification, mais qui ne peuvent avoir aussi qu'un effet purement militaire, par exemple l'abandon d'une place ou d'une position, sans pouvoir agir en rien sur les rapports politiques des deux pays, notamment pour accorder une cession de territoire à titre définitif, ni même sur les rapports militaires en dehors des limites de commandement du chef de troupes qui consent la capitulation. Ainsi était sans effet la clause de la capitulation de Verdun du 8 novembre 1870, stipulant le retour de cette place à la France après la paix : seul le traité de paix pouvait régler cette question.

La capitulation peut avoir lieu en rase campagne ou dans une place forte, sauf la responsabilité beaucoup plus grande du chef des troupes dans le premier cas (art. 210 C. just. milit.; décret du 14 oct. 1870 appliqué au maréchal Bazaine; décret du 4 oct. 1891, art. 195).

La capitulation lie d'ailleurs l'Etat pour lequel elle est consentie, malgré que le chef militaire ait violé ses devoirs; on n'aura, comme ressource, qu'à lui appliquer la rigueur de la loi militaire. L'antiquité nous offre, au contraire, des exemples de capitulations désavouées malgré les engagements des généraux, comme la fameuse capitulation des Fourches Caudines. Actuellement, la délégation générale aux chefs de troupes du pouvoir de passer des conventions militaires sans ratification, commandée elle-même par les nécessités de la guerre, oblige à respecter tous les engagements pris par eux dans les limites de leurs attributions militaires.

Dans les rapports des belligérants, la capitulation a lieu sans conditions ou avec conditions.

Dans le premier cas, on passait jadis la garnison au fil de l'épée ; pratique barbare que Vattel a été le premier à condamner.

Aujourd'hui la garnison qui se rend sans condition est prisonnière ; on lui accorde même quelquefois des conditions honorables d'une manière spontanée, pour rendre honneur à son courage, comme cela a eu lieu à la capitulation de Phalsbourg le 12 décembre 1870.

Les conditions stipulées dans une capitulation peuvent infiniment varier ; elles se réfèrent à la situation des habitants inoffensifs, au sort des troupes, à la remise des armes, drapeaux, munitions, etc.

Une fois la capitulation conclue, il y aurait mauvaise foi à détruire les objets dont la livraison est promise ; ainsi l'explosion de la poudrière de Laon en 1870, après la capitulation, fut un acte blâmable, accompli par un sous-officier imprudent à l'insu de ses chefs. Mais, avant de capituler, tout commandant *peut et doit* détruire le plus possible les objets qui doivent profiter à l'ennemi, drapeaux, armes et munitions.

Observons, pour terminer, que la violation par le vainqueur des conditions consenties dans une capitulation est une des plus honteuses transgressions du Droit des gens : les Anglais eux-mêmes ont blâmé l'incorporation de Gênes au Piémont, malgré les termes de la capitulation de 1814 par laquelle l'Angleterre lui avait garanti son ancienne indépendance ; de même toute bonne foi fut violée lorsque la garnison de Dresde, commandée par le maréchal Saint-Cyr, après avoir reçu la promesse de pouvoir revenir en France, fut retenue prisonnière par les alliés, sous prétexte que cette concession n'avait pas été autorisée par le généralissime, prince de Schwartzenberg.

562. E. Les *suspensions d'armes* sont des conventions militaires consenties par les chefs d'armée, dans les limites de leur commandement, afin d'arrêter les hostilités pour un temps déterminé, dans un lieu fixé, et pour un but spécial, par exemple pour relever les blessés, ensevelir les morts, attendre les ordres de leur gouvernement, laisser reposer leurs troupes, procéder à une cérémonie, comme les funérailles de Marceau en 1796, etc.

Ces conventions sont souvent verbales, et même parfois tacites, mais alors elles peuvent donner lieu à des difficultés pour leur étendue et leur durée.

563. F. On distingue les *armistices spéciaux* et *généraux*. Les premiers ne sont que des supensions d'armes, conventions purement militaires, consenties par les chefs de troupes dans les limites de leur commandement. Les armistices généraux, au contraire, font cesser *partout* les hostilités, sauf réserve formelle pour certains points, comme cela eut lieu pour l'armée de l'Est en 1871.

Ces derniers sont de véritables traités publics conclus par les agents diplomatiques, ratifiés par le chef de l'Etat et, le plus souvent, rédigés par écrit. Au lieu d'être d'une durée très courte comme les suspensions d'armes, par exemple vingt-quatre heures, ils sont prolongés pendant un certain temps ; celui du 28 janvier 1871 fut conclu pour vingt et un jours et maintenu plus tard jusqu'au 21 mars.

Pour être efficace à l'égard des troupes, l'armistice doit leur être notifié, et il importe que cette notification soit précise pour éviter de regrettables malentendus. Le général Clinchant, remplaçant le général Bourbaki, fut avisé le 29 janvier 1871 de l'armistice conclu la veille, sans être informé que l'armée de l'Est qu'il commandait en était exceptée ; il suspendit sa retraite et, cerné par les Allemands, dut chercher un refuge en Suisse.

Souvent, pour éviter les contacts des belligérants pendant l'armistice, on les sépare par une zone neutre ; en 1871, on fixa une bande de dix kilomètres de chaque côté d'une ligne entre les deux armées, et autour de Paris l'espace compris entre les forts et la capitale.

564. Effets de l'armistice. — Un point certain, c'est que toute offensive nouvelle ou toute continuation d'une offensive commencée est interdite pendant l'armistice. Quant aux rapports pacifiques entre les nationaux des pays belligérants, par exemple les relations de commerce, il appartient aux Etats en présence de décider, suivant les circonstances, si on peut les laisser reprendre sans inconvénient.

Mais, en dehors de ces deux idées générales, les conséquences de l'armistice sont très diversement appréciées par les auteurs. Suivant Vattel et beaucoup d'autres, on peut, durant l'armistice, faire tout ce que l'ennemi n'aurait pas pu empêcher si les hostilités duraient encore, par exemple élever des fortifications loin du théâtre de la guerre, fabriquer des armes, lever des troupes; mais on ne pourrait pas faire des mouvements de retraite ou de concentration à portée de l'ennemi et que celui-ci aurait arrêtés si l'armistice n'avait pas eu lieu, ni réparer des brèches aux remparts, ni faire entrer des troupes dans une place assiégée.

Plus généralement, et c'est l'opinion consacrée dans la pratique, on admet que chaque belligérant peut faire, *dans l'intérieur de ses lignes,* tout ce qui peut améliorer sa situation, en s'abstenant, bien entendu, de tout acte d'hostilité. Cette solution, de beaucoup la plus simple, coupe court aux difficultés souvent insolubles sur le point de savoir si tel acte pourrait ou non être empêché par l'ennemi.

Mais peut-on profiter de l'armistice pour ravitailler une place assiégée ? Certains auteurs se prononcent catégoriquement pour la négative. On peut cependant objecter que cette solution est inique ; le *statu quo* qui est le trait caractéristique de l'armistice n'est plus respecté pour les assiégés qui absorbent leurs provisions, et pour lesquels toute prolongation de l'armistice se traduit par une diminution des moyens de résistance. Le plus humain et le plus juste est de régler le ravitaillement de la place proportionnellement à la durée de l'armistice, de manière à rationner la population dans des conditions telles que la suspension des hostilités soit sans influence sur l'état de ses approvisionnements. Cette pratique fut suivie dans la Convention du 16 février 1840, art. 12, au siège de Trévise. Mais, en 1870, malgré les instances de Thiers et de J. Favre, M. de Bismarck refusa de laisser ravitailler Paris pendant l'armistice (Circ. de J. Favre, du 7 nov. aux Puissances ; M. de Bourgouing, *Du ravitaillement dans les armistices,* Revue des Deux-Mondes, 15 déc. 1870).

565. Fin de l'armistice. — 1° Elle arrive d'abord par l'expiration du délai stipulé dans l'armistice ; les hostilités peuvent reprendre aussitôt sans dénonciation préalable, à moins de convention contraire. De là la nécessité de fixer exactement le point de départ et le terme du délai ; il semble plus pratique de compter par jours *naturels* et non par jours *civils* qui peuvent varier d'un pays à l'autre, et il faut s'entendre, à l'avance, sur le point de savoir si le délai est compté en jours *francs,* c'est-à-dire sans tenir compte du premier ni du dernier.

2° L'armistice se termine également par la dénonciation de l'un des belligérants quand aucun délai n'a été fixé à l'avance.

3° Enfin, il est arrêté par la violation de l'un des partis qui reprend les hostilités. Bien que beaucoup d'auteurs estiment que l'autre parti peut alors reprendre les hostilités à son tour sans dénonciation préalable, il semble préférable d'exiger un avertissement et un délai raisonnable, pour que le pays adverse puisse fournir des explications et des réparations dans le cas où la rupture de l'armistice viendrait du fait isolé de quelques-uns de ses soldats et non de son initiative gouvernementale ; dans ce cas, en effet, l'armistice est maintenu, sauf l'obligation d'effacer les suites de l'agression isolée qui a été commise.

SECTION IV

DE L'OCCUPATION EN TEMPS DE GUERRE ET DE SES EFFETS

§ 1ᵉʳ. *Notions générales.*

566. Jusqu'à la fin du siècle dernier, on confondait encore l'invasion et l'occupation momentanée qui la suit avec la conquête, et on leur donnait les effets définitifs de celle-ci. Aujourd'hui, on en est venu à une notion plus exacte et l'on s'accorde pour définir l'occupation de la manière suivante : « Un état de fait, essentiellement provisoire, qui ne donne à l'occupant que le droit d'accomplir les actes indispensables aux fins de la guerre, en respectant, pour le surplus, la souveraineté du pays occupé ». De là il suit que l'ancienne souveraineté du pays envahi subsiste *en droit;* mais que, vu les nécessités de la guerre, elle peut, sur certains points, être remplacée *en fait* par celle du pays envahisseur.

Seulement, la limite entre la souveraineté de droit qui doit être respectée et celle de fait que l'envahisseur peut exercer est impossible à déterminer à l'avance, comme le montrent les vaines tentatives des auteurs : le seul *criterium* que l'on puisse invoquer est celui des nécessités de la guerre qui, seules, justifient la substitution de la souveraineté de fait de l'envahisseur à la souveraineté de droit du pays envahi ; or c'est là un *criterium* qui varie suivant les circonstances et au sujet duquel les commandants militaires ont un large pouvoir d'appréciation, sous leur responsabilité.

On dit souvent que l'intervention du vainqueur dans la souveraineté du pays envahi est réglée par la *loi martiale ;* mais cette expression fort vague n'apprend pas grand chose. Ce ne peut être la loi militaire ou martiale du pays envahisseur, puisque la substitution de la souveraineté de ce pays à celle du pays envahi suppose un rapport entre les Etats qui doit être réglé par des principes de Droit international, et non par la loi spéciale de l'un des deux pays qui n'a d'autorité que dans le territoire où elle domine. D'autre part, la loi martiale ne peut signifier la volonté absolue et arbitraire du chef de l'armée d'invasion, comme semblait l'indiquer Wellington dans sa lettre au Parlement anglais en 1814. Cette volonté même a ses limites dans les nécessités de la guerre ; tout acte dépassant la mesure commandée par celles-ci n'est plus qu'une atteinte brutale contre la souveraineté du pays envahi, qui subsiste jusqu'à ce que la conquête définitive l'ait supprimée, et une violation du Droit des gens.

567. Conditions de l'occupation militaire. — Pour pouvoir produire les effets considérables qu'elle peut faire naître, l'occupation militaire doit satisfaire à deux conditions : 1° Il faut que le gouvernement du pays qui subit l'invasion soit dans l'impossibilité d'exercer sa souveraineté dans la portion envahie ; 2° l'envahisseur doit occuper suffisamment le territoire pour y exercer en fait sa propre souveraineté. (Acte de Bruxelles, 1874, art. 1 ; Manuel d'Oxford, art. 41.)

On voit par là que l'occupation militaire doit être *effective,* comme l'occupation pacifique ayant pour objet d'acquérir la souveraineté. Mais l'*animus domini* n'est plus nécessaire ici, l'invasion pouvant conduire, comme en 1871, bien au-delà du territoire que l'on a l'intention de garder définitivement. D'ailleurs, l'*animus domini* ne peut autoriser, avant que la cession de territoire ait eu lieu, une prise de possession absolue avec substitution complète de la nouvelle souveraineté à l'ancienne.

Pour éviter les surprises à l'égard des habitants des pays envahis, il est bon d'annoncer à l'avance les limites du territoire que l'on considère comme occupé par ses troupes et d'indiquer les devoirs auxquels on astreint ceux qui l'habitent.

568. L'occupation peut être prolongée après la paix, à titre de garantie de l'exécution du traité, comme cela a eu lieu dans l'Est de la France en 1871. Des conventions règlent généralement les conditions de cette occupation ; dans tous les cas, ses effets se limitent à la sauvegarde de l'armée d'occupation et la souveraineté du pays occupé, sauf cette réserve, reprend son entière autorité. Il en est de même pour les occupations dites *convenues*, c'est-à-dire ayant lieu du consentement de la souveraineté territoriale, comme celle de la France à Rome de 1849 à 1870, et en Tunisie (V. n. 574).

§ II. *Pouvoirs de l'occupant quant aux actes de souveraineté générale.*

569. L'intérêt du pays envahi comme celui de l'occupant commande que l'ordre soit sauvegardé dans le territoire occupé. Par le fait, comme disent MM. Funk-Brentano et Sorel, que l'autorité légale du pays est interrompue et non détruite par l'invasion, il appartient à l'envahisseur de l'exercer à sa place, en suivant, en principe, ses lois, sauf à les écarter dans les limites étroites que commandent les nécessités de la guerre et les besoins de défense de l'envahisseur. Nous n'avons qu'à appliquer cette formule aux questions les plus importantes.

570. A. Quant à la *législation*, l'occupant doit, en principe, laisser appliquer celle du pays envahi, tant que cette application ne nuit pas à sa propre sécurité, qu'il s'agisse des lois criminelles ou civiles. Ainsi il peut interdire l'émigration autorisée par la loi locale quand elle sert à augmenter les forces de l'ennemi et suspendre la conscription pratiquée en faveur du pays

qui subit l'invasion (Proclamations de la Prusse, 13 août et
15 décemb. 1870). Mais si des obstacles de fait peuvent être
apportés à l'application des lois dangereuses pour l'occupant,
celui-ci ne doit pas en empêcher l'effet par des sanctions excessives, hors de proportion avec le préjudice qui lui est causé, ni
surtout pouvant produire leurs conséquences après la paix,
quand elles n'ont plus leur raison d'être : on ne peut que blâmer le bannissement *pour dix ans* et la confiscation des biens
prononcés contre les Alsaciens-Lorrains qui s'absentaient pendant l'invasion.

Les lois douanières peuvent être supprimées par l'occupant
quand elles le gênent ; mais elles continuent toujours à lier les
nationaux à l'égard de leur pays pour le cas où l'invasion viendrait à cesser (V. C. de Metz, siégeant à Mézières, 29 juillet
1871, Dal., 71. 2. 132).

571. B. L'envahisseur maintient aussi, en principe, les autorités locales, judiciaires ou administratives, mieux à même
d'appliquer la législation du pays. Il ne change guère que celles
dont le caractère politique lui inspire de la méfiance ou dont
l'attitude lui est hostile. Les circonstances seules déterminent la
conduite de l'occupant ; seulement nous ne pouvons admettre
qu'il puisse obliger les fonctionnaires du pays envahi à le servir
et surtout à lui prêter le serment de fidélité, sous peine de certaines sanctions, notamment d'amendes, comme le firent les
Allemands à l'égard des fonctionnaires de la préfecture de Versailles.

Les autorités maintenues dans le pays envahi relèvent en
droit de l'ancienne souveraineté au nom de laquelle, en particulier, elles doivent rendre la justice. En 1870, l'Allemagne émit
la prétention de faire rendre les jugements par les tribunaux
français, *au nom des Puissances allemandes occupant la Lorraine ;* cette prétention, condamnée par les auteurs allemands
eux-mêmes comme contraire au respect de la souveraineté du
pays envahi qui subsiste jusqu'à la cession définitive du territoire, fut noblement rejetée par les magistrats français (V. décisions de Nancy, *J. Off.*, 21 sept. 1870, Laon, Versailles, etc.).

Si la justice est complètement désorganisée par l'invasion,
l'occupant peut installer des tribunaux provisoires, dont les sentences sont considérées comme ayant autorité après que l'inva-

sion a cessé, ainsi qu'il a été fréquemment jugé à propos des juridictions établies par l'Angleterre en Corse de 1793 à 1799 (Cass., 16 mars 1841, Sir., 41. 1. 505; Bastia, 27 déc. 1875, *J. Clunet*, 1876, p. 104). Mais on exagère en assimilant les jugements ainsi rendus à ceux qui émanent des tribunaux nationaux; ils viennent de magistrats investis par l'autorité étrangère et ils sont rendus au nom d'une autre souveraineté : aussi ne devraient-ils être déclarés exécutoires qu'après la concession de l'*exequatur* (V. notre *Précis de Droit int. privé*, 2e édit., p. 340).

572. C. Par la substitution de fait de sa souveraineté à celle du pays envahi, l'occupant perçoit les *impôts* pour son compte. Il ne doit pas les aggraver, ni en changer l'assiette, et il est obligé de les affecter aux services publics du pays occupé. Si le service fiscal est désorganisé au point que la loi territoriale ne puisse pas être suivie, on procède par équivalence, c'est-à-dire que l'on évalue le rendement des contributions locales et on en fait la répartition équitable par circonscriptions et par habitants.

573. D. *La juridiction de l'armée d'invasion* se substitue de plein droit à celle du pays envahi pour tous les faits qui se rattachent à la sécurité des troupes d'occupation (C. Just. milit., art. 63). C'est alors la juridiction militaire de l'armée d'occupation qui applique sa propre loi martiale, sauf à suivre pour les cas non prévus par cette loi des règles spéciales souvent annoncées dans la proclamation lancée en entrant dans le pays ennemi (V. C. Just. milit., art. 157-158). Nous rappelons ici que la loi martiale ne peut pas être la volonté arbitraire des commandants militaires; ce ne serait plus alors, comme le dit Bluntschli, que la passion violente substituée à la loi. On en vient ainsi aux proclamations allemandes punissant *exclusivement* de la peine de mort tout attentat contre l'armée d'invasion, avec le concours de conseils de guerre organisés sur place et statuant *sans recours possible;* à la responsabilité inique de tout un village brûlé parce qu'un attentat contre les troupes d'occupation est commis sur son territoire; ou à la mise à mort de trois habitants du village de Vaux, dans les Ardennes, pour répondre du meurtre d'un soldat allemand commis par des personnes étrangères à la commune. Dans ce dernier cas, le tribunal de Rocroy a jugé que les habitants avaient eu tort de désigner les trois victimes sur l'injonction de l'envahisseur; ils auraient dû laisser à celui-ci tout l'odieux de son crime et ont assumé, de ce chef, une responsabilité en dommages et intérêts (V. *Gazette des tribunaux*, 13, 14, 15 janvier 1873 ; de Loynes, *Droit pénal de la guerre*, R. D. I., 1874, p. 134).

574. Cette intervention de la juridiction militaire de l'armée d'occupation donne lieu à des difficultés spéciales en ce qui concerne l'insurrection des habitants du territoire occupé. Certains auteurs condamnent absolument cette insurrection et autorisent contre elle l'application de la loi martiale de l'envahisseur. D'autres l'admettent si elle est faite en masse, et non par attaques isolées et sans autre portée que la satisfaction d'un esprit de vengeance. En fait, ces insurrections ont toujours été réprimées avec la dernière rigueur, en plaçant ceux qui y prenaient part en dehors de la condition de belligérants, c'est-à-dire en les livrant à la loi martiale sans les traiter en prisonniers de guerre; c'est ce qui a eu lieu dans les insurrections de Pavie, en 1796, de Vérone en 1797 et dans la guerre d'Espagne de 1808 à 1814. Cette solution, admise dans l'art. 46 du projet de Bruxelles en 1874, fut combattue par les petits Etats, en tant qu'elle s'appliquait aux soulèvements en masse considérés comme une ressource suprême et légitime par les pays qui ne peuvent pas entretenir de grandes armées permanentes; aussi le droit à la *défense nationale* dut-il être réservé par nombre d'Etats, notamment la Russie, l'Autriche-Hongrie, la France, la Suisse, la Belgique, les Pays-Bas. Ceux qui ont combattu cette réserve ont fait ressortir qu'elle aboutissait à consacrer toujours une perfidie, comme les Vêpres siciliennes, ou une série d'attaques isolées qui ne sont que du banditisme et un retour à la barbarie; que le seul moyen d'éviter ces abus est d'établir une organisation militaire générale imposant à tous l'obligation de combattre suivant les lois de la guerre. Cette question délicate n'a pas pu être discutée avec le sang-froid nécessaire après la guerre de 1870-71 qui avait passionné les esprits.

Pour nous, une distinction s'impose. L'attaque isolée contre l'armée d'occupation appelle toute la rigueur de la loi martiale qui est la seule sauvegarde de cette armée et la seule garantie qu'elle puisse avoir en retour de l'immunité des habitants qui

sont placés à l'abri des actes d'hostilité (V. n° 524). Mais le
soulèvement en masse doit faire attribuer aux habitants le
caractère et les avantages de belligérants, sur un territoire
déjà envahi comme dans celui qui va l'être (V. n° 527), à la
condition que les insurgés satisfassent aux conditions générales
prescrites de tous les belligérants : port ostensible des armes,
signe distinctif et reconnaissable à distance, observation des
lois de la guerre et, sinon rattachement à l'armée régulière, ce
qui est impossible en pareil cas, du moins approbation expresse
ou tacite du gouvernement du pays envahi. Ce qui justifie
notre solution, c'est que le vaincu subit le joug du vainqueur
sans l'accepter; si donc il peut, en fait, triompher de la nécessité qui l'opprime, il peut et il doit la repousser, sauf à se conformer aux lois de la guerre et à n'employer aucun des moyens
de cruauté ou de perfidie qu'elles réprouvent.

En fait la distinction entre l'agression isolée et le soulèvement
en masse est souvent difficile à établir; l'occupant, seul juge de
la question, profitera toujours du doute pour ne voir que la
première et appliquer la rigueur de la loi martiale. Mais dans
tous les cas, la répression des attaques contre l'armée d'invasion
n'est permise que sur les territoires effectivement occupés; il
est inadmissible que l'on adresse des menaces à une population
quand on n'occupe pas encore son territoire, pour les actes
d'hostilité qu'elle accomplira, ou quand, forcé d'abandonner le
pays par les nécessités de la guerre, on réserve la réalisation
de ses menaces pour le moment où l'on reviendra, ainsi que le
firent les Allemands en quittant Saint-Quentin le 22 octobre
1870. La répression des attaques dont il s'agit n'est pas un
châtiment qui puisse viser un fait accompli hors de la sphère
d'action de l'armée d'occupation, ou dont l'application puisse
être différée suivant les circonstances; c'est un acte de légitime
défense qui n'est justifiable qu'à l'égard d'une agression immédiate, et en tant qu'il se réalise aussitôt après cette agression,
non quand le danger provoqué par elle a disparu.

Les faits qui relèvent de la juridiction de l'armée d'occupation
sont tous les faits attentatoires à la sûreté de celle-ci, même non
prévus par la loi militaire, ainsi que cela a été jugé pour
l'empoisonnement d'un soldat français au Mexique (Cass.,
24 août 1865, Bull. crim., n° 179).

Les règles ci-dessus doivent être également suivies quand il s'agit d'occupations résultant d'une convention et non d'une invasion, comme celle de l'Est de la France après la paix du 10 mai 1871, ou celle des troupes françaises à Rome de 1849 à 1870 (Cass., 19 janv. et 23 juin 1865, 30 nov. et 14 décemb. 1865, Bullet. crim., n°ˢ 14, 133, 214 et 225). Il importe peu d'ailleurs que le coupable soit un national du pays ainsi occupé ou appartienne à une Puissance tierce; il s'agit d'une règle d'intérêt général qui s'impose à tout le monde : ainsi les tribunaux militaires ont été reconnus compétents pour statuer sur une agression d'un Italien contre une sentinelle française à Tunis. *(J. Clunet,* 1882, p. 511).

§ III. *Effets de l'occupation militaire quant aux personnes.*

575. La substitution en fait de la souveraineté de l'occupant à la souveraineté légale du pays envahi donne droit aux habitants d'exiger la protection de l'occupant, comme elle les soumet à certaines obligations envers lui.

576. I. Obligations de l'occupant envers les habitants du pays occupé. — Tandis qu'au siècle dernier encore on admettait les droits les plus absolus du vainqueur envers les habitants du pays envahi, tout le monde reconnaît aujourd'hui que ces habitants, tant qu'ils demeurent inoffensifs, doivent être protégés dans leur vie, leur honneur et leurs convictions. Cette règle est sanctionnée par la loi militaire de tous les États civilisés qui punit sévèrement les soldats coupables d'attentats contre les habitants des pays occupés. L'envahisseur proclame souvent qu'il suivra cette ligne de conduite au moment d'entrer sur le territoire ennemi. (Proclamation du roi de Prusse du 11 août 1870).

Cependant, certaines mesures que l'on peut prendre à l'égard des habitants provoquent des difficultés sérieuses au point de vue de leur conciliation avec le respect qui est dû à ces derniers.

1° On tolère en doctrine et on applique largement en fait les *réquisitions personnelles* imposées aux habitants du territoire occupé, à cause de leur nécessité pour l'armée d'occupation, à la condition qu'elles n'impliquent jamais une *coopération directe* des habitants requis à l'action de l'ennemi contre leur patrie, et qu'elles ne les exposent pas *directement* aux dangers de la guerre à laquelle ils doivent rester étrangers. Par exemple, on requiert les habitants pour la réfection des routes, ponts, che-mins de fer et télégraphes ; il est vrai que ces travaux servent à l'ennemi pour son action militaire, mais on prétend qu'ils sont aussi d'une utilité générale pour les habitants. Dans tous les cas, les réquisitions pour la construction d'une route purement stratégique seraient inadmissibles. On tolère aussi les réquisi-sitions pour le transport des troupes et des munitions de l'en-nemi ; ce sont cependant de véritables concours à l'action mili-taire de l'envahisseur imposés aux habitants et c'est une véritable subtilité de dire, comme le font presque tous les auteurs, que la réquisition ne porte que sur des objets maté-riels, chevaux et voitures, tandis que les propriétaires ne font qu'accompagner ces objets pour les surveiller et en reprendre possession quand l'occupant ne veut plus s'en servir.

La réquisition des habitants en qualité de guides nous paraît également inacceptable comme constituant un concours *effectif* à l'action de l'ennemi. Aussi a-t-elle été rejetée par la Confé rence de Bruxelles, contrairement à la proposition de la Russie du 16 août 1874.

2° La doctrine condamne les travaux d'attaque ou de défense imposés aux habitants (Projet de Bruxelles, art. 36; Manuel d'Oxford, art. 48); les outrages faits à leur sentiment national, comme ceux qu'adressa un officier allemand à la municipalité de Péronne le 21 mars 1871 ; les contraintes exercées sur eux afin de leur faire fournir des renseignements compromettants pour leur patrie ; les provocations à la trahison, à la corruption ou à la dénonciation de leurs concitoyens coupables de résistance à l'ennemi. En 1870-1871, l'armée d'invasion a contraint les maires, par la violence, à signaler les lignes télégraphiques souterraines; a récompensé la dénonciation du meurtre de ses soldats : les faits ainsi imposés ou encouragés sont, d'après la loi du pays envahi, des crimes de trahison, et l'occupant ne peut jamais exiger des habitants ni provoquer de leur part des actes criminels aux yeux de leur patrie (V. Guelle, t. II, p. 48, note 2).

3° L'occupant ne peut pas blesser les convictions religieuses des habitants, par exemple en profanant les temples et les églises pour un service militaire, sauf le cas de nécessité sérieuse.

4° On ne peut pas exiger des habitants du pays occupé le serment de fidélité envers l'envahisseur (Projet de Bruxelles, art. 37 et 39 ; Manuel d'Oxford, art. 47).

5° Enfin la sanction pour le refus d'obéissance aux ordres de l'occupant doit être proportionnelle à la gravité du préjudice causé, humaine et ne jamais frapper des innocents : ainsi les publicistes de l'Allemagne ont dû blâmer eux-mêmes la menace adressée par le préfet allemand de Nancy à certains ouvriers de les fusiller, si cinq cents autres ne venaient pas aussitôt réparer un pont détruit par les francs-tireurs.

577. II. Obligations des habitants envers l'armée d'occupation. — Sans être déliés de tout devoir envers le souverain de leur pays ni astreints par conséquent à tous les ordres de l'envahisseur, ainsi qu'on l'a dit d'une manière exagérée (Bluntschli, art. 544), les habitants doivent obéir aux injonctions de l'occupant justifiées par les nécessités militaires et dans la mesure qui a été indiquée ci-dessus (V. n° 576). Tout manquement à ce devoir les expose à une sanction qui peut aller jusqu'à la peine de mort, sauf les réserves signalées plus haut (n° 576, n° 5°).

La presse, en particulier, en raison de son importance et du danger de ses révélations, peut être soumise à un régime spécial dans un pays envahi ; la proclamation de l'état de siège peut même placer la presse sous le contrôle absolu de l'autorité militaire.

En vertu de sa souveraineté de fait, l'occupant peut exproprier les imprimeries, moyennant indemnité ; mais la réquisition forcée des imprimeurs et de leurs ouvriers pour publier des documents ou journaux favorables à l'ennemi nous semble une contrainte injustifiée, contraire au respect des sentiments des populations. En 1870-1871, les Allemands ont usé de ce dernier procédé et ont forcé les maires, cafetiers, hôteliers, etc., à s'abonner aux journaux qu'ils publiaient (V. Guelle, t. II, pp. 60 à 62, notes).

§ IV. *Effets de l'occupation sur la propriété privée.*

578. Dans l'antiquité, le droit absolu du vainqueur sur le vaincu entraînait le droit de s'emparer de tous ses biens, conséquence logique, d'après Cicéron lui-même, de la faculté de massacrer les habitants du pays envahi, en vertu de l'axiôme : Qui peut le plus peut le moins. On sait d'ailleurs que les Romains regardaient comme la source la plus ancienne et la plus sûre de la propriété l'*occupatio bellica* (Gaïus, IV, § 16). La même idée subsiste, au fond, jusqu'à la fin du xviiie siècle; la propriété privée des nationaux ennemis est saisie, pillée, détruite sans scrupule; Grotius, Vattel, même Frédéric de Martens, à la veille du xixe siècle, ne contestaient pas la légitimité de cette façon d'agir.

Mais, depuis le commencement de notre siècle, le principe que la guerre est un rapport d'Etat à Etat a définitivement prévalu, et il n'est pas un publiciste qui ne reconnaisse, au moins en ce qui concerne la guerre continentale, car nous verrons que ce progrès n'est pas encore réalisé dans la guerre maritime, que la propriété des particuliers doit être respectée dans le cours des hostilités.

579. I. Immeubles. — Tous ceux qui appartiennent à des particuliers sont inviolables en eux-mêmes et au point de vue des actes juridiques, ventes, échanges, baux, etc., auxquels ils ont donné lieu. Il en est de même des biens qui appartiennent à *titre privé* au souverain ennemi; leurs revenus mêmes ne peuvent pas être saisis par l'occupant. Au contraire, les biens dits *de la couronne,* c'est-à-dire appartenant à l'Etat, mais mis à la disposition du souverain quant à la jouissance, suivent le sort des autres domaines de l'Etat dont nous parlerons plus loin.

580. II. Meubles. — L'inviolabilité de ceux qui sont la propriété des particuliers est la même que celle des immeubles. Cependant l'occupant peut se saisir de ceux qui peuvent servir d'instruments d'hostilités contre lui, tels que les armes et les munitions.

On n'a pas résolu, à la Conférence de Bruxelles, la question de savoir si cette saisie doit être purement provisoire pendant la durée de la guerre, ou si l'occupant peut garder les objets par lui confisqués; le Manuel des Officiers français (p. 122) semble se prononcer dans ce dernier sens. Mais il faut décider que, sauf dans le cas où les détenteurs des armes ou munitions sont convaincus d'avoir voulu faire de la contrebande de guerre, ces objets, propriété des particuliers, ne peuvent être que séquestrés à titre de précaution, et qu'ils doivent être restitués après la paix, ou payés à leur juste valeur si l'ennemi a cru nécessaire de les détruire. En 1870-1871, les Allemands n'ont détruit que les armes de guerre proprement dites appartenant à des particuliers et ont simplement séquestré, en en donnant un reçu, les armes de luxe et de chasse que, paraît-il, ils n'ont pas toujours restituées.

581. III. Créances. — Il suffit de rappeler à leur sujet ce qui a été dit plus haut, à propos de la déclaration de guerre (V. n° 521, B.) ; un Etat ne peut retenir, ni en capital ni en intérêts, ce qu'il doit aux habitants du pays ennemi, même dans le territoire envahi par lui ; la pratique contraire, outre qu'elle violerait le principe d'après lequel la guerre est un rapport entre les Etats et ne doit pas atteindre directement les particuliers, serait des plus impolitiques en ruinant le crédit de l'Etat envahisseur. En fait, la confiscation des créances au préjudice des particuliers, appliquée et approuvée jadis (V. Vattel, liv. III, chap. V, § 77), ne se pratique plus. Si, par hasard, elle avait lieu, le paiement exigé par l'occupant au détriment du véritable créancier ne serait pas libératoire aux yeux de ce dernier qui pourrait exiger un nouveau paiement à son profit. Juridiquement, d'ailleurs, comme l'observe Heffter, on ne peut pas prendre possession d'une créance, chose immatérielle, en s'emparant du titre qui ne fait que la constater, et on ne peut, dès lors, invoquer même le droit d'occupation.

582. Exceptions au respect de la propriété privée. — Ces exceptions, uniquement justifiées par les nécessités de la guerre, peuvent se présenter sous la forme de destruction ou de dégradation des biens des particuliers, de réquisitions d'objets utiles à l'occupant, enfin de contributions pécuniaires imposées aux habitants du territoire envahi.

583. A. La souveraineté de fait qui appartient à l'occupant l'autorise à prendre les mesures absolument indispensables pour assurer son action militaire, même en sacrifiant la propriété privée, par exemple en rasant les maisons et les arbres pour faci-

liter le tir de ses batteries, en ravageant les récoltes par le passage des troupes. La seule limite de ses droits, à ce point de vue,
c'est qu'il doit s'abstenir de dévastations inutiles que ne commandent pas les exigences des hostilités. Cette limitation, inconnue même en doctrine dans l'antiquité, au moyen-âge et jusque dans l'époque moderne, comme le montre l'exemple du
ravage du Palatinat accompli par Turenne, n'est pas toujours
respectée de nos jours ; la guerre de 1870-1871 et la guerre des
Balkans ont montré un véritable recul vers la barbarie, par rapport à la modération dont les belligérants ont fait preuve dans
les guerres de Crimée et d'Italie. Les incendies sans nécessité,
allumés seulement par esprit de vengeance, à Bazeilles, Fonte-
nay, Châteaudun, Ablis, Peltres, Varize, etc., ont pu faire comparer les excès de la guerre de 1870-1871 aux horreurs de
celle de Trente ans.

584. La limitation indiquée ci-dessus conduit à interdire
absolument le *pillage* des propriétés privées par l'armée d'occupation ; la pratique en est d'ailleurs abandonnée par les peuples
civilisés, et le projet de Bruxelles, art. 18, la condamne formellement même pour les villes prises d'assaut. Tout le monde
reconnaît que le pillage, violation du principe que la guerre est
faite aux Etats et non aux particuliers, est de plus déshonorant
pour l'armée qui s'y livre, compromet sa discipline et ne peut
que provoquer des représailles semblables.

Cependant, la notion du pillage est différemment comprise
suivant les pays. En France, la loi considère comme pillage le
fait de s'emparer violemment du bien d'autrui en réunion et à
force ouverte (C. de just. milit., art. 250). En Allemagne,
le pillage exige la violence ou la menace contre les propriétaires ; il n'y a que vol quand on s'empare des biens dans
une habitation abandonnée (art. 129 C. just. milit. allemand).
De plus, les commandants peuvent autoriser le pillage *à titre
de châtiment* contre les habitants du pays envahi, ainsi que la
prise de possession des objets nécessaires à l'armée, vivres,
fourrages, combustibles, habillements, etc., ou même des objets
devenus nécessaires pour certaines catégories de personnes,
tels que le tabac, les cigares, l'eau-de-vie, etc. (art. 130 *id.).*
Mais, en bonne doctrine, on ne peut tolérer le pillage des maisons abandonnées, car l'absence est un droit pour les habitants

du pays envahi, ni celui qui est pratiqué à titre de châtiment et qui est autorisé par les chefs militaires, comme à Bazeilles, à Châteaudun, à Gray, etc..., ni enfin la saisie d'objets de luxe qui, quoi qu'on en dise, ne sont jamais nécessaires à l'entretien des troupes d'occupation, par exemple des cigares et des vins fins. Toute concession sur ces divers points aboutit à sacrifier le respect de la propriété privée; aussi condamne-t-on également le pillage du Palais d'été à Péking et la prétention des Etats du Nord qui, pendant la guerre de Sécession, confisquèrent le coton appartenant aux Sudistes, sous prétexte que cette denrée constituait la principale richesse de ces derniers et leur plus grand moyen de résistance. (V. rapport du ministre de l'intérieur à la suite du décret du 26 octobre 1871 pour la répartition des indemnités votées par la loi du 6 sept. 1871, estimant à 264 millions les pillages commis par l'armée d'invasion.)

Au point de vue du pays envahi, le pillage est un crime qui peut avoir sa sanction d'après la loi pénale de ce pays à l'égard des particuliers qui y ont participé : un Français a été puni pour recel d'objets pillés par les Prussiens au préjudice d'un autre Français, et des objets ainsi dérobés ont pu être revendiqués comme volés sans que leur possesseur ait été admis à alléguer sa bonne foi et l'art. 2279 du Code civil (Cass., 15 déc. 1871, Sir., 72. 1. 44; Besançon, 12 mai 1873, Sir., 73. 2. 272).

585. Le *butin* doit être distingué du pillage : ce dernier se fait au préjudice des habitants qui ne participent pas aux hostilités, tandis que le butin porte sur les objets qui sont entre les mains des combattants ou des personnes attachées à l'armée. Le butin est légitime quand il s'exerce sur des biens appartenant à l'Etat et que détiennent les belligérants, tels que les armes et les munitions; mais il doit être condamné en tant qu'il est pratiqué sur les objets qui sont la propriété particulière des combattants, par exemple sur leur argent et leurs bijoux, et c'est ce que décident les lois militaires de tous les pays civilisés qui édictent des sanctions sévères en pareil cas (Cod. just. milit., art. 248 à 250).

Du reste, à peu près partout, le butin fait sur l'ennemi, armes, munitions, trésor de l'armée, etc.. est atttribué à l'Etat et non aux capteurs, sauf une idemnité accordée à ces derniers.

586. B. Les réquisitions consistent dans l'obligation imposée aux habitants du pays envahi de fournir à l'armée d'occupation les objets qui lui sont nécessaires. Ces réquisitions sont dites *réelles* par opposition à celles que l'on qualifie de *personnelles* et qui consistent en services rendus par les habitants eux-mêmes, comme nous l'avons déjà vu (V. n° 576, 1°).

Jadis sans limites en vertu des droits absolus que le vainqueur s'attribuait sur les vaincus, les réquisitions furent réglées plus tard afin d'éviter la ruine complète des territoires occupés ; on trouve des règlements en ce sens sous Charles VII en 1439, sous Louis XI en 1467, et enfin l'organisation d'un service régulier d'approvisionnement pour les armées en campagne dû à Louvois (V. H. Morgand, *Les réquisitions militaires*, pp. 3 et suiv.). Malgré cette dernière innovation, la pratique des réquisitions subsista et elle fut réglée à maintes reprises sous la Révolution et l'Empire, notamment par la loi du 18 brumaire an III. C'est Washington qui, pendant la guerre d'indépendance, établit le premier un règlement modéré des réquisitions, en les limitant aux besoins des troupes et en faisant délivrer des reçus des objets réquisitionnés pour en assurer le paiement aux habitants. Dans beaucoup de guerres modernes, par esprit de ménagement politique, on a renoncé aux réquisitions, l'armée d'invasion obtenant de ses fournisseurs tout ce qui lui était nécessaire, par exemple en Crimée, en Italie, au Mexique. Mais dans la guerre de 1870-1871 et généralement dans toutes celles qui comportent un énorme déplacement d'hommes que les convois des fournisseurs ne peuvent pas alimenter, on a dû recourir à l'entretien des troupes dans le pays par la voie des réquisitions. En France, ces réquisitions sont réglées par la loi du 3 juillet 1877 et le décret du 2 août 1877.

Au fond, les réquisitions, outre qu'elles sont une atteinte à la propriété privée qui devrait être respectée, sont irrationnelles et injustes en contraignant les habitants à concourir à l'entretien des troupes qui combattent leur patrie. Tout ce qu'on peut dire en leur faveur, c'est que les nécessités de la guerre les rendant inévitables, on s'efforce d'en écarter les abus en les réglementant.

Les réquisitions, considérées comme une nécessité de force majeure, peuvent être exercées contre tous les habitants, même nationaux d'une tierce Puissance.

Elles ne doivent être ordonnées que par les commandants supérieurs dans chaque territoire et sous leur responsabilité.

Elles ne doivent porter que sur des objets indispensables à l'entretien des troupes, vivres, fourrages, vêtements, etc., ou à leurs déplacements, voitures, chevaux, bateaux, etc. On ne peut justifier celles qui ont pour objet des choses de luxe, cigares, vins fins, etc., suivant la pratique allemande. Un reçu doit être délivré pour qu'une indemnité soit payée.

Enfin, autant que possible, les réquisitions doivent être faites par l'intermédiaire des autorités locales, pour éviter les accusations trop fréquentes d'abus et d'arbitraire.

Pour les règles à suivre dans les réquisitions, on a proposé d'appliquer la loi du pays occupé; mais l'envahisseur peut ne pas bien la connaître et, de plus, pourrait être conduit à agir ainsi comme le gouvernement du pays pourrait le faire envers ses nationaux, c'est-à-dire à exiger d'eux un concours effectif à l'action militaire qu'il ne peut pas leur demander contre leur patrie. L'occupant ne peut davantage suivre sa propre loi qui le conduirait à demander aux habitants ce qu'il peut imposer à ses propres nationaux. On doit alors s'en tenir à ces principes généraux que les réquisitions : 1° doivent être proportionnées aux ressources du pays; 2° être modérées dans la mesure des besoins de l'armée; 3° ne jamais contraindre les habitants à des actes d'agression militaire directe contre leur patrie (Conf. de Bruxelles, art. 40).

587. C. *Les contributions de guerre* consistent essentiellement en des impositions pécuniaires exigées des habitants du pays occupé. On ne peut plus, ainsi que le faisaient les anciens auteurs, les justifier en les considérant comme le rachat du pillage qui est lui-même condamné; ni comme les frais du procès de la guerre, parce qu'on ne sait pas encore quel est le gagnant et que, d'ailleurs, si procès il y a, il surgit entre les États qui seuls doivent en supporter les charges tandis que les particuliers en sont exonérés. Il est même inadmissible, étant donné que la guerre est uniquement un rapport entre les États, que les contributions puissent servir de moyen de pression sur les particuliers pour provoquer une fin plus prompte des hostilités.

On explique cependant les contributions en les considérant

comme un mode de remplacement des réquisitions, moins vexatoire, d'une répartition plus facile et moins inique que ces dernières.

En fait, les contributions ne servent qu'à satisfaire la cupidité de l'envahisseur qui ne les emploie jamais au remplacement des réquisitions. Elles constituent une violation brutale de la propriété privée qui n'a d'autre effet que d'exaspérer les vaincus et de rendre la lutte plus acharnée.

Dans la doctrine, on assujétit les contributions aux règles suivantes :

1° Elles ne peuvent être ordonnées que par l'autorité supérieure, militaire ou civile, du pays occupant dans le territoire envahi (V. loi du 3 juillet 1877) ; 2° Elles doivent être limitées aux besoins des troupes et aux ressources du pays occupé ; 3° Il faut, autant que possible, les établir conformément aux lois fiscales du pays occupé ; 4° Un reçu doit être délivré constatant les sommes fournies (Projet de Bruxelles, art. 41 ; Manuel d'Oxford, art. 58, 60).

Mais, presque toujours, les contributions sont excessives, comme le montre l'exemple de la guerre de 1870-1871 dans laquelle leur montant total s'est élevé à 415 millions.

588. On a voulu aussi reconnaître à l'occupant le droit d'établir des contributions à titre de châtiment pour frapper les habitants quand des agressions ont été commises contre l'armée d'invasion. Mais cette sanction a toujours le défaut de frapper des innocents en vertu d'une solidarité arbitraire entre toute une population et ceux de ses membres qui sont coupables des attentats que l'on veut châtier. Des abus iniques ont été ainsi commis en 1870-1871, de l'aveu des Allemands eux-mêmes, et les contributions imposées ont été tellement hors de proportion avec les dommages causés que la loi française du 6 septembre 1871 a dû les comprendre parmi les faits qui justifiaient une indemnité pour dommages causés par la guerre (V. Bluntschli, art. 643 bis ; Calvo, t. IV, § 2236).

589. Recours des habitants pour dommages causés par l'invasion (1). — Cette question rentre, presque complètement,

---

(1) V. Féraud-Giraud, *Recours en raison des dommages causés par la guerre,* 1881.

dans le droit interne de chaque pays, notamment en ce qui concerne la responsabilité de l'Etat vis-à-vis de ses nationaux, les règles de compétence et de procédure. Nous ne l'envisagerons qu'au point de vue de ses rapports avec le Droit international.

Pour justifier le droit des victimes de la guerre à une indemnité, on peut invoquer la solidarité des nationaux d'un pays, en vertu de laquelle les préjudices soufferts par les uns pour le compte de tous doivent être supportés par la collectivité tout entière. Mais cette idée absolue n'a jamais été consacrée en France que par le décret de la Convention du 16 août 1793 qui, du reste, ne fut jamais intégralement appliqué, les indemnités ayant été restreintes et accordées uniquement à titre de secours gracieux.

En général, on décide que le *droit* à l'indemnité n'existe que pour les dommages causés par l'Etat d'une manière libre, c'est-à-dire en vertu d'une mesure de précaution ou de défense prise à l'avance et d'une manière réfléchie. Au contraire, ceux qui ont été provoqués par le fait de l'ennemi ou par l'Etat lui-même dans le cours des opérations de guerre, d'une manière urgente et sans décision préalable, n'imposent au pays que le devoir moral d'accorder une réparation dans la mesure des ressources dont il dispose et à titre de secours absolument bénévoles (lois des 10 juillet 1791, 27 février 1793; loi des finances du 23 sept. 1814, art. 7; décret du 18 août 1853, art. 39). Sur les instances de M. Thiers, cette dernière manière de voir fut consacrée, contrairement à la proposition d'accorder le droit à une réparation intégrale, dans les lois des 6 sept. 1871 et 7 avril 1873. La solution est d'ailleurs la même pour les nationaux des Puissances tierces établis dans le pays qui a subi l'invasion, ainsi que l'ont décidé les lois précitées de 1871 et de 1873.

Au contraire, les réquisitions et contributions ordonnées par l'Etat à l'égard de ses propres nationaux sont toujours prescrites d'une manière réfléchie sans avoir le caractère de nécessités urgentes et de cas de force majeure; aussi peuvent-elles toujours donner droit à une indemnité, conformément au reçu qui les constate.

En bonne justice, elles devraient être payées par l'ennemi quand c'est lui qui les a exigées.

D'autres prétendent que le vainqueur a le droit d'imposer

aux vaincus les frais de la guerre qui ne se prolonge que par leur résistance.

... Mais si les habitants s'adressent à leur propre gouvernement, celui-ci se refusera à payer des dépenses qui ont servi à l'ennemi pour le combattre. Aussi les reçus délivrés en pareil cas ne peuvent que servir, à la paix, d'éléments de calcul pour que l'occupant, s'il est vainqueur, laisse ces charges au vaincu; ou, dans le cas contraire, pour que le pays qui a subi l'invasion lui en demande le montant qu'il pourra consacrer à indemniser les victimes de l'occupation. Ces dernières d'ailleurs ne peuvent que réclamer un secours en pareil cas, sans invoquer un droit acquis, les exactions venant de l'ennemi étant réputées des cas de force majeure.

Cependant, s'il est établi que quelques-uns ont fourni des réquisitions ou contributions imposées en principe à une collectivité par l'ennemi, par exemple à une commune, leur recours contre cette dernière, sauf réserve de leur part contributoire personnelle, est un véritable droit. Ce droit existe même malgré les *secours* qu'ils auraient obtenus du gouvernement de leur pays, sauf à déduire ces secours du montant de leurs réclamations.

§ V. *Effets de l'occupation sur la propriété de l'Etat.*

590. Ces effets peuvent être appréciés à l'égard des immeubles et des meubles, en tenant compte, pour les premiers, de ce qu'ils font partie du domaine public ou du domaine privé de l'Etat envahi.

I. *Immeubles.*

591. A. Immeubles du domaine public. — L'ancien caractère de *res nullius* attribué aux biens de l'ennemi et l'*occupatio bellica* qui en était la conséquence n'étant plus admis de nos jours, l'occupant ne devient pas propriétaire même des immeubles du domaine public dont il prend possession; seule la cession régulière intervenant à la paix peut lui en attribuer la propriété.

Le droit de l'occupant sur les immeubles du domaine public se borne à les détenir pour empêcher l'Etat ennemi d'en profiter. L'occupant a même le droit de les détruire, en tout ou en partie, mais seulement dans la stricte limite des nécessités militaires :

c'est ce qui arrive fréquemment pour les ponts, forts, routes, voies de chemins de fer, arsenaux, etc., qu'il faut anéantir pour assurer la sécurité de l'armée d'invasion ou le succès de ses opérations.

Si ces destructions nécessaires intéressent les neutres, ce qui peut avoir lieu pour les phares, chemins de fer, télégraphes, il est juste que l'on en avise ces derniers dans un délai raisonnable, pour qu'ils puissent prendre des mesures en conséquence; c'est ce que fit l'Allemagne en 1870-1871.

592. Tout le monde est d'accord pour reconnaître que les biens du domaine public non affectés à un service militaire doivent être absolument respectés.

Tels sont les temples et églises dans lesquels l'occupant ne doit même pas célébrer son culte différent de celui auquel ils sont consacrés, car ce serait violer le respect dû aux convictions des habitants. En 1871, les Allemands ont renoncé à faire célébrer le culte protestant à Notre-Dame de Paris qui fut réservée à leurs soldats catholiques.

Le même respect doit s'étendre aux écoles, musées, archives, bibliothèques, etc. La destruction de ces monuments est un acte de vandalisme sans profit pour les opérations militaires et une atteinte aux droits de l'humanité tout entière dont ils forment le patrimoine commun. Malheureusement l'histoire a dû enregistrer bien des actes coupables à ce point de vue : les précautions prises par les Français en 1849 pour préserver les monuments de Rome, même au détriment de leur tir, ne peuvent faire oublier le vandalisme des armées du Directoire en Italie contre lequel protesta si énergiquement Paul-Louis Courier. On cite également la destruction du Capitole de Washington par les Anglais en 1814 ; mais certains affirment qu'il avait servi de poste pour tirer sur les Anglais. Enfin et surtout il faut retenir les ravages irréparables de 1870-1871, notamment l'incendie de la bibliothèque de Strasbourg que rien ne peut justifier : un auteur allemand a pu même écrire qu'il est heureux « que le délire de la Commune ait jeté dans l'ombre les dévastations des Prussiens » (Protestation du gouvernement de la Défense nationale, 9 janvier 1871).

On ne doit même pas admettre que l'occupant détruise, sans nécessité militaire, des monuments commémoratifs de victoires autrefois remportées contre lui ; cette destruction n'est qu'une mesquine vengeance qui n'efface pas l'histoire et, au point de vue du droit, elle n'est pas justifiée de la part de l'occupant qui n'est pas devenu propriétaire des monuments appartenant à l'Etat vaincu : en 1815, Wellington empêcha les Prussiens de détruire la colonne Vendôme et le pont d'Iéna.

593. Pour protéger les monuments que nous venons d'indiquer, on les signale par un drapeau blanc, le drapeau de Genève étant réservé aux hôpitaux et ambulances. Mais tous ces édifices perdent leur inviolabilité quand ils sont utilisés dans un but militaire, par exemple comme observatoire ou pour installer des batteries. Enfin, ils peuvent être saccagés et détruits dans le cours de la lutte quand les mouvements des troupes forcent à les occuper et à les défendre comme points stratégiques : il y a eu des combats acharnés dans des églises ou des cimetières, comme à Eylau et à Solférino. On peut aussi être contraint par les nécessités de la guerre de loger des soldats dans les écoles, les églises ; de transformer des monuments publics en magasins pour les troupes, etc...

594. Les objets précieux contenus dans les immeubles de l'Etat occupé étaient jadis la proie du vainqueur ; mais, aujourd'hui, sauf de rares divergences, cette spoliation est condamnée, soit parce qu'elle n'est pas justifiée par les nécessités de la guerre, soit parce que l'occupant, n'étant pas devenu propriétaire de ces objets avant une cession régulière, n'a aucun titre pour en disposer ; quant à la destruction de ces richesses scientifiques ou artistiques, c'est un attentat contre l'humanité tout entière. Lorsque, en 1815, le Pape, les souverains italiens et celui des Pays-Bas demandèrent la restitution des œuvres d'art enlevées par les armées françaises, le gouvernement des Bourbons refusa de s'exécuter, et Wellington dut faire enlever de force ces objets déposés au Louvre. Cependant, comme l'observation en fut faite à la Chambre des communes d'Angleterre le 10 février 1816, la plupart de ces objets étaient devenus la propriété légitime de la France en vertu de traités ou avaient été prélevés en remplacement de contribution de guerre non payées, ou donnés à titre de *datio in solutum*, notamment par le Pape, en paiement de ces contributions. D'ailleurs, il est à remarquer que bon nombre de ces œuvres d'art n'étaient pas rendues à leurs anciens propriétaires, plusieurs des Etats dépouillés, comme Venise, ayant perdu leur indépendance par les traités de 1814 et de 1815.

595 B. Immeubles du domaine privé. — L'occupant n'est pas davantage propriétaire de ces biens; il ne peut en disposer pour les dégrader ou les détruire que pour ses opérations militaires absolument indispensables.

Mais, d'autre part, sa situation de possesseur temporaire donne à l'occupant le droit d'exploiter à son profit les biens du domaine privé, d'en percevoir les revenus, soit par lui-même, soit par des tiers auxquels il les loue, mais pour le temps seulement que dure sa possession de fait. C'est ainsi qu'il peut faire faire des coupes dans les forêts domaniales en restant dans les limites de son usufruit éminemment temporaire et sans aller jusqu'à des actes de disposition que le propriétaire seul peut accomplir. Certains auteurs pensent qu'il doit, pour l'ordre et l'importance des coupes, suivre la loi du pays auquel les forêts appartiennent; d'autres lui donnent le droit de se conformer à sa propre législation en tant qu'elle règle la situation de l'usufruitier des bois. L'essentiel est que l'occupant reste dans les limites de son droit d'usufruit limité en durée à son occupation même.

L'Etat occupé supporte ce droit d'usufruit de l'occupant tant que celui-ci détient ses biens; mais il n'est nullement tenu de respecter, une fois l'occupant parti, les actes accomplis par ce dernier, tels que les baux relatifs aux biens du domaine privé (Conv. add. de Francfort du 11 décembre 1871, 3ᵉ protocole). L'Etat occupé peut également demander compte à ses nationaux des contrats qu'ils ont indûment passés avec l'ennemi, au mépris de ses droits sur son domaine.

Ainsi a été déclarée nulle la vente d'arbres de haute futaie faite par les Allemands à des particuliers, alors que l'ennemi ne pouvait puiser dans l'occupation que le droit de vendre des coupes périodiques comme celles que peut faire un usufruitier (Nancy, 27 août 1872, Dall., 72. 2. 185; *J. Clunet*, 1874, p. 126; Cass., Req., 16 avril 1873).

II. *Meubles.*

596. Dans tous les cas où se produit au bénéfice de l'occupant une appropriation de meubles appartenant à l'Etat occupé, il n'y a pas de loi internationale pour déterminer à quel moment elle s'accomplit. Suivant une vieille tradition encore maintenue dans beaucoup de pays, l'attribution de propriété n'aurait lieu qu'après 24 heures de possession ; il nous paraît plus simple, plus conforme aux principes juridiques et surtout aux exigences de la guerre, de suivre en pareil cas la règle de l'art. 2279 de notre Code civil, *en fait de meubles, possession vaut titre,* et d'admettre, par conséquent, l'acquisition instantanée de la propriété par la prise de possession.

D'ailleurs, la théorie de l'*occupatio bellica* est aussi bien écartée pour les meubles de l'Etat occupé que pour ses immeubles ; l'appropriation au bénéfice de l'Etat occupant ne peut se produire pour les meubles, sous forme de destruction ou de confiscation, que lorsqu'elle est justifiée par les nécessités de la guerre. Cette idée générale donne lieu à plusieurs applications.

597. A. Tout *matériel de guerre*, armes, chevaux, munitions, vivres, moyens de transport, trésor de l'armée, etc., appartenant à l'Etat, forme l'objet d'un butin légitime que l'ennemi peut confisquer ou détruire suivant les exigences militaires. Si ces objets appartiennent à des particuliers, nous avons déjà indiqué les règles qu'il faut suivre (V. n° 580). Pour éviter les abus, la saisie de ces objets doit être ordonnée par le chef militaire responsable dans chaque région.

598. B. C'est pendant la guerre de 1870 que la question des droits de l'occupant sur les *chemins de fer* du pays occupé s'est particulièrement posée (V. Jacqmin, *Les chemins de fer pendant la guerre de 1870-1871; Le Droit commercial des chemins de fer dans ses rapports avec le Droit des gens moderne de l'Europe,* par MM. Stein, Moynier, Buzzati, R. D. I., XVII, p. 332, XX, pp. 362, 383). Sans parler de la partie immobilière des voies ferrées qui reste la propriété de l'Etat occupé, personne ne conteste le droit pour l'occupant de s'emparer de ces voies de communication dont l'emploi est si important au point de vue stratégique et dont il est nécessaire de prendre possession soit pour en profiter soi-même, soit pour empêcher les troupes du pays envahi de s'en servir. Cette solution est d'autant mieux justifiée que, dans presque tous les Etats, le service des chemins de fer est organisé militairement en vue des hostilités.

Quand ils appartiennent à l'Etat envahi, les chemins de fer peuvent être occupés par l'ennemi qui, sans en devenir propriétaire, peut les utiliser pour son compte et même les détruire si les nécessités militaires le commandent. Il peut également les exploiter et en percevoir les revenus, tant que dure son occupation. Cependant, n'étant pas propriétaire, il ne peut disposer, sauf le cas de destruction imposée par les nécessités de la guerre, ni de la partie immobilière, ni du matériel mobilier, tel que les wagons et locomotives. On a dit, il est vrai, que ces choses constituent un matériel de guerre qui peut faire l'objet d'un butin définitif. Mais il suffit, pour écarter cette opinion, de remarquer que le caractère de ce matériel est d'être d'une destination normalement pacifique, tandis que son usage en vue des hostilités est accidentel et momentané : aussi suffit-il de paralyser ce dernier usage pendant la guerre et de rendre ce matériel une fois la paix conclue (Conf. de Bruxelles, art. 6 ; Manuel d'Oxford, art. 51).

Quand les chemins de fer sont entre les mains de particuliers, par exemple de Compagnies concessionnaires, on ne peut les respecter absolument comme la propriété privée, soit à cause de leur destination publique, soit parce qu'ils font partie du domaine public de l'Etat auquel l'exploitation revient en fin de concession, soit parce qu'ils constituent un matériel de guerre sur lequel l'Etat occupé peut, en cas d'hostilités, exercer une action souveraine (V. loi du 24 juillet 1873, art. 26). Par conséquent, l'occupant peut, non seulement s'en servir pour ses opérations militaires, mais encore les exploiter au point de vue commercial. Seulement, tandis que, lorsque les chemins de fer sont à l'Etat envahi, l'occupant garde le bénéfice de cette exploitation comme pour tous les autres biens domaniaux ; il devra au contraire en rendre compte, ainsi que des dégradations du matériel, aux Compagnies concessionnaires ou propriétaires. C'est ainsi que, dans la convention additionnelle au traité de Francfort, il a été stipulé qu'une Commission serait chargée de liquider l'indemnité due par l'Allemagne aux Compagnies fran-

çaises de chemins de fer pour l'exploitation de leurs voies ferrées
et les dégradations de leur matériel. Mais on a reproché à
l'Allemagne d'avoir emmené sur son territoire une bonne part de
ce matériel et de ne l'avoir jamais restituée.

599. C. Les *postes et télégraphes*, ainsi que les téléphones
aujourd'hui, sont également des services pacifiques en principe,
susceptibles d'un usage très important dans les hostilités ; aussi
sont-ils organisés militairement en cas de guerre (loi du 24 juillet 1873, art. 27). En général, ces services sont la propriété de
l'Etat occupé, et l'occupant peut les exploiter pour son compte
tant que dure son occupation. Quand ils appartiennent à des
particuliers ou qu'ils leur sont concédés, l'occupant doit rendre
compte des bénéfices résultant de son exploitation ainsi que des
dégradations du matériel. Il va sans dire d'ailleurs qu'il a toujours le droit de détruire ces services dans la mesure commandée par les nécessités de ses opérations militaires.

Le caractère d'utilité internationale des câbles sous-marins a
fait songer à leur assurer l'inviolabilité en cas de guerre, afin de
sauvegarder les intérêts des neutres. Mais, dans la Convention
d'Union télégraphique de Paris, du 14 mars 1884, art. 15, on a
dû réserver la question, tellement il a paru difficile de priver les
belligérants d'un moyen d'action qui peut être si efficace dans
les hostilités (V. L. Renault, *La protection des câbles sous-
marins et la Conférence de Paris*, R. D. I., t. XV, p. 17, *De
la propriété int. des câbles télégraphiques sous-marins*, par le
même, *ibid.*, t. XII, p. 251 ; Résolution de l'Institut, Annu. t.
III, pp. 155, 351 et 394 ; v. aussi Fischer, *Die telegraphie und
das Völkerrecht*).

600. D. L'argent de l'Etat occupé est trop bien une ressource
afin de continuer la résistance pour que l'occupant n'ait pas le
droit de s'en saisir en le considérant comme du matériel de
guerre. Mais le respect de la propriété privée oblige à ne pas
saisir l'argent des particuliers contenu dans les caisses publiques, caisse des Dépôts et consignations, d'épargne, de retrai-
tes, etc.

601. E. Nous avons déjà vu que, par la substitution en fait de
sa souveraineté à celle de l'Etat occupé, l'occupant peut percevoir les impôts à son profit, sans en changer l'assiette ni les
aggraver, et en les affectant aux services publics locaux (V. n°

572). Les paiements faits par les contribuables à l'occupant sont libératoires vis-à-vis de l'Etat occupé qui ne peut les exiger une seconde fois.

On pourrait même soutenir que l'occupant ne peut pas s'emparer des revenus des collectivités locales, communes et départements, puisque ce droit n'appartient pas à l'Etat envahi à la souveraineté duquel il est simplement substitué ; mais, en fait, cette solution n'est pas respectée.

En 1870-1871, après avoir annoncé et appliqué les règles équitables et rationnelles qui précèdent, les Allemands ont abusivement aggravé les charges des contribuables (V. ordonn. allemande du 18 nov. 1870 ; arrêté du préfet allemand de Seine-et-Oise du 10 oct. 1870; *Moniteur officiel* du gouvernement allemand du 16 nov. 1870).

602. F. En ce qui concerne les *créances de l'Etat,* chacun des belligérants peut suspendre, pendant tout le cours des hostilités, le paiement en intérêts et capital de ce qu'il doit à son ennemi, soit pour ne pas fournir des ressources contre lui-même, soit parce que, après la guerre, il y aura à régler bien des obligations réciproques qui pourront être acquittées en retenant ce que chacun des Etats doit à l'autre.

L'occupant, pour paralyser les ressources de l'ennemi, peut également s'opposer à ce que les particuliers du territoire occupé paient à leur gouvernement ce qu'ils lui doivent.

L'occupant ne peut, au contraire, exiger le paiement à son profit de ce que les particuliers doivent à l'Etat envahi. Ce point est certain pour les créances à terme que l'envahisseur ne peut aggraver en les exigeant aussitôt, attendu qu'il ne peut avoir plus de droits que l'Etat envahi auquel il est substitué en fait. Il faut en dire autant des créances exigibles, contrairement à l'opinion de certains auteurs qui les considèrent comme une ressource de guerre dont l'envahisseur a le droit de priver le pays vaincu. L'occupant, en effet, ne peut avoir qu'un droit de jouissance momentanée sur les biens de l'Etat occupé ; c'est ainsi qu'il perçoit les impôts qui sont un *revenu* de la puissance publique, tandis que la perception d'une créance constitue une absorption du capital et un acte de disposition. Il atteint d'ailleurs suffisamment son but, qui est de priver l'ennemi de ses ressources, en l'empêchant de toucher sa créance dans le cours des hostilités. Les exemples invoqués en sens contraire n'ont qu'un intérêt historique et ne peuvent prévaloir contre la doctrine rationnelle que nous venons d'exposer.

Si, en fait, l'occupant s'est fait payer par les habitants ce qui était dû à l'Etat occupé, le paiement n'est pas libératoire vis-à-vis de ce dernier, à moins qu'il n'en ait profité ou qu'il ne l'ait ratifié à la paix.

Mais si le paiement a été imposé de force par le vainqueur, on en tient généralement compte sous la forme d'indemnités accordées aux victimes que l'on dispense d'un nouveau paiement, en tout en partie.

SECTION V

FIN DE LA GUERRE

§ 1er. *Des différents modes de terminer la guerre.*

603. La guerre peut prendre fin de trois façons principales.

A. Par la cessation de fait des hostilités sans qu'il y ait convention formelle ; la guerre entre l'Espagne et ses colonies d'Amérique a cessé en 1825, mais les relations diplomatiques n'ont été rétablies qu'en 1840 et même en 1850 avec le Venezuela ; entre la France et le Mexique, interrompues à la suite de l'expédition de 1862 à 1867, les relations diplomatiques n'ont été reprises qu'en 1881. Cette façon de procéder, relativement peu employée, a le grave inconvénient de ne pas préciser les conditions de la paix, de laisser dans le doute le règlement des rapports futurs des Etats autrefois ennemis, et de ne pas renseigner les neutres exactement sur leurs droits et devoirs.

B. La guerre peut cesser encore par la soumission absolue du vaincu aux exigences du vainqueur, sans conditions. C'est le cas de la *debellatio* des Romains qui entraîne l'absorption du peuple vaincu dans la souveraineté de son vainqueur. Les exemples, si nombreux dans l'antiquité, en sont plus rares de nos jours : on peut citer cependant le cas du Hanôvre et de la Hesse soumis par la Prusse en 1866.

Mais la doctrine et la pratique modernes n'admettent pas la *deditio* des Romains par laquelle le peuple vaincu s'abandonnait à la discrétion de son adversaire qui avait tous les droits possibles, soit à l'égard des biens, soit à l'égard des personnes. Le vainqueur ne peut acquérir que le droit de souveraineté sur le peuple soumis, en respectant les individus et les propriétés privées. Il peut, d'ailleurs, ne pas conserver cette souveraineté pour lui et la céder à une autre Puissance, si son Droit public lui permet de le faire : ce point a été contesté à tort par Vattel.

C. Enfin le mode normal de mettre fin à la guerre est la conclusion d'un traité de paix. Nous devons particulièrement insister sur ce genre de conventions internationales.

§ II. *Des traités de paix en général.*

604. Les traités de paix sont des conventions par lesquelles les Etats mettent fin aux hostilités qui ont éclaté entre eux, sous certaines conditions déterminées. Ces conditions stipulées ne permettent pas de considérer le vaincu comme livré à la discrétion du vainqueur, ainsi que cela a lieu dans le cas de *debellatio*.

Les *propositions* de paix sont faites par le pouvoir qui, d'après la Constitution de chaque pays, a compétence pour négocier et conclure les traités de paix. D'ailleurs bien qu'acceptées en principe par l'autre belligérant, les propositions de paix n'arrêtent pas par elles-mêmes les hostilités : mais on conclut le plus souvent un armistice qui les suspend et qui permet ainsi aux négociations de se poursuivre plus librement.

Les négociations ouvertes aboutissent souvent à une convention préalable appelée *Préliminaires de paix*, tels que ceux de Villafranca précédant le traité de Zurich en 1859 et ceux de Versailles du 28 février 1871 préparant le traité de Francfort du 10 mai suivant. Un simple protocole fixant les bases de l'arrangement définitif peut suffire : tel fut celui du 1er février 1856 qui arrêta la guerre de Crimée en attendant le traité du 30 mars.

Le premier effet de la conclusion des préliminaires est d'arrêter les hostilités s'il n'y a pas eu d'armistice antérieur. De plus, ils fixent les bases générales du traité de paix qui doit intervenir plus tard ; ils constituent, à ce point de vue, une véritable convention *obligatoire* qui lie les parties contractantes. De là il suit qu'ils ne peuvent être conclus que par l'autorité qui a le pouvoir, d'après la Constitution, de faire le traité de paix. On fixe habi-

tuellement, dans les préliminaires, le lieu ou doivent se poursuivre les négociations du traité de paix et ce lieu est quelquefois
un pays neutre.

C'est enfin le traité de paix qui règle le détail des relations
pacifiques rétablies entre les Etats ; il est rare en effet que ce
traité se borne à consacrer la fin des hostilités sans autre précision, comme l'a fait le traité de Bucharest du 3 mars 1886
entre la Bulgarie et la Serbie.

§ III. *Clauses ordinaires des traités de paix.*

605. Ces clauses portent sur les points suivants.

1° Cessation des hostilités. Toutes celles qui se produisent
après la conclusion de la paix sont condamnées et peuvent donner lieu à des réparations ; les contributions de guerre ne peuvent plus être imposées, et celles antérieurement établies ne
doivent pas être perçues. Cependant l'ex-occupant peut demander le paiement des contributions qui, en vertu de conventions
formelles, ont été promises par les habitants pour obtenir l'exonération de certaines charges de la guerre : ce n'est plus alors
que l'exécution d'un contrat.

La cessation des hostilités est stipulée définitive et, en principe, perpétuelle, sans quoi la paix ne serait plus qu'un armistice d'une durée indéterminée. C'est l'application de la formule
romaine : *ut pax pia æterna sit.* Il est à noter que, jusqu'au
traité de Kudjuk-Kaïnardji, en 1774, la Porte ne concluait que
des trèves et non des traités de paix définitifs avec les Puissances
chrétiennes.

2° Abandon, de la part du vaincu, des prétentions qui ont
amené la guerre ; cet abandon a lieu dans les conditions et
limites fixées par le traité ; si le traité est muet à cet égard,
l'abandon est absolu, sans quoi la cause de guerre subsisterait
toujours.

3° Renonciation à toute réclamation pour les actes des habitants du pays occupé contre l'envahisseur ou de celui-ci contre
les premiers : c'est ce qu'on appelle la *clause d'amnistie,* assez
improprement d'ailleurs, puisqu'il n'y a pas faute des habitants
envers l'autorité de leur pays, la seule dont ils relèvent légalement, ni de la part de l'envahisseur envers eux, attendu qu'il

n'a eu à leur égard que des relations de fait qui cessent avec l'occupation. Au contraire, les habitants restent toujours responsables des fautes qu'ils ont pu commettre pendant les hostilités contre leur patrie, par exemple de leur trahison. En sens inverse, les agents du pays qui a fait l'invasion répondent de leurs actes dans le pays occupé, même après la paix, conformément aux lois de leur propre pays.

4° Libération des prisonniers, sauf application des mesures convenues entre les Etats pour leur conduite et leur rapatriement (V. art. 10 du traité de Francfort de 1871). On ne peut retenir les prisonniers coupables de faits uniquement relatifs à leur captivité, comme des tentatives d'insurrection ou d'évasion; mais ils restent justiciables des tribunaux du pays ennemi, comme tout étranger, pour les infractions de droit commun commises pendant leur captivité.

5° Rétablissement des traités existant avant la guerre entre les Etats belligérants, sauf les modifications introduites dans le traité de paix. Ce rétablissement est inutile, d'après l'opinion que nous avons adoptée, en ce qui concerne les traités que la guerre ne supprime pas de plein droit (V. n° 522).

§ IV. *Clauses spéciales des traités de paix.*

606. Ces clauses, variables à l'infini, peuvent porter, par exemple, sur les rapports douaniers, les changements aux traités antérieurs, le règlement spécial de la question qui a donné lieu à la guerre, etc. Mais il en est deux particulièrement importantes sur lesquelles nous devons insister; elles concernent la cession de territoire et l'indemnité de guerre.

607. *L'indemnité de guerre,* fréquente à toutes les époques, a pris de nos jours une énorme extension. En tant qu'elle représente les frais dépensés par le vainqueur pour soutenir les hostilités et la réparation du préjudice pécuniaire ainsi causé par la résistance du vaincu, on peut facilement l'expliquer. On pourrait être tenté de comprendre dans cette même indemnité tous dommages éprouvés par le vainqueur, même d'une manière indirecte, sous forme d'arrêt du commerce et de l'industrie, de perte d'hommes, etc. Mais ces préjudices sont inappréciables en fait et, si on en tenait compte, on tomberait dans l'arbitraire, en même temps qu'on aboutirait à des abus.

Cependant, dans la pratique, on va plus loin, et l'indemnité de guerre n'est plus qu'un moyen pour le vainqueur de satisfaire sa cupidité en profitant de ses succès : l'argent perçu est alors ou une amende imposée au vaincu, alors que l'idée de peine est inadmissible dans les rapports de deux souverainetés indépendantes, ou bien un moyen de paralyser le relèvement futur d'un pays en essayant de le ruiner. Ce calcul est, du reste, toujours déjoué ; ou bien le vaincu, trop pauvre, ne paiera pas l'indemnité, comme la Turquie vis-à-vis de la Russie en 1878 ; ou bien, ayant des ressources commerciales, industrielles ou agricoles, il redoublera d'activité économique pour parer à la crise monétaire résultant de son obligation de verser une énorme quantité de numéraire, et arrivera ainsi souvent à une plus grande prospérité, sans compter que son crédit lui permettra d'obtenir sans trop grande gêne les sommes dont il a besoin, comme le prouve l'exemple de la France en 1871. Pour atteindre le but qu'on se propose, il faudrait tarir la vraie richesse du vaincu, c'est-à-dire ses ressources agricoles, industrielles ou commerciales, et alors on en reviendrait à la barbarie des anciennes guerres de dévastation.

Le système des indemnités de guerre fut très pratiqué pendant les guerres de la Révolution, ce qui s'explique par la triste situation monétaire de la France à cette-époque ; abandonné ensuite, il a été plus accentué que jamais par la pratique de la Prusse en 1866 contre l'Autriche, et surtout en 1871 contre la France qui dut payer l'indemnité de cinq milliards, qualifiée de *monstrueuse* par Calvo. Un calcul très modéré estime à 7,235,000,000 fr. environ les indemnités de guerre exigées depuis 1795, dont 875,000,000 seulement pour la France, malgré ses nombreuses campagnes victorieuses dans cette période ; 1,135,000,000 pour les diverses Puissances et 5,225,000,000 pour la Prusse dans les seules guerres de 1866 et 1870-1871.

608. B. La *cession d'une partie du territoire* du pays vaincu figure dans la plupart des traités de paix. Malgré la condamnation des guerres de conquêtes solennellement affirmée, c'est presque toujours l'acquisition de territoires qui est l'objectif réel sinon avoué des hostilités, et c'est avec de semblables entreprises que presque tous les Etats ont formé leur domaine (V. déclarations contre les conquêtes de la Constitution de 1791 et de 1848 ; des traités de 1814 et de 1815; du Congrès d'Aix-la-Chapelle en 1818).

Nous n'avons pas à revenir sur l'appréciation des cessions de territoires, obtenues spécialement par la force (V. n°s 395 et suiv.). La vérité, à cet égard, est peut-être tout entière dans ces paroles de La Rochefoucauld : « Ce sont là de grands crimes qui deviennent glorieux par leur éclat; de là vient que prendre des provinces injustement s'appelle des conquêtes; » ou dans celles-ci de J.-J. Rousseau : « Le droit de conquête n'a d'autre fondement que le droit du plus fort ». Ceux mêmes qui assignent la conquête comme but légitime à la guerre, par exemple Montesquieu, sont obligés d'avouer qu'elle ne constitue pas un droit proprement dit (*Esp. des lois,* liv. X, chap. III et XI).

En droit, la cession de territoire ne s'accomplit pas par la simple occupation; elle suppose un accord formel, généralement consigné dans le traité de paix. Le plus souvent, ce traité restreint la cession à une partie seulement du territoire réellement envahi; quelquefois il établit des compensations, comme celui du 10 mai 1871 qui a maintenu la souveraineté de la France autour de Belfort, en retour d'une cession de territoire autour de Thionville du côté du Luxembourg.

Quand le territoire cédé est limité, le changement de souveraineté s'opère de plein droit, sans que l'on procède, comme autrefois, à une déchéance solennelle de la souveraineté ancienne.

Nous nous sommes déjà expliqué sur les effets de l'annexion (V. n°s 90 et suiv.). Rappelons seulement que le pays cédé prend, dans l'Etat cessionnaire, la condition qui lui est faite par la Constitution de ce dernier (V. n° 89). Ainsi, aux Etats-Unis, les pays incorporés ne sont d'abord que des *territoires* formant le domaine général de l'Union prise dans son ensemble, jusqu'à ce qu'ils satisfassent aux conditions voulues, notamment au point de vue de la population, pour former un Etat représenté au Congrès et faisant partie de la Fédération : telle fut la situation de la Californie incorporée en 1848 et élevée au rang d'Etat en 1849.

De même le vainqueur peut, suivant sa constitution, supprimer des privilèges ou des droits incompatibles avec son Droit public ou privé : les Etats-Unis enlevèrent, dans le Nouveau Mexique incorporé en 1848, les droits politiques aux Indiens et aux Chinois, ne conservant que les droits municipaux d'après la *lex loci*.

La propriété privée, au contraire, et le domaine *particulier* des souverains étrangers sont respectés dans l'annexion (V. Cass., Sir., 1817. 1. 217) : la confiscation par la Prusse, en 1866, du *fonds guelfe*, propriété du roi de Hanôvre, restitué d'ailleurs à son héritier en 1892 sous la condition de renoncer à toute prétention au trône, est une violation de la règle de justice et de droit exposée ci-dessus. Parfois, cependant, quand la propriété privée n'est pas bien établie dans le pays cédé, l'Etat cessionnaire peut en réviser les titres : c'est ce qu'ont fait les Etats-Unis par les lois dites *remédiables,* et la France en Algérie.

609. La cession de territoire peut n'être que momentanée et disparaître par suite d'un retour de l'ancienne souveraineté (V. n° 88, 3°).

Le souverain rétabli doit respecter les droits acquis aux particuliers pendant la période de cession antérieure, dite par rapport à lui d'*usurpation*. Il doit respecter également les actes de souveraineté accomplis par le souverain intérimaire qui a eu le droit de se considérer comme souverain définitif et auquel les habitants ont dû obéir. Cependant, quand le prince de la Hesse électorale, dépouillé de ses Etats en 1806 et réintégré en 1814, reprit possession de ses domaines, il força les acquéreurs des biens achetés à l'*usurpateur* Jérôme Bonaparte, ex-roi de Westphalie, à les restituer, ainsi qu'à lui payer à nouveau ce qui avait été versé à son prédécesseur. Ces injustes prétentions furent condamnées par les tribunaux allemands eux-mêmes (V. Calvo, § 2485 à 2490 ; Heffter, pp. 447 et 452).

§ V. *Exécution des traités de paix.*

610. Abstraction faite du cas où il y a armistice ou bien préliminaires de paix, les hostilités prennent fin dès que le traité de paix est conclu et signé, sans attendre la ratification, afin d'éviter qu'un des belligérants n'obtienne des avantages dont il pourrait ensuite se prévaloir pour refuser la paix dans les mêmes conditions.

L'exécution du traité de paix est dominée, comme celle de toutes les conventions, par le principe de la bonne foi. Lorsqu'il s'agit de détails dont l'exécution présente des difficultés spéciales, on nomme ordinairement des commissions techniques qui sont chargées de les régler, par exemple pour les cessions de chemins de fer, les limitations de frontières, etc.

L'inexécution de la part de l'un des contractants ne peut entraîner la rupture du traité de paix que si elle est suffisamment grave et si elle persiste malgré les réclamations. Il s'agit là du reste d'une question de fait dont l'appréciation variera suivant les circonstances et l'intérêt que l'on aura au maintien ou à la rupture de la paix : l'Autriche ne dénonça pas les préliminaires de Villafranca bien que la Sardaigne eût accompli des actes qui entraînaient une inexécution partielle des conditions prévues pour la paix, parce qu'elle désirait, avant tout, mettre fin à la lutte.

Les garanties d'exécution du traité de paix peuvent être les mêmes que pour tout autre traité; elles consistent souvent en une occupation d'une partie du territoire du pays vaincu jusqu'à l'accomplissement parfait des charges imposées à ce dernier : c'est ce qui a eu lieu en 1815 et en 1871 (V. art. 3, préliminaires de Versailles, 28 février 1871, et art. 8 du traité de Francfort du 10 mai). On règle d'une manière spéciale les conditions de cette occupation qui diffère d'ailleurs essentiellement de l'occupation en temps de guerre en ce que la souveraineté du pays vaincu reprend son exercice sur le territoire ainsi occupé, et que l'occupant ne peut plus y exiger ni contributions, ni réquisitions.

611. Comme tous les autres, les traités de paix ne sont opposables qu'aux Etats contractants. Encore faut-il pour cela, suivant le droit constitutionnel de chaque pays, qu'ils aient été conclus et ratifiés par les autorités compétentes. Dans la plupart des pays, comme en France (loi du 16 juillet 1875, art. 8), les traités de paix conclus par le chef de l'Etat doivent être ratifiés par les Chambres. On peut citer, à cet égard, la protestation des Etats de Bourgogne qui prétendirent que François Ier n'avait pas eu le droit de céder cette province à Charles-Quint par le traité de Madrid.

Le traité de paix ne peut, au contraire, être opposé aux tierces Puissances. Les anciens auteurs, Grotius, Pufendorf, Vattel, soutenaient que les droits attribués par un traité de paix, par exemple sur un territoire, étaient opposables aux autres Etats qui auraient eu des titres à faire valoir sur le même objet, et cette doctrine est encore soutenue en Angleterre et aux Etats-Unis. Mais le droit commun de l'Europe proteste contre cette doctrine si antijuridique : tout ce qu'on peut dire, c'est que la Puissance tierce qui aura des droits à invoquer devra les faire valoir contre l'Etat qui a été mis en possession de l'objet du litige par le traité de paix, absolument comme un particulier réclame ce qui lui appartient contre un tiers détenteur.

§ VI. *Du droit de* Postliminie.

612. En droit romain, la prise de possession, au cours de la guerre, des choses appartenant à l'ennemi anéantissait tous les droits de ce dernier qui était même considéré comme n'en ayant pas à l'égard de son adversaire, de telle sorte que sa personne et ses biens devenaient la propriété de qui s'en emparait. La fiction du *Postliminium* avait pour effet d'effacer rétroactivement les droits ainsi obtenus sur les personnes qui revenaient dans leur patrie ou sur les biens qui étaient recouvrés par l'ennemi, et de rétablir les droits antérieurs de liberté et de propriété comme s'ils n'avaient jamais été détruits. Ainsi le bien repris à l'ennemi revenait au propriétaire anciennement dépouillé et ne restait pas à celui qui l'avait recouvré ; le prisonnier de guerre revenant sur le sol de sa patrie était censé n'avoir jamais été esclave, sauf dans le cas où il avait été régulièrement livré à l'ennemi au nom de l'Etat par le chef des Fétiaux, le *pater patratus.*

Aujourd'hui, le droit de postliminie ne peut avoir d'application quant aux droits des particuliers qui ne sont pas atteints par la guerre, puisque celle-ci n'est plus considérée que comme un rapport d'Etat à Etat : ces droits peuvent tout au plus être suspendus dans leur exercice pendant le cours des hostilités.

Dans les rapports des Etats belligérants, le *postliminium* n'a pas non plus pour effet de rétablir rétroactivement leurs droits, puisque l'occupant, sans anéantir ceux de l'Etat occupé, ne fait que les exercer à son profit tant que dure son occupation. Aussi, après la paix, l'Etat momentanément dépouillé de l'exercice de ses droits souverains le reprend intégralement. Il doit seulement respecter les actes accomplis par l'occupant dans la limite de l'usufruit qui lui a appartenu pendant son occupation ; tandis qu'il n'a pas à tenir compte des actes de disposition contraires à son droit de propriété qui n'a jamais cessé de subsister (V. n° 595).

Il en serait différemment dans le cas d'interrègne ou d'usurpation, car alors le souverain intérimaire a été en droit de se considérer comme investi de pouvoirs définitifs (V. n° 609).

SECTION VI

DE LA GUERRE MARITIME

613. Par sa nature même, la guerre maritime est un rapport international absolument identique à la guerre continentale dont elle ne diffère que par le théâtre des hostilités. Cependant, même dans l'usage actuel des peuples civilisés, on admet dans la guerre maritime des pratiques qui sont loin d'être en harmonie avec les progrès que la civilisation a obtenus dans la guerre sur terre. Le caractère distinctif de ces pratiques consiste en ce que l'on respecte beaucoup moins la personne des non belligérants et la propriété privée. Sans apprécier encore ces façons d'agir, nous pouvons d'ores et déjà en donner l'explication. Dans la guerre terrestre, grâce à l'occupation du territoire ennemi, on peut agir efficacement contre l'adversaire en se bornant à frapper ses forces militaires, tout en respectant la personne et les biens des particuliers non belligérants. Dans la guerre maritime, au contraire, l'action exclusive contre les forces militaires de l'ennemi n'obtiendrait qu'un résultat fort limité et n'empêcherait pas celui-ci de retirer de l'usage de la mer à peu près le même profit qu'en temps de paix, vu l'impossibilité d'occuper le domaine maritime tout entier. On en vient ainsi à agir contre les ressources économiques de l'adversaire en tant qu'elles se manifestent sur mer; à la saisie de ses navires et de ses marchandises, à la dévastation ou au blocus des ports de commerce.

Ces particularités de la guerre maritime se manifestent à

différénts points de vue que nous allons successivement examiner.

§ I. *Effets de la déclaration de guerre maritime.*

614. La déclaration de guerre produit, en principe, les
mêmes effets sur mer que sur terre, notamment l'interdiction
de commerce entre les nationaux des Etats belligérants, à moins
qu'il n'y ait concession de *licences générales* ou *spéciales* d'après
ce que nous avons vu, et sauf la prohibition toujours maintenue,
comme nous le dirons plus loin, en ce qui concerne la contrebande de guerre et le respect du blocus. Mais, tandis que, sur
terre, la déclaration de guerre ne peut atteindre la propriété
privée, dans la guerre maritime on admet la saisie ou *embargo*
des navires ennemis se trouvant dans les ports de l'Etat adversaire. La pratique de l'embargo n'est plus guère usitée d'ailleurs
pour les raisons que nous avons déjà données (V. nº 499) ; en
fait, on donne aujourd'hui aux navires ennemis un délai pour
s'éloigner, sous la forme d'une permission appelée quelquefois
indult ; les 27 et 29 mars 1854, la France et l'Angleterre accordèrent six semaines aux navires russes pour se retirer, et la
France, en 1870, accorda trente jours aux navires allemands.

§ II. *Des mesures d'hostilité dans la guerre maritime.*

615. Les restrictions d'humanité et d'honneur consacrées
dans la guerre sur terre sont, en principe, maintenues dans la
guerre maritime. Il est, par exemple, défendu à un navire de
combattre sous un faux pavillon, et le décret français du
15 août 1851 ordonne d'arborer le drapeau avant le combat en
affirmant son déploiement par un coup de canon désigné sous
le nom de *coup d'assurance.* Il est également interdit d'abuser
des signes d'inviolabilité établis par la Convention de Genève
pour couvrir des actes d'hostilité ; de tirer sur un navire qui
amène son pavillon pour indiquer qu'il se rend ; de faire le
simulacre de se rendre pour tirer sur l'ennemi qui s'approche,
ou de faire des signaux de détresse pour surprendre l'ennemi
qui se porte à votre secours.

Cependant, bien que les progrès de l'art de détruire effacent

de plus en plus la différence entre la guerre maritime et la
guerre terrestre, on voit des engins employés dans la première
qui, par la force des choses, ne peuvent pas être utilisés dans
la seconde. Nous voulons parler surtout des torpilles dont l'emploi, explicable et même justifié dans une certaine mesure pour
la défense du littoral et des ports, a été étendu à l'attaque en
pleine mer. Si l'ennemi peut s'attendre à leurs effets quand il
essaie d'attaquer les côtes elles ont, au contraire, un caractère
perfide en pleine mer, sans compter que, lorsqu'elles s'égarent,
elles constituent un grand danger pour les navires nationaux ou
neutres et sont ainsi une grave atteinte à la liberté et à la sécurité de la navigation. Mais il n'y a qu'une entente des Etats,
analogue à celle qui a condamné l'emploi des balles explosibles
à la Conférence de Saint-Pétersbourg, qui puisse obtenir la
suppression de cette pratique barbare, et il y aurait quelque
témérité à espérer que ce résultat sera obtenu de longtemps, en
présence de l'effroyable concurrence des peuples pour perfec-
tionner leurs engins de destruction (Geffcken, *La Guerre maritime de l'avenir*, R. D. I., XX, p. 451).

616. Les bombardements sont limités dans la guerre terrestre
aux villes qui se défendent; mais, dans la guerre maritime, ils
sont fréquemment employés contre les ports de commerce qui
n'offrent aucune résistance, afin d'atteindre les ressources économiques de l'ennemi (V. n° 613). Cependant, en dehors du cas
où ils sont commandés par les nécessités militaires, par exemple
pour détruire un chantier de construction de navires de guerre,
un arsenal, un entrepôt de munitions, ces bombardements constituent une véritable barbarie dont la Turquie a donné l'exemple
en 1878 contre des villes ouvertes de la mer Noire, ainsi que le
Chili dans la guerre civile de 1891. Le 9 juillet 1870, M. Garnier-Pagès présenta un projet de loi pour protéger la propriété
privée dans la guerre maritime, et, sous condition de réciprocité
de la part des autres Etats, limiter le bombardement aux places
fortes; les événements qui suivirent ne permirent pas de donner
suite à cette proposition.

§ III. *Du blocus maritime* (1).

617. « Le blocus maritime est une mesure de guerre qui consiste à cerner un port ou une portion de la côte, au moyen des forces navales permanentes, de façon à empêcher toute communication et principalement tout commerce avec le dehors par la voie de mer » (Fauchille). Le blocus diffère ainsi du siège qui a pour but de prendre possession de la place assiégée ; aussi peut-il s'appliquer aux ports non fortifiés comme aux places de guerre.

Jusqu'au xvi° siècle, l'insuffisance des armements maritimes ne permettait pas de réaliser le blocus ; il était d'ailleurs presque inutile, chacun des belligérants interdisant le commerce aux neutres avec son adversaire et la marchandise ennemie étant saisissable sur navire neutre, notamment d'après la règle admise dans le *Consulat de la mer*. Quand la liberté de la marchandise sous pavillon neutre fut admise, sauf en ce qui concerne la contrebande de guerre, le blocus devint nécessaire pour isoler et réduire les ports ennemis.

618. Légitimité du blocus. — On peut présenter contre le blocus de nombreuses objections : 1° Il nuit autant aux neutres qu'au belligérant bloqué. Mais il faut répondre qu'il ne leur nuit pas *directement* et qu'il ne les gêne que d'une manière détournée, au même titre que l'interruption de commerce dans un territoire occupé par l'ennemi, quoique avec plus d'énergie et d'efficacité. 2° Le blocus atteint directement les particuliers, contrairement au principe d'après lequel la guerre est un rapport entre les Etats. A cela on répond que les particuliers facilitent la résistance de leur pays par les ressources qu'ils lui procurent au moyen de leurs opérations commerciales : réponse bien insuffisante et qui pourrait justifier toutes les atteintes contre la propriété privée, sous prétexte qu'elle est un élément de la fortune de l'Etat. Peut-être faut-il se borner à constater que le

---

(1) V. Fauchille, *Du blocus maritime;* L. Renault, Grande Encyclopédie, v° *Blocus maritime;* Gessner, *Le Droit des neutres sur mer,* pp. 145 et suiv.; Perels, *Droit int. maritime,* §§ 48 et suiv., trad. Arendt; Ortolan, *Diplomatie de la mer;* Hautefeuille, *Droits et devoirs des nations neutres en temps de guerre maritime:* Règlement de l'Institut de Droit int. sur les prises maritimes, § 7, *Du blocus,* Annuaire, t. VI, pp. 213 à 223.

blocus est une conséquence du défaut de respect de la propriété privée dans la guerre maritime et qu'il disparaîtra le jour où cette propriété sera déclarée inviolable sur mer comme sur terre.

D'ailleurs, de nos jours, le blocus perd beaucoup de son efficacité. Les progrès de la balistique forcent les navires du blocus à s'éloigner beaucoup de la côte pour être à l'abri des projectiles venant du littoral, et d'autre part les progrès de la navigation permettent aux navires rapides de franchir plus facilement la ligne de blocus. Jadis, quand il pouvait être très efficace, le blocus n'avait souvent d'autre résultat que de surexciter l'activité économique du peuple privé de ses importations : le blocus des ports français par l'Angleterre, sous Napoléon Ier, a fait naître chez nous les industries du tissage du coton, de la fabrication du sucre de betterave et de la soude. Actuellement, les facilités de communication par terre permettent d'annihiler le plus souvent les effets du blocus, sauf à supporter des détours et des frais plus grands, à moins qu'il ne s'agisse d'un pays qui manque de voies de communication à l'intérieur, comme cela a lieu dans la plupart des États barbares et dans certains États civilisés, par exemple dans l'Amérique du Sud.

619. Fondement juridique du blocus. — La plupart des auteurs justifient cette mesure en la considérant comme un acte indispensable, autorisé par conséquent pour les belligérants dans le cours des hostilités.

Mais, en tant que le blocus atteint les neutres, on se heurte alors à cette objection que le belligérant ne peut pas imposer à des souverainetés indépendantes des devoirs qu'il dépendra de lui d'étendre ou de restreindre suivant sa volonté, et au sujet desquels il pourra établir la sanction qu'il jugera convenable.

Il est plus juste de faire dériver le respect du blocus de l'obligation pour les neutres de s'abstenir de toute intervention dans les hostilités ; au même titre qu'on leur interdit la contrebande de guerre, on leur interdit, comme constituant un acte d'hostilité, l'entrée ou la sortie par rapport au lieu bloqué. L'initiative du belligérant se borne alors à déclarer le blocus ; les conséquences se déduisent des principes généraux relatifs aux devoirs des neutres, et la sanction de ces devoirs résulte des usages internationaux, sans que la souveraineté des neutres soit compromise par la soumission à l'arbitraire de l'Etat qui a établi le blocus.

Mais il faut rejeter la doctrine des anciens auteurs qui faisaient dériver le droit de blocus de la conquête de la mer territoriale, il n'y a en effet qu'occupation militaire et non conquête, et l'occupation ne donne que le droit de prendre des mesures de sécurité pour l'occupant ; d'ailleurs la mer n'est pas susceptible de conquête, ni comme haute mer, en vertu du principe de la liberté des mers, ni comme mer territoriale qui est considérée comme partie intégrante du littoral sans la possession duquel on ne peut pas la dominer. Enfin, on peut ajouter que la condition essentielle de la conquête fait défaut en pareil cas, l'esprit d'acquisition définitive n'apparaissant pas, puisque l'occupation est momentanée dans la pensée même de l'Etat qui établit le blocus.

On ne saurait davantage admettre la théorie d'Ortolan, d'après laquelle le droit de blocus dériverait de l'occupation, car celle-ci ne donne pas le droit de souveraineté qui seul pourrait justifier le blocus, mais seulement celui de prendre des mesures de sécurité pour l'occupant : on en revient ainsi à la première théorie d'après laquelle le blocus se justifie comme mesure de guerre indispensable.

Il est inutile enfin de recourir à l'idée d'une possession autorisant à interdire le passage des neutres ; la mer n'est pas susceptible de possession, au sens juridique du mot : on ne peut avoir que la détention matérielle sur les points occupés par les navires de blocus.

620. Quand peut-il y avoir blocus ?— Nous avons déjà condamné le blocus dit *pacifique;* nous décidons, par conséquent, que le blocus n'est possible qu'après une déclaration de guerre. Il peut être d'ailleurs pratiqué jusqu'à la conclusion de la paix. Des auteurs admettent même qu'il peut y avoir saisie des navires neutres ou ennemis qui violent le blocus jusqu'à ce que la paix, conclue auparavant, soit effectivement connue, tandis que d'autres n'autorisent la saisie que jusqu'au jour de la conclusion de la paix. Les traités fixent habituellement un délai pendant lequel la saisie est possible après la paix; mais nous croyons que cette clause ne peut avoir d'effet qu'entre les Etats contractants : les neutres sont dégagés de tous les devoirs de neutralité, donc du respect du blocus, quand ces devoirs n'existent plus, c'est-à-dire dès que la guerre a cessé.

En cas d'armistice, des conventions spéciales lèvent souvent le blocus : c'est ce que fit la convention d'Andrinople du 31 janvier 1878, art. 9, pour le blocus établi par les Turcs dans la Mer Noire. Faute de convention, le *statu quo* doit être maintenu, sauf application des règles relatives au ravitaillement pour les villes assiégées de toutes parts (V. n° 564).

Le blocus dans les guerres civiles n'est pas, en principe, opposable aux Etats neutres qui n'ont à respecter que les hostilités internationales proprement dites. Cependant, l'importance et la durée d'un mouvement insurrectionnel peuvent faire assimiler les deux partis en présence à des belligérants, en tenant compte particulièrement des chances de succès de l'insurrection. C'est ainsi que les Etats-Unis reconnurent en 1817 les blocus établis par les colonies espagnoles révoltées. La conduite du gouvernement régulier, comme nous l'avons déjà dit, peut servir de guide à cet égard : ainsi les Etats-Unis ne pouvaient plus protester contre la conduite de la France qui reconnut le blocus établi par les Sudistes, le 11 mai 1861, puisqu'ils avaient eux-mêmes déclaré le blocus des ports appartenant aux insurgés, leur attribuant ainsi le caractère de belligérants.

Du reste, le respect du blocus établi par des insurgés n'implique nullement leur reconnaissance ni comme Etat indépendant, ni comme gouvernement régulier : cette observation s'applique au respect de la part de la France des blocus établis par les Sudistes en 1861, et, de la part des Etats-Unis, de ceux déclarés par Maximilien au Mexique. On peut également respecter un blocus décrété par des insurgés malgré les protestations du gouvernement légal, comme on le fit pour celui de Gaëte ordonné par Garibaldi le 16 octobre 1861, sans tenir compte des réclamations du roi de Naples, François II.

621. Qui peut décréter le blocus ?— Cette question doit être résolue d'après le droit constitutionnel de chaque pays. Cependant, comme le blocus n'est qu'une *mesure de guerre* et non une déclaration des hostilités, on admet que le chef de l'Etat peut l'ordonner sans le concours des Chambres : c'est ce qui a été décidé aux Etats-Unis pendant la guerre de Sécession. Le chef de l'Etat peut déléguer ses pouvoirs à un chef d'escadre,

qui a même toute initiative à cet égard, en cas d'urgence, spécialement dans les parages lointains, sous sa responsabilité et
sauf à aviser aussitôt son gouvernement. Nous avons déjà signalé
les difficultés que peut provoquer, au point de vue constitutionnel, le fait d'établir le blocus sans déclaration de guerre, ou
blocus pacifique (V. n° 503). Il est évident, au contraire, que,
la guerre déclarée, le blocus est une opération militaire dont
l'initiative appartient au gouvernement et même au commandant
responsable, en vertu de la délégation qu'il a reçue.

622. Lieux susceptibles d'être bloqués. — 1° On peut
d'abord bloquer tous les ports de l'ennemi, mais non ceux des
neutres occupés par l'ennemi, car on ne doit pas évidemment
accomplir un acte d'hostilité qui atteint le territoire d'un Etat
neutre.

C'est donc à tort que le décret russe du 15 mars 1806 déclara
bloqués les ports de l'Adriatique occupés par les Français et qui
n'appartenaient pas à la France.

2° On peut même bloquer le *littoral* ennemi, en tout ou en
partie, et c'est ce qu'il y a de plus pratique, sauf la difficulté de
satisfaire alors à la condition du blocus *effectif* que nous préci-
serons plus loin. Sous cette dernière réserve, le droit de bloquer
tout un littoral est consacré dans la Déclaration de Paris du
16 avril 1856.

3° Un pays peut bloquer ses propres ports quand ils sont
occupés par l'ennemi ; il n'est pas douteux que leur situation lui
donne le droit d'agir contre eux comme à l'égard de ports ennemis, sans avoir à tenir compte des objections des neutres, puisqu'il ne pratique cette opération de guerre qu'à l'égard d'un
territoire qui relève de sa souveraineté. Cette façon d'agir a été
suivie par la France en 1871 pour les ports de Rouen, Dieppe
et Fécamp occupés par les Allemands, et tout le monde en a
reconnu le bien fondé.

4° Comme le blocus a pour but de cerner un port et non d'en
prendre possession à la différence du siège, il s'ensuit qu'il est
applicable à tous les ports, même non fortifiés. Napoléon émit
l'idée contraire dans le décret du 21 nov. 1806, en protestant
contre les agissements de l'Angleterre, et cette manière de voir
a été reprise par la doctrine moderne. Il est certain, en effet,
que le respect de la propriété privée dans la guerre maritime,

s'il était admis, devrait faire restreindre le blocus de façon à n'en faire qu'un moyen de réduire les places fortes. On dit, il est vrai, qu'il serait toujours permis de visiter les navires pour voir s'ils n'introduisent pas de la contrebande de guerre dans les ports de commerce; mais, du moins, leur innocence étant établie à cet égard, on les laisserait circuler librement, sans atteindre la propriété privée de l'ennemi et des neutres. Toutefois, il faut reconnaître que la pratique actuelle de défendre tous les ports de commerce par des moyens redoutables pour les vaisseaux ennemis, par exemple avec des torpilles, les transforme en places de guerre dans une certaine mesure et autorise aussi, jusqu'à un certain point, les actes d'hostilité contre eux.

5° On peut bloquer l'embouchure d'un fleuve qui appartient en entier à l'ennemi.

S'il s'agit d'un fleuve commun à plusieurs Etats, des conventions spéciales peuvent régler la difficulté. Ainsi la convention du 10 juillet 1853, entre la République Argentine, la France, l'Angleterre et les Etats-Unis, a établi la neutralité du Parana et de l'Uruguay qui ne peuvent être bloqués. Pour le Rhin, la convention de Mayence du 31 mars 1831, art. 108, était formelle dans le même sens et elle fut notifiée dans la guerre de 1866 entre la Prusse et l'Autriche; mais, en fait, elle ne fut pas respectée. La nouvelle convention de Manheim du 15 oct. 1868 ne tranche pas la question de neutralité. De même, la liberté de navigation du Danube n'a été assurée en 1856 qu'en temps de paix, et ce fleuve a été bloqué en 1877.

Faute de conventions spéciales, une distinction s'impose.

Si toute l'embouchure du fleuve appartient à un Etat neutre, le blocus est impossible, cet Etat ne devant pas supporter des actes d'hostilité sur son propre territoire. Si l'embouchure appartient à l'ennemi et que le cours du fleuve traverse des pays neutres, la pratique varie ; en 1854, la France et l'Angleterre bloquèrent les bouches du Danube, empêchant ainsi le ravitaillement des ports russes situés sur le fleuve ; en 1870, la France s'abstint de bloquer l'entrée de l'Ems, pour ne pas nuire à la Hollande, état neutre. Nous croyons que le blocus est impossible en pareil cas, parce qu'il frappe directement les neutres, en interdisant leurs rapports, non seulement avec le belligérant, mais même entre eux ; on devra donc laisser le libre passage aux navires des neutres, sauf à leur défendre l'accès des ports ennemis réellement bloqués.

La même solution s'impose quand une rive du fleuve appartient à l'ennemi et l'autre à un Etat neutre ; c'est ce qui a été reconnu en 1866, au sujet du navire anglais *Peterhoff* indûment saisi comme ayant forcé le blocus du Rio-Grande, alors qu'il se rendait dans le port de Matamoros, situé sur la rive neutre de ce fleuve.

6° Les détroits, dont la liberté de navigation est une conséquence de la liberté des mers, ne peuvent pas être bloqués, en principe. Cependant, leur blocus est possible s'ils aboutissent à une mer intérieure appartenant en entier à l'Etat ennemi, ou à l'Etat qui fait le blocus, et quand celui-ci est souverain des deux rives du détroit.

Le 6-18 octobre 1828, la Russie bloqua les Dardanelles ; au contraire, le 18 mai 1877, elle renonça à bloquer les Dardanelles et le Bosphore ; le traité de San Stefano du 3 mars 1878 déclara même que ces passages seraient libres en temps de guerre pour les navires neutres allant dans les ports russes ou en revenant.

Quand le détroit est assez peu étendu pour former en entier la mer territoriale de l'Etat qui occupe ses deux rives, il peut être bloqué, sauf l'obligation de respecter la navigation innocente des neutres, par exemple en les laissant circuler quand ils n'ont pas d'autre passage ou quand ils justifient qu'ils ne vont pas dans un port ennemi bloqué.

Les mêmes règles doivent être suivies pour les canaux maritimes artificiels ; l'idéal est même de les neutraliser et de les soustraire à tout blocus, ainsi que l'a fait la convention du 29 octobre 1888 pour le canal de Suez (V. n° 427).

623. Conditions de validité du blocus. — La doctrine moderne en exige deux : que le blocus soit effectif et qu'il soit régulièrement notifié.

624. I. *Caractère effectif du blocus.* Un blocus est dit effectif quand il est établi par des bâtiments de guerre *stationnés* et *assez proches du rivage* pour interdire efficacement à tout navire l'entrée ou la sortie par rapport aux lieux bloqués. On l'oppose au blocus *sur le papier* ou *blocus de cabinet;* ainsi nommé parce qu'il résulte d'une simple ordonnance émanant du cabinet de l'un des belligérants. Ce dernier blocus est aussi appelé *fictif*, absolument comme celui qui ne consiste pas en un investissement efficace, soit parce qu'il n'y a pas assez de navires pour l'établir, soit parce qu'ils se tiennent à une trop grande distance du rivage. Enfin il faut également réputer fictif le blocus par *croisière*, établi seulement par des vaisseaux qui circulent devant le point bloqué, parce que les navires peuvent toujours franchir la prétendue ligne de blocus dans l'intervalle des passages des croiseurs au même point.

L'exigence du blocus effectif se justifie par plusieurs raisons. *a)* Si les neutres ne doivent pas pénétrer dans un port *effectivement* bloqué, parce que ce serait intervenir dans les hostilités et accomplir un acte contraire à l'un des belligérants, ils n'ont pas, au contraire, à se soumettre à un ordre émanant du pays qui établit le blocus et qui ne peut commander à leur souveraineté. *b)* Par le blocus fictif et surtout *sur le papier*, l'Etat qui fait le blocus se donnerait le maximum d'avantages sans s'imposer aucune peine ; il pourrait maintenir même ses relations commerciales avec le lieu bloqué, tout en paralysant les rapports des neutres : la mesure viserait alors *directement* les neutres, au lieu d'être une simple conséquence indirecte des hostilités qu'ils doivent respecter. *c)* Avec le blocus fictif, les neutres seraient plus mal traités que les belligérants qui peuvent se défendre contre la capture et, après la paix, demander des indemnités, tandis que les neutres n'ont ni l'une ni l'autre de ces deux facultés. *d)* Le blocus fictif ne serait respecté que par les neutres de bonne foi ; les aventuriers le violeraient sans cesse et sans courir de grands risques. *e)* Enfin le blocus effectif évite les abus, car alors il est forcément limité par les forces navales dont on dispose ; tandis que, s'il était fictif, il n'aurait d'autres bornes que l'intérêt ou le caprice des belligérants.

Le blocus fictif entraîne deux conséquences également abusives : 1° Le *Droit de prévention* qui permet de saisir tous les navires soupçonnés de se rendre dans un port que l'on a déclaré bloqué sans intercepter matériellement ses communications ; 2° le *Droit de suite*, en vertu duquel on saisit ceux qui en viennent. Le blocus effectif, au contraire, ne permet de capturer que les navires pris en flagrant délit, au moment où ils tentent de franchir la ligne matérielle de blocus.

625. L'évolution des idées en ce qui concerne cette condition de *l'effectivité* du blocus est une des plus mouvementées dans l'histoire du Droit international. Jusqu'au xvii° siècle, on se contenta d'interdire la contrebande de guerre et d'exiger des Puissances amies l'interruption du commerce avec l'ennemi. Cette dernière exigence, avec la sanction de la saisie des navires qui y contrevenaient, était un véritable blocus fictif général, à peine appuyé quelquefois d'un blocus par croisière dans certains parages, pour en assurer l'effet. Dans la seconde moitié du xvii° siècle, tous les traités exigent le blocus effectif ; mais ils ne sont guère observés. Cependant, dans le fameux traité de Witehal, du 22 août 1689, l'Angleterre et la Hollande consacrent le principe du blocus fictif contre la France, avec toutes ses conséquences *du Droit de prévention* et *du Droit de suite*. Au xviii° siècle, les traités revinrent à la règle du blocus effectif ; mais la pratique ne la respecta pas et l'Angleterre, en particulier, abusa constamment du blocus fictif contre la France, soit pendant la guerre de Sept ans, depuis 1756, soit depuis 1775, pour punir notre pays de l'aide qu'il avait donnée aux insurgés de l'Amérique du Nord.

C'est pour remédier à ces abus que, sur l'initiative de Catherine II de Russie, fut conclue la fameuse *Ligue de la neutralité armée*, les 8 et 21 juillet 1780, entre la Russie, le Danemark et la Suède, avec adhésion ultérieure de la France, de la Hollande, de la Prusse, de l'empire d'Autriche, du Portugal, des Deux-Siciles, de l'Espagne et des Etats-Unis. Au point de vue du blocus, l'article 4 de ce traité déclarait seulement bloqué le port : « où il y a, par des bâtiments de guerre *arrêtés et suffisamment proches*, un danger évident d'entrer ». Cette rédaction écartait le blocus fictif, même par croisière.

Mais, bientôt après, les Etats signataires eux-mêmes abandonnèrent leur principe en passant des traités où l'on se contentait, pour qu'il y eût blocus, que les bâtiments fussent assez proches pour empêcher l'accès, sans exiger qu'ils fussent stationnés, ce qui autorisait le blocus par croisière (V. Conv. entre la France et la Russie du 31 déc.-11 janv. 1787).

La Convention consacra d'abord le blocus effectif dans toute la rigueur du traité de 1780 (décret du 14 février 1793, art. 3). Mais, par représailles contre les agissements de l'Angleterre, le

9 mai 1793, elle déclara de bonne prise tout navire chargé de céréales à destination d'un port anglais. L'Angleterre répondit par le blocus général et *sur le papier* de toute la France et de toute la Belgique, entraînant avec elle toutes les Puissances maritimes, sauf la Suède et le Danemark (8 juin 1793).

Ce fut alors que la Russie, la Prusse, la Suède et le Danemark rétablirent la ligue de 1780, dans la nouvelle convention de neutralité armée du 16 décembre 1800. Après avoir déclaré la guerre et attaqué Copenhague le 2 avril 1801, l'Angleterre fit accepter, dans un traité avec la Russie du 17 juin 1801, la rédaction suivante : « navires arrêtés *ou* suffisamment proches ». Cette simple substitution du mot *ou* au mot *et* qui était dans le texte des conventions de 1780 et de 1800 suffisait pour consacrer le blocus fictif par croisière. Bien mieux, le 16 mai 1806, l'Angleterre déclarait le blocus *sur le papier* de tous les ports depuis l'Elbe jusqu'à Brest. Napoléon répondit par le fameux décret de Berlin du 21 nov. 1806 qui établissait le blocus de tous les ports de la France, des pays à elle soumis et de ses alliés, ce que l'on a appelé le *Blocus continental,* à l'égard de tous les navires anglais, avec application du droit de *prévention* contre tout bâtiment qui était réputé se rendre dans un port anglais. Quant au *droit de suite*, pour répondre à l'application du droit de suite et de prévention par l'Angleterre contre la France (7 janvier et 11 novembre 1807), on l'appliqua d'une manière complète contre tous les bâtiments venant des ports anglais (décret de Milan du 17 décembre 1807). L'accession de la Prusse et du Danemark au blocus continental détermina les Anglais à bombarder Copenhague en septembre 1807, ce qui poussa l'empereur de Russie, indigné de cet acte barbare, à adhérer lui-même au blocus continental contre l'Angleterre, tout en proclamant, comme principe général, les règles établies dans les traités de neutralité armée de 1780 et de 1800.

Le blocus continental tomba avec Napoléon et, dans les traités de 1814 et de 1815, la question du blocus ne fut pas abordée, d'autant mieux que les représentants de l'Angleterre avaient reçu l'ordre d'éviter toute discussion relative au Droit maritime international. Depuis cette époque, en dehors des traités parti-culiers, dont les uns écartent le droit de prévention et les autres le droit de prévention et de suite en même temps, il n'y a guère que la France qui soit restée absolument fidèle au principe du blocus effectif, par exemple dans le traité du 21 août 1828 avec le Brésil à propos du blocus du Rio de la Plata, lors du blocus d'Alger en 1827, de la République Argentine et du Mexique en 1838, et enfin en 1870 (Instructions générales de la Marine du 25 juillet 1870).

L'Angleterre, au contraire, a largement usé du blocus fictif, par exemple en 1850 contre la Grèce pour appuyer les réclamations de son protégé Pacifico. Par son alliance de 1854 avec la France contre la Russie, elle fut obligée de changer son attitude (V. accord du 28 mars 1854).

Enfin, dans la Déclaration de Paris du 16 avril 1856 (4e règle), les Puissances ont ainsi réglé la question : « Les blocus, pour être obligatoires, doivent être effectifs, c'est-à-dire maintenus par une force suffisante pour interdire réellement l'accès du littoral ennemi ». Cette formule un peu vague n'interdit pas clairement, comme les traités de 1780 et de 1800, le blocus par croisière ; aussi a-t-il été largement appliqué depuis, surtout par l'Angleterre. La déclaration de Paris ne s'impose pas d'ailleurs aux Etats-Unis, à l'Espagne et au Mexique qui n'y ont pas adhéré parce qu'ils n'ont pas voulu consentir à l'abolition de la course qu'elle consacre.

En fait, pendant la guerre de Sécession, malgré l'assertion contraire de Perels, les Etats-Unis n'ont guère fait que des blocus fictifs, tout au plus par croisière, à cause de l'insuffisance de leur marine. Le Danemark a agi de même contre la Prusse pendant la guerre de 1864. Le 17 août 1866, les Etats-Unis considérèrent comme nul le blocus fictif établi par Maximilien dans des ports du Mexique, notamment à Matamoros. Les blocus fictifs ont été aussi pratiqués dans la guerre de 1877 entre la Russie et la Turquie, et dans la guerre de 1879 entre le Pérou et le Chili. Enfin, en 1891, les Puissances ont eu le droit de méconnaître le blocus simplement *décrété* par le président du Chili, Balmaceda, alors que toutes les forces navales du pays à peu près étaient aux mains des insurgés.

626. Le point de savoir quand un blocus est réellement effectif est, avant tout, une question de fait qui dépend autant de l'appréciation militaire que du droit. Juridiquement, tout dépend du point de savoir si un navire voulant forcer le blocus s'expose à un danger sérieux, ce qui suppose, théoriquement, que les vaisseaux stationnés sont au plus à double portée de canon l'un de l'autre. Il semble naturel aussi que l'escadre de blocus soit accompagnée de navires volants chargés d'aller avertir les bâtiments arrivant du large, sans faire déranger un des vaisseaux stationnaires, ce qui romprait la ligne de blocus.

On ne peut d'ailleurs employer au blocus que des navires de guerre, ainsi que cela résulte de la déclaration de Paris du 16 avril 1856 qui a aboli la course et, par conséquent, l'emploi de tout navire particulier pour agir militairement contre l'ennemi.

Cette règle est, au surplus, confirmée par la loi des différents pays (V. Instr. françaises du 25 juillet 1870, art. 7).

Malgré toutes les précautions prises, des navires peuvent forcer le blocus ; cela n'empêche pas le blocus d'être réputé effectif si les conditions requises pour cela sont observées. Il n'est pas davantage nécessaire que le port bloqué soit, en même temps, investi par terre ; sinon le blocus serait impossible dans nombre de cas, par exemple pour un port situé dans une île non envahie, comme en Angleterre ; il ne s'agit d'ailleurs que d'intercepter les communications maritimes et non d'investir complètement pour réduire la place comme dans un siège.

627. Blocus par pierres. — On désigne ainsi celui qui consiste à fermer l'entrée d'un port en y coulant des navires chargés de pierres ou en employant tout autre procédé équivalent.

Si la fermeture du port est irréparable et permanente, elle constitue une atteinte au droit de libre navigation des neutres, droit qui peut être suspendu pendant la guerre, mais non indéfiniment paralysé. C'est en se plaçant à ce point de vue que l'Angleterre protesta contre la fermeture du port de Charleston, le 20 décembre 1861.

Si le dommage peut être réparé après la guerre, ce genre de blocus n'est pas plus admissible. Ou la fermeture est complète, et alors on interdit le passage même aux navires pour lesquels il doit être maintenu libre (V. n° 637) ; ou bien il y a des solutions de continuité, et alors la digue n'est qu'un moyen de bloquer avec beaucoup moins de navires : en pareil cas, les bâtiments neutres non prévenus ou surpris par le mauvais temps courront les plus grands dangers par suite de la digue devenue un véritable écueil. Cette façon de procéder n'est plus alors qu'une *odieuse barbarie,* suivant le mot du président Jefferson Davis dans son message du 12 janvier 1863.

628. Des interruptions du blocus. — Le blocus peut être *suspendu* ou *levé.* Dans le premier cas, interrompu en fait, il peut être repris efficacement sans renouveler la notification dont nous parlerons plus loin. Dans le second, il cesse définitivement et ne peut être rétabli qu'avec le concours des deux conditions normales, ligne effective de blocus et nouvelle notification. Ces deux modes d'interruption peuvent se présenter dans différents cas.

1° Quand l'escadre de blocus est obligée de se retirer devant des forces supérieures de l'ennemi, on reconnaît que le blocus est *levé* et non pas seulement *suspendu.* Cette solution a été souvent appliquée par l'Angleterre, notamment à propos du blocus de Charleston que dégagèrent les forces navales du Sud, le 31 janvier 1863.

2° Quand il y a dispersion de l'escadre de blocus par force majeure, état de la mer, changement des vents, tempête, presque tous les auteurs anglais considèrent le blocus comme maintenu, et cette solution a été admise par le gouvernement britannique en 1863. Telle est aussi l'opinion générale de la doctrine. D'autres, par exemple Ortolan, considèrent alors le blocus comme suspendu, mais susceptible d'être repris en fait, sans nouvelle notification. D'autres, enfin, font dépendre la solution de la distance à laquelle l'escadre de blocus s'éloigne et de la durée de son éloignement. Nous pensons que, si on veut rester fidèle à *l'effectivité* du blocus, éviter les abus et les solutions arbitraires, il faut considérer le blocus comme *levé* en pareil cas et comme ne pouvant être rétabli qu'avec nouvelle notification. Dans le doute, en effet, il faut se prononcer pour la liberté du commerce des neutres. Puis, comment un navire neutre, trouvant libre l'entrée d'un port, saura-t-il si le blocus a cessé pour cause de force majeure ou pour toute autre, et s'il doit le respecter ? Cette dernière solution, simple et équitable, est consacrée par la loi de plusieurs pays (Décret prussien, 14 avril 1864 ; rég. russe, de 1869, art. 99 ; espagnol, du 26 nov. 1864, art. 2 ; inst. françaises de 1870, art. 11).

3° Si l'escadre de blocus s'éloigne *volontairement,* pour un

temps ou définitivement, le blocus ne lie plus les neutres.
Cependant, en général, on le considère comme maintenu s'il n'y
a qu'une interruption partielle de la ligne de blocus et pour peu
de temps, par exemple, quand un vaisseau quitte son poste pour
poursuivre un navire soupçonné de vouloir violer le blocus
(Rés. de l'Institut, Règlements des prises, art. 35).

Ces concessions dangereuses nous semblent de nature à compromettre *l'effectivité* du blocus.

Après l'éloignement volontaire, le blocus est-il *levé* ou *sus-*
pendu? Pour les Anglais, s'il y avait blocus de fait sans notification, il est *levé;* si, au contraire, il y avait eu notification, il
peut être repris matériellement sans nouvelle notification. Pour
nous, toujours attaché à la condition de l'effectivité, nous considérons le blocus comme levé en pareil cas, ce qui oblige à une
nouvelle notification, l'ancien blocus n'existant plus par suite de
la disparition de son élément matériel et indispensable (Inst.
franç. de 1870, art. 11).

629. II. Notification du blocus. — On distingue trois sortes
de notifications : 1° celle qui est adressée par le commandant de
l'escadre de blocus aux autorités du lieu bloqué ; 2° la notification générale, par la voie diplomatique, faite par le pays qui
pratique le blocus aux Etats neutres ; 3° la notification spéciale
faite sur place par l'escadre de blocus aux navires qui s'approchent.

En ce qui concerne les deux dernières, on discute beaucoup
pour savoir si elles sont nécessaires toutes les deux à la fois, ou
si l'une suffit, pour savoir encore quelle est celle des deux qui
est indispensable, et même si l'une quelconque s'impose. Cette
difficulté a donné lieu à deux systèmes.

A. Dans le système *anglais,* on distingue. S'il y a eu blocus
de fait, pratiqué comme mesure urgente, par exemple par un
commandant de forces navales dans des parages éloignés, de sa
propre initiative et en vertu de la délégation générale qu'il tient
de son gouvernement, il faut la notification *spéciale* à chaque
navire qui s'approche de la ligne de blocus.

S'il s'agit, au contraire, d'un blocus qui a pu être notifié à
l'avance, la notification générale ou diplomatique aux Etats neutres suffit. La même pratique est suivie dans plusieurs pays,
par exemple au Danemark (Règ. du 16 février 1864) ; on

l'adopte aussi aux Etats-Unis, sauf à exiger la notification spéciale dans le second cas, quand le navire venant du large a pu
ignorer la notification diplomatique faite à son pays, et c'est à
ce navire à prouver son ignorance à ce sujet.

Ce système a été enfin consacré par l'Institut de Droit international dans son règlement sur les prises maritimes (art. 41
et 42).

B. Dans le système *français,* la notification générale ou diplomatique doit être complétée par une notification spéciale à chaque navire; cependant cette dernière peut suffire si la première
n'a pas été faite (Instr. du 25 juillet 1870, art. 7; arrêts de
prises du Conseil d'Etat; Lebon, 1830, p. 127; 1843, p. 370;
1845, p. 402; 1847, p, 72; traités de la France avec le Brésil,
21 août 1828, art. add.; avec la Nouvelle-Grenade, 28 oct. 1844,
art. 22; avec le Pérou, 9 mars 1861, art. 22, etc.). La même
règle est adoptée en Italie et en Suède.

En principe, une notification est nécessaire pour avertir les
intéressés et éviter les surprises dans l'application de la sanction
sévère du blocus. Il semble également que la notification
spéciale atteigne seule ce but complètement. La notification diplomatique, en effet, ou bien précède le blocus effectif, et alors,
pendant quelque temps, on a un blocus fictif; ou bien elle suit
l'établissement réel du blocus qui, pendant quelque temps
encore, est pratiqué sans notification. D'autre part, la notification générale ressemble fort à la promulgation d'une loi qui est
obligatoire quand elle est réputée connue : or les Etats neutres
indépendants n'ont pas à s'incliner devant un ordre émanant
d'une autre souveraineté; leur devoir de neutralité est seulement de respecter les actes d'hostilité des belligérants, par
exemple le blocus, et il faut, pour éviter les surprises, les aviser
sur place de l'existence de ce dernier. D'ailleurs, la notification générale peut être absolument inefficace à l'égard des
navires déjà en mer quand elle est faite. Si, comme dans le
système américain, on fait dépendre la nécessité de la notification spéciale de l'ignorance où se trouve le navire de la notification générale, si même, comme le décide le règlement des
prises de l'Institut de Droit international, art. 42, on admet
cette ignorance *a priori,* quand il s'est écoulé trop peu de temps
depuis le départ du navire pour qu'il ait pu être instruit de la

notification diplomatique, on ouvre la voie aux discussions et aux solutions arbitraires. Nous ajouterons, enfin, que les navires venant du large ont le droit, malgré la notification diplomatique, de s'approcher de la ligne de blocus pour s'assurer qu'elle est toujours maintenue d'une manière effective et pour savoir ainsi s'ils doivent la respecter : la notification spéciale les renseignera à ce sujet.

La notification qui doit être faite aux autorités du port bloqué et aux consuls étrangers qui s'y trouvent, est suffisamment efficace, quoique générale. Cependant, on peut faire remarquer que les navires sortant du port bloqué ont le droit de constater sur place si le blocus est toujours maintenu quand l'escadre se tient au loin dans la mer, et qu'alors une notification spéciale doit leur être adressée quand ils s'approchent.

630. *Formes de la notification.* — La notification générale se fait en la forme ordinaire des communications diplomatiques entre gouvernements : le pays avisé informe ses nationaux par les voies légales, par exemple, en France, par une insertion au *Journal officiel.*

La notification spéciale est, au contraire, assujétie à trois conditions : 1° Elle doit être faite sur le lieu bloqué, tout navire qui s'approche ayant le droit de s'assurer de la réalité du blocus ; 2° par un des navires de l'escadre de blocus, ce qui prouve encore la réalité de ce dernier; 3° elle doit être faite par écrit, au moyen d'une mention sur les papiers de bord du navire à qui elle est adressée, afin d'éviter toute contestation ultérieure. La mention indique le capitaine qui a fait la notification, la date, la position par latitude et longitude, afin d'établir que le navire a reçu la notification d'un des vaisseaux de l'escadre de blocus, pendant le blocus et sur les lieux bloqués.

Ces règles sont universellement admises (V. Inst. franç. du 25 juillet 1870). Parfois même, on exige du capitaine du navire à qui elle est adressée un reçu de la notification (V. traité franco-brésilien, 22 août 1868). La jurisprudence française exige la notification écrite pour valider les prises (Cons. d'Etat, 17 juillet 1843 ; Lebon, 1843, p. 370).

631. Effets du blocus. — Ces effets peuvent se manifester à divers points de vue. 1° En ce qui concerne l'exécution ou la résolution de divers contrats, par suite de l'influence du blocus considéré comme cas de force majeure, par exemple pour l'engagement des matelots, l'affrétement, l'assurance. Mais ce sont là des points réglés par la loi interne de chaque pays, ou qui, s'ils donnent lieu à un conflit de lois, rentrent dans le domaine du Droit international privé (V. art. 252 à 257 ; 276 à 279 ; 350, 353, C. de com.); 2° au point de vue des neutres dont le commerce est paralysé, ainsi que nous le verrons en étudiant les règles de la neutralité ; 3° enfin, quant aux belligérants. Pour ces derniers, le blocus ne fait que rendre la circulation de leurs navires plus difficile, sans changer juridiquement leur situation, puisque déjà la propriété ennemie est toujours saisissable sur mer. L'effet spécial du blocus ne se produit à ce point de vue que quand on déclare la propriété privée ennemie inviolable dans la guerre maritime, ainsi que l'a fait le Code maritime italien (art. 211) sous la condition de réciprocité.

632. Violation du blocus. — Elle n'existe que quand il y a blocus régulier, effectif et notifié ; toute saisie d'un navire neutre en dehors de ce cas donne droit à une indemnité.

Cette violation ne peut être réprimée que quand elle est véritablement réalisée ou tentée ; l'intention de l'accomplir ne saurait suffire, le préjudice pour l'Etat bloquant, seule justification de la sanction qu'il applique, n'étant pas réalisé.

La tentative de violation de blocus s'apprécie d'ailleurs d'après les circonstances de fait ; par exemple, le navire est arrêté au moment où il franchit la ligne du blocus ; ou bien, il s'arrête au large et décharge sa cargaison dans des *alléges* qui doivent franchir la ligne, ce que les Anglais appellent la violation par *implication*.

La notification spéciale a l'avantage de lever toutes les difficultés, le navire devant s'éloigner dès qu'il l'a reçue, sous peine d'être présumé en état de tentative de violation du blocus. Il semble même qu'on pourrait saisir tout navire qui ne tiendrait pas compte des signes non équivoques qui lui sont adressés pour l'inviter à s'éloigner, par exemple d'un coup de canon à blanc ou à boulet perdu, dit *coup de semonce*.

Jusqu'au XIXe siècle, on était plus rigoureux et on autorisait la saisie, même en pleine mer, des navires qui, ayant connaissance du blocus, étaient soupçonnés de se diriger vers le port bloqué, ou qui étaient convaincus d'en être sortis : c'étaient les deux fameuses conséquences du blocus fictif connues sous le nom de droit *prévention* et de droit *de suite*. De nos jours, même depuis la déclaration de Paris de 1856, l'Angleterre et les Etats-Unis ont continué cette pratique. Outre qu'exercer le droit de prévention, c'est punir une simple intention sans qu'il y ait encore de préjudice causé, cette intention elle-même ne peut pas être prouvée absolument dans la plupart des cas : d'ailleurs tout navire a toujours le droit de s'approcher de la ligne de blocus pour voir si elle est encore maintenue et de passer outre si le blocus n'est plus effectif.

633. Théorie de la continuité de voyage (1). — La fiction de la continuité de voyage a été créée par le juge des prises anglais, Lord Stowell (Sir W. Scott). Elle se rattache elle-même à la règle connue dans les tribunaux de prises de l'Angleterre sous le nom de *règle de la guerre de 1756*.

D'après cette dernière règle, on considérait comme contraire à la neutralité le fait de naviguer, en temps de guerre, entre un Etat belligérant et ses colonies, alors que cet Etat belligérant se réservait l'intercourse coloniale en temps de paix : on estimait, en effet, que c'était lui donner un concours en maintenant le commerce avec ses colonies, alors que ses propres navires auraient été saisis par l'ennemi. Mais le commerce des neutres avec l'Etat belligérant ou avec ses colonies restait toujours permis ; aussi s'avisa-t-on d'un détour : les marchandises prises dans l'Etat belligérant étaient portées en pays neutre pour être réexpédiées dans les colonies de l'Etat belligérant, ou réciproquement. Ce fut alors que Lord Stowell imagina de considérer ce second voyage comme étant la continuation du premier, ce qui justifiait la saisie, au moins pendant la durée de ce second voyage. Cette doctrine a été étendue ensuite à la contrebande de guerre, comme nous le verrons, et au blocus dont nous nous occupons maintenant. A ce dernier point de vue, la doctrine dont il s'agit a été appliquée par les tribunaux de prises des Etat-Unis dans la fameuse affaire du *Springbock,* navire anglais se rendant dans le port de Nassau des îles

---

(1) Sir Travers Twiss, *La théorie de la continuité de voyage appliquée à la contrebande de guerre et au blocus*, 1877 ; J. C. Bancroft Davis, *Les tribunaux de prises des Etats-Unis*, 1878 ; de Boeck, *loc. cit.*, pp. 679 à 697 ; Gessner, *L'affaire du Springbock*, R. D. I., 1875, p. 241.

Bahamas appartenant à l'Angleterre et saisi par le croiseur américain *Sonoma,* le 3 février 1863, sous prétexte que sa cargaison, une fois débarquée au port de destination, devait être réexpédiée dans des ports bloqués par les Américains pendant la guerre de Sécession, sans qu'on pût d'ailleurs invoquer d'autre preuve que de vagues soupçons, ni même préciser le port bloqué auquel les marchandises auraient été destinées. Bien que confirmée par la commission mixte composée des délégués de l'Angleterre et des Etats-Unis et de l'ambassadeur d'Italie à Washington, cette décision a été condamnée par tous les publicistes européens. Elle ne tend à rien moins, en effet, qu'à anéantir la liberté des mers, un seul blocus pouvant autoriser l'Etat qui l'établit à paralyser le commerce des neutres sur de simples soupçons. Si l'on suppose un second voyage vers le port bloqué, malgré la preuve formelle de la destination vers un port libre, autant vaut alors autoriser directement le blocus des ports neutres, sous prétexte qu'ils peuvent servir d'étape pour se rendre dans un port bloqué. Nous verrons d'ailleurs que, en agissant ainsi, on viole la déclaration de Paris de 1856 qui fait couvrir la marchandise par le pavillon, puisqu'on saisit la marchandise prétendue destinée au port ennemi bloqué sur un navire neutre qui ne cherche pas à violer le blocus.

634. Excuses en cas de violation de blocus.— On ne peut admettre celles qui peuvent être facilement simulées et donner lieu à des abus, telles que l'ivresse du capitaine, l'ignorance de la situation géographique où l'on se trouve, etc. L'Angleterre en admet deux : 1° quand le navire a été trompé par le capitaine d'un vaisseau de l'escadre de blocus lui affirmant que le blocus était levé; 2° quand on est forcé d'entrer dans le port bloqué par suite d'un cas de force majeure, tempête, avaries, manque de vivres.

Dans la pratique française, la notification spéciale ne permet pas d'invoquer facilement des excuses; cependant celles qui résultent du mauvais temps, des avaries ou du manque de vivres s'imposent par esprit d'humanité (Règl. de l'Institut de Droit intern., art. 40).

635. Sanction de la violation de blocus.— La doctrine est divisée sur ce point. Les uns veulent que l'on *séquestre* seulement les navires coupables de violation de blocus et leur cargaison. D'autres admettent la confiscation définitive, mais ils se partagent encore en partisans de la confiscation du navire et de la cargaison, ou du navire seulement. Le séquestre étant une mesure plus gênante pour l'Etat qui établit le blocus que préjudiciable au navire coupable de l'avoir violé, la pratique, après avoir souvent varié, se prononce pour la confiscation comme étant le seul moyen de rendre véritablement efficace la prohibition de franchir la ligne de blocus. Cette confiscation est consacrée dans les lois particulières et dans les traités des différents Etats.

Cependant, dans l'application, des distinctions s'imposent : 1° Si la cargaison et le navire sont au même propriétaire, la confiscation porte sur les deux, ou tout au moins sur la partie de la cargaison qui est au propriétaire du navire; 2° Si la cargaison appartient à un autre qu'au propriétaire du navire, elle n'est plus susceptible de confiscation quand son propriétaire peut établir qu'il ignorait le blocus ou n'avait pas consenti à ce ce que sa marchandise entrât dans le port bloqué.

On doit respecter cependant ce qui appartient en propre aux gens de l'équipage, argent, vêtements, etc. Dans l'usage, on respecte même la pacotille personnelle du capitaine.

L'équipage du navire capturé est évidemment prisonnier de guerre s'il s'agit d'un vaisseau militaire ennemi. Si la capture porte sur un navire neutre, l'équipage doit être remis en liberté, sauf à pouvoir retenir ceux de ses membres dont le témoignage est nécessaire pour établir la régularité de la prise (Inst. de la France et de l'Angleterre du 22 février 1860 à propos de la guerre de Chine, Arch. diplom., 1861, II, 281). Quant aux marins des navires de commerce ennemis, on a renoncé depuis la fin du XVIIIe siècle à les assimiler, quand il y a violation de blocus, à des belligérants irréguliers et à leur appliquer la rigueur de la loi martiale. M. de Bismark prétendit cependant agir ainsi dans sa note du 19 nov. 1870, mais sans pouvoir faire prévaloir ses idées. L'équipage des navires de commerce ennemis capturés pour violation de blocus est simplement prisonnier de guerre (V. n° 640).

636. Indépendamment de la sanction que nous venons d'indiquer et qui se manifeste dans les rapports internationaux, la violation de blocus peut être encore punie par la loi du pays auquel appartient le navire qui s'en est rendu coupable. Ainsi l'art. 84 du Code pénal français pourrait être appliqué, sinon aux capitaines des navires de commerce, du moins à ceux des bâtiments de guerre qui seuls engagent la responsabilité de l'Etat et peuvent l'exposer à des difficultés internationales, pour avoir violé les devoirs de la neutralité en forçant un blocus.

On se demande, à ce sujet, si l'Etat lésé par la violation de blocus a son recours contre le pays auquel appartient le navire coupable. Nous adopterons l'affirmative quand le navire coupable est un bâtiment de guerre qui représente la souveraineté de l'Etat et engage sa responsabilité; la négative, s'il s'agit de navires de commerce, un pays ne pouvant répondre des actes de ses nationaux quand il ne peut pas les empêcher, ce qui est le cas.

Mais un pays neutre peut-il, tout au moins, être responsable quand il laisse organiser sur son territoire des entreprises ayant pour objet de forcer le blocus établi par un autre Etat belligérant? Ainsi, de 1862 à 1864, il se forma en Angleterre une association de coureurs de blocus *(Blockade runners)* pour forcer les blocus établis aux Etats-Unis pendant la guerre de Sécession. Par sa dépêche du 10 mai 1862 en réponse aux réclamations venues de Washington, lord Russell déclina toute responsabilité à cet égard. Cette réponse était parfaitement justifiée par cette considération que l'Angleterre, pays neutre, ne devait interdire à ses nationaux que les actes d'hostilité proprement dits, mais non des tentatives purement commerciales faites par des particuliers à leurs risques et périls et contre lesquelles les Etats-Unis se défendaient eux-mêmes, en appliquant la sanction normale de la capture et de la confiscation.

637. Quand la saisie pour violation de blocus peut-elle être pratiquée? — En Angleterre et aux Etats-Unis, on admet la saisie tant que le navire n'est pas arrivé au terme de son voyage, sans même tenir compte des relâches qu'il est obligé de faire par suite de mauvais temps ou d'avaries. Le grand juge des prises anglais, sir W. Scott, a été même jusqu'à dire dans l'affaire du *Christianberg* : « En droit rigoureux, il ne serait pas contraire à la justice de laisser un tel navire *éternellement* sous le coup de la capture ». Ailleurs, notamment en France, on exige que le navire soit pris en flagrant délit de violation de blocus :

on peut seulement continuer en haute mer la poursuite commencée dans la région bloquée, jusqu'à ce que le navire ait complètement échappé ou se soit réfugié dans un port neutre ou de de son pays. La capture, d'ailleurs, ne peut jamais avoir lieu dans les eaux territoriales d'une Puissance neutre.

Le système anglo-américain, condamné par la doctrine, aboutit à transformer la violation de blocus en un délit de droit commun, tandis que.ce n'est qu'une atteinte aux droits et aux intérêts de l'Etat bloquant, atteinte dont la sanction n'a plus sa raison d'être quand le navire coupable a réussi à s'en affranchir et que le préjudice causé, que l'on a simplement la faculté de prévenir et de réprimer sur place, est définitivement accompli.

Quand le blocus a été interrompu, pendant toute la durée de la suspension ou de la levée, la saisie devient impossible ; elle doit être opérée, en effet, en flagrant délit de violation de blocus.

Quant aux navires qui sont dans le port bloqué, ils peuvent être saisis également s'ils essaient de sortir. On pourra saisir aussi les navires *ennemis* qui se trouvent dans ce port, si celui-ci est occupé ; mais les navires neutres doivent être respectés dans ce dernier cas, sauf s'ils sont convaincus d'être entrés en violation du blocus ; nombre de traités, notamment celui du 28 octobre 1795 entre l'Angleterre et les Etats-Unis, ne dispensent de la saisie que les navires entrés dans le port *avant* l'établissement du blocus.

On doit, en outre, permettre la sortie d'un port bloqué aux navires neutres dans deux cas : 1° Quand ils sont déjà dans le port avant le blocus et qu'ils en sortent *sur lest* ou avec une cargaison chargée *antérieurement à la notification du blocus :* dans ces deux cas, en effet, le blocus est respecté, car aucun préjudice n'est causé au bloquant, ou bien on se trouve en présence d'une situation déjà acquise avant le blocus ; 2° on fixe toujours un délai dans la notification du blocus, pour permettre aux bâtiments neutres de s'éloigner ; en ce cas, la sortie peut avoir lieu, dans le délai fixé, même avec un chargement postérieur à la notification (Instruc. françaises du 25 juillet 1870, art. 7). Ce délai varie de dix jours à trois semaines ; en 1877, la Turquie l'a réduit à cinq jours. Mais ce délai ne s'applique, sauf convention contraire, qu'à la sortie et non à l'entrée ; c'est ce qu'établit avec raison la France vis-à-vis de l'Angleterre en 1870. Enfin, la Convention additionnelle de Genève de 1868, art. 6, 9, 10, appliquée en fait quoique non ratifiée par les Puissances, autorise la libre circulation des navires de l'Etat ou privés affectés au transport des malades et blessés ; le commandant du blocus doit permettre leur entrée ou leur sortie, après avoir constaté leur destination.

§ IV. *La Course.*

638. La course est le fait, de la part d'un Etat engagé dans une guerre maritime, d'utiliser le concours des navires des particuliers pour attaquer les bâtiments de commerce de l'ennemi et s'en emparer, en leur attribuant tout ou partie du butin qu'ils effectuent.

La course a existé de tout temps ; dans l'antiquité, la guerre mettait aux prises tous les nationaux des deux pays ennemis et il devait être souvent difficile de distinguer la marine militaire de l'Etat des forces navales fournies par les corsaires ; ces derniers opéraient d'ailleurs en temps de paix et ne différaient pas ainsi des pirates dont le métier n'avait rien de déshonorant, au moins chez les Grecs, et dont les associations avaient été légalement organisées au point de vue commercial par Solon (V. Dig., liv. 47, titre 22, l. 4). On dut même, dès cette époque, recourir à des associations de forces pour se défendre contre leurs déprédations et organiser ce que l'on a appelé depuis les voyages *de conserve.* Au moyen-âge, la piraterie est encore le fléau des mers ; les voyages de conserve sont organisés par les navigateurs paisibles pour se protéger et forment l'objet d'un contrat spécial d'une importance pratique alors très grande (Consulat de la mer, art. 93 et 286). Pour prévenir les abus de la course, on ne donna aux navires privés le droit de combattre que pour exercer des représailles des attaques dont les particuliers avaient été victimes de la part de l'ennemi. Cette autorisation, désignée sous le nom de *lettre de marque,* limitait les agressions permises et fixait la responsabilité des corsaires.

Mais, dès le xviie siècle, on songe à utiliser la marine privée comme auxiliaire normal de la marine militaire et on multiplie les lettres de marque, sous l'engagement de partager le butin avec l'État (Ordon. de 1681). Puis, dans les divers pays, des règlements intervinrent sur la course, établissant presque tous les conditions suivantes : 1° nécessité d'une autorisation ; 2° prestation d'un cautionnement de garantie ; 3° nécessité d'un jugement pour régulariser et attribuer les prises (V. notamment règlement du 2 prairial an XI).

Malgré toutes les précautions prises, quel que fût l'éclat de ses exploits, notamment dans la seconde moitié du xviiᵉ siècle, au commencement du xviiiᵉ et pendant les guerres de la Révolution et de l'Empire, la course dégénéra presque toujours en piraterie patentée et donna lieu aux pires excès. Intéressés aux profits des corsaires, les gouvernements fermaient trop souvent les yeux sur leurs méfaits, quand même ils ne s'associaient pas directement à leurs entreprises les plus blâmables, comme le fit le gouvernement de Louis XIV à l'égard des *flibustiers* ou *boucaniers* qui reçurent de la France des lettres de marque, notamment pour leur expédition de 1684 dans les mers du Sud, restée tristement célèbre. La Hollande profitait aussi largement de la piraterie des *gueux de la mer*.

De nombreux essais pour la suppression de la course furent tentés : notamment dans le traité du 26 nov. 1675 entre la Suède et les Provinces-Unies ; par Franklin, dans le traité du 10 sept. 1785, entre les États-Unis et la Prusse ; par la République Française, le 30 mai 1792, dans un décret dont les dispositions ne furent acceptées que par Hambourg et les villes Hanséatiques, ce qui contraignit à maintenir la course contre les autres États dès le 7 janvier 1793. Plus tard, la circulaire du 12 avril 1823, due à Châteaubriand, proposait l'abolition de la course et même le respect de la propriété privée ennemie sur mer dans l'expédition contre l'Espagne. Enfin, dans son projet de Convention internationale pour la neutralité maritime et commerciale proposé aux Puissances en décembre 1823, le Président des États-Unis, James Monroë, concluait aussi à la suppression de la course. En fait, de 1815 à 1856, sauf dans les guerres de Grèce et de l'Amérique du Sud où elle dégénéra en pure piraterie, la course n'a été pratiquée dans aucune des guerres maritimes assez nombreuses dans cette période.

L'opinion était donc bien préparée pour faire consacrer l'abolition de cette institution barbare ; c'est la Déclaration de Paris du 16 avril 1856 qui a stipulé cette abolition dans les rapports de tous les Etats civilisés, signataires ou adhérents postérieurs, sauf le Mexique, l'Espagne et les Etats-Unis qui ont refusé d'accepter la Déclaration. Le refus d'adhésion des Etats-Unis a été expliqué par le secrétaire d'Etat, M. Marcy, dans des termes dignes d'attention (Note du 28 juillet 1856). Il faut, dit-il en substance, éviter autant que possible les grands armements qui poussent les Etats à la guerre; dans ce but, les Etats-Unis comptent, si leurs droits sont méconnus, sur le concours de leur nombreuse marine marchande, ce qui les dispense d'avoir à entretenir une grande marine militaire.

S'ils renonçaient à la course, ils devraient avoir des forces navales permanentes, ou rester à la merci des peuples dont quelques vaisseaux de guerre tiendraient en échec leur faible marine militaire, tandis que le surplus serait employé à saisir les navires marchands américains. De ces explications il résulte que si la propriété privée ennemie était respectée sur mer, les Etats-Unis renonceraient à la course devenue inutile pour eux. En fait, ils ont été les seuls à l'employer depuis 1856 pendant la guerre de Sécession, et les excès commis par leurs corsaires ne sont pas faits pour réhabiliter la course aux yeux du monde civilisé.

639. La course étant abolie pour la plupart des pays civilisés, on se demande si un pays ayant adhéré à la déclaration de Paris peut, en cas de guerre, incorporer à sa marine militaire des navires de commerce, à titre de volontaires, et à l'instar des corps francs dans la guerre terrestre. La question doit se résoudre en fait, en recherchant si l'on ne tourne pas ainsi la prohibition de la course. Si les navires *volontaires* sont placés sous le commandement de l'autorité militaire, si leurs équipages ont une commission régulière de l'Etat, un uniforme distinctif et observent les lois de la guerre, il est difficile de ne pas les traiter en belligérants réguliers, au même titre que les corps francs satisfaisant aux mêmes conditions. C'est ainsi que le décret du 24 juillet 1870 organisa en Prusse une marine volontaire qui, du reste, ne fut pas employée. Le gouvernement français ayant appelé l'attention de l'Angleterre sur ce point, le comte de Granville répondit, avec raison, qu'il n'y avait pas là une violation de la Déclaration de Paris en ce qui concerne l'abolition de la course.

§ V. *Traitement des non belligérants dans la guerre maritime.*

640. La capture des navires marchands de l'ennemi, consacrée dans la guerre maritime comme nous le verrons au paragraphe suivant, entraîne le droit de retenir leurs équipages comme prisonniers. C'est une pratique contraire à celle de la guerre continentale dans laquelle les particuliers non belligérants et qui s'abstiennent de tout acte d'hostilité sont à l'abri de toute violence. Pour justifier cette façon d'agir, on dit que les marins du commerce peuvent donner un concours précieux à la marine militaire, car, à la différence des recrues de l'armée de terre, ils sont déjà préparés par leur métier et peuvent être utilisés immédiatement; cela, ajoute-t-on, est particulièrement vrai dans les pays qui, comme la France, ont l'inscription maritime, d'après laquelle tout marin du commerce peut être incorporé dans l'armée de mer dont il fait virtuellement partie.

Ces considérations peuvent être écartées en faisant remarquer que les marins laissés au commerce, surtout s'ils s'éloignent de leur patrie, continueront leur métier et se trouveront ainsi indisponibles pour la marine militaire de leur pays. Alors que, dans la guerre continentale, on n'arrête même pas les nationaux de l'ennemi soumis à la conscription tant qu'ils ne sont pas incorporés, et qu'on se contente seulement d'empêcher le départ de ceux qui voudraient aller rejoindre l'armée, on pourrait admettre tout au plus l'arrestation des marins qui se rendent dans un port de l'Etat belligérant où l'on pourrait les employer à bord des bâtiments de guerre. Mais cette arrestation est inacceptable quand il s'agit de marins se rendant à l'étranger ou voyageant dans des régions tellement éloignées qu'il n'est pas vraisemblable qu'ils puissent être incorporés de longtemps, peut-être pas avant la fin des hostilités, dans la marine militaire de leur pays.

Cependant l'arrestation générale de tous les marins du commerce appartenant à l'Etat ennemi est universellement pratiquée dans les hostilités. Etant donné cet usage, la Prusse n'était pas en droit de réclamer contre l'arrestation de capitaines de navires allemands qui furent internés à Clermont en 1870, et de saisir, à titre de représailles, quarante otages pris parmi les notables de Dijon, Gray et Vesoul.

Au fond, l'usage de faire prisonniers les matelots du commerce est une conséquence du caractère de la guerre maritime qui vise surtout les ressources économiques de l'ennemi; on cherche à enlever, avec les navires et leur cargaison, les équipages qui pourraient être employés par d'autres navires. Aussi le respect de la propriété privée ennemie dans la guerre maritime entraînera-t-il probablement l'immunité des marins du commerce au point de vue de la captivité militaire. L'Institut de Droit international s'est prononcé pour la libération des marins du commerce même de nationalité ennemie, en n'admettant la captivité que pour les marins militaires et soldats (Règlement des prises, art. 52).

On doit, au contraire, respecter les passagers ne faisant pas partie de l'équipage, même sur navires ennemis et nationaux de l'Etat ennemi. Il en est de même des marins nationaux d'une Puissance neutre : cependant la logique ne devrait-elle pas conduire à les retenir, puisque leur présence dans l'équipage d'un navire ennemi laisse des marins de l'Etat adversaire disponibles pour renforcer la flotte militaire? Mais personne n'a osé aller jusque-là.

641. Les marins du commerce faisant des actes d'hostilité sont des belligérants irréguliers qui peuvent être traités suivant la rigueur des lois de la guerre : il en serait ainsi notamment de ceux qui se livreraient à la course, au moins dans les rapports des Etats qui ont renoncé à cette pratique.

§ VI. *De la propriété privée ennemie dans la guerre maritime.*

642. La condition de la propriété privée ennemie dans la guerre maritime peut être appréciée soit au point de vue des navires ennemis, soit au point de vue des cargaisons qui se trouvent ou bien sur un navire de l'Etat ennemi, ou bien sur un navire neutre. Réservant l'étude de la condition de la propriété ennemie sur navire neutre pour le moment où nous étudierons la situation du commerce des neutres dans la guerre maritime, nous ne nous occuperons maintenant que de la propriété ennemie sous pavillon ennemi (1).

1. *Historique.*

643. La propriété privée ennemie, au moins sous pavillon ennemi, n'a jamais été respectée dans les guerres maritimes. Dans l'antiquité, le système de l'*occupatio bellica* suffisait pour la livrer à l'adversaire qui pouvait s'en emparer. Au moyen-âge, la situation est à peu près la même; la piraterie en temps de paix, la course presque semblable à la piraterie en temps de guerre, ravagent les mers. Dans tous les cas, le droit de s'emparer des navires ennemis et de leurs cargaisons appartenant à l'ennemi ne fait pas même l'objet d'un doute (Consulat de la mer, chap. 231). Cette pratique s'est continuée jusqu'à nos jours, même depuis la Déclaration de Paris du 16 avril 1856, qui n'a fait qu'assurer l'inviolabilité de la propriété privée ennemie voyageant sous pavillon neutre.

C'est là une conséquence du caractère général de la guerre maritime qui, même actuellement, cherche beaucoup plus à atteindre les ressources économiques de l'adversaire qu'à frapper ses forces navales. Cependant, un courant très marqué en faveur de l'inviolabilité de la propriété privée dans la guerre maritime comme dans la guerre terrestre s'est manifesté dans la doctrine depuis le milieu du xviiie siècle, en réaction directe contre la tolérance à cet égard des anciens publicistes depuis Grotius. Mably ouvre la voie à cette réaction dans son *Droit public de l'Europe fondé sur les traités* (1748), en insistant particulièrement sur le danger économique que la pratique ancienne faisait courir aux principaux intéressés, c'est-à-dire aux Etats ayant la marine marchande la plus considérable; Galiani reprend la même thèse, en 1782, dans son ouvrage intitulé : *De doveri de principi neutrali verso i guerregianti*, etc.;

(1) V. Cauchy, *Droit maritime international*, 1862; *Respect de la propriété privée en temps de guerre maritime*, 1866; de Boeck, *De la propriété ennemie sous pavillon ennemi*, 1882; Hautefeuille, *Propriétés privées des belligérants sur mer*, 1860, id. *Histoire des origines, des progrès et des variations du Droit maritime international*, 1869; de Laveleye, *Du respect de la propriété privée en temps de guerre*, 1875; Léveillé, *De l'inviolabilité de la propriété privée des belligérants sur mer*, 1863; Ortolan, *Diplomatie de la mer*, 4e édit., 1864; Vidari, *Del rispetto della proprietà privata fra gli statti in guerra*, 1867.

J.-F. de Martens, dans son *Essai sur les armateurs* (1795), qualifie de *barbares* les usages de la guerre maritime à ce point de vue; enfin, J.-J. Rousseau met nettement en relief cette idée, aujourd'hui définitivement consacrée par la doctrine moderne, que la guerre est un rapport d'Etat à Etat et qu'elle ne peut atteindre *directement* les particuliers, ni dans leur personne quand ils ne sont pas belligérants, ni dans leurs biens. Ce sont les idées de J.-J. Rousseau que Portalis développa dans le discours justement célèbre qu'il prononça lors de l'installation du Conseil des Prises, le 14 floréal an VIII, et que de Talleyrand reproduisit dans le Mémoire adressé à Napoléon en 1806 *(Moniteur*, 5 décemb. 1806).

On peut dire que les représentants les plus autorisés de la science du Droit international sur le continent européen sont, en immense majorité, partisans de l'inviolabilité de la propriété privée ennemie dans la guerre maritime, comme dans la guerre terrestre. Malgré des tentatives en sens contraire dont M. Ch. Giraud s'est fait le représentant en France, cette manière de voir a cause gagnée en doctrine (V. Discussions à l'Académie des sciences morales et politiques, Compte-rendu, 1860, 4ᵉ trim., LIV, p. 426; 1861, 1ᵉʳ trim., LV, p. 125; 1867, 1ᵉʳ trim., LXXIX, p. 197). Seuls, les publicistes anglo-américains, en général, notamment Phillimore, Lorimer, Westlake, Travers-Twiss, Wheaton, et, en France, Hautefeuille, Ortolan, Pistoye et Duverdy, H. Barboux, peuvent être cités comme les défenseurs de l'ancienne tradition.

De la doctrine, le mouvement en faveur de l'inviolabilité de la propriété privée ennemie sur mer a passé dans le monde des affaires et dans les discussions économiques : dès 1856, à l'instigation de Richard Cobden, les Chambres de commerce anglaises se prononçaient dans le même sens; une réunion imposante des négociants et armateurs allemands votait une résolution conforme à Brême, le 2 décembre 1859. Nous devons également signaler nombre de propositions identiques présentées dans les Parlements des divers pays, notamment en Angleterre, en Allemagne et en France, spécialement celle de M. Garnier-Pagès, le 9 juillet 1870.

Au point de vue de la réalisation pratique, le progrès du principe de l'inviolabilité de la propriété privée sur mer est marqué par les faits suivants. Le traité du 10 sept. 1785, art. 23, conclu entre les Etats-Unis et la Prusse, consacra, à l'instigation de Franklin, l'inviolabilité de la propriété privée ennemie dans la guerre maritime. L'Assemblée législative proposa la même inviolabilité dans le décret du 30 mai 1792 qui ne fut accepté que par Hambourg et les villes hanséatiques. Napoléon Ier lui-même, bien que forcé par les circonstances à dépasser toute mesure et à pratiquer le Blocus continental, s'est déclaré partisan de l'inviolabilité de la propriété ennemie (Préambule du décret de Berlin du 21 nov. 1806). Les Etats-Unis se sont toujours montrés attachés à la même idée, comme le déclarent la proposition faite par le Président James Monroë aux Puissances en décembre 1823 (art. 4), les explications données par eux à propos de leur refus d'accéder à l'abolition de la course (V. n° 638), et la note envoyée de Washington à la France le 22 juillet 1870. Nous signalerons également l'art. 3 du traité de Zurich (10 nov. 1859), qui ordonna la restitution de tous les navires ennemis saisis pendant la guerre qui n'avaient pas été encore attribués par un jugement du tribunal des prises, et la disposition semblable du décret du 25 mars 1865 en ce qui concerne les navires mexicains capturés par les croiseurs français ; deux décisions qui atténuent considérablement la portée de la saisie en la transformant en simple séquestre, sans aller jusqu'à la confiscation, pour les navires non encore attribués au capteur par le tribunal des prises à la fin des hostilités.

En fait, le respect de la propriété privée ennemie sur mer a été proclamé et pratiqué par la France dans l'expédition d'Espagne (Circ. de Châteaubriand du 12 avril 1823) et dans la guerre de 1866 entre la Prusse et l'Autriche. Le 18 juillet 1870 l'Allemagne annonça les mêmes intentions ; la France ayant déclaré, le 21 juillet, qu'elle s'en tiendrait à la Déclaration de 1856 qui autorise la capture de la propriété ennemie sous pavillon ennemi, l'Allemagne rapporta sa décision le 12 janvier 1871. Mais le traité de Francfort du 10 mai 1871, art. 3, stipula la restitution des bâtiments dont la capture n'était pas ratifiée par le tribunal des prises à la date du 2 mars 1871.

Un seul pays a cependant consacré le principe de l'inviolabilité que la doctrine a solennellement accepté dans la session de l'Institut de Droit international tenue à Zurich en 1877 (Annuaire,

t. II, p. 152). L'art. 211 du Code de la marine marchande en
Italie, du 24 juin 1865, déclare la propriété ennemie inviolable,
même sous pavillon ennemi, à la condition qu'il y ait réciprocité
de la part de l'Etat adversaire ; c'est sur la base de cette disposition qu'un traité est intervenu entre l'Italie et les Etats-Unis
le 26 février 1871. Le Code italien ne maintient la capture que
pour la contrebande de guerre (art. 212), et laisse libres, sauf
le cas de représailles, les marins des navires de commerce
ennemis (art. 245).

II. *Justification de l'inviolabilité de la propriété ennemie.*

644. Cette inviolabilité résulte du principe fondamental
d'après lequel la guerre est un rapport d'Etat à Etat qui peut
autoriser toute action contre les ressources militaires de la
souveraineté ennemie, mais qui ne saurait atteindre, en dehors
de leur qualité de belligérants, les individus. Pourquoi cette
règle, admise sans difficulté dans la guerre continentale, est-elle
écartée dans la guerre maritime dont la nature juridique est
absolument semblable ?

Pour justifier cette anomalie, on n'invoque que des considérations d'intérêt pratique qui peuvent se ramener à trois principales : 1° Il faut, pour que la guerre maritime soit efficace,
atteindre le commerce de l'ennemi et non pas seulement ses
forces navales ; 2° le commerce de l'ennemi est un élément de
ressources qui peut lui permettre de continuer les hostilités et
que l'on peut attaquer, à ce titre, comme un instrument de
guerre ; 3° enfin les navires de commerce et leurs équipages
peuvent être facilement utilisés par l'ennemi pour augmenter
ses forces navales ; on peut donc s'emparer d'eux pour paralyser
la résistance de l'adversaire.

On peut objecter tout d'abord que le dernier argument, le
plus fort de tous, ne vise en rien les cargaisons ennemies non
susceptibles d'être utilisées pour un emploi militaire, et que ce
sont cependant celles que l'on recherche le plus activement à
cause de leur grande valeur, ce qui montre bien que l'on poursuit uniquement un butin au détriment, non pas de l'Etat ennemi,
mais de ses nationaux. Dans la guerre continentale, on trouve
bien les réquisitions et les contributions qui atteignent la propriété privée, mais elles sont limitées aux besoins de l'armée

d'occupation, tandis que, sur mer, on confisque toute propriété ennemie dont on peut s'emparer. Au surplus, l'envahisseur agit sur un territoire qu'il occupe et à l'égard duquel il peut, en fait, exercer sa souveraineté; tandis que la haute mer, insusceptible d'occupation, comme nous l'avons établi, échappe à la domination de qui que ce soit.

La nécessité, au point de vue militaire, de la capture de la propriété privée ennemie dans la guerre maritime n'est pas, au surplus, aussi bien démontrée qu'on le prétend. En fait, il est impossible de citer une seule guerre dans laquelle la résistance de l'ennemi ait été réellement vaincue à la suite des pertes éprouvées par sa marine marchande; dans les luttes où la capture des navires de commerce a été le plus développée, ce sont toujours des événements militaires proprement dits, des victoires sur les troupes de terre ou sur les forces navales, qui ont amené ce résultat, par exemple dans les dernières guerres du règne de Louis XIV, sous la Révolution et l'Empire et dans la guerre civile des Etats-Unis. Il en est d'autant mieux ainsi de nos jours que la facilité des communications permet d'avertir rapidement les navires qui sont en voyage au moment de la déclaration de guerre; ces navires s'arrêtent et le préjudice causé se borne à un chômage de la marine marchande, d'autant moins à redouter aujourd'hui que les guerres sont beaucoup plus courtes : ainsi, en 1870-1871, d'après les calculs les plus exacts, la France n'a capturé que 75 navires allemands, ce qui représentait un butin de six millions, défalcation faite de 13 navires restitués; de tels résultats sont insignifiants au point de vue de l'effet produit sur les ressources ennemies. Au surplus, pour que cet effet pût se produire, il faudrait que chacun des deux belligérants se rendît compte de ses pertes et de.ses gains par capture; cette balance ne peut être établie qu'à la fin des hostilités et l'on ne voit pas en quoi la paix peut s'en trouver plus avancée.

On peut même dire que la pratique actuelle va directement à l'encontre du but poursuivi : détournés de la navigation commerciale par la crainte de la capture, les navires et marins du commerce s'offrent naturellement à chaque pays pour être incorporés dans les forces navales, tandis que la sécurité qui leur serait assurée ferait peut-être hésiter les Etats à se servir d'eux dans un but militaire, dans la crainte de provoquer une trop grande perturbation économique. D'autre part, chaque pays gagnerait à l'inviolabilité de la propriété privée sur mer de pouvoir utiliser toutes ses forces navales contre celles de l'ennemi, au lieu d'être obligé d'en paralyser une grande partie pour la protection de sa marine marchande.

Ce sont les pays dont la marine est le plus développée qui souffrent le plus de l'état de choses actuel ; leurs vaisseaux de guerre ne peuvent suffire à protéger leurs nombreux navires de commerce et, engagés dans une lutte avec un État dont la marine est moins importante, ils sont exposés à de grandes pertes, tandis qu'ils ne peuvent en causer que de relativement minimes à l'adversaire. Les transports maritimes passent aux neutres pendant la durée de la guerre, ou bien sont grevés de lourdes charges par l'élévation des primes d'assurances en prévision de la capture. Ces considérations si simples, déjà développées par l'abbé Mably, rendent inexplicable, de l'aveu de certains publicistes anglais, la résistance de la Grande-Bretagne qui a le plus à souffrir de la capture des propriétés privées sur mer et qui, cependant, arrête par son opposition la grande réforme de leur inviolabilité.

645. Malgré la consécration de son inviolabilité, la propriété privée ennemie resterait toujours soumise à l'action des belligérants dans certains cas.

A. En cas de blocus, la confiscation étant la règle quand un navire viole le blocus établi d'une manière effective et notifié.

B. En cas de contrebande de guerre ; la confiscation de la marchandise ayant ce caractère, qui n'a d'intérêt aujourd'hui qu'à l'égard des neutres, puisque toute cargaison ennemie sur navire ennemi est saisissable, serait au contraire la seule applicable à l'ennemi, du jour où les cargaisons de ce dernier non suspectes d'être utilisées pour un but militaire seraient elles-mêmes à l'abri de toute capture.

C. De même que, dans la guerre continentale, l'ennemi peut, sur le territoire par lui occupé, exercer des réquisitions des biens des particuliers sauf à en donner reçu et à en acquitter la valeur, de même il faut reconnaître à chaque belligérant le droit de prendre sur les navires de l'ennemi trouvés en mer les objets qui lui sont indispensables pour le moment, tels que vivres et houille, en en payant la valeur, mais sans indemniser le propriétaire de la perte du bénéfice qu'il aurait réalisé sur ces objets, ; car, dans les réquisitions, on ne paie que la valeur intrinsèque : c'est ce que l'on appelle le droit de *préemption*. En fait, la propriété ennemie étant saisissable, l'indemnité est payée au capteur proportionnellement à la part qui lui revient dans la capture d'après la loi de chaque pays, tandis que le principe de l'inviolabilité de la propriété privée devrait conduire à indemniser le propriétaire subissant la préemption. Il doit être dressé procès-verbal des objets ainsi acquis et il est fait estimation de leur valeur qui est payée par le Trésor de l'Etat au nom duquel la préemption est exercée (Instruc. du 25 juillet 1870, art. 20). Le tribunal des prises doit apprécier si l'exercice de ce droit est justifié par la nécessité ; s'il n'en était pas ainsi, il devrait accorder des dommages et intérêts en tenant compte de tout le préjudice causé par la réquisition, en dehors de la valeur intrinsèque des objets saisis. Ce droit de préemption a été exercé pour de la houille trouvée à bord de navires allemands capturés en 1870.

D. La propriété privée peut enfin, dans la guerre maritime comme dans la guerre sur terre, être exposée aux dégradations et aux destructions nécessitées par les opérations militaires dans la zone du domaine maritime des Etats belligérants. Il en est ainsi d'ailleurs pour les navires neutres comme pour ceux de l'ennemi, car les dommages éprouvés dans un territoire où se déroulent les hostilités sont les conséquences d'un cas de force majeure auxquelles nul ne peut se soustraire (V. n° 499).

Remarquons, à ce propos, que cette façon d'agir serait inacceptable en pleine mer, parce que celle-ci ne peut être assimilée au territoire de l'un des belligérants comme la mer territoriale où l'envahisseur exerce la souveraineté de fait. Nous pensons aussi, et pour la même raison, contrairement à l'opinion de la plupart des auteurs, que le droit de *préemption* dont nous avons parlé plus haut ne pourrait pas être exercé sur les objets appartenant à des neutres et trouvés sur un navire ennemi en pleine mer ; cette préemption est une conséquence de la souveraineté de fait du belligérant dans le territoire qu'il occupe, et il est inadmissible que cette souveraineté puisse se manifester ailleurs que là où domine normalement celle de l'Etat auquel il se substitue, c'est-à-dire en dehors des eaux territoriales de ce dernier.

Sans aller jusqu'à la destruction par nécessité de guerre, un des belligérants peut s'emparer des navires ennemis, afin de les utiliser à son profit, par exemple pour les transformer en bâtiments de combat ou pour transporter ses troupes. La réquisition pour un usage momentané peut même s'appliquer aux navires neutres qui sont dans les ports de l'Etat ennemi occupés par l'autre belligérant; c'est alors une forme de *l'angarie*.

III. *Du caractère ennemi de la propriété privée.*

646. Etant donnée la pratique suivie à l'égard de la propriété privée dans la guerre maritime, il est de la plus haute importance de déterminer dans quels cas cette propriété aura le caractère ennemi, et sera, par conséquent, susceptible de capture. Des solutions très différentes sont consacrées à ce sujet dans la jurisprudence française d'une part, et dans celle de l'Angleterre et des Etats-Unis de l'autre.

647. Système français. — Pour apprécier les règles admises en France, il faut distinguer la propriété des navires et celle des marchandises.

A. Les marchandises sont réputées ennemies par le fait seul qu'elles appartiennent à un national du pays ennemi, quel que soit d'ailleurs son domicile. Cette jurisprudence traditionnelle des tribunaux de prises dans notre pays n'a pas été modifiée par l'art. 10 des Instructions du 25 juillet 1870 qui déterminait la nationalité des maisons de commerce d'après le lieu où elles sont établies.

Dans le cas de changement de nationalité du propriétaire, il faut prévoir la fraude commise en vue de soustraire les marchandises à la capture pendant la durée de la guerre; on ne tiendra pas compte de la naturalisation d'un sujet de l'Etat ennemi dans un pays neutre, quand les circonstances permettront de la considérer comme frauduleuse, c'est-à-dire obtenue uniquement pour éviter la capture.

On considère d'ailleurs la propriété en cours de voyage; ainsi une marchandise expédiée par un neutre à un national ennemi, avec convention que la propriété ne passera à ce dernier qu'à la livraison, est insaisissable, sauf appréciation des fraudes possibles dans les contrats ainsi conclus.

C'est au propriétaire de la marchandise à prouver qu'il est de nationalité neutre; toute cargaison sur navire ennemi étant réputée ennemie. Le règlement du 26 juillet 1778, art. 2 et 11, établit que la neutralité de la marchandise ne peut être prouvée que par les pièces du bord; mais le propriétaire peut, d'après la jurisprudence la plus récente, prouver sa nationalité neutre par tout moyen de droit, tandis que son droit de propriété même sur la marchandise ne peut être démontré que par les pièces du bord.

B. Le caractère neutre des navires se détermine d'après leur droit à porter le pavillon d'un Etat neutre, suivant la loi particulière de ce dernier Etat, sans que l'on tienne compte de la nationalité de leurs propriétaires autrement que ne le prescrit la loi de l'Etat neutre pour autoriser l'emploi de son pavillon.

Or, d'après la loi de la plupart des pays, un navire national peut appartenir pour partie, parfois même pour le tout, à des étrangers : si une partie de la propriété d'un navire ennemi appartient à des neutres, la capture est-elle possible pour le tout? Le conseil des prises s'est prononcé pour l'affirmative dans l'affaire du navire prussien *Turner*, capturé en 1871 par l'aviso le d'*Estrée*, sans tenir compte d'une créance hypothécaire d'une maison anglaise. La prétendue *indivisibilité* de la propriété des navires au point de vue de l'exercice des droits de guerre, affirmée par le Conseil des prises en pareil cas, est une création purement arbitraire qui ne tend à rien moins qu'à la capture de la propriété neutre.

Il peut arriver également que les armateurs d'un pays, comme cela a lieu en Suisse, ne puissent arborer leur drapeau national et soient contraints d'emprunter celui d'une autre Puissance; si cette dernière est engagée dans une guerre, les navires étrangers qu'elle couvre de son pavillon pourront-ils être capturés? La question s'est posée au sujet de la *Palme*, navire des missions protestantes de Bâle naviguant depuis 1866 sous pavillon allemand et capturé par un croiseur français en janvier 1871. Le Conseil des prises siégeant à Bordeaux valida la capture; mais le Conseil d'Etat l'annula en appel (V. Dall., 1872. 3. 94). Outre que le gouvernement français était prévenu de la condition

spéciale de ce navire et que la mission à laquelle il était consacré le mettait à l'abri de toute capture (V. n° 653), il faut dire,
d'une manière générale, que l'on ne peut considérer comme
ennemi un bâtiment neutre portant le pavillon ennemi, par suite
d'une autorisation régulière, sans fraude, et à cause de l'impossibilité pour lui d'arborer son drapeau national : hors de ce cas
de nécessité absolue, le fait pour un navire neutre de voyager
sous pavillon ennemi, en vertu d'une licence spéciale, l'expose
à la capture.

Il peut y avoir vente d'un navire, pendant le cours des hostilités, à des nationaux neutres, et il y a lieu de se demander si
un belligérant doit respecter des ventes semblables qui ont pour
résultat de donner le caractère neutre à des navires ennemis.
En France, la question est résolue par l'art. 7 du règlement du
26 juillet 1778 constamment appliqué par le Conseil des prises :
on ne respecte que les ventes établies par acte authentique
avant la déclaration de guerre.

Quant au changement de nationalité des propriétaires de
navires ennemis, de leurs capitaines et équipages, on n'en tient
compte que s'il est opéré trois mois avant la déclaration de
guerre, ou bien dans ces trois mois, ou même après la déclaration de guerre pourvu que, dans ces deux cas, il y ait eu transport préalable du domicile dans le pays neutre trois mois avant
les hostilités (règlement du 26 juillet 1778, art. 6). En fait, ces
règles sont appliquées d'une manière atténuée et en appréciant
surtout la bonne foi des intéressés (Inst. franç. du 25 juillet
1870, art. 7).

648. Système anglo-américain. — Ce système, fort com-
pliqué, justement qualifié de casuistique, peut cependant être
résumé dans les règles suivantes relatives aux personnes, aux
navires et aux marchandises.

A. Le caractère hostile des personnes se détermine, non
d'après leur nationalité, mais d'après leur domicile dans le pays
ennemi ; ce domicile est d'ailleurs apprécié en fait d'après les
intentions de la personne et la durée de son établissement, ce
qui donne lieu à une foule de difficultés au point de vue pratique.
On ne considère plus comme domicilié chez l'ennemi celui qui
abandonne le domicile qu'il y avait, fût-il encore en route pour
se rendre dans un autre pays et s'y établir définitivement.

Exceptionnellement, les individus établis dans les Etats orientaux, où les chrétiens étrangers sont placés sous l'autorité et la protection de leurs consuls, sont réputés conserver le caractère de leur patrie et ne sont pas traités comme sujets ennemis quand l'Etat où ils sont établis est en guerre; ils sont au contraire ennemis quand leur patrie d'origine est engagée dans les hostilités.

B. Le caractère hostile des navires dépend aussi du domicile de leurs propriétaires dans le pays ennemi, mais, d'autre part, tout navire voyageant sous pavillon ennemi avec une licence régulière, par exemple un navire suisse, est passible de capture, les propriétaires et l'équipage seraient-ils nationaux d'un Etat neutre et domiciliés dans cet Etat.

En outre, le navire ennemi est saisissable pour le tout, même pour la part appartenant à des neutres ou à des personnes domiciliées en pays neutre. La répartition, suivant le domicile des propriétaires, entre la portion passible de capture et celle qui ne l'est pas, n'est admise que pour la cargaison.

Quand un navire portant pavillon neutre appartient pour partie à des personnes domiciliées en pays ennemi, il est saisissable pour cette dernière portion : on admet ainsi, avec un arbitraire inique, la divisibilité du navire que l'on rejette dans le cas précédent.

Mais la jurisprudence anglo-américaine accepte la vente d'un navire ennemi à un acquéreur neutre, même dans le cours des hostilités, sauf réserve du cas de fraude, et elle se montre fort sévère dans l'appréciation de la bonne foi.

C. Pour la cargaison, le caractère ennemi dépend encore du domicile du propriétaire. Cette règle est cependant soumise à deux restrictions très importantes : 1° tout chargement fait pour le compte d'un destinataire domicilié en pays ennemi est réputé ennemi en cours de voyage, malgré toute convention contraire entre les parties qui auraient réservé la propriété à l'expéditeur jusqu'à la livraison ; 2° toute marchandise ennemie au départ garde ce caractère jusqu'à l'arrivée malgré toute convention contraire ; la vente à un neutre en cours de voyage, *in transitu*, est sans effet. La même règle s'applique aux ventes de navires ennemis à des neutres en cours de voyage. La jurisprudence anglo-américaine formule même cette dernière restriction d'une manière plus absolue : la propriété privée garde toujours le caractère ennemi qu'elle avait au début du voyage quels que soient les événements ultérieurs. On en est venu ainsi à capturer les biens d'individus qui étaient devenus Anglais par suite de la conquête, et dont la propriété était ennemie auparavant.

Cependant, la vente réalisée de bonne foi, avant la déclaration des hostilités, sans qu'on ait prévu ces dernières, est respectée ; ce qui suppose encore l'examen d'une question de fait fort délicate.

Sans tenir compte du domicile du propriétaire, la propriété privée peut être encore considérée comme ennemie dans deux cas.

1° Quand, *par son origine,* ce caractère doit lui être attribué ; par exemple les produits du sol ennemi sont passibles de capture tant qu'ils appartiennent au propriétaire de ce sol et quels que soient la nationalité et le domicile de ce dernier. Par application de cette idée, la Cour suprême des Etats-Unis a validé la saisie de barils de sucre, opérée pendant la guerre de 1812-1814, au préjudice d'un officier danois, M. Bentzon, propriétaire dans l'île de Santa-Cruz, ancienne possession du Danemark conquise par l'Angleterre pendant les guerres contre la France, alors que ce propriétaire avait quitté cette île pour s'établir dans le Danemark, parce que la marchandise saisie venait d'un territoire désormais britannique et se trouvait sur un navire anglais.

2° Quand, sans tenir compte de la nationalité ni du domicile du propriétaire, les navires ou les cargaisons sont engagés dans un commerce qui intéresse directement l'ennemi ; par exemple la part d'un associé dans une maison neutre est saisissable quand il est lui-même domicilié dans le pays ennemi, comme la part d'un neutre suit le sort de la marchandise appartenant à une maison fixée chez l'ennemi, ce que des publicistes américains ont eux-mêmes trouvé excessif.

649. Ni le système de la France, ni celui de l'Angleterre et des Etats-Unis ne sont acceptés comme règle générale du Droit international par les différents Etats. En réalité, la pratique internationale considérée dans son ensemble n'est pas fixée sur la détermination du caractère ennemi de la propriété privée dans les guerres maritimes.

Toutes réserves faites au sujet de l'inviolabilité de cette propriété qui s'impose en raison et en équité, il semble cependant que le système français est préférable à la pratique anglo-américaine qui, suivant l'expression de Calvo, « laisse à peine une porte entr'ouverte pour prouver juridiquement le caractère licite et sincère des spéculations ». Les Anglo-Américains aboutissent à cet étrange résultat que les neutres par la nationalité, établis dans un pays belligérant, ne peuvent pas être astreints à prendre part aux hostilités, tandis qu'ils seront traités en ennemis quant à leurs biens, à raison uniquement de leur domicile dans l'un des pays qui est engagé dans la guerre. Il est vrai que l'on atteint ainsi tout commerce profitant à l'ennemi, tandis que, dans le système français, on risque de frapper celui d'un national de l'Etat belligérant quand ce national est fixé dans un autre Etat et n'a aucun rapport d'affaires avec sa patrie. Le seul moyen d'atténuer ce qu'il y a d'excessif dans l'une et dans l'autre de ces deux doctrines nous paraît consister dans la double condition de la nationalité ennemie du propriétaire et de son domicile de fait dans le pays ennemi.

IV. *Exceptions à la capture de la propriété privée ennemie sur mer.*

650. Ces exceptions sont consacrées par l'usage ou par des conventions formelles.

651. A. L'exemption pour les bateaux de pêche repose uniquement sur une ancienne tradition fondée elle-même sur un sentiment d'humanité : on ne veut pas ruiner de pauvres familles sans atteindre sérieusement les ressources de l'ennemi. Cette tradition humanitaire, établie par la France, fut interrompue pendant longtemps, notamment sous le règne de Louis XIV, parce que les autres Etats se montraient moins scrupuleux ; elle a été reprise par Louis XVI dans sa lettre à l'Amiral du 5 juin 1779. La France resta fidèle à cette règle pendant les guerres de la Révolution, bien que l'Angleterre confisquât sans exception nos bateaux de pêche, et le conseil des prises l'affirma comme principe général dans sa décision du 9 thermidor an IX (Sirey, 1. 2. 331). La même ligne de conduite fut suivie par la France dans la guerre de Crimée, pendant que l'Angleterre, son alliée, détruisait dans la mer d'Azof les bateaux, les instruments de pêche et même les cabanes de pêcheurs russes (Instr. françaises du 31 mars 1854, art. 2; et du 25 juillet 1870, art. 2).

Au fond, malgré les affirmations de certains auteurs, l'exemption des bateaux de pêche n'est qu'une tradition d'humanité mal établie et peu continue, dont l'équité n'est pas douteuse, mais qui n'a pas le caractère obligatoire d'un usage général. Elle ne s'applique pas, d'ailleurs, aux navires affectés à la grande pêche comme celle de la morue, qui sont considérés comme de véritables navires de commerce, ni aux petits bateaux pêcheurs qui se livrent à des actes d'hostilité.

652. B. Pour les navires naufragés, la pratique est fort différente suivant les Etats et même, dans chaque Etat, suivant les circonstances. En France, l'art. 26 de l'ordonnance de 1681, l'art. 14 du règlement du 26 juillet 1778, les art. 2, 8, 19 de l'arrêté du 6 germinal an VIII et le décret du 18 juillet 1854 autorisent la capture des bâtiments naufragés, ce que le conseil des prises a reconnu maintes fois. Etant donnée la règle admise de la capture de la propriété privée ennemie sur mer, la saisie des navires naufragés est justifiable en droit strict; cependant, au moins pour les navires du commerce, l'humanité semble commander que l'on ne profite pas du cas de force majeure qui les contraint à se réfugier dans un port ennemi ou qui les jette sur les côtes, pour s'emparer d'eux (V. le cas de l'*Elisabeth* et du *Belliqueux*, Pistoye et Duverdy, t. I, p. 115; Ortolan, t. II, pp. 321 et 323).

653. C. On admet très généralement, sauf à informer au préalable l'Etat ennemi, l'inviolabilité des navires affectés à une mission scientifique, même des vaisseaux de guerre dont l'usage pacifique est alors certifié. Ainsi les bâtiments de Bougainville et de La Pérouse reçurent des sauf-conduits de l'Angleterre, comme la France en accorda à ceux de Cook; pareille immunité fut concédée aux navires envoyés à la recherche de Franklin au pôle Nord. Pour la même raison, l'inviolabilité doit être reconnue aux bâtiments qui ont une mission purement humanitaire ou civilisatrice (V. n° 647).

654. D. Les navires hospitaliers sont protégés par les art. 6, 9, 10, 13, 14 de la convention additionnelle de Genève du

21 octobre 1868, non ratifiée il est vrai, mais implicitement acceptée par les Puissances. Cette inviolabilité s'applique à tous navires, de commerce, de guerre, appartenant à l'Etat ou à des particuliers, qui sont affectés à la mission de recueillir les blessés et malades. Cependant, les bâtiments de guerre consacrés à ce service sont saisissables, sauf à ne pas être détournés de leur destination, dans la crainte que l'ennemi ne puisse les utiliser plus tard dans un but militaire; cela a l'inconvénient d'éloigner ces vaisseaux du théâtre des hostilités où ils rendraient les plus grands services : aussi propose-t-on de les rendre complètement inviolables comme les navires de commerce hospitaliers, à la condition qu'ils soient rendus impropres au combat (V. Moynier, *Etude sur la convention de Genève,* 1870, p. 257). Le signe distinctif des navires hospitaliers est la peinture blanche avec batterie rouge; pour les vaisseaux hôpitaux militaires, la peinture blanche avec batterie verte.

655. E. Les navires de *cartel* ou portant des parlementaires sont également inviolables, à la condition d'avoir le pavillon blanc parlementaire, de ne point porter de cargaison, ni d'armes, sauf le canon nécessaire pour faire les signaux.

656. F. L'immunité des paquebots-poste est proposée, mais non encore consacrée dans la pratique; nous avons vu seulement que certaines conventions internationales leur attribuent les privilèges des vaisseaux de guerre, ce qui, évidemment, n'a d'application qu'en temps de paix. On peut citer cependant la convention franco-anglaise du 14 juin 1833, art. 13, d'après laquelle les paquebots, propriété des deux Etats, faisant le service entre Douvres et Calais, sont exempts de tout *embargo* et de toute molestation, jusqu'à ce que l'un des deux pays notifie à l'autre, en cas de guerre, l'intention de faire cesser ce service, auquel cas il doit laisser repartir les paquebots de l'autre Etat qui sont dans son port. Il serait à désirer que, par analogie avec les câbles sous-marins, l'inviolabilité fût assurée aux paquebots ennemis faisant le service entre les belligérants et les neutres, si l'on ne peut aller jusqu'à étendre la même règle aux paquebots de l'ennemi faisant communiquer les diverses parties de son territoire, à cause de l'intérêt qu'auront les belligérants à intercepter ces communications, même au point de vue des opérations militaires.

V. *Des règles à observer dans la capture de la propriété ennemie.*

657. Depuis l'abolition de la course, les corsaires ne peuvent plus être utilisés pour la capture des navires ennemis, sauf dans les trois pays qui n'ont pas adhéré à cette réforme, les Etats-Unis, l'Espagne et le Mexique. Il n'y a donc que la marine militaire des belligérants, ainsi que leurs autorités publiques, par exemple l'administration des douanes, qui puissent se saisir de la propriété privée ennemie en mer ou dans les ports. On peut d'ailleurs employer dans le même but une marine *volontaire*, analogue à la *Seewehr* que l'Allemagne voulut organiser en 1870, et qui est assimilée aux forces navales auxquelles elle est régulièrement incorporée (1).

Si un navire marchand, non autorisé à faire la course, s'empare d'un bâtiment ennemi en se défendant contre son attaque, la prise est valable en elle-même ; elle était attribuée à l'Etat, sauf récompense gracieuse au capteur, d'après les anciens usages français. Aujourd'hui, l'arrêté du 2 prairial an XI, art. 34, donne la prise au capteur en pareil cas.

Si ce sont des prisonniers qui, en échappant à l'ennemi, s'emparent d'un de ses navires, le décret du 18 vendémiaire an II leur attribue encore la capture ; il a été fait application de cette règle, par la décision du Conseil des Prises du 26 thermidor an XIII, au bénéfice de 95 prisonniers français qui s'étaient emparés du navire anglais le *Cornwalis,* à bord duquel ils étaient transportés.

658. La capture ne peut être opérée qu'en pleine mer ou dans les eaux territoriales des Etats belligérants ; réalisée dans les eaux territoriales d'un Etat neutre elle constituerait une atteinte grave à la souveraineté de cet Etat qui serait en droit de demander des réparations (V. les cas de l'*Anna* et de la *Carolina,* Calvo, *loc. cit.*, t. III, §§ 2355 et 2360).

La prise faite dans les eaux neutres est même nulle ; seulement on admet, en général, que la nullité ne doit être prononcée que sur la réclamation de l'Etat dont le domaine maritime

---

(1) Pour la répartition de la prise entre l'Etat et les équipages des navires capteurs, les règles varient suivant les pays ; V. pour la France, arrêté du 6 ventôse an XI, remplacé par le règlement de juin 1890.

a été violé. D'une manière plus exacte, croyons-nous, le Conseil des Prises en France a annulé d'office des prises faites dans de pareilles conditions, parce qu'il est juge de leur validité à tous les points de vue et que, dès le principe, la nullité résulte de ce que le capteur a agi dans un domaine où le Droit international lui interdit tout acte d'hostilité.

Si, en fait, la prise est validée sans que l'Etat neutre ait réclamé, et qu'elle soit vendue à un acquéreur de bonne foi, beaucoup d'auteurs pensent que l'Etat neutre peut faire annuler l'acquisition quand le navire est conduit plus tard dans un de ses ports : cet Etat, dit-on, n'a pas à tenir compte d'un jugement auquel il a été étranger et qui a méconnu ses droits. Cette solution, logique sans doute, est fort rigoureuse : on peut faire remarquer que l'Etat neutre aurait dû protester contre la prise avant la sentence qui la valide, et que la méconnaissance d'un jugement rendu par un tribunal étranger organisé conformément aux usages internationaux actuels peut être considérée comme une offense grave susceptible de provoquer des conflits.

659. La capture ne peut être légitimement faite que lorsque les hostilités ont régulièrement commencé, c'est-à-dire après la déclaration de guerre.

D'autre part, la capture n'est plus possible quand les hostilités ont cessé et, plus particulièrement, quand le traité de paix est signé, sauf l'effet des préliminaires ou armistices conclus antérieurement. Pour prévoir les difficultés résultant de la transmission de la nouvelle de la paix dans des régions éloignées, la plupart des anciens traités fixaient un délai, variable suivant les distances, après lequel les prises étaient nulles. Si, d'ailleurs, le capteur avait une connaissance certaine, confirmée officiellement, de la paix, la prise devait être annulée par argument *à fortiori,* le délai fixé dans les traités n'établissant qu'une présomption de cette connaissance. Depuis le traité d'Amiens dont l'art. 16 indique un délai semblable, les traités de paix ultérieurs gardent le silence à ce sujet, ce qui doit faire considérer comme nulles les captures opérées après la signature du traité. Du reste, les traités les plus récents déclarent soumises à la restitution les captures faites pendant les hostilités mais non encore confirmées par le tribunal des prises à la conclusion de la paix (V. n° 643).

660. Le croiseur qui veut arrêter un navire ennemi doit arborer son pavillon, ce qu'il confirme par un coup de canon dit d'*assurance* qui est, en même temps, un coup de *semonce* pour ordonner au navire ennemi de s'arrêter. Tout navire qui résiste par la force à la visite dont il peut être l'objet pour que l'on constate quelle est sa nationalité et si sa cargaison ne contient pas de la contrebande de guerre, peut être capturé. S'il se contente de fuir, il n'est pas saisissable, bien que la jurisprudence anglaise décide le contraire, quand d'ailleurs il est neutre et ne porte pas de contrebande de guerre.

Le navire reconnu ennemi est capturé et le capitaine du croiseur doit alors observer certaines règles, variables suivant les pays, mais qui se ramènent toutes aux points suivants prévus par les Instructions françaises du 25 juillet 1870, art. 15 : 1° saisir et inventorier les papiers du bord ; 2° dresser procès-verbal de la capture et inventaire sommaire du navire ; 3° constater l'état de la cargaison et apposer les scellés sur les ouvertures du bâtiment ; 4° mettre un équipage à bord pour conduire le bâtiment capturé qui, pendant le voyage jusqu'à un port du pays auquel appartient le capteur, porte le pavillon et la flamme des navires militaires de cet Etat. Le navire capturé ne peut entrer dans un port neutre que par suite de force majeure et n'y rester que le temps strictement nécessaire pour se ravitailler ou réparer ses avaries. Le capteur escorte, en principe, sa prise ; mais il peut, lorsque les circonstances lui commandent de le faire, l'envoyer sous la conduite d'un officier délégué : c'est ce que l'on appelle *amariner* une prise. Arrivée au port, la prise est remise à l'autorité maritime et l'administration des douanes est prévenue (V. Inst. compl. de 1870, art. 15 et 16).

661. L'arrivée de la prise dans un port de l'Etat au nom duquel elle a été opérée peut être empêchée par certains événements.

1° Par l'exercice du droit de préemption sur lequel nous nous sommes déjà expliqué (V. n° 645, C.) ; 2° par l'emploi que le capteur aura été obligé de faire du navire capturé pour un service public, par exemple pour effectuer un transport de troupes. Dans ce cas, très semblable à la préemption, on applique à peu près les mêmes règles en ce qui concerne le règlement des indemnités à allouer (V. Inst. de 1870, art. 20) ; 3° par perte à la suite d'un accident en mer : aucune indemnité n'est due en pareil cas, même si la prise est annulée plus tard (Inst. de 1870, art. 19). Que le propriétaire subisse les conséquences d'un cas fortuit à la suite de la capture régulière, rien de mieux ; mais il semble que, si la capture est annulée, et si la fortune de mer n'atteint le navire que parce qu'il est dirigé sur certains ports une fois capturé, les principes juridiques relatifs aux cas fortuits provoqués par une faute, qui est ici la capture indue, devraient entraîner la responsabilité.

662. La capture peut aussi ne pas arriver au port à la suite de l'initiative prise par le capteur qui la libère moyennant rançon ou qui la détruit.

A. La libération des navires capturés moyennant l'engagement de payer une rançon fixée par le capteur lui-même est condamnée dans nombre de pays ; elle est formellement admise aux Etats-Unis ; en Angleterre, la jurisprudence la valide en cas de nécessité, bien que le *Prize-Act* de 1864 interdise aux nationaux anglais de racheter leurs navires capturés par l'ennemi. En France, après bien des variations depuis l'ordonnance de 1681, la solution a été donnée en dernier lieu par l'arrêté du 2 prairial an XI, art. 39 à 50, qui ne permet la rançon que pour les navires voyageant sous pavillon ennemi et l'interdit à l'égard des navires neutres dans les cas où ils sont sujets à capture (Inst. françaises de 1870, art. 17).

Les publicistes sont très divisés sur la légitimité de cette pratique ; en somme, on s'accorde à reconnaître que toute prise devant être appréciée et validée par un tribunal compétent, la rançon arbitrairement fixée par le capteur préjuge une question qui n'est pas encore résolue. Il est vrai que le contrat de rançon sera soumis au tribunal des prises, mais le consentement du rançonné créera contre lui un préjugé défavorable en établissant une forte présomption que la saisie était justifiée. La rançon ne peut être admise qu'à titre de mesure exceptionnelle, quand le capteur se trouvera dans l'impossibilité matérielle de garder et de conduire sa capture.

Le navire rançonné est à l'abri de nouvelles saisies ou de nouvelles rançons, à la condition d'observer les prescriptions contenues au contrat de rançon quant à sa destination, quant à son itinéraire, quant au temps qui lui est accordé pour finir son voyage et enfin à la cargaison qu'il est autorisé à transporter. Cependant l'arrêté du 2 prairial an XI n'autorise pas le capteur à imposer ces conditions ; le navire rançonné peut être saisi, sauf à être libéré de la rançon que le second capteur doit alors au premier, à moins qu'il ne préfère lui abandonner la prise. Nous pensons cependant que ces règles, établies pour les corsaires qui agissaient dans leur intérêt autant que dans celui de l'Etat, ne s'appliqueraient plus aujourd'hui aux rançons imposées par les navires de guerre. L'officier qui a passé le contrat de rançon a agi au nom de l'Etat et lie ce dernier définitivement, sans qu'un autre officier, n'ayant pas plus de pouvoir que lui, puisse, par saisie ou rançon nouvelle, changer l'effet de la convention primitive.

Si le capteur, porteur du billet de rançon, est pris lui-même, certains pensent que la rançon n'est plus due. Mais la capture du billet, simple preuve de la créance, ne peut entraîner celle de la créance elle-même, rapport de droit immatériel et insusceptible d'appréhension. Le capteur dépouillé de son titre par un autre capteur aura simplement plus de difficulté à prouver son droit et à se faire payer.

Si le navire rançonné périt par la tempête, ce n'est là qu'un cas fortuit qui n'atteint pas le contrat conclu antérieurement et la rançon est toujours due.

B. La prise devant être appréciée par le tribunal compétent, les objets capturés doivent être conservés ; cependant, à titre exceptionnel, le droit de les détruire est reconnu partout au capteur.

Les Etats-Unis ont systématiquement détruit les navires anglais pris pendant la guerre de 1812-1814, et les corsaires des Etats du Sud ont agi de même pendant la guerre de Sécession. Ailleurs, par exemple en Angleterre et en France (ordonn. de 1681, Des prises, art. 18 et 19 ; arrêté du 2 prairial an XI, art. 64 ; inst. de 1870, art. 20) la destruction de la prise n'est tolérée que dans les cas de nécessité absolue. Cette destruction n'est même permise que pour les navires ennemis, et non pour les navires neutres dans les cas où ils sont saisissables. Cependant il a été jugé que la marchandise neutre détruite avec le navire ennemi qui la porte ne donne lieu à aucune indemnité, parce que, a-t-on dit, les neutres supportent les conséquences des faits de guerre nécessités par les circonstances et qui sont comparables à un cas de force majeure (V. n° 645 D. ; Conseil d'Etat français, affaires du *Ludwig* et du *Vorwaarts,* Calvo, t. III, 3° édit., pp. 264 à 271, § 2802 à 2818).

Cette solution ne doit être admise qu'avec beaucoup de réserve au point de vue de l'appréciation des nécessités qui commandent de recourir à une pareille mesure, sous peine de réduire à néant le principe de la déclaration de Paris du 16 avril 1856 qui protège la marchandise neutre sous pavillon ennemi.

Les limitations étroites apportées à la destruction des navires capturés se justifient par l'intérêt général que l'anéantissement de richesses souvent considérables peut compromettre au point de vue économique, et par cette règle de Droit international qu'une capture n'est définitive que lorsqu'elle a été validée par un tribunal des prises.

Quant au cas où cette destruction peut être autorisée, les idées des auteurs sont très variables. Le règlement sur les prises voté par l'Institut de Droit international (art. 50) énumère les cas suivants :

1° Quand le navire capturé ne peut tenir la mer ; mais alors quel intérêt sérieux a-t-on à le détruire, puisqu'il ne peut pas être d'un grand secours pour le commerce ennemi s'il est repris ? 2° quand le navire capturé ne peut pas suivre le capteur, ce qui expose à une reprise ; ne peut-on alors l'envoyer sous escorte, *l'amariner* suivant l'expression technique ? sinon les croiseurs, qui sont presque tous à vapeur, pourraient justifier la destruction de tous les navires à voiles ; 3° quand l'approche de forces ennemies supérieures, fait craindre la reprise : il vaudrait mieux, ce nous semble, que le capteur prît la fuite en emportant ce qu'il peut de sa capture ; 4° quand le navire de guerre ne peut mettre une garde suffisante sur le navire capturé, et 5° quand le port où on pourrait conduire ce dernier est trop éloigné ; nous reproduirons pour ces deux derniers cas la même observation que pour le troisième.

En définitive, pour se rapprocher des règles admises dans la guerre continentale, la propriété privée ne devrait être détruite dans la guerre maritime que dans les cas commandés par les opérations militaires, par exemple, quand on barre l'entrée d'un port en coulant des navires capturés, ou quand on jette à la mer

des objets qui constituent de la contrebande de guerre. Hors de
ces limites, on tombe dans l'arbitraire et on ouvre la voie à
toutes les destructions systématiques.

Le capteur obligé de détruire sa prise doit en dresser procès-
verbal pour justifier sa conduite devant le tribunal des prises ;
il recueille les marins et passagers, les premiers seuls pouvant
être retenus prisonniers quand ils sont nationaux de l'Etat
ennemi (V. n° 640), et il doit respecter les effets personnels
appartenant aux uns et aux autres.

VI. *Des reprises.*

663. Il y a *reprise* ou *recousse* quand le navire ennemi capturé par un croiseur est ressaisi par un autre croiseur de l'Etat
ennemi. On appelle aussi, mais assez improprement, reprise, le
cas où un navire neutre capturé par un des belligérants, tombe
ensuite entre les mains de l'autre belligérant.

Pour la reprise des navires nationaux sur l'ennemi, la solution logique semble bien être que les propriétaires dépouillés
doivent rentrer en possession de leur bien, leur droit de propriété n'ayant pas été encore effacé, attendu que, dans l'usage,
international, il ne passe au capteur que lorsque la prise a été
attribuée à ce dernier par un jugement régulier d'un tribunal
des prises. Cette solution si juridique, acceptée par la grande
majorité de la doctrine, est loin d'avoir été toujours consacrée
par la loi ou la jurisprudence des différents pays (V. Règlement
des prises de l'Institut de Droit int., art. 119 à 122).

Le Consulat de la mer (chap. 245) distinguait suivant que la
reprise était faite avant ou après que le capteur avait mis sa
prise en lieu sûr, *intra præsidia :* dans le premier cas, on rendait le navire repris à son ancien propriétaire ; dans le second,
on l'attribuait au recapteur ; ce qui s'expliquait assez bien vu
que, faute de jugement sur les prises à cette époque, la propriété était censée perdue pour celui à qui appartenait la prise
quand le capteur l'avait faite sienne en la conduisant dans un
lieu où il pouvait la croire à l'abri de toute *recousse.*

Les Etats-Unis consacrent les principes juridiques indiqués
plus haut, en faisant dépendre la restitution au propriétaire primitif du point de savoir si la prise n'a pas été déjà validée par
décision du tribunal compétent, sauf le paiement du huitième ou

du sixième de la valeur de la reprise à titre d'indemnité au recapteur, suivant que la *recousse* est faite par un navire de l'Etat ou un corsaire (Actes du Congrès du 3 mars 1800 et du 20 juin 1864).

En Angleterre, le *Prize Act* de 1864, modifiant l'ancienne législation, admet la restitution au propriétaire primitif, sauf paiement d'une indemnité de *recousse* au recapteur, dans tous les cas et même si la prise a été déjà validée par décision judiciaire. Il n'y a d'exception que si le navire pris a été employé par le capteur à un usage militaire et armé comme navire de guerre.

En France, et dans nombre d'autres pays, il a été admis que si la prise reste un certain temps, généralement 24 heures, entre les mains du capteur, le droit du propriétaire primitif est éteint et que, en cas de reprise, il passe du capteur au recapteur (Ordonn. de 1584, art. 61 ; de 1681, *des Prises,* art. 8 ; du 15 juin 1779). Mais, en fait, l'application de cette règle rencontra des résistances, notamment de la part des Parlements de Rouen et de Bordeaux, et, quand la *recousse* était faite par un vaisseau de l'Etat, les biens repris étaient restitués aux premiers propriétaires, sauf retenue d'une indemnité du dixième ou du trentième de leur valeur.

Enfin, l'arrêté du 2 prairial an XI, art. 54, consacre officiellement les usages indiqués ci-dessus pour les reprises opérées par les navires de guerre, le seul cas possible aujourd'hui depuis la suppression de la course : les reprises faites plus de 24 heures après la capture sont rendues aux propriétaires, sauf à ceux-ci à payer les frais et un dixième de la valeur aux équipages recapteurs ; l'indemnité n'est plus que du trentième si la reprise a lieu avant ce délai de 24 heures.

Malgré ces atténuations, le système même qui fait dépendre la situation de l'ancien propriétaire de cette circonstance que sa chose est restée plus ou moins de 24 heures entre les mains de l'ennemi, est profondément illogique et injuste, puisque son droit n'est pas modifié par la capture qui, par elle-même et tant qu'elle n'est pas validée, ne transfère pas la propriété au capteur. L'ancien propriétaire devrait rentrer toujours en possession des biens repris sauf à payer les frais de la *recousse :* l'appât d'une indemnité, utile jadis pour encourager le zèle des corsaires, ne se comprend plus pour les croiseurs de la marine militaire qui ne font que remplir leur devoir et s'attendent à des récompenses d'une autre nature (Régl. de l'Institut du D. intern., art. 122). Quand il y a *recousse-recousse*, c'est-à-dire navire ennemi pris sur un croiseur ennemi qui l'avait déjà repris à un croiseur de l'autre belligérant, on ne tient plus compte de la règle des 24 heures, et le navire repris est attribué au dernier capteur, absolument comme s'il y avait prise directe sur l'ennemi. Cette solution est juste, étant donné que le premier capteur a vu s'évanouir son droit à la capture par la première reprise.

VII. *Des tribunaux de prises.*

664. C'est aujourd'hui une règle universellement admise que la prise maritime n'appartient pas de plein droit au capteur, comme cela avait lieu par l'effet de l'*occupatio bellica;* la prise doit être appréciée et déclarée valable par une sentence judiciaire. Ce principe est général et s'applique à toutes les prises, soit à celles qui sont opérées sur l'ennemi, soit à celles qui sont faites au préjudice des neutres dans les cas exceptionnels où leur propriété n'est plus inviolable. Aussi les explications qui vont suivre sur l'organisation des tribunaux de prises sont-elles applicables aux captures de biens ennemis comme à celles des biens neutres.

665. Organisation des tribunaux de prises. — Ces tribunaux sont établis dans chaque pays belligérant qui se trouve ainsi appelé à être juge et partie dans sa propre cause. Ils ne pourraient être constitués par l'un des Etats engagés dans les hostilités en pays neutres : le décret français du 18 juillet 1854, en organisant un conseil des prises seul compétent pour juger les captures dans la guerre maritime, a aboli implicitement l'art. 21 de l'arrêté du 2 prairial an XI qui attribuait le jugement des prises conduites dans un port neutre, à la suite d'une relâche forcée, aux consuls de France établis dans ce port (Circul. de la marine du 16 août 1854). Les consuls ne pourraient faire que les actes d'instruction. D'autre part, les tribunaux de prises ne fonctionnent que pendant la durée des hostilités.

Leur organisation varie suivant la loi particulière de chaque pays.

Il n'est guère que trois pays où les tribunaux de prises ont une organisation franchement judiciaire : ce sont l'Angleterre, les Etats-Unis et la Hollande. En Angleterre, la section de la Haute Cour de justice *(Probate and Admiralty Division)* est compétente pour juger les prises en premier ressort ; l'appel est porté devant la division judiciaire du Conseil Royal *(the judicial Committee of the Privy Council)*. Aux Etats-Unis, ce sont aussi des tribunaux judiciaires qui sont chargés d'apprécier les prises (Actes du 26 juin 1812 et de 1864 sur les Prises) : l'affaire est portée d'abord devant les tribunaux de district, puis devant les Cours fédérales ou de circuit, enfin devant la Cour suprême. En Hollande, les questions de prises sont de la compétence de la Haute-Cour de justice *(Hooge-Raad)*, d'après l'art. 39 de la loi du 1er oct. 1838.

Dans tous les autres Etats, les tribunaux de prises sont distincts des tribunaux judiciaires et ont surtout le caractère administratif : nous ne signalerons que les particularités relatives à la France.

Après avoir appartenu à l'Amiral depuis le xve siècle, le jugement des prises fut confié au surintendant de la navigation et du commerce quand la charge d'amiral fut supprimée sous Louis XIII, puis à un Conseil des prises composé de conseillers d'Etat et de maîtres des requêtes, depuis le 20 décembre 1659. Réorganisé par l'arrêté du 6 germinal an VIII, le Conseil des Prises fut complété par l'établissement de l'appel devant le Conseil d'Etat (décret du 11 juin 1806, art. 14, n° 3), bien que, en fait, l'empereur se réservât la décision définitive. Le décret du 18 juillet 1854 établit pour la guerre de Crimée un Conseil des prises, sauf appel devant le Conseil d'Etat ; ce décret fut renouvelé le 9 mai 1859 pour la guerre d'Italie. Enfin, le décret du 28 nov. 1861 a maintenu cette organisation comme permanente : elle comprend un conseiller d'Etat président, six membres dont deux maîtres des requêtes, un commissaire du gouvernement et un secrétaire.

En appel, la question est portée devant le Conseil d'Etat ; examinée d'abord par la section du contentieux, elle est tranchée par l'Assemblée générale dont la décision est définitive. Exceptionnellement, un Conseil des prises fut établi à Tours, puis à Bordeaux, par le décret du 27 octobre 1870, pendant l'investissement de Paris ; il fonctionna jusqu'au 26 février 1871.

666. *Caractère des tribunaux de prises.* — Ce sont de vrais tribunaux dont l'organisation administrative dans la plupart des pays ne doit pas faire croire qu'ils se confondent avec des commissions purement politiques : ils jugent au sens propre de l'expression. Bien que particuliers à chaque pays par leur constitution même, ils rendent des décisions d'une portée internationale, opposables à l'ennemi et aux neutres, ce qui montre bien qu'ils doivent tenir compte des principes généraux du Droit international et non pas seulement des dispositions de la loi de leur pays ni de l'intérêt exclusif de ce dernier. En fait, ils s'inspirent surtout des règles spéciales édictées par leur gouvernement au début des hostilités : mais ces règlements, qui n'ont pas le caractère de lois, ne lient que relativement les juges de prises qui doivent, avant tout, tenir compte des principes du Droit international.

667. *Compétence.* — Le tribunal des prises ne doit examiner que la question de validité de la prise, eu égard aux conditions dans lesquelles elle a été effectuée et en tenant compte des règles du Droit international. La question de propriété du navire ou de la cargaison échappe à son appréciation, sauf dans la mesure où elle doit être tranchée pour savoir si la prise est valable, par exemple quand il s'agit de savoir si le navire capturé est à un ennemi ou à un neutre. Le tribunal des prises ne fait aussi que poser le principe des dommages et intérêts quand il en alloue, la liquidation est confiée au tribunal de commerce.

Ainsi bornée à l'examen de la validité *juridique* de la prise, la compétence du tribunal des prises ne s'étend pas à l'appréciation de l'*opportunité* de son maintien : par mesure politique, le gouvernement peut relâcher une prise, mais le tribunal n'a pas à intervenir dans cet acte d'administration souveraine.

668. *Procédure.* — Avec des variantes de détail que nous n'avons pas à examiner parce qu'elles rentrent dans la législation interne de chaque pays, la procédure a toujours pour objet de recueillir les éléments d'instruction propres à faciliter l'examen de la validité de la prise (V. arrêté du 2 prairial an XI, art. 2, 73, 78), de faire procéder à la vente des objets sujets à dépérissement (art. 79, 80, 81), de fixer le délai dans lequel la décision doit être rendue et qui, en France, est de deux mois pour les prises conduites dans un port français (arrêté du 6 germinal an VIII, art. 13-2°).

Contrairement aux principes juridiques de droit commun, c'est au défendeur, c'est-à-dire au propriétaire des biens capturés, à établir que la prise est irrégulière, le capteur n'ayant qu'à contester ses allégations. Cette première anomalie est aggravée en ce que la preuve invoquée par le *saisi* ne peut être tirée que des papiers du bord. La jurisprudence du Conseil des prises en France atténue ces règles qui sont établies dans le règlement du 26 juillet 1778, art. 2 et 11, en ne les appliquant qu'à la question de propriété des biens capturés qui ne peut être établie que par les pièces du bord, tandis que la nationalité des propriétaires peut être démontrée par tous les moyens de droit : un délai leur est même accordé pour fournir cette dernière preuve (V. n° 647, A.).

669. *Effets du jugement sur les prises.* — La décision définitive validant les prises entraîne la confiscation des biens capturés et en transfère la propriété à l'Etat pour le compte duquel ils ont été pris, sauf à ce dernier à en donner une part aux auteurs de la capture. Si la prise est invalidée, le jugement en ordonne la restitution ; mais, ce qui est peu explicable, le réclamant supporte les frais et les dépens. Ce n'est que bien rarement qu'on attribue des dommages et intérêts pour capture injustifiée. En Angleterre, on a été même jusqu'à couvrir absolument le capteur de toute responsabilité à cet égard, en invoquant la vraisemblance de la validité de la saisie, même si la preuve du contraire était fournie plus tard ; la juridiction britannique n'a admis nettement l'obligation de payer des dommages et intérêts, contrairement à sa doctrine de la vraisemblance de validité de la capture même quand celle-ci est manifestement injustifiée (théorie de la *probable cause*), que dans un seul cas (V. affaire de l'*Ostsee*, Katchenovsky, *Prize law,* trad. Pratt, pp. 157-160 ; comp. jurisprudence française, Pistoye et Duverdy, t. II, p. 522).

670. *Réforme des tribunaux de prises.* — L'institution des tribunaux de prises peut, de prime abord, donner à croire que le droit de la guerre maritime est en progrès par rapport à celui de la guerre continentale : si la propriété privée ennemie n'y est pas inviolable comme dans cette dernière, il n'est que trop vrai qu'elle n'est pas toujours respectée sur terre, et alors on n'a pas la garantie d'une décision judiciaire pour apprécier si sa confiscation doit être maintenue.

Cependant et malgré les efforts faits par certains publicistes pour les défendre, les tribunaux de prises sont à peu près universellement condamnés aujourd'hui. Leurs défauts essentiels et indéniables sont : 1° de dépendre du belligérant capteur qui est ainsi juge et partie dans sa propre cause ; 2° d'être dominés par le droit spécial de leur pays, tandis qu'ils devraient être uniquement guidés par les principes du Droit international.

Mais ce qui semble particulièrement choquant, c'est que les tribunaux de prises, juridictions spéciales à chaque belligérant, s'arrogent le droit de statuer sur la validité des prises faites au détriment des neutres qui n'ont pas, comme un état ennemi, à supporter les conséquences des actes accomplis par le belligérant dans le cours des hostilités. Cette dernière considération a, depuis longtemps, frappé les esprits et déjà Frédéric II avait voulu dénier aux tribunaux de prises anglais le droit de juger les navires prussiens capturés alors que la Prusse était neutre. La question de la réforme des tribunaux de prises, soulevée d'abord par le Danois Hübner (De la saisie des bâtiments neutres, 1759, II, 21), a donné lieu à une foule de projets.

Le plus important, voté par l'Institut de Droit international, sur un rapport de M. de Bulmerincq, comprend une réglementation générale du droit des prises et une organisation nouvelle des tribunaux chargés de les apprécier et de les juger. En première instance, la question serait portée devant le tribunal des prises organisé par la loi de l'Etat capteur ; en appel, devant un tribunal international constitué au début de chaque guerre par chacun des belligérants et composé de cinq membres : le président et l'un des membres nommés par l'Etat belligérant et trois autres membres nommés par trois Etats neutres désignés par le belligérant lui-même (art. 85 et 100). Le règlement voté par l'Institut organise en même temps la procédure, les conditions de validité des prises, la compétence ; tous ces points devraient, au préalable, faire l'objet d'une convention internationale à laquelle prendraient part les Puissances maritimes ; le droit des prises étant ainsi fixé d'un commun accord, l'organisation des tribunaux internationaux en serait le complément naturel (1).

---

(1) V. sur les prises : H. Barboux, *Jurisprudence du Conseil des prises pendant la guerre de 1870-1871* ; Bluntschli, *Droit du butin en général et spécialement du droit de prises maritimes*, R. D. I., t. IX, p. 508 et t. X, p. 60 ; Bulmerincq,

SECTION VII

DE LA NEUTRALITÉ

671. L'étude des rapports que la guerre provoque entre les Etats belligérants doit être complétée par celle des relations qui se produisent entre ces derniers et ceux qui, n'étant pas engagés dans les hostilités, sont qualifiés de neutres. Bien qu'étrangers à la guerre, les Etats neutres peuvent se voir astreints à certains devoirs pour ne pas compromettre, par leurs rapports avec un des belligérants, les intérêts de l'autre, comme ils peuvent invoquer certains droits afin de ne pas être mêlés malgré eux à un conflit auquel ils ne veulent pas prendre part : la détermination de l'ensemble de ces droits et devoirs constitue l'objet de la théorie de la neutralité.

§ I. *Notions générales sur la neutralité.*

672. La neutralité peut se présenter sous plusieurs formes : 1° La neutralité perpétuelle reconnue à certains Etats, tels que la Belgique et la Suisse (V. n°s 137 et suiv.); 2° la neutralité ou, pour mieux dire, l'inviolabilité dans la guerre de certains établissements et de certaines personnes, d'après la Convention de Genève; 3° la neutralité perpétuelle garantie à certaines fractions du territoire d'un pays par des traités, sans que, d'ailleurs, les pays auxquels ces fractions appartiennent soient dans la même situation : tel est le cas, comme nous l'avons vu, du Chablais et du Faucigny en France (n° 141) et du canal de Suez (V. n° 427); 4° parfois, sans qu'il y ait convention formelle et par une sorte d'arrangement tacite entre les belligérants, les hostilités sont limitées à certaines parties du territoire, soit pour éviter de trop grands ravages, soit pour des considérations politiques variables suivant les cas; 5° enfin, on entend d'une manière plus générale par Etat neutre celui qui ne participe ni directement, ni indirectement à des hostilités ayant éclaté entre deux ou plusieurs autres Etats. De la sorte,

---

Le droit des prises (rapport à l'Institut de Droit int.), R. D. I., 1878, 1879, 1880, 1881; Gessner, *Les tribunaux de prises et leur réforme*, R. D. I., 1881, p. 260; Katchenovsky, *Prize law*, trad. Pratt; de Pistoye et Duverdy, *Traité des prises maritimes*, 1859; Valin, *Traité des prises*, 1763.

un pays peut être engagé dans une guerre avec un autre et
être neutre par rapport à d'autres pays entre lesquels les hostilités ont été déclarées sans qu'il y prenne part. Cette neutralité se manifeste habituellement sous la forme d'une simple
abstention par rapport à tout acte qui pourrait être considéré comme un concours direct ou indirect à l'un des belligérants : cependant, pour sauvegarder leurs droits que les belligérants peuvent compromettre au cours des hostilités, comme
pour paralyser toute pression de l'un des belligérants voulant
les entraîner dans la lutte, les neutres font quelquefois des préparatifs militaires afin d'être en mesure de se défendre; c'est
ce que l'on appelle la *neutralité armée*, dont deux exemples
remarquables sur lesquels nous aurons à revenir se trouvent
dans les ligues de neutralité armée des 28 février 1780 et
16 décembre 1800.

673. La neutralité générale, que nous avons signalée en dernier lieu, et dont nous avons particulièrement à parler, se distingue par deux caractères qu'il importe de mettre en relief.

1° Elle est *volontaire*, en ce sens que chaque Etat, en raison de sa souveraineté même, est libre de la respecter ou de
participer aux hostilités en y prenant d'ailleurs tel parti qu'il lui
convient. Toutefois, si cela est complètement vrai des pays dont
la souveraineté est entière, il peut n'en être plus de même à
l'égard de ceux que leurs liens avec un autre Etat contraignent
plus ou moins à suivre le sort de ce dernier. Il y a lieu d'appliquer ici tout ce qui a été dit au sujet des effets de la déclaration
de guerre dans le cas d'unions d'Etats, de confédération, de
fédération, de protectorat ou d'alliance (V. n° 523).

2° La neutralité est *absolue*, c'est-à-dire qu'elle exclut toute
participation aux hostilités, quelle qu'elle soit et en quelque circonstance qu'elle soit donnée, et tout concours, même indirect,
à l'un des belligérants.

On ne peut plus admettre, avec les anciens auteurs, la distinction entre la neutralité *parfaite* ou stricte, et la neutralité
imparfaite qui comportait certains secours à l'un des belligérants sans rupture de la neutralité : celle-ci, dans la doctrine
moderne, est exclusive de toute immixtion en faveur d'un des
belligérants ou contre lui, ou même à l'égard des deux. De cette
idée générale résultent les deux conclusions suivantes.

a) La neutralité est violée par un secours, même fort limité, donné à l'un des belligérants en vertu d'un ancien traité d'alliance; la règle est que l'allié de l'ennemi n'est pas réputé ennemi lui-même par le seul fait de son alliance, mais toute participation de sa part aux hostilités, en exécution du pacte qui le lie à l'ennemi, le rend ennemi lui-même, contrairement à l'opinion des anciens auteurs. On ne pourrait davantage admettre qu'un Etat qui veut rester neutre eût une attitude différente à l'égard des belligérants en favorisant l'un par des procédés bienveillants : ainsi, en 1870, lord Granville répondit avec raison à l'Allemagne qu'il ne pouvait se montrer plus rigoureux que ne le comportent le Droit britannique et le Droit international pour interdire la vente des armes à la France par des particuliers anglais, et observer, comme on le lui demandait, une neutralité *bienveillante* pour l'Allemagne.

b) La neutralité est également violée bien que le même concours soit donné ou offert aux deux belligérants à la fois; la participation aux hostilités n'est pas moins certaine en pareil cas, et, de plus, le même concours offert aux deux belligérants n'aura jamais le même effet pour chacun; par exemple, le droit de traverser le territoire neutre, très important pour l'un des pays engagés dans la lutte, sera peut-être insignifiant pour l'autre, à cause de la différence de situation au point de vue topographique; également la faculté de lever des troupes sera toute à l'avantage du belligérant pour lequel la population du pays neutre a le plus de sympathie.

Toutefois, malgré la rigueur de la neutralité, celle-ci n'interdit pas la manifestation de ses opinions sur les droits des Etats en guerre ni du désir de voir triompher l'une ou l'autre cause. Il importe seulement d'être réservé en pareille matière, la sympathie trop vivement manifestée pouvant facilement conduire à des actes que le belligérant contre lequel on se prononce interprétera comme des violations de la neutralité.

674. La notion de la neutralité telle qu'on la conçoit aujourd'hui est de date toute récente. Dans l'antiquité et au moyen-âge, on était l'*ami* de l'un des belligérants et par conséquent l'ennemi de l'autre. Grotius lui-même n'a pas conçu l'idée exacte de la neutralité; il qualifie les Etats appelés neutres actuellement : « *hi qui in bello medii sunt* »; Bynkershoeck apporta le premier un peu de précision dans cette délicate matière. En fait, jusqu'à la veille du xixᵉ siècle, les Etats suivant leurs sympathies et leurs intérêts aidaient les belligérants sous toutes les formes. Il fallut que chaque belligérant passât des traités formels pour obtenir des Etats qu'ils ne favorisassent pas ses ennemis. C'est sous l'influence du besoin de maintenir le commerce libre entre les Etats qui ne participaient pas à la guerre et de se soustraire aux exigences des belligérants que la théorie de la neutralité a été fondée (Danewski, *Aperçu historique de la neutralité*, 1879).

§ II. *Devoirs des neutres.*

675. Les devoirs généraux de la neutralité peuvent se résumer dans les trois obligations suivantes : 1° abstention de tout acte de nature à gêner les opérations militaires de l'un des belligérants ; 2° opposition à tout acte d'hostilité accompli par l'un des belligérants ou par les deux sur le territoire de l'Etat neutre ; 3° abstention de tout concours direct ou indirect à l'action de l'un des belligérants ou de tous les deux à la fois.

Mais, pour bien comprendre la portée de ces différentes obligations, il faut distinguer les actes accomplis par l'Etat neutre lui-même ou ses agents dont il est responsable, de ceux qui émanent de ses nationaux (1). Pour les premiers, le principe de la neutralité les condamne chaque fois qu'ils sont en opposition avec les devoirs indiqués plus haut. Quant aux seconds une distinction s'impose. S'agit-il d'opérations qui constituent un concours direct à l'un des belligérants ou une hostilité contre l'un d'eux, opérations que l'Etat neutre laisse se réaliser quand il pourrait les empêcher et à l'égard desquelles sa tolérance peut passer pour une véritable complicité, alors cet Etat peut être considéré comme violant les devoirs de la neutralité : tel est le cas où il laisse construire, équiper et armer par l'industrie privée, dans un de ses ports, un navire de guerre qui ira ensuite combattre pour l'un des belligérants. S'agit-il au contraire d'entreprises qui ont surtout le caractère commercial et un objectif de lucre, qui se font hors de la surveillance de l'Etat

(1) G. Louis, *Des devoirs des particuliers en temps de neutralité, J. Clunet,* 1877.

neutre, par exemple en pleine mer, comme une violation de blocus par un navire marchand, ou même d'actes réalisés par ses nationaux sur son territoire mais dans des conditions telles qu'il ne peut les réprimer, comme le départ de volontaires pour l'armée de l'un des belligérants ou l'expédition d'armes ou de subsides faite à titre particulier et d'opération commerciale ; en pareil cas, l'Etat neutre n'a pas à intervenir directement, c'est au belligérant dont les intérêts sont lésés à se protéger lui-même par des saisies et des confiscations : l'Etat neutre n'est plus responsable d'entreprises faites par ses nationaux à leurs risques et périls, et il se contente de ne plus les protéger à l'égard des Etats belligérants qui leur appliqueront la sanction admise par le droit de la guerre.

676. *Respect du territoire neutre.* — L'Etat neutre doit s'opposer sur son territoire à tout acte qui serait l'accomplissement, la continuation ou la préparation d'une opération de guerre de la part des belligérants. S'il cède à la force, il doit résister et protester ; l'insuffisance de sa législation pour réprimer des actes semblables ne peut même pas l'excuser ; c'est à lui à mettre ses lois en harmonie avec les exigences du Droit international, comme il a été décidé contre l'Angleterre prétextant en vain que sa loi ne lui permettait pas d'empêcher la sortie du corsaire *l'Alabama* armé dans un de ses ports. On ne doit pas permettre davantage que la lutte commencée se continue sur le territoire de l'Etat neutre ou dans ses eaux territoriales, même dans l'entraînement du combat, *dum fervet opus*, comme l'admettaient les anciens auteurs ; défense aussi d'utiliser les eaux territoriales de l'Etat neutre pour y guetter les navires ennemis, de faire statuer sur la validité d'une prise dans un port neutre, et à plus forte raison d'opérer une prise dans les eaux territoriales neutres (V. n° 658) ; cette dernière règle, fréquemment violée autrefois, surtout par l'Angleterre, est aujourd'hui confirmée par de nombreuses décisions des tribunaux de prises, notamment dans l'affaire célèbre de la *Nossa Senhora do Carmelo*, à propos de laquelle le principe fut maintenu même quand le littoral de l'Etat neutre (le Maroc) était désert et que cet Etat n'y avait aucune force militaire pour assurer son autorité sur son domaine maritime (Conseil des prises de France, 27 fructidor an VIII, Pistoye et Duverdy, t. I, p. 106 ; V. d'autres cas, notamment ceux de l'*Anna*, de la *Caroline*, du *Chesapeake*, etc., Calvo, *loc. cit.*, t. III, 481 et suiv.).

On n'admet plus également qu'un Etat neutre puisse, comme cela se faisait souvent jadis, accorder le passage sur son territoire à l'un des belligérants ou aux deux à la fois. Ce passage est refusé non seulement aux troupes en armes, mais encore aux hommes sans armes qui vont rejoindre les armées des Etats en guerre ; en 1870, la Suisse refusa le passage aux Badois et aux Alsaciens qui se rendaient à l'armée allemande ou à l'armée française. Elle permit, au contraire, le libre passage pour les convois de blessés, ce qui n'était que l'accomplissement d'un devoir d'humanité sans influence sur les obligations d'un Etat neutre, tandis que la Belgique est allée trop loin peut-être en n'accordant pas à l'Allemagne le passage des blessés, parce que la France avait allégué que cette concession favorisait son adversaire, en lui laissant tous ses chemins de fer disponibles pour les transports des troupes.

Par la force même des choses, le respect du territoire maritime ne peut pas être aussi rigoureusement imposé que celui du territoire ferme. Tandis que les troupes belligérantes pénétrant sur un territoire neutre sont arrêtées et désarmées, au contraire les navires de guerre des Etats belligérants peuvent, à moins de défense expresse de l'Etat neutre, pénétrer et circuler dans ses eaux territoriales, sauf à n'y commettre aucun acte d'hostilité. L'Etat neutre peut même accorder dans ses ports l'hospitalité aux vaisseaux des Etats en guerre, à la condition de ne pas établir de différence entre eux, en cas de poursuite, de tempête, d'avarie. Les navires de guerre peuvent faire des achats dans les ports neutres, excepté des achats de munitions de guerre. Ils gardent les prisonniers qu'ils ont à bord ; mais ceux-ci deviennent libres dès qu'ils sont débarqués sur le territoire neutre. On limite souvent la durée du séjour que peuvent faire les navires des belligérants dans les ports neutres, par exemple à 24 heures, sauf le cas de force majeure ou avarie, ainsi que la quantité de provisions qu'ils peuvent acheter, par exemple ce qu'il leur faut de charbon pour atteindre le port le plus proche de leur pays. Les neutres peuvent, s'ils craignent de favoriser indirectement les hostilités, fermer leurs ports aux belligérants, sauf dans le cas de relâche forcée, comme le firent l'Autriche en 1854 pour Cattaro, l'Angleterre pour les ports des îles Lucayes pendant la guerre de Sécession, et la Suède en 1870 pour ses cinq ports de guerre.

Enfin, un pays neutre peut permettre chez lui la vente des prises définitivement validées par une décision du tribunal compétent; certains traités consacrent cette faculté, d'autres la proscrivent. Mais ce serait violer la neutralité que permettre à l'un des belligérants d'avoir sur le territoire neutre un dépôt de ses prises, ou de vendre celles-ci avant qu'elles ne soient validées, comme le fit le gouverneur du Cap au profit du capitaine de l'*Alabama* qui reçut même l'autorisation de débarquer des prisonniers.

677. *Fourniture d'armes et de munitions.* — Toute fourniture de ce genre faite par un Etat neutre à un belligérant est une violation incontestable de la neutralité; il n'est pas douteux, notamment, que l'Allemagne était autorisée à se plaindre des ventes d'armes faites à la France par le gouvernement des Etats-Unis pendant la guerre de 1870-1871. Mais, conformément à la distinction que nous avons établie plus haut (V. n° 675), un pays neutre n'est pas responsable des fournitures militaires faites par ses nationaux, à titre particulier, aux Etats belligérants : les fournisseurs font une simple opération commerciale, à leurs risques et périls au point de vue de la saisie possible des objets vendus comme contrebande de guerre. Cette manière de voir, consacrée par la doctrine générale, est suivie dans la pratique: l'Angleterre refusa d'admettre les réclamations de l'Allemagne au sujet des fournitures d'armes faites à la France en 1870 par des maisons anglaises; l'Allemagne avait d'ailleurs laissé faire des expéditions de même nature pendant la guerre de Sécession et pendant la guerre de Crimée, et ses grandes usines privées ont toujours vendu des armes à des Etats belligérants, notamment à la Russie et à la Turquie en 1877-1878. Quelquefois, pour éviter toute équivoque, un pays neutre peut interdire la vente des armes et des munitions aux belligérants ; c'est ce qu'ont fait en 1870 la Belgique et la Suisse par considération politique et eu égard à leur situation d'Etats perpétuellement neutres.

Cependant quelques auteurs exigent, pour que la neutralité ne soit pas violée, que l'Etat neutre ne tolère pas, de la part de ses

nationaux, des fournitures trop considérables aux belligérants ;
mais comment fixer la limite des fournitures permises, aujourd'hui
surtout qu'elles résultent de marchés passés avec des maisons
très importantes qui ne peuvent accepter que de fortes com-
mandes ?

Quant aux fournitures de vivres, elles sont toujours permises,
sauf le cas de partialité évidente pour l'un des belligérants, par
exemple quand on ne les accorde qu'à l'un et pas à l'autre, ou
gratuitement à l'un sous forme de véritable subside.

678. *Subsides.* — Si un Etat neutre ne peut évidemment
fournir lui-même un secours pécuniaire à un Etat belligérant, il
ne peut interdire les envois d'argent faits à titre particulier par
ses nationaux soit pour secourir les blessés, malades ou prisonniers d'un parti, soit même pour soutenir l'action militaire et
politique d'un Etat. On admet même, aujourd'hui, malgré l'opposition de quelques publicistes, qu'un Etat peut permettre sur
son territoire l'émission d'un emprunt fait par l'un des belligérants, pourvu qu'il agisse sans partialité et accorde la même
faveur aux deux partis; en 1854, les réclamations de la France
contre l'émission d'un emprunt russe en Hollande et en Prusse
ne furent pas accueillies, et l'Angleterre a laissé souscrire chez
elle, en 1870-1871, à l'emprunt allemand et à l'emprunt Morgan
contracté par le gouvernement de la Défense nationale.

679. *Envoi de troupes.* — Les nationaux d'un Etat neutre
peuvent s'enrôler dans l'armée de l'un des belligérants; mais ils
agissent alors à leurs risques et périls et, perdant le bénéfice
de leur neutralité individuelle, ne peuvent plus compter sur la
protection de leur pays. L'Etat neutre ne peut lui-même autoriser
ces enrôlements ni les permettre sur son territoire ; la plupart
des lois les interdisent au contraire sous certaines sanctions :
par exemple, un Français s'enrôlant dans une armée étrangère
perd sa nationalité (C. civil art. 17, 4°). On a ainsi complètement abandonné les anciennes traditions d'après lesquelles
certains pays fournissaient des mercenaires sans abandonner
leur neutralité ; cette pratique a subsisté fort longtemps en
divers pays, spécialement en Allemagne et surtout en Suisse
dont les cantons passaient avec d'autres Etats, notamment avec la
France, l'Espagne et les Etats Pontificaux, des traités relatifs à
cette fourniture de mercenaires, appelés *capitulations militai-*

res; cette institution a été abolie par la constitution helvétique de 1848.

De nos jours, on a vu au contraire les Etats-Unis et des Etats allemands protester contre le recrutement de matelots fait chez eux par l'Angleterre à l'occasion de la guerre de Crimée, et l'on est unanime à considérer comme une violation de la neutralité l'enrôlement en masse de volontaires et même d'officiers russes dans l'armée serbe, en 1876, avec l'autorisation formelle du gouvernement moscovite.

Pour la même raison, les pilotes d'un Etat neutre ne peuvent être autorisés à diriger un navire de guerre belligérant dans ses opérations militaires. Mais, en cas de relâche forcée, un navire de guerre belligérant peut compléter dans un port neutre son équipage devenu insuffisant, de manière à pouvoir atteindre le port le plus proche de son pays.

680. *Construction et équipement d'un navire de guerre dans un port neutre.* — Si, comme nous l'avons vu, la neutralité n'est pas violée par la tolérance laissée aux nationaux de fournir des armes aux belligérants, il n'en est plus de même quand un vaisseau de guerre ou un corsaire est construit ou équipé et armé dans un port neutre et en sort librement : en pareil cas, c'est le territoire neutre lui-même qui sert de théâtre à un acte hostile, car le navire de guerre, comme dit Geffcken, est une machine de guerre toute faite qui peut commencer immédiatement la lutte, tandis que les armes expédiées doivent, pour servir au belligérant, atteindre d'abord son terri toire. Cette solution, déjà admise généralement en doctrine et en pratique, se retrouve dans les trois fameuses règles dites de Washington, insérées dans le traité du 8 mai 1871 conclu entre les Etats-Unis et l'Angleterre. Les circonstances dans lesquelles cette convention est intervenue sont célèbres. Pendant la guerre de Sécession, l'Angleterre laissa construire et équiper dans ses ports des corsaires pour le compte des Etats du Sud insurgés, notamment la *Georgia,* la *Florida,* le *Shenandoah* et surtout l'*Alabama* qui, sortie du port de Liverpool le 19 juillet 1862, fit éprouver pendant deux ans des pertes énormes à la marine américaine et qui, s'étant réfugiée à Cherbourg où se trouvait la frégate *Kearsage,* de la marine fédérale, sortit de ce port après celle-ci et périt dans un combat singulier auquel le capitaine de cette frégate l'avait provoquée. Sur la plainte des Etats-Unis, le traité précité posa le principe d'un arbitrage qui eut effectivement lieu à Genève le 14 septembre 1872 et sur lequel nous aurons à revenir plus tard. Les trois principes établis dans le traité et qui devaient servir de base aux arbitres sont les suivants : 1° Tout Etat neutre doit interdire, dans son domaine, la construction, l'équipement, l'armement et la sortie d'un navire qu'il peut raisonnablement soupçonner d'être destiné à combattre un Etat avec lequel il est en paix ou à faire la course contre lui ; 2° il doit interdire tout acte d'hostilité dans ses ports et ses eaux territoriales et tout approvisionnement en armes, hommes ou munitions ; 3° veiller à ce que personne ne viole, dans son domaine, les devoirs ci-dessus indiqués.

Ces trois règles fort sages, quelles que soient les critiques que l'on puisse faire sur la manière dont elles sont formulées dans le traité de Washington, ont été approuvées et précisées par l'Institut de Droit international à la Haye, en 1877 (V. Annuaire, t. I, pp. 33, 108 et 139). Ces règles n'ont pu être approuvées formellement par les autres Puissances suivant une invitation qui devait leur être adressée d'après le traité lui-même, car les deux pays n'ont pu se mettre d'accord sur les termes de la proposition à leur faire. Les arbitres de Genève avaient décidé que les neutres devaient calculer leur vigilance à surveiller les actes susceptibles de violer la neutralité d'après les dangers qu'ils pourraient entraîner pour l'un des belligérants : on a fait observer, avec raison, que les neutres n'avaient qu'à observer leur devoir de neutralité d'une manière stricte, même dans le cas où sa violation serait sans influence sur la situation des belligérants dont ils ne sont pas juges ; c'est surtout pour ce motif que la Chambre des communes a rejeté en mars 1873 l'interprétation du tribunal arbitral dont la sentence en elle-même, condamnant l'Angleterre à payer 15,500,000 dollars en or à titre d'indemnité, fut acceptée et exécutée (Calvo, *Les trois règles de Washington*, R. D. I., 1874, p. 453).

§ III. *Droits des neutres.*

681. Les droits des neutres peuvent se résumer dans la faculté générale qui leur appartient de faire respecter leur terri-

toire et de ne pas supporter les conséquences des hostilités auxquelles ils entendent demeurer étrangers.

I. Quant au respect de leur territoire, ils ont le droit d'interdire sur leur domaine terrestre et maritime tout acte qui constitue une mesure d'hostilité ou qui s'y rattache directement suivant les précisions indiquées au § précédent. Il leur est loisible
d'ailleurs d'aggraver la rigueur des règles ordinaires suivant les
circonstances et quand ils ont lieu de croire qu'un acte, innocent
par lui-même, peut se rattacher aux hostilités. Ainsi le droit
d'entrée pacifique, accordé en principe aux navires de guerre
belligérants, a été parfois refusé aux corsaires qui n'offraient
pas la même garantie quant au respect de la neutralité, tandis
que d'autres fois, notamment pendant la guerre de Sécession, on
a traité de même les corsaires et les navires de guerre réguliers.
C'est en usant de ce droit d'appréciation, que l'Angleterre a
refusé à la France, en 1870, l'établissement d'un câble télégraphique de Dunkerque à la mer du Nord en empruntant le territoire anglais, parce qu'elle soupçonnait que le câble serait utilisé
pour les besoins de la guerre.

Quand deux navires de guerre appartenant aux deux partis
ennemis se trouvent réfugiés dans un même port neutre, on
ne les laisse partir que séparément, généralement à un intervalle de 24 heures, en faisant ordinairement escorter le dernier
par un vaisseau de guerre pour empêcher tout combat dans les
eaux territoriales : on procéda ainsi quand l'*Alabama* et le *Kearsage* quittèrent Cherbourg, en 1864.

Les soldats isolés et les troupes en masse qui cherchent un
refuge sur un territoire neutre doivent être accueillis par humanité, aussi bien que les navires qui veulent échapper à une
poursuite, à la tempête ou qui ont éprouvé des avaries. Mais,
tandis qu'on laisse repartir les navires dans les conditions que
nous avons déjà indiquées, on désarme les troupes et on prend
toutes les précautions nécessaires, par exemple en les internant
loin du théâtre des hostilités, pour les empêcher de reprendre la
lutte. L'Etat neutre a droit alors à une indemnité pour l'entretien de ces troupes et doit restituer les armes, les munitions et
le matériel de guerre qu'il a provisoirement séquestrés. Ces
règles ont reçu une large et juste application en 1871, quand

notre armée de l'Est, contrainte de se réfugier en Suisse, fut internée et désarmée sur le territoire helvétique.

II. En tant qu'il a le droit de ne pas supporter les conséquences des hostilités, l'Etat neutre peut exiger qu'on continue à respecter ses déclarations et ses actes quand ils ne sont pas suspects de favoriser l'un des belligérants, par exemple que l'on tienne compte des passe-ports qu'il délivre ou des missions qu'il confie à des agents diplomatiques ou consulaires.

Il a également le droit d'exiger que l'on respecte les biens qui lui appartiennent en pays belligérant ainsi que la personne et les propriétés de ses nationaux. Mais ce droit à la protection des biens et des individus ne peut aller jusqu'à réclamer une indemnité pour les accidents de force majeure résultant des opérations de guerre (V. nᵒˢ 344 et 499).

L'Etat dont la neutralité a été méconnue a, non seulement le droit, mais même le devoir de demander réparation, afin de ne point paraître favoriser l'un des belligérants au détriment de l'autre par sa tolérance.

§ IV. *Du commerce des neutres.*

682. Il est hors de doute que les neutres conservent la faculté de commercer librement entre eux et avec les Etats belligérants. Mais les règles spéciales de la guerre maritime apportent de grandes difficultés dans l'application de cette idée si simple en elle-même. Tout d'abord, la propriété privée ennemie n'étant pas inviolable sur mer, il y a lieu de se demander quel sera le sort de la marchandise neutre transportée sur navire ennemi, et celui de la marchandise ennemie sur navire neutre.

D'autre part, les belligérants ont à se prémunir contre certains actes contraires au succès de leurs opérations militaires et qui peuvent être accomplis par des navires neutres : violation de blocus, transport de contrebande de guerre pour le compte de l'ennemi; de là la nécessité de procéder à une visite des bâtiments neutres suspects (1).

---

(1) V. sur ce sujet les ouvrages cités en note sous les nᵒˢ 642 et 670; Gessner, *Le Droit des Neutres sur mer;* Hautefeuille, *Des droits et des devoirs des nations neutres en temps de guerre maritime;* Geffcken, *Handbuch des Völkerrechts* de Holtzendorff, IV, § 45 et suiv.; E. Cauchy, *Le Droit maritime international.*

I. *Commerce des neutres sur mer.*

683. Les principes rationnels de la liberté des mers et de l'indépendance des neutres à l'égard des hostilités auxquelles ils sont étrangers ont été presque toujours plus ou moins méconnus sous l'influence des passions politiques des belligérants et de leur égoïsme dans la défense de leurs intérêts : le caractère particulier de la guerre maritime, qui tend directement à atteindre les ressources économiques de l'ennemi, devait naturellement favoriser tous les abus, sous la forme d'obstacles apportés aux relations commerciales des Etats adversaires avec les neutres et, par le fait même, d'agressions injustifiables contre la propriété privée de ces derniers.

C'est dans le *Consulat de la mer* que l'on trouve les premières règles précises concernant le commerce des neutres. D'après ce recueil des usages maritimes de la Méditerranée : 1° on peut confisquer les biens ennemis sous pavillon neutre ; 2° les biens neutres sous pavillon ennemi sont insaisissables. On s'attachait ainsi uniquement au caractère des marchandises sans considérer celui du navire. Ces règles furent reproduites dans la plupart des traités jusqu'au xviiᵉ siècle, et la doctrine, représentée notamment par Grotius, les approuva.

Mais, pour répondre à la pratique de l'Angleterre qui confisquait avec la dernière rigueur les marchandises ennemies sur navires neutres, conformément au Consulat de la mer, la France alla jusqu'à prononcer la confiscation des navires neutres portant des marchandises ennemies, dans une série d'ordonnances de 1538, 1543 et 1584 : c'était la fameuse règle, « *Confiscantur ex navibus res, ex rebus naves* ». En vain Grotius essaya-t-il de justifier cette règle en invoquant la loi 11 § 2, liv. 39. titre IV, du Digeste : dans ce passage, le jurisconsulte Paul suppose que la marchandise constitue de la contrebande de douane transportée sciemment par le propriétaire du navire et il décide que le fisc peut confisquer le navire, ce qui est un cas bien différent. Cependant de nombreux privilèges furent concédés à titre exceptionnel, notamment à la Ligue Hanséatique par plusieurs traités dont le dernier, du 10 mai 1615, admettait que le pavillon de la Ligue couvrait la marchandise ennemie ; aux Pays-Bas en 1646 et à l'Espagne en 1660. Après avoir renoncé à sa rigueur, notamment par l'ordonnance du 1ᵉʳ février 1650, la France consacra encore formellement la règle d'après laquelle est saisissable le navire neutre chargé de marchandises ennemies, comme les marchandises neutres le sont sur navire ennemi, dans la grande ordonnance de 1681 sur la marine (liv. III, titre IX, art. 7).

D'ailleurs, dans tout le cours du XVIIᵉ siècle, on voit s'accentuer la lutte entre le principe du Consulat de la mer qui consacrait la saisie de la marchandise ennemie sur navire neutre et un principe nouveau d'après lequel le pavillon neutre couvre la marchandise ennemie ; il y a, dans cette période, à peu près autant de traités dans le premier sens que dans le second ; malheureusement les conventions qui admettaient la doctrine libérale que le pavillon couvre la marchandise décidaient, comme les ordonnances françaises, que la marchandise neutre sous pavillon ennemi était saisissable.

Cependant les abus de l'Angleterre à l'égard du commerce des neutres, spécialement l'extension excessive qu'elle donnait à la contrebande de guerre et sa fameuse règle de 1756 (V. n° 633), déterminèrent une réaction. La France, dans le traité du 6 février 1778 avec les Etats-Unis, posa le principe que le pavillon neutre couvre la marchandise ennemie et, par le règlement du 26 juillet 1778, elle formula cette règle comme générale, sauf à la retirer à l'égard des Etats qui ne voudraient pas la reconnaître, ce qui fut surtout le cas de l'Angleterre.

Cette initiative prépara la *Ligue de la neutralité armée* proposée par Catherine II de Russie, le 26 février 1780, à laquelle adhérèrent l'Autriche, la Prusse, le Danemark, la Suède, la Hollande, le Portugal, le royaume de Naples, la France, l'Espagne et les Etats-Unis, tandis que l'Angleterre la repoussait énergiquement.

Au point de vue que nous considérons, la déclaration de 1780 consacrait la liberté de la marchandise ennemie sous pavillon neutre, sauf dans le cas de contrebande de guerre.

684. Nous avons déjà vu que, pendant les guerres de la Révolution et de l'Empire, toutes les règles protectrices du commerce des neutres furent violées et que l'on en vint au blocus continental (V. n° 625). Cependant, le 4 (16) décembre 1800, la Russie rétablit la Ligue de la neutralité armée de 1780.

Mais, par le traité du 5 (17) juin 1801, l'Angleterre s'unit à la Russie, avec adhésion ultérieure de la Suède et du Danemark, en renonçant en partie à son ancienne rigueur, mais en faisant consacrer la vieille règle du Consulat de la mer que la marchandise ennemie est saisissable sur navire neutre.

C'est enfin dans la Déclaration du 16 avril 1856 que les Puissances ont établi, à l'instigation de la France, les principes généraux admis de nos jours :

1° Le pavillon neutre couvre la marchandise ennemie, à l'exception de la contrebande de guerre ;

2° La marchandise neutre, à l'exception de la contrebande de guerre, n'est pas saisissable sous pavillon ennemi.

Bien que la déclaration de Paris n'ait pas été acceptée par les Etats-Unis, l'Espagne et le Mexique qui, comme nous l'avons vu, n'ont pas voulu admettre la suppression de la course, l'Espagne et le Mexique ont déclaré vouloir se conformer aux autres dispositions concernant le blocus et le commerce des neutres. Quant aux Etats-Unis, nous avons déjà dit qu'ils ont déclaré ne vouloir se rallier au nouveau droit maritime international que lorsque la propriété privée ennemie sera inviolable sur mer comme sur terre.

II. *Restrictions au commerce des neutres.*

685. Ces restrictions, commandées par l'obligation pour les neutres de ne pas entraver les opérations militaires des belligérants, sont au nombre de deux : respect des blocus régulièrement établis ; abstention de toute contrebande de guerre.

686. A. **Respect des blocus.** — Nous n'avons, sur ce point, qu'à renvoyer aux explications fournies plus haut sur les conditions du blocus régulier et sur ses effets à l'égard des navires qui le violent (V. nᵒˢ 617 et suiv.).

687. B. **Interdiction de la contrebande de guerre.** — Du jour où la notion de la neutralité se précisa, on songea à limiter le commerce des neutres avec les belligérants, de manière à empêcher les premiers de procurer aux seconds des objets propres à favoriser les hostilités au détriment de leurs ennemis. Le Consulat de la mer, il est vrai, ne traite pas encore de cette question ; mais elle est étudiée par les publicistes dès le xviᵉ siècle, et les Rôles d'Oléron, les Tables de Wisby, les Lois de la

Hanse interdisent formellement aux neutres ce genre de commerce connu sous le nom de contrebande de guerre. Le principe une fois posé, les difficultés apparurent pour déterminer exactement les objets auxquels la prohibition devait s'appliquer : l'indication des marchandises constituant la contrebande de guerre est encore fort discutée dans la doctrine et fort variable dans la pratique.

A de très rares exceptions près, tous les anciens traités limitent la contrebande de guerre aux armes, munitions, objets d'équipement militaire, aux chevaux destinés aux troupes et au salpêtre : telle est notamment l'énumération du traité dit des Pyrénées du 7 nov. 1659, art. 12, entre la France et l'Espagne, des traités conclus à Utrecht en 1713, des deux traités de neutralité armée de 1780 et de 1800 et de tous les traités les plus récents, spécialement de celui du 26 février 1871 entre les Etats-Unis et l'Italie. De là il résulte que, au moins d'après les traités, on restreint la contrebande de guerre aux seuls objets qui peuvent directement servir aux hostilités et être immédiatement utilisés par les belligérants ; on fait une concession seulement pour le salpêtre, matière première de la poudre, qui n'est pas encore approprié à un usage belliqueux.

Mais la doctrine se montra beaucoup plus large. Grotius, le premier, distingua les objets directement affectés à la guerre, tels que les armes et munitions, les objets qu'il qualifie de luxe et inutilisables pour la guerre, enfin ceux dont l'usage est équivoque (res ancipitis usûs) qui sont également utilisables dans la paix et dans la guerre, par exemple l'or, les matériaux de construction de navires, le charbon, le soufre, etc. ; défendu pour les premiers, permis pour les seconds, le commerce des neutres pouvait être paralysé pour les troisièmes si le belligérant avait besoin, pour triompher de son ennemi, de s'emparer des objets de cette troisième catégorie destinés à son adversaire. Bynkershoeck, en critiquant la classification de Grotius, arrive à peu près au même résultat en déclarant contrebande de guerre seulement les objets préparés pour les hostilités, « quæ ad usum belli paratæ sunt, » mais en permettant aux belligérants de s'emparer des matières premières quand elles leur sont indispensables.

Les publicistes modernes sont en désaccord complet pour

préciser les objets qui constituent la contrebande de guerre et, en dehors des traités qui les lient par un texte formel, les différents États présentent une pareille divergence de vues. L'Angleterre, fidèle à la classification de Grotius, a toujours donné une grande extension à la contrebande dite *relative*, c'est-à-dire qui porte sur les objets *ancipitis usûs;* suivant les circonstances, les présomptions tirées de la direction du navire ou même de l'intention de l'expéditeur, elle confisque comme contrebande les objets qui, sans être encore adaptés à un usage belliqueux, sont cependant susceptibles de servir aux hostilités : c'est ainsi que, pendant la guerre de Crimée, elle a saisi la houille toutes les fois que, avec plus ou moins de vraisemblance, on pouvait croire qu'elle servirait aux vaisseaux ennemis; cette marchandise a été, au contraire, respectée par la France en 1854, 1859 et 1870, ainsi que par l'Italie dans ses guerres de 1859 et de 1866. La France, d'une manière générale, restreint la contrebande de guerre aux armes et aux munitions de guerre, mais elle l'étend au soufre et au salpêtre (V. Instruc. des 31 mars 1854 et 25 juillet 1870). En fait, chaque pays a ses règlements particuliers rarement d'accord entre eux, et même adopte des énumérations très variables dans les traités qu'il passe avec les autres États, en s'inspirant des circonstances et souvent aussi en s'écartant des dispositions contenues dans sa propre loi générale (R. Kleen, *Le droit de contrebande de guerre,* R. D. I., 1893, pp. 7 et 124).

688. Les regrettables divergences que nous venons de constater viennent surtout de ce que l'on s'est placé à un point de vue erroné pour justifier la prohibition de la contrebande de guerre et en fixer la portée. Sans trop s'en rendre compte, on s'est surtout inspiré de l'intérêt des belligérants et du besoin qu'ils pouvaient avoir d'arrêter des marchandises qui, sans être des armes de guerre proprement dites, sont susceptibles d'être utilisées par l'ennemi pour soutenir les hostilités, ou de s'approprier les mêmes objets afin d'en profiter eux-mêmes. Cette manière de voir s'explique historiquement, si l'on songe que la théorie de la contrebande de guerre a commencé à se manifester quand la doctrine même de la neutralité était encore vague et mal établie, au lendemain d'une époque où les belligérants interdisaient à leurs *amis* tout commerce avec l'adversaire et réputaient ennemi quiconque ne leur donnait pas cette satisfaction. Si la doctrine de la neutralité écarta ces abus en sauvegardant le commerce des Etats étrangers aux hostilités, nous avons vu au prix de quelle lutte elle y est à peu près parvenue. Mais on ne pouvait espérer réussir aussi complètement à faire disparaître les anciennes exigences des belligérants quand il s'agissait d'un commerce portant sur des objets susceptibles de favoriser la résistance de l'adversaire. Rendre la liberté au commerce innocent des neutres, était déjà un grand progrès : mais, en invoquant les besoins de leur défense, les belligérants ont résisté davantage quand il s'agissait d'un commerce qui directement ou indirectement pouvait augmenter les forces de leur ennemi.

De là est née la doctrine bâtarde de la contrebande *relative* créée par Grotius, en vertu de laquelle les choses d'un usage douteux *(ancipitis usûs)* peuvent être saisies sur le simple soupçon qu'elles seraient utilisées pour la guerre. Les abus, principalement de la part de l'Angleterre, n'ont pas manqué de se produire : un belligérant, toujours intéressé et facilement méfiant, juge et partie d'ailleurs dans sa propre cause, peut confisquer la plupart des marchandises généralement destinées à un emploi pacifique, mais susceptibles d'être utilisées pour la guerre, surtout aujourd'hui que les hostilités exigent le concours de la production industrielle ou agricole sous les formes les plus variées ; les métaux, les matériaux de construction de navires, les innombrables matières qui entrent dans la composition des explosifs, les vivres, la houille, les machines à vapeur, les bêtes de somme et de trait, etc... peuvent être ainsi traités en contrebande de guerre. Que deviendra, avec de pareilles extensions, la sauvegarde du commerce des neutres et toute la théorie, cependant si juste, de la neutralité?

Pour bien juger les choses, il faut, croyons-nous, se placer à un point de vue tout différent. La prohibition de la contrebande de guerre doit être appréciée comme une conséquence de la neutralité elle-même. Les neutres ont le droit de se considérer comme soustraits à toutes les conséquences de la guerre, spécialement quant à la liberté de leur commerce ; mais cette situation implique le devoir pour eux de n'accomplir aucun acte qui les fasse participer directement aux hostilités sous la forme d'un concours donné à l'un des belligérants. Or, il n'y aura vraiment ainsi participation aux hostilités que lorsque le neutre fournira des objets dont l'emploi pour la guerre est indiqué par leur nature même ; pour tous les autres, l'usage ultérieur auquel ils seront affectés ne regarde pas le neutre qui a fait un acte de commerce innocent en lui-même et qui, par suite, n'a pas violé les devoirs de neutralité qui lui incombent. En nous en tenant à cette notion stricte mais qui, seule, est logique et de nature à écarter les abus et les solutions arbitraires, nous restreignons la contrebande de guerre aux objets suivants :

1° Les armes de toute nature, offensives et défensives ; 2° les munitions et explosifs ; 3° le matériel militaire, tels que objets d'équipement, affûts, uniformes, outils pour le génie, etc. ; 4° les vaisseaux équipés pour la guerre (V. Règlement des prises de l'Institut de Droit int., art. 30 et Annuaire, t. XII, p. 288).

Nous exclurons au contraire, malgré la pratique souvent suivie et la doctrine générale : 1° les vivres que peu d'auteurs du reste rangent dans la contrebande de guerre ; si, en 1885 (Instruc. du 21 février), la France, dans la guerre avec la Chine, déclara le riz contrebande de guerre, c'est parce qu'il était le tribut des provinces méridionales et servait de solde aux réguliers chinois ; c'était ainsi un trésor de l'Etat ennemi que l'on capturait ; 2° les métaux précieux, que la plupart des traités déclarent au contraire contrebande de guerre ; 3° les matériaux de construction ou de gréement des navires ; 4° les machines à vapeur ; 5° les matières premières susceptibles de servir à la fabrication des armes et des munitions ; 6° la houille ; 7° les bêtes de sommes ou de trait.

689. Les principes stricts que nous avons posés nous fournissent la solution à suivre sur le point de savoir dans quel cas la contrebande de guerre est saisissable. Il faut évidemment qu'elle soit dirigée vers un pays belligérant ou bien vers le lieu où se trouvent ses armées ou ses vaisseaux de guerre ; ce n'est que dans ce cas que les neutres peuvent être considérés comme participant indirectement aux hostilités en procurant des ressources aux belligérants ; l'envoi de marchandises prohibées vers un port neutre ne peut donner lieu à aucune critique ni autoriser aucune saisie. Il est évident d'ailleurs que le cas de fraude au point de vue de la destination véritable du navire doit être réservé, et que la saisie sera possible si l'on est convaincu, par l'examen des papiers de bord, par la constatation que les papiers présentés sont faux, par la contradiction entre les allégations du capitaine quant au but de son voyage et la direction qu'il suit effectivement ou par tout autre moyen, que le navire se dirige vers un port ennemi et non vers un port neutre.

Cette solution juste avait été d'abord consacrée par les tribunaux de prises de l'Angleterre, notamment par le célèbre juge Sir W. Scott. Cependant la Cour suprême des Etats-Unis a appliqué à la contrebande de guerre la fameuse théorie *de la continuité de voyage*, comme elle l'a fait pour la violation de blocus, spécialement dans l'affaire du *Springbok*. D'après cette théorie, la contrebande de guerre est saisissable, même quand elle est réellement dirigée vers un port neutre, si l'on peut établir que, arrivée à sa destination, elle sera ultérieurement dirigée, sur le même navire ou après transbordement, vers un port ennemi. Cette manière de voir, repoussée par tous les publicistes européens, est condamnée par les raisons mêmes que nous avons déjà signalées à propos de la continuité de voyage appliquée au blocus. Quand la contrebande de guerre est entrée dans un port neutre, le belligérant n'a qu'à en surveiller la sortie pour s'opposer à ce qu'elle soit transportée dans un port ennemi.

Cependant, dans la pratique, la théorie de la continuité de voyage trouve son application au point de vue de la fraude que peut commettre un navire chargé de contrebande de guerre, en trompant sur sa véritable destination au moyen des détours qu'il fait et d'escales dans des ports neutres ; *dolus circuitu non purgatur*, et la saisie est pratiquée quand il est prouvé que ces détours n'ont eu pour but que de donner le change sur le véritable but du voyage. C'est ainsi que le 26 mai 1855 le tribunal des prises de France valida la saisie du navire hanovrien *Vrow Howina* qui se rendait d'Angleterre à Lisbonne avec un chargement de salpêtre, pour aller de là à Hambourg d'où sa cargaison devait être expédiée en Russie alors en guerre avec la France.

Enfin, la saisie de la contrebande de guerre étant une mesure de protection de la part des Etats belligérants et non la punition d'un délit, il s'en suit que, comme pour la violation de blocus, elle ne peut être faite que lorsque le navire va introduire la marchandise prohibée dans l'Etat ennemi; elle est illégale quand cette introduction a eu lieu et que le navire opère son voyage de retour. Seules les jurisprudences anglaise et américaine suivent une règle contraire (V. affaire du navire allemand *Luxor* saisi en 1879 dans la guerre entre le Pérou et le Chili, Arntz, R. D. I., t. XI p. 655).

690. *Sanction de la contrebande de guerre.* — Il semble que, pour assurer sa sauvegarde, l'État belligérant devrait seulement séquestrer jusqu'à la fin des hostilités la contrebande de guerre qu'il saisit; mais on ne trouve cette règle que dans le traité de 1785 entre la Prusse et les États-Unis; en fait, pour mieux arrêter la contrebande, on va jusqu'à la confiscation, et cette sanction est implicitement consacrée par les articles 2 et 3 de la Déclaration de Paris du 16 avril 1856.

La confiscation a lieu sans indemnité, sauf stipulations contraires dans les traités; il semble juste aussi d'en accorder une quand le navire est parti avant la déclaration de guerre et ignore les hostilités.

Dans tous les cas, la confiscation devrait toujours être limitée aux seuls objets de contrebande; elle n'est justifiée, en effet, que par le droit des belligérants de se prémunir contre un commerce qui peut leur nuire, et aller plus loin, c'est-à-dire confisquer le surplus de la cargaison ou le navire, c'est transporter dans les rapports internationaux un droit de punir qui est inadmissible entre les États.

La plupart des auteurs tombent, croyons-nous, dans cette dernière erreur, en faisant dépendre la confiscation du navire de cette circonstance que le propriétaire du navire a connaissance du caractère et de la destination de la contrebande de guerre qu'il transporte, ce qui, disent-ils, le rend également *punissable*. Le navire, par lui-même et tant qu'il ne participe pas à des actes d'hostilité, ne cause aucun préjudice aux belligérants, pas plus que la partie de la cargaison qui ne constitue pas de la contrebande de guerre; cette dernière seule est saisissable comme pouvant leur être nuisible et, comme il n'y a pas de délit, il ne peut y avoir de peine pour qui que ce soit, surtout en recherchant les intentions du prétendu délinquant d'après les règles du droit criminel et au risque de tomber dans l'arbitraire pour déterminer ces intentions souvent difficiles à établir. Perels fait ressortir, en outre, que la saisie de la cargaison innocente ennemie sur navire neutre et neutre sur n'importe quel navire, est une violation flagrante de la Déclaration du 16 avril 1856 qui protège dans tous les cas la marchandise neutre et la marchandise ennemie sur navire neutre, sauf quand elle est contrebande de guerre (*loc. cit.*, p. 283).

Presque tous les traités restreignent la confiscation aux seules marchandises prohibées ; il en est de même pour les lois particulières de l'Espagne et des Etats-Unis et de nombre d'autres Etats dont quelques-uns établissent une exception à l'égard du navire quand la cargaison est tout entière contrebande de guerre.

Mais, en France, le règlement de 1778, rappelé dans les Institutions du 31 mars 1854, art. 6, et du 25 juillet 1870, art. 6, étend la confiscation à tout le chargement et au navire quand la contrebande compose les trois quarts de la cargaison. L'art. 215 du Code de la marine marchande en Italie prononce la confiscation du navire, mais non de la cargaison innocente. Les publicistes anglais, voyant dans la contrebande de guerre un délit punissable même quand le navire fait son voyage de retour (V. n° 689 *in fine*), se prononcent pour la confiscation du navire et de la cargaison innocente si le propriétaire est en même temps propriétaire de la marchandise de contrebande ou complice de la contrebande elle-même d'une manière quelconque.

691. Des analogues de la contrebande de guerre. — On assimile à la contrebande de guerre certains faits qui, accomplis par des neutres, peuvent constituer un danger pour l'un des belligérants.

1° Le transport des troupes par un neutre pour le compte de l'un des belligérants. Que le navire neutre ait été affrété par l'Etat belligérant auquel cas il est traité en navire ennemi, ou qu'il donne son concours pour le transport des soldats ou matelots de l'un des pays en guerre, la confiscation est toujours de droit. La confiscation, au contraire, ne serait pas admissible, malgré l'opinion opposée de certains auteurs, si le navire neutre avait été contraint par la force à transporter des troupes : il ne faut pas perdre de vue qu'il s'agit ici, non pas de permettre tout ce qui peut être utile aux belligérants, mais de faire respecter les devoirs de la neutralité : or, il n'y a pas violation de ces devoirs quand le navire neutre est contraint d'obéir à la force.

Si les soldats ou officiers d'un pays belligérant voyagent pour se rendre à leur poste sur un navire neutre, non pas en corps et officiellement, mais à titre de simples passagers, la confiscation devra être subordonnée à l'examen des circonstances : le tribunal des prises devra tenir compte du nombre de ces passagers ainsi transportés et surtout de la connivence ou de la bonne foi du capitaine, pour rechercher si les devoirs de la neutralité ont été réellement violés.

2° Transport de dépêches pour le compte d'un belligérant. Il faut évidemment qu'il s'agisse de dépêches relatives aux opérations de guerre, sans quoi le préjudice même, fondement de la confiscation, fait défaut. Il faut de plus que, quels que soient les détours employés, les dépêches soient adressées par une autorité du pays belligérant à une autre autorité du même pays. La doctrine et la pratique anglaises sont beaucoup plus rigoureuses ; elles admettent la confiscation pour toute dépêche officielle, quel que soit son objet, même envoyée par un pays neutre au belligérant.

Dans tous les cas, un pays belligérant ne peut pas mettre obstacle au transport par un navire neutre de commissaires ou agents diplomatiques de l'ennemi envoyés auprès d'une Puissance neutre. En 1861, le croiseur fédéral des Etats-Unis *San Jacinto* arrêta le paquebot anglais le *Trent*, qui avait embarqué à la Havane quatre commissaires envoyés en mission diplomatique en Europe par les Etats du Sud, et, malgré les protestations du capitaine anglais, les commissaires furent faits prisonniers. Sur les réclamations de l'Angleterre et les objections de la France, de l'Autriche et de la Prusse, le gouvernement de Washington dut les remettre en liberté, en donnant comme raison qu'il n'avait aucun intérêt à les garder. Mais tous les publicistes européens ont condamné cette application abusive des règles relatives à la contrebande de guerre : le pavillon neutre couvre les marchandises qui ne sont pas de contrebande de guerre et les personnes dont le caractère essentiel n'est pas hostile, c'est-à-dire toutes sauf les troupes.

III. *Sanction des restrictions au commerce des neutres.*

692. L'obligation pour les neutres de respecter les restrictions à leur commerce que nous avons indiquées est garantie par deux sanctions : la visite et la saisie.

693. A. Visite des navires neutres. — Si le principe de la liberté des mers combiné avec celui de la souveraineté de chaque État ne permet pas qu'une Puissance s'arroge le droit de visiter les navires des autres pays en temps de paix, à moins de conventions internationales contraires, il n'en est plus de même en temps de guerre. La nécessité de vérifier si un navire ne manque pas aux devoirs de la neutralité, par exemple en transportant de la contrebande guerre, oblige à s'assurer de l'état de sa cargaison, à examiner ses papiers, en un mot à le visiter. Aussi, malgré de rares divergences dans la doctrine, le droit de visite en pareil cas a été généralement admis par les auteurs et toujours appliqué dans la pratique. Seulement son exercice est soumis à certaines règles que l'on peut ramener aux suivantes.

1° La visite ne peut avoir pour objet que de s'assurer si le navire a le droit de porter le pavillon neutre qu'il arbore, ou bien s'il ne viole pas la neutralité en transportant de la contrebande de guerre.

2° La visite doit être pratiquée avec le plus de ménagements possible. La procédure en a été réglée dans l'art. 17 du traité des Pyrénées de 1659 entre la France et l'Espagne que l'on suit habituellement dans la pratique : le vaisseau belligérant tire un coup de canon, dit coup de semonce, à blanc ou à boulet perdu, pour sommer le navire de s'arrêter ; on envoie à bord du navire à visiter une chaloupe portant les officiers chargés de la visite et escortés d'un petit nombre d'hommes ; parfois le capitaine du navire visité se contente de porter à bord du navire visiteur ses papiers pour les faire vérifier. L'examen des papiers de bord doit suffire en général ; depuis les indications si sages données par Portalis à cet égard, on se montre très réservé pour procéder à une perquisition dans le navire à visiter et l'on n'y a recours que lorsqu'on a des soupçons sérieux que le navire recèle de la contrebande de guerre, des troupes, ou des papiers compromettants.

3° La visite, véritable acte de souveraineté, ne peut être pratiquée dans les eaux territoriales d'une puissance neutre, mais seulement en pleine mer ou dans les eaux de l'État ennemi ou de celui au nom duquel elle est faite.

4° La visite ne peut être faite que par des vaisseaux de guerre ; les corsaires ne peuvent y procéder que dans les rares pays qui n'ont pas aboli la course.

694. Tout navire neutre qui se refuse à la visite et qui surtout y résiste par la force, est traité en ennemi et peut être saisi. Mais la confiscation n'atteint que le navire et non la cargaison innocente quand elle appartient à un propriétaire autre que le capitaine ou le propriétaire du navire qui est responsable de la faute commise par le capitaine à qui il a confié son bâtiment ; le propriétaire de la cargaison ne peut répondre d'un acte qu'il n'a pu ni prévoir ni empêcher. Cependant, la doctrine et la jurisprudence anglaises étendent, en pareil cas, la saisie à la cargaison : c'est ainsi que le juge des prises, W. Scott, ordonna la confiscation des navires neutres escortés par le vaisseau suédois *Maria* qui seul avait résisté à la visite (Phillimore, III, p. 434) ; la doctrine française et allemande condamne cette solution.

Quant au navire qui cherche simplement à fuir pour éviter la visite, il n'encourt pas la saisie pour ce seul fait ; il s'expose seulement au feu du belligérant qui le poursuit.

695. La visite n'est pas applicable à tous les navires. 1° Les vaisseaux de guerre neutres ne peuvent pas être visités ; quand un croiseur belligérant les rencontre, il ne peut que les interroger sur leur nationalité en hissant son pavillon et en tirant un coup de canon dit coup d'*assurance ;* les vaisseaux interrogés répondent de la même manière et cette démonstration, de part et d'autre, constitue une affirmation sur l'honneur, dont il n'est pas permis de douter, que la nationalité invoquée est la véritable et que les vaisseaux neutres ne transportent pas de la contrebande de guerre. 2° La question est plus délicate pour les navires *convoyés.* La pratique des voyages de *conserve,* qui avait pour but de préserver les navigateurs contre les attaques des ennemis ou des pirates, fut remplacée, dès le xviie siècle, par l'usage de faire escorter les convois de navires marchands par des vaisseaux de guerre. On songea à soustraire les navires neutres ainsi convoyés à la visite, sous la seule condition que le commandant de l'escorte militaire affirmerait sur l'honneur qu'ils ne contenaient pas de la contrebande de guerre. Malgré les efforts des Hollandais pour généraliser cette règle, elle n'entra dans la pratique ordinaire qu'à la fin du xviiie siècle. Le premier traité de neutralité armée de 1780 n'en parlait même pas; mais, en 1800, une escadre anglaise ayant capturé de force la frégate danoise *Freya* et les navires qu'elle escortait parce que son capitaine avait voulu s'opposer à la visite, le second traité de neutralité de 1800 consacra formellement la règle nouvelle dans son article 3. Depuis, cette règle a été écartée par certains traités, appliquée dans d'autres circonstances, notamment dans la guerre contre le Danemark en 1864; elle est admise par la doctrine générale (V. règlement de l'Institut sur les prises, art. 16). Cependant, l'Angleterre y a toujours résisté et tous ses publicistes, auxquels il faut ajouter l'Américain Wheaton, approuvent les décisions des tribunaux des prises britanniques qui maintiennent la visite des navires convoyés. Cette attitude de l'Angleterre est une grave offense aux pays neutres dont les officiers doivent être crus sur parole, ce qui justifie la dispense des vaisseaux de guerre en ce qui concerne la visite. Mais il est évident que l'exonération de la visite ne doit pas être étendue aux navires qui se sont joints spontanément au convoi ou qui s'y trouvent compris par hasard : le chef de l'escorte ne peut pas répondre d'eux.

Il peut arriver que des navires neutres se fassent convoyer par des vaisseaux ennemis. Une ordonnance danoise de 1810 valida la saisie en pareil cas et elle fut appliquée à l'occasion de la capture de navires américains escortés par des vaisseaux anglais; à titre de concession, une indemnité fut cependant accordée aux Américains. Wheaton est à peu près le seul à légitimer le fait de la part de navires neutres de se faire convoyer par des vaisseaux ennemis.

D'autres auteurs voient seulement dans ce fait une présomption que les navires convoyés violent la neutralité; telle est, notamment, l'opinion de Heffter, Gessner et Ortolan. Nous pensons, au contraire, que cette façon d'agir implique l'intention de s'opposer au droit de visite qui appartient au belligérant, et d'y résister avec le concours des vaisseaux ennemis qui emploieront toujours la force : c'est donc un acte hostile qui enlève aux navires le bénéfice de la neutralité.

696. B. **Saisie des navires neutres et des cargaisons neutres.** — Les explications précédemment fournies au sujet du blocus, de la contrebande de guerre, et de l'obligation pour les navires neutres de se soumettre à la visite, nous dispensent de revenir sur les cas où la saisie porte soit sur le navire seul, soit sur la marchandise seule, soit enfin sur les deux à la fois. Une fois la saisie opérée, la confiscation ou attribution au capteur n'a lieu qu'après l'accomplissement de la procédure des prises et la sentence prononcée par le tribunal compétent, soit en cas de prise proprement dite, soit en cas de reprise (V. n°s 663, 664 et suiv.).

TITRE III

SOLUTIONS JURIDIQUES

697. L'insuffisance de la lutte violente, dont les résultats correspondent à la force plus grande et non au droit mieux établi, pour résoudre les conflits internationaux, a été reconnue de tout temps ; aussi voit-on, à toutes les époques, des tentatives plus ou moins heureuses et plus ou moins sincères pour substituer à la guerre une organisation véritablement juridique permettant d'apprécier d'une manière impartiale les prétentions adverses des Etats et de prononcer une sentence équitable à laquelle les peuples intéressés se soumettraient volontairement. On a dû toujours reconnaître que l'indépendance absolue des Etats, condition essentielle de leur existence, ne permet pas d'établir une autorité judiciaire devant laquelle ils devraient s'incliner. Mais, de même que, par leur accord libre, les Etats règlent leurs relations internationales, de même ils peuvent accepter volontairement l'autorité de juges désignés par eux en vertu d'un contrat formel pour résoudre les difficultés qui les divisent. Par cette façon de procéder, ils substituent à la solution de la guerre, aléatoire au point de vue de la justice, onéreuse et barbare dans sa réalisation même, une appréciation qui a toutes chances d'être impartiale, conforme à l'équité et au droit, en même temps que facile, rapide, économique et humaine.

Cette solution vraiment juridique des conflits internationaux peut d'ailleurs se présenter sous deux formes.

La première, la plus naturelle, qui se présente d'abord à l'esprit comme plus conforme à l'indépendance des Etats dont ceux-ci tendent instinctivement à s'éloigner le moins possible parce qu'elle est la condition essentielle de leur existence politique, consiste à réserver le droit absolu de recourir à la force quand on juge à propos de le faire, sauf à accepter, pour chaque cas particulier, la décision d'un tiers désigné d'accord avec la partie adverse, si l'on estime que cette façon d'agir n'offre pas d'inconvénients eu égard à l'objet du litige, ou même présente des avantages vu le peu de gravité du débat et la disproportion d'une guerre avec l'importance des intérêts en jeu. C'est l'arbitrage volontaire, subordonné à la volonté des Etats intéressés et qui, bien qu'accusant quelquefois des tendances pacifiques, correspond plus souvent à un calcul fondé sur ce que les chances d'un échec devant la juridiction arbitrale doivent être préférées à une lutte violente que l'on ne peut soutenir ou dont les charges dépassent l'intérêt qui s'attache au gain du procès.

Le caractère éminemment aléatoire de l'arbitrage, ainsi subordonné à la volonté des Etats en cause, enlève toute garantie quant à la solution pacifique des conflits internationaux ; comme le dit spirituellement Seebohm, ce n'est qu'une planche de salut dans un naufrage et non pas un moyen assuré de navigation. Aussi a-t-on songé à organiser une juridiction permanente, acceptée à l'avance par les Etats et qui, investie d'une compétence générale en même temps que d'une autorité indiscutée, imposerait ses sentences aux Etats engagés dans un conflit. Cette seconde forme de la solution juridique des litiges internationaux est un idéal poursuivi avec ardeur par nombre de publicistes contemporains, et il aboutirait, s'il était réalisé, à la suppression même de la guerre.

698. Au point de vue de l'étude du Droit international, nous devons constater, tout d'abord, l'évolution progressive de l'arbitrage volontaire entre les Etats et apprécier son action déjà considérable. Nous aurons ensuite à exposer les idées émises au sujet de la création d'un tribunal permanent (1).

_____

(1) La bibliographie relative à l'arbitrage international est très étendue ; nous ne renverrons qu'aux ouvrages les plus importants, sans revenir sur les traités

SECTION I

ARBITRAGE INTERNATIONAL

§ Ier. *Historique.*

699. *Antiquité.* — Chez les Grecs, la communauté de race, de culte et surtout de traditions et de culture détermina une tendance marquée vers l'arbitrage pour résoudre les conflits entre les cités helléniques, comme elle créa, ainsi que nous l'avons vu, un premier rudiment de Droit international. Mais les arbitrages confiés à des villes grecques ou à des particuliers, par exemple à des vainqueurs des Jeux olympiques, même les sentences émanant de la juridiction permanente des conseils d'amphictyons, particulièrement de Delphes, de Calaurie et de Délos, n'intervenaient que dans les discussions entre les peuples hellènes, laissant à la seule lutte violente la solution des conflits avec les autres peuples qualifiés par les Grecs de barbares. L'influence religieuse qui dominait les amphictyonies était plus accusée encore dans les décisions des oracles, notamment de celui de Delphes, souvent consultés dans le même but, et qui, de plus, par leurs réponses ambiguës ou commandées par la pression d'un intéressé, par exemple de Philippe de Macédoine, étaient loin de remplir leur mission de juges éclairés et impartiaux et n'étaient pas toujours respectés par la partie condamnée.

Pour les Romains, l'arbitrage est un moyen habile de domination; ils ne l'acceptent pas pour leurs propres différends

généraux de Droit international: Goblet d'Alviella, *Désarmer ou déchoir*, 1872; J.-J. Rousseau, *Extrait du projet de la paix perpétuelle*; *Jugement sur le projet de paix perpétuelle*; Kamarowsky, *Le tribunal international*, 1887; Kant, *Essai philosophique sur la paix perpétuelle*, 1794; de Laveleye, *Des causes actuelles de guerre en Europe et de l'arbitrage*, 1873; Ch. Lemonnier, *Formule d'un traité d'arbitrage permanent entre nations*, 1888; Marcoartu, *Internationalisme*; Mills, *Le tribunal international*, 1874; P. Larroque, *Code de Droit international et institution d'un haut tribunal*, 1885; Pierantoni, *L'arbitrage international*; Revon, *L'arbitrage international, son passé, son présent, son avenir*, 1892; F. Dreyfus, *L'arbitrage international*, 1892; Rouard de Card, *L'arbitrage international*; Abbé de Saint-Pierre, *Essai sur la paix perpétuelle*, 1713; Willaume, *L'esprit de la guerre*, 1864; Wolowski, *Le grand dessein d'Henri IV* (Acad. des Sciences morales et politiques, 14 août 1865); Lorimer, *Principes de Droit int.*, trad. Nys, liv. V, *Le problème final du Droit int.*

avec les autres peuples, mais ils font admettre, quand ils ne l'imposent pas, leur intervention en qualité d'arbitres dans les conflits des autres Etats, leur ôtant ainsi la puissance militaire pour l'avenir et les préparant à l'assujétissement complet vis-à-vis de Rome.

700. *Moyen-âge.* — Au premier temps du moyen-âge, on pourrait être tenté de voir un arbitrage organisé dans l'intervention incessante des papes pour trancher les conflits internationaux ; mais c'est en leur qualité de chefs spirituels se considérant comme supérieurs au pouvoir temporel des souverains que les papes d'alors agissent : ce n'est pas en qualité d'arbitres, mais comme juges de Dieu sur la terre, que Grégoire VII et Innocent III imposent leurs sentences ou, pour mieux dire, leurs ordres aux chefs d'Etat. Plus tard, quand les prétentions du Saint-Siège eurent été définitivement écartées, sa haute autorité morale détermina souvent les Etats à recourir à ses lumières et à son impartialité ; dans ces cas seulement, le Pape fut véritablement arbitre, comme lorsque Alexandre VI, par la bulle *Inter cœtera* du 4 mai 1493, tranchait le conflit entre l'Espagne et le Portugal au sujet des possessions dans l'Amérique et aux Indes.

Les empereurs du Saint-Empire romain ne purent jamais, à la différence des papes, imposer leur arbitrage souverain, même à leurs vassaux. Cependant, les décisions arbitrales sont souvent demandées à des souverains laïques, par exemple à Saint-Louis en 1263 pour un conflit entre Henri III d'Angleterre et ses barons et en 1268 pour un différend entre les comtes de Luxembourg et de Bar ; Louis XI aussi reçut plusieurs fois pareille mission, notamment en 1463 des rois de Castille et d'Aragon. Enfin le moyen-âge a connu également les arbitrages confiés à des corps judiciaires ou à des particuliers jurisconsultes : nous citerons ceux du parlement de Paris en 1244, entre l'empereur Frédéric II et Innocent IV ; du parlement de Grenoble entre l'archiduc d'Autriche et le duc de Würtemberg, en 1613 et 1614 ; des docteurs des universités de Pérouse, Padoue et Bologne pour apprécier les droits de la maison de Farnèse à la couronne de Portugal.

701. *Temps modernes.* — Dès la fin du xvie siècle, la grande impulsion imprimée à l'étude du Droit international favorise un mouvement d'opinion très marqué en faveur de l'adoucissement de la guerre, et même de sa suppression par le moyen d'une organisation nouvelle des États placés sous le contrôle d'une juridiction supérieure établie par eux-mêmes. C'est le fameux projet de confédération des États européens conçu par Sully qui l'attribua à Henri IV, lequel au moins l'approuva ; c'est le *Nouveau Cynée*, publié en 1623 par Emeric Crucé (Emeric de la Croix), où se trouve développée l'idée d'un congrès permanent des États pour juger leurs conflits ; en 1713, c'est le projet de paix perpétuelle de l'abbé de Saint-Pierre, paru à la suite du traité d'Utrecht et dont l'auteur, animé des meilleures intentions, ne s'est guère préoccupé des difficultés pratiques auxquelles son projet se heurtait. Plus tard, J.-J. Rousseau développa ses idées personnelles sur le même sujet dans son *Extrait du projet de l'abbé de Saint-Pierre,* dans son *Jugement* sur ce projet et dans son *Contrat social* (liv. I, ch. IV). Enfin il faut citer les écrits animés du même esprit de Kant, *Zum ewigen Friede* (Essai sur la paix perpétuelle), et de J. Bentham, *(Principles of international law,* 4ᵉ partie : *A plan for an universal and perpetual peace).* Mais ce grand mouvement d'opinion, secondé par une étude si active et si brillante du Droit international, se butta, du XVIᵉ siècle à la fin du XVIIIᵉ siècle, à une politique brutale et égoïste, à une diplomatie intrigante et astucieuse qui en paralysa presque complètement l'effet pratique : c'est l'époque des grands intérêts monarchiques dont la guerre est l'auxiliaire normal ; les peuples et les penseurs qui parlent pour eux sont encore peu écoutés. Aussi les arbitrages sont-ils rares et généralement de médiocre importance ; le cas le plus remarquable est celui des États-Unis et de l'Angleterre qui, dans le traité du 19 nov. 1794, art. 5, établirent le principe général de l'arbitrage pour trancher les difficultés qui les divisaient et en réglèrent minutieusement la procédure.

702. *Période contemporaine.* — Depuis le commencement du siècle, la propagande en faveur de l'arbitrage international est d'une telle ardeur et d'une telle généralité qu'on la considèrera probablement plus tard comme une des caractéristiques les plus marquées de notre époque. L'action de plus en plus grande des populations sur la direction des affaires extérieures dans chaque État par suite de la transformation de la plupart

des constitutions dans un sens plus démocratique, la préoccupation grandissante des intérêts économiques et le sentiment de
la solidarité entre les peuples à ce point de vue comme à celui
d'une culture morale et intellectuelle de plus en plus semblable
partout, un adoucissement général des mœurs, jusqu'à un affai-
blissement peut-être dans l'énergie physique dû aux nouvelles
conditions d'existence, tout éloigne de la lutte violente entre les
Etats comme entre les particuliers, tout entraîne vers la recherche
d'un mode de solution des conflits internationaux qui écarte
l'effusion de sang, l'arrêt de la vie économique, les charges
pécuniaires de la guerre. Ce mouvement d'opinion se traduit
par plusieurs manifestations dont les principales sont les suivantes.

D'abord la doctrine générale des écrivains de toutes catégories, littérateurs, philosophes, économistes, auxquels se rallient
même nombre d'écrivains militaires, et auxquels répondent à
peine les voix isolées de quelques théoriciens attardés, surtout
allemands, qui essaient de rajeunir l'apologie de la guerre que
J. de Maistre et Hegel ont développée, dans un esprit d'ailleurs
si différent.

Les grands corps savants soutiennent l'opinion générale :
l'Institut de France vient de mettre au concours la question de
l'arbitrage international et de couronner une œuvre écrite en sa
faveur ; dès 1875, l'Institut de Droit internationnal a voté un
règlement général de l'arbitrage entre les Etats (R. D. I., 1875,
p. 562) et le vœu que ce mode de solution soit généralisé (id.,
1877, p. 318).

En second lieu, l'initiative privée a provoqué dans le sens de
l'arbitrage international une agitation qui se traduit par la fondation d'innombrables sociétés de la paix, particulièrement
importantes et actives en Angleterre et aux Etats-Unis. Les
adhérents de ces sociétés ont, en outre, révélé leur action dans
des Congrès internationaux comme ceux de Paris en 1889, de
Londres en 1890, de Rome en 1891, de Berne en 1892. Sans
juger l'œuvre de ces Congrès, trop souvent dominés par des
idées vagues, utopiques et même par des passions nationales
qui se révèlent brutalement, comme au Congrès tenu à Genève
en 1867 sous la présidence de Garibaldi, et qui ne sont pas suffisamment éclairées au point de vue des règles du Droit interna-

tional et des exigences de la situation politique, on ne peut méconnaître leur valeur comme révélation d'un courant d'opinion tous les jours plus large et plus puissant.

Enfin, c'est dans les Parlements eux-mêmes que l'idée de l'arbitrage a une manifestation exceptionnellement importante, puisqu'elle peut annoncer une orientation nouvelle dans la politique des gouvernements et une consécration légale des solutions juridiques pour les conflits internationaux. C'est aux Etats-Unis que revient l'honneur de cette initiative parlementaire : après une première résolution de la législature de Massachussetts en 1835, le Congrès de Washington, plusieurs fois saisi de cette question, a voté, le 17 juin 1874, l'introduction de la clause d'arbitrage dans les traités avec les Etats étrangers, toutes les fois que cela serait possible. En 1888, le Président des Etats-Unis était invité par le Congrès à conclure des conventions d'arbitrage avec tous les autres pays. En Angleterre, après les vaines tentatives de Cobden à la Chambre des Communes en 1849, combattues par lord Palmerston, le principe de l'arbitrage a été voté en 1873, sur l'initiative de M. Henry Richard, tandis que lord Salisbury a fait échouer une motion dans le même sens du marquis de Bristol à la Chambre des lords, le 25 juillet 1887 (V. *J. Clunet*, 1887, p. 420). De plus, le 16 juin 1893, la Chambre des communes, avec l'appui de M. Gladstone, a décidé que, pour répondre à la décision du Congrès de Washington, le gouvernement britannique entrerait dans la voie des négociations avec le Président des Etats-Unis pour régler, par la voie de l'arbitrage, les conflits pouvant s'élever entre les deux pays. Nous citerons enfin les votes de la Chambre italienne, le 24 novembre 1873, sur la proposition de Mancini ; de la seconde Chambre des Pays-Bas, le 27 nov. 1874 ; de la Chambre belge, le 30 juin 1875 ; du Folketing danois, le 27 mai 1888 et le 30 octobre 1890 ; du Storthing norvégien, le 6 mars 1890 ; du Sénat espagnol, le 16 juin 1890, sur la proposition de M. Marcoertu.

Ces votes sont appuyés par la réunion de conférences interparlementaires, composées de membres des Parlements des différents pays, pour étudier en commun l'organisation de l'arbitrage international ; la première a eu lieu à Paris le 29 juin 1889, et a été suivie d'autres à Londres en juillet 1890, à Rome en 1891, à Berne en 1892.

703. A ce grand mouvement d'opinion correspond une pratique de plus en plus large et importante de l'arbitrage international. Sans prétendre donner une liste complète des sentences arbitrales rendues dans le XIX° siècle, sans même accepter l'énumération donnée par nombre d'auteurs qui confondent souvent des cas de médiation ou même de bons offices avec des arbitrages proprements dits, il est facile de remarquer que les arbitrages bien caractérisés deviennent de plus en plus fréquents. Nous nous contenterons de signaler les arbitrages les plus importants en insistant sur ceux qui intéressent particulièrement notre pays.

1° Arbitrage de l'empereur Alexandre Ier de Russie entre l'Angleterre et les Etats-Unis, en vertu du traité du 20 octobre 1818, pour interpréter le traité de Gand de 1814, d'après lequel ces deux pays devaient se restituer les territoires occupés pendant la guerre, avec les propriétés qui y étaient situées et même les esclaves qui s'y trouvaient. La sentence du 22 avril 1822 condamna l'Angleterre à payer la valeur des esclaves emmenés hors des territoires qu'elle avait dû restituer.

2° Sentence du roi de Prusse, le 30 novembre 1843, condamnant la France à payer une indemité aux armateurs anglais lésés par la saisie de leurs navires à la suite du blocus de la côte de Portendic, au Sénégal, alors que le blocus n'avait pas été régulièrement notifié et que les navires en question n'avaient pas été prévenus du danger auquel ils s'exposaient en venant dans les parages bloqués.

3° Sentence du roi des Pays-Bas, le 13 avril 1852, statuant sur les demandes de dommages et intérêts entre la France et l'Espagne au sujet de saisies de navires après le traité du 5 janvier 1824 entre ces deux pays pour régler les captures faites pendant la guerre de 1823.

4° Décision de la reine d'Angleterre, le 1er août 1844, écartant les réclamations réciproques de la France et du Mexique pour capture de vaisseaux mexicains après la prise de Saint-Jean d'Ulloa et pour expulsion des Français établis au Mexique.

5° Arbitrage du prince président Louis-Napoléon, le 30 novembre 1852, écartant la responsabilité du Portugal qui avait laissé attaquer dans le port de Fayal, aux Açores, le navire américain

General Amstrong par un vaisseau anglais. La Cour suprême des Etats-Unis décida, à ce propos, que la sentence arbitrale était opposable aux particuliers qui n'avaient rien à réclamer de leur gouvernement débouté lui-même de sa demande en indemnité.

6° Arbitrage du roi des Belges, en 1862, au sujet de l'affaire de *la Forte* (V. n° 281).

7° Décision du roi Léopold Ier de Belgique, le 15 mai 1863, condamnant à des dommages et intérêts le Chili envers les Etats-Unis, pour saisie *opérée sur terre*, en 1821, d'une somme d'argent provenant de marchandises transportées au Chili par le navire américain *Macedonian*.

8° Sentence du Sénat de Hambourg, le 12 avril 1864, écartant les réclamations de l'Angleterre au sujet de l'arrestation du capitaine White accusé du meurtre de don Ramon Castilla, président du Pérou.

9° La plus importante des décisions est celle qui a été rendue par le tribunal arbitral de Genève, le 14 septembre 1872, conformément au traité de Washington du 8 mai 1871 entre l'Angleterre et les Etats-Unis, pour trancher la fameuse question de l'*Alabama* (V. n° 680). La gravité des questions en jeu, l'animosité entre les deux peuples intéressés, tout semblait annoncer la guerre, tandis que l'arbitrage a aplani les difficultés. La manière dont les arbitres procédèrent, les principes dont ils s'inspirèrent et que nous avons déjà signalés donnent à leur sentence une importance exceptionnelle. Le tribunal posa également le principe que les dommages directs et non indirects pourraient faire l'objet d'une réclamation internationale sérieuse.

10° L'Angleterre fut encore condamnée par l'arbitrage de l'empereur d'Allemagne du 21 octobre 1872, dans sa contestation avec les Etats-Unis au sujet de l'interprétation du traité conclu à Washington en 1846 pour fixer les limites des deux Etats dans le canal qui sépare le continent américain de l'île de Vancouver.

11° Le 24 juillet 1875, arbitrage du maréchal de Mac-Mahon attribuant au Portugal la baie de Delagoa contre les réclamations de l'Angleterre.

12° Le 29 avril 1879, la Cour de cassation accepta l'arbitrage qui lui fut confié par la République française et celle du Nicaragua pour statuer sur une réclamation de la France au sujet d'une saisie d'armes opérée à bord du navire le *Phare*, dans le port de Corinto. Le Nicaragua fut condamné. Cette sentence est remarquable comme émanant d'un corps judiciaire soumis à la souveraineté de l'un des Etats intéressés, et dont la haute impartialité était ainsi reconnue par l'autre partie (V. Renault, R. D. I., t. XIII, p. 22).

13° Arbitrage de sir Edmund Monson, ministre anglais à Athènes, le 22 février 1890, décidant que le Danemark ne devait aucune indemnité aux Etats-Unis au sujet de l'arrêt forcé imposé au *Benjamin-Franklin* et à la *Catherine-Augusta*, qui voulaient quitter l'île de Saint-Thomas sans avoir demandé les pièces nécessaires, le 21 janvier 1854.

14° Décision de l'empereur de Russie, le 27 mai 1891, donnant raison à la Hollande contre la France pour la limitation de leurs territoires respectifs, dans le Haut Maroni, à la Guyane.

15° Convention d'arbitrage du 11 mars 1891 entre la France et l'Angleterre pour régler la question des pêcheries de Terre-Neuve. Les arbitres désignés n'ont pu statuer encore, un *modus vivendi* provisoire ayant été accepté par ces deux Etats, en attendant qu'on ait triomphé des résistances du Parlement local de Terre-Neuve.

16° Enfin décision du tribunal arbitral siégeant à Paris pour trancher les difficultés entre l'Angleterre et les Etats-Unis au sujet de la pêche des phoques dans la mer de Behring. La sentence, rendue le 14 août 1893, écarte la prétention des Etats-Unis au monopole de la pêche dans la mer de Behring, en dehors de la zone territoriale fixée à trois milles, mais propose aux deux pays un règlement destiné à limiter la capture des phoques dans un rayon déterminé pour éviter leur destruction. Il importe de remarquer, en terminant cette énumération qui ne contient que les cas les plus importants, qu'aucune sentence arbitrale n'a été écartée et que les Etats condamnés se sont toujours spontanément exécutés.

§ II. *Traités d'arbitrage permanent.*

704. Le caractère aléatoire de l'arbitrage, dont la réalisation est subordonnée à la volonté des Etats engagés dans un litige, a inspiré le désir de rendre obligatoire ce mode de solution des conflits internationaux, en faisant conclure des conventions par lesquelles les Etats se soumettent par avance à la décision d'arbitres pour résoudre les difficultés qui pourraient surgir entre eux dans l'avenir.

Ce résultat a été obtenu en partie par le protocole de Paris n° 23, rédigé à propos des négociations du traité du 30 mars 1856, qui émet le vœu que les Puissances acceptent les bons offices susceptibles d'aplanir les difficultés survenues entre elles, et surtout par le traité du 30 mars 1856, art. 8, qui impose aux Etats signataires l'obligation de recourir à la médiation de l'un d'eux pour tous leurs conflits avec la Turquie (V. n⁰ˢ 480 et 483). Ces dispositions ont même inspiré la conduite des Etats dans d'autres circonstances où ils ont recouru à la médiation, confondue souvent avec l'arbitrage proprement dit, comme cela a eu lieu pour la médiation de Léon XIII entre l'Espagne et l'Allemagne au sujet des îles Carolines. On pourrait plus exactement rapprocher de l'arbitrage les *Commissions mixtes,* composées de délégués des Etats intéressés, qui sont chargées de résoudre souverainement une difficulté internationale : ces commissions tiennent de l'arbitrage en ce que leurs décisions lient les pays intéressés ; elles se rapprochent des négociations directes et de la transaction en ce que les membres qui les composent sont des délégués des parties en cause et non des tiers indépendants investis du pouvoir de juger par les parties elles-mêmes. Cependant elles sont ordinairement complétées par la désignation d'un tiers-arbitre, généralement indépendant des pays intéressés, qui donne à la commission un véritable caractère arbitral. Nous citerons la commission mixte établie par les Etats-Unis et l'Angleterre, en 1794 et en 1814, pour fixer la frontière des deux pays suivant le cours de la rivière Sainte-Croix, et qui ne put aboutir à une solution obtenue seulement dans le traité de 1842; celle que désignèrent, par le traité de Berne du 13 décembre 1873, la Suisse et l'Italie pour déterminer la frontière du Tessin, et qui régla le litige le 23 septembre 1874; enfin les commissions mixtes constituées pour examiner des demandes d'indemnité pour préjudices causés à des nationaux d'un pays par le fait des actes d'un autre Etat : le 4 juillet 1868 entre le Mexique et les Etats-Unis; entre les Etats-Unis et l'Angleterre à la suite de la sentence rendue pour l'affaire de l'Alabama, en vertu du traité du 8 mai 1871 ; entre la France et les Etats-Unis le 15 janvier 1880.

Mais la certitude que l'arbitrage sera employé ne peut être acquise que par un traité qui fait aux Etats contractants une obligation d'y recourir. Nous avons déjà signalé les tentatives faites dans les différents Parlements pour insérer dans les traités une clause assurant que, en cas de conflit, on aura recours à l'arbitrage (V. n° 702). Une clause semblable se trouve dans les conventions suivantes : Union postale de Berne, en 1874, art. 16 ; traité de commerce entre la Belgique et l'Equateur, 28 février 1882 ; la Suisse et le San-Salvador, 30 décembre 1883 ; la France et l'Equateur, 12 mai 1888 ; projet de traité du 24 juillet 1883 entre la Suisse et les Etats-Unis, remarquable en ce qu'il rend l'arbitrage obligatoire pour toutes espèces de difficultés quels qu'en soient la cause, la nature et l'objet.

705. L'initiative la plus importante à ce point de vue a été prise par les Etats-Unis qui, avec dix-sept républiques de l'Amérique centrale et de l'Amérique du Sud, ont conclu à Washington, le 18 avril 1890, un traité d'arbitrage permanent (V. Pradier-Fodéré, R. D. I., 1888, p. 516 et 1889, p. 537 ; A. Prince, *Le Congrès des trois Amériques*, 1891).

D'après ce traité, les seules questions soustraites à l'arbitrage sont celles qui, d'après l'une des nations engagées dans le litige, *pourraient mettre son indépendance en péril;* l'arbitrage est alors facultatif pour elle, mais obligatoire pour la partie adverse, s'il est demandé.

Le choix des arbitres est libre et peut porter sur n'importe qui : chef d'Etat neutre, tribunaux, corps savants, fonctionnaires publics ou simples particuliers. Le traité est conclu pour vingt ans ; il subsiste entre les Etats qui ne l'ont pas dénoncé à la fin de ce délai et même pendant un an encore pour ceux qui se retireront après vingt ans. Tous les autres Etats sont invités à adhérer à cette convention. Le Chili est le seul pays américain qui ait refusé de s'associer à l'union nouvelle, préférant le système des arbitrages facultatifs et spéciaux.

On peut remarquer que ce traité n'a pas empêché la guerre entre le Guatemala et le San-Salvador, sans parler des luttes civiles de la République Argentine qui ne rentrent pas dans ses prévisions, et de celles du Chili resté étranger au pacte d'arbitrage ; on peut dire encore qu'il est un nouveau moyen employé par les Etats-Unis pour affirmer leur hégémonie sur tout le continent américain, leur prééminence devant leur permettre d'intervenir le plus souvent comme arbitres dans les conflits des autres Etats : il n'en est pas moins vrai que cette convention est l'acte le plus considérable accompli en faveur de la solution pacifique des conflits internationaux, et un exemple pour l'Europe qui s'épuise dans des armements ruineux en vue d'une guerre générale toujours imminente.

§ III. *Organisation de l'arbitrage.*

706. Des exemples cités plus haut, il résulte que l'arbitrage n'a jamais été réglé d'une manière précise dans son fonctionnement ; quand il est facultatif, les parties intéressées l'organisent suivant leur convenance ; même quand il est accepté à l'avance en vertu d'un traité d'arbitrage permanent, il faut un accord particulier pour choisir les arbitres, fixer leur compétence, déterminer la procédure qu'ils devront suivre. Les chances de désaccord sur ces points particuliers et, par conséquent, d'insuccès de l'arbitrage, seraient écartées si l'on pouvait faire adopter par les Etats des règles générales à ce sujet, en même temps qu'une organisation rationnelle et entourée de garanties écarterait les abus, augmenterait le prestige de l'arbitrage lui-même et en favoriserait l'adoption par les Etats. Les questions qui doivent être réglées à ce point de vue sont celles du choix des arbitres, de leur compétence et de la procédure.

707. Le choix des arbitres doit être libre en principe et cette liberté est même une des conditions du succès si désirable de l'arbitrage. Les souverains neutres souvent choisis pour arbitres peuvent être dominés par des influences politiques qui atténuent leur impartialité, en même temps que, faute de compétence personnelle, ils sont obligés de confier l'examen de la difficulté à des spécialistes dont ils ne font que signer la sentence. La désignation d'un juge unique paraît, d'ailleurs, assez dangereuse dans des affaires de cette gravité ; aussi semble-t-il bien préférable de confier l'examen du litige à un groupe de jurisconsultes appartenant à différents pays, dont la compétence attestée par leurs études antérieures et l'impartialité résultant de leur nationalité diverse offrent les plus sérieuses garanties. C'est la façon de procéder qui a été adoptée dans les récents arbitrages relatifs aux pêcheries de Terre-Neuve et de la mer de Behring. Peut-être même l'Institut de droit international aura-t-il une importante mission à remplir à cet égard.

708. La procédure à suivre doit être fixée de manière à assurer la clarté et la sincérité des débats, ainsi que l'indépendance des arbitres. Nous ne pouvons, sur ce point, que renvoyer au remarquable projet présenté par M. Goldschmidt à l'Institut de Droit international, dans la session de Genève de 1874, et adopté à la Haye, après modifications, le 28 août 1875 (*Annuaire*, t. I, pp. 45, 84, 126).

709. La question de compétence en matière d'arbitrage international, en d'autres termes, la détermination des questions qui peuvent être soumises à des arbitres, présente les plus grandes difficultés et donne lieu aux plus vives controverses. En fait, les Etats sont libres, dans leur souveraineté, de trancher cette question ; mais il importe de rechercher s'il y a des litiges qui, par leur nature même, sont insusceptibles d'être résolus par voie d'arbitrage.

On peut, à cet égard, partager les difficultés divisant les Etats en trois catégories :

1° Les questions *juridiques*, c'est-à-dire de droits à invoquer sur un objet déterminé, telles que les questions de frontières, de servitudes internationales, de territoires contestés, de dommages et intérêts pour préjudice causé, de conflits de lois, etc., de beaucoup la cause la plus fréquente des difficultés internationales comme l'observe Mancini, sont naturellement susceptibles d'être résolues par l'arbitrage, et en ont même formé l'objet à peu près unique jusqu'à présent (V. n° 703) ; 2° les questions purement *politiques*, c'est-à-dire se rattachant à l'influence extérieure des Etats, comme une question d'extension dans un territoire non revendiqué d'ailleurs par un autre pays, et qui met seulement en éveil les craintes d'une autre souveraineté, semblent devoir être résolues beaucoup mieux par des arrangements directs entre les intéressés que par un arbitrage, les juges choisis manquant en pareil cas d'une base solide d'appréciation, puisqu'il n'y a en jeu que des intérêts, tout au plus de vagues considérations d'équité, plutôt que des droits juridiquement établis ; 3° quant aux questions relatives à l'honneur du pays et à l'indépendance nationale, il est bien difficile de compter sur l'arbitrage pour les résoudre. Dans l'union américaine du 18 avril 1890 (V. n° 705), on a dû les réserver en laissant à chaque État toute initiative d'appréciation à ce sujet.

Quoiqu'on ait dit que les questions d'honneur sont les plus aisées à résoudre par arbitrage (V. de Laveleye, *loc. cit.*, p. 191), cela n'est vrai que lorsqu'il s'agit de susceptibilités relatives à une question de droit limitée, comme une réparation pour offense : la décision des arbitres sur la question de droit tranche indirectement la question d'amour-propre, les peuples comme les individus préférant reconnaître leur défaite sur le terrain juridique que paraître céder sur une question de dignité plus ou moins bien comprise. Mais quand il s'agit de l'honneur national mis en cause en dehors de toute difficulté juridique spéciale, par exemple d'une attitude altière prise par un État vis-à-vis d'un autre sans qu'il y ait violation caractérisée d'aucune règle du Droit international, ou quand l'indépendance, la prospérité générale, l'avenir d'un État sont en jeu, l'acceptation de l'arbitrage impliquerait la soumission à une décision qui pourrait compromettre ces intérêts supérieurs, et, par suite, un suicide éventuel de la nation. Les particuliers demandent au duel, malgré la loi, le jugement de certaines questions que les juges, à leur avis, ne peuvent apprécier ; la loi elle-même ne leur permet pas de soumettre à des arbitres, à des juges autres que ceux qu'elle a organisés, des questions d'un intérêt supérieur ; rien de surprenant, par suite, à ce que les États, qui n'ont pas la ressource d'une juridiction suprême et organisée, ne puissent pas accepter des arbitrages pour des difficultés qui sont à leur égard ce que sont pour les individus celles au sujet desquelles la loi défend de passer des compromis.

SECTION II

TRIBUNAL INTERNATIONAL PERMANENT

710. Le désir d'assurer aux conflits internationaux une solution juridique certaine dans tous les cas et d'écarter complètement les hostilités a fait naître une foule de projets pour l'organisation d'un tribunal suprême et permanent, devant lequel les Etats seraient obligés de porter leurs litiges et aux sentences duquel ils devraient se soumettre. Il est superflu, au point de vue du Droit international positif, d'entrer dans le détail de ces innombrables projets dans lesquels chaque publiciste expose ses conceptions d'une manière indépendante, ainsi que le font les auteurs de constitutions idéales, allant même souvent jusqu'à régler, d'une façon un peu prématurée, des points plus ou moins secondaires et parfois insignifiants, comme le lieu où le tribunal devra siéger, le nombre de ses membres et leur traitement. Tous ces projets se heurtent aux mêmes objections fondamentales, comme nous le dirons bientôt; aussi nous bornerons-nous à signaler les types principaux auxquels on peut les ramener (V. détails dans Kamarowsky et Revon, *loc. cit.*).

711. Les uns veulent organiser un tribunal international permanent composé de délégués des puissances, mais investi seulement d'une autorité morale sans qu'aucune force coercitive soit mise à sa disposition pour faire exécuter ses sentences; J. Bentham, MM. de Laveleye, Marcoartu, Dudley-Field, M. Leone Levi dans son rapport approuvé par le congrès international de la paix en 1889, sont les partisans de cette organisation.

Pour d'autres, le tribunal suprême doit avoir une force armée fournie par les différents Etats pour rendre ses jugements efficaces, si besoin est; M. Kamarowski, en particulier, ne semble pas croire cette solution impossible.

Des publicistes, même protestants comme l'Anglais M. Urquhart, ont proposé de confier au Pape le rôle d'arbitre international absolu, sans songer que les différences de religion rendraient ce choix difficile pour nombre de pays, et que le rôle attribué au Saint-Siège pourrait, suivant les circonstances, lui donner la prédominance abusive qu'il s'était donnée au moyen-âge, ou bien compromettre grandement la tranquillité et l'indépendance dont il a besoin pour sa mission religieuse.

L'établissement d'une confédération générale des Etats européens formant les Etats-Unis d'Europe, en attendant qu'elle puisse embrasser le monde entier, confédération que dominerait un tribunal suprême, comme la Cour des Etats-Unis d'Amérique, est un idéal poursuivi depuis longtemps, notamment par

J.-J. Rousseau, Kant, Fichte, Schelling, Bluntschli, Lorimer, etc. D'autres, plus radicaux, ou plutôt suivant la pente qui conduit presque fatalement de la fédération à l'unité complète, ont songé à la monarchie universelle embrassant tous les peuples sous une autorité unique, et supprimant ainsi jusqu'à la cause des conflits internationaux. Les conceptions de Dante, de Leibnitz à ce sujet ont eu un commencement d'exécution dans le plan d'Henri IV qui cachait la monarchie universelle sous les apparences de la Confédération européenne, dans les entreprises de Louis XIV, de Napoléon Ier, et on les retrouve dans les projets politiques de Napoléon III.

712. Il est inutile d'insister sur le caractère chimérique, soit d'une manière absolue, soit pour le moment présent, de certaines des combinaisons politiques indiquées ci-dessus. La monarchie universelle qui a donné au monde une longue période de paix, la fameuse *pax Romana,* quand l'Empire romain eut dominé la plupart des peuples avec lesquels il était en rapport, n'a été qu'un accident dans l'histoire ; outre que l'indépendance des divers Etats ne permettrait pas de les soumettre aujourd'hui à une autorité unique, il est contraire à la nature même des choses de donner à des populations différentes à tous les points de vue une condition politique uniforme qui étoufferait leur originalité, leur initiative particulière et détruirait leur concurrence fatale et légitime dans le domaine moral, intellectuel et économique. Quant au procédé beaucoup plus atténué de la fédération générale des Etats, il rencontre la même objection tirée de ce que l'accord politique est écarté par les différences de races, de mœurs, de traditions et d'intérêts. L'hégémonie appartiendrait toujours à un Etat ou à quelques-uns, et les autres ne voudraient jamais sacrifier leur juste indépendance. Enfin, le lien fédéral ne saurait être imposé aux peuples encore nombreux qui ne participent pas à la même civilisation et vis-à-vis desquels la lutte violente serait toujours le seul mode de solution des conflits.

Quant au tribunal international permanent, son fonctionnement serait paralysé dans nombre de cas par le défaut d'idées arrêtées et universellement admises sur nombre de difficultés du Droit international ; comment appliquer avec autorité un

Droit dont les principes sont à peine ébauchés ; comment éviter que des juges délégués des différents pays ne se séparent sans vouloir s'entendre quand chacun d'eux sera dominé par sa manière de voir particulière ? D'autre part, dépourvues de sanction, les sentences de ce tribunal n'auront ni prestige ni efficacité ; garanties par la force organisée par les différents Etats elles aboutiront au dilemme suivant : ou bien l'Etat condamné est trop faible pour résister ; il devra sacrifier son indépendance devant la pression des grands Etats qui feront la loi et imposeront des décisions peut-être iniques et le monde sera à la merci d'une nouvelle Pentarchie ; ou bien l'Etat condamné trouvera dans sa puissance le moyen de résister au jugement, et il faudra recourir à la guerre, au risque de faire battre l'armée de l'aréopage international dont toute l'autorité sera ainsi anéantie. Enfin le tribunal international permanent suppose encore que les Etats accepteront son autorité pour toutes sortes de questions, même pour celles qui mettent en jeu leur dignité et leur indépendance et pour lesquelles, ainsi que nous l'avons vu à propos de la clause compromissoire ou convention d'arbitrage permanent, il leur est impossible de s'en rapporter à l'appréciation d'autrui (V. n° 709).

713. Cependant, dans l'état actuel des choses, on peut compter sur le développement de certains moyens de pacification ou de solution juridique des rapports internationaux.

D'abord, la tendance de plus en plus marquée vers l'arbitrage, toutes les fois qu'il est possible eu égard à la nature des questions en cause, et même l'adoption de plus en plus générale des traités d'arbitrage permanent dans les mêmes limites (V. n°ˢ 704, 705).

En second lieu, l'organisation de juridictions internationales spéciales chargées de trancher les conflits d'un ordre déterminé, relatifs à des points sur lesquels d'ailleurs les questions d'honneur et d'indépendance ne peuvent pas être soulevées. On peut ainsi réaliser des juridictions internationales permanentes sur des matières spéciales sans prétendre aller du premier coup jusqu'à un tribunal suprême dont la compétence absolue n'a encore aucune chance d'être admise : c'est ce qui a été déjà fait par la création des Commissions souveraines pour la navigation du Danube et du Congo; c'est ce que l'Institut de Droit international a proposé pour les prises maritimes sur le rapport de M. de Bulmerincq et M. Moynier pour statuer sur les violations de la Convention de Genève, comme nous l'avons déjà dit. On pourrait, pour nombre de questions spéciales et du même caractère, établir des tribunaux internationaux permanents.

Enfin, il n'est pas douteux qu'une transformation politique de plus en plus accentuée dans le cours de l'histoire rend les guerres moins fréquentes, sinon moins terribles : nous voulons parler de la diminution progressive du nombre des souverainetés indépendantes et leur absorption dans de grands Etats. Les innombrables Etats de l'antiquité, toujours en lutte, ont été, pour la plupart, pacifiés par la domination romaine; les petites souverainetés formées au moyen-âge sous l'action de la Féodalité n'ont vu cesser les querelles qui les déchiraient que par leur incorporation dans les grands Etats monarchiques; actuellement il suffit de comparer le nombre des Puissances au lendemain du Congrès de Vienne avec ce qu'il est aujourd'hui pour constater que le même phénomène se produit : il n'est pas douteux enfin qu'il tende à s'accentuer encore par l'adjonction prochaine de certains petits Etats à de grands Empires sous l'influence de l'idée des nationalités.

Or, c'est un fait d'expérience historique que moins les Etats sont nombreux, moins les conflits violents sont fréquents, soit que les préoccupations intérieures plus grandes pour les pays très vastes les détournent des ambitions à l'extérieur, soit que leur importance déjà acquise rende ces ambitions sans objet, soit que la perspective d'une lutte, qui doit être effroyable au point de vue humanitaire et économique, détourne les rivaux très puissants d'en venir à cette extrémité dont le profit est aléatoire et médiocre comparé au mal certain et terrible qui peut en provenir. Mais ces avantages sont évidemment subordonnés à cette condition, que l'on a vu se réaliser pendant quelque temps après le traité d'Utrecht en 1713 et après le Congrès de Vienne, que les grands Etats n'aient pas dans leurs rapports la méfiance, l'animosité et l'esprit de conquête qui caractérisent ordinairement les relations des petites Puissances rivales; telle n'est pas malheureusement la situation à l'heure actuelle.

Cependant, le nombre relativement peu considérable des Etats, leurs intérêts d'autant plus communs que leur situation est de plus en plus semblable, offriraient les meilleures chances pour provoquer entre eux un accord sur les principales questions de Droit international et pour établir ainsi un règlement efficace des relations entre les Etats.

TABLE DES MATIÈRES

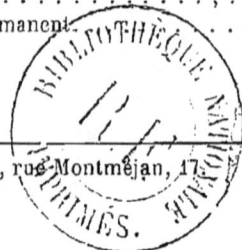

17,564. — Bordeaux, Vᵉ Cadoret, impr., rue Montméjan, 17.